창세 이래 처음으로 열리는

천국의 비밀

내가 네게 장가들어 영원히 살되 의와 공변됨과 은총과 긍휼히 여김으로
네게 장가들며 진실함으로 네게 장가들리니 네가 여호와를 알리라

호세아 2:19-20

영 원 한 생 명

생명책

『영원한 생명, 생명책』을 발간하며

"영원한 생명, 생명책"이 창세 이래 처음으로 이 세상에 나오게 되었다는 기쁘고 복된 소식을 전 세계 모든 사람들에게, 특히 대한민국 사람들에게 벅찬 마음으로 알린다. 이 책은 하나님께서 정하신 때가 되어 친히 이 땅에 임하셔서 가르치시는 새 언약이며, 영원한 언약을 기록한 책이다. 하나님께서는 당신의 하시는 일의 시종, 곧 처음과 마지막을 절대 사람으로 알게 하지 않으셨다. 그러나 하나님께서는 친히 진술치 아니하시고 반드시 하나님께서 정하신 사람을 사용하셔서 당신의 뜻과 비밀을 알게 하신다. 그분이 바로 또 다른 보혜사 진리의 성령 신옥주 목사님이시다.

이 책은 신령한 것은 신령한 것으로, 영적인 것은 영적인 것으로 해석하여 성경 속에 감추어 두신 천국의 비밀을 밝히신 생명책이다. 단언컨데 "영원한 생명, 생명책"을 보지 않고는 절대 성경 속에 감추어 두신 하나님의 뜻과 계획을 알 수 없다. 하나님의 명령인 영생, 곧 육체도 죽지 않고 영원히 사는 영생이 절대 실상이 될 수 없다. 그 이유는 "성령은 모든 것 곧 하나님의 깊은 것이라도 통달하시느니라"라고 하신 말씀대로 장래 일, 신후사를 알게 하시는 유일한 분이시며, 모든 진리 가운데로 인도하시고,

"그가 열면 닫을 자가 없겠고 닫으면 열 자가 없으리라"라고 하신 '실상'이신 진리의 성령께서 하나님의 말씀을 대언하시기 때문이다.

진리의 성령께서는 성경이 모든 것을 죄 아래 가두어 둔 기간인 구약 4천 년, 신약 2천 년을 합하여 6천 년(**벧후3:8절**인 "사랑하는 자들아 주께는 하루가 천 년 같고 천 년이 하루 같은 이 한 가지를 잊지 말라"는 말씀으로 해석하면 6일), 곧 6일이 끝나는 이때 오신다. 21세기 지금 이 세대는 '제칠일, 일곱째 날'이자, 신약으로 하면 '제삼일, 셋째 날'이다. 이날은 "너희가 인자의 날 하루를 보고자 하되 보지 못하리라"라고 한 날이며, '여호와의 날, 인자의 날, 심판 날, 마지막 때, 말세, 말일, 종말, 끝날, 미래, 장래, 장차, 후일, 세상 끝'이라고 여러 부분, 여러 모양으로 기록되어 있다.

창세기 2장에 하나님께서 일곱째 날에 안식하신다고 하신 날이 바로 지금 이 세대이며, 일곱째 날에 복 주시며 거룩하게 하신다고 약속하신 날이다. 또한 "너희가 말일에 그것을 완전히 깨달으리라"라고 하신 '말일'이며, 성경 기록 목적인 "이 일이 장래 세대를 위하여 기록되리니 창조함을 받을 백성이 여호와를 찬송하리로다"라고 하신 '장래 세대'가 바로 지금 이 세대다.

그래서 때를 아는 것이 너무 중요하다. 전 우주적인 일곱째 날인 지금 이때는 하나님의 택한 백성들에게 죄가 무엇인지 알게 하시고, 영원한 의이신 여호와 하나님에 대해서 깨닫게 하셔서 하나님께서 만세 전부터 예비하신 복을 받게 하시고, 영혼을 정결케 하여 거룩하게 하시며 육체가 살아서 온전한 구원인 '영생'에 이르게 하신다. 그러나 악한 자들인 사단, 마귀, 귀신들이 종말 하는 마지막 때이자 심판 날이며, 영원히 그들이 일하는 때가 끝나는 말일이다.

그렇다고 지구가 종말 하는 날이라는 뜻이 절대 아니다. "한 세대는 가고 한 세대는 오되 땅은 영원히 있도다"라고 하신 말씀대로 하나님께서 창조하신 이 땅은 영원히 있다. 하나님께서 허락하셔서 6일간 악한 자들이 다스리고 누리고 정복하던 기한이 이제 때가 다 되어 영원히 끝난다는 뜻이다. 그래서 진리의 성령이 오시면 이 세상 임금들의 실체가 밝혀지고 심판을 받는 것이다.

진리의 성령에 대해서 창세기부터 요한계시록까지 전 성경에 여러 부분, 여러 모양으로 예언해 두셨다. 진리의 성령은 반드시 예수 그리스도를 진실로 믿어 말씀을 지켜 실행하는 '여자 목사님'으로 오신다.

아가서에 "나의 비둘기, 나의 완전한 자는 하나뿐이로구나 그는 그 어미의 외딸이요"에 해당하는 여자, 호세아서에 예언된 대로 하나님께서 장가드셔서 영원히 성전 삼으신 여자[호2:19~20], 사단, 마귀, 귀신, 옛뱀, 용, 벨리알, 아바돈, 아볼루온 등 악한 자들과 영적인 전쟁을 하는 해를 입은 여자[계12장], 나이 육십이 덜 되지 아니하고 한 남편의 아내였으며 선한 행실의 증거가 있는 참 과부[딤전5:1~10], 먼 데서 양식을 길어 가족들을 돌보는 현숙한 여자[잠31:10~31]가 바로 진리의 성령을 여러 부분, 여러 모양으로 말씀하신 것이다.

또한 **갈4:21~31절**의 자유하는 여자인 위에 있는 예루살렘, 하나님의 자녀들을 다시 창조하실 때 사용되는 자녀들의 어머니, 예수께서 말씀한 하나님의 뜻대로 행하시는 모친[마12:50], 하나님과 화목하게 하는 한 새 사람[엡2:15~16], 예비된 한 몸[히10:5], 새 언약의 중보로 오신 예수와 및 아벨의 피보다 더 낫게 말하는 뿌린 피[히12:24], 열면 닫을 사람이 없고, 닫으면 열 사람이 없는 다윗의 열쇠를 가진 빌라델비아 교회의 사자[계3:7~13], 누구도 능히 당할 사람이 없는 언약의 사자[말3:1~2], 모든 이론을 파하는 칼을 가지신 하나님의 사자[롬13:1~4], 온전한 것[고전13:10], "믿음이 올 때까지"의 믿음[갈3:22~23] 등등 창세기부터 요한계시록까지 전 성경에 기록되어 있고, 기록된 모든 말씀에 일치하는 분이 바로 '은혜로교회 신옥주 목사님'이시다.

신옥주 목사님께서는 2008년 6월 16일 대한민국 서울시 종로 5가 연지동 한국교회 100주년 기념관에서 창세 이래 처음으로 영원한 복음인 새 언약의 말씀을 선포하셨으며, 성경 속에 감추어 두신 하나님의 뜻과 계획을 하나님의 성전이 되셔서 15년째 밝히시고 계시고, 영원히 밝히신다.

성령에 대해 전 세계 절대 다수의 기독교인, 천주교인들, 성경을 사용하는 모든 종교인들은 형체가 없는 영적인 존재라고 상상한다. 성령은 무형의 영적인 존재가 아니라 반드시 육체를 입고 오시는 '사람'이다. 또한 남자가 절대 아니다. 목사들이, 사제들이 예배 중에, 혹은 기도 중에 "성령받을지어다, 성령이여 임하시옵소서"라고 한다고 성령을 받는 것도 아니고, 성령이 임하는 것은 더더욱 아니다. 이는 성경과 다른 거짓말이며, 영혼 살인을 저지르는 지옥 불의 소리일 뿐이다. 만약 그렇게 해서 성령을 받았다면 예수 그리스도를 통해 하나님께서 약속하신 다음 말씀들이 이미 실상이 되었어야 한다.

요14:16~17 [16]내가 아버지께 구하겠으니 그가 또 다른 보혜사를 너희에게 주사 영원토록 너희와 함께 있게 하시리니 [17]저는 진리의 영이라 세상은 능히 저를 받지 못하나니 이는 저를 보지도 못하고 알지도 못함이라 그러나 너희는 저를 아나니 저는 너희와 함께 거하심이요 또 너희 속에 계시겠음이라

　　문자 그대로도 성령이 임하시면 영원토록 함께 있는다고 하셨으므로 육체가 죽으면 안 된다. 반드시 성령이 임하시면 모든 진리 가운데로 인도함을 받아 성경에 기록된 하나님의 뜻과 계획을 깨달아 알게 하신다. 그런데도 목사들과 사제들은 하나같이 자신들의 혀로 "성령받을지어다" 하면 성령받는 줄 알고 새빨간 거짓말로 자신도 속고, 교인들도 속인다는 사실이다. 더 심각한 것은 "랄랄라 따따따" 하는 혀에 붙은 개구리 같은 더러운 귀신의 소리를 성령받은 증거라고 속여 세계에서 가장 큰 부자가 된 목사는 기네스북에도 올랐지만, 정작 그가 한 일은 수많은 목회자들과

교인들을 지옥 불의 소리로 영혼 살인을 저지른 것이다.

그런 그가 죽어서 천국에 갔을까? 성경에 비추어 보면 그는 **누가복음 16장 19~31절**의 부자처럼 육체가 죽어 음부에서 고통 중에 있는데 그 교회 목사와 교인들은 천국 갔다고 거짓 자랑한다. 이런 자들이 바로 심판받는 이 세상 임금들이다.

진리의 성령이 오시면 다음 말씀이 실상이 된다.

요14:26 보혜사 곧 아버지께서 내 이름으로 보내실 성령 그가 너희에게 모든 것을 가르치시고 내가 너희에게 말한 모든 것을 생각나게 하시리라

가르치고, 생각나게 하는 것은 사람만이 할 수 있는 일이다. 또한 "그가 와서 죄에 대하여, 의에 대하여, 심판에 대하여 세상을 책망하시리라"라고 하셨고, "진리의 성령이 오시면 그가 너희를 모든 진리 가운데로 인도하시리니 그가 자의로 말하지 않고 오직 듣는 것을 말하시며 장래 일을 너희에게 알리시리라"라고 하셨다.

진리의 성령이신 신옥주 목사님께서 2008년 6월 16일부터 전 성경을 통으로 보시고 죄에 대하여, 영원한 의이신 여호와 하나님에 대하여, 예수 그리스도에 대하여, 진리의 성령에 대하여, 심판받는 이 세상 임금에 대하여 밝히시고 계시며, 자의로 말하지 않고 오직 듣는 것을 말하시고

장래 일을 알게 하신다고 예언된 대로 행하시고 계신 지 15년째다.

기독교 구원의 핵심은 영생이다. 진리의 성령께서 오시면 영생이 실상이 된다. '영생'이란 영원히 삶, 또는 영원한 생명, 천국의 복락을 길이 누리는 생활을 이르는 말이다. 다른 말로 '영생불멸'이라고 하며, 육체도 죽지 아니하고 영원히 산다는 뜻이다. 예수 그리스도는 "나는 그의 명령이 영생인 줄 아노라"라고 하셨고, "영생은 곧 유일하신 참 하나님과 그의 보내신 자 예수 그리스도를 아는 것이니이다", "영생의 소망을 인함이라 이 영생은 거짓이 없으신 하나님이 영원한 때 전부터 약속하신 것인데"라고 하셨다.

영생은 반드시 진리의 성령께서 오셔서 하나님의 입이 되고, 손이 되고, 팔이 되고, 눈이 되고, 몸이 되어 친히 가르치시는 새 언약의 말씀을 보고 듣고 믿고 행동할 때 실상으로 이루어진다. 그래서 성령이 임하시면 영원토록 함께 계신다고 하신 것이다.

모든 사람이 반드시 알아야 할 진리가 있다. 하나님께서 사람을 창조하실 때 120세도 못 살고 죽으라고 창조하신 것이 아니다. 하나님께서는 죽는 자의 죽는 것도 기뻐하시지 않으시며, 예수의 십자가에 죽으심도 기뻐하지 않으신다. 사람이 죽는 이유는 "오직 각 사람은 자기의 죄로 인하여 죽을 것이니라", "살아 있는 사람은 자기 죄로 벌을 받나니 어찌 원망하랴", "만일 의인이 그 의를 떠나 죄악을 행하고 인하여 죽으면 그 행한 죄악으로 인하여 죽는 것이요"라고 하셨다. 결국 사람이 영생을 누리지 못하고 육체가 죽는 근본 원인은 자신이 지은 죄 때문이다. 다시 말하면 죄가 목에 차면 육체는 반드시 죽는다.

그래서 진리의 성령께서 오시면 가장 먼저 죄에 대하여 알게 하시고, 죄의 대속함을 받도록 영혼을 정결케 하는 '여호와 하나님의 도'를 알게 하시며, 그 길을 지켜 실행하도록 도우신다. 또한 하나님 나라는 물과 성령으로 거듭나야 들어갈 수 있다. 일곱째 날이 되어야 영생하도록 있는 양식을 먹이시는 인자이신 진리의 성령이 실상이 되셔서 물과 성령으로 거듭나게 하여 육체가 살아서 하나님 나라, 곧 천국에 들어가는 실상의 하나님의 아들들과 백성들이 다시 창조, 제조되는 때가 바로 지금 이때다.

천국은 절대 육체가 죽어서 가는 곳이 아니다. 만약 천국이 죽어서 가는 곳이라면 다음 말씀들은 어불성설이다.

마5:29~30 ²⁹만일 네 오른눈이 너로 실족케 하거든 빼어 내버리라 네 백체 중 하나가 없어지고 온 몸이 지옥에 던지우지 않는 것이 유익하며 ³⁰또한 만일 네 오른손이 너로 실족케 하거든 찍어 내버리라 네 백체 중 하나가 없어지고 온 몸이 지옥에 던지우지 않는 것이 유익하니라

마18:8~9 ⁸만일 네 손이나 네 발이 너를 범죄케 하거든 찍어 내버리라 불구자나 절뚝발이로 영생에 들어가는 것이 두 손과 두 발을 가지고 영원한 불에 던지우는 것보다 나으니라 ⁹만일 네 눈이 너를 범죄케 하거든 빼

어 내버리라 한 눈으로 영생에 들어가는 것이 두 눈을 가지고 지옥 불에 던지우는 것보다 나으니라

천국은 반드시 이 땅에서 실상이 되며, 이 모든 일을 이루시기 위해 진리의 성령께서 오신 것이다.

'온전한 믿음'이신 신옥주 목사님께서는 예수 그리스도를 통하여 주신 하나님의 계명[마19:17~30, 막10:17~31, 눅18:18~30]을 지켜 실행하셨다. 이 말씀을 지켜 실행한 교회나 단체, 국가는 전 세계에 단 한 군데도 없다. 유일하게 신옥주 목사님과 은혜로교회 성도들이 하나님의 계명대로 하나님 나라를 위해 집이나 형제나 자매, 부모나 자식이나 전토를 버리고 하나님께서 만세 전에 약속하신 땅, 낙토로 이주하였다.

막10:29~30 [29]예수께서 가라사대 내가 진실로 너희에게 이르노니 나와 및 복음을 위하여 집이나 형제나 자매나 어미나 아비나 자식이나 전토를 버린 자는 [30]금세에 있어 집과 형제와 자매와 모친과 자식과 전토를 백배나 받되 핍박을 겸하여 받고 내세에 영생을 받지 못할 자가 없느니라

낙토로 이주한 일은 **에스겔 12장**의 말씀을 실상으로 이루었을 뿐만 아니라, 하나님께서 아브라함에게 "너의 본토 친척 아비 집을 떠나 내가 네게 지시할 땅으로 가라"라고 하신 말씀을 온전히 이룬 것이다. 그러나 이 일로 인하여 진리의 성령께서는 이 세상에 속한 자칭 기독교인들, 자

칭 목사들, 사단의 회인 예장합신, 우리에게서 나가 후욕하는 자들로 인해 세상 법에 고소당하셨으며, 이단이란 프레임으로 무법한 판결을 받고 옥에 갇혀 계신다.

그러나 진리의 성령께서 옥에 갇히실 것은 이미 3400년 전부터 구약성경에 예언되어 있었으며, **에스겔 3장 25~27절, 스바냐 3장 18~20절**의 말씀이 실상이 된 것이다.

겔3:25~27 ²⁵인자야 무리가 줄로 너를 동여매리니 네가 그들 가운데서 나오지 못할 것이라 ²⁶내가 네 혀로 네 입천장에 붙게 하여 너로 벙어리 되어 그들의 책망자가 되지 못하게 하리니 그들은 패역한 족속임이니라 ²⁷그러나 내가 너와 말할 때에 네 입을 열리니 너는 그들에게 이르기를 주 여호와의 말씀이 이러하시다 하라 들을 자는 들을 것이요 듣기 싫은 자는 듣지 아니하리니 그들은 패역한 족속임이니라

하나님께서 진리의 성령을 옥에 가두시는 것을 허락하신 이유는 성경이 모든 것을 죄 아래 가두어 두신 기간인 6일 동안 온 세상에 성경을 사용하는 모든 사람들이 하나님의 뜻과 아무 상관이 없이 도리어 악행을 하고, 성경과 다른 거짓말로 영혼 살인을 저지르며 악을 쌓고 있다는 것을 밝히셔서 모두 진리로, 성부 하나님께로 돌이키게 하기 위해서다. 하나님께서 진리의 성령을 성전 삼으셔서 하시고 계신 일이 '전대미문의 새일'이며, '하나님의 큰일'이란 사실을 온 세상 모든 사람들로 알게 하시기

위해 허락하신 일이다.

눅21:9~13 [9]난리와 소란의 소문을 들을 때에 두려워 말라 이 일이 먼저 있어야 하되 끝은 곧 되지 아니하니라 [10]또 이르시되 민족이 민족을, 나라가 나라를 대적하여 일어나겠고 [11]처처에 큰 지진과 기근과 온역이 있겠고 또 무서운 일과 하늘로서 큰 징조들이 있으리라 [12]이 모든 일 전에 내 이름을 인하여 너희에게 손을 대어 핍박하며 회당과 옥에 넘겨주며 임금들과 관장들 앞에 끌어 가려니와 [13]이 일이 도리어 너희에게 증거가 되리라

같은 대한민국 사람, 같은 기독교인에 의해 옥에 갇히신 것은 **누가복음 21장**의 말씀이 실상이 되고 있음을 증명하고 있다. 신옥주 목사님과 성도들에게 대법원 판결이 난 2020년 2월 27일 이후부터 2019년 12월경 중국 우한에서 시작된 코로나19가 전 세계로 펜데믹 현상을 보이며 현재까지 229개국에 6억 명 이상 확진자가 발생하였고, 6백 50만 명 이상 사망하였다. 이미 온역(전염병, 염병) 재앙으로 하나님께 징계를 받고 있다. 또한 이미 나라와 나라가 대적하는 일이 사실이 되어 아프가니스탄, 미얀마에 이어 러시아의 우크라이나 침공으로 인해 전 세계가 위기에 처해 있으며 수많은 난민과 사상자가 발생하고 있어 때가 매우 급하다.

이제 속히 모두 새 언약의 말씀으로 돌아서야 한다. 말씀이 하나님이시고, 하나님은 식언치 아니하시고 말씀하신 것을 반드시 땅 위에서 다 이루시는 하나님이시다. 하나님께서 변론하시려고 일어서신 지 벌써 15

년째다. 이미 하나님의 집에서부터 심판이 시작되었다.

진리의 성령 신옥주 목사님을 통해 하나님께서 하시는 일은 사람을 영원히 살리시는 창세 이래 처음 있는 하나님의 선한 일로서 의인에게는, 곧 여호와 하나님의 말씀을 받고 즐겨 순종하는 사람인 의인에게는 하나님의 법을 어기고 지은 모든 죄에서 영원히 해방되게 하여 영생이 실상이 되어 하나님처럼 살게 하지만, 반대로 악인에게는 영벌을 받게 되는 판결이 된다.

이 모든 일을 실상으로 이루는 말씀을 기록한 책이 **"영원한 생명, 생명책"**이다. 진실로 영원한 생명을 얻게 하는 유일한 '여호와 하나님의 도'를 지켜 영생을 얻게 하는 길이요 진리이며 생명 자체이다. 반드시 육체가 살아 있을 때 이 진리로 돌아서야 한다.

전 우주적인 일곱째 날에 하나님의 성전이 되셔서 하나님의 가르치심을 대언하시는 진리의 성령께서 모든 진리 가운데로 인도하시는 새 언약[히8장]의 말씀으로 영혼을 정결케 할 때 "너희 죄가 주홍 같을찌라도 눈과 같이 희어질 것이요 진홍같이 붉을찌라도 양털같이 되리라"라고 하신 말씀이 실상으로 이루어져서 죄사함을 받게 되고, "허물의 사함을 얻고 그 죄의 가리움을 받은 자는 복이 있도다"에 해당하는 실상의 복된 사람들이 나타나게 된다. 이들을 '성도'라고 하며, 이미 실상이 되었고, 앞으로도 하나님의 자녀들, 백성들이 돌아올 것이다.

계20:12~15 ¹²또 내가 보니 죽은 자들이 무론 대소하고 그 보좌 앞에 섰는데 책들이 펴 있고 또 다른 책이 펴졌으니 곧 생명책이라 죽은 자들이 자기 행위를 따라 책들에 기록된 대로 심판을 받으니 ¹³바다가 그 가운데서 죽은 자들을 내어주고 또 사망과 음부도 그 가운데서 죽은 자들을 내어주매 각 사람이 자기의 행위대로 심판을 받고 ¹⁴사망과 음부도 불못에 던지우니 이것은 둘째 사망 곧 불못이라 ¹⁵누구든지 생명책에 기록되지 못한 자는 불못에 던지우더라

그래서 "영원한 생명, 생명책"은 요한계시록 20장 12~15절의 말씀이 실상이 된 책이다. 성경과 함께 영원히 사용될 살아 계신 하나님의 말씀이며, 모든 사람들의 이론을 다 파하는 강력이고, 창세 이래 사람들이 만든 모든 종교를 다 파하는 능력이며 위력이다. 이래서 '생명책', 곧 '영원한 생명책'이다. 전 세계 진리를 구하는 모든 사람들에게, 하나님의 사랑을 간구하는 모든 사람들에게, 진실로 예수 그리스도를 믿는 모든 사람들에게, 아직 하나님을 만나지 못한 사람들 모두에게 '생명 생수'이며, '생기'이고, 영혼을 소생시키는 '단물'이자, '천천히 흐르는 실로아 물'이다.

지금 이 세대는 의인과 악인이 갈라지는 때다. 새 언약의 말씀으로 '영원한 생명인 영생'을 누리는 자와 영원한 지옥 영벌인 둘째 사망에 가는 자가 나뉘어진다. 사실이다. 이제 모두 성부 하나님께로, 새 언약의 말씀으로 돌아서야 한다. 새 언약의 말씀으로 돌아서지 않는 모든 사람은 반드시 심판을 받는다. 육체가 살아 있는 동안 하나님을 만나지 못하면 일생 교회

를 다니고, 예수 이름, 하나님 이름을 불러도 천국과 아무 상관이 없다.

이 책은 "또 다른 책이 펴졌으니 곧 생명책이라 죽은 자들이 자기 행위를 따라 책들에 기록된대로 심판을 받으니"의 실상이다. 그래서 이 책에 책망받는 자들이나, 심판받는 자들의 실명이 그대로 기록되어 있는 것이다. 진실로 이 말씀대로 반드시 이루어진다.

하나님은 영육 간에 온전히 산 자의 하나님이시며, 사신 하나님, 사시는 하나님, 살아 계신 하나님이시다. 육체가 죽은 자의 하나님이 아니시며, "네가 살았다 하는 예수 이름은 가졌으나 영적으로 죽은 자"라고 하신 이들의 하나님이 아니시다. 그래서 육체를 입고 사는 동안이 너무너무 중요하며, 지금 이때는 진리를 찾아야 하고, 만나야 하며, "진리가 너희를 자유케 하리라"라고 하신 말씀이 실상이 되어야 하고, 되는 때이다.

"영원한 생명, 생명책"은 2021년 6월 16일부터 선포하신 말씀부터 기록한 책이다. 앞으로도 영원히 생명책은 이어질 것이다. 육체가 살아 있는 모든 사람들이 진리 안에서 영생의 기쁨을 누리는 성도들이 되기를 진심으로 바라고 권면하며, "구하라 그러면 너희에게 주실 것이요 찾으라 그러면 찾을 것이요 문을 두드리라 그러면 너희에게 열릴 것이니"라고 하신 말씀대로 모두 진리를 구하고 찾기를 바란다.

2022년 9월 25일

대서 성도 다니엘, 성도 진선, 성도 성진

『영원한 생명, 생명책』 보는 방법

진리의 성령께서 사랑(하나님)을 따라, 성령을 따라 인도하시는 대로 말씀을 따라가면 된다. 말씀 중에 나오는 성경 구절은 반드시 함께 찾아 읽어야 진리를 명확히 깨닫는 데 도움이 된다. 이 책에 인용된 성경은 한국 기독교에서 100년 이상 정경으로 사용하고 있는 개역한글 성경이며, 개역개정본이나 기타 번역본은 사용하지 않는다.

성경은 반드시 전 성경을 통으로 보고, 신령한 것은 신령한 것으로, 영적인 것은 영적인 것으로 해석한다[고전2:13~14].

고전2:13~14 ¹³우리가 이것을 말하거니와 사람의 지혜의 가르친 말로 아니하고 오직 성령의 가르치신 것으로 하니 신령한 일은 신령한 것으로 분별하느니라 ¹⁴육에 속한 사람은 하나님의 성령의 일을 받지 아니하나니 저희에게는 미련하게 보임이요 또 깨닫지도 못하나니 이런 일은 영적으로라야 분변함이니라

말씀을 방언통역 하실 때 진리의 성령께서 하시는 말씀과 성경 구절을 괄호를 사용하여 구분하였다. 그러나 새 언약의 말씀은 넓이와 길이와 높이와 깊이로 깨닫게 하시기 때문에 방언통역이 꼬리를 물고 이어지기도 하며, 종종 괄호가 열린 채 다음 말씀으로 이어지기도 한다. 한 번에 못 깨달아도 계속 여러 부분, 여러 모양으로 인을 치시기 때문에 인도하시는 대로 순전히 따라가면 하나님께서 깨닫게 하시는 은혜를 주신다.

예시

❶ 악한 자들의 학대

❷　　　이런 학대는 사람이 본능적으로 아는 학대가 아니다. 학대에 대한 해답을 보자.

❸ **욥19:1~6** ¹욥이 대답하여 가로되 ²너희가 내 마음을 번뇌케 하며 말로 꺾기를 어느 때까지 하겠느냐 ³너희가 열 번이나 나를 꾸짖고 나를 학대하고도 부끄러워 아니하는구나 ⁴내가 과연 허물이 있었다 할찌라도 그 허물이 내게만 있는 것이니 ⁵너희가 참으로 나를 향하여 자긍하며 내게 수치 될 행위가 있다고 증명하려면 하려니와 ⁶하나님이 나를 굴하게 하시고 자기 그물로 나를 에워싸신 줄은 알아야 할찌니라

　　　욥19:3절부터 ³너희가 열 번이나 나를 꾸짖고 나를 학대하고도 부끄
❹
러워 아니하는구나(하나님께서 욥을 의인이라고 하시니까 하나님의 아들들과 사단이 하나님 앞에 서 있다가 하나님께 욥을 정죄한다. 이는 당시 욥의 일로 끝난 일이 아니고, 하나님의 아들들이 실상이 될 때 있을 예언을 감추고 기록하신 것이다. 그래서 "하루는"이라고 하셨다. **욥1:6~12절**을 보자.

❺ **욥1:6~12** ⁶**하루는 하나님의 아들들이 와서 여호와 앞에 섰고 사단도 그들 가운데 왔는지라** ⁷여호와께서 사단에게 이르시되 네가 어디서 왔느냐 사단이 여호와께 대답하여 가로되 땅에 두루 돌아 여기저기 다녀왔나이다

❶ 소제목

❷ 본문
　진리의 성령께서 하시는 말씀

❸ 성경구절
　컬러를 적용하였고, 강조하시는 부분은 고딕체로 구분

❹ 방언통역
　말씀을 방언통역 하실 때는 괄호를 사용

❺ 특정 내용에 대해 세밀하게 더 깊이 방언통역 하실 때는 **검정색 고딕체**로 구분

목 차

이제 온 천하는 잠잠하라

온 세상의 문제와 해답은 성경 속에 있다. 사람이 만든 물건이 문제가 생기면 만든 사람이 고치고 새롭게 하듯이, 온 세상 우주 만물을 만드신 분은 하나님이기에, 문제에 대한 근본 원인도, 해답도 약 1600여 년간 40여 명의 인간 저자를 사용하셔서 기록하게 하신 성경에 감추어 두셨다. 그런데 왜 이 세상에는 각종 문제가 너무 많은데 해결은 안 되고 있는 것일까?

전 세계에 성경을 사용하는 종교인들은 많은데 왜 서로 싸우고, 하나님은 한 분이고 신은 오직 하나님 한 분밖에 없는데 왜 하나가 되지 못하고 서로 비방할 뿐 아니라 문제의 해결은커녕 종교가 모든 분쟁의 근본 원인이 된 것일까? 이는 전 세계 성경을 사용하는 기독교, 천주교, 유대교, 이슬람교 모두 성경 속에 감추어 두신 창조주 하나님의 뜻을 모르기 때문이다.

왜 전 세계 모든 국가가 AD 2021년을 사용하는지 그 이유를 아는 사람이 78억의 사람 중에 과연 얼마나 될까? '개혁'해야 한다는 명분으로 부패와 부조리를 척결한다는데 왜 개혁은커녕 개혁을 주장하는 사람들의 부패와 부조리만 더 드러나서 진저리 나고 질리게 만드는 것일까? 이제부터 이 모든 문제와 해답을 하나하나 밝힐 것이다.

2008년 6월 16일 종로 5가 100주년 기념관에서 기독교 목사들 위주로 목회자 세미나를 시작하면서 2022년 현재까지 은혜로교회 목사인 나는 **히9:10절**의 말씀대로 15년째 실행하고 있다.

히9:10 이런 것은 먹고 마시는 것과 여러가지 씻는 것과 함께 육체의 예법만 되어 개혁할 때까지 맡겨 둔 것이니라

전 세계 성경을 사용하는 모든 종교는 육체의 예법만 되는 것을 가지고 설교하고, 사람이 본능적으로 아는 지식으로만 보고 가르침으로 인해 성경 속에 감추어 두신 천국의 비밀은 단 한 절도 모르고 살아 계신 하나님의 말씀을 사람의 말로 변개시키고 왜곡하여 가르쳤다. 이것은 치명적인 결과를 낳았으며, 창세 이래 단 한 세대도 온전케 된 사람이 없었고, 그리스도인으로 거듭난 사람도 없었다. 이는 절대 과언이 아니며, 허언은 더더욱 아니고, 사실이다. 이에 대해서 이미 전 성경 속에 예언되어 있었다. 하나님께서는 당신이 행하는 일을 사람에게 알게 하시지 않는다. 증명한다.

전3:11 하나님이 모든 것을 지으시되 때를 따라 아름답게 하셨고 또 사람에게 영원을 사모하는 마음을 주셨느니라 그러나 하나님의 하시는 일의 시종을 사람으로 측량할 수 없게 하셨도다

성경 박사도, 성경 사전을 쓴 사람도, 성경을 번역한 사람도, 성경을 기록한 40여 명의 저자들도, 예수 그리스도께 직접 가르침을 받은 제자들도, 기독교에서 사도 중에 영성이 가장 높다는 사도 바울도, 심지어 하나님께서 이 땅에 사람으로 보내시겠다고 구약성경에 언약하신 대로 BC 4년경에 오신 하나님의 아들 예수 그리스도께서도 하나님의 뜻을 온전히 알고 가르치신 것이 아니라고 하면 "오직 예수, 오직 예수" 하는 전 세계 기독교인들 중 누가 믿을까? 하지만 명백한 사실이다.

갈3:22 그러나 성경이 모든 것을 죄 아래 가두었으니 이는 예수 그리스도를 믿음으로 말미암은 약속을 믿는 자들에게 주려 함이니라

기독교, 천주교, 유대교, 이슬람교 등의 실상을 미리 예언해 두셨다. 하나님께서 성경을 기록하신 목적이 있다. 아무 때나, 아무나 천국의 비밀을 알게 하지 않으신다. 따라서 하나님께서 정하신 때가 될 때까지 성경을 사용하는 모든 사람을 죄 아래 가두어 두셨기에 아무도 하나님의 뜻을 알 수 없었고, 천주교에서 기독교로 종교개혁을 실행한 마틴 루터도 개혁한 것이 아니며, 그는 자신이 한 일로 인하여 지옥에 가 있는데도 대한민국 장로교는 이런 사람의 이론을 따르고 있다는 사실을 아무도 모르고 있다.

하나님의 아들이신 예수 그리스도를 믿는다고 하는 기독교나, 천주교나, 예수 그리스도를 잔인하게 사형시킨 유대인들이나 성경이 모든 것을 죄 아래 가두어 두었다고 하는 이 말씀만 믿어도, 14년째 하나님께서 친히 하시고 계신 **히브리서 8장**의 전대미문의 새 언약인 영원한 언약을 대언하는 나를 "이단이니, 사이비니" 하며 정죄하고 하나님의 하시는 이 일을 훼방할 수 없다.

직설적으로 말하면 지금 전 세계 기독교는, 성경을 사용하는 모든 종교는 천국의 비밀인 하나님의 뜻을 단 한 절도 모른다. 더 치명적인 것은 자신들은 하나님도, 예수 그리스도도, 성령도, 천국도, 지옥도, 지옥에 가는 사탄, 마귀, 귀신에 대해서도 모두 아무것도 모르고 상상하여 혀로 말만 하는데도 자신들은 다 알고 있다고 당당하게 말하고, 잘 믿는다고 생각한다는 것이다.

예수 그리스도를 통하여 하나님께서 약속하신 말씀들 중 기독교의 핵심이요, 하나님의 명령인 다음 말씀이 이루어지지 않아도 의문은커녕 성경을 가지고 성경과 다른 거짓말을 가르치고 있다.

요11:25~26 [25]예수께서 가라사대 나는 부활이요 생명이니 나를 믿는 자는 죽어도 살겠고 [26]무릇 살아서 나를 믿는 자는 영원히 죽지 아니하리니 이것을 네가 믿느냐

이 말씀을 지금 전 세계 교회 중 은혜로교회만 유일하게 하나님의 뜻을 알고 믿는다고 하면 나를 도리어 이단이라고 정죄해 버린다. 자칭

기독교 목사, 자칭 기독교인들이 나를 이단이라고 정죄한 말만 믿고 법정에서 나와 은혜로교회 성도들을 '이단, 사이비, 신옥주는 사이비 교주'라고 하는 허건 형사, 최수경 검사, 이윤희 검사, 안양지검의 검사들과 온 천하에 있는 모든 사람들에게 천명한다.

나는 절대 '이단, 사이비, 사이비 교주'가 아니다. 지금 이후로 온 세상에 그 누구든 나와 은혜로교회 성도들을 향해 '이단, 사이비'라는 용어를 사용하면 하나님의 다음 말씀대로 사실이 될 것이며, 이미 나를 이단, 사이비 교주라고 정죄한 사람들도 진실로 하나님 앞에 회개하고 돌이키지 아니하면, 예수 그리스도께서 직접 하신 이 말씀 그대로 너에게 다 이루어질 것이며, 전 성경에 기록된 모든 재앙이 너한테 그대로 이루어질 것이다.

이미 하나님의 징벌하심이 현재 2년이 넘게 전 세계 팬데믹이 되어 있는 '코로나19 바이러스 전염병'이다. 믿든 안 믿든 이는 사실이며, 이에 대해서 이미 성경대로 증명했고, 앞으로도 영원히 증명할 것이다.

마12:31~32 [31]그러므로 내가 너희에게 이르노니 사람의 모든 죄와 훼방은 사하심을 얻되 성령을 훼방하는 것은 사하심을 얻지 못하겠고 [32]또 누구든지 말로 인자를 거역하면 사하심을 얻되 누구든지 말로 성령을 거역하면 이 세상과 오는 세상에도 사하심을 얻지 못하리라

마12:32절의 "이 세상"이란 창세 이래 2021년 지금 이 세상을 뜻하며 세상의 모든 부귀영화를 다스리고 누리고 지배하는 권세는 하나님께서 악인, 곧 '용, 뱀, 짐승, 사탄, 마귀, 귀신'들에게 허락하셨고, 온 우주 만

물을 창조하신 하나님께서 죄악이 가득한 이 세상을 심판하시고, 창세 이 래 단 한 세대도 성경대로 온전히 이루어지지 않았던 의인의 세대가 실상 이 되는 것을 두고 '오는 세상'이라고 한다.

따라서 지금 이 세상이 종말 한다고 온 세상 기독교인들이 다 말해 도 그런 '종말론'을 나는 단 한 번도 말한 적이 없다. 그런데 나를 처음 조 사한 거짓말쟁이 허건 형사는[1] 내가 '종말론'을 말했다고 했고, 안양지검 에 이윤희 검사도[2] 직접 종말론을 주장한다고 하며, 두고 보자고 했다. 하 나님께서 만드신 모든 것은 절대 종말 하지 않는다. 증명한다.

전3:14 무릇 하나님의 행하시는 것은 영원히 있을 것이라 더 할 수도 없고 덜 할 수도 없나니 하나님이 이같이 행하심은 사람으로 그 앞에서 경외하 게 하려 하심인 줄을 내가 알았도다

전1:4 한 세대는 가고 한 세대는 오되 땅은 영원히 있도다

렘17:25 다윗의 위에 앉는 왕들과 방백들이 병거와 말을 타고 이 성문으 로 들어오되 그들과 유다 모든 백성과 예루살렘 거민들이 함께 그리할 것 이요 이 성은 영영히 있을 것이며

렘17:25절에 말씀하시는 '성'은 지금 저 황금돔이 있는 예루살렘이 아니라, 다시 택하신 새 예루살렘 성을 뜻한다. 하나님께서 행하신 것은 이렇게 땅도, 성도 영원히 있는데 왜 목사들은 지구가 종말 한다고 가르

치고 있는가?

이렇게 하나님의 말씀은 다 무시해 버리고 목사들 마음대로 지어내서 환난 전에 휴거 한다고 가르치는 자, 지구는 종말 한다고 가르치는 자, 죽어서 천국 간다고 하고, 자살해도 천국 갔다고 거짓말하며, 혀로 "오직 예수"라고 말만 하면 누구든지 다 구원받는다고 거짓말로 가르치고, 어떤 죄를 지어도 다 용서한다고 가르치며, 사람을 죽인 살인자도 혀로 예수 믿는다고 하면 천국 간다고 가르치는 자들이 바로 성경과 다른 거짓말을 가르치는 귀신들이다. 전 세계 기독교가 성경을 가지고 성경과 다른 거짓말을 가르치고 있다. 이는 예수 이름 사용하여 영원한 지옥에 보내는 것이다. 이런 목사들이 '사이비요, 이단'이다.

그런데 성경대로 보고, 듣고, 믿고 지켜 실행한 나를 도리어 "이단이니 사이비니" 하면서, 심지어 자신들이 서 있는 교회 강단에서 이단이라고 정죄하며, 세상 방송, 언론을 사용하여 공개적으로 나를 짓밟고 하나님의 큰일을 훼방했다. 이제 하나하나 그들의 이름, 단체까지 거명하여 얼마나 성경과 다른 거짓말을 하는지 밝힐 것이다. 그들은 지옥 불의 소리로 설교하여 교인들을 지옥에 보냈고, 지금 이 시간에도 보내고 있다.

렘25:5 이르시기를 너희는 각기 악한 길과 너희 악행에서 돌이키라 그리하면 나 여호와가 너희와 너희 열조에게 옛적에 주어 영원히 있게 한 그 땅에 거하리니

하나님의 말씀대로 2008년 6월 16일부터 2021년 지금 이 시간 감

옥에서도 이 진리대로 지켜 실행한 교회는 전 세계에서 은혜로교회밖에 없다. 지면의 한계상 14년째 이 일을 다 한꺼번에 말할 수 없어서 하나하나 증명하여 창세 이래 2021년 이때까지 그 누구도 알지도 못했고, 보지도 못했던 전대미문의 천국의 비밀을, 하나님께서 친히 가르치시는 영원한 언약을 나는 대언하고 지켜 실행하고 있다는 것을 밝힌다.

　믿든 안 믿든 명백한 사실이다. 열매를 보면 그 나무, 곧 그 사람을 안다고 했으니, 은혜로교회 성도들이 증인들이며, 열매들이다. 나도, 성도들도, 다 생명책인 성경에 이름이 기록되어 있는 하나님의 자녀들, 백성들이다.

거짓 증언으로 죄를 씌운 자들

　하나님의 행하시는 일은 이렇게 영원히 있는데 지구는 종말 한다고 하는 목사들, 교인들은 이런 진리를 단 한 절도 믿지 않는다. 지금 이 세대까지 '**악한 길과 악행**'에서 진실로 회개하고 돌아서지 아니하면 **렘 25:6~14절**의 예언대로 실상이 된다.

　"⁶너희는 다른 신(성경을 가지고 성경과 다른 거짓말을 가르치는 지도자가 '**다른 신**'이다. 지금 전 세계 종교 지도자들이 이런 다른 신이다. 이 때문에 성경적인 개혁을 하는 것이다. 너희는 다른 신)을 좇아 섬기거나 숭배하지 말며 너희 손으로 만든 것을 인하여(이 말씀이 저 밖에 부처나 다른 종교만을 뜻하시는 것이 아니고, 성경을 가지고 성경과 다른 거짓말을 가르치는 자들을 좇아 섬기거나 숭배하는 것을 뜻한다. 교인들이 이런 목사를 섬기는 것이 바로 우상숭배다.) 나의 노를 격동치 말라 그리하면 내가 너희를 해치 아니하리라 하였으나 [7]너희가 내 말을 듣지 아니하고 너희 손으로 만든 것으로 나의 노를 격동하여 스스로 해하였느니라 여호와의 말이니라 [8]그러므로 나 만군의 여호와가 이같이 말하노라 너희가 내 말을 듣지 아니하였은즉 [9]보라 내가 보내어 북방 모든 족속과 내 종 바벨론 왕 느부갓네살을 불러다가 이 땅과 그 거민과 사방 모든 나라를 쳐서 진멸하여 그들로 놀램과 치소거리가 되게 하며 땅으로 영영한 황무지가 되게 할 것이라 [10]내가 그들 중에서 기뻐하는 소리와 즐거워하는 소리와 신랑의 소리와 신부의 소리와 맷돌소리와 등불 빛이 끊쳐지게 하리니(이미 이러한 영적인 상태인데 아무도 모른다는 사실이다.)

[11]이 온 땅이 황폐하여 놀램이 될 것이며 이 나라들은 칠십 년 동안 바벨론 왕을 섬기리라(이런 말씀을 목사들이 문자 그대로 보고 저 이스라엘 당시에 바벨론에 포로로 잡혀 갈 때 일이라고 가르친다. 이는 성경적인 방언만 될 뿐, 감추어 두신 천국의 비밀은 드러나지 않기 때문에 그런 설교를 하는 자나 그런 설교를 듣는 자들의 영혼과도 아무 관계가 없는 말이 된다.)

[12]나 여호와가 말하노라 칠십 년이 마치면 내가 바벨론 왕과 그 나라와 갈대아인의 땅을 그 죄악으로 인하여 벌하여 영영히 황무케 하되 [13]내가 그 땅에 대하여 선고한 바(하나님께서 온 세상은 창조하셨으므로 하나님의 말씀을 따르지 않고 죄를 짓는 각 사람, 각 나라에 대해 심판을 하실 분도

창조주 하나님이시다. 하나님께서 선고하신 것 또한 전 성경 속에 기록해 두셨다.) 곧 예레미야가 열방(세계 모든 민족, 모든 나라를 '열방'이라고 한다.)에 대하여 예언하고(하나님의 말씀이 기록된 성경만이 예언이며, 하나님께서는 아무에게나 말씀하시지 않고, 반드시 당신이 정하신 사람을 통하여 선고하신다.)

이 책에 기록한 나의 모든 말을 그 땅에 임하게 하리니(그래서 심판 날인 지금 이 세대에 하나님께 택함을 받은 백성들은 이러한 귀신의 처소 바벨론에서 나오게 하셔서 하나님께서 예비해 두신 땅, 새 예루살렘으로 이사하게 하신 것이다. 이렇게 성경대로 보고, 듣고, 믿고 지켜 실행한 나와 성도들이 약속하신 땅에 이사한 것을 두고 '**감금, 특수감금**'이라는 죄목을 붙여 감옥에 가둔 것이다. 하나님의 일을 행한 나와 성도들을 이단, 사이비라고 정죄한 목사들, 자칭 기독교인이라는 허건 형사, 우리에게서 나가 후욕하며 고소한 자들이 연합하여 거짓말로 증거하고 기소한 것은 스스로 돌이킬 수 없는 치명적인 죄를 지은 것이다. 이 재판이 얼마나 잘못된 재판인지 하나하나 밝힐 것이다.) [14]여러 나라와 큰 왕들이 그들로 자기 역군을 삼으리라 내가 그들의 행위와 그들의 손의 행한 대로 보응하리라 하시니라"

그러므로 이 본문 또한 예레미야 당시에 이루어지는 사실이 아니라 하나님께서 정하신 여호와의 날, 인자의 날인 2021년 이 세대에 사실이 되어 이루어지는 예언이다. 예레미야 당시는 전 세계 열방은 아예 하나님과 예수님에 대해서 알지도 못했고, 예수 그리스도께서 이 땅에 오시고도 2천 년이 흘러야 이 예언이 성취되는 일이었다.

하나님께서 행하신 일들은 영원히 있다. 성경을 사용하는 설교자들이 성경과 다른 거짓말로 종말론을 말하지만, 반대로 나는 지구는 종말 하지 않는다고 했다. 이런 나를 종교의 자유가 있는 대한민국에서 하나님의 말씀대로 보고 듣고 지켜 실행한 이 일을 두고 한 번도 말하지 않았던 '종말론'을 말했다고 거짓말로 조사하고, 우리에게서 나간 자칭 피해자라고 하는 자들의 거짓말만 믿고 죄를 씌워 7년형이라는 징역형을 선고하고, 내 동생이라는 것 때문에 4년형을 선고한 1심 판사 장서진, 항소심 주심 판사 송승우, 대법원에서 기각을 선고한 대법원 판사들을 온 세상에 고발한다.

나는 당신들이 씌운 7년형의 죄를 단 한 가지도 지은 적이 없다. 온 세계에 있는 교회의 목사들처럼 목회를 한 것이 절대 아니었다. 어린아이도 분별할 수 있도록 자칭 피해자라고 하는 그들의 거짓말에 대한 증거를 다 제시하여도 아예 '너 죽여 버리겠다'는 식으로 다 무시하고, 수천 장이 넘는 성도들의 탄원서를 다 업신여겼고, 수원 지방 고법 재판 때는 아예 주심 판사 송승우는 눈을 감고 의자에 기대어 무시, 멸시하며 자신이 왕이 되어 업신여기는 태도로 횡설수설하는 판결을 했다.

이 나라는 절대 법치 국가가 아니다. 세상에서 명예나 권력이 있는 사람, 이름이 유명한 사람, 특히 권력의 실세들은 부정부패가 극에 달해도 아무 부끄러움도 없이 영원한 권력을 가진 것처럼 마음대로 휘두르고 법을 어겨도 어떤 방법으로든 무마해 버리면서, 감옥에 갇혀 있는 사람들은 아무 힘이 없는 일반 백성들이거나 그들의 적들이다.

정치인들은 권력을 잡으면 상대편은 복수의 대상으로 삼아 보복하고, 국민은 모두 바보로 취급하는 이런 나라가 나라냐? 대통령을 지낸 사람이 자살하고, 성추행을 한 시장이 자신의 가장함이 드러나니까 자살해 버리는 것이 이 세상에 속한 지도자들의 실상이다.[3] 그들이 하나님을 진리대로 알았다면 자신에게 단 한 번밖에 없는 목숨을 치부가 드러났다고 스스로 목숨을 끊었겠느냐?

하나님께서는 죽는 자의 죽는 것도 기뻐하시지 않으시는 하나님이시다. 하나님을 모르는 사람은 땅에서 아무리 높은 지위에 올라도 그 오른 지위로 인하여 더 죄를 짓고, 결국 100년도 못 사는 단 한번뿐인 삶을 자신들이 스스로 결판내서 **눅16:19~31절**의 부자가 간 음부, 곧 지옥 불에서 영원히 고통받으며 영벌을 받는다.

이 진리, 곧 사실을 알았다면, 죄가 드러나서 수치를 겪게 되면 자신의 삶을 돌아보고, 진실로 회개하여 다시는 죄를 짓지 않고 돌아서서 하나님의 말씀대로 살아 명예를 회복하고, 남은 삶을 바르게 살아 본이 되어 이 사회에 선한 영향력을 보이면 되는데~ 하나님을 모르는 사람을 왜 '먼지, 티끌, 안개, 지렁이, 풀' 등등에 비유하셨는지 진실로 성경을 한 절만 깨달아도 이런 헛된 삶을 살지 않는다.

인간이 일생 가지는 욕망인 부와 권력, 명예를 '꽃'에 비유하신 하나님의 도, 진리의 도를 한 절만 깨닫고 믿어도 자신이 자신을 스스로 자해하는, 곧 귀신이 주인인 삶을 살지 않는다.

사람은 하나님을 모르면, 은 삼십에 하나님의 아들 예수 그리스도를 사형시키는 데 길잡이, 길 안내자 역할을 하여 자신은 영원한 지옥 불에 떨어지는 치명적인 죄를 짓고 자살한 가룻 유다처럼 어리석고 미련한 삶을 살다가 육체가 죽어서 그 혼이 가는 곳이 지옥 유황 불못이라는 것을 안다면 온 세상에 어느 누가 그런 삶을 살겠느냐?

그 가룟 유다보다 더 어리석고 차라리 사람으로 태어나지 않는 것이 그 자신들에게 더 유익한 사람들이 바로 나를 통한 14년째 이 일을 "이단이니~ 사이비니~" 하며 핍박하고 정죄한 자들, 자칭 목사들, 자칭 기독교인들이다. 이 일은 자신들이 혀로 "주여 주여" 하는 예수 그리스도께서 하신 예언의 말씀이 사실이 되어 성취되고 있는데도 믿지 않는다. 곧 창조주 하나님께서 보이는 이 세상을 창조하시기 이전에 계획하셨던 하나님의 뜻을, 하나님께서 정하신 때에 당신이 창조한 이 땅에 그대로 이루고 계시는 실상인데도 알지 못하고 믿지 않는 자들이다.

따라서 이 일을 대적하는 것은 목사인 나를 대적하고 훼방하나 사실은 자신들이 "주여 주여" 하는 예수 그리스도를 대적하는 것이요, 더 위에는 성부 하나님, 온 세상 천지 만물을 창조하신 유일한 신, 오직 한 분뿐이신 하나님을 대적하는 일이다.

하나님은 절대
친히 진술하시지 않는다

욥33:13 하나님은 모든 행하시는 것을 스스로 진술치 아니하시나니 네가 하나님과 변쟁함은 어찜이뇨 하나님은 절대 스스로 친히 진술하시지 않는다. 반드시 사람을 사용하셔서 하나님께서 행하시는 모든 일을 진술하신다는 뜻이다. '진술'이란 ①자세히 벌여 말함, 또는 그 말. 하나님께서 당신이 행하신 모든 일을 당신 스스로 자세히 진술치 아니하신다. ②소송 당사자나 관계인이 법원에 사건에 관한 사실이나 법률상의 의견을 말함, 또는 그 내용을 진술이라고 한다. 참 이상하지 않느냐? 왜 진술이라고 기록하게 하셨을까?

나를 통한 이 일이 하나님께서 행하시는 일이라는 명백한 증거가 바로 나를 말도 안 되는 거짓말로 세상 법에 송사하고 감옥에 가두어 두며, 세상 언론이 악마의 편집을 하여 온 세상에 치욕을 주고 짓밟고 죽인 이 일이다. SBS '그것이 알고 싶다' 장경주 PD와 허건 형사의 계략에 의해 이루어진 일이지만, 이 일은 나를 통해 살아 계신 하나님의 선한 일이라는 사실과 은혜로교회 성도들이 **롬8:14, 19절** 외에도 전 성경에 예언되어 있는 하나님의 아들들이라는 사실을 온 세상에 알리시는 하나님의 완전한 지혜라는 것을 이 세상 사람들이 모를 뿐이다.

허건 형사는 2018년 7월 24일 오후 6시경 인천 공항에서 나와 창섭 성도를 체포하고, 그 이전에 이미 공범이라고 지칭한 두 성도를 유치장에 가두고 내 집과 교회를 덮쳐 압수수색을 했는데, 단 한 번의 출석 통지서나 고지를 하지 않은 채 철저히 비인격적으로 짓밟고 죽였다.

이 구속 사건이 났을 때는 우리 안에 성도들도 하나님의 완전한 지혜를 아무도 모르고 나만 알고 있었던 때였으며, **욥33:13절** 말씀뿐 아니라 전 성경에 나에 대한 송사가 예언되어 있는 대로 이루어지고 있었던 것이다. 이 구속 사건은 우리 안에 예수 그리스도를 잘 믿는 척 가장하며 함께 있었던 불신자들, 악인들이 누군지 의인 중에 악인을 갈라내시고 계신 하나님의 완전한 지혜이며, 성도들을 해산하시는 하나님의 모략이고, 갚을 수 없는 사랑이다. 이 사실을 이제 우리 안에 다시 창조된 성도, 다른 말로 하면 물과 성령으로 거듭난 새 사람, 곧 하나님의 아들들은 안다.

하나님은 당신이 하신 일, 창세 이래 현재도 하시고 계신 일, 미래에 하실 모든 일들도 다 당신 스스로 자세하게 사실대로 진술하시지 않고 사람을 사용하신다. 이에 대한 증거가 하나님의 행하신 일을 성경에 기록하게 하시되 친히 하시지 않고, 40여 명의 저자를 사용하셨다는 것이다. 이처럼 나를 그릇으로 사용하셔서 창세 이래 처음으로 2008년 6월 16일에 **히브리서 8장**의 전대미문의 새 언약을 시작하셨으며, 2021년 5월 29일 지금 이 시간까지 나와 은혜로교회 성도들을 사용하셔서 진술하시고 계신다.

뿐만 아니라 자신들은 꿈에도 모르고 있지만 나와 성도들을 온갖 흉악범으로 '**특수폭행, 공동 상해, 폭행, 중감금, 특수감금, 사기, 상법위반, 아동복지법 위반(아동유기, 방임, 아동학대) 교사죄**'를 씌워 감옥에 가둔 자들을 모두 사용하셔서 나와 우리 성도들에게 영원히 한 몫의 삶을 죽이고, 다시 영원히 살게 하시는 하나님의 온전한 구원하심을 온 세상에 알리는 사건이므로 옥에 갇힌 것이다.

이 사실을 온 천하에 명백하게 천명하시는 사건이 우리에게서 나간 자들이 세상 권력과 연합하여 나를 세상 법에 거짓말로 고소한 이 일이다. 2021년 5월 28일에 하나님의 아들이며 영영한 사역자이고, 오는 세상에서 왕 노릇 할 제사장인 태욱 성도가 사람이 보기에는 나를 대신한 것이지만, 하나님이 보시기에 하나님의 행하신 일을 대신하여 경찰서에서 진술했다. 이 송사가 얼마나 거짓인지, 이 재판이 얼마나 편파적이고 불공정한 재판이며 판결인지, 하나님께서 만세 전에 생명책에 이름을 기록해 두신 아들을 다시 창조하셔서 사용하시고 계신 것이다.

피지에서 하나님의 말씀으로 다시 태어난 성도들 중 성진, 다니엘, 진선 성도들은 이미 진술을 하고 있었다. 그러나 온전히 세상 법에 진술을 한 것은 28일에 태욱 성도가 했다. 세상 법리를 돕는 변호사님과 함께 말이다. 이 일이 얼마나 정확 명확한 하나님의 행하시는 일인지 온 세상의 78억 사람들은 몰라도 은혜로교회 성도들은 아는 일이다.

이제 2021년 6월 16일부터 시작한다. 나를 7년, 창섭 성도를 4년, 문자 성도를 1년 징역형을 판결한 이 재판의 불공정, 불공평, 부당함을 온 세상에 고발하고 고소하는 것이다. 계속 자세하게 이 재판에 대한 모든 것과 그동안 나 신옥주 목사를, 은혜로교회를 "이단이니~ 사이비니~ 사이비교주니~" 하며 훼방하고 모욕하며, 희롱하고 조롱했고, 정죄하고 판단한 이 세상에 속한 자들의 실체를 밝힐 것이고 싸울 것이다. 누가 거짓인지, 누가 진실인지 싸워서 반드시 거짓이 진실을 이길 수 없다는 것을 온 천하 만민에게 증명할 것이다.

대한민국은 헌법으로 종교의 자유가 보장된 나라임에도 자신들이 만든 법도 지키지 않는 나라라는 사실도 드러날 것이고, 공산 국가가 아님 또한 온 세상에 드러날 것이다. 자신의 가족과 백성을 권력을 위해 잔인하게 살해하며 공개 처형하는 북한 김정은을 옳다고 따르는 자들에 의해 세워진 나라가 아님을 증명할 것이고, 호시탐탐 대한민국을 노리고 침략하여 괴롭힌 중국, 일본은 두려움의 대상이 아님에도 비굴한 모습을 전 세계에 보이는 사람이 다스리는 나라가 아님도 증명될 것이다.

　이제 창세 이래 지금 이 세대까지 하나님을 모르는 악인들이 부귀영화를 누리도록 하나님께서 허락하신 기간이 끝났다. 이 기간 안에 해당하는 사람들에게는 절대 성경 문자적인 기록 속에 감추어 두신 하나님의 나라, 곧 천국의 비밀은 단 한 절도 알게 하시지 않았다는 것도 증명될 것이고, 오직 성경만이 참 진리임도 2021년 6월 16일부터 온 세상에 밝히 증명될 것이다.

　그리하여 사람들의 모든 이론을 다 파하는 철장 권세가 어떤 것인지 온 세상 사람들이 시인할 수밖에 없도록 할 것이며, 하나님만이 참 신임을 온 세상에 모든 종교도 인정하고 시인할 수밖에 없도록 하나님께서 완전한 지혜로 다스리실 것이다.

　따라서 이 일을 막을 자는 온 세상에 아무도 없다. 처음 시작부터 수없이 말했다. 하나님의 말씀대로 보고 듣고 믿고 지켜 실행하지 않은 것이 단 한 가지도 없었음을, 감옥에 갇혀 있는 나를 통해서 하나님께서 하신 일임을 온 천하 만민에게 천명한다. 이제 하나님께서는 당신이 행하신 모든 일을 스스로 진술치 아니하시고 사람을 통해서 진술하신다는 것을 인지하고, 나를 '이단, 사이비, 사이비 교주'라고 하는 무지몽매한 인간들의 지껄임과 이 일을 폄훼하고 훼방한 자들이 사람이 보기에는 나를 정죄한 것이지만, 하나님께서 보시기에 어떤 '죄'를 지은 것인지 증명한다.

요15:18~23 [18]세상이 너희를 미워하면 너희보다 먼저 나를 미워한 줄을 알라 [19]너희가 세상에 속하였으면 세상이 자기의 것을 사랑할 터이나 너희는 세상에 속한 자가 아니요 도리어 세상에서 나의 택함을 입은 자인고로 세상이 너희를 미워하느니라 ²⁰내가 너희더러 종이 주인보다 더 크지 못하다 한 말을 기억하라 사람들이 나를 핍박하였은즉 너희도 핍박할 터이요 내 말을 지켰은즉 너희 말도 지킬 터이라 ²¹그러나 사람들이 내 이름을 인하여 이 모든 일을 너희에게 하리니 이는 나 보내신 이를 알지 못함이니라 ²²내가 와서 저희에게 말하지 아니하였더면 죄가 없었으려니와 지금은 그 죄를 핑계할 수 없느니라 ²³나를 미워하는 자는 또 내 아버지를 미워하느니라

요15:18절부터 다시 보자. "¹⁸세상이(악인들이 지배하는 이 세상이, 이 세상에 속한 자들이) 너희를(나와 은혜로교회 성도들을 말한다. 이래서 생명책에 이름이 기록된 자들이 하나님 나라를 상속받고 하나님께 구원을 받는다고 예언해 두신 것이다.)

미워하면(나와 은혜로교회를 이단, 사이비, 사이비 교주라고 정죄하고 미워한 것은 하나님께서 보시기에 살인한 것이다. 증명하면 나를 만나 본 적도 없고 나를 통하여 전하고 있는 하나님의 말씀을 들어 본 적도 없는 감리교 이인규 권사에 의해 미움받기 시작한 것이 기초가 되었다. 알고 보니 이 권사는 인터넷으로 자신의 밥벌이 수단으로 삼을 만한 대상을 선택하여 괴롭히는데, 자신이 보기에 돈을 줄 만한 목사, 만만한 목사, 특히 여자 목사를 선택하여 괴롭히고 돈을 받아 살아 가는 기생충이었다. 그런 그를 단 한 번도 세상 법에 고소한 적도 없고, 그 기생충이 원하는 돈도 준 적이 없다.

그 다음 기생충은 교인 한 명 없는 자칭 목사 박형택이고, 그들이 누룩이 되어 예장합신 총회로 번졌으며, 2014년 9월 예장합신 99차 총회에서 나를 '이단'이라고 규정하였다. 또한 기독교개혁신보 2014년 12월 6일자에 광고까지 내서 나를 이단이라 비방하고 미워하며 악의적인 언론 플레이를 하였다.)

너희보다 먼저 나를 미워한 줄을 알라(지금 이 세대 하나님의 말씀, 곧 예수 그리스도를 통해서 주신 계명대로 보고 듣고 믿고 지켜 실행한 은혜로교회 성도들, 다른 말로 거룩한 떡덩이들, **요14:16~17절, 26절, 요15:26절, 요16:7~15절**의 예언이 실상이 된 너희보다 먼저 하나님의 아들 예수 그리스도를 미워한 줄을 알라고 하신다. 이런 예수님의 말씀도 안 믿는 자칭 이인규 감리교 권사, 교인 한 명 없는 자칭 목사 박형택, 박형택을 목사 안수 준 예장합신 총회, 이들의 세 치 혀로 일파만파 퍼져서 급기야 나와 성도들을 공범으로 몰아 감옥에 가두게 된 이 일은 나 신옥주 목사를 미워한 것이지만, 자신들이 혀로 예수 이름 팔아서 밥벌이 수단으로 사용한 하나님의 아들 예수 그리스도를 먼저 미워한 죄다. 이 때문에 이 일을 훼방하는 사람은 결국 예수 그리스도를 미워하는 자들인 것이다.

2008년 6월 16일에 종로 5가 100주년 기념관에서 공개 세미나를 처음 시작할 때, 그 장소가 예장통합 측 건물이라 세미나 도중 나를 두고 '신천지'에서 배웠다고 고함지르며 훼방한 통합 측 목사가 있었다. 그 목사뿐 아니라 온 천하 만민에게 천명한다.

나는 신천지에서도, 그 누구에게서도 이 진리를 배운 것이 아니다. 정통 기독교에서 무서워 떠는 신천지 이만희는 하나님의 뜻을 단 한 절도 모른다. 지금 말하는 것이 아니라 이미 14년 전부터 말해 왔다. 신천지는 '가라지 추수'를 한 거짓 선생이다. 다시는 나를 그런 거짓 선생에 비유하면 그 죄로 인해 네가 하나님께 징벌을 받을 것이다.

'참 진리'는 절대 여러 군데서 나오지 않는다. 믿든 안 믿든 나를 통한 이 일이 창세 이래 단 한 세대도, 한 사람도 알지 못했고, 보지도 못했던 '전대미문의 새 일'이다.

사42:8~9 [8]나는 여호와니 이는 내 이름이라 나는 내 영광을 다른 자에게, 내 찬송을 우상에게 주지 아니하리라 [9]보라 전에 예언한 일이 이미 이루었느니라 **이제 내가 새 일을 고하노라** 그 일이 시작되기 전이라도 너희에게 이르노라

이 말씀이 온전히 사실이 된 지 만 13년이 되는 때가 2021년 6월 16일이다. 이것은 전대미문의 새 일이다.

사43:18~21 [18]너희는 이전 일을 기억하지 말며 옛적 일을 생각하지 말라 [19]보라 **내가 새 일을 행하리니 이제 나타낼 것이라** 너희가 그것을 알지 못하겠느냐 정녕히 내가 광야에 길과 사막에 강을 내리니 [20]장차 들짐승 곧 시랑과 및 타조도 나를 존경할 것은 내가 광야에 물들을, 사막에 강들을 내어 내 백성, 나의 택한 자로 마시게 할 것임이라 [21]**이 백성은 내가 나를 위하여 지었나니 나의 찬송을 부르게 하려 함이니라**

이 예언도 2721년이 지난 지금 이때 사실이 되어 이루어지고 있다. 그러므로 나를 통한 이 일은 2008년 6월 16일부터 시작되어 현재 진행 중에 있다. 그래서 이 일을 두고 **사48:5~11절**에서는 이렇게 말씀하신다.

사48:5~11 [5]그러므로 내가 이 일을 옛적부터 네게 고하였고 성사하기 전에 그것을 네게 보였느니라 그렇지 않았더면 네 말이 내 신의 행한 바요 내 새긴 신상과 부어 만든 신상의 명한 바라 하였으리라 [6]네가 이미 들었으니 이것을 다 보라 너희가 선전치 아니하겠느뇨 이제부터 **내가 새 일 곧 네가 알지 못하던 은비한 일을 네게 보이노니** [7]**이 일들은 이제 창조된 것이요** 옛적 것이 아니라 **오늘 이전에는 네가 듣지 못하였느니라** 그렇지 않았더면 네가 말하기를 내가 이미 알았노라 하였으리라 [8]네가 과연 듣지도 못하였고 알지도 못하였으며 네 귀가 옛적부터 열리지 못하였었나니 이는 네가 궤휼하고 궤휼하여 모태에서부터 패역한 자라 칭함을 입은 줄을 내가 알았음이라 [9]내 이름을 위하여 내가 노하기를 더디할 것이며 내 영예를 위하여 내가 참고 너를 멸절하지 아니하리라 [10]보라 내가 너를 연단하였으나 은처럼 하지 아니하고 너를 고난의 풀무에서 택하였노라 [11]내가 나를 위하며 내가 나를 위하여 이를 이룰 것이라 어찌 내 이름을 욕되게 하리요 내 영광을 다른 자에게 주지 아니하리라

이 예언 또한 나와 은혜로교회 성도들에게 사실이 되어 이루어지고 있다. 하나님께서 친히 하시는 전대미문의 새 일은 성경대로 보고 듣고 믿고 지켜 실행하는 일이며, 당연히 전 세계 누구도 보지도 듣지도 알지

못했던 새 일이며, 절대 여러 군데, 여러 사람을 통해서 하나님의 행하시는 일을 진술치 아니하시고, 또 다른 보혜사인 진리의 성령을 통해 성취되는 예언이다.

전대미문의 새 일은 **호2:19~20절**의 예언이 사실이 되어 이루어진 사람을 통해서 하고, 예수 그리스도께서 하신 **요15:18~23절**의 말씀대로 사실이 된 나와 하나님의 아들들, 백성들이 이에 해당한다. 이런 나를 미워하면 먼저 예수 그리스도를 미워한 줄로 알라고 하신다.)

너희가(이 세상에 속한 자들, 선을 악으로 갚은 자칭 피해자라고 하며 나를 옥에 넣는 데 길 안내자 역할을 한 그들에게 미움을 받아 옥에 갇힌 너희가) 세상에 속하였으면(크게는 창세 이래 2021년 이 세대까지 하나님을, 예수 그리스도를 믿는다고 자칭하는 자들, 진실로 하나님의 말씀을 전하는 자들을 죽인 자, 곧 첫 순교자 아벨을 죽인 가인 같은 자, 선지자들을 죽인 거짓 선지자들, 하나님의 아들을 죽인 자칭 유대인이라 하나 아니고 사단의 회인 유대인 대제사장들, 서기관들, 바리새인들, 가룟 유다 같은 자들, 전 성경을 가지고 단 한 절의 천국의 비밀도 알지 못하면서, 자신들이 사이비요 이단이면서 나를 통한 이 일을 훼방하고 이단이라 정죄한 자들이 다 세상에 속한 자들이다. 다른 말로 하면 육에 속한 자들이다. 이런 자들이 지배하는 이 세상에 속한 자가 아니어서 미움을 받는 것을 두고 너희가 세상에 속하였으면)

세상이 자기의 것을 사랑할 터이나(피해자라고 하는 그들은 자신들이 악인이 지배하는 이 세상에 속한 자들의 것인 줄 모른다. 반대로 미움을 받는 이 사건은 나와 은혜로교회 성도들이 오는 세상에 속한 자요, 그리스도께 속한 자라는 뜻이다.) 너희는 세상에 속한 자가 아니요 도리어 세상에서 나의 택함을 입은 자인고로 세상이 너희를 미워하느니라 [20]내가 너희더러 종이 주인보다 더 크지 못하다 한 말을 기억하라 사람들이 나를 핍박하였은즉 너희도 핍박할 터이요(예수 그리스도를 진실로 믿는 그리스도인이라면 반드시 핍박을 받는다. 그러나 이 핍박은 예수 그리스도의 계명을 지켜 실행하므로 받는 핍박이어야 한다. 당시 사도들만 이 말씀대로 실상이 된 것이 아니라, 그들과 함께 영원한 가족이 된 거룩한 자들이 이런 핍박을 받는다. 이 '너희'도 **마19:16~30절**과 **눅18:29~30절, 막10:29~30절**의 예언대로 지켜 실행하므로 받고 있는 핍박이며, 실상이 되었다.

> **막10:29~30** [29]예수께서 가라사대 내가 진실로 너희에게 이르노니 나와 및 복음을 위하여 집이나 형제나 자매나 어미나 아비나 자식이나 전토를 버린 자는 [30]금세에 있어 집과 형제와 자매와 모친과 자식과 전토를 백배나 받되 **핍박을 겸하여 받고** 내세에 영생을 받지 못할 자가 없느니라

막10:29~30절은 예수님 당시 제자들에게 사실이 되어 이루어지는 말씀이 아니다. '영생'을 온전히 이루어 하나님의 나라에 들어갈 때 사실이 되는 예언이다. 2021년 이때가 될 때까지 전 세계 기독교인들은 하나님 나라인 천국에 육체가 죽어서 간다고 가르쳤기 때문에 지금 이 말씀들은 아예 무시, 멸시해 버린 것이다. 뿐만 아니라 전 성경 단 한 말씀도 지켜 실행하지 않으면서 한 구절 읽고 자신들이 지어낸 거짓말들을 설교하

여 가르친 것이다. 그러니 위 말씀을 지켜 실행한 나를 이단, 사이비라 정죄해 버린 것이다.

전 세계 기독교, 성경을 사용하는 모든 종교가 2021년 지금까지 하나님의 아들 예수 그리스도께서 십자가에 죽으시고 삼 일 만에 다시 살아나셨다고 하는 예수 이름, 하나님의 이름을 가지고 있으나 영적으로 죽은 자들이고, 만세 전에 하나님께 택함을 입은 자들은 영적인 깊은 잠을 자고 있다. 믿든 안 믿든 이는 사실이다.

이런 영적인 상태에 나와 은혜로교회 성도들을 하나님께서 영적인 잠에서 깨워 주신 것이다. 14년째 전 세계 어디에도, 어느 목사도 몰랐던 새 언약이요, 영원한 언약을 지켜 실행하고 있다. 구약에 문자적인 기록으로 예수 그리스도라는 단어는 단 한 군데도 없는데 창세기부터 말라기서까지 문자 속에 감추어 두신 비밀이었고, 성경대로 보내시마 약속하신 하나님의 아들이 이 땅에 오셨지만, 하나님을 믿는다고 하는 유대인들은 성경대로 육체를 입고 사람으로 오신 하나님의 아들을 알아보지 못하고, 당시 가장 잔인하게 사형시킨 것이다.

그 결과는 '오는 세상'이 될 때까지 이스라엘과 팔레스타인의 싸움이 그치지 아니하고 피를 흘리고, 하나님의 나라와도 상관이 없는 헛되고 헛된 종교생활을 일생 하고, 육체가 죽어서 그 혼이 지옥 불에서 영원히 벌을 받는다는 것을 누가 믿을까? 하지만 사실이다. 그래서 '이스라엘'도 하나님께서 다시 택하시고, 예루살렘 또한 온 세계 사람들이 본능적으로 아는 저 황금돔이 있는, 통곡의 벽이 있는 저 나라가 아니고, 다시 택하신 새 예루살렘이라는 사실을 알면 기절할 것이다. 그래서 하나님의 감동으로 기록된 성경은 사람 생각대로 보고 해석하면 절대 안 된다.

문제는 전 성경에 감추어 두신 하나님의 뜻, 천국의 비밀은 단 한 절도 모르고 전부 살아 계신 하나님의 말씀을 사람의 말로 다 변개시켜서 가르친 것인데, 이 사실을 모르면서 자신들은 이미 다 알고 있고, 잘 믿고 있다고 생각하는 것이다.

2021년 이때까지 육체가 죽어서 천국 간다고 가르친 결과는 일생 헛되고 헛된 종교생활을 하고, 육체가 죽어서 그 혼이 지옥 불에서 영원히 고통받으며 살아야 한다는 사실을 알지도 못하고 듣지도 않으려 하고, 육체가 죽어 지옥에 가서야 알게 된다는 것이다. 이 사실을 알면 교인들이 어찌 될까? 성경을 사용하는 종교나 다른 모든 종교인이나 다 일반이 되어 있는 현실이 이를 증명해 준다.

나는 절대 이단도, 사이비도 아니다. 창세 이래 아무도 몰랐던 천국의 비밀을 하나님께서 정하신 때가 되어 **요6:45절**과 **사54:13절**의 말씀이 실상이 되어 하나님의 가르치심을 대언할 뿐이다. 이 외에도 2008년 6월 16일부터 2021년 6월 16일 현재도, 앞으로도 영원히 성경에 기록된 진리대로 모든 진리 가운데로 인도하여 예언이 사실이 되어 땅에 그대로 이루어지는 것을 증명하고 나타내 보일 것이다. 이제 14년째 온갖 더러운 거짓말로 이 일을 훼방하고 모해하며 위증하여 감옥에 가두고, 7년 징역형을 판결한 이 부당함을 하나하나 밝혀서 온 세상 종교가 거짓이고, 허상임을 밝히 드러낼 것이다.)

내 말을 지켰은즉 너희 말도 지킬 터이라(사람으로 오신 예수 그리스도께서 하나님의 아들이심을 가장 온전하게 증명했고, 예수 그리스도께서 하신 말씀을 2021년 동안 최초로 온전히 지켜 실행한 사람이 나와 은혜로교회다. 따라서 '내 말', 곧 예수 그리스도의 말을 지켜 실행했으니 전 세계 그 누구도 아닌 나와 은혜로교회 성도들이야말로 예수 그리스도를 믿는 것이며, 성부 하나님을 온전히 믿는 믿음들이다. 가짜가 진짜를 절대 이길 수 없음을 온 세상이 인정하게 될 것이다.)

²¹그러나 사람들이 내 이름을 인하여 이 모든 일을 너희에게 하리니 (이 예언의 말씀이 참 진리였음을 나에게 온갖 죄목을 씌워 감옥에 가둔 이 실상이 명백하게 증명하고 있다. 내가 감옥에 갇힐 것도 다 예언되어 있고, 자칭 피해자라고 세상 법에 고소한 그들에 대한 일도 이미 다 예언되어 있다. 따라서 이 본문 말씀도 나와 은혜로교회 성도들에 대한 예언이 사실이 되어 이루어지고 있는 실상이다.)"

선을 악으로 갚는 후욕하는 자들의 정체

이에 대해서 증명한다. 먼저 후욕하고 선을 악으로 갚은 자칭 피해자들에 대해서 증명한다. **요일2:18~19절**이 2018년 7월 24일에 사실이 되었다.

요일2:18~19 ¹⁸아이들아 이것이 마지막 때라 적그리스도가 이르겠다 함을 너가 들은 것과 같이 지금도 많은 적그리스도가 일어났으니 이러므로 우리가 마지막 때인 줄 아노라 ¹⁹저희가 우리에게서 나갔으나 우리에게 속하지 아니하였나니 만일 우리에게 속하였더면 우리와 함께 거하였으려니와 저희가 나간 것은 다 우리에게 속하지 아니함을 나타내려 함이니라

　　이 말씀은 나를 고소한 자칭 피해자라고 하는 그들에 대한 예언이 사실이라고 자신들 스스로 증명한 것이다. 본문의 **"우리에게"**는 창세 이래 유일하게 은혜로교회인 나와 성도들에 대한 예언이며, **"저희"**는 우리에게서 나가서 대적하는 그들이다.

　　성경인 진리는 이런 것이다. 책의 말만이 아닌 실상이 되어 그대로 이루어지는 것이다. 그래서 하나님은 항상 영원히 살아 계신 하나님이시다. 이렇게 성경에 기록된 말씀이 사실임이 증명되는 일은 창세 이래 단한 세대도 없었고, 나를 통한 이 일을 위해 예수 그리스도께서도 이 땅에 사람으로 오셨던 것이다. 이를 두고 **히8:6절**에서 "더 좋은 언약의 중보시라"고 하셨고, **히9:11절**에서는 "그리스도께서 장래 좋은 일의 대제사장으로 오사"라고 하셨던 것이다.

　　우리에게서 나가 대적하는 자들이 나를 고소한 이 사건은 내가 바로 성경에 예언된 또 다른 보혜사요, 진리의 성령임과 은혜로교회 성도들이 생명책에 이름이 기록되어 있는 하나님의 아들들임을 세상에 증명해 주는 하나님의 증거다.

　　또한 **살전2:14절**의 예언도 우리 성도들에 대한 예언이었고, 이 예언이 AD 50~70년에 기록되었는데 2021년 현재 사실이 되어 이루어진 것이

다. 곧 1950년이 지난 지금 실상이 된 참 진리이며, 이는 하나님의 증거다.

"형제들아 너희가 그리스도 예수 안에서 유대에 있는 하나님의 교회들을 본받은 자 되었으니 저희가 유대인들에게 고난을 받음과 같이 너희도(나와 은혜로교회 성도들도) 너희 나라 사람들에게(내가 태어나 자라고 살아 온 대한민국이 '너희 나라'다. 우리에게서 나간 사람들뿐만 아니라 그들에게 거짓말을 유도하여 죄를 씌운 허건, 오상수 형사, 안양지검 최수경, 이윤희 검사 등이 연합하여 수십 명의 형사가 피지에 가서 증거를 찾기 위해 피지 형사까지 동원하였으며, 아무 죄도 없는 성도들을 3일간 유치장에 가두고, 어린아이까지 200여 명을 조사하였으며, 드론까지 띄워 촬영하고 방송국 PD, 여러 언론을 동원하여 짓밟고 고통을 주었다.

그래서 이들은 이 본문의 실상의 주인인 우리 성도들을 핍박한 "너희 나라 사람들"이라고 하신 예언의 주인공들이다. 곧 우리에게서 나간 사람들과 연합하여 지금 이 시간까지 온갖 억측, 거짓말로 모해하고 위증하여 괴롭히는 대한민국 사람들에게)

동일한 것을 받았느니라(이 본문을 기록한 사도 바울, 사도들, 예수 그리스도까지 유대인들에게 받은 고난을 이 세대 은혜로교회도 동일하게 받았다는 뜻이다. 진리는 이런 것이다. 이런 진리를, 자신들과 아무 상관이 없는 사실을 가지고 교회 강단에서 성경과 다른 거짓말을 하고 있다는 것을 전 세계 기독교인들, 천주교인들, 유대교인들, 이슬람교인들이 알면 아연실색해야 할 일이다. 전 세계인들에게 성경이 사실이 되어 이루어지고 있다는 것을 알리시려는 하나님의 완전한 지혜요 모략이라는 것을 이들이 모를 뿐이고, 이는 명백한 사실이다.

고소하고 괴롭히는 너희들이 지은 죄에 대한 판결이 전 성경에 예언
되어 있다. 그중에 최고 판결이 바로 다음 말씀들이다.

마12:31~32 [31]그러므로 내가 너희에게 이르노니 사람의 모든 죄와 훼방
은 사하심을 얻되 성령을 훼방하는 것은 사하심을 얻지 못하겠고 [32]또 누
구든지 말로 인자를 거역하면 사하심을 얻되 **누구든지 말로 성령을 거역
하면 이 세상과 오는 세상에도 사하심을 얻지 못하리라**

막3:28~29 [28]내가 진실로 너희에게 이르노니 사람의 모든 죄와 무릇 훼
방하는 훼방은 사하심을 얻되 [29]**누구든지 성령을 훼방하는 자는 사하심을
영원히 얻지 못하고 영원한 죄에 처하느니라 하시니**

눅12:10 누구든지 말로 인자를 거역하면 사하심을 받으려니와 **성령을 모
독하는 자는 사하심을 받지 못하리라**

이렇게 나를 옥에 가두고 7년 판결을 한 '누구든지'에 대한 하나님
의 판결대로 선을 악으로 갚은 너희들이 나를 훼방하고 모해, 곧 모략을
써서 너희들한테 남인 나를 해친 것이다. 본문의 '모독'한 것은 신성한 것
이나 존엄한 것, 청정한 것 등을 욕되게 한다는 뜻으로 이 일은 보이는 나
를 통해서 하는 일이지만, 신성의 본체이신 하나님께서 하시는 일이므로
하나님의 일을 훼방한 것이고, 하나님의 성령을 모독하는 죄를 범한 것이
다. 그래서 지금 이 세상에서도, 오는 세상에서도 영원히 사함을 받지 못

하는 죄에 대한 하나님의 판결이다.

예수님 당시에 하신 이 말씀은 보이는 사람 예수님을 통해서 성부 하나님께서 하신 말씀이다. 그러나 이 말씀을 듣던 당시 유대인들은 인자이신 예수 그리스도에 대해 반대로 말한다. 증명한다.

막3:28~29절 "²⁸내가 진실로 너희에게 이르노니 사람의 모든 죄와 무릇 훼방하는 훼방은 사하심을 얻되 ²⁹누구든지 성령을 훼방하는 자는 사하심을 영원히 얻지 못하고 영원한 죄에 처하느니라 하시니"라고 하신 말씀을 듣고, **30절**에 "이는 저희가 말하기를 더러운 귀신이 들렸다 함이러라" 고 대적한 것이다.

하나님의 아들이 더러운 귀신이 들렸다고 하면 지금 전 세계 기독교인들은 발작하여 "이단이니, 사이비니, 천단 만단이니" 하며 난리를 치고 할 텐데, 이렇게 말하는 자는 저 유대인들만 해당한다고 생각한다. 그래서 '**성자 하나님**'이라고 해 버린 것이다. 이는 육체를 입고 혈육에 함께 속하신 예수님을 부인하는 언행이다.

또한 예수 그리스도께 더러운 귀신이 들렸다고 하나님의 아들을 대적한 이들은 예수께서 요셉과 마리아의 몸을 빌어 이 땅에 보내신 하나님의 아들을 부인하는 것이다. 즉 "사람인데 네가 왜 하나님의 아들이라고 하느냐? 그러니 귀신이 들렸다"고 예수 그리스도의 신성을 부인하는 것이며, 이것이 하나님께서 말씀하시는 '**이단**'이며, 하나님의 아들을 대적하는 대적자요 적그리스도다. 이를 부인할 기독교인은 전 세계에 아무도 없을 것이다.

그런데 전 세계 '**유대교인들**'은 자신들만 하나님을 믿는 정통 유대교인들이라고 자긍하며, 자신들이 '이단'이며, '적그리스도요, 하나님의 아들을 통해서 행하시는 하나님을 대적하는 자요, 원수'라는 사실을 꿈에도 모른다. 뿐만 아니라 예수 그리스도를 믿는 기독교인을 배교자라고 죽이기도 하고 핍박한다.[4] 이렇게 서로 대적하고 싸울 뿐만 아니라, 이슬람교도들과도 싸우며 죽이고 있다. 이들이 이렇게 싸우는 것은 성경을 가지고 단 한 절의 천국의 비밀을 모르면서, 자신들은 잘 믿고 있다고 자긍하기 때문이다. 이대로 육체가 죽으면 절대 그 누구도 그들이 소망하고 믿는 천국에 가지 못하고, 지옥 유황 불못에 던져진다.

지금 전 세계 성경을 사용하는 모든 종교가 다 이런 영적인 상태다. 당시 예수 그리스도를 더러운 귀신 들렸다고 한 유대인들은 자신들이 귀신 들려 그들의 주인이 되어 있음을 아무도 모르고 있다. 더 치명적인 것은 예수 그리스도께서 이들에 의해 십자가에 달리셨는데, 숨지시기 직전에 "엘리 엘리 라마 사박다니"라고 하셨고, 번역하면 "나의 하나님, 나의 하나님, 어찌하여 나를 버리셨나이까"라는 뜻인데 이 말을 왜 하셨는지 지금까지 전 세계 기독교인은 아무도 모르고 있다는 것이다.

하나님의 아들에게 이렇게 말씀하신 이유가 바로 '천국의 비밀' 속에 감추어져 있다. 그리고 예수 그리스도께서 왜 **마11:6절**에 "누구든지 나를 인하여 실족하지 아니하는 자는 복이 있도다"라고 하셨는지도, **눅7:23절**에서도 같은 말씀을 기록해 두신 것도 전 세계 성경을 사용하며 예수 그리스도를 믿는다고 하는 모든 사람들이 다 예수 이름으로 실족해 있다는 비밀을 이미 전 성경 문자적인 기록 속에 감추어 두신 것을 모르고 있는 것이다.

나는 14년째 이 모든 천국의 비밀을 공개하여 증명하여 왔고, 앞으로도 영원히 증명할 것이다. 이런 내가 2008년 6월 16일 100주년 기념관에서 하나님의 말씀 속에는 말의 뜻이 있다고 증명하니까, 예수는 그리스도라고 증명하니까, 구약의 유대인들처럼 "이단이니 사이비니" 하며 비방하고 정죄한 것이다. "성자 하나님인데 왜 사람이라고 하느냐?" 하며 대적하는 순복음교회 목사가 올린 유튜브 영상을 성도들이 보았다고 해도 대적하지 않았다. 이유는 그들에게 알게 하시지 않는 천국의 비밀이었고, 우리 성도들 또한 말씀을 모르고 있으면서 자신들은 잘 믿고 있다고 착각하는 영적인 상태임을 잘 알기에 때가 될 때까지 기다린 것이다.

갈3:22~23절의 말씀이 사실이 되어 현재 14년째 그대로 이루어지고 있는데도 아무것도 모르면서 나를 이단이라고 정죄한 자칭 목사, 자칭 총회, 자칭 기독교인들이 이단이요, 사이비라는 증거가 나를 감옥에 가둔 이 일이다. 그리고 정통 기독교라고 하는 기득권 세력들이 나를 '**이단**'이라고 하는 말들이 내가, 은혜로교회 성도들이 성경인 진리에 이름이 기록된 천국의 상속자들이라는 명백한 증거다. 증명한다.

전대미문의 새 일을
이단이라 정죄한 자들

예수님과 사도들에 의해 세워진 초대교회 때, 당시 정통 종교라고 자긍하는 유대교에 의해 '이단'으로 정죄받았다. **사도행전 24장**에 사도 바울을 고소한 자들은 유대교 대제사장 아나니아와 어떤 장로가 한 변사, 곧 변호사 더둘로와 함께 당시 세상 법에 고소한 것이다. **행24:1~27절**에서 이들의 고소한 내용이 **5~8절**이다.

행24:5~8 ⁵우리가 보니 이 사람은 염병이라 천하에 퍼진 유대인을 다 소요케 하는 자요 나사렛 이단의 괴수라 ⁶저가 또 성전을 더럽게 하려 하므로 우리가 잡았사오니 ⁷당신이 친히 그를 심문하시면 ⁸우리의 송사하는 이 모든 일을 아실 수 있나이다 하니

행24:5절부터 "⁵우리가 보니 이 사람은(당시 정통 유대교 대제사장, 장로들이 보니 사도 바울은) 염병이라(사람을 염병, 곧 '**전염병**'이라고 한다. 지금 온 천하에 퍼진 코로나19 전염병에 재앙을 받는 이유도 이 사건 속에 감추어져 있다.) 천하에 퍼진 유대인을 다 소요케 하는 자요(사실 사도 바울 당시 사람이 보기에 유대인들이 천하에 퍼져 있지 않았다. 그런데 왜 이렇게 말씀하시고, 사도 바울을 '**염병**'이라고 했을까? 이렇게 말하는 유대인 대제사장 아나니아도, 장로들도, 변사 더둘로도, 자신들이 하는 말이 무슨 뜻인지도 모르고 하는 말이었고, '이단'이라고 고소당한 사도 바울조차도 자신이 하는 말의 뜻을 몰랐다.

이 말씀 속에는 지금 이 세대 나에 대한 송사를 진술하는 예언이 감추어져 있었다. 곧 나를 통한 이 일이 이 말씀을 온전히 이루는 사실이 된다. 이에 대해서 하나하나 영원히 증명한다. 유대인 또한 사람들이 본능적

으로 아는 유대인들이 아니다. 이에 대한 예언도 히브리서에 다 감추어져 있고, 전 성경에 감추어져 있다.

'소요'란 소란, 혼란, 동요, 여럿이 떠들어 어수선한 상태, 때로는 소동, 폭동을 뜻하기도 한다. 이제 전대미문의 새 언약인 영원한 언약이 천하에 퍼져 하나님께서 말씀하신 '유대인, 이스라엘인'으로 인하여 소란스러울 것이며, 그 징조가 나를 '이단, 사이비'라고 하며 온 세상에 치욕, 수욕을 준 이 송사다. 이 사실은 온 세상 사람들에게 하나님의 행하시고 계신 일, 곧 전 성경 속에 감추어 두신 하나님의 뜻, 계획을 알리시기 위한 하나님의 완전한 지혜다.

하나님은 하나님께서 행하시는 일을 스스로 진술하시지 않고, 사람을 사용하셔서 진술하신다. 이렇게 하나님께서 사용하시는 사람들은 성경을 기록한 저자들이며, 바울도, 하나님의 아들 예수 그리스도께서도 하나님께서 행하심을 친히 실상으로 나타내 보이셨다. 이 모든 일들에 대한 하나님의 뜻이 사실이 되어 온전히 땅에서 이루어지는 때가 지금 이 세대이며, 이미 14년째 성취되고 있다.)

나사렛 이단의 괴수라(예수님이 사신 곳의 지명인데, 나사렛은 이방 땅과 가까운 갈릴리 지역의 아주 작은 마을이라는 점에서 유대인들은 나사렛을 이방 땅으로 간주했고, 또 나사렛 사람을 경멸과 조롱의 대상으로 보았다. 이들의 언행이 그때로 끝난 일이 아니고, 이 세대에 온전히 이루어질 예언을 담고 있다.

그래서 전 성경 기록 목적이 너무 중요하다. 때를 따라 영혼의 양식을 먹고, 먹이지 아니하면 구원과 아무 관계가 없다. 이 말에는 하나님의 온전하신 구원 계획이 당시 유대인들이 보기에 이방인인 지금 이 세대 우리에 대한 예언이 감추어져 있다. 이에 대해서 전 세계 기독교, 천주교, 유대교, 이슬람교인들은 아무것도 모르고 있다.

곧 당시 바울을 유대인들이 '**나사렛 이단의 괴수**'라고 한 것은 성경 속에 예언들이 사실이 되어 이 땅에 온전히 이루어질 이때에 대한 예언을 함께 감추어 두신 것이다. 그러나 지금 이 세대는 아무도 사도 바울을 나사렛 이단의 괴수라고 하지 않고 도리어 흠모의 대상이 되어 있듯이, 나를 통한 새 언약은 이 세상에 속하여 지옥 불에 갈 사람들은 이단이라고 정죄하고 업신여기지만, 반드시 이 진리가 사실임이 영원히 증명된다.)

[6]저가 또 성전을 더럽게 하려 하므로 우리가 잡았사오니(유대인들, 지금 기독교인들은 모두 자기들 수준으로 보이는 교회 건물을 '**성전**'이라고 생각하고 말한다. 그래서 교회 건물 짓기를 서로 경쟁하여 수천억, 수백억, 수십억을 모으고 융자 받아 교인들을 빚더미에 앉게 하는 것이다. 사람의 생각과 하나님의 생각이 다름을 명백하게 증명한다.

당시 유대인 대제사장 아나니아도, 장로들도, 심지어 이 말을 하는 사도 바울도 하나님의 성전이 된 것이 아니었고, 자신들이 한 말이 언제, 어느 때 실상이 되는지도 몰랐다. 이에 대한 해답도 성경 속에 있다.

고전3:9 우리는 하나님의 동역자들이요 너희는 하나님의 밭이요 하나님의 집이니라

고전3:16~17 [16]너희가 하나님의 성전인 것과 하나님의 성령이 너희 안에

거하시는 것을 알지 못하느뇨 ¹⁷누구든지 하나님의 성전을 더럽히면 하나님
이 그 사람을 멸하시리라 하나님의 성전은 거룩하니 너희도 그러하니라

고린도전서 3장에 기록된 이 말씀 또한 바울 당시에 온전해지는 말씀
이 아니었다. 전 우주적인 일곱째 날인 지금 이 세대가 되어야 하고, 하나
님의 성전이 될 사람, 곧 사도 바울을 통해서 말씀하신 '**하나님의 성전**'은
너희들인 '**사람**'을 뜻한 것이다. 이렇게 하나님의 성전이 된 사람을 통해
서 또 다른 하나님의 성전이 된 '너희들'을 다시 창조하시는 때가 지금 이
세대다.

호2:19~20 ¹⁹내가 네게 장가들어 영원히 살되 의와 공변됨과 은총과 긍
휼히 여김으로 네게 장가들며 ²⁰진실함으로 네게 장가들리니 네가 여호와
를 알리라

호세아 선지자를 통해 하신 이 예언은 BC 750년경에 기록된 것이
지만, 2021년, 곧 2771년이 지난 지금 사실이 되어 이 땅에 실상으로 이
루어지고 있는 것이다. 이렇게 실상이 된 사람을 두고 예수 그리스도께서
는 또 이렇게 예언해 두셨다.

요14:16~17 ¹⁶내가 아버지께 구하겠으니 그가 또 다른 보혜사를 너희에
게 주사 영원토록 너희와 함께 있게 하시리니 ¹⁷저는 진리의 영이라 세상은 능
히 저를 받지 못하나니 이는 저를 보지도 못하고 알지도 못함이라 그러나 너

희는 저를 아나니 저는 너희와 함께 거하심이요 또 너희 속에 계시겠음이라

하나님의 성전이 실상이 될 사람을 예수 그리스도께서는 지금 전 세계 기독교인들이 상상하고 믿지 아니할까 봐 또 이렇게 미리 예언해 두셨다. **요16:7절**에서 "**내가 너희에게 실상을 말하노니**"라고 하신 것이다.

'**실상**'이란 '실제의 모양, 실제의 모습, 실제의 상태, 확신하는 실체'를 뜻한다. 하나님께서 친히 하시는 이 예언을 믿지 아니하고 도리어 훼방할 것을 너무 잘 아시는 하나님께서 아들을 2025년 전에 이 땅에 육체를 입고 사람으로 태어나게 하신 것이다. 이렇게 사실을 사실대로 온전히 전하는 말씀도 믿지 아니하고, 예수 그리스도께서 말씀하시고 언약하신 이 말씀이 실상이 되어도 도리어 훼방하고 모독하는 지금 이 세대 기독교가 예수님 당시 유대인들과 다른 것이 무엇이냐?

아무것도 모르는 영적인 술에 취한 자칭 기독교인은 교회로 전화해서 온갖 욕을 하며 협박을 하고, 기독교인 청년들은 교회에 와서 교회 차를 부수고 행패를 부렸다고 한다. 이 모든 일은 이미 전 성경에 다 예언이 되어 있었다. 이제 다시는 그 누구도 "이단이니 사이비니" 하는 언행을 하면 가만히 있지 않는다. 법정에서 거짓말한 모든 위증자들과 모해한 자들에게도 죄를 물을 것이며, 거짓이 진실을 결코 이길 수 없음 또한 온 천하에 명백하게 밝힐 것이다.

이렇게 성경에 예언된 언약대로 실상이 된 사람을 두고 **고린도전서 3장**에서 "**하나님의 성전, 하나님의 밭, 하나님의 집**"이라고 하셨고, 하나님의 성전이 된 사람을 사용하셔서 전 우주적인 일곱째 날인 지금 이 세

대에 진리를 진리대로 해석하여 하나님을 대신하여 대언하는 전대미문의 새 언약을 받고 영혼이 정결케 되어 거룩해진 자들 또한 하나님의 성전이 되는 것이다.

따라서 이 말씀 또한 바울 당시에 실상이 되는 말씀이 아니었다. 하나님의 성전은 반드시 **요6:45절**과 **사54:13절**의 말씀이 실상이 된 사람이다. 이 예언이 사실이 된 지 14년째다.

요6:45 선지자의 글에 저희가 다 하나님의 가르치심을 받으리라 기록되었은 즉 아버지께 듣고 배운 사람마다 내게로 오느니라

사54:13 네 모든 자녀는 여호와의 교훈을 받을 것이니 네 자녀는 크게 평강할 것이며

또한 **사54:14~17절**에 감옥에 가두기까지 핍박하며 나와 은혜로교회 성도들을 명예 훼손 하고 짓밟은 자들의 실상과 결과까지 예언이 되어 있다. 선을 악으로 갚은 우리에게서 나가 후욕하는 자들은 두 눈을 똑바로 뜨고 보아라. 너희가 행한 악행에 대한 예언이며, 결과다.

사54:14~17 ¹⁴너는 의로 설 것이며 학대가 네게서 멀어질 것인즉 네가 두려워 아니할 것이며 공포 그것도 너를 가까이 못할 것이라 ¹⁵그들이 모일찌라도 나로 말미암지 아니한 것이니 누구든지 모여 너를 치는 자는 너를 인하여 패망하리라 ¹⁶숯불을 불어서 자기가 쓸 만한 기계를 제조하는

장인도 내가 창조하였고 파괴하며 진멸하는 자도 내가 창조하였은즉 [17]무릇 너를 치려고 제조된 기계가 날카롭지 못할 것이라 무릇 일어나 너를 대적하여 송사하는 혀는 네게 정죄를 당하리니 이는 여호와의 종들의 기업이요 이는 그들이 내게서 얻은 의니라 여호와의 말이니라

　　나를 이단이라고 비방하며 10년을 넘게 괴롭히고 이 일을 훼방한 모든 자들, 특히 피지 난디 공항에서 나를 두고 "네 엄마 이단이다"라고 사진 찍으며 모독한 난디한인교회 박상기 목사, 박상기 목사와 연합하여 신문에 이단이라 정죄한 기사까지 내서 순전한 피지 기독교인들을 죄짓게 한 자칭 선교사 24명, 피지 내 감리교회 목사, 순복음교회 목사, 피지 주재 대한민국 대사관에 근무한 박형구 영사 등등 두 눈을 똑바로 뜨고 봐라.
　　너희가 사용하는 하나님의 말씀에 예언된 이 말씀이 실상이 된 나와 은혜로교회를 '사이비요 이단'이라고 정죄한 너희들이 이단이며, 사이비다. 하나하나 밝혀서 너희가 무슨 짓을 했는지 온 천하에 밝힐 것이다. 반드시 깨닫고 공개 사과하고 회개하여 참 진리로 돌아서지 아니하면 너희들에 대한 하나님의 법으로 예언된 이 판결이 사실이 될 것이다.
　　베트남 하노이한인교회 담임 목사와 연합해서 이단이라고 베트남 공안부에 진정한 자칭 목사들 또한 마찬가지다. 두 눈을 똑바로 뜨고 보아라. 만약 계속 나를 감옥에 가두어 두면 어찌 되는지 각자 본인들이 하나님의 말씀인 진리대로 당신들이 다 받을 것이다. 판결한다.
　　[14]너는(나 신옥주 목사는, 또 다른 보혜사인 진리의 성령이 실상이 된 너는) 의로 설 것이며 학대가 네게서 멀어질 것인즉(12년 전 이인규

권사 한 사람에 의해, 12년째 이런 자칭 유대인, 오늘날 자칭 기독교인들에 의해 나는 홀로 학대를 받아 왔고, **이사야 54장**뿐만 아니라 전 성경에 나에 대한 예언이, 우리 교회 성도들에 대한 예언이 사실임을 14년째 증거하고 있고, 영원히 살아서 증거할 것이다. 전 세계 모든 종교가 전대미문의 새 언약 앞에 무릎을 꿇지 아니하면 어찌 되는지 모두 아무도 죽지말고 살아서 똑똑히 보아라.

이제 온 천하가 잠잠해지지 아니하면 지금 이 코로나19는 경고일 뿐이다. 나를 세 치 혀로 학대한 모든 사람은 반드시 회개하고 돌아서지 아니하면 안 되도록 하나님께서 재앙으로 이미 경고하시고 계신다.

나는 '**영원한 의**'이신 하나님의 의로 육체도 죽지 아니하고 영원히 제사장으로 설 것이고, 다시는 아무도 나를 학대하지 못한다. 나를 '이단'이라 해 주어서 진심으로 감사한다. 안양검찰청 최수경 검사 당신은 나에게 피지에서 은혜로교회 성도들을 모두 쫓아내 버리겠다고 했고, 나는 마음대로 해 보라고 했다. 누가 이겼는지, 나에 대한 예언이 이루어지는지 아닌지 똑똑히 네 입으로 시인하게 될 것이다.

이윤희 검사, "두고 보자"고 나한테 말했다. 두고 보고 있느냐? 하나님께서 하시는 일이라 너희들의 모든 학대를 나는 다 참고 인내하며, 지금 이 예언이 2721년이 지난 2021년부터, 아니 이미 2008년 6월부터 실행이 되고 있었다. 이제 내가 받는 이 학대가 내게서 멀 것이다. 똑똑하게 보아라.

나를 만난 적도 없는 자들이 세 치 혀로 업신여기며 학대하고, 인터넷으로, 방송으로, 손가락으로, 마음으로 유치장에 가두고 수갑을 채워 흉악범 취급하며, 할 수 있는 모든 방법을 다 동원하여 괴롭혔으며, 법정에서 선서하고도 새빨간 거짓말로, 온갖 악독으로 죽였다.

'학대'란 '심하게 괴롭힘, 혹독하게 대우하다'라는 뜻이다. 하다하다 법정에서 "신옥주, 너 죽여 버린다"라고 하며 행패를 부렸다. 그런 소리를 들어도 나는 **고전13:7절**의 말씀을 지켜 실행했다.

고전13:7 모든 것을 참으며 모든 것을 믿으며 모든 것을 바라며 모든 것을 견디느니라

이 진리가 어떤 뜻인지 뼈저리게 절감했다. 연극하며 희롱하는 아이들의 업신여김도, 그런 자의 입에서 "신옥주, 신옥주 사이비, 이단"이라고 하는 소리들. 그들에게 나는 짐승도 그렇게 짓밟고 업신여길 수 없을 만한 취급을 받았다. 나는 사람이 아니고 길에서 개인적으로 만났다면 잔인하게 죽였을 학대를 당했다. 아동학대, 유기, 방임, 교사 죄를 씌울 때는 대경실색하여 판결문 하나도 본 적이 없다.

악인들이 씌운 이 모든 죄명 '특수폭행, 폭행, 감금, 특수감금, 중감금'이라는 단어를 보며 '엘리 엘리 라마 사박다니라고 하신 예수 그리스도의 아픔이 이런 것이었구나' 하며 '죽은 자는 말이 없다, 신옥주는 죽은 자니까, 이 때문에 **고전13:7절**의 말씀을 기록해 두셨구나' 생각했고, '그래서 그렇게 인내의 말씀이라고 하셨구나' 하며 택한 하나님의 아들들이 태어나기만 기다린 것이다.

'나에게 주신 이 복은 창세 이래 온 세상에서 가장 큰 복이다. 가장

복된 자는 그냥 되는 것이 아니다. 인내에는 1등이니까' 하며, '모든 것을 믿기에 모든 것을 참고, 모든 것을 바라기에 모든 것을 견뎌야 한다'고 수없이 감사하고 또 감사했다.

이들의 이런 학대보다 낙토에서조차 안 믿는 자가 나올 때는 그 아픔을 말로 다 할 수가 없었다. 말씀이 믿기지 않거든 제발 나가 달라고 수없이 수없이 말해도 일부러 대사관을 통해서 나간 그들이 나를 더 아프게 했다. 그들보다 더 아팠던 학대는 의인 중에 거하면서 말씀을 안 믿는 더러운 귀신들이었다. 나는 사람이 아니었다. '이렇게 한 사람에게 학대를 할 수도 있구나' 13년째 받은 학대, 괴롭힘을 어찌 말로 다 하나~

그러나 성도가 한 말, "7년 아니라 70년도 우리는 견딜 것이고 이 진리가 맞다고 증거할 것"이라는 성진 성도의 말을 어찌 잊겠느냐? 이제 겨우 말을 하고 한글을 쓰는 손주들의 편지는 "할미 지켜 드릴게요. 할미 영원히 영원히 사랑해요" 이런 할미를 만나서 고소한 자들의 기소장, 진술서에까지 손주의 이름을 기록해서 조롱한 그들의 말에, 이런 할미 만나서 저 어린아이들을 구치소에 면회 오게 만든 할미를 어린 손주가 "지켜 줄게요" 하는 말에 얼마나 얼마나 울었는지~

자신들을 지옥 불못에 보내는 목사들한테는 존경하며 돈 갖다 바치고 "아멘~ 믿습니다" 하더니, 지옥 불에서 사랑의 아들의 나라로 옮겨 주어도, 저를 영원히 속이고 죄짓게 하여 육체는 죽이고 그 혼은 영원히 지옥 불못에 보내는 더러운 귀신에게서 영원히 자유하게 하는 하나님의 말씀을 지켜 실행하는데, 이 일을 두고 이렇게 학대하며 괴롭힐 수 있을까~ 정말 귀신은 더럽고 악독하고 악랄하다는 것을 철저하게 보게 하셨다. 분수도 모르는 교만함, 스스로 자해하는 더러운 귀신들, 가르치는 귀신들에게 들은 지옥 불의 소리가 얼마나 악하고 독한지 대체육체를 보고 아연실색했다.

지금 TV에는 인도에서 코로나로 죽은 사람의 시체가 성경에 이미 예언되어 있는 그대로 실상이 되어 있다.[5] 전 세계를 향해 경고해도 인도 갠지스 강에 65만 인파가 마스크도 쓰지 않고 뛰어 들어 종교의식을 하는 무지함,[6] 몸에 소똥을 바르고 코로나 예방한다고 하는 인도인은[7] 2700만 명이나 확진자가 되었다. 전 세계에 1년 만에 죽은 자가…

이렇게 죽어도 현재 인구가 78억이라고 한다. 귀신이 주인인 사람의 악함은 진실로 짐승만도 못하다는 것을 다 보았다. 2021년, 아니 창세 이래 단 한 사람도 온전한 영생에 이르지 못한 근본적인 이유가 '**귀신이 주인인 영적인 상태는 반드시 육체가 죽는다**'는 사실을 그동안 몰랐던 것이다.

78억의 사람들이 은혜로교회 성도들이 아는 하나님의 도, 진리의 도를 알면 누가 하나님을 안 믿을까? 하나님께서 사람을 얼마나 사랑하시는지 알게 하시려는 자신들을 향한 하나님의 사랑을 거절한 그들은 진실로 선을 악으로 갚아 나를 혹독하게 대우하며 철저하게 학대하고 짓밟았다.

이런 학대는 이 세상 왕이 이스라엘 백성들에게 행한 학대였다. **출 1:12절**에 이스라엘 백성들은 애굽 왕 아래 있을 때 학대를 받았지만, 학대받을수록 더욱 번식하고 창성하였으며, 하나님께서는 택함받은 백성들이 학대받는 것을 다 보시고 아시고 계신다. 애굽 왕 아래서 학대받는 이스라엘 백성들을 구원하시기 위해 하나님의 종 모세를 보내서 출애굽 시킬 때 있었던 일은 그때 당시로 끝난 일이 아니다. 나를 통한 이 일은 '다시 **택한 이스라엘**'을 이 세상 왕 아래 학대받는 데서 구원하시고, 하나님께서 약속하신 땅에 이사하게 하시는 일임을 영원히 증명한다.

악한 자들의 학대

이런 학대는 사람이 본능적으로 아는 학대가 아니다. 학대에 대한 해답을 보자.

욥19:1~6 ¹욥이 대답하여 가로되 ²너희가 내 마음을 번뇌케 하며 말로 꺾기를 어느 때까지 하겠느냐 ³너희가 열 번이나 나를 꾸짖고 나를 학대하고도 부끄러워 아니하는구나 ⁴내가 과연 허물이 있었다 할찌라도 그 허물이 내게만 있는 것이니 ⁵너희가 참으로 나를 향하여 자긍하며 내게 수치 될 행위가 있다고 증명하려면 하려니와 ⁶하나님이 나를 굴하게 하시고 자기 그물로 나를 에워싸신 줄은 알아야 할찌니라

욥19:3절부터 ³너희가 열 번이나 나를 꾸짖고 나를 학대하고도 부끄러워 아니하는구나(하나님께서 욥을 의인이라고 하시니까 하나님의 아들들과 사단이 하나님 앞에 서 있다가 하나님께 욥을 정죄한다. 이는 당시 욥의 일로 끝난 일이 아니고, 하나님의 아들들이 실상이 될 때 있을 예언을 감추고 기록하신 것이다. 그래서 "하루는"이라고 하셨다. **욥1:6~12절**을 보자.

욥1:6~12 ⁶**하루는 하나님의 아들들이 와서 여호와 앞에 섰고 사단도 그**
들 가운데 왔는지라 ⁷여호와께서 사단에게 이르시되 네가 어디서 왔느냐
사단이 여호와께 대답하여 가로되 땅에 두루 돌아 여기저기 다녀왔나이
다 ⁸여호와께서 사단에게 이르시되 네가 내 종 욥을 유의하여 보았느냐 그
와 같이 순전하고 정직하여 하나님을 경외하며 악에서 떠난 자가 세상에
없느니라 ⁹사단이 여호와께 대답하여 가로되 욥이 어찌 까닭 없이 하나님
을 경외하리이까 ¹⁰주께서 그와 그 집과 그 모든 소유물을 산울로 두르심
이 아니니이까 주께서 그 손으로 하는 바를 복되게 하사 그 소유물로 땅에
널리게 하셨음이니이다 ¹¹이제 주의 손을 펴서 그의 모든 소유물을 치소서
그리하시면 정녕 대면하여 주를 욕하리이다 ¹²여호와께서 사단에게 이르
시되 내가 그의 소유물을 다 네 손에 붙이노라 오직 그의 몸에는 네 손을
대지 말지니라 사단이 곧 여호와 앞에서 물러가니라

이 하루는 여호와의 날, 인자의 날 하루에 있을 일을 감추시고 BC
1400년에 기록되었으며, 욥의 고향 '우스' 땅 또한 '**의논**'이라는 뜻으로 지
금 이때 실상이 되는 예언으로, 나와 우리에 대한 예언이 감추어져 있다.
당연히 예수 그리스도에 대한 예언도 있다. 사단의 정죄로 인하여 하나님
께서 사단에게 허락하셔서 욥은 가진 모든 것을 다 잃고 고난을 당할 때,
욥을 말로 꾸짖고 학대한 욥의 세 친구 중 한 사람 빌닷에 대해서 대답한
것이 본문이다.

'**학대**'에 대해서 신령한 것을 신령한 것으로 분별하면, 말로 학대하
여 마음을 괴롭게 하는 것을 뜻한다. 또한 다른 타인이 아닌 친구가 말로

학대하는 것이다. 빌닷의 이름의 뜻 속에 천국의 비밀이 감추어져 있다. '논쟁하다'라는 뜻이며, 욥은 이름의 뜻이 '미움받는, 핍박받는 자'라는 뜻이니, 이에 대한 해답은 전 성경에 감추어져 있다. 이는 지금 이 세대 인자의 날, 여호와의 날에 있을 나와 우리에 대한 예언이다.

그래서 이인규, 박형택 같은 자가 말도 안 되는 말로 괴롭혀도, 인터넷에 나에 대한 희롱, 조롱을 해도, 14년째 내가 직접 논쟁하지 않았던 것이다. 이는 곧 나를 학대하는 자들의 세 치 혀와 손가락으로 글을 써서 심하게 괴롭혀도, 우리에게서 나간 자들이 혹독하게 대우하며 고소하여도 그들에 대한 예언이 감추어져 있기에 논쟁하지 않고 기다린 것이다.

이제 **사52:1~2절**의 말씀을 성취할 시간이라서 공개로 판결하여 싸울 것이다. 하나님께서 말씀하시는 학대는 말로 꾸짖고 괴롭히는 것을 뜻한다. 그래서 욥은 학대를 이렇게 말한다. **욥19:4~6절**이다. "⁴내가 과연 허물이 있었다 할찌라도 그 허물이 내게만 있는 것이니 ⁵너희가 참으로 나를 향하여 자긍하며(욥을 학대하는 자는 자긍하는 자다. '자긍'이란 '스스로 높여 교만하다, 스스로 긍지를 갖다, 자기 자신을 자랑하거나 오만하고 그릇된 인생, 드러내다, 외적인 모습과 장황한 말로 거만하게 자신을 과시하다, 스스로 커져서 교만하다, 자만하다'라는 뜻이다. 그래서 이렇게 기도하라고 예언되어 있다.

시35:20~26 ²⁰대저 저희는 화평을 말하지 아니하고 평안히 **땅에 거하는 자를 거짓말로 모해하며** ²¹또 저희가 나를 향하여 입을 크게 벌리고 하하 우리가 목도하였다 하나이다 ²²여호와여 주께서 이를 보셨사오니 잠잠하지 마옵소서 주여 나를 멀리하지 마옵소서 [23]나의 하나님, 나의 주여 떨치고 깨셔서 **나를 공판하시며 나의 송사를 다스리소서** [24]**여호와 나의 하나님이여 주의 공의대로 나를 판단하사** 저희로 나를 인하여 기뻐하지 못하게 하소서 [25]저희로 그 마음에 이르기를 아하 소원 성취하였다 하지 못하게 하시며 우리가 저를 삼켰다 하지 못하게 하소서 [26]나의 해를 기뻐하는 자들로 부끄러워 낭패하게 하시며 **나를 향하여 자긍하는 자로 수치와 욕을 당케 하소서**

이 말씀은 나와 은혜로교회 성도들에 대한 예언이었고, 실상이 되어 이루어지고 있다.

'공판'이란 공개된 법정에서 형사 사건을 재판하는 일, 또는 그 소송 절차를 말한다. 전 성경에 한 군데 기록되어 있다. 이 말씀은 다윗이 저자다. 당시 다윗에 대한 실상만일까? 다윗의 자손으로 오신 예수 그리스도에 대한 예언과 **계3:7~13절**에 예언된 빌라델비아 교회의 사자, 곧 다윗의 집의 열쇠를 받은 나에 대한 예언이 감추어져 있었다. 더 온전히 말하면 나에 대한 예언이다. 이유는 당시 다윗도, 예수 그리스도께서도 전 성경 기록 목적에 해당하는 실상이 아니었기 때문이다.

나에 대한 예언임을 14년째 증명하고 있고, 영원히 증명될 것이다. 목사이기에 하나님의 말씀대로 지켜 실행해야 하므로 거짓말로 모해한 그들을 고소하지 않았다. 단 한 번도 미워하지 않았다. 원수는 하나님께 맡기라고 하셨기에 13년을 학대를 당해도 참고 참았다. 진리인 성경에 기록되어 있지 아니했으면 어떻게 이 억울함을 견뎠을까? '유전무죄, 무전

유죄'라는 말이 사실임도 뼈저리게 경험하고 있다.

그러나 하나님께서 행하시는 일은 다 정하신 때가 있다. 나를 흉악범 취급하여 불법으로 7년형을 내린 이 판결은 하나님의 하시는 일을 훼방하여 복음을 가로막고 짓밟은 것이다. 이제 이 일이 얼마나 부당한 판결이었는지, 거짓말로 법정에서 선서하고 위증한 자들이 무슨 언행을 했는지 밝혀서 온 세상에 고발할 것이다.

이들은 살았다 하는 이름을 가졌으나 영적으로 죽은 자요, 혀로 "예수 예수" 하나 행위로 부인하는 대적자들이며, 마귀의 자식들이다. 수없이 말했었다. 지금 이때는 의인 중에 악인을 골라내는 때라고 했고, 믿는 자와 믿지 아니하는 자가 누군지 우리 모두의 두 눈으로 명백하게 보게된다고 하신 **말3:16~18절**의 말씀이 실상임을 14년째 보고 있다.

말3:16~18 [16]그때에 여호와를 경외하는 자들이 피차에 말하매 여호와께서 그것을 분명히 들으시고 여호와를 경외하는 자와 그 이름을 존중히 생각하는 자를 위하여 여호와 앞에 있는 기념책에 기록하셨느니라 [17]만군의 여호와가 이르노라 내가 나의 정한 날에 그들로 나의 특별한 소유를 삼을 것이요 또 사람이 자기를 섬기는 아들을 아낌같이 내가 그들을 아끼리니 [18]그때에 너희가 돌아와서 의인과 악인이며 하나님을 섬기는 자와 섬기지 아니하는 자를 분별하리라

시편 35편의 말씀이 나에 대한 예언임을 더 증명한다. 이 예언의 실상의 주인공은 2년 11개월째, 2021년 6월 1일 지금 이때, 공판 중인 나와

은혜로교회 성도들이 겪고 있는 이 사건이 증거이며, **사1:21~23절**의 말씀이 증거다.

"²¹신실하던 성읍이 어찌하여 창기가 되었는고 공평이 거기 충만하였고 의리가 그 가운데 거하였었더니 이제는 살인자들 뿐이었도다(성경을 가지고 성경과 다른 거짓말로 설교하는 자들은 하나님이 보시기에 영적인 살인자요, 실상으로 지옥으로 보내는 자들이다. 또한 미워하는 것은 살인이다. 하나님의 법과 세상 법은 이래서 비교 대상이 아니다. 실제로 살인하는 자들도 근본이 미움에서 비롯된 결과다. 따라서 하나님의 법이 아니면 이 온 세상의 문제는 절대 해결되지 않는다.)

²²네 은은 찌끼가 되었고 너의 포도주에는 물이 섞였도다 ²³네 방백들은 패역하여 도적과 짝하며 다 뇌물을 사랑하며 사례물을 구하며 고아를 위하여 신원치 아니하며 과부의 송사를 수리치 아니하는도다"

BC 700년에 기록된 이 예언은 2718년 7개월 24일 후 인천 공항에서 사실이 되어 2021년 6월 1일 현재까지 실상이 되어 있다. 성경은 성경을 보는 아무 사람에게 해당하는 예언의 말씀이 아니다. 그래서 생명책에 이름이 기록되어 있어야 구원을 받는다고 하신 것이다.

이 '**과부**' 또한 아무 과부나 이 본문의 주인공이 아니다. 나보고 '자의적인 해석'을 한다고 하는 자칭 목사들 때문에 더 증명한다. 어느 한 군데 기록된 말씀이 자신에 대한 예언이라고 주장할까 봐 창세기부터 요한계시록까지 다 예언되어 있고, 그래서 '**진리의 성령**'이라 하셨으며, 이때 성경을 사용하는 사람들에게 실상을 믿으라고 하나님의 아들 예수 그리스도께서도 "내가 곧 길이요 진리요 생명이니"라고 하셨던 것이며, "내가 실상을 말하노니"라고 하신 것이다. 또 증명한다.

송사에 걸린 참 과부

딤전5:3~5 [3]참 과부인 과부를 경대하라 [4]만일 어떤 과부에게 자녀나 손자들이 있거든 저희로 먼저 자기 집에서 효를 행하여 부모에게 보답하기를 배우게 하라 이것이 하나님 앞에 받으실 만한 것이니라 [5]참 과부로서 외로운 자는 하나님께 소망을 두어 주야로 항상 간구와 기도를 하거니와

디모데전서 5장의 예언 또한 나에 대한 예언이며, 서울구치소에 갇혀 있는 1년 동안 자녀와 손자들이 이 본문의 실상이 되어 이루어진 진리이며, 지금 이때까지 단 한 번도 빠지지 않고 실행되고 있다.

온 세상 사람들이 믿든 안 믿든 AD 50~70년경에 사도 바울을 통해 기록된 이 예언의 말씀이 2018년 7월 24일부터 이미 사실이 되어 이루어진 것이다. 곧 1950년 후에 땅에 사실이 되어 이루어진 것이다. 성경은, 곧 진리는 이런 것이다. 이러한 진리를 단 한 절도 모르면서 우화처럼 설교하거나, 성경 한 절 읽어 놓고 모두 세속적인 설교를 하는 자들이 바로 영적인 살인자들이다.

본문의 "**참**"이라는 말은 '거짓이 아님, 올바름, 진실, 바른 답, 정답, 맞음, 정말로, 진실로, 과연, 확실한, 진정으로'라는 뜻이다. 사람들이 안 믿

으니까 예수 그리스도께서도 자신을 두고 **요15:1절**에 "내가 참 포도나무
요"라고 하셨고, **요17:3절**에서는 "영생은 곧 유일하신 참 하나님과 그의
보내신 자 예수 그리스도를 아는 것이니이다"라고 하신 것이다.

아무 과부나 **딤전5:3~5절**의 실상의 참 과부가 아니라는 뜻으로 '참
과부'라고 한 것이다. 더 확실하게 **9~10절**의 예언이 사실이 된 자라야
한다.

딤전5:9~10 [9]과부로 명부에 올릴 자는 나이 육십이 덜 되지 아니하고 한
남편의 아내이었던 자로서 [10]선한 행실의 증거가 있어 혹은 자녀를 양육
하며 혹은 나그네를 대접하며 혹은 성도들의 발을 씻기며 혹은 환난당한
자들을 구제하며 혹은 모든 선한 일을 좇은 자라야 할 것이요

내가 1959년 6월 16일생이니 육으로도 나이가 육십이 넘어야 하
고, 송사를 당해서 감옥에 갇힌 때가 2018년 7월 24일이니까 하나님께서
정하신 시간에 명백하게 사실이 되었다. 이때가 지날 때까지 나를 학대하
는 자칭 기독교인들, 목사들, 총회에 단 한 번도 대적한 적이 없고 인내하
며 기다렸다.

또 육으로도 한 남편의 아내이었던 나였고, 영적으로 한 남편 예수
그리스도를 진실로 믿어 그분의 계명을 지켜 실행한 것이 온전히 영, 육
으로 실상이 된 나에 대한 예언이다. 절대 다른 세대에 이 본문의 주인공
인 참 과부가 나올 수 없다. 나에 대한 예언이 명백하다. 온 세상 그 누구
도 이 본문의 예언의 주인공이 아니고, 나에 대한 예언이 확실하다.

딤전5:10절에 "¹⁰선한 행실의 증거가 있어(선한 분은 하나님 한 분이시라고 예수 그리스도께서 **마19:17절, 막10:18절, 눅18:19절**에 친히 말씀하셨다.

마19:17 예수께서 가라사대 어찌하여 선한 일을 내게 묻느냐 선한 이는 오직 한 분이시니라 네가 생명에 들어가려면 계명들을 지키라

그러므로 "선한 행실의 증거가 있어"라는 말씀은 하나님의 뜻대로 지켜 실행하는 과부가 '참 과부'라는 뜻이다. 이에 대해서는 은혜로교회 성도들이 증인들이다. 선한 분이신 하나님의 뜻을 모르면 절대 '선한 행실'을 실행할 수가 없다. 2021년까지는 물론이고, 창세 이래 단 한 사람도 '선한 행실'을 땅에 그대로 실행하는 이 본문의 주인공이 없었다는 것은 역사가 증명해 주고 있다.

이는 사람들이 본능적으로 아는 선한 행실이 절대 아니다. 성경은 40여 명의 인간 저자를 사용해서 기록했지만, 사람의 말이 아니고, 오직 한 분이신 하나님의 나라 비밀, 하나님의 뜻을 감추시고 기록하신 것이다. 그러므로 기록된 말씀에서 해답을 찾고, 그 말씀대로 믿는 자들이 참 기독교인들이며, 진실로 하나님을, 예수 그리스도를 믿는 것이다.

눅18:18~19 ¹⁸어떤 관원이 물어 가로되 선한 선생님이여 내가 무엇을 하여야 영생을 얻으리이까 ¹⁹예수께서 이르시되 네가 어찌하여 나를 선하다 일컫느냐 하나님 한 분 외에는 선한 이가 없느니라

따라서 지금 전 세계 기독교인들이 '성자 하나님'이라고 하는 말은 듣는 사람들로 하여금 곡해하도록 하는 말이다. 선한 분은 하나님 한 분이시고, '선한 행실'은 하나님의 뜻대로 행하는 것을 말한다. 이렇게 하나님의 뜻대로 행하는 자는 반드시 육체도 죽지 아니하고 영생을 얻은 자다.

요14:16~17 [16]내가 아버지께 구하겠으니 그가 또 다른 보혜사를 너희에게 주사 영원토록 너희와 함께 있게 하시리니 [17]저는 진리의 영이라 세상은 능히 저를 받지 못하나니 이는 저를 보지도 못하고 알지도 못함이라 그러나 너희는 저를 아나니 저는 너희와 함께 거하심이요 또 너희 속에 계시겠음이라

이 말씀대로 영생을 얻어 육체도 죽지 아니하는 실상에 대한 언약이었고, 나에 대한 예언이었던 것이다.

따라서 나와 현재 은혜로교회 성도들은 이 땅에 사람으로 태어나기 전에 이미 영생을 얻기로 하나님께서 작정하시고 당신이 정하신 때에 이 땅에 보내신 사람들이다. 이런 사실을 하나님만 아셨고, 2008년 6월 16일부터 세상에 알리고 있는 나도 하나님의 뜻을 모르고 있다가, 하나님께서 정하신 시간에 미리 기록된 진리를 통해서 알게 하신 것이며, 우리 성도들도 이와 같이 나를 통해서 하나님의 뜻을 보게 하고, 듣게 하며, 지켜 실행하게 하신 것이다. 이미 창세기부터 요한계시록까지 미리 다 예언해 두신 것을 14년째 증명하고 있는 것이다.

이런 나를 "이단이니, 사이비니" 하는 자들은 그들 자신이 이단이요,

사이비다. 자신들은 1600여 년간 기록된 이 진리를 단 한 절도 보지도 듣지도 못하고, 자신들이 혀로 말만 하는 오직 예수에 대해서도 단 한 절도 모르며 안 믿고 있는데도 잘 믿는다고 생각하며 함부로 지껄이는 것이다.

또한 선한 행실을 하는 참 과부는 반드시 **호2:19~20절**의 예언이 실상이 된 여자라야 한다.

호2:19~20 [19]내가 네게 장가들어 영원히 살되 의와 공변됨과 은총과 긍휼히 여김으로 네게 장가들며 [20]진실함으로 네게 장가들리니 네가 여호와를 알리라

이 예언이 2771년이 지난 이 세대에 성취되어 실상이 된 자가 곧 '참 과부'이다. 이는 사실이며, 진실이고, 참 진리이다. 이는 절대 다른 사람이 아니고, 상상도 아니며, 참 진리이다. 믿든 믿지 않든 이는 사실이다. 그래서 **딤전6:14~16절**에 이렇게 말씀해 두신 것이다.

딤전6:14~16 [14]우리 주 예수 그리스도 나타나실 때까지 점도 없고 책망받을 것도 없이 이 명령을 지키라 [15]기약이 이르면 하나님이 그의 나타나심을 보이시리니 하나님은 복되시고 홀로 한 분이신 능하신 자이며 만왕의 왕이시며 만주의 주시요 [16]오직 그에게만 죽지 아니함이 있고 가까이 가지 못할 빛에 거하시고 아무 사람도 보지 못하였고 또 볼 수 없는 자시니 그에게 존귀와 영원한 능력을 돌릴찌어다 아멘

따라서 지금 기독교인들이 혀로 말만 하는 '오직 예수'에게 영생할 수 있는 능력이 있는 것이 아니라, 성부 하나님께만 오직 죽지 아니함이 있다. 이는 2021년까지 전 세계 역사가 증명해 준다. 그런데 예수 그리스도께서 말씀하신 하나님의 계명, 명령은 단 한 절도 지키지 아니하면서 자신들은 죽어서 천국 간다 믿고 가르친 자들이 이단이요, 사이비이며, 영적인 살인자요, 거짓말하는 자라 회개하고 돌이키지 아니하면 반드시 지옥 불에 떨어진다.

'영생'에 대해서 지금 이때가 되기 전에 영생한다고 설교한다든지, 성경에 문자 그대로 나와 우리 성도들처럼 예언되어 있지 아니하는 자가 영생을 말한다고 해서 영생하는 것이 절대 아니다. 이 '영생'은 육체도 죽지 아니하고 살아서 오는 세상을 맞이하는 창세 이래 최고의 축복자들이며, 이런 영생을 받는 자는 반드시 예수 그리스도께서 말씀하신 대로 계명을 지켜 실행하므로 이로 인해 핍박을 받고 감옥에까지 갇히는 것이다. 그래서 또 이렇게 말씀하신 것이다. **딤전6:17~19절**이다.

딤전6:17~19 [17]네가 이 세대에 부한 자들을 명하여 마음을 높이지 말고 정함이 없는 재물에 소망을 두지 말고 오직 우리에게 모든 것을 후히 주사 누리게 하시는 하나님께 두며 [18]선한 일을 행하고 선한 사업에 부하고 나눠 주기를 좋아하며 동정하는 자가 되게 하라 [19]이것이 장래에 자기를 위하여 좋은 터를 쌓아 참된 생명을 취하는 것이니라

이 모든 말씀이 여호와의 날, 인자의 날인 지금 이때 사실이 되어 땅

에 그대로 성취되는 것이 바로 성경만이 참 진리임을 증명하는 것이고, 참 과부가 행하는 '선한 행실'에 대한 하나님의 증거다. 이렇게 하나님의 뜻을 보고 듣고 믿고 지켜 실행한 사람들이 바로 나와 은혜로교회 성도들이다.

이런 진리의 눈으로 다시 **딤전5:10절**를 보자.

딤전5:10 선한 행실의 증거가 있어 혹은 자녀를 양육하며 혹은 나그네를 대접하며 혹은 성도들의 발을 씻기며 혹은 환난당한 자들을 구제하며 혹은 모든 선한 일을 좇은 자라야 할 것이요

이 말씀대로 지켜 실행하는 자가 '**참 과부**'이다. 이런 참 과부를 두고 예언하신 것이고, 이미 14년째 실상이 된 나에 대한 예언이다. 그래서 **16~19절**에서도 나에 대해서 성경적인 "**장로, 어미, 늙은이**"로 지칭한다. "¹⁶만일 믿는 여자에게 과부 친척이 있거든 자기가 도와주고 교회로 짐지지 말게 하라 이는 참 과부를 도와주게 하려 함이니라 ¹⁷잘 다스리는 장로들을 배나 존경할 자로 알되 말씀과 가르침에 수고하는 이들을 더할 것이니라 ¹⁸성경에 일렀으되 곡식을 밟아 떠는 소의 입에 망을 씌우지 말라 하였고(이 말이 바로 진리의 성령이 실상이 되어서 죄에 대하여, 의에 대하여, 심판에 대하여 세상을 책망하고 타작하는 이 일을 비웃고 정죄하여 이단이라고 고소하여 감옥에 가둔 것을 두고 예언하신 것이다. 영적인 추수 때인 이 세대에 때를 따라 양식을 먹고 먹이는 것을 뜻한다.)

또 일군이 그 삯을 받는 것이 마땅하다 하였느니라(유튜브를 통해

하나님의 영원한 언약인 새 언약을 받고 교인들이 다니던 교회에서 은혜로교회로 빠져 나올 것을 감추시고 하신 언약이다. 이 때문에 목사들이 교인들을 빼앗긴다고 생각하여 나를 무조건 '이단'이라 정죄하고, 자신들을 영원히 영생에 이르게 할 영원한 언약을 못 듣게 하는 것을 바로 이 말씀 속에 감추어 두셨던 것이다. 이때가 될 때까지 천국의 비밀은 하나도 열리지 않았다. 그래서 바로 다음 구절에 이렇게 말씀하신 것이다.)

[19]장로에 대한 송사는 두세 증인이 없으면 받지 말 것이요(이 말씀에 참 과부의 송사를 감추어 두신 것이다. 곧 '두세 증인'이 은혜로교회 성도들에 대한 예언이고, '장로'는 기독교인들이 본능적으로 아는 장로가 아니고 요한계시록에 예언된 이십사 장로이며, 또 중층의 소리와 상층의 소리로 다시 창조된 영영한 사역자들에 대한 예언이다.

다시 말하면 자신들이 개인적으로 잘못하여 송사가 일어나고 감옥에 갇힌 목사들에 대한 송사가 아니라, 반드시 **'참 과부의 송사'**, 성경에 예언된 송사라는 뜻이다. 이렇게 여러 부분, 여러 모양으로 기록되어 있는 나와 은혜로교회의 이 송사는 만세 전에 하나님께서 이미 정해 두신 송사였다는 뜻이다.

'두세 증인' 또한 **요일5:7~9절**의 예언대로 나를 통한 14년째 이 새 언약을 받는 자 중에 고소하는 자들도 나올 것을 감추어 두신 예언이다. 그래서 우리에게서 나간 자들이라고 하신 것이다. 따라서 타작마당을 **딤전5:20절**에서는 이렇게 예언해 두셨다.)

[20]범죄한 자들을 모든 사람 앞에 꾸짖어 나머지 사람으로 두려워하게 하라(이 말씀대로 처음 4년은 성경적인 장로, 곧 오늘날 목사들을 위

한 세미나를 한 것이며, 이 말씀은 이미 실행이 되어 이루어지고 있다. 이런 타작마당을 두고 '폭행, 특수폭행'이라고 하여 나를 고소한 것이다. 온 천하에 천명한다. 나와 성도들에게 씌운 죄명대로 단 한 가지도 죄를 지은 적이 없다.)"

딤전5:19절에서는 장로에 대한 송사라고 하셨으나, 이는 **히1:1절**에 **"여러 부분, 여러 모양"**으로 나에 대해서 예언해 두신 것이다.

히1:1 옛적에 선지자들로 여러 부분과 여러 모양으로 우리 조상들에게 말씀하신 하나님이

성경에 장로는 오늘날 목사를 뜻하고, 이렇게 기록하신 것은 참 과부인 내가 사람들이 보기에 '목사'라는 뜻이 감추어져 있다. 이에 대한 명백한 증거가 '두세 증인'이다.

'증인'이란 자신이 직접 목격한 사건에 대해서 증언하기 위하여 부름받은 사람, 재판에 출석해 증언하는 자, 원어로 보면 '되풀이해서 말하다. 곧 참 과부이면서 목사인 내 송사에 증인들인 은혜로교회 성도들이 1심, 2심, 3심 등 재판에 나와서 되풀이해서 계속 이 판결의 부당함을 증언하여 말하다'라는 뜻이며, '입증하다, 진실을 밝혀 시시비비를 가리게 하는 자, 정보를 가진 자, 곧 송사에 대한 정보를 가진 자, 지식을 전달하는 자'를 뜻한다.

'두세 증인' 또한 사람이 본능적으로 아는 지식, 시각이나 문자 그대로 보면 그냥 둘이나 세 사람을 말하는 것으로 본다. 그런 뜻이 아니고,

하나님께서 말씀하시는 '두세 증인'은 **고전14:20~33절**에 성경적인 방언 통역, 곧 다시 예언인 전대미문의 새 언약을 할 때 중층의 소리인 '예수는 그리스도'라고 증거하고, 상층의 소리인 영원한 언약을 하는 완전한 지혜로 삼위일체, 곧 성부, 성자, 성령이 **요일5:7~9절**의 말씀대로 하나가 된 진리의 성령을 통해 대언하는 증거를 들은 '증인'을 뜻한다. 곧 **요6:45절**의 하나님의 가르치심을 나를 통해 대언하게 하시지만, 이는 하나님의 증거다.

요일5:7~9 [7]증거하는 이는 성령이시니 성령은 진리니라 [8]증거하는 이가 셋이니 성령과 물과 피라 또한 이 셋이 합하여 하나이니라 [9]만일 우리가 사람들의 증거를 받을찐대 하나님의 증거는 더욱 크도다 하나님의 증거는 이것이니 그 아들에 관하여 증거하신 것이니라

요6:45 선지자의 글에 저희가 다 하나님의 가르치심을 받으리라 기록되었은즉 아버지께 듣고 배운 사람마다 내게로 오느니라

곧 나를 통한 14년째 전대미문의 새 언약을 받고 보고 믿고 지켜 실행할 때, 이로 인하여 나와 성도들이 옥에 갇히는 송사가 일어나고, 법정에서 증인들이 이 송사가 부당함을 증언하는 것이 바로 '**참 과부의 송사**'요 '**장로의 송사**'이며, 하나님의 선한 행실을 실행하여 일어난 송사를 받아들여 수리하라는 뜻이다. 지면의 한계 때문에 이에 대해서는 영원히 계속 증명이 된다.

이것은 자의적으로 해석하는 것이 아니고, 신령한 것을 신령한 것으로 해석하여 전 성경을 통으로 보고 문자 속에 감추어 두신 하나님의 나라 비밀, 하나님의 뜻을 사람이 이해할 수 있는 범위 안에서 설명을 하는 것이다. 그러므로 창세 이래 그 누구도 몰랐던 전대미문의 새 일이며, 새 언약이라고 하셨던 것이다. 따라서 성경은 사람이 본능적으로 알고 있는 지식으로 절대 해석할 수가 없다는 것을 지금 전 세계에 성경을 사용하는 모든 종교 지도자들이 먼저 알아들어야 한다. 14년째 증거하는 이 증거는 창세 이래 그 누구도 알지 못했던 천국의 비밀이다.

이러니 기득권 세력이 되어 자신들이 가르친 사람의 소리, 곧 성경과 다른 거짓말들이 다 드러나니까 나를 "이단이니~ 사이비니~"라고 정죄하여 교인들이 듣지 못하도록 하나님의 선한 일을 훼방하고, 세상 법에 고소하여 감옥에 가둔 것이다. 그러나 이 참 과부의 송사는 하나님의 행하심을 증거하는 목사를 거짓말로 모해하여 일어난 송사라는 것을 이미 참 과부인 내가 이 땅에 태어나기 전인 BC 700년경, 그보다 더 앞서 BC 1400년경 모세오경에 이미 다 예언되어 있었던 것이다. 3418년 후에 성경에 기록된 예언이 사실이 되어 2018년 7월 24일 나와 성도들을 감옥에 가둔 것이다.

욥31:35 누구든지 나의 변백을 들을찌니라 나의 서명이 여기 있으니 전능자가 내게 대답하시기를 원하노라 내 대적의 기록한 소송장이 내게 있었으면 그러므로 성경에 기록된 송사, 곧 고소하여 감옥에 갇히는 사도 바울의 송사도, 예수 그리스도도 '내 대적의 기록한 소송장'이 없었고, 그래서 재판을 하여 대적을 대항하지도 못했고, 사형을 당하신 것이다. 이 소송장에 대한 말씀은 욥에 대한 예언이 아니라 지금 이 세대 나에 대한 실상임을 증명하는 것이다.

그래서 참 과부인 나는 '내 대적의 기록한 소송장'이 있다. 영적인 소송장도 내게 있고, 실제 나를 고소하여 송사한 자들의 기록한 소송장도 있다. 내가 소송을 당하여 감옥에 갇힌 이유가 세상 사람들이 말하고 생각하는 죄를 지은 결과로 인한 것이 아니라는 명백한 증거가 내게는 **욥 31:35절**에 예언된 말씀이 사실이 되어 내 대적, 곧 나를 고소하고 거짓말로 증언하고 모해하여 7년형의 징역형을 때린 대적자들의 소송장이 내게는 있다는 뜻이다.

예수 그리스도는 원수, 곧 대적자들에 의해 가장 잔인하게 사형을 당하셨지만, 이 세대 참 과부인 나는 이 억울한 판결이 얼마나 부당한 판결인지 진실을 밝힐 수 있는 소송장이 태욱 성도에게 다 있다. 우리가 선임한 변호사님에게도 다 있다. 그들이 어떤 거짓말로 증언하여 나를 모해했는지, 법정에서 선서하고 거짓 증언을 했는지에 대한 소송장의 기록들이 다 있고, 그래서 거짓말을 밝힐 증거도 가지고 있다. 이에 대한 결과까지 이미 전 성경에 감추어 두신 하나님의 판결도 나는 가지고 있다. 곧 '내 대적의 기록한 소송장'을 온전히 다 가지고 있다는 뜻이다.

이제 내가 대적들을 온전하게 소송할 차례다. 그 시작을 알리는 날이 2021년 6월 16일로서 온 세상에 드러내어 그들의 거짓말을 밝힐 것이다. 그리하여 이 일이 왜 생겼는지, 내가 왜 온 세상에 이런 치욕을 당하고 있는지 밝히고, 반드시 거짓이 진실을 이길 수 없다는 것도 증명할 것이다.

이날이 오기를 얼마나 기다렸는지~ 이 송사를 허락하신 하나님의 뜻을 알기에 **고전13:7절**의 하신 말씀을 현재도 지켜 실행하고 있고, 앞으로도 영원히 지켜 실행할 것이다.

고전13:7 모든 것을 참으며 모든 것을 믿으며 모든 것을 바라며 모든 것을 견디느니라

나와 성도들이 당하는 이 송사는 내가 이 땅에 사람으로 태어나기 전, 곧 3421년 전부터 전 성경에 기록이 되어 있었다는 하나님의 이 증거가 1600여 년간 40여 명의 저자에 의해 기록하신 진리에 예언되어 있었다. 이는 내가 '**진리의 성령, 참 과부, 해를 입은 여자, 현숙한 여자, 미가엘 천사장, 빌라델비아 교회의 사자, 언약의 사자, 위에 있는 예루살렘, 하나님의 아들들을 해산하는 어미, 새 예루살렘, 하나님의 성전 된 거룩한 자, 믿음, 시온산, 완전한 지혜를 대언하는 자, 또 다른 보혜사**' 등등 전 성경인 진리에 예언된 실상의 사람이라는 명백한 하나님의 증거이며, 사실이라는 확실한 증거다.

진리는 이런 것이다. 성경만이 참 진리라는 것은 이렇게 땅에서 실상이 되어 증거하는 것이다. 이는 창조주 하나님만이 참 신이라는 것을 하나님께서 친히 실상으로 증거하시는 것이다. 다른 말로 하면 하나님 외

에 '신'은 없다는 뜻이고, 하나님의 말씀인 성경 외에 진리가 없다는 뜻이다. 그래서 하나님의 말씀은 상상이 아니고 실상이며, 예수 그리스도도 실상이며, 예수 그리스도께서 하신 말씀도 실상이고, 진리의 성령도 상상이 아닌 실상이다.

그래서 14년째 나를 통한 이 일은 **고린도전서 13장**의 말씀이 사실이 되어 이루어지는 일이며, 전 성경에 감추어 두신 천국의 비밀이 2008년 6월 16일부터 하나하나 사실이 되어 땅에서 성취되고 있는 것이다.

고전13:8~13절 "[8]사랑은 언제까지든지 떨어지지 아니하나 예언도 폐하고 방언도 그치고 지식도 폐하리라 [9]우리가 부분적으로 알고 부분적으로 예언하니 [10]온전한 것이 올 때에는 부분적으로 하던 것이 폐하리라 [11]내가 어렸을 때에는 말하는 것이 어린아이와 같고 깨닫는 것이 어린아이와 같고 생각하는 것이 어린아이와 같다가 장성한 사람이 되어서는 어린아이의 일을 버렸노라 [12]우리가 이제는(진리의 성령이 실상이 되어 세상에 드러나기 이전이 본문에서 말하는 어린아이의 일이고, 사도 바울이 이 말씀을 기록한 AD 50~70년과 더 이전을, 온전하게 말하면 창세 이래 2008년 6월 16일 이전까지 기간이 "이제는"에 해당하는 기간이었고, 은혜로교회 성도들 외에 지금 전 세계 성경을 사용하는 모든 종교인들은 2021년 6월 16일이 "이제는"에 다 해당하는 기간이다.)

거울로 보는 것같이 희미하나(이렇게 희미한 정도가 아니라 완전히 하나도 모른다. 이 사실을 인정하지 아니하면 천국과 아무 관계가 없고, 도리어 대적자가 되어 죄에 죄를 더하여 결국 지옥 불에 가게 된다. 그래서 반드시 다 폐해야 한다. 이미 예언도 폐하고, 방언도 그치고, 전 세계 모든 기독교인들, 천주교인들, 유대교인들이 이미 알고 있다는 지식도 폐하고 있다. 이 사실을 영혼이 제단 아래 있는 사도 바울, 곧 모든 순교자들도 몰랐다고 누가 믿을까?

그래서 문자 그대로는 그 누구도 하나님의 뜻을 알 수 없다. 반드시 지금 이 말이 진실로 사실이라고 은혜로교회 성도들이 이제는 인정하듯이, 온 세상이 인정하게 된다. 아직 이 말씀을 받고도 귀신이 주인이 되어 있는 우리 안에 사람들이 "우리가 이제는 거울로 보는 것같이 희미하나"에 해당하는 실상이다. 알아듣고 있느냐? 그래서 계속 말하는 거다. 진리를 한 절만 진리대로 깨달아도 귀신 노릇 하지 않는다고 한 것이다. 거울로 보는 것같이 희미한 상태는 당시 사도 바울도 그랬고, 창세 이래 '오는 세상'이 실상이 될 때까지 모든 순교자들과 낙원에 가는 거지 나사로같이 살다가 육체가 죽은 모든 자들이 이에 해당하는 주인공들이다.

전 성경을 단 한 절도 모르면서 무슨 휴거를 말하나? 전천년설, 무천년설, 후천년설, 곧 '설'을 말하는 것 자체가 아무것도 알지 못하고, 자신도 모르는 소리를 지껄이는 설교다. 아예 차원 자체가 완전히 다르다. 14년째 이 새 언약은 온 세상 그 어떤 목사의 설교와 비교 대상이 아니다. 상대할 가치가 없고, 그런 사람들과 논쟁할 차원 자체가 아니기에 인터넷을 통한 그들의 설교를 들은 적도 없으며, 나를 향한 비방의 말에 상대하지 않았던 것이고, 시간이 없어서도 논쟁하지 않았다.

지금도 마찬가지다. 논쟁하거나 대적자들을 정죄하거나 비방하는 차원이 절대 아니다. 일방적인 광포이며, 창세 이래 모든 이론을 파하는 강력이다. 그래서 이는 '철장 권세'이며, 심판의 말씀이다. 지금까지 참았던 것은 하나님의 아들들, 백성들을 거듭나게 하는 기간이라 기다려 준 것이었다. 그릇 차이가 너무 나서 이제 더 이상 기다려 줄 수 없다. 이제 전 세계 모든 종교, 모든 사람을 대상으로 싸워서 하나님만이 하나님이심을 인정하고 모든 무릎이 하나님 앞에 굴복하도록 할 것이고, 거짓이 진실을 결코 이길 수 없다는 것을 실상으로 온 세상에 증명할 것이다.)

그때에는(이미 이 본문이 지시하는 그때가 2021년 지금 이때다. 나 외에도 이미 다시 예언의 말씀으로 태어난 성도들이 실상이 된 이때에는) 얼굴과 얼굴을 대하여 볼 것이요(이미 이 말씀이 사실이 되어 이루어지고 있고, 앞으로 영원히 이렇게 이루어진다.) 이제는 내가 부분적으로 아나(부분적으로 알고 있는 것은 아는 것이 아니다. 증거가 온전한 것이 오면 다 폐하는 것이다. 부분적으로 아는 것은 조각으로 아는 것이고, 이는 다음 예언에 이미 판결이 되어 있다. 증명한다.

요13:26~30 [26]예수께서 대답하시되 내가 한 조각을 찍어다가 주는 자가 그니라 하시고 곧 한 조각을 찍으셔다가 가룟 시몬의 아들 유다를 주시니 [27]**조각을 받은 후 곧 사단이 그 속에 들어간지라** 이에 예수께서 유다에게 이르시되 네 하는 일을 속히 하라 하시니 [28]이 말씀을 무슨 뜻으로 하셨는지 그 앉은 자 중에 아는 이가 없고 [29]어떤 이들은 유다가 돈궤를 맡았으므로 명절에 우리의 쓸 물건을 사라 하시는지 혹 가난한 자들에게 무엇을 주라 하시는 줄로 생각하더라 [30]**유다가 그 조각을 받고 곧 나가니 밤이러라**

"이제는 내가 부분적으로 아나"라고 하신 말씀이 가룟 유다에 해당한다는 사실을 당시 사도 바울도 모르고 하는 소리다. 이렇게 말하면 귀신이 주인인 자는 "그럼 사도 바울이 가룟 유다와 같으냐?"고 잘난 척한다. 다르다. 그래서 그는 "오호라 나는 곤고한 자로다"라고 고백했고, 결국 순교를 한 것이다. 가룟 유다는 예수님께 친히 가르침을 받았으나 좌편, 곧 왼편에 속한 자였고, 사도 바울은 예수 그리스도께 가르침을 직접 받지 않았고 십자가에 죽으시고 성경대로 삼 일 만에 부활하셔서 나타나신 그리스도를 다메섹 도상에서 만나 유대교에서 기독교로 개종한 자, 곧 우편에 속한 자다.

따라서 둘 다 육체는 반드시 죽어야 하지만 '영원'한 판결은 지옥과 천국이다. 가룟 유다는 육체가 살았을 때 하나님의 아들을 사형시키는 길 안내자가 된 것이 양심에 가책이 되어 후회하고 은 삼십을 돌려주고 자살했지만, 하나님께서 만들어 주신 그의 혼은 영원한 지옥에서 영원히 영벌을 받으며 고통 속에 살고 있다.

그러나 사도 바울은 육체가 살아서 부활하신 그리스도를 만나 하나님의 음성을 듣고 회개하고 돌이켜서 남은 삶을 예수 그리스도의 증거자로 살다가, 육체가 죽임을 당하여 하나님께서 정하신 때까지 제단 아래서 하나님께서 정하신 때, 정해 두신 순교자들의 수가 찰 때까지 쉬고 있다.

이렇게 좌편인 가룟 유다와 우편인 사도 바울은 자신들은 몰랐지만 이미 만세 전에 하나님께서 이렇게 정하신 자신들의 그릇대로 삶을 살다가 '영원'이 결판나서 하나님의 판결대로 결정난 영원한 지옥 불못과 영원한 천국의 삶을 사는 것이다.

이는 2021년 6월 2일 이 세대까지 땅에 있는 모든 사람들의 삶의 결과가 다 들어있다. 예수 이름 사용하며 종교생활을 하나 예수 이름을 가지고 돈으로 바꾸는 사람들과 아예 다른 종교인이거나 무종교인들의 모든 삶은 가룟 유다와 일반으로 좌편에 속한 자들로 하나님의 심판을 받는다.

다른 한 부류, 곧 사도 바울처럼 예수 이름을 땅에서 전하다가 순교를 당하여 육체의 부활을 기다리며 제단 아래서 쉬고 있는 사람들, 또는 거지 나사로같이 한 몫의 삶을 살다가 죽어서 낙원에 가 있는 사람들이 우편에 속한 자들이다. 이렇게 좌편과 우편으로 나누어져서 '영원한 삶'이 영원한 지옥 유황 불못이냐, 영원한 천국이냐로 나눠진다. 성경을 가지고 둘 다 부분, 곧 조각을 받아서 사용하였지만 그 내용이 다르다. 하지만 둘 다 부분이요, 조각이다.

이래서 반드시 지금 이 세대는 **히브리서 8장**의 새 언약이 실상이 되어서 14년째 사실임을 증명하는 이 영원한 복음으로 좌로도 우로도 치우치지 말고 바른 길, 정로, 대로를 걸어야 한다. 이 길만이 '**좁은 길**'이요 '**온전한 길**'이다.

지금 한국은 좌편이 집권하여 온갖 부패와 타락함이 다 드러나서 "우편인 보수 측이 집권해야 한다", "중도 성향이어야 한다", 좌편은 영구 집권하여 개혁을 하는 자신들의 성향이 옳다고 가리려 하지만 절대 가릴 수가 없다. 그 어느 성향도 온전할 수가 없다는 것을 이미 공산주의와 민주주의로 세계가 나누어져 있는 땅의 역사가 증명하고 있다.

이렇게 반복되어 온 역사는 이제 자신들이 각자 행한 그대로 하나님께 심판을 받게 된다. 이때를 두고 성경에서는 '**종말, 말일, 세상 끝, 말세, 미래, 이 세상**'이라고 기록해 두셨고, 이러한 세상을 책망하시고 바른 길, 곧 정로로 돌아서라고 나의 이 송사가 3421년 전부터 사람을 통해서 기록하신 그대로 땅에 사실이 되어 이루어지고 있는 것이다. 믿든 안 믿든 이는 명백한 사실이다.

부분, 곧 조각을 받으면 사단이 들어간다. 교회 다니면서 자살하는 사람이 다 이에 해당한다. 그래서 예수 그리스도께서 사람의 소리를 한 베드로에게 **마16:23절**에서 다음과 같이 말씀하신 것이다.

마16:23 예수께서 돌이키시며 베드로에게 이르시되 사단아 내 뒤로 물러 가라 너는 나를 넘어지게 하는 자로다 네가 하나님의 일을 생각지 아니하 고 도리어 사람의 일을 생각하는도다 하시고

이 말씀은 베드로가 일생 한 사역의 결과까지 이미 예언해 두신 것이 라고 누가 믿을까? 하지만 이는 사실이다. 베드로는 앉은뱅이도 고치고, 당시에 자신들이 본 그대로 승천하신 예수 그리스도께서 다시 강림하신다 고 하신 말씀을 그대로 믿고 공동체를 할 때 땅을 판 돈 일부를 숨기고 베 드로를 속인 아나니아, 삽비라가 그 자리에서 죽기도 하고, 당시 명실공히 예루살렘 교회의 최고 지도자 중 한 사람으로 복음 사역에 앞장섰다.

이런 베드로가 약 20여 년 후 외식에 빠져 **갈라디아서 2장**에 기록된 대로 사도 바울로부터 공개 책망을 받는다. 베드로 사도가 외식에 빠진 상 태에서 거듭났다가 다시 외식하는 바리새인이 된 걸까? 아니다. 본래 거 듭나지 않은 상태에 사역을 한 것이다. 곧 사람 차원에서 계속 사역을 한 것이다. 그는 우편에 해당했지만 하나님께서 성경이 모든 것을 죄 아래 가

두어 둔 기간에 사역을 한 것이고, 결국 그도 순교했다. 이는 부분, 곧 조각을 사용하는 기간에는 좌편이나 우편이나 하나님의 일을 생각지 않고 사람의 일을 생각하면 '사단' 역할을 하게 된다는 것을 보여 주신 것이다.

이에 대해서 더 증명한다. **행1:15~20절**에 베드로 사도가 가룟 유다에 대해서 이렇게 설교한다.

"¹⁵모인 무리의 수가 한 일백이십 명이나 되더라 그때에 베드로가 그 형제 가운데 일어서서 가로되 ¹⁶형제들아 성령이 다윗의 입을 의탁하사 예수 잡는 자들을 지로한 유다를 가리켜 미리 말씀하신 성경이 응하였으니 마땅하도다(성경은 곧 진리다. 다윗의 입을 의탁하여 말씀하신 것은 지금 우리에게는 기록된 말씀이다. 이는 지금 이 세대 진리의 성령의 그림자요, 모형이다. 곧 진리의 성령은 신령한 것을 신령한 것으로 분별하여 모든 진리 가운데로 인도하는 것이며, 진리인 성경에 문자 그대로도 기록되어 있어서 실상이 된 자라야 하고, 온전한 진리의 성령은 육체도 죽지 아니하고 온전히 영생에 이르러야 진리의 성령이다. 따라서 이런 본문만 보아도 이성이 있으면 지금 전 세계 기독교인들이 상상하는 성령이 아님을 깨달아야 한다. 성령에 대해서는 영원히 증명된다.

'**지로하다**'란 '길 안내자, 길잡이'라는 뜻이다. 가룟 유다에 대해서도 이미 구약 시편의 기록을 인용하였던 것이다. 또한 당시 가룟 유다로 끝난 일이 아니고, 지금 이 세대에 좌편에 속한 자들의 언행과 결과를 비밀로 감추시고 기록한 것이다. 지금 전 세계에 얼마나 많은 가룟 유다 같은 자들이 있는지, 성경을 사용하여 자칭 목사가 된 자들이 알면 기절할 것이다.

2018년 7월 24일에 나를 구속하여 가두어 두고 검찰 조사를 받을 때 장선주한테 내가 그런 말을 했다. "네가 하고 싶은 대로 다 해라"라고 했다. 그 말뜻을 그는 지금도 모를 것이다. 무슨 뜻을 담고 내가 한 말인지를. 참 아이러니하게 나에 대한 죄를 씌우기 위해서 구속시켜 놓고 반대 측, 곧 검사 측 증인으로 장선주, 한별이, 고소한 그들 모두 나를 기소한 검사 측 증인이 되어 증언하고 돈을 받더라. 그 돈이 무슨 돈인지 장선주는 알고 있을까?

물론 우리 측 증인들도 증언했지만 이는 '두세 증인'에 해당하는 증인들이었다. 안양 법원 302호에서 증인을 선 너희들이 바로 **딤전5:19절**에 "장로에 대한 송사는 두세 증인이 없으면 받지 말 것이요"라고 명백하게 기록되어 있는 주인공들이다. 그래서 나의 이 소송 사건은 진실로 성경대로 사실이 되어 이루어졌고, 이는 내가 성경대로 이 땅에 보냄을 받은 참 과부이며, 진리의 성령이요, 또 다른 보혜사라는 확실한 증거다.

나만이 아니라 '두세 증인', 둘이나 셋의 다시 예언, 다른 말로 중층과 상층의 소리인 **요일5:7~9절**과 **고전14:27~30절**의 예언이 성취되어 이루어진 실상이며, **히브리서 8장**의 새 언약의 말씀과 **요6:45절**의 말씀이 실상으로 이루어져서 성경이 응한 것이고, 하나님의 증거를 받고 나를 통한 타작마당과 낙토에 이주한 것은 성경 말씀이 실상으로 성취된 일이라는 것을 증언하는 성도들도 이미 AD 50~70년에 기록된 예언이 너희들에 대한 예언이라는 명백한 증거다.

창섭 성도도 이제 믿어지느냐? 너는 아무것도 모를 때 이미 너에 대한 예언이 성경에 기록되어 있었고, 그렇게 하나님께 영영한 사역자로 택함을 입고 이 땅에 보냄을 받은 너라는 사실을 지금 나를 통해 하나님께서 증거하시는 것이다.

너희는 아무것도 모를 때 우리 모두는 이미 성경에 기록되어 있는 사명자였는데, 이런 우리를 "이단이니~ 사이비니~" 하는 자칭 목사들, 자칭 기독교인들, 너희들이 무슨 죄를 지었는지 다 보아라. 너희들이 한 언행이 어떻게 너 스스로 자해한 일이었는지, 절대 죽지 말고 살아서 나와 은혜로교회 성도들이 누군지, 2008년 6월 16일부터 2021년 6월 16일 이 시간까지 무슨 일을 하는 사람들인지, 반드시 온 세상에 드러나서 성경만이 참 진리이며, 하나님은 살아 계신 하나님이시고, 오직 하나님만이 참 신이심을 증거할 것이다.)

[17]이 사람이(가룟 유다) 본래 우리 수 가운데 참예하여 이 직무의 한 부분을 맡았던 자라(예수 그리스도께 떡 한 조각을 받은 것과 '한 부분'은 같은 의미다.) [18]이 사람이 불의의 삯으로 밭을 사고 후에 몸이 곤두박질하여 배가 터져 창자가 다 흘러 나온지라(자살한 가룟 유다의 결과를 이렇게 기록해 둔 것은 그 후 오는 세상이 될 때까지 예수 이름 사용하는 지도자들이 하는 언행과 결과를 감추어 두신 교훈이다.

지금까지 기독교인들은 사단, 마귀, 귀신을 다 상상한다. 가룟 유다가 사단이요, 마귀이며, 귀신이 주인인 자다.

요6:70 예수께서 대답하시되 내가 너희 열둘을 택하지 아니하였느냐 그러나 **너희 중에 한 사람은 마귀니라 하시니**

이렇게 기록해 둔 진리는 안 믿고 다 상상한다. 성경을 가지고 성경과 다른 말로 가르치는 불의한 자가 바로 '마귀'다. 다른 말로 '사단'이다. 하나님의 일을 생각지 아니하고, 사람의 일로 보고 듣고 가르치는 지도자를 마귀라고 하셨다. 이런 지도자와 함께 신앙생활 하는 자들은 **신32:17절**에 "하나님께 제사하지 않고 마귀에게 하였으니"라고 하셨다. 이를 두고 우상숭배라고 하신 것이다.

'**불의**'란 하나님을 대적하는 모든 언행, 옳지 아니한 일이다. 하나님의 아들을 알아보지 못하고 사형시키는 데 길잡이 역할을 한 자, 성경을 가지고 하나님의 뜻은 단 한 절도 모르면서 매매수단으로 사용하여 돈으로 바꾸는 자, 이런 마귀가 거룩한 강단에 서서 설교하고 있다고 누가 믿겠느냐? **잠12:12절**에 "악인은 불의의 이를 탐하나"라고 하셨고, 이런 자들은 이미 다음 말씀대로 판결을 받은 자다.

이들은 전부 썩어지지 아니하는 하나님의 영광을 썩어질 사람과 금수와 버러지 형상의 우상으로 바꾼 자들이라 하나님께서는 이런 자들을 그 마음의 정욕대로 버려 두신다. 하나님의 진리를 거짓 것으로 바꾼 자들이며, 피조물을 하나님보다 더 경배하고 섬긴 자들이다(롬 1:18~32). 이런 자들이 일하는 시기가 이제 끝났다. 그래서 이렇게 판결해 두셨다.

롬2:5~8 [5]다만 네 고집과 회개치 아니한 마음을 따라 진노의 날 곧 하나님의 의로우신 판단이 나타나는 그날에 임할 진노를 네게 쌓는도다 [6]하나님께서 각 사람에게 그 행한 대로 보응하시되 [7]참고 선을 행하여 영광과 존귀와 썩지 아니함을 구하는 자에게는 영생으로 하시고 [8]오직 당을 지어

진리를 좇지 아니하고 **불의를 좇는 자에게는 노와 분으로 하시리라**

지금 전 세계 성경을 사용하는 종교 지도자들이 자신들이 하는 언행이 어떤 치명적인 죄를 짓고 있는지 모른다. 그러면서 성경대로 보고 듣고 믿고 지켜 실행하는 나를 이단이라 판단하고 정죄하여 하나님의 선한 일을 가로막는다. 이제 진실로 이런 모든 불의에서 돌이키지 아니하면 **롬 2:5~8절**의 말씀대로 된다.

그래서 이제 전 세계 그 누구도 핑계할 수 없다. 이미 성경이 주어졌기에 각자 자신들이 살아온 결과대로 판단하시고 심판하시는 때가 지금 이 세대이다. 나를 통한 14년째 이 일이 어떤 일인지 알지 못하면서 당을 지어 혀로 학대하고, 온 세상에 거짓말로 치욕을 주고 짓밟아서 하나님의 선한 일을 훼방한 자들은 저 밖에 다른 종교인들이 아니다. 자신들은 성경을 이미 알고 있고, 믿고 있다고 하는 자들이다. 하나님의 아들을 가장 잔인하게 사형시킨 가룟 유다와 자칭 유대인들, 곧 사단의 회요, 마귀와 마귀의 자식들이 연합하여 당을 지어서 진리대로 이 땅에 오신 하나님의 아들을 죽인 것처럼, 2021년 지금 이 세대까지 이러한 사단, 마귀, 가르치는 귀신들이 당을 지어 진리의 도를 훼방하고 있다.

나는 분명히 진리대로 수없이 경고했고, 권면했다. 믿든 믿지 않든 하나님께서는 반드시 미리 말씀해 두신 진리대로 이루시는 하나님이시다. 이런 가룟 유다 같은 자들이 서 있는 곳이 귀신의 처소 바벨론이다. 성경을 가지고 성경과 다른 거짓말을 가르치는 자들에 대한 판결은 **요한계시록 16~18장**과 전 성경에 이미 다 판결해 두셨다.

계18:2~5 ²힘센 음성으로 외쳐 가로되 무너졌도다 무너졌도다 큰 성 바벨론이여 귀신의 처소와 각종 더러운 영의 모이는 곳과 각종 더럽고 가증한 새의 모이는 곳이 되었도다 ³그 음행의 진노의 포도주를 인하여 만국이 무너졌으며 또 땅의 왕들이 그로 더불어 음행하였으며 땅의 상고들도 그 사치의 세력을 인하여 치부하였도다 하더라 ⁴또 내가 들으니 하늘로서 다른 음성이 나서 가로되 내 백성아, 거기서 나와 그의 죄에 참예하지 말고 그의 받을 재앙들을 받지 말라 ⁵**그 죄는 하늘에 사무쳤으며 하나님은 그의 불의한 일을 기억하신지라**

귀신이 주인인 자가 성경을 사용하여 일생 밥벌이 수단으로 이용하면서 성경과 다른 거짓말로 속인 자들의 모든 불의, 곧 불법을 하나님께서 이미 다 알고 계신다. 최고의 머리가 천주교 교황이다. 수만, 수천만을 끌어모아 부자가 된 목사들이다. 이런 것이 우상숭배 하는 곳이니, 다른 종교는 더 말할 필요가 없다. 전 성경에 기록된 모든 재앙으로 심판하시고 하나님께서 온 세상을 통치하시는 때가 바로 이 세대이며, 악인들이 지배하는 이 세상은 이제 끝이 나고, 의인의 세대, 곧 오는 세상이 도래한다. 이를 준비하는 것이 은혜로교회가 낙토에 이사한 가장 큰 이유다. 그러나 이런 하나님의 행하심을 아무리 외쳐도 **계22:11**절의 말씀대로 행하고 있다.

계22:11 불의를 하는 자는 그대로 불의를 하고 더러운 자는 그대로 더럽고 의로운 자는 그대로 의를 행하고 거룩한 자는 그대로 거룩되게 하라 우리 안에서도 14년째 보았고, 이 진리대로 진실로 사실이었다. 아무리 외쳐도 이미 귀신이 주인인 자는 절대 돌이키지 아니한다. 오죽하면 하나님께서 예비하신 곳이 함 족속의 땅이겠느냐? 뼈저리게, 뼈저리게 지금 이 시간까지 보고 있다. 지금 이 세대는 악인을 의인 만드는 때가 아니다. 아니 본래 하나님께 이미 정해져 있었다. 의인과 악인을 공존하게 하여 한 교회 안에, 기독교라는 울타리 안에 있게 하신 이유는 의인을 영원히 대속하기 위한 하나님의 완전한 지혜다.

다시는 이런 귀신은 낙토에 있을 수 없다. 귀신 노릇 하고 하나님의 말씀을 업신여긴 귀신은 하나님의 나라와 아무 상관이 없다. 짐승은 짐승일 뿐이고, 짐승이 사람이 될 수 없듯이 악인은 악인일 뿐이라는 것을 14년째 보았고, 지옥 갈 자는 죽을 짓만 하더라.)

하나님은 사람에게서
증거를 취하시지 않는다

사도 마태, 누가의 말실수

　행1:19절 "이 일이 예루살렘에 사는 모든 사람에게 알게 되어 본 방언에('**본 방언**'이란 문자 그대로 말하면 표준어와는 다른 어떤 지역이나 지방에서만 쓰이는 언어, 곧 말) 그 밭을 이르되 아겔다마라 하니 이는 피밭이라는 뜻이라" 여기서 마태가 한 실수를 보자.

　마27:3~10 [3]때에 예수를 판 유다가 그의 정죄됨을 보고 스스로 뉘우쳐 그 은 삼십을 대제사장들과 장로들에게 도로 갖다주며 [4]가로되 내가 무죄한 피를 팔고 죄를 범하였도다 하니 저희가 가로되 그것이 우리에게 무슨 상관이 있느냐 네가 당하라 하거늘 ⁵유다가 은을 성소에 던져 넣고 물러가서 스스로 목매어 죽은지라 ⁶대제사장들이 그 은을 거두며 가로되 이것은 피 값이라 성전고에 넣어 둠이 옳지 않다 하고 ⁷의논한 후 이것으로 토기장이의 밭을 사서 나그네의 묘지를 삼았으니 ⁸그러므로 오늘날까지 그 밭을 피밭이라 일컫느니라 ⁹**이에 선지자 예레미야로 하신 말씀이 이루었나니** 일렀으되 저희가 그 정가된 자 곧 이스라엘 자손 중에서 정가한 자의 가격 곧 은 삼십을 가지고 ¹⁰토기장이의 밭 값으로 주었으니 이는 주께서 내게 명하신 바와 같으니라 하였더라

여기서 당시 이 말씀을 기록한 사도 마태의 말의 실수를 증명한다. **요5:34절**의 말씀을 예수 그리스도께서 하신 이유가 사실임을 증명한다. 곧 "나는 사람에게서 증거를 취하지 아니하노라"고 하신 말씀이 진실로 사실이다. 이에 대해서는 앞으로도 영원히 증명된다.

마태는 **마27:9~10절**에 한 말이 선지자 예레미야가 하신 말씀이라고 했는데, 이는 사실이 아니다. 예레미야서가 아니고, **슥11:12~13절**이다.

슥11:12~13 ¹²내가 그들에게 이르되 너희가 좋게 여기거든 내 고가를 내게 주고 그렇지 아니하거든 말라 그들이 곧 은 삼십을 달아서 내 고가를 삼은 지라 ¹³여호와께서 내게 이르시되 그들이 나를 헤아린 바 그 준가를 토기장이에게 던지라 하시기로 내가 곧 그 은 삼십을 여호와의 전에서 토기장이에게 던지고

스가랴 11장의 말씀을 인용한 것이다. 그런데 "**예레미야로 하신 말씀이 이루었나니**"라고 한 것이다.

BC 500년에 기록된 스가랴서의 예언이 530년 후 AD 30년경에 가롯 유다를 통하여 이루어진 사건이다. 예레미야 선지자는 스가랴 선지자보다 100년이나 앞선 BC 600년에 예레미야서를 기록했다. 이 사실을 확인도 안 하고 기록한 것이다.

또 **행1:16~20절**에서 저자 누가는 그냥 '**피밭**'으로만 기록하고, 시편을 인용했다. 이렇게 증명하면 교만한 자들, 특히 성경을 잘 안다고 스스로 자긍하는 자는 그럼 성경을 부정하느냐고 반문할 것이다.

아니다. 절대 아니다. 이 모든 것은 하나님의 완전한 지혜였다. 하나님께서 정하신 때가 될 때까지 아무도 천국의 비밀을 알지 못하게 하시려고 사람을 사용하셔서 기록하게 하셨고, 그래서 "**나는 사람에게서 증거를 취하지 아니하신다**"라고 하신 것이다. 우리의 14년째 이 일이 왜 전대미문의 새 일인 새 언약인지 명백하게 증명하는 증거 중 하나에 해당한다. 이래서 **딤전4:3~4절**에 이렇게 말씀하셨다.

딤전4:3~4 ³혼인을 금하고 식물을 폐하라 할 터이나 식물은 하나님이 지으신 바니 믿는 자들과 진리를 아는 자들이 감사함으로 받을 것이니라 ⁴하나님의 지으신 모든 것이 선하매 감사함으로 받으면 버릴 것이 없나니

곧 전 성경 기록 목적이 여호와의 날, 인자의 날인 지금 이 세대 하나님의 말씀으로 다시 창조될 백성들을 위해 기록하셨기 때문이며, 전 성

경에 기록된 모든 말씀이 온전히 실상이 되는 이때, 하나님께서 친히 천국의 비밀을 가르치실 때 모든 의문이 풀어지고 그래서 전대미문의 새 언약이라고 하신 것이다. 이는 나를 통해 대언하는 이 예언이 창세 이래 그 누구도 보지도 못했고, 알지도 못했으며, 듣지도 못했던 새 언약이라는 것을 증거하시는 하나님의 증거다. 조각으로, 곧 부분적으로 보고, 듣고, 믿고 있는 모든 것을 폐할 수밖에 없음이 영원히 증명이 된다.

행1:20 시편에 기록하였으되 그의 거처로 황폐하게 하시며 거기 거하는 자가 없게 하소서 하였고 또 일렀으되 그 직분을 타인이 취하게 하소서 하였도다

가룟 유다가 당시 가룟 유다의 사건으로 끝난 사건이라면 시편에 기록된 이 본문을 인용하면 안 맞는다. 본문은 **시69:25절**에 "저희 거처로 황폐하게 하시며 **그 장막에 거하는 자가 없게 하소서**"라는 말씀을 인용한 것이다. 시편에는 복수인 "**저희 거처**"라고 했는데 사도행전에는 "**그의 거처**"라고 하고, 시편은 "**그 장막**"이라고 했는데, 사도행전에는 "**거기 거하는 자**"라고 했다. 종합하면 가룟 유다는 단순하게 당시 예수 그리스도를 은 삼십을 받고 사형시키는 데 넘겨준 그때 일만이 아니고, 지금 이 세대 교회를 하고 있는 좌편에 속한 자들에 대한 예언이 감추어져 있다는 뜻이다.

시109:8절에 "그 년수를 단촉케 하시며 그 직분을 타인이 취하게 하시며"라고 기록되어 있는 예언을 앞에는 빼고 "그 직분을 타인이 취하게 하시며"라고 인용한 것이다. 두 군데 다 다윗을 통하여 기록해 두신 예언이다.

종합하면 당시 가룟 유다로 끝난 것이 아니고, 온전히 이루어지는

때가 이 세상에 속하는 사역자들, 곧 예수 이름을 혀로 이용만 하면서 매 매수단으로 사용하여 밥벌이 수단을 삼고 있는 자칭 사역자들에 대한 모형이요, 그림자다. 곧 조각을 받아 사용하는 사단, 마귀의 세력들이 이에 해당한다.

이제 좌편에 속한 이런 자들이 일할 시기가 다 끝났다. 영영한 사역 자들을 세우시는 때가 오는 세상이기에 이들의 직분을 이들과는 완전히 다른 타인, 곧 이제 진실로 하나님 나라 상속자들이 취하게 된다. 그 준비를 지금하고 계신 것이다. 그러므로 누가를 통해서 기록한 사도행전과 **시 69:25절, 109:8절**의 말씀은 우리를 통하여 이 세대에 실상이 될 예언이 다. 모든 사람의 소리, 사람들의 이론 좌편만 아니라 우편의 소리까지 다 파하고 온전한 정로, 완전한 지혜로 모두 하나님 앞에 굴복하게 하신다.

사도들처럼 성경을 '**조각, 곧 부분**'으로 말하는 것은 설교를 하는 자 나, 그 설교를 듣는 자들에게 아무 유익이 없었다. 그래서 성경이 모든 것 을 죄 아래 가두어 두셨던 것은 하나님께서 이 세상을 경영하신 완전한 지혜였다.

이렇게 성경을 문자 그대로 부분, 곧 조각으로 보면 다음 말씀과 같 은 결과를 낳는다. **행23:1~6절**이다. 우편에 서 있는 사도 바울과 당시 자 칭 유대인들인 사단의 회와의 논쟁을 기록한 것이다. 이는 2021년 이 세 대까지 전 세계 유대교, 천주교, 기독교의 실상이 이러하다.

행23:1~6 [1]바울이 공회를 주목하여 가로되 여러분 형제들아 오늘날까지 내가 범사에 양심을 따라 하나님을 섬겼노라 하거늘 [2]대제사장 아나니아가 바울 곁에 섰는 사람들에게 그 입을 치라 명하니 [3]바울이 가로되 회칠한 담이여 하나님이 너를 치시리로다 네가 나를 율법대로 판단한다고 앉아서 율법을 어기고 나를 치라 하느냐 하니 [4]곁에 선 사람들이 말하되 하나님의 대제사장을 네가 욕하느냐 [5]바울이 가로되 형제들아 나는 그가 대제사장인 줄 알지 못하였노라 기록하였으되 너의 백성의 관원을 비방치 말라 하였느니라 하더라 [6]바울이 그 한 부분은 사두개인이요 한 부분은 바리새인인 줄 알고 공회에서 외쳐 가로되 여러분 형제들아 나는 바리새인이요 또 바리새인의 아들이라 죽은 자의 소망 곧 부활을 인하여 내가 심문을 받노라

바울이 사울일 때 함께 있었던 유대인 공회는 오늘날 목사들의 모임인 총회를 뜻한다. 부활하신 하나님의 아들을 만나고 회심한 바울을 "**나사렛 이단의 괴수**"라고 정죄하고 판단한 사건은 오늘날로 하면 세상 법에 고소하여 공회 앞에서 바울이 해명하는 중에 일어난 일이다.

행22:30 이튿날 천부장이 무슨 일로 유대인들이 그를 송사하는지 실상을 알고자 하여 그 결박을 풀고 명하여 제사장들과 온 공회를 모으고 바울을 데리고 내려가서 저희 앞에 세우니라

이렇게 해서 바울은 자신에 대한 증거를 스스로 해명한다. 사도 바울은 당대 최고의 영성에 있었다고 2021년 지금 이 세대 모든 기독교인들도 인정한다. 그런데 우편인 사도 바울도 이 논쟁을 잠재울 수 없었다.

이유는 당시는 하나님께서 정하신 때가 아니었고, 우편으로는 좌편을 이길 수 없다. '온전한 것'이 아니기 때문이다. 결국 바울도 이러한 대적자들에 의해 순교를 당한 것이 명백한 증거다.

또한 사도 바울을 통해서 세워졌던 교회들도 다 무너지고, 전 세계 이방 나라, 이방 민족에게 기독교, 천주교가 유대교보다 더 많이 퍼져서 세계 구석구석까지 예수 이름이 퍼지는 데 지대한 역할을 했지만, 결과는 **요5:34절**의 말씀에 해당하는 것을 알면 전 세계 유대교, 천주교, 기독교가 기절할 것이다.

또한 **41절**에 "**나는 사람에게서 영광을 취하지 아니하노라**", **42절**에 "**다만 하나님을 사랑하는 것이 너희 속에 없음을 알았노라**"에 해당한다는 사실을 누가 믿을까? 하지만 사실이다. 이 사실을 인지하고 인정이 안 되면 구원과도 관계가 없다.

그래서 **요5:34절**에 "**그러나 나는 사람에게서 증거를 취하지 아니하노라 다만 이 말을 하는 것은 너희로 구원을 얻게 하려 함이니라**"고 하셨던 것이다. 다른 말로 하면 사람의 증거로는 구원을 얻지 못한다는 뜻이다. 정말로 사실이다. 온 세상이 믿지 못해도 은혜로교회 성도들은 이제 믿는다.

왜 온전한 것이 올 때에는 부분적으로 하던 것이 폐하리라고 하셨는지에 대해 증명을 하고 있는 이유는, 결국 성경을 기록한 저자들도 사람의 증거에 해당했다는 뜻이 감추어져 있다. 지금 이 말이 사실임은 이미 40여 명의 성경 저자들도 전부 14년째 대언하고 있는 천국의 비밀은 단 하나도 몰랐고, 하나님의 명령인 영생을 온전히 얻은 사람이 단 한 명도 아직 없었으며, 예수 그리스도께서 하셨던 **요11:25~26절**의 말씀이 실상이 된 그리스도인이 2021년 동안 단 한 명도 없었다는 것이 명백한 증거다.

요11:25~26 [25]예수께서 가라사대 나는 부활이요 생명이니 나를 믿는 자는 죽어도 살겠고 [26]무릇 살아서 나를 믿는 자는 영원히 죽지 아니하리니 이것을 네가 믿느냐

그러므로 부분적으로 성경을 보고 아는 것은 진리를 아는 것이 아니다. '진리'는 사전적으로도 ①참된 도리, 바른 이치 ②어떤 명제가 사실과 일치하거나 논리의 법칙에 맞는 것 ③언제나 또는 누구에게나 타당하다고 인정되는 인식의 내용을 말한다. 그래서 하나님께서 말씀하시는 진리는 거룩하신 하나님의 속성으로 하나님은 본질상 거짓이 없으시며, 변함이 없으시고, 영원히 진실하시고 참되시다. 하나님의 행사는 진실하시며, 그 판단과 그 말씀은 진리이다.

따라서 진리는 견고하고, 확고하며, 영구하고, 신실이라는 의미가 함축되어 있고 순결하고, 공평하며, 정직하고, 영원 불변하는 속성을 지닌 하나님의 말씀을 말한다. 말씀이 곧 하나님이시라고 하셨다. 그래서 하나님의 행하시는 일은 영원히 있을 것이라고 하신 것이다.

성경은 하나님의 감동으로 40여 명의 저자를 사용하셔서 기록하셨는데 왜 온전한 것이 올 때에는 부분적으로 하던 것은 폐하리라고 하셨을까? 또 **갈3:22~23절**의 말씀대로 '믿음'이 실상이 될 때까지 왜 성경이 모든 것을 죄 아래 가두어 두셨던 것일까? 이를 이해하려면 반드시 **요5:34**

절의 말씀의 뜻을 깨달아야 한다. 이 진리를 깨달으면 전 세계 기독교인들이 기절해야 할 일이다.

하나님께서는 사람의 증거를 취하지 않으신다

왜 하나님께서는 "그러나 나는 사람에게서 증거를 취하지 아니하노라"고 하신 것일까? 이 말씀의 뜻을 밝힌다. '증거'란 ①어떤 사실을 증거할 수 있는 근거 ②법원이 법률 대상이 되는 사실의 유무를 확정하는 재료를 뜻한다. 이런 시각으로 '증거'에 대해 신령한 것을 신령한 것으로 분별하여 하나님께서 말씀하시는 '증거'는 무슨 뜻인지 찾아가 보자.

성경은 하나님의 나라인 천국의 비밀을 감추어 두신 신령한 말씀이다. 곧 신령하신 하나님의 뜻이 감추어져 있는 것이므로, 하나님만이 하나님 당신의 뜻을 증거하실 수 있다. 따라서 피조물이 창조주 하나님을 알 수 없고, 반드시 하나님께서 알게 해 주셔야 알 수 있다.

하나님께서 **욥33:13절**에 "하나님은 모든 행하시는 것을 스스로 진술치 아니하시나니"라고 하신 것은 하나님께서 정하신 때에 정해 두신 사람을 사용하셔서 친히 당신의 뜻을 가르치시도록 대언하게 하시고, 하나님께서 행하신 일, 현재 행하시고 계신 일, 앞으로 영원히 행하실 일을 가르치셔서 증거하게 하시고, 그 증거를 취하시겠다는 뜻이다. 이런 진리의 시각을 가지고 신령한 하나님의 뜻을 분별해 보자.

시19:7~9 [7]여호와의 율법은 완전하여 영혼을 소성케 하고 여호와의 증거는 확실하여 우둔한 자로 지혜롭게 하며 [8]여호와의 교훈은 정직하여 마음을 기쁘게 하고 여호와의 계명은 순결하여 눈을 밝게 하도다 [9]여호와를 경외하는 도는 정결하여 영원까지 이르고 여호와의 규례는 확실하여 다 의로우니

　　시편 19편의 이 말씀은 창세 이래 지금 이 세대까지 여호와, 곧 유일하신 참 하나님의 증거가 없었다는 것을 증명한다. 하나님, 예수 그리스도, 성령에 대해서 하나님께서 행하신 모든 일에 대한 여호와의 증거가 다른 세대에는 단 한 번도 없었다는 너무나 명백한 증거다.

　　여호와 하나님을 경외하는 도는 하나님께서 만드신 만물 중에 영장인 사람을 육체가 살아 있을 때, 영혼이 정결하여 영원까지 이르는 온전한 영생에 이르게 한다. 그런데 2021년 동안 아무도 없었다. 하나님께서 이 땅에 보내신 아들 예수 그리스도께서도, 직설적으로 말하면 창조주 하나님을 경외하는 도를 몰랐다는 명백한 증거가 대적자들, 곧 원수들에 의해 십자가에 죽으신 것이고, 십자가에 달리셔서 **"엘리 엘리 라마 사박다니"**, 번역하면 **"나의 하나님, 나의 하나님, 어찌하여 나를 버리셨나이까"** 라고 하신 것이다.

　　하나님께서 아들 예수를 이 땅에 보내시고 함께 하셔서 죽은 나사로도 살리시고 부활하게 하신 것은 하나님께서 행하신 일이었다. 그러나

2021년 이때까지 당시 함께 동고동락하며 가르치신 제자들도, 그 누구도, 하나님을 경외하는 도는 비밀로 감추어 두셔서 아무도 몰랐다는 것은 이미 지난 역사가 다 증명해 주고 있다.

또한 예수 그리스도께서 살아 계실 때 하신 **요18:36절**의 말씀이 증명해 준다.

요18:36 예수께서 대답하시되 내 나라는 이 세상에 속한 것이 아니라 만일 내 나라가 이 세상에 속한 것이었더면 내 종들이 싸워 나로 유대인들에게 넘기우지 않게 하였으리라 이제 내 나라는 여기에 속한 것이 아니니라

하나님의 아들의 나라는 악인이 지배하는 이 세상에 속한 것이 아니었으니, 당연히 유대인들 곧 자칭 유대인들이라 하나 '**사단의 회**'들에 의해 십자가에 달려 죽으신 것이다. 아들의 나라는 곧 하나님의 나라다. 이러니 사람 시각으로 보면 육체가 죽어서 간다고 사람들이 '**아들의 나라, 곧 하나님의 나라**'를 증거한 것이다. 그러므로 2021년 이 세대가 이제 우리는 예수 그리스도의 나라, 곧 하나님의 나라가 '**오는 세상**', 다른 말로 '**의인의 세대**'라는 것을 알지만, 전 세계 모든 사람들은 아무도 모른다.

이 세대 우리가 하나님의 나라가 어디서 어떻게 세워지는지 알게 된 것은 여호와의 증거, 곧 하나님의 증거를 받고 있기 때문에 알게 된 진리다. 이는 **요일5:7~9절**의 말씀이 실상이 되어 2008년 6월 16일부터 실행되어 오고 있고, **히브리서 8장**의 새 언약의 말씀이 사실이 되어 땅에서 이루어지고 있으며, 이 외에도 전 성경의 예언이 사실이 되어 2021년 6월 4

일 현재 실상이 되고 있는 이 일이 **시19:7~9절**의 말씀이 사실이라는 명백한 하나님의 증거다.

따라서 영원 전부터 14년째 현재까지, 또 앞으로 있을 여호와 하나님의 행하시는 일은 나를 통해 이루시고 계시고, 영원히 이루실 것이다. 곧 부분이 아니라 이제야말로 전 성경을 통해서 감추어 두신 '**진리**'가 참 진리임을 창세 이래 최초로 하나님께서 친히 드러내시고 계신 것이고, 증거하시고 계신 것이다.

코로나19 온역 재앙이
이 땅에 내리는 이유

호2:19~20 ¹⁹내가 네게 장가들어 영원히 살되 의와 공변됨과 은총과 긍휼히 여김으로 네게 장가들며 ²⁰진실함으로 네게 장가들리니 네가 여호와를 알리라

호2:19~20절의 이 예언은 또 다른 보혜사인 진리의 성령에 대한 비밀이 감추어져 있었고, 창세 이래 그 누구도, 그 어느 세대도 실상으로 이루어진 적이 없었던 예언이었음을 지나온 역사가 증명해 준다.

전 세계에 그 누구도 자신이 이 본문의 주인공이라고 온 세상에 증명한 사람도, 증명할 사람도 2021년 6월 4일 현재 나 외에 아무도 없다.

나 또한 하나님께서 나를 사용하셔서 행한 일로 인하여 감옥에 갇히고, 2018년 7월 24일 이후에야 이 본문의 주인공이 나라는 것을 밝힌 것이다. 이때가 되어야 그 다음 말씀이 이 땅에 사실이 되어 이루어진다. **호 2:21~23절**이다.

"**21**여호와께서 가라사대 그날에 내가 응하리라(**호2:19~20절**의 주인공인 내가 실상이 되는 날에 하나님께서 응하신다. '응하다'는 말은 '①요구나 질문 등에 대하여 그것에 따르는 행동을 하다 ②부름에 대답하다. 응답하다 ③정세나 변화 등에 알맞게 맞추어 따르다'라는 뜻이다. 곧 **호 2:19~20절**의 말씀이 사실이 되어 땅에 이루어지는 그날에 하나님께서 전 성경을 통하여 미리 기록해 두신 모든 질문, 의문에 대하여 그에 맞는 행동을 하신다는 뜻이다. 다른 모양으로 표현하면 하나님의 나라 모든 비밀을 하나님께서 친히 대답하시고, 언약하신 일이 사실임을 실상으로 응답하신다는 뜻이다.

따라서 이 본문 말씀들은 2천 년 전에 이 땅에 오신 예수 그리스도에 대한 예언이 절대 아니었다. 2021년 6월 4일 현재, 곧 2771년이 지난 지금 실상이 되는 예언이라는 하나님의 확실한 증거다. 그래서 '**영생**'이 실상이 되고, 온 세상 사람들이, 곧 성경을 사용하는 모든 사람들이 상상하는 '**성령**'이 아니고 온전한 실상이라는 것을 나를 통하여 하나님께서 증명하시는 것이다.)

나는 하늘에 응하고(하늘에 속한 자, 하나님이 영원히 거하시는 성전 된 자, 또 다른 보혜사인 진리의 성령, 해를 입은 여자, 하늘의 일을 대언하는 나에게 먼저 응하고) 하늘은 땅에 응하고(이렇게 사실이 되어 하나님의 아들들이 태어나고 있는 것이 "하늘은 땅에 응하고"라는 뜻이다. 이 세상에 속한 자들에 의해 나와 성도들이 감옥에 갇히고, 참 과부의 송사, 곧 성경에 예언된 일이 땅에 사실이 되어 이루어진 것이다. 이래서 **마 12:31~32절, 눅12:10절, 막3:28~29절**의 말씀대로 누구든지 성령을 거역하면 이 세상과 오는 세상에서도 사하심을 얻지 못하고 영원한 죄에 처한다고 하신 것이다. 또 **고전3:16~17절**에 누구든지 하나님의 성전을 더럽히면 하나님이 그 사람을 멸하신다고 예언해 둔 말씀이 사실이 되는 것이다.

고전3:16~17 [16]너희가 하나님의 성전인 것과 하나님의 성령이 너희 안에 거하시는 것을 알지 못하느뇨 [17]누구든지 하나님의 성전을 더럽히면 하나님이 그 사람을 멸하시리라 하나님의 성전은 거룩하니 너희도 그러하니라

이렇게 "하늘은 땅에 응하고) [22]땅은 곡식과 포도주와 기름에 응하고 또 이것들은 이스르엘에 응하리라 [23]내가 나를 위하여(하나님께서 당신을 위하여) 저를(먼저 나를, 나와 함께 온전히 영생을 얻는 거룩한 자들, 다시 택함을 받은 이스라엘도 함께) 이 땅에 심고(해를 입은 여자인 나, 하나님께서 영원히 거하시는 나를 이 땅에 심고라는 뜻이다. 이렇게 실상이 되는 자가 또 다른 보혜사인 진리의 성령이다. 다른 말로 하나님의 성전된 나를 이 땅에 심으신다고 이미 BC 750년경에 호세아 선지자를 통해 예언해 두신 이 일이 2021년 현재 사실이 되어 성경이 참 진리임을 하나님께서 증거하시고 계신다.

따라서 이제 14년째 성경 속에 감추어 두신 진리가 최초로 드러나

고 있는 것이다. 이렇게 된 자가 영생을 얻은 것이다. 그러니 천국의 비밀을 창세 이래 단 한 세대도, 한 사람도 몰랐던 것이 명백한 증거다. 이렇게 하나님 나라는 이 땅에서 이루어진다. 그래서 '진리의 하나님, 진리인 그리스도, 진리의 성령'이라고 하신 것이다. 이래도 영생을 안 믿을래?

"내가 나를 위하여", 곧 하나님께서 하나님 당신을 위해서 내가, 우리가 이 땅에 사람으로 태어나기 전에 이미 2771년 전에 예언해 두셨고, 2021년 지금 이렇게 실상이 된 나를 "이 땅에 심으시고"라는 뜻이다.)

긍휼히 여김을 받지 못하였던 자를 긍휼히 여기며 내 백성 아니었던 자에게 향하여 이르기를 너는 내 백성이라 하리니(이 예언이 **히브리서 8장**에 대한 예언과 함께 실상이 된 자들이 다시 택함을 입은 '**이스르엘**'이다. 곧 여러분들이다. 저 황금돔이 있는 곳의 저 유대인들, 이스르엘이 반드시 **히브리서 8장**의 새 언약을 통해서 다시 택함을 입은 이스라엘이어야 이 본문의 실상의 주인공들이다. 이미 14년째 이 예언이 사실이 되어 이루어지고 있다.)

저희는(그래서 "**저희는**"이라고 복수를 사용하신다. 이렇게 명확한 사실이 실상이 되어 증거하는 것이 바로 '**하나님의 증거**'다. 따라서 14년째 이 증거가 확실하게 **시19:7~9절**의 말씀대로 '**여호와의 증거**'다. 이 증거를 받은 것은 하나님께서 행하시는 일이라 영원히 땅에 심기우는 것이고, 이는 하나님의 행하시고 계신 전대미문의 일이라는 명백한 증거다. 이 "**저희는**"은 14년째 하나님의 증거를 보고 듣고 믿고 지켜 실행하는 자들이고, 생명책에 이름이 기록되어 있다고 하나님께서 증거하시고 계신 증거를 나는 대언만 하는 것이다. 진리는 이렇게 사실임이 실상으로 이루어져 증거가 되는 것이다. '저희'가 누군지, '저'가 누군지에 대해서 하나님께서 증거하시되 사람인 나를 사용하시는 증거다. 저희는) 이르기를 주는 내 하나님이시라 하리라"

'오직 예수'가 '주'가 아니라는 것이 보이고 들리고 마음에 믿어지느냐? 이렇게 신령한 것을 신령한 것으로 분별하지 아니하면 절대 알 수 없는 것이 천국의 비밀이고, 하나님의 뜻이다. 이런 진리를 지금 이 세대가 될 때까지 40여 명의 인간 저자들에게는 알게 하시지 않았으니 명백하게 하나님께서도, 예수 그리스도께서도 "사람에게서 증거를 취하시지 않는다"는 성경 기록이 참이었다. 이를 진실로 인정하는 자들이 바로 영생을 얻은 자들이다. 혀로 "주여 주여" 말만 하는 자들이 절대 알 수 없는 것이 '진리'이다. '시인'은 이렇게 실상이 되어서 시인하는 것이다.

이런 하나님의 행하시는 일의 실상이 된 나를 "이단이니, 사이비니" 하여 정죄한 자들은 전부 하나님과 쟁변하는 자들이다. 이렇게 말하면 또 흉악한 귀신들은 내가 하나님이라고 했다고 발작하여 펄펄 뛰고, 그러니까 이단이라고 자신의 정체를 드러낼 것이다.

온 세상에 천명한다. 나는 하나님이라고 한 적이 단 한 번도 없으며, 절대 이단이 아니고, 사이비, 곧 '겉으로는 그것과 같이 보이나 실제로는 전혀 다르거나 아닌 것'이 사이비이니, 절대 '사이비'가 아니다. 그리고 7년 징역형을 받을 죄를 지은 적이 없다.

성경, 곧 '생명책'에 나에 대한 예언이 창세기부터 요한계시록까지 수없이 많이 기록되어 있다. 내가 이 땅에 사람으로 태어나기 전에 이미 성경을 최초로 기록한 모세를 비롯하여, 40여 명의 저자들을 사용하셔서 예언되어 있었다. 곧 3421년 전인 BC 1400년경부터 이미 나와 은혜로교회 성도들에 대해서 예언되어 있었다. 이런 나는 1959년 12월 15일에 이 땅에 사람으로 태어났으며, 이런 나를 하나님께서 친히 사용하셔서 이 세상 명부에 기록된 날이 1959년 6월 16일이었으며, 50세 되던 2008년 6월 16일에 하나님께서 현재 은혜로교회 성도인 병준 성도 외 두 명의 목사를 사용하셔서 서울시 종로 5가 한국교회 100주년 기념관에서 첫 목회자 세미나를 시작하게 하셨던 것이다.

그러나 이 일에 나는 하나님께서 사용하시는 그릇인 사람일 뿐 하나님께서 친히 하시는 증거다. 이런 나를 "이단, 사이비, 사이비 교주"라고 정죄한 그들이 모두 이단이요, 실상의 '사이비들'이다. 14년째 나를 세 치 혀로 학대한 자들에게 너희들이 한 언행이 어떤 치명적인 죄를 지은 일인지, 2021년 6월 16일을 시작으로 영원히 하나하나 밝혀서 누가 이단인지, 누가 사이비인지 온 천하에 증명할 것이다. 이 재판이 얼마나 부당한 판결인지 다 증명한다.

이는 **합2:18~20절**의 예언대로 이 땅에 사실이 되어 이루어지는 실상이다. 진실로 회개하고 공개 사과하지 아니하면 성령을 훼방한 죄로 현재 이 세상에서도, 오는 세상에서도 사함을 받지 못하는 영원한 죄에 처하게 될 것임을 경고한다. 따라서 이제 온 천하는 잠잠해야 한다. 이는 내 말이 아니고, 살아 계신 하나님의 말씀이기 때문이다.

합2:18~19 [18]새긴 우상은 그 새겨 만든 자에게 무엇이 유익하겠느냐 부어 만든 우상은 거짓 스승이라 만든 자가 이 말하지 못하는 우상을 의지하니 무엇이 유익하겠느냐 [19]나무더러 깨라 하며 말하지 못하는 돌더러 일어나라 하는 자에게 화 있을찐저 그것이 교훈을 베풀겠느냐 보라 이는 금과 은으로 입힌 것인즉 그 속에는 생기가 도무지 없느니라

이 우상이 사람들이, 기독교인들이 누구나 알고 있다는 우상만 두고 하신 말씀이 아니다. 하나님의 이름, 예수 이름 사용하나 조각, 곧 부분적으로 성경 한 절 읽고 모두 성경과 다른 거짓말을 설교하는 자들을 두고 하신 말씀이다. 이런 우상들이 거룩한 강단에 서서 하나님의 자리, 예수 그리스도의 자리에 앉아 공갈하고 사기 치며 영적인 살인을 하고 있다.

이런 자들에 대해서 이미 14년째 신령한 것을 신령한 것으로 모든 진리 가운데로 인도하여 명백하게 증명해 왔고, 유튜브에 다 공개되어 있다. 이런 자들은 진리는 단 한 절도 모르면서 전부 거짓말로 사기 치는 자들이며, 사이비들이다. 성경대로 말하면 지옥 불의 소리를 하여 교인들을 지옥에 보내는 자칭 사역자들이다. 교인들은 이런 자를 섬기고 경배하여 우상숭배를 하고 있고, '생기'가 없는 죽은 자의 설교가 되어 단 한 사람도 물과 성령으로 거듭나게 하지 못한 것이 그 증거다.

합2:20 오직 여호와는 그 성전에 계시니 온 천하는 그 앞에서 잠잠할찌니라

2021년 이때 하나님의 행하신 일을 훼방한 죄에 대한 징벌로 코로나19 전염병, 곧 여호와의 칼로 온 세상에 재앙을 내린 것이다. 나에게 씩

운 죄명에 대해서 하나님께서 온 세상을 들어 거짓말, 거짓 증언한 자들의 말을 믿고 7년형을 판결한 자들, 그들보다 앞서 14년째 이 일을 "이단이니~ 사이비니~" 하여 거짓말로 정죄한 자들 모두에게 너희들이 이단이며, 사이비라고 징벌하시고 변호하시고 계신다.

최고 전염병 예방 수칙은 손을 씻고, 마스크를 하는 것이며, 하나님께서 친히 교회 문을 닫고 계신 것이다. 1년 5개월이 지나도록 재앙이 왜 내리는 것인지도 모르니 안 믿는 것이다. 사람이 만든 백신에만 의존하고, 나라마다 지도자들의 온갖 부정부패가 다 드러나도 부끄러운 줄도 모르며, 전체주의로 가고 있고, 모두 돈에 미쳐 있는 세상이다.

이제 **사34:12절**에 "그들이 국가를 이으려 하여 귀인들을 부르되 아무도 없겠고 그 모든 방백도 없게 될 것이요"라고 하신 예언 그대로 온 세계 나라가 이렇게 될 것이다. 이미 이런 나라들이 세계에 실상이 되어 있다. 미얀마같이 민족이 민족을 죽이고 서로 대적하는 저런 일은[8] 일상이 되는 때가 지금 이 세대다. 아무도, 그 누구도 도와주지 않는다. 저런 상태에 대항하여 죽는 것은 자신들에게 결코 유익이 없다.

짐승이 나라를 통치하는 세상이다. 살인자가 나라의 통치자가 되어 있는 것이 지금 이 세상이다. 성경을 가지고 성경과 다른 거짓말을 하는 자들이 거룩한 강단에서 교인들을 영적인 살인을 해도 아무도 모르고, 그들을 섬기고 경배하는 이 세상은 이제 끝난다. 전 성경에 기록된 모든 재앙으로 하나님께서 심판하시는 날이기 때문이다. 그러므로 온 천하는 잠잠하고, 여호와 하나님의 말씀에 귀를 기울이고, 진실로 하나님께로 돌아와야 한다. 천국의 모든 비밀을 다 담고 '이제 온 천하는 잠잠하라'고 한 것이다.

시19:7~9 ^{7}여호와의 율법은 완전하여 영혼을 소성케 하고 여호와의 증거는 확실하여 우둔한 자로 지혜롭게 하며 ^{8}여호와의 교훈은 정직하여 마음을 기쁘게 하고 여호와의 계명은 순결하여 눈을 밝게 하도다 ^{9}여호와를 경외하는 도는 정결하여 영원까지 이르고 여호와의 규례는 확실하여 다 의로우니

다시 **시19:7~9절**을 설명하면 14년째 하나님의 말씀으로 사람의 생각과 마음을 잡고 죄를 지어 영적인 소경, 귀머거리가 되어 있는 것에서 영원히 자유하게 된다. 곧 귀신이 영원히 떠나게 하시는 하나님의 행하심으로 '**다시 창조**'되어야 영혼이 소성하게 된다. 다른 말로 하면 '**생기**'로 다시 창조되는 것이다. 또 다른 말로 진리로 거룩해지는 것이다. 물과 성령으로 거듭나는 것이다. 혀로 말만 하는 것이 아니라 하나님의 뜻, 계명을 받아 지켜 실행하여 진실로 하나님을 경외하며, 육체도 죽지 아니하고 영원히 온전한 영생에 이르게 하신다.

이미 실상이 되어 실행하고 있다. 그러므로 나를 통한 이 일이 바로 '**여호와 하나님의 증거**'다. 이런 증거를 하나님께서 취하신다. 곧 이런 전대미문의 새 언약의 증거가 아닌 것은 모두 '**사람의 증거**'이며, 다른 말로는 '**부분이며 조각**'을 사용한 증거라 다 폐해야 한다. 이미 14년째 폐하고 있다. 곧 가르치는 귀신들이 성경을 가지고 거짓말을 한 것은 당연히 구원과 아무 관계도 없는 지옥 불의 소리다. 문제는 우편에 해당하는 자들, 곧 오른 눈, 오른 손에 해당하는 자들의 소리도 반드시 폐해야 하는 것이다.

이는 하나님께서 이미 계명으로 주신 규례요, 율례이며, 하나님의 법

이다. '좌로나 우로나 치우치지 말라'고 하신 3421년 전에 주신 계명이다.

신5:32~33절 "³²그런즉 너희 하나님 여호와께서 너희에게 명령하신 대로 너희는 삼가 행하여 좌로나 우로나 치우치지 말고 ³³너희 하나님 여호와께서 너희에게 명하신 모든 도를 행하라 그리하면 너희가 삶을 얻고('**삶**'이란 사는 일, 살아 있는 일, 목숨, 생명이라는 뜻으로 육체도 죽지 아니하고 살아 있는 일, 살아가는 일을 말한다. 곧 온전한 영생을 뜻한다. 이런 진리를 전하는 나를 이단이라고 한 자들은 하나님도, 예수 그리스도도 안 믿는 불신자들이며, 원수요, 대적자들이요, 마귀의 자식들이다. 혀로 "오직 예수, 예수"만 한다고 삶, 곧 생명을 얻는 것이 절대 아니다. 그들은 영적인 살인자들이요, 이단이며, 사이비다.

하나님은 절대 거짓말하시는 분이 아니시다. 이런 진리를 왜곡시키고 거짓말을 가르치는 자들이 좌편이며, 우편에 속한 자들이라는 사실을 알면 기절해야 한다. 또한 좌로나 우로나 치우치지 아니하고 하나님께서 명하신 모든 도를 행하는 곳은 하나님께서 약속하신 땅이다. 이런 하나님의 계명을 예수 이름으로 다 무시, 멸시하는 자들이 지금 전 세계 천주교, 기독교인들이다.

이 때문에 예수 그리스도를 통해서 "**누구든지 내 이름으로 인하여 실족하지 아니하는 자가 복이 있다**"고 하신 것이고,

마5:29~30 ²⁹만일 네 오른눈이 너로 실족케 하거든 빼어 내버리라 네 백체 중 하나가 없어지고 온 몸이 지옥에 던지우지 않는 것이 유익하며 ³⁰또한 만일 네 오른손이 너로 실족케 하거든 찍어 내버리라 네 백체 중 하나

가 없어지고 온 몸이 지옥에 던지우지 않는 것이 유익하니라

이렇게 하신 말씀에 예수님도 이 백체 중에 하나라면 누가 믿겠느냐? 그러나 이는 사실이다.

욥10:8 주의 손으로 나를 만드사 백체를 이루셨거늘 이제 나를 멸하시나이다

이 백체는 온 몸 전체를 말한다. 중층까지는 한 남편인 예수 그리스도와 그리스도인은 하나다. 그런데 왜 이렇게 말씀하셨을까? **누가복음 24장** 속에 감추어진 진리를 모르면 구원과 아무 관계가 없고, 반드시 14년째 우리처럼 한 몫의 삶을 계명대로 지켜 실행하여 버리고, 다시 창조되어야 예수 이름으로 실족케 되어 있는 데서 영원히 자유하게 된다. 이미 은혜로교회 성도들에게는 오른눈, 오른손을 영적으로 **빼내고** 있다.

약속하신 땅에 대해서는 한 마디도 하시지 않았던 예수 그리스도시다. 예수 이름으로 인하여 온 세상이 미쳐 있다. 살았다 하는 예수 이름을 가지고 있으나 영적으로 죽은 자들이요, 택한 자녀들까지 깊은 잠을 자고 있었고, 14년째 잠을 깨우고 있는 이 일이 오른눈, 오른손을 **빼내고** 찍어내고 있는 명백한 증거다.

하나님의 모든 도를 지켜 실행하여 삶을 얻는다. 곧 영생을 얻는다. 더 직설적으로 말하면 창세 이래 이제 14년째 **하나님의 도**를 선포하고 있다. 그래서 나를 통한 이 일은 '**완전한 지혜요 온전한 것**'이다. 이제 영

생을 얻는 모든 도를 받고 있다는 뜻이다. 이는 영원히 증명된다. 영원한 삶을 얻은 실상이 '나'라는 사실이 반드시 삶으로 증명된다.)

복을 얻어서(그래서 이 복은 영원한 복이다. 창세 이래 그 누구도 얻지 못했던 복, 삼십 배, 육십 배, 백 배의 복은 이때가 되어야 온전히 얻는 것이다. 자신들과 아무 상관이 없는 복을 혀로 사용하여 얼마나 사기를 쳤는지 알면 교인들이 어찌 될까? 더 어리석은 자들은 우리 안에서 이 복을 주셔도 귀신이 주인이 되어 저 스스로 믿지 아니하고, 개가 토한 것을 도로 먹으러 되돌아가더라. 이 복은 하나님께서 예비해 두신 땅에서 얻는다. 영생을 하면서 영원히 누린다. 이런 복을 얻어서)

너희의 얻은 땅에서 너희의 날이 장구하리라(이 너희는 2021년 현재 창세 이래 유일하게 은혜로교회 성도들이다. 이 땅은 여러 부분, 여러 모양으로 '낙토, 고토, 본토, 본향, 새 예루살렘, 시온산, 거룩한 땅, 이스라엘 땅'이라고 하고 이 땅에서 장구할 것이다.)"

참 과부의 송사를
변론하라

구약은 율법, 신약은 복음?

모세를 통하여 주신 이 언약, 곧 계명을 지키기는커녕 '구약은 율법이고, 신약은 복음'이라는 무지몽매한 사람의 말로 하나님의 계명을 업신여긴 것이 현재 기독교다. 이 법은 하나님께서 택하신 곳, 예비해 두신 땅에서 실상으로 이루신다.

신17:10~13절 "¹⁰여호와께서 택하신 곳에서 그들이 네게 보이는 판결의 뜻대로 네가 행하되 무릇 그들이 네게 가르치는 대로 삼가 행할 것이니 ¹¹곧 그들이 네게 가르치는 법률의 뜻대로, 그들이 네게 고하는 판결대로 행할 것이요 그들이 네게 보이는 판결을 어기어서 좌로나 우로나 치우치지 말 것이니라 [12]사람이 만일 천자히 하고('천자히 하다'란 끓어오르다, 거만하게 굴다, 오만방자 하여 교만히 행하는 자를 이르는 말이다. 개역개정판 성경은 이를 두고 '무법하다'로 번역했다. 귀신이 주인일 때 진실로 이러하다는 것을 14년째 보았다. 이런 자들은 결국 죽을 자들이고, 지옥 불못에 갈 자들이다. 문제는 우편에 해당하는 자들도 교만하다는 것이다. 이미 자신들은 잘 믿고 있다고 착각하는 너희들을 보며 아연실색했었다. 어떻게 문자 그대로 성경을 보아도 **"죄를 짓는 자는 마귀에게 속한 자"**라고 했는데 그럴 수 있는지 아직도 이해가 안 된다.)

네 하나님 여호와 앞에 서서 섬기는 제사장이나 재판장을 듣지 아니하거든 그 사람을 죽여 이스라엘 중에서 악을 제하여 버리라 [13]그리하면 온 백성이 듣고 두려워하여 다시는 천자히 행치 아니하리라(계속 귀신 노릇 하면 3번 경고장을 발부하고, 영원히 은혜로교회에서 제명하고, 낙토에서 내보내는 이유가 전 성경에도 있지만 이 계명에 있다. 실상으로 죽이는 것은 절대 안 된다. 하나님께서는 '죽는 자의 죽는 것도 **기뻐하시지 않으신다.**' 이유는 육체가 한 번 죽으면 그에게 '영원히', 다시는 기회가 없이, 지옥 불의 판결대로 영원히 고통받아야 하기 때문이다. 진실로 죽을 자는 죽을 짓만 하는 것을 시작부터 보았고, 깨닫지 못하는 것이 이미 심판을 받은 것이기에 사람이 할 수 있는 모든 것을 다 했다.

그러나 안 될 자는 절대 안 된다는 것과 분수를 모르는 귀신은 더 이용하고, 알면서도 계속 죄를 짓고, 말씀을 더 업신여기는 것을 지금 이 시간까지 보았다. 이제 다시는 패역한 귀신을 봐주지 않는다. **사52:1~2절**의 말씀대로 티끌을 떨어 버릴 것이다. 티끌은 티끌일 뿐이라는 것을 뼈저리게 절감한다. 인자가 올 때에 믿는 자를 보겠느냐고 하신 말씀 때문에 진실로 '티끌, 먼지'에 해당하는 자도 불쌍히 여기고, 긍휼히 여기며, 기다려 주어도 귀신은 자신이 자신을 자해하는 것을 더 좋아한다.

가롯 유다에게 예수 그리스도께서 말씀을 하셨는데도 그는 스스로 자신의 정체를 드러내고 조각을 받고 나가서 영원히 지옥 영벌에 갈 행위를 했다. 귀신이 주인인 자들이 다 이러하더라. 다 말해 주어도 절대 듣지 않는다.

오죽하면 **잠23:13~14절**에 "아이를 훈계하지 아니치 말라 채찍으로 그를 때릴지라도 죽지 아니하리라 그를 채찍으로 때리면 그 영혼을 음부에서 구원하리라"고 하셨을까? **잠22:15절**에도 "아이의 마음에는 미련한 것이 얽혔으나 징계하는 채찍이 이를 멀리 쫓아내리라"고 하셨을까?

귀신이 주인인 자가 미련하다. 이 말씀들이 타작마당을 하는 방법이다. 미련한 마음은 생각과 마음의 주인이 귀신인 영적인 상태로, 절대 완전한 지혜인 하나님의 말씀을 깨닫지 못한다. 비교를 하면 치명적인 병이 들어서 숨만 쉴 뿐 무의식 상태로 쓰러진 사람, 숨이 정지되어 쓰러진 사람은 빠른 시간 내에 심폐소생술을 하지 아니하면 죽는 것이다.

이런 상태의 사람을 남녀노소 구분 없이 심폐소생술을 하여 멈춰진 의식을 돌아오게 하면 이 세상은 죽을 자를 살렸다고 상을 주고 뉴스에 나오고 난리를 하면서, 영적으로 영원한 지옥 불못에 떨어져 영원히 영벌을 받을 자를 살리는 타작마당은 폭행, 특수폭행, 공동상해라는 죄목을 붙여서 감옥에 가두고, 판결도 나기 전에 SBS '그것이 알고 싶다'라는 프로에서 자칭 피해자라고 하는 자들의 말만 듣고 악마의 편집을 하고, 자신들의 계획대로 거짓 증인들을 내세워서 온 세상에 치욕을 준 것이다.

세상에서 힘있고 유명한 자라면 그리했겠느냐? 그들은 근친상간, 도둑질, 음란, 거짓말, 온갖 더러운 죄를 다 지어도 혀로 '예수 이름'을 부르기만 하면 다 천국 간다고 믿는 불신자들이다. 예수님이 사람의 과거의 죄, 현재의 죄, 미래의 죄까지 다 지시고 십자가에 죽으셨다고 가르친 성경과 다른 거짓말로 인을 쳐서 양심이 이미 죽은 자들이었다.

목사의 직무는 교인들이 죄를 짓지 아니하고, 하나님의 말씀대로 살아서 성경에 기록된 모든 복을 받아 영원한 삶을 살게 하는 것이다. 혀로 성경과 다른 거짓말로 설교해서 영적으로 죽은 자를 일생 헛된 종교생활을 하게 만들고, 영원한 지옥 불에 보내는 자들의 혀로 호리는 달콤하고 매끄러운 거짓말을 더 좋아하는 자들이 기독교인들이라고 누가 믿겠느냐?

그래서 이미 예언해 두셨다.

딤전4:1~2 [1]그러나 성령이 밝히 말씀하시기를 후일에 어떤 사람들이 믿음에서 떠나 미혹케 하는 영과 귀신의 가르침을 좇으리라 하셨으니 [2]자기 양심이 화인 맞아서 외식함으로 거짓말하는 자들이라

이 진리대로 사실이었다는 것을 14년째 보고 있다. 전 세상이 이렇다고 해도 절대 과언도, 허언도 아니다. 성경과 다른 거짓 설교가 지옥 불의 소리, 곧 '불'이 되어 교인들의 생각, 마음에 불로 지진 것이다. 혀로 말만 "예수님, 나는 죄인입니다. 예수님을 내 구주로 영접합니다. 예수 이름으로 기도합니다. 아멘." 하면 "이미 예수님이 당신 마음에 계십니다. 어떤

죄도 다 용서하셨고, 당신은 죽어서 천국 갑니다."라고 하는 새빨간 거짓말이 자신들을 예수 이름으로 속여서 지옥에 보내는 귀신의 소리라는 것을 아무리 말해도 안 듣고, 안 믿더라.

온 세상에 있는 종교 지도자들의 공갈, 사기 치는 말은 너무 잘 믿고, 얼마나 미쳐 있는지 이루 말로 다 할 수 없을 지경이다. '이렇게까지 타락할 수 있을까~' 하는 의문이 들 정도로 짐승보다 못한 언행을 하는 자들~ 거기다 예수 이름으로 무엇이든지 구하면 다 주신다고 가르치는 사기꾼들이 실상인 전 세계 기독교 지도자들, 자칭 기독교인들에게 진리인 성경은 무엇일까?

자신들이 지은 모든 더러운 죄는 다 예수 이름으로 가리우고, 온 세상 사람들이 모두 좋아하는 돈, 권력, 명예, 성공, 잘 먹고 잘 살다가 죽어서도 천국에 간다고 하는 달콤한 거짓말을 부끄러움도 모르고 교회 강단에서 큰소리치고 설교하는 미운 물건들, 그 물건을 경배하고 섬기며 하인 노릇 하는 무지몽매한 교인들이 기득권 세력이 되어 있다. 이 세상에 속한 자들이 십자가만 세우고 만든 화려한 궁전은 예수 이름, 하나님 이름으로 가장한 음부요, 무덤이며, 영적으로 지옥인데, 아무도 모르고 목사 자신도 속고, 교인들도 속이면서 하나님의 말씀은 단 한 절도 믿지도 않고 이용만 하는 종교 사기꾼들은 돈 받고, 존경까지 받는 이 세상이다.

이런 자들을 용, 사단, 마귀, 뱀, 독사, 귀신이라고 하셨고, 이들은 이미 심판을 받은 것이다. 자신들 마음대로 살다가 육체가 죽어서 **눅 16:19~31절**의 부자가 간 음부, 곧 영원한 지옥 불에 가서야 자신들이 간 곳이 지옥이라는 것을 알게 되는, 100년도 못 사는 삶을 이 땅에서 사는 자체가 이미 심판을 받은 악인이라는 것을 그들은 모른다.

　이런 자들이 바로 성경을 가지고 성경과 다른 거짓말을 가르치는 귀신들이다. 미혹케 하는 영이다. 그런데 사람들은 '귀신, 영'을 상상한다. 이래서 또 미리 예언해 두셨다. **요일4:1~6절**에 "귀신의 영, 미혹케 하는 영"과 반대로 "하나님의 영, 곧 하나님의 사람, 진리의 영, 곧 진리의 성령"을 분별하여 속지 말라고 하셨다. 전 세계 모든 기독교인들, 성경을 사용하는 모든 종교인들은 두 눈을 똑바로 뜨고 누가 귀신의 영, 곧 귀신이며, 미혹케 하는 영이고, 적그리스도의 영, 교인들을 지옥 보내는 사람, 거짓 선지자, 거짓 선생인 자칭 목사, 자칭 종교 지도자들인지 분별해 보라.

요일4:1~2 [1]사랑하는 자들아 영을 다 믿지 말고 오직 영들(사람을 다 믿지 말고 오직 사람들)이 하나님께 속하였나 시험하라 많은 거짓 선지자가 세상에 나왔음이니라 [2]하나님의 영은 이것으로 알찌니 곧 예수 그리스도께서 육체로 오신 것을 시인하는 영마다 하나님께 속한 것이요

　'영'을 상상하면 안 되는 이유다. 성경만이 살아 계신 하나님의 말씀이요 참 진리인데, 성경을 가지고 거짓말로 설교하는 사람을 거짓 선지자라고 하는 말씀은 안 본다. 이들은 자신들의 입으로 예수님은 선지자직, 왕직, 제사장직으로 이 세상에 오신 분이라고 신학교에서 가르치면서, 자신들이 무슨 말을 하는지 아무것도 모른다. 거짓말을 가르치는 거짓 선지자라고 한 이 말 속에 감추어진 하나님의 뜻을 모른다. 이들은 전부 성경을 사용하여 멸망, 곧 영원한 멸망인 지옥 불에 보내는 예수 이름 사용하

는 지옥의 사자들이라는 뜻이다.

2천 년 만에 실상이 되어 이루어진
좁은 문, 생명의 길

증명한다. **마7:13~27절**이다. "[13]좁은 문으로 들어가라 멸망으로 인도하는 문은 크고 그 길이 넓어 그리로 들어가는 자가 많고 [14]생명으로 인도하는 문은 좁고 길이 협착하여(좁고 길이 협착한 이유는 모든 거짓 선지자들은 성경을 가지고 성경과 다른 거짓말, 자신들이 지어낸 새빨간 거짓말을 하는데, 반대로 진리의 영은 신령한 것을 신령한 것으로 분별하여 감추어진 천국의 비밀, 하나님의 뜻을 밝혀 멸망으로 인도하는 교회의 지도자들의 실체를 다 드러내니까 "이단이니~ 사이비니~" 하는 말로 판단하고 정죄하여 아무것도 모르는 교인들, 세상 사람들에게 살아 계시는 하나님의 말씀을 듣지 못하게 하는 것이다. 14년째 직접 경험하고 있고, 이 일로 인하여 흉악범 취급을 당하고 감옥에 갇힌 것이 바로 내가, 은혜로 교회가 **'좁은 문, 생명으로 인도하는 생명의 길'**이라는 것을 명백히 증거하는 것이다.

전 성경을 가지고 일생 밥벌이 수단으로 삼는 자들이 문자적인 기록 속에 감추어 두신 하나님의 뜻은 단 한 절도 보지도, 듣지도, 믿지도, 깨닫지도 못하면서 자신들이 지어낸 새빨간 거짓말로 호리는 그들이 멸망으로 인도하는 거짓 선지자들이다. 이들이 있는 곳인 예수 이름, 하나님의 이름 사용하는 교회는 크고 넓어서 누구든지 아무나 다 들어가서 수천, 수만, 수십만 명이 되어도 진리인 살아 계신 하나님의 말씀은 단 한 마디도 하지 않는 교회다. 이들의 욕심은 끝이 없어서 마치 끝없는 '블랙홀' 같다. 곧 빛이나 물체 따위가 그곳으로 들어가면 탈출할 수 없다는 가설적인 우주 영역이라고 하는 블랙홀 같다는 뜻이다. 이를 두고 다음과 같이 판결해 두셨다. **유1:5~6절**이다. 세상 사람들이 말하는 블랙홀에 대한 하나님의 해답이다.

유1:5~6 [5]너희가 본래 범사를 알았으나 내가 너희로 다시 생각나게 하고자 하노라 주께서 백성을 애굽에서 구원하여 내시고 후에 믿지 아니하는 자들을 멸하셨으며 [6]또 자기 지위를 지키지 아니하고 자기 처소를 떠난 천사들을 큰 날의 심판까지 영원한 결박으로 흑암에 가두셨으며

이 예언은 모세를 통해서 이스라엘 민족을 애굽에서 출애굽 시킬 때 홍해를 건너고 광야에서 다 죽은 구약 당시 일을 말한 것 같으나 아니고, 이 세상에서, 곧 애굽에서 광야로 출애굽 한 사람들이 광야교회에서 예수 이름으로 2021년 6월 5일 이날까지 전 세계 성경을 사용하는 모든 종교인들이 자행하고 있는 실체를 감추고 기록한 예언이다.

애굽, 곧 세속적인 이 세상 사람들을 예수 이름으로 불러내어 광야 같은 교회에서 신앙생활 하는 중 믿지 않는 자들이 다 멸망받은 것을 뜻하신다. 이들은 자기 지위를 지키지 않고, 혀로 예수 이름, 하나님의 이름

사용하는 자칭 목사들이며, 큰 날의 심판인 전 우주적인 일곱째 날, 여호와의 날, 인자의 날인 지금 이때까지 '영원한 결박', 즉 '사망과 음부의 열쇠'인 예수 이름 사용하여 영적인 소경, 귀머거리, 벙어리가 되어 캄캄한 흑암에 가두어 두신 것이다.

곧 이런 말씀의 실상이 된 자들이 바로 멸망으로 인도하는 크고 넓은 문에 있는 거짓 선지자들이며, 이들이 가르치는 거짓말에 속게 되면 다시 빠져 나오지 못하는 곳이 되어, 결국 영원히 꺼지지 않는 둘째 사망 지옥 불에 가게 만든다. 이런 멸망으로 인도하는 크고 넓은 문에 서 있는 거짓 선지자들은 **유1:7~8절**에 이렇게 판결해 두셨다.

유1:7~8 [7]소돔과 고모라와 그 이웃 도시들도 저희와 같은 모양으로 간음을 행하며 다른 색을 따라가다가 영원한 불의 형벌을 받음으로 거울이 되었느니라 [8]그러한데 꿈꾸는 이 사람들도 그와 같이 육체를 더럽히며 권위를 업신여기며 영광을 훼방하는도다

전 세계 성경을 사용하는 모든 종교들이 다 이 말씀대로 실상이 되어 있다. 영적으로 잠을 자면서 꿈속에서 시집가고, 장가가고, 교회 다니고, 목회를 하며 하나님의 권위를 업신여기고, 영원히 영광을 받으셔야 할 하나님의 일을 훼방하며, 하나님의 것인 사람들을 영적으로 더럽히고 죄를 짓게 만들어 지옥에 보내는 사역을 하고 있다. 그 결과 영원한 지옥 불의 형벌을 받았고, 받고 있고, 받을 것이다. 이들로 인하여 좁은 문, 생명의 길로 인도하는 14년째 이 일을 좁고 협착하게 만든 것이다. 하지만 이

길은 영원한 생명의 길이다. 이런 원수는 대체육체들이다. 가인, 에서 족속들이다. 이들과 싸우는 나와 은혜로교회 성도들은 **9절**의 예언이 실상이 된 것이다.

유1:9 천사장 미가엘이 모세의 시체에 대하여 마귀와 다투어 변론할 때에 감히 훼방하는 판결을 쓰지 못하고 다만 말하되 주께서 너를 꾸짖으시기를 원하노라 하였거늘

2008년 6월 16일부터 2021년 6월 15일까지는 이렇게 판결했으나, 이제부터는 이런 판결이 아니라, 창조주 하나님의 판결하심을 대언하는 판결이 된다. 하나님께서 마귀, 곧 멸망으로 인도하는 크고 넓은 문에서 지옥으로 보낼 자들은 예수 이름 사용하여 끌어모아 자신이 하나님 자리에 앉아 왕 노릇 한 마귀, 가르치는 귀신, 용, 사단, 뱀, 독사, 각종 짐승, 거짓 선지자, 거짓 선생, 아바돈, 아볼루온, 미운 물건, 우상, 악어, 우상숭배하는 자들, 무저갱의 사자, 곧 지옥의 사자로 여러 부분, 여러 모양으로 기록된 이들의 실상을 온 천하에 진술하여 고발하고 송사한다는 뜻이다.

"훼방하는 판결을 쓰지 못한다"고 한 것은 미가엘 천사장은 절대 자의로, 곧 자기 스스로의 생각이나 의견, 제멋대로 하는 생각, 일정한 질서를 무시하고 제멋대로 하는 것으로 해석하지 않는다는 뜻이다. 증명하면 **요16:13~15절**에 기록되어 있는 그대로 훼방하는 판결을 않고 다음과 같이 말한다.

요16:13~15 ¹³그러하나 진리의 성령이 오시면 그가 너희를 모든 진리 가운데로 인도하시리니 그가 자의로 말하지 않고 오직 듣는 것을 말하시며 장래 일을 너희에게 알리시리라 ¹⁴그가 내 영광을 나타내리니 내 것을 가지고 너희에게 알리겠음이니라 ¹⁵무릇 아버지께 있는 것은 다 내 것이라 그러므로 내가 말하기를 그가 내 것을 가지고 너희에게 알리리라 하였노라

따라서 미가엘 천사장은 진리인 성경에 기록된 그대로 실상이 된 진리의 성령을 다른 모양으로 지칭한 것이다. 이 미가엘 천사장에 대한 기록은 마귀와 그 세력들에 대하여 하나님의 판결하심을 대언하는 나의 14년째 이 일에 대한 하나님의 증거다. 단 한 번도 내 자의로 말한 것이 없이 신령한 것을 신령한 것으로 증명하여 하나님의 뜻을 대언하여 판결한다는 뜻이다. 그러므로 나를 통한 이 판결은 창조주 하나님의 법으로, 진리를 진리 그대로 판결하는 것이다. 그 누구도, 어떤 사람도 이 판결을 대적할 수 없고, 훼방하는 자들은 전 성경에 기록된 심판의 말씀대로 모든 재앙을 받고 영원한 죄에 처한다.

다시 **유1:10절**부터 마귀와 그 세력들인 멸망으로 인도하는 문에 서 있는 거짓 선지자들에 대한 예언이다.

유1:10 이 사람들은 무엇이든지 그 알지 못하는 것을 훼방하는도다 또 저희는 이성 없는 짐승같이 본능으로 아는 그것으로 멸망하느니라

그래서 성경은 조각, 곧 부분만 가지고 사람이 본능적으로 아는 지

식으로 절대 알 수 없는 천국의 비밀이다. 이들은 예수 이름, 하나님의 이름을 사용하지만 멸망으로 인도하는 문에서 자신도 알지 못하는 말로 자의로 설교하여 영원히 멸망하는 사람들이다. 이들의 실체를 **유1:11~13, 16절**에 명확히 기록해 놓으셨다.

유1:11~13, 16 [11]화 있을찐저 이 사람들이여, 가인의 길에 행하였으며 삯을 위하여 발람의 어그러진 길로 몰려 갔으며 고라의 패역을 좇아 멸망을 받았도다 [12]저희는 기탄없이 너희와 함께 먹으니 너의 애찬의 암초요 자기 몸만 기르는 목자요 바람에 불려가는 물 없는 구름이요 죽고 또 죽어 뿌리까지 뽑힌 열매 없는 가을 나무요 [13]자기의 수치의 거품을 뿜는 바다의 거친 물결이요 영원히 예비된 캄캄한 흑암에 돌아갈 유리하는 별들이라… [16]이 사람들은 원망하는 자며 불만을 토하는 자며 그 정욕대로 행하는 자라 그 입으로 자랑하는 말을 내며 이를 위하여 아첨하느니라

멸망으로 인도하는 거짓 선생, 거짓 선지자들은 성경을 가지고도 단 한 절의 천국의 비밀도 모르면서 자신들이 알지 못하는 것으로 설교하면서 성경을 성경으로 해석하여 보고, 듣고, 믿고 지켜 실행한 나를 "이단이니, 사이비니" 하며 이 일을 훼방한 자들이며, 자신들이 한 언행으로 인하여 영원히 캄캄한 흑암인 지옥 불에 떨어져서 혀에 물 한 방울 먹지 못하는 징벌을 받을 자칭 목사, 자칭 기독교인들이다.

이들의 혀로 나를 학대하고 하나님의 큰일을 훼방하여 **마7:14절**에 **"생명으로 인도하는 문은 좁고 길이 협착하여"**라고 하신 말씀대로 14년

째 육체도 죽지 아니하고 영원한 생명으로 인도하는 이 길을 좁고 협착하게 만든 것이다. 좁은 문에 대한 해답을 찾아가면 다음 말씀대로 실상이 된 나에 대한 예언, 우리에 대한 예언이며, 이미 14년째 실행이 되어 이루어지고 있다.

겔42:5~6 5그 상층의 방은 제일 좁으니 이는 툇마루들을 인하여 하층과 중층보다 상층이 더 줄어짐이라 6그 방이 삼 층이라도 뜰의 기둥 같은 기둥이 없으므로 그 상층이 하층과 중층보다 더욱 좁아짐이더라

이 말씀에 해당하는 때는 여호와의 날, 인자의 날인 지금 이 세대이며, 영적으로 하층, 중층, 상층의 단계를 이미 실행하고 있는 14년째 나를 통한 이 일을 뜻한다. 하층은 예수 이름 사용하는 좌편, 곧 왼편에 속한 자들로 지금 이 세대까지 이어져오고 있고, 중층에 해당하는 자들은 우편, 곧 오른편, 오른손에 해당한다. 창세 이래 지금 이 세대까지 하나님의 말씀인 성경을 사용하는 모든 종교인들이 이에 해당한다. 또한 이들 모두는 조각, 곧 부분을 사용하고 있다. 지금 이 세대가 될 때까지는 전부 이 세상에 속하는 자들에게 허락하신 기간이었고, 하늘에 속한 자들은 순교를 당했어야 했다.

내가 옥에 갇히고 온 세상에 치욕을 당하고 있는 이유는 하층에 해당하는 자들 아래서 종교생활을 하던 성도들을 유튜브를 통해 하나님의 말씀을 듣고 귀신의 처소에서 빠져 나오게 하니까, 하층에 속한 자들이 '이단'이라는 프레임을 씌웠다. 이는 성경대로 보고 듣고 믿고 지켜 실행

하는 과정 중에 우리 안에 함께 있었던 하층에 속한 자들이 성경에 예언된 그대로, 자신들이 하층에 속한 자들임을 온 세상에 나타낸 것이다. 그러나 이 일에는 의인을 영원히 대속하시는 하나님의 완전한 지혜와 모략이 감추어져 있다.

따라서 온전한 중층과 상층을 실상으로 이루고 온 길이 2008년부터 지금 이 시간까지다. 온전한 상층의 소리로 오는 세상을 준비하는 우리의 이 길이 진실로 **마7:14절**의 좁은 문이요, 영원한 생명의 길이다.

그러나 이 좁은 문은 실상은 영원히 넓은 문이다. 상층의 좁은 문을 통과하는 기간에 하층에 있는 자들인 좌편과 중층에 속하는 자들의 훼방으로 인해 핍박과 고난이 따라오는 것은 우리의 한 몫의 삶의 결과로 인한 보응과 함께, 영원한 생명을 얻기 위해 한 몫의 삶을 버려야 하기 때문이다. 그래서 좁은 문이다. 또한 이 길은 온 세상이 알 수도 없고, 믿지도 않고, 아무도 가보지 않은 첫 길이라 숫자가 극히 적어서 좁은 문이다. 현재는 우리가 이 단계를 지나가고 있는 중이다.

이 일은 하나님의 계명을 지켜 실행한 길이기에 고통스럽지만, 이 길만이 유일한 '생명의 길이요 유일한 좁은 문'이다. 이 외에 좁은 문, 생명의 길은 전부 거짓말이다. **겔42:5~6절**의 말씀이 무슨 뜻인지도 모르면서 모두 단어만 사용할 뿐이다. 내가 감옥에 갇힌 이 사건이 **마7:14절**의 실상의 주인공이란 명백한 증거다. 또한 **겔42:1~14절**에 기록된 예언이 다 나와 우리에 대한 예언이다.

BC 550년경에 기록된 예언이 2771년이 지난 2021년 지금, 실상의 기초를 세우고 있는 중이다. 좁은 문, 좁은 길을 누가 설교하든 그들은 다

가짜다. 실상은 말 그대로 실상이므로 허상이 아무리 흉내를 내어도 절대 따라올 수 없는 거짓임이 다 드러나고, 도리어 자신들이 가짜라고 스스로 증거하는 것이다. 또한 이 좁은 문은 반드시 **이사야 49장** 전체 말씀의 주인공들이며, 이미 기초를 세우고 있어서 반드시 온 세상에 영원히 증명이 된다.

사49:8∼21절 "⁸여호와께서 또 가라사대 은혜의 때에 내가 네게 응답하였고 구원의 날에 내가 너를 도왔도다 내가 장차 너를 보호하여 너로 백성의 언약을 삼으며 나라를 일으켜 그들로 그 황무하였던 땅을 기업으로 상속케 하리라 ⁹내가 잡혀 있는 자에게 이르기를 나오라 하며 흑암에 있는 자에게 나타나라 하리라 그들이 길에서 먹겠고 모든 자산에도 그들의 풀밭이 있을 것인즉 ¹⁰그들이 주리거나 목마르지 아니할 것이며 더위와 볕이 그들을 상하지 아니하리니 이는 그들을 긍휼히 여기는 자가 그들을 이끌되 샘물 근원으로 인도할 것임이니라 ¹¹내가 나의 모든 산을 길로 삼고 나의 대로를 돋우리니(이 '대로'가 최상층의 길이요, 좁은 문이며, 생명의 길이다. 이미 이 본문들은 온전히 실행이 되고 있다.)

¹²혹자는 원방에서, 혹자는 북방과 서방에서, 혹자는 시님 땅에서 오리라 ¹³하늘이여 노래하라 땅이여 기뻐하라 산들이여 즐거이 노래하라 여호와가 그 백성을 위로하였은즉 그 고난당한 자를 긍휼히 여길 것임이니라 ¹⁴오직 시온이 이르기를 여호와께서 나를 버리시며 주께서 나를 잊으셨다 하였거니와 ¹⁵여인이 어찌 그 젖먹는 자식을 잊겠으며 자기 태에서 난 아들을 긍휼히 여기지 않겠느냐 그들은 혹시 잊을찌라도 나는 너를 잊지 아니할 것이라 ¹⁶내가 너를 내 손바닥에 새겼고 너의 성벽이 항상 내

앞에 있나니 ¹⁷네 자녀들은 속히 돌아오고 너를 헐며 너를 황폐케 하던 자들은 너를 떠나가리라 ¹⁸네 눈을 들어 사방을 보라 그들이 다 모여 네게로 오느니라 나 여호와가 이르노라 내가 나의 삶으로 맹세하노니 네가 반드시 그 모든 무리로 장식을 삼아 몸에 차며 띠기를 신부처럼 할 것이라

¹⁹대저 네 황폐하고 적막한 곳들과 네 파멸을 당하였던 땅이 이제는 거민이 많으므로 좁게 될 것이며 너를 삼켰던(왜 **"삼켰던"**이라고 하셨을까? 10년을 넘게 거짓말로 "이단이니, 사이비니" 하면서 말로 학대하고 괴롭히더니 옥에까지 가두어서 온 세상에 치욕을 주고 짓밟았기 때문에 이렇게 말씀하신 것이다. 한 번도 만나 본 적이 없는 자칭 목사들이, 자칭 기독교인들이 무슨 짓을 했는지 하나님께서 다 보셨고, 나한테는 이들에 대한 '소송장'이 있다. 이 소송장으로 그들이 무슨 짓을 했는지 하나하나 밝혀서 온 세상에 고발할 것이다. 하나님의 법으로 싸울 것이다. 진실로 거짓과 싸울 것이다.

이렇게 해답만 말하면 귀신들은 안 믿고, 왜 자의적인 해석을 하느냐고 하니까 시간이 걸려도 반드시 이에 대한 해답을 증명해야 한다. 이래서 내게는 '소송장'이 있다는 것이다. 욥도 당시는 이 소송장이 없었고, 예수 그리스도께서도 하나님께서 정하신 때가 아니니 '소송장'이 없었다.

'대적의 기록한 소송장'만이 아니라 나와 은혜로교회 성도들에 대한 하나님의 증거하심이 창세기부터 요한계시록까지 다 있어서 나를 세 치 혀로 삼키고 학대한 자들에 대한 증거, 곧 그들이 어떤 거짓말로 학대하고 삼켰는지에 대한 하나님의 증거하심을 이미 3421년 전 모세와 40여 명의 저자들을 사용하셔서 예언해 두셨다. 그래서 나를 통한 이 일은 온

세상 그 누구도 막을 수 없는 확실한 진실이며, 이를 대적하는 것은 하나님과 쟁변하는 것이다.

피조물이 하나님과 논쟁하고 변론해서 어떻게 이기며, 어떻게 전 성경에 기록된 하나님의 심판을 피할 수 있겠느냐? 하나님께서는 스스로 진술하시는 하나님이 아니시다. 반드시 당신이 미리 정하신 사람을 사용하셔서 진술하신다. 나를 옥에 가둔 이 기간이 왜 있어야 하는지 반드시 온 세상 사람들이 알게 될 것이며, 사람이 보기에는 나와 은혜로교회 성도들의 일이지만, 이 일은 창조주 하나님의 일이다. 절대 과언이 아니고, 허언은 더더욱 아니다. 이제까지 증명하고 왔고, 지금도 증명하고 있으며, 앞으로 영원히 증명할 것이다.

먼저 '삼키다'라는 말을 이해해야 한다. **시57:3절**에 **"나를 삼키는 자의 비방에서"**라고 하셨다. '비방'이란 남을 나쁘게 말함, 남을 헐뜯고 욕함이라는 뜻이다. 즉 이인규 권사라는 감리교인 한 인간이 자신과 아무 상관도 없고, 타인 남인 장로교 목사인 나를 자신의 밥벌이 수단으로 삼아 인터넷에 자칭 '평신도 이단 상담가'라는 인터넷 사이트를 만들어서 비방하기 시작했다. 이 비방하는 글은 모두 새빨간 거짓말이다. 성경을 성경으로 해석하여 전대미문의 성경적인 개혁, 곧 **히9:10절**의 개혁을 하는 이 큰 일을 두고 "원숭이 궁둥이는 빨개, 빨간 것은 사과…"라는 미친 말로 비방하기 시작하였다.

너무 미친 사람, 말도 안 되는 비방이기에 싸울 가치가 없었고, 싸울 시간은 더더욱 없었으며, 싸울 때가 아니었기에 대적하지 않았다. 그때 당시 모 기독교 신문사 국장이 "목사님 이대로 두면 안 됩니다. 고소해서 대적해야 합니다."라고 여러 번 내게 말했지만 아무것도 모르고 지껄이는 인간이라 대적하지 않았다.

이렇게 시작된 이 비방은 인터넷을 타고 일파만파 퍼지더니, 2021년 5월 24일 안양 법원 302호실에서는 새파란 나이 어린 검사, 그것도 재판 때마다 검사가 바뀌는데 이번에는 여자 검사 입에서 나를 '이단, 사이비'라고 하는 말까지 들었다. 검사 측 증인이라고 내세운 자들 또한 우리에게서 떨어져 나간 자칭 기독교인들이었다. 이들에 대한 예언도 이미 성경에 다 기록이 되어 있고, 이제 실상이 된 것이다.

누룩 역할이 이인규의 세 치 혀와 손가락에 의해 인터넷이라는 공간에서 시작된 것이다. 이 비방이 나를 삼켜서 14년째, 2021년 오늘의 결과까지 이어진 것이다. 이인규는 감리교 교인이라고 하지만 그는 하나님 나라와 아무 관계가 없는 사람이며, 같은 기독교라는 울타리 안에 있다고 하지만 나는 장로교 목사다. 이렇게 한 인간이 삼키기 시작하더니 이 인간에게 권사 직분을 준 감리교단에서 파송했다는 목사가 피지에 교회를 세워서 나를 비방하였고, 피지는 기독교인의 70%가 감리교인데 피지 감리교 총회장이 나를 이단이라고 비방하더니, 결국 전 피지 교회 강단에서 나를 이단이라 비방하였다.

이 일로 나는 2015년 10월경 피지 감리교회 총회장을 찾아가서 45분간 경고하였고, 얼마 안 되어 2016년 2월 20일 피지에 카테고리 5에 해당하는 사이클론이[9] 덮쳐 현지 감리교회 100여 개가 파손되었고,[10] 현지인 40여 명이 사망하는 피해를 입었다. 이 일은 한국 감리교 권사 이인규 한 인간에 의해 시작되어 피지 감리교회까지 번지게 되었으며, 피지 감리교 총회장이 만든 한 장의 문서로 전 피지 감리교 교회에 공문을 돌려 강단에서 공개적으로 나를 이단이라 정죄한 결과 하나님의 징벌을 받은 것이었다.

뿐만 아니라 피지 난디한인교회 박상기 자칭 목사도 한국으로 귀국하는 공항에서 무단으로 사진 찍으면서 다니엘 성도가 곁에 있는데 "네 엄마 이단이야"라고 정죄하더니, 한인 선교사 24명이 연합하여 피지 신문에 나를 이단이라고 광고하였다. 그들 모두 일면식도 없는 남들이다. 피지에 있는 한국인은 한 명도 없이, 전부 은혜로교회 성도들이 성경대로 보고 듣고 믿고 하나님의 계명대로 지켜 실행한 이 일로 인한 비방은 언론을 통해 전 세계에 퍼졌고, 나를, 은혜로교회를 새빨간 거짓말로 비방하여 삼킨 것이다.

내가 구속되고 7년형을 받으니까 대적자들은 자신들이 이겼다고 기뻐했을 것이다. 이렇게 대적자들이 하는 언행에 대해 이미 전 성경에 다 예언되어 있었고, 그 예언들이 실상이 되어 성취되고 있다는 사실을 자칭 기독교 목사, 총회, 기독교인들은 아무것도 모르고 있다. 이제 2008년 6월 16일부터 지난 모든 날 동안 나 한 사람을 학대한 모든 대적자들에 대한 소송장이 내게 있으니 그들 모두에 대해서 낱낱이 밝혀 온 세상에 고발하여 싸울 것이다.

'삼키다'라는 뜻은 나를 나쁘게 말하고, 헐뜯고, 욕하며, 비방하여 삼키는 것이다. 이들 전부 새빨간 거짓말로 비방했다. 이 비방은 이미 하나님의 아들 예수 그리스도께서 받으신 비방이었고, 첫 순교자 아벨부터 7년 대환난 때, 하나님께서 정하신 순교자의 수가 찰 때까지 하나님의 이름, 예수 이름으로 자칭 믿는다고 하는 자들에 의해 자행된 치명적인 죄다. 이 때문에 순교자들이 제단 아래서 다음과 같이 하나님께 반문하고 있다. **계6:9~11절**이다. 그들의 항변에 답변을 이렇게 하신다.

계6:9~11 [9]다섯째 인을 떼실 때에 내가 보니 하나님의 말씀과 저희의 가진 증거를 인하여 죽임을 당한 영혼들이 제단 아래 있어 [10]큰 소리로 불러 가로되 거룩하고 참되신 대주재여 땅에 거하는 자들을 심판하여 우리 피를 신원하여 주지 아니하시기를 어느 때까지 하시려나이까 하니 [11]각각 저희에게 흰 두루마기를 주시며 가라사대 아직 잠시 동안 쉬되 저희 동무 종들과 형제들도 자기처럼 죽임을 받아 그 수가 차기까지 하라 하시더라

순교자들의 피를 신원할 때가 현재 우리가 사는 이 세대에 실상이 된다. 이에 대한 징조가 예수 그리스도께서 사역하실 때 예언하신 그대로 나와 은혜로교회 성도들이 실상이 되어 예언이 성취되고 있는 것이다. 나는 절대 대적자들이 말하는 '이단, 사이비'가 아니며, 지금 감옥에 가둔 죄명대로 죄를 지은 것이 아니다. 따라서 이 일에 대한 결과는 이미 전 성경에 다 예언이 되어 있고, 절대 거짓이 진실을 이길 수 없음을 2021년 6월 16일부터 장본인인 내가 하나하나 밝히고 싸우는 것이다. 예수 그리스도께서는 당신을 비방하는 자들의 정체를 이렇게 판결해 두셨다.

막9:38~50절 "[38]요한이 예수께 여짜오되 선생님 우리를 따르지 않는 어떤 자가 주의 이름으로 귀신을 내어 쫓는 것을 우리가 보고 우리를 따르지 아니하므로 금하였나이다 [39]예수께서 가라사대 금하지 말라 내 이름을 의탁하여 능한 일을 행하고 즉시로 나를 비방할 자가 없느니라 [40]우리를

반대하지 않는 자는 우리를 위하는 자니라(이 말씀 안에 2021년 지금 이 세대까지 대적자, 곧 비방하는 자들의 정체가 감추어져 있고, **마7:13절**부터 하신 말씀에 멸망으로 인도하는 문에 서 있는 불법을 행하는 자들의 언행과 결과까지 다 감추어져 있다.

왜 한 기독교 안에, 한 교회 안에 의인과 악인이 함께 공존하여 이 세대까지 이어져 온 것인지에 대한 해답은 이미 14년째 증명하고 있고, 주의 이름, 곧 예수 이름 사용하여 귀신을 내어 쫓는 자들이 하나님께서 정하신 때가 될 때까지 이어질 것과 이들에 의해 전 세계 구석구석까지 기독교가 퍼질 것을 감추고 하신 것이다.

또한 이들은 자신들이 한 언행이 어떤 죄인지도 모르며, 이 말씀을 하신 예수께서도 이들의 언행이 어떤 결과를 가져오는지 모르시고 하신 말씀이다. 그래서 '대적의 소송장'이 예수님께는 없었고, 결국 친히 가르침을 받은 제자들도 순교를 당했으며, 당신 자신도 죽임을 당하신 것이다. 이는 하나님의 경영 계획이었고, 전 성경 기록 목적이 다시 창조함을 받을 하나님의 백성들을 위해서이기 때문이다.)

[41]누구든지 너희를 그리스도에게 속한 자라 하여(반드시 부활하신 그리스도에게 속한 자라야 이 본문 "너희"에 해당한다. 절대 좌편에 해당하는 자는 이에 해당하지 않는다. '그리스도에게 속한 자'는 지금 이 세대에 '예수는 그리스도'라고 성경대로 명백하게 증명하여, 그 증거를 믿고 따라온 은혜로교회 성도들이 이에 해당하고, 순교자들은 온전히 그리스도에게 속한 자가 아니라 우편에 속한 자에 해당한다.) 물 한 그릇을 주면 내가 진실로 너희에게 이르노니 저가 결단코 상을 잃지 않으리라 [42]또 누

구든지 나를 믿는 이 소자 중 하나를 실족케 하면 차라리 연자 맷돌을 그 목에 달리우고 바다에 던지움이 나으리라(진리의 성령이 실상이 되어 나타나서 전대미문의 새 언약인 하나님의 가르치심을 대언하는 2008년 6월 16일이 되기 전까지 전 세계에 성경을 사용하는 모든 사람들이 좌편에 속한 자인 가룟 유다와 우편에 속한 자인 사도들까지, 지금 이 세대까지 교회 지도자들과 교인들 모두, 그 누구든 실족한 영적인 상태였다고 하면 누가 믿을까? 이에 대해서도 이미 14년째 증거해 왔고, 하고 있는 진술이 다 있다.)

하나님의 증거도 **갈3:22~23절**에 예언되어 있고, 전 성경에 다 예언되어 있다.

갈3:22~23 ²²그러나 성경이 모든 것을 죄 아래 가두었으니 이는 예수 그리스도를 믿음으로 말미암은 약속을 믿는 자들에게 주려 함이니라 ²³믿음이 오기 전에 우리가 율법 아래 매인 바 되고 계시될 믿음의 때까지 갇혔느니라

믿음이 오기 전에는 지금 이 세대이고, 이 말씀의 믿음은 사람들이 상상하는 '믿음'이 절대 아니다. 믿음도 실상이다. 곧 나와 은혜로교회 성도들에 대한 예언이었고, 이미 실상이 되어 14년째 증거하고 있다. 이때가 될 때까지 모두 예수 이름으로 실족케 되어 있었으며, 이는 은혜로교회 성도들이 증인들이다. 성경을 잘 안다고 하는 가르치는 귀신들은 이 본문의 믿음이 '나'라고 하면 또 발작할 것이다.

또 다른 보혜사인 진리의 성령이라고 하더니, 왜 또 '믿음'이라 하느냐고 교만한 귀신이 정체를 드러낼 것이다. 이미 14년째 다 보았고, 들었고, 지금 이 시간까지 이런 귀신이 주인인 사람은 예수 그리스도도, 하나님도, 그 어떤 것도 자신한테 유익한 것은 절대 안 믿고, 자신이 죽을 짓만 하더라.

귀신이 믿든 안 믿든 이는 사실이고, **히1:1절**의 말씀대로 나에 대해서 여러 부분, 여러 모양으로 미리 예언해 두신 것이며, 이는 확실하고 정확한 사실, 곧 진리다. 귀신이 주인이 된 영적인 상태로는 절대 하나님의 일을 할 수도 없고, 도리어 훼방하고 죄만 짓는다는 것을 두 눈으로 14년째 보았고, 직접 겪고 있다. 따라서 절대 귀신은 봐주고 기다려 준다고 되는 것이 아니었다는 것 또한 다 경험했다.

그래서 이제는 거듭나지 않은 사람, 곧 귀신이 주인인 사람에게 대독도 절대 하지 않게 할 것이며, 각자 자신이 행한 그대로 다 보응이 있고, 각자 그릇대로 하나님께 사용될 것이다. 모든 기회를 다 주었다. 자신의 가치는 자신이 만들어야 한다고 했으며, 자해하지 말라고도 수없이 했고, 어린아이도 다 알아듣는 말로 권고했다.

말씀이 믿기지 않거든 피지에서 나가 달라고 했고, 여권을 빼앗아서 감금했다고 거짓말을 하는 귀신들 때문에 여권을 비자 변경 문제, 피지 행정의 느린 문제, 분실 문제 등등으로 인해 일괄 보관하던 것을 나는 여러 차례 다 본인들이 가지고 있게 하라고 말했다. 이렇게 다 말해도 귀신은 자신이 여권과 비행기표까지 다 가지고 있으면서, 거짓말하는 정대영 목사를 비롯해서 7년형을 받는 데 길잡이, 길 안내자 역할을 하는 자들이 어떤 죄를 지었는지 하나하나 밝히고 심판의 말씀을 선포하여 대언할 것이며, 심판의 말씀의 결과는 하나님께서 친히 징벌하시기도 하시지만, 나 또한 그들의 거짓 증언에 대한 송사도 할 것이고, 실행할 것이다.

그러나 이 일은 전부 하나님께서 전 성경에 미리 예언해 두신 말씀대로 땅에 실상이 되어 성취되는 일이다. 따라서 이 진술은 내 말이 아니고, 살아 계신 하나님의 진술을 대언하고 실행하는 일이다. 만약 이 경고를 무시하고 업신여기면 각자 자신들이 치명적인 보응을 받게 됨을 경고한다. 이미 각자 자신이 알고 했건, 모르고 했건 자신들이 한 언행대로 보응받고 있고, 받을 것이다.

사실 악인들, 곧 용, 옛 뱀, 독사, 사단, 마귀, 귀신, 짐승들로 비유된 자들은 이미 땅에 살면서 심판이 계속 이어지고 있었다. 다만 이 사실을 사람들이 몰랐을 뿐이다. 이에 대해서도 다 예언되어 있었다. 곧 좌편인 가룻 유다에 대한 경고는 이미 가인이 아우 아벨을 죽인 사건 속에 비밀로 감추어져 있었고, 순교자들을 죽이는 모든 원수에 대한 비밀도 이미 **창세기 1장**에 다 감추어져 있다.

그래서 진리를 진리대로 모르고 하는 언행 자체가 저주다. "**진리를 알찌니 진리가 너희를 자유케 하리라**"는 **요8:32절**의 말씀을 친히 하신 예수 그리스도께서도 진리를 다 아신 것이 아니었다. 이 사실을 지금 전 세계 성경을 사용하는 모든 종교인들이 모르고 있고, 성경을 기록한 40여 명의 저자들도 모르고 있다.

이 때문에 전대미문의 새 일인 **히브리서 8장**의 새 언약을 14년째 하고 있고, **히9:10절**의 '온전한 개혁'을 처음으로 하고 있으며, 개혁되어서 증인으로 세워질 성도, 곧 거룩한 자들, 하나님의 아들들인 영영한 사역자들이 피지에서 실상이 되어 나왔으며, 이들은 하나님의 말씀으로 다시 창조된 자들로 육체도 죽지 아니하고 온전히 영생을 얻은 거룩한 자들이다. 따라서 나를 통한 이 선한 일, 곧 하나님의 행하시는 일을 훼방하는 자들은 전 성경에 기록된 모든 재앙을 다 받고, 육체가 죽어서 영원한 지옥, 꺼지지 않는 불못에 던져질 마귀의 세력들이다. 2008년 6월 16일부터 시작하여 지금까지 이 일을 거절하고 훼방한 모든 자들에게 다 해당하는 하나님의 증거요, 심판의 말씀이다.

이를 두고 진리의 성령을 훼방한 자는 영원한 죄에 처한다고 하셨고, 이 세상과 오는 세상에서도 사함을 받지 못한다고 하신 것이다. 감리교 권사 이인규는 자기 손가락으로 인터넷에 새빨간 거짓말로 글을 써서 나를 비방한 자이며, 2021년 6월 6일 주일 이 시간까지 손가락으로 글을 써서 비방하여 나를 학대한 모든 자들, 각 언론사, 방송국 PD, 신문기자가 바로 **막9:39~50절**에 해당하는 판결을 받는 주인공들이다.

새빨간 거짓말로 고소장을 쓰고, 그들의 거짓말을 근거로 거짓말로 질문을 만든 허건 형사, 오상수 형사, 최수경 검사, 이윤희 검사 이들도 다 이 판결을 받는 주인공들이고, 나에게 6년 판결을 한 1심 판사 장서진, 아예 모든 걸 무시, 멸시하며 비인격적인 태도를 드러내 놓고 나와 성도들을 학대한 2심 판사 송승우, 이 모든 거짓말을 맞다고 확정 지은 대법원 판사 권순일 외 판사 두 명도 다 이 하나님의 판결을 받는 주인공들이다. 믿든 안 믿든 이는 사실이다.

이렇게 피고인이 된 나한테 정죄받을 것도 이미 성경에 예언이 되어 있다. 증명한다. 온 세상 사람들아, 모두 똑똑하게 보아라. 이미 나를 흉악범 취급한 자들, 손가락으로 인터넷에 글을 올려 정죄하고 학대한 모든 자들에 대한 예언이 전 성경에 있지만, BC 700년경에 선지자 이사야를 통해서 단 한 절에 기록된 예언이 사실이 되어 땅에 그대로 이루어진 하나님의 행하심이다. **사54:13~17절**이다. **이사야 54장** 전체가 다 나를 혀로, 손가락으로 학대하고, 감옥에 가두는 모든 일에 가담한 자들에 대한 예언이다.

"¹³네 모든 자녀는 여호와의 교훈을 받을 것이니 네 자녀는 크게 평강할 것이며 ¹⁴너는(나는) 의로 설 것이며 학대가('학대'는 거짓말로 비방하여 심하게 괴롭히고 혹독하게 대우함이라는 뜻이다. 이대로 나를 14년째 혀로, 손가락으로 인터넷에 글을 써서 학대하고, 거짓말로 고소하고, 기소하고, 머리에 피도 안 마른 어린 애들까지 내세워서 거짓 증거하게 한 형사, 검사 너희가 무슨 짓을 했는지 보아라.

나를 북한 김정은이 어쩌고 하며 체제 유지를 위해 감시하게 했다고 한 허건 형사, 너한테 명백하게 밝힌다. 나는 그런 짓을 단 한 번도 한 적이 없다. 그 누구도 감시한 적이 없고, 피지에 교인들을 '감금, 특수감금, 중감금, 아동학대, 교사, 유기, 방임, 사기, 임금을 주지 않고 노동착취'를 했다고 하면서 7년, 동생에게 4년을 선고한 이 모든 죄를 단 한 가지도 지은 적이 없다.

거짓말로 시작하여 14년간 나를 학대한 자들, 거짓말로 증언한 자칭 피해자라고 한 그들의 말만 듣고 진실을 증명한 모든 것은 단 한 마디도 듣지 않고, 목사인 나와 전 은혜로교회 교인들을 학대하고 명예를 짓밟고 비방하여 삼키고 죽인 것이다. 나는 단 한 사람도 학대한 적이 없다. 은혜로교회는 하나님의 계명대로 보고 듣고 지켜 실행한 것이다. 이에 대해서는 고소한 그들도 다 알고 있으면서 거짓 증언을 한 것이다.

예수 그리스도께서 귀신을 내어 쫓으니까 원수들이 하는 말이 귀신의 왕인 바알세붑을 힘입어서 귀신을 내어 쫓는다고 비방하고 대적한 원수들이 결국 하나님의 아들을 가장 잔인하게 사형시킨 것처럼, 창세 이래 지금 이 세대까지 자칭 하나님, 예수님을 믿는다고 하는 자들이 똑같은 죄를 짓고 있다. 14년째 증명하고 있고, 지금도, 앞으로도 영원히 증명할 것이다. 이래서 나는 **욥31:35절**의 "**내 대적의 기록한 소송장**"이 명백하게 있다. 이 소송장으로 반드시 나를 학대한 자들, 나를 감옥에 가둔 이 부당한 판결이 얼마나 잘못되었는지 온 세상에 밝히고, 반드시 진실이 거짓을 이김을 증명할 것이다.)

학대가(나를 향한 이 모든 학대가) 네게서 멀어질 것인즉 네가 두려워 아니할 것이며(아예 시작부터 단 한 번도 두려워하지 않았다. 이 예언들은 절대 예수 그리스도에 대한 예언이 아니었다. 창세 이래 그 누구도 이 예언의 실상이 없었고, 2021년 6월 6일 현재 나에 대한 예언이며, 사실이 되어 이루어지고 있다. 여기서 학대를 하는 자들에 대한 실체는 이미 전 성경에 예언되어 있고, 나만 이 학대를 당한 것이 아니라 지금 전 세계 종교 지도자들의 성경과 다른 거짓말로 학대를 당하고 있는 모든 하나님의 자녀들, 백성들을 학대에서 영원히 돌이키기 위한 징조가 바로 '나'다.

나를 학대한 이 세상에 속한 자들, 자칭 목사들, 이 세상 권력자들에게서 영원히 해방하는 '오는 세상'이 될 것이라는 징조로 나를 세우신 것이다. 그래서 "너는 의로 설 것"이라고 하신 것이다. 그러므로 나를 세운 이 일은 **사3:12~15절**의 말씀이 실상이 되는 예언이며, 6월 16일부터 더 온전히 실상이 된다.

사3:12 내 백성을 학대하는 자는 아이요 관할하는 자는 부녀라 나의 백성이여 너의 인도자가 너를 유혹하여 너의 다닐 길을 훼파하느니라

그래서 나를 송사하는 이 일을 하나님께서 허락하신 이유 중 하나다. 나를 '의'이신 하나님의 재판장으로 세우신 이유가 바로 창세 이래 지금 이 시간까지 성경을 가지고 성경과 다른 거짓말로 하나님의 백성을 유혹하고, 말로 학대하여 하나님의 도를 행하지 못하도록 생명의 길, 영생의 길을 훼파한 자들을 심판하시기 위해서다. 이것은 또 다른 보혜사인 진리의 성령의 실상이 '나'라는 증거가 된다. 진리의 성령을 상상하여 도리어 이단, 사이비라고 비방하며 정죄한 모든 자들은 두 눈으로 똑똑히 보아라.

하나님께서 변론하러 일어나셨다

사3:13~15 [13]여호와께서 변론하러 일어나시며 백성들을 심판하려고 서 시도다 [14]여호와께서 그 백성의 장로들과 방백들을 국문하시되 포도원을 삼킨 자는 너희며 가난한 자에게서 탈취한 물건은 너희 집에 있도다 [15]어

찌하여 너희가 내 백성을 짓밟으며 가난한 자의 얼굴에 맷돌질하느뇨 주 만군의 여호와 내가 말하였느니라 하시리로다

나를 "의로 세우시는"이라고 하신 **사54:13~17절**의 말씀이 실상이 되는 것이 바로 내가, 곧 진리의 성령이 오면 "**죄에 대하여, 의에 대하여, 심판에 대하여 모든 진리 가운데로 인도할 것**"이라고 예수 그리스도께서 친히 예언하신 주인공이 '나'라는 하나님의 증거다. **사3:13~15절**의 말씀도 이제 실상이 된다. 온 세상 사람들은 똑똑하게 보아라.

"¹³여호와께서 변론하러 일어나시며('변론'이란 ①사리를 밝혀 옳고 그름을 말함. ②소송 당사자나 변호인이 법정에서 하는 진술을 뜻한다. 그런데 하나님께서 왜 변론하시러 일어나신다고 하셨을까? 나를 통한 이 변론은 하나님께서 전대미문의 새 일로 변론하시는 일인데 이에 대해서 자세하게 할 것이다. 나에 대한 이 송사가 얼마나 부당한지에 대한 변론이기도 하고, 하나님의 백성들이 당하는 '학대'에 대해서 영원히 자유하게 하시기 위한 변론이다.

성경을 가지고 얼마나 많은 지도자들이 2021년 지금 이때까지 성경과 다른 거짓말로 설교하고 있는지, 나를 이단, 사이비라고 정죄한 그들 모두가 얼마나 학대하고 짓밟았는지 변론하신다는 뜻이다.) 백성들을 심판하려고 서시도다("하나님, 예수님" 하면서 도리어 죄에 죄를 더하고 있는지 하나님께서 당신의 백성들을 심판하신다는 뜻이다. 그래서 다음과 같이 말씀하신 것이다.

벧전4:17 하나님 집에서 심판을 시작할 때가 되었나니 만일 우리에게 먼저 하면 하나님의 복음을 순종치 아니하는 자들의 그 마지막이 어떠하며

악인들이 지배하는 이 세상은 성경에 기록된 모든 재앙을 내려 심판하시고, 의인의 세대, 곧 '오는 세상'을 시작하시기 위해 하나님의 집부터 심판하시려고, 곧 하나님의 백성들을 심판하시려 서신다는 뜻이다.)

[14]여호와께서 그 백성의 장로들과 방백들을 국문하시되 포도원을 삼킨 자는 너희며('포도원'은 **사5:7절**에 **"이스라엘 족속이요"**라고 하셨고, **요15:1절**에 **"내가 참 포도나무요 내 아버지는 농부라"**고 하셨으니 예수 이름 사용하는 교회와 교인들을 '포도원'에 비유하신 것이다. 그래서 목사들이 교인들을 두고 하나님께 택함을 받은 자라고 한 것이다. 그런데 이런 포도원, 하나님의 백성들을 삼킨 자들이 '너희', 곧 백성의 장로들, 방백들이며 설교하는 자들이라고 이렇게 말씀하신다. 혀로 성경과 다른 거짓말로 얼마나 많은 사람들을 지옥으로 보냈는지에 대한 비밀을 담고 하신 판결이다.

더 치명적인 죄는 전대미문의 새 언약을 전하고 있는 나를 통한 이 일을 택한 자녀들, 백성들로 하여금 듣지 못하게 한 것으로 하나님의 백성들을 산 채로 삼킨 것이다. 나만 이단, 사이비라고 삼킨 것만이 아니라는 뜻이다. 이에 대해서 이제 국문하신다.

'국문'이란 중죄인을 국정에서 심문하는 일을 뜻한다. 즉 하나님의 말씀을 가지고 하나님의 행하심에는 아무 관심이 없이 거짓말로 가르친 것에 대한 죄를 하나님께서 친히 심문하시고, 심판하신다는 뜻이다. 이 국문을 받는 주체가 **"포도원을 삼킨 자는 너희며"**라고 하신 '너희'가 바로

교회 지도자들인 '목사, 사제'들이라는 뜻이다. 이제 성경을 가지고 성경과 다른 거짓말로 설교하고, 책을 쓰며 가르치는 자칭 목사들, 그들의 설교가 맞다고 하인 노릇 하고 우상화한 교인들을 다 심판하신다.)

가난한 자에게서 탈취한 물건은 너희 집에 있도다(예수 이름을 사용하여 끌어모아 사기 치고 공갈하여 자기 사람 만들어 놓은 것을 두고 이렇게 말씀하셨는데, 예수 그리스도께서는 가난한 분으로 이 땅에서 사셨다. 또한 지금 이 세대는 나에 대한 예언이다. 가난하여 이 모든 보화, 천국의 비밀을 가지고 있는데도 하나님의 말씀대로 지켜 실행하는 이 일을 훼방한 그들로 인해 돈이 없고 가난하여 우리 집을 짓지 못한 우리를 두고 "부부를 떨어뜨려 두었다, 자식도 보지 못하게 했다, 월급도 주지 않고 노동 착취했다…" 등등 온갖 더러운 말로 매도하고 짓밟았다.

단 한 번도 너희들한테 월급 준다고 한 적이 없다. 내가 돈 버는 사람이냐? 다 망한 자, 월세 사는 자, 비행기표 값도 없는 빚쟁이들, 돈 한 푼 없는 자들이 거의 다인데 어떻게 그런 새빨간 거짓말로 모해하여 비방하고 죄를 씌우나? 돈이 없으면 부지런하기나 하든지~ 얼마나 게으르고 게으른지 어찌 말로 다 하나~ 자기들이 모은 재산은 다 감추어 두고 왔다가 말씀을 믿지 아니하는 악인으로 결판나서 되돌아간 자들, 자신들이 스스로 헌금해 놓고 나는 헌금한 사실도 모르고 있었는데 그런 나를 사기로 고소한 그들이다.

세상에는, 이 세상에 속한 목사가 서 있는 교회는 돈이 넘쳐나서 건물에 수백, 수천억을 들여 궁전을 만드는데, 가난한 우리는 전대미문의 새 언약으로 듣지도 보지도 알지도 못하는 영원한 양식을 먹여도, 온 세상에 알려야 하는 이때에도, 돈 문제로 광고도 못 하는 우리다. 엉뚱한 데 돈을 쓰도록 만드는 귀신들에 의해 훼방을 받고 있는 것 또한 어찌 말로 다 하나? 이런 가난한 자를 짓밟고 괴롭히는 그들보다 더 악독한 귀신은 우리 안에 있다. 고소한 그들이 한 거짓말이 다 우리 안에 귀신들이 하는 짓들이었음을 너무 명백하게 다 보았고, 증거가 있다.

지금 이 세상은 전부 미쳐 있다. 전부 일확천금을 노리는 자들만 득세하는 세상이다. 청년들, 어린 학생들까지 마약에 미쳐 있게 만들고, 가상 화폐, 주식, 펀드 등등 전부 쉽게 돈 벌고 부자 되기를 원하는 사행성만 부추기는 세상이니 하나님께서 심판하실 수밖에 없는 세상이 되었다. 진실로 소돔과 고모라 같은 세상이다. 이런 세상에 죄를 짓지 아니하고 살 수 있도록 하나님께서 예비하신 땅에 성경에 예언된 그대로 지켜 실행하여 이주한 것이다. 다시 택하신 이스라엘을 삼키고 짓밟았으니~ 이렇게 할 줄 알고 이미 다 예언해 두신 것이다.)

[15]어찌하여 너희가 내 백성을 짓밟으며('짓밟다'라는 것은 짓이기다시피 마구 밟다, 함부로 마구 억누르거나 유린하다라는 뜻이다. 2년 11개월째 진실로 이렇게 짓밟았다. 그런데 이보다 앞서 여러분의 한 몫의 삶이 마귀의 세력 아래 있을 때 철저하게 속았고, 유린당하고 짓밟혔다는 뜻이다. 지금 전 세계 기독교인들이 이렇게 짓밟히고 있다고 누가 믿겠느냐? 이는 믿든 안 믿든 사실이다. 그래서 하나님의 집에서부터 심판을 하신다. 이 국문에 대적하면 살아남을 자가 없다.)

가난한 자의 얼굴에 맷돌질하느뇨('**가난한 자**'에 대해서 해답만 말하면 안 믿으니까 성경대로 증명한다.

마5:3 심령이 가난한 자는 복이 있나니 천국이 저희 것임이요

천국의 아들들, 천국 상속자들이 가난한 자이며, 문자적으로는 '부족함, 결핍, 고난을 겪음, 물질적으로 빈궁하여 살림살이가 어려운 상태, 때로는 인격적으로 억압받고 사회적으로 멸시받으며 육신적으로 연약한 상태'라는 뜻이지만, 아무나 누구나 본문의 가난한 자가 아니다. 주의 나라와 하나님의 의를 사모하여 영혼이 정결하고 죄를 짓지 아니하는 하나님의 나라 상속자들을 뜻한다.

새빨간 거짓말로 14년째 비방하고 학대하여 흉악범으로 만든 나와 우리에 대한 예언이며, 이미 실상이 되었다. 자신들과 아무 상관이 없는 남들이, 일면식도 없는 자칭 기독교인들이 나에게 이렇게 하고 있다. 이들보다 더 나쁜 자들은 말씀을 받고도 안 믿는 자들, 귀신 노릇 하여 말씀을 멸시하는 자들이 이런 자들이다.) 주 만군의 여호와 내가 말하였느니라 하시리로다"

하나님의 백성, 곧 다시 택한 이스라엘을 학대하는 자들은 저 밖에 다른 종교인들이 아니라, 혀로 "하나님, 예수님" 하는 자들이 성경을 가지고 자신들이 지어낸 거짓말로 설교하여 지옥 불에서 나오는 소리로 교인들의 영혼을 죽이는 지도자들이다. 자신 아래 있는 재산인 교인을 빼앗길까 봐 '이단'이라는 프레임을 씌워서 비방한 것이다. 뿐만 아니라 백성들도 서로 학대한다.

사3:5 백성이 서로 학대하며 각기 이웃을 잔해하며 아이가 노인에게, 비천

한 자가 존귀한 자에게 교만할 것이며

아무것도 모르는 아이들인 중, 고등학생만 되어도 영아부, 유치부 주일학교 교사로 세우는 목사들이 바로 **"백성이 서로 학대하며"**에 해당하고, 아무나 성경을 가지고 설교하게 만드는 무지몽매한 죄를 짓고 있는 지금 이 세대의 기독교의 실상을 우리 모두는 다 보았고, 경험하였다. 인터넷에 '이단, 사이비'라는 단어를 아이들도 사용하여 이단에 빠진 사람이라고 비방하고 욕하게 될 것에 대한 예언이다. 특히 나를 개척교회 때부터 세 치 혀로 비방하고 학대하더라. 이런 자들은 결국 나를 학대한 것이지만, 나를 지으신 하나님을 멸시하는 언행이다.

잠14:31 가난한 사람을 학대하는 자는 그를 지으신 이를 멸시하는 자요 궁핍한 사람을 불쌍히 여기는 자는 주를 존경하는 자니라

심령이 가난한 자, 실제도 아무 권력, 힘, 부가 없는 가난한 자를 학대하는 교회는 귀신의 처소다. 하나님의 백성들인 이스라엘, 왕 노릇 할 유다, 곧 예수 그리스도를 진실로 믿는 너희들이 한 몫의 삶일 때 학대당할 것을 미리 예언해 두신 그대로, 성경을 가지고 밥벌이 수단으로 삼는 자들이 있는 귀신의 처소 바벨론에서 학대를 당했고, 지금도 전 세계 귀신의 처소에서 학대를 당하고 있다.

렘50:33~40절 "[33]나 만군의 여호와가 이같이 말하노라 이스라엘 자손과 유다 자손이 함께 학대를 받는도다 그들을 사로잡은 자는 다 그들을 엄

히 지켜 놓아주지 아니하거니와(라고 하신 이 예언 그대로 교인들을 사로잡고 놓아주지 않으려고 전대미문의 새 언약의 말씀을 이단, 사이비라는 말로 훼방하는 것이다. 이 예언이 사실이다. 미국에서도, 호주 멜버른에서도, 베트남에서도, 중국에서도, 일본에서도 다 실상으로 경험했다. 그리고 교인들도 다 마찬가지로 죽을 자는 죽을 짓만 하더라. 왜 나를 학대하는지 전 성경에 다 예언되어 있다. 그러나 하나님께서는 이런 귀신의 처소 바벨론을 징벌하시고 계신다.

[34]그들의 구속자는 강하니 그 이름은 만군의 여호와라 결코 그들의 원을 펴서 그 땅에 평안함을 주고(우리에 대한 예언이며, 영원한 언약이다. 하나님께서 약속하신 땅에 있는 다시 택하신 유다, 이스라엘, 현재는 이렇게 대적자들, 귀신의 처소, 이 세상에 속한 자들에게 학대를 받고 있지만 반드시 낙토에 있는 우리에게 평안함을 주신다. 이런 언약을 믿는 것이 하나님을 믿는 것이다. 이래서 실상이 된 우리를 허상들이 이길 수가 없다.) 바벨론 거민으로 불안케 하리라(이미 코로나19 전염병으로 불안케 하고 있다. 우리를 학대한 귀신의 처소 바벨론에 거하는 자칭 기독교인들에 대한 예언이 사실이 되어 있어도 다시 그곳으로 돌아가서 나를 고소한 자가 바로 예수 그리스도를, 하나님을 안 믿는 불신자다. 대체육체다. 낙토에 가서 의인과 악인이 결판난다고 했고, 사실이었음을 명백하게 목도하고 있다. 그들은 자신들에 대한 예언이 이렇게 사실이 되어도 하나님의 말씀을 안 믿는다.)

[35]나 여호와가 말하노라 칼이('칼'이 바로 **대상21:12절**에 '온역, 곧 전염병인 코로나19 바이러스'다. 이 여호와의 칼이) 갈대아인의 위에와 바

벨론 거민의 위에와 그 방백들과 지혜로운 자의 위에 임하며 [36]칼이 자긍하는 자의 위에 임하리니 그들이 어리석게 될 것이며 칼이 용사의 위에 임하리니 그들이 놀랄 것이며(이렇게 사실이 되어도 마귀의 자식들은 놀라지도 않고 더 악독하더라. 얼마나 악한지 감옥에 갇혀 있지 아니하면 죽이겠더라. 판사가 있는데도 "신옥주 너 죽여 버린다"고 큰소리치더라. 다니엘 성도가 이곳에 있지 않은 것을 얼마나 감사했는지~ 이 여호와의 칼인 전염병 코로나19는 이미 악인들이 계획한 대로 진행되는 것인데 하나님께서 그들을 사용하셔서 내리는 재앙이다. 중국에서 만들어서 퍼뜨린 것이고, 절대 저 중국을 믿으면 안 된다.

지금 전 세계 그 누구도, 어떤 나라도 믿으면 안 된다. 이미 자신들의 때가 다 된 줄 알고 전 세계를 통치하려고 돈, 마약, 백신 등등으로 서서히 하인으로 다 만들고 있어도 모른다. **에스겔 7장**에 땅 사방의 일, 곧 악인을 들어서 악인을 징벌하시는 일도 사람을 사용하신다. 왜 코로나19 백신이 '미국, 중국, 러시아'에서만 개발이 되었을까? 절대 어떤 나라도 믿으면 안 된다. 감추인 모든 것이 드러나지 않을 것이 없이 다 드러난다.)

[37]칼이 그들의 말들과 병거들과 그들 중에 있는 잡족의 위에 임하리니 그들이 부녀같이 될 것이며 칼이 보물 위에 임하리니 그것이 노략될 것이요 [38]가뭄이 물 위에 임하여 그것을 말리우리니 이는 그 땅이 조각한 신상의 땅이요 그들은 우상에 미쳤음이니라 [39]그러므로 사막의 들짐승이 시랑과 함께 거기 거하겠고 타조도 그중에 깃들일 것이요 영영히 거민이 없으며 대대에 거할 자가 없으리라(일본 보아라. 사람이 살 곳인지~ 온 세상이 어찌 되는지 두 눈으로 다 보게 되고 경험할 것이다. 온 세상 중 영

영히 거할 자가 없는 땅이 되어 사람들에게 교훈이 될 땅이 있다. 왜 낙토에 이주하게 하셨는지 뼈저리게 경험하며, 이 일을 훼방한 자들이 '내가 왜 그랬던가~' 하고 가슴 치며 통곡할 것이다.) [40]나 여호와가 말하노라 나 하나님이 소돔과 고모라와 그 이웃 성읍들을 무너지게 한 것같이 거기 거하는 사람이 없게 하며 그중에 우거하는 아무 인자가 없게 하리라"

현재 미얀마 사태는[11] 앞으로 전 세계에 일어날 사건의 징조를 온 천하에 보여 주시는 것이다. 민주주의를 지킨다고 시위하다가 죽는 죽음이 얼마나 헛되고 헛된지는 이미 죽임을 당한 그들 혼이 알게 될 것이고, 온 세상이 다 알게 된다. 인도가 지옥이지 사람이 살 곳이냐?[12] 지식이 더 하는 이때, 성경의 예언이 사실이 되어도 안 믿는 사람들이다. 귀신의 처소에서 하는 언행이 하나님의 심판을 재촉하는 것이며, 나를 학대한 이 일들이 어떤 재앙을 자초한 것인지 하나하나 증명하여 온 세상에 고발할 것이다.

예레미야 51장을 찾아서 교독하거라. 나를 통한 이 일을 훼방한 죄의 대가는 영원한 파멸이며, 영벌로 심판을 받는다. 명백하게 증명한다.

렘51:25~26절에 "[25]나 여호와가 말하노라 온 세계를 멸한 멸망의 산아 보라 나는 네 대적이라(성경을 사용하면서 온 세계, 곧 천사와 사람인 교회 지도자와 교인들을 성경과 다른 거짓말로 설교하여 지옥으로 보내는 곳이 귀신의 처소 바벨론이다. 그래서 하나님께서 "**네 대적이라**"고 하신다. 이렇게 미리 예언해 두신 말씀은 안 믿고, 귀신들이 가르친 말만 믿는 자들은 이제 온 세상 그 누구도 몰라서 그랬다고 변명할 수 없다. **욥33:13절**의 말씀의 뜻을 모르고 있는 전 세계 유대교, 천주교, 기독교인들, 그중에 한국 기독교는 하나님과 쟁변하고 있다. 하나님의 행하심을 14년째 진술하고 있는데 이 일을 세상 법에 고소하여 감옥에 가둔 이 죄는 이 땅에 사는 자들이 스스로 재앙을 재촉한 것이다. 믿든 안 믿든 이는 사실이다.)

나의 손을 네 위에 펴서 너를 바위에서 굴리고 너로 불 탄 산이 되게 할 것이니 ²⁶사람이 네게서 집 모퉁이 돌이나 기촛돌을 취하지 아니할 것이요 너는 영영히 황무지가 될 것이니라 여호와의 말이니라… ³³만군의 여호와 이스라엘의 하나님이(자칭 기독교인들은 '**이스라엘의 하나님**'이신 줄 모르고 "주여 주여" 한다. 다시 택함을 받고 지켜 실행한 이스라엘에게 비로소 하나님이 하나님 되신다.)

이같이 말씀하시되 딸 바벨론은 때가 이른 타작마당과 같은지라 미구에 추수 때가 이르리라 하시도다 ³⁴바벨론 왕 느부갓네살이 나를 먹으며 나를 멸하며(이들은 전부 혀로 "주여 주여, 하나님, 예수님" 하는데 왜 이렇게 하나님을 먹으며 멸한다고 하실까? 성경을 가지고 새빨간 거짓말로 설교하는 것을 이렇게 말씀하셨다. 또 나를 이단이라고 정죄하여 전대미문의 새 언약을 듣지 못하게 훼방한 것도 이에 해당한다. 그래서 하나님께서 "**네 대적자라**"라고 하신 것이다.)

나로 빈 그릇이 되게 하며 용같이 나를 삼키며(**계12:9절** 옛 뱀, 곧 사단이라고도 하고 마귀라고도 하는 자요, 온 천하를 꾀는 자처럼 **딤전 4:1~2절**의 가르치는 귀신에게 이렇게 말씀하신 것이다. 다시 말하면 하나님의 가르치심을 대언하는 나를 비방하여 글로, 혀로 학대하고 괴롭히며 업신여긴 일을 두고 이렇게 말씀하신 것이다. BC 600년경에 예언하신 말씀이 2621년이 지난 지금 이때에 사실이 되었다고 누가 믿겠냐마는 명백한 사실이다. 그래서 **사49:19절**에 "너를 삼켰던 자들이 멀리 떠날 것이라"고 하셨던 것이 모두 나와 나를 비방하고 학대한 자들에 대한 예언이다.

피지에 있는 박상기 목사부터 감리교, 순복음교회, 자칭 선교사들이 가슴 치며 후회하게 될 것이다. 1년이 넘게 내린 재앙에 그들을 돕는 한국 교회도 마찬가지다. 언제까지 선교비를 보내 줄까? 이단이라고 대적하던 그들이 7년 대환난 때 어찌 될까? 자신들이 짓밟고 학대한 내가, 자신들이 혀로 말하는 오직 예수께서 예언하신 또 다른 보혜사인 줄 알면, 그 수치와 당해야 할 보응은 또 어찌할까? 이제 이들은 살아날 길이 없다. 특히 한국, 피지에 거주하는 한국인, 미국, 호주, 일본, 중국, 베트남에서 나를 비방한 자칭 기독교 목사들, 자칭 기독교인들이 성경에 기록된 모든 재앙을 다 받아도 그들은 깨닫지 못할 것이다.

나를 통한 이 일, 14년째 이 선한 일을 이단이라, 사이비라 정죄하여 삼킨 자들아, 두 눈으로 똑똑히 보아라. 너희들에 대한 하나님의 판결이니까 보는 그대로 너희들이 다 겪을 것이다. 너희들이 한 언행이 어떤 결과를 낳았는지 이미 2621년 전에 하나님께서 예언해 두셨다. 지금 이 경고를 듣고 돌아서지 아니하면 반드시 이 모든 재앙을 너희들이 다 받을 것이다. 공의의 하나님이심을 두 눈으로 똑똑히 보아라. 너희들이 세 치 혀로 지껄이고 학대한 것은 나를 삼킨 것인데 이는 하나님을 삼킨 것이라고 하신다.)

나의 좋은 음식으로 그 배를 채우고 나를 쫓아내었으니(영원히 육체도 죽지 아니하고 살 수 있는 생명의 길을 감추시고 사람을 사용하셔서 기록한 성경을 밥벌이 수단으로 삼은 자들이 성경과 다른 거짓말을 가르치고 도리어 지옥으로 보내는 그들 모두를 이렇게 예언해 두신 것이다.

그들이 강단에 서서 하는 설교하고 일생 한 목회가 도리어 하나님을 쫓아낸 것이라고 온 세상에 누가 믿을까? 144,000명을 모은다고 가라지 추수를 한 신천지는 자신들이 모두 이만희한테 속은 줄 알면 기절할 것이다. 더 직설적으로 말하면 전 세계가 이렇게 하고 있다. 성경을 사용하는 모든 종교인들, 유대교인들, 천주교인들, 기독교인들이 거룩한 강단에 서 있는 우상이 되어 간사하게 이런 짓을 하고 있다.

그러나 이제 너희 우상들은 끝났다. 끝났다는 징조가 '나'다. 나에게 죄를 씌워 감옥에 가둔 이 일이 너희들의 정체를 스스로 드러내어 다시는 강단에 서지 못하는 우상이요 마귀이며, 가르치는 귀신임을 온 세상에 밝힐 것이고, 하나님께서 너희들의 대적이 되셨으니 누가 살아남겠느냐?

14년을 기다려 주었다. 하나님께서는 창세 이래 지금 이 세대까지 기다려 주셨다. 이제 너희 같은 악인들이 지배하는 세상은 끝났다. 영영한 사역자들을 세울 것이고, 이 세상 나라 또한 하나님께서 다시 창조하신 하나님의 아들들을 세워서 하나님께서 온 세상을 통치하실 것이다.

온 세상 모든 사람들아, 성경을 가지고 사기 치는 자칭 지도자들에게 속지 마라. 저들이 교인들을 빼앗기지 않으려고 나를 '이단'이라고 비방하고 학대한 가르치는 귀신이요, 하나님 자리에 앉아 있는 마귀요, 우상이며, 미운 물건이다. 이것은 이상한 일이 아니며, **고후11:13~15절**에 예언된 주인공들이다.

고후11:13~15 [13]저런 사람들은 거짓 사도요 궤휼의 역군이니 자기를 그리스도의 사도로 가장하는 자들이니라 [14]이것이 이상한 일이 아니라 사단도 자기를 광명의 천사로 가장하나니 [15]그러므로 **사단의 일군들도** 자기를 의의 일군으로 가장하는 것이 또한 큰일이 아니라 **저희의 결국은 그 행위 대로 되리라**

이들은 교회 강단에 서서 신령하신 하나님의 나라 비밀은 단 하나도 모르면서 세속적인 말, 사람의 말로 다 변개시켜 온 천하를 미혹하는 사단의 일군들이다. 예수 이름, 하나님의 이름으로 가장한 타락한 천사, 곧 사단이요 마귀들이다.)

[35]나와 내 육체에 대한 잔학이('**잔학**'이란 '잔인하다, 학대하다'는 뜻이다. 진실로 얼굴에 맷돌질했고, 혀로 새빨간 거짓말로 비방하여 학대한 그들이다. 거짓말로 고소한 그들을 증인으로 세워 법정에서 거짓 증거하여 7년형이라는 중형을 때려서 감옥에 가두어 두고, 악마의 편집을 한 세상 사람인 SBS '그것이 알고 싶다' 장경주 PD에게 기독교 단체에서 2018년 한국기독언론대상에서 기독문화부문 최우수상을 주는 그들은 광명의 천사로 가장한 목사들이다.[13] 이들은 나와 성도들의 육체를 가둔 잔학이)

바벨론에 돌아가기를 원한다고(**계18:2~3절**에 "[2]힘센 음성으로 외쳐 가로되 무너졌도다 무너졌도다 **큰 성 바벨론이여 귀신의 처소와 각종 더러운 영의 모이는 곳과 각종 더럽고 가증한 새의 모이는 곳이 되었도다 [3]그 음행의 진노의 포도주를 인하여 만국이 무너졌으며** 또 땅의 왕들이 그로 더불어 음행하였으며 땅의 상고들도 그 사치의 세력을 인하여 치부하였도다 하더라"고 하셨다. 예수 이름 사용하는 전 세계 교회가 이런 실상이다. 믿든 안 믿든 사실이다. AD 90년경에 기록된 이 예언대로 사실이 되어 있다. '설마 그럴 리가 있나~' 하는 생각은 사람의 생각이다. 전 성경에 예언되어 있는 대로 나와 은혜로교회 성도들도 실상이고, 귀신의 처소 바벨론도 실상이다. 우리도 한 몫의 삶일 때 이런 귀신의 처소에서 종교생활을 한 것이다.

이스라엘을 다시 택하시는 이유도, **히브리서 8장**의 새 언약을 14년째 하는 이유도, 온전한 것이 올 때에는 부분적으로 하던 것은 다 폐해야 할 이유도 다 이 때문이다. 따라서 이때 온전한 진리로 돌아서면 된다. 그런데 아무것도 모르면서 전대미문의 새 언약으로 온전한 개혁을, 14년째 하는 이 일을 비방하고 훼방하였으니, 이렇게 학대받은 내가 일어나서 **요한계시록 12장**의 말씀을 땅에 실행하고 있는 것이다.

나를 학대한 모든 죄, 창세 이래 지금 이 시간까지 하나님의 이름, 예수 이름으로 복음을 전하는 사람들을 죽인 죄에 대한 보응을 이 세대가 다 받게 될 것이다. 이런 뜻을 담고 기록된 말씀이 나와 내 육체에 대한 잔학이 바벨론에 돌아가기를 원한다고)

시온 거민이 말할 것이요(이 '시온'은 새 예루살렘 성을 뜻한다. **히 12:22절**에 "그러나 너희가 이른 곳은 **시온산과 살아 계신 하나님의 도성**인 하늘의 예루살렘과"라고 예언된 곳인 낙토, 본토, 본향에 있는 우리에 대한 예언이다. 전 세계 모든 기독교인들은 모두 시온, 곧 새 예루살렘을 상상한다. 저 하늘 어딘가에서 이루어지는 것인 줄 안다. 이미 기초를 실상으로 세우고 있는 우리에 대한 예언이다.

이런 일이 아니면 가난한 우리가 왜 그 먼 곳, 가난한 나라에 이민을 가나? 혀로 말만 하면 되는 목회를 하는 것이면 왜 가난한 성도들을 데리고 한 몫의 삶을 버리고 하나님의 계명을 따라 지켜 실행하며, 이런 말도 안 되는 학대와 비방, 옥에 갇힘을 당하나? 나와 은혜로교회 성도는 포도주에 취한 자도 아니고, 우상에 미친 귀신의 처소 바벨론 같은 교회가 아니다. 그래서 귀신의 처소에서 행하고 있는 언행이 예수 이름으로 하는 미친 언행이라고 14년째 밝히고 있는 것이다.

피지에 이주한 것은 하나님께서 이미 전 성경에 예언해 두신 계명이었고, 그곳이 바로 이 본문에 예언된 살아 계신 하나님의 도성인 '시온산, 거룩한 산, 새 예루살렘 성, 여호와의 산, 거룩한 자의 시온, 왕의 성' 등으로 여러 부분, 여러 모양으로 기록해 두신 '시온'이다. 따라서 시온 거민은 하나님의 말씀대로 보고 듣고 믿고 지켜 실행하여 이단 소리를 듣고 있는 은혜로교회 성도들에 대한 예언이다. 내가 옥에 갇혀 있는 이 사건이, 나와 우리 성도들이 본문의 '시온 거민'임을, 천국의 상속자들임을 증거하는 것이다. 이제 전 세계 성경을 사용하는 모든 종교인들은 영적인 깊은 잠에서 깨어 일어나야 할 때다.)

내 피 흘린 죄가 갈대아 거민에게로('갈대아'는 바벨론 남부 지역, 곧 바벨론의 한 지명) 돌아가기를 원한다고 예루살렘이 말하리라 [36] 그러므로 여호와께서 이같이 말씀하시되 보라 내가(하나님께서) 네 송사를 듣고(기독교인들이 상상하는 새 예루살렘, 천국이 아님을 증명하는 것이 "네 송사를 듣고"라는 이 예언이다. 나에 대한 송사, 참 과부의 송사, 나와 성도들이 겪고 있는 이 송사를 예언하신 것이다. 이 송사는 이미 내가 이 세상에 태어나기 전인 2621년 전에 예레미야 선지자를 통하여 예언해 두신 것인데, 2018년 7월 24일에 실상이 되어 현재 진행 중이다. 절대 예수 그리스도에 대한 송사를 예언하신 것이 아니다.

이 송사가 7년 징역형이라는 판결이 나니까 우리 안에서 의심하는 사람도 나오고, 성도 중에는 왜 이 송사를 수리하시지 않을까 하여 답답해 하는 성도도 있다. **사1:10~23절**에 예언대로 말이다. 나의 이 송사는 **겔3:25~27절**에 이미 예언되어 있었다.

겔3:25~27 [25]인자야(하나님께서 인치신 나에 대한 예언이다. **요6:27절**에 예언이 실상이 된 것이다.) 무리가 줄로 너를 동여매리니 네가 그들 가운데서 나오지 못할 것이라 [26]내가 네 혀로 네 입천장에 붙게 하여 너로 벙어리 되어 그들의 책망자가 되지 못하게 하리니 그들은 패역한 족속임이니라 [27]그러나 내가 너와 말할 때에 네 입을 열리니 너는 그들에게 이르기를 주 여호와의 말씀이 이러하시다 하라 들을 자는 들을 것이요 듣기 싫은 자는 듣지 아니하리니 그들은 패역한 족속임이니라

이 예언이 사실이 되어 감옥에 갇혀 있다.

나의 송사 속에 감추어 두신 하나님의 계획

진리의 성령이 실상이 되어 죄에 대하여, 의에 대하여, 심판에 대하여 세상을 책망하니까 절대 듣지 않고 결국 이 세상 법에 고소했다. 그래

서 이 송사를 **사1:21~23절**의 예언대로 수리하지 않고 있다. 나를 송사에 넘겨주신 하나님의 뜻은 **이사야 1장**에 감추어져 있다. 뿐만 아니라 예수 그리스도께서 이 땅에 오시고 2021년까지 예수 이름 사용하는 전 세계 기독교 역사가 다 감추어져 있다. **사1:2~31절**까지 모두 찾아서 교독하거라.

이 **이사야 1장** 안에 이 예언은 730년 후에 십자가에 죽으실 예수 그리스도에 대한 예언과 함께, 전 세계 교회가 타락하여 소돔과 고모라 같은 영적인 상태가 되어 있는 이 세대를 영적인 깊은 잠에서 깨워 일으키기 위해 이 송사를 이미 계획해 두신 것이다. 또한 이 송사는 온 세상에 흩어져 있는 하나님의 자녀들과 백성들을 온전케 하셔서 하나가 되게 하고, 오는 세상을 준비하기 위하여 시온, 곧 새 예루살렘을 알리기 위해서다. 지금 온 세상에 교회가 하나님과 아무 상관이 없이 이 말씀대로 실상이 되어 있고, 그중에 겨우 우리가 남아 있다.

사1:8~9 [8]딸 시온은 포도원의 망대같이, 원두밭의 상직막같이, 에워싸인 성읍같이 겨우 남았도다 [9]만군의 여호와께서 우리를 위하여 조금 남겨 두지 아니하셨더면 우리가 소돔 같고 고모라 같았었으리로다

이 예언은 우리에 대한 예언이다. 이 사실을 전 세계는 몰라도 은혜로교회 성도들은 다 인정할 것이다. 이러한 영적인 상태의 모든 기독교인들에게 하나님께서 다음과 같이 말씀하신다.

사1:10~15절에 "[10]너희 소돔의 관원들아 여호와의 말씀을 들을찌어다 너희 고모라의 백성아 우리 하나님의 법에 귀를 기울일찌어다 [11]여호

와께서 말씀하시되 너희의 무수한 제물이 내게 무엇이 유익하뇨 나는 수양의 번제와 살진 짐승의 기름에 배불렀고 나는 수송아지나 어린 양이나 수염소의 피를 기뻐하지 아니하노라('**어린 양**'의 피인 730여 년 후 이 땅에 오실 하나님의 아들 예수 그리스도의 피도 하나님께서 기뻐하시지 않으신다는 뜻을 어찌하면 전 세계 모든 기독교인들이 알아들을까? 하나님께서는 죽는 자의 죽는 것도 기뻐하시지 않으신다. 지금 이 본문을 신령한 것을 신령한 것으로 분별해서 답을 말하면 예수 이름, 하나님의 이름으로 예배를 드리지만 다 육체가 죽고 그 예배는 하나님께서 받지 않으시는 예배라는 뜻이다.

'수양, 수송아지, 수염소' 모두 다 예수 이름 사용하는 지도자, 교인들, 좌편, 우편에 속한 자들을 뜻한다. 이들 모두 예수 이름으로 일생 신앙생활을 하지만 천국과 아무 관계가 없이 헛된 신앙생활을 하다가 육체가 죽어서 그 혼은 지옥 불에 가는 자들이다. 지금 전 세계 교회 지도자들, 교인들이 다 이에 해당한다. 그래서 예수 그리스도께서 세세토록 받으신 '**사망과 음부의 열쇠**'에 대한 비밀도 감추어져 있다. 이는 14년째 이미 증명해 왔고, 앞으로도 영원히 증명이 된다.

이 한 절만 깨달았어도 목사가 청년들을 불러 모아 순교하자고 가르치지 않는다. 자신들은 믿음이 좋은 것처럼 순교가 최고 복이라고 가르치는 목사는 귀신이 주인인 사람이다. 하나님의 행하심에는 아무 관심도 없이 귀신이 교인들을 지옥에 보내는 미혹하는 영이요, 거짓 선생, 거짓 선지자다. 자신은 일생 혀로 말만 하면서 아무것도 모르는 교인들에게 '순교하는 것이 최고 복이구나~' 하고 믿게 만드는 귀신의 가르침이다. 이런 생각을 일생 가지고 있는 것이 예수 이름으로 심은 거짓말이요, 다른 말로 예수 이름으로 짐승이 뿌린 씨다. 이런 거짓말이 여러분 육체를 죄를 지어 죽게 만드는 것이다.

이런 목사가 서 있는 교회가 바로 귀신의 처소이다. 이런 목사는 예수 그리스도께서 십자가에 죽으신 것을 이용해서 치명적인 거짓말을 지어낸다. 예수님이 십자가에 죽으실 때 인류의 모든 죄, 곧 과거의 지은 죄, 현재 짓는 죄, 미래에 지을 죄까지 다 지시고 죽으셨다고 하여 어떤 죄를 지어도 혀로 "나는 죄인입니다. 예수님을 내 구주로 영접합니다. 예수 이름으로 기도합니다. 아멘."이라고 따라 하면, "예수님께서 당신 마음에 계십니다" 하고 거짓말로 가르친다.

이렇게 일생 교인들을 속이고, 자신도 지옥 가고, 교인들도 영원한 지옥에 보내는 목사인데 아무도 모르고 다 속는다. 이런 귀신이 예수 이름으로 일생 높은 자리에 앉아서 하나님의 말씀을 무시, 멸시하며 단 한 번뿐인 육체를 입고 사는 삶을 헛되고 헛되게 만들고, 육체가 죽어서야 그 교회 교인들은 '천국은 없구나~' 하고 '지하, 지옥, 음부, 무저갱, 꺼지지 않는 불못' 등 여러 부분, 여러 모양으로 기록된 지옥 불에서 영원히 고통받으며 살게 만든다.

이런 자들이 성경에 기록된 단어, 곧 '예수, 천국, 종말, 복' 등등 단어만 사용하여 사람들을 사기 치고 공갈하며 끌어모아 부자가 된 **눅 16:19~31절**의 음부에 간 부자, 곧 지옥 불못에 떨어져 혀에 물 한 방울도 먹지 못하며 고통받는 자칭 아브라함의 자손이라는 지옥의 사자다. 다른 말로 비유하면 '용, 사단, 마귀, 귀신, 뱀, 독사, 짐승, 멸망, 사망, 아바돈, 아볼루온, 벨리알, 광명의 천사로 가장한 사단의 일군, 타락한 천사' 등등 여러 부분, 여러 모양으로 기록해 두신 실상의 사람이다.

　이런 자들은 처음부터 성경을 가지고 단 한 절의 뜻, 천국의 비밀도 모르면서 거짓말로 가르치는 자들이다. 이런 지옥의 사자들에게 모르게 하려고 성경을 비유로 기록하시고 하나님께서 정하신 때가 될 때까지 성경이 모든 것을 죄 아래 가두어 두신 것이다. 왜 나를 통해서 하나님께서 하시는 14년째 이 일이 전대미문의 새 일인 새 언약인지 반드시 온 세상 사람들이 알 날이 온다.)

　[12]너희가 내 앞에 보이러 오니 그것을 누가 너희에게 요구하였느뇨 (하나님께서 질문하신 이 말씀에 대답할 사람은 현재는 은혜로교회 성도들이다. 하나님께서 요구하시지 않았고 기뻐하시지도 않은 것을 교인들에게 요구한 자칭 종교 지도자들, 마귀의 세력들이 사망과 음부의 열쇠를 사용하여 요구한 것이다. 이런 종교 지도자들과 이들이 하는 귀신의 가르침을 듣고 자신들은 죽어서 천국 가고, 현재 살아서 구하는 모든 복을 다 받고 살고 싶어서 일생 헛된 소망, 헛된 기도, 헛된 삶을 살고 있다. 이런 마귀의 종노릇하는 불쌍한 교인들에게 이제 이런 귀신의 처소에서 살해당하지 말고 나와서 하나님의 뜻이 무엇인지, 하나님께서 기뻐하시는 삶은 어떤 것인지, 하나님의 말씀에 귀 기울이라고 나를 옥에 가두는 것을 허락하신 것이 하나님의 뜻이다. 곧 모든 패역한 죄에서 영원히 자유하게 하시기 위한 하나님의 완전한 지혜이며, 하나님의 사랑이라는 뜻이다.

　하나님의 아들 예수 그리스도를 이 땅에 보내신 목적이 지금 이 세대, 14년째 창세 이래 아무도 보지도 못했고, 듣지도 못했으며, 알지도 못한 천국의 비밀, 그래서 전대미문의 새 일, 새 언약을 하는 이때를 위해서 "새 언약의 중보"[히9:15]로 보내신 것이다.

그래서 온전한 것이 올 때에는 부분적인 것은 다 폐하는 것이고, 히9:10절의 말씀대로 '개혁'을 하는 것이다. 하나님께서 요구하시지도 않으시고 이런 예배를 받지도 않으시는데 전 세계 교회에서 거룩한 척 드리는 모든 예배, 곧 사람을 영원히 살리는 것이 아니고 영적으로 죽은 자를 또 죽이는 이런 예배는) 내 마당만 밟을 뿐이니라(고 하신 것이다. 이런 교회에서 드리는 모든 것은 다 헛된 예배, 헛된 제물이다. 그래서)

¹³헛된 제물을 다시 가져오지 말라(고 하신 것이다. 이런 실상을 책으로, 유튜브로 사실을 밝히니까 귀신들이 가르치던 성경과 다른 거짓말이 드러나 자신들의 이익, 성공, 돈벌이 수단이 없어지니까 나를 미워하고, 급기야 "이단이니~ 사이비니~" 하며 정죄했고, 감옥에까지 가둔 것이다. 그러나 이 일은 물리적으로 나를 감옥에 가둔다고 막을 수 있는 일이 절대 아니다. 감옥에 갇혀 있어도 하나님의 말씀은 매이지도 않고, 맬 수도 없음을 3년이 다 되도록 하나하나 밝혀 보여 주고 있다.

하나님께서 요구하시지 않으시고, 그런 제물을 가지고 오지도 말라고 하셨으니 당연히 하나님께서 받지 않으신다. 그래서 헛된 제물이며, 이 제물은 사람이 받고 사람에게 경배하여 섬기는 것이며, 결국 우상에게 드리는 제물이요, 이런 예배는 신32:17절에 하나님께 제사드리는 것이 아니라 마귀에게 제사하는 것이다. 이런 마귀들과 그 세력들을 예수 이름으로 없이 하시고 심판하고 계시는 줄 알면 기절할 것이다. 믿든 안 믿든 이는 명백한 사실이다. 증명한다.

히2:14~15 [14]자녀들은 혈육에 함께 속하였으매 그도 또한 한 모양으로 혈육에 함께 속하심은 사망으로 말미암아 사망의 세력을 잡은 자 곧 마귀를 없이 하시며 [15]또 죽기를 무서워하므로 일생에 매여 종노릇하는 모든 자들을 놓아 주려 하심이니

진리는 이러한데 마귀가 없어진 것이 아니라 예수 이름으로 가장하여 2021년 6월 8일 현재까지 예수 이름으로 속여서 죽이고, 일생 마귀에게 매여 종노릇하다가 지옥 불에 떨어지게 하고 있다고 하면 누가 믿을까?

마귀가 속이는 방법은 예수 이름을 혀로 말하고, 교회 다니면 죽어서 천국 간다고 가르쳐서 땅에서 삶이 힘들어지면 도리어 자살하게 만드는 것이다. 이렇게 자살하는 자는 죽어서 천국 간다고 하니까 어린 자식, 가족을 다 남겨 두고 자살해 버린다. 재물도, 명예도 다 있는데 멀쩡한 사람이, 그것도 사회에서 유명한 사람이 자살하니까 너도나도 따라 자살하는 도미노 현상이 일어나게 만든 귀신의 가르침이 바로 예수 이름 사용하는 자칭 목사들이다. 이들은 마귀요, 사단이며, 가르치는 귀신들이다.

이렇게 2021년까지 이어져 올 것을 예수 그리스도께서 십자가를 지실 때 쓰신 가시면류관에 감추어 두신 하나님 나라의 비밀인데, 이 사실, 참 진리를 누가 믿을까? 일생 마귀에게 종살이하는 교인들, 종살이만 하는 것이 아니라 육체가 죽으면 영원히 다시는 기회가 없는데, 그 기회를 영원히 잃고, 죽어서 영원한 지옥 불못에 가는 것을 못 가게 막고, 육체도 죽지 아니하고 영원히 살 수 있는 생명의 도를 전해 온 것이 나를 통한 14년째 이 일이다.

이런 나를 마귀들이, 곧 귀신들이 '이단'이라 하여 '진리의 도'를 듣지 못하게 미혹하고, 영원한 죄를 지어 지옥 불못에 가도록 만든 것이 바로 자칭 목사, 자칭 권사인 이인규, 박형택 목사, 진용식 목사, 예장합신 총회인 사단의 회에서 저지른 치명적인 죄다. 이런 귀신들의 말이 맞다고 미혹된 사람들이 바로 은혜로교회에서 떨어져 나가 나를 세상 법에 고소한 그들이다. 이 일이 어떤 일인지는 은혜로교회 성도들도 내가 감옥에 갇히고 오늘 2021년 6월 8일 이 시간까지 이제 겨우 믿는 자들이 누군지 명백하게 밝혀지고 있다. 이런 하나님의 큰일을 세 치 혀로 "오직 예수" 하며 성경을 가지고 성경과 다른 거짓말을 가르치고, 그 가르침이 맞다고 믿고 있는 귀신이 주인이 된 자들이 손가락으로 인터넷에서 새빨간 거짓말로 나를 비방하여 헐뜯고 욕하고 학대하여 얼마나 많은 사람들을 죽이고 있는지 알면 대경실색할 것이다.

이런 '이인규, 박형택, 박상기, 진용식, 예장합신 총회 목사들, 감리교 총회, 자칭 선교사들, 베트남 하노이교회 목사들' 등이 지은 죄와 이들에 대한 판결이 전 성경에 예언되어 있다. 그중에 앞에 설명하다가 중단된 판결의 실상의 주인공들이 바로 이들인데, 이들 모두에 대한 하나님의 아들을 통한 예언이며, 곧 하나님의 판결이 다음과 같다.

두 눈을 똑바로 뜨고 보아라. 이 판결대로 하나님께서 이미 정해 두신 자들이 바로 나를 "이단이니~ 사이비니" 하며 10년을 넘게 학대하고, 성경대로 보고 듣고 마음에 믿어 지켜 실행한 이 일을 두고 흉악범 취급을 하여 7년 징역형을 선고하고, 감옥에 가둔 형사 허건, 안양지법 검사 최수경, 이윤희, 판사 장서진, 수원고법판사 송승우 외 두 명 판사, 대법원 판사 권순일 외 두 명 판사 등이다.

나 신옥주 목사는 생명책에 이름이 기록되어 있고, 예수 그리스도께서 십자가를 지시기 전에 미리 예언해 두신 대로 이 땅에 사람으로 태어나서, 하나님의 정하신 시간에 하나님의 판결하심을 대언하는 또 다른 보혜사인 진리의 성령의 실상이며, 하나님의 판결을 대언하여 온 천하에 천명하고 판결한다. 다음 하나님의 판결을 받는 자들이 이대로 사실이 되는지, 아니 되는지 온 천하는 누구도 죽지 말고 살아서 반드시 보게 되기를 바랄 뿐이다.

막9:42~50 [42]또 누구든지 나를 믿는 이 소자 중 하나를 실족케 하면 차라리 연자 맷돌을 그 목에 달리우고 바다에 던지움이 나으리라 [43]만일 네 손이 너를 범죄케 하거든 찍어 버리라 불구자로 영생에 들어가는 것이 두 손을 가지고 지옥 꺼지지 않는 불에 들어가는 것보다 나으니라 [45]만일 네 발이 너를 범죄케 하거든 찍어 버리라 절뚝발이로 영생에 들어가는 것이 두 발을 가지고 지옥에 던지우는 것보다 나으니라 [47]만일 네 눈이 너를 범죄케 하거든 빼어 버리라 한 눈으로 하나님의 나라에 들어가는 것이 두 눈을 가지고 지옥에 던지우는 것보다 나으니라 [48]거기는 구더기도 죽지 않고 불도 꺼지지 아니하느니라 [49]사람마다 불로서 소금 치듯함을 받으리라 [50]소금은 좋은 것이로되 만일 소금이 그 맛을 잃으면 무엇으로 이를 짜게 하리요 너희 속에 소금을 두고 서로 화목하라 하시니라

"만일 네 손이 너를 범죄케 하거든"에 해당하는 이인규 감리교 권

사, 네 손이 너를 범죄케 한 것이다. 나는 절대 이단도 아니고 사이비는 더더욱 아니다. 이런 나를 네 손가락으로 인터넷에 '이단'이라고 쓴 새빨간 거짓 글 때문에 마귀에게 종살이하고 있던 이윤재, 이미애, 이순득, 박찬문, 노영자, 김호민, 김정탁 등등 우리에게서 나간 그들을 영원히 사함받지 못할 치명적인 죄를 짓게 하고, 거짓 증인들이 되게 만들었으며, 전 세계에 셀 수 없이 많은 사람들을 구원받지 못하고 지옥에 가게 만든 것이다. "네 손이 너를 범죄케 하거든"이라고 하신 예수 그리스도께서 친히 하신 이 말씀이 바로 너에 대한 예언이었고, 실상의 주인공이 바로 너이며, 너희들이다.

또한 한국 감리교 총회장이 피지 감리교 총회에 보낸 문서 하나로 나를 '이단'이라 매도한 일로 인해 2016년 2월에 피지에 있었던 태풍 윈스턴으로 44명의 피지인들이 죽었고, 100여 개 감리교회 건물이 파손되는 징벌을 받았다. 이런 징벌을 받게 한 감리교 총회장과 이하 목사들, 당신들이 새빨간 거짓말로 쓴 서류 하나로 가난한 피지인들을 죽게 하였고, 지금 이 시간까지도 죄짓게 하고 있다.

이 모든 원인은 이인규 권사의 손으로 인터넷에 올린 새빨간 거짓 글에서 시작되었다. 또 이 모든 결과에 대한 핏값을 이인규에게 '권사'라는 직분을 준 목사 당신들이 원흉이므로 이인규와 감리교 목사 당신들이 다 이 본문의 주인공들이며, 당신들에 대한 판결이다.

'원흉'이란 '못된 짓을 한 무리의 우두머리, 악당의 두목'이라는 뜻이고, 감리교 총회장이 안수한 목사가 권사로 임명한 것이므로 원흉이고, 이런 악당들의 무리가 한국 감리교 총회 소속 목사들이며, 그중 하나가 하수인인 이인규 권사다. 이 원흉 역할을 한 너희는 마귀의 세력들이다. 예수님에게 주신, 그것도 십자가에 죽으시고 삼 일 만에 부활하신 그리스도에게 성부 하나님께서 세세토록 주신 열쇠가 '사망과 음부의 열쇠'인데, 이 열쇠를 사용하는 마귀의 세력들이 바로 한국 감리교 총회이며, 박형택을 목사 안수 준 예장합신 총회다. 너희들은 또 다음 예언에 주인공들이다.

계3:7~13절에 기록된 예언은 나와 은혜로교회에 대한 예언이며, 이미 사실이 되어 현재 성취되고 있은 지 14년째다. 이 진리에 기록된 대로 사단의 회인 감리교 총회, 예장합신 총회, 피지 난디한인교회 박상기 목사를 목사 안수 준 총회에 속한 자들이 나를 '이단'이라고 손으로 글을 써서 인터넷에 올리고, 강단에서 혀로 거짓말한 자들에 대한 예언이며, 실상이 된 자들이다. 너희들에 대한 예언이 **계3:9절**이다.

"보라 사단의 회 곧 자칭 유대인이라 하나(**히7:14절**에 예언대로 예수 그리스도의 이름을 사용하는 오늘날 자칭 기독교인을 지칭한다.) 그렇지 않고 거짓말하는 자들 중에서 몇을(이 '**몇**'이 사람이 본능적으로 아는 몇 명이 아니다. 가만히 들어온 이단이며, 다 나를 이단이라고 정죄한 너희들에 대한 예언이다. 전 성경 속에 감추어져 있으므로 앞으로 영원히 증명한다. 만일 회개치 않고 계속 이 같은 죄를 지으면 영원히 증명할 것이고, 하나님의 말씀은 일점일획도 변치 않고 다 이루시는 분이니 이 말씀의 주인공이 바로 너희들이란 사실을 스스로 알게 될 것이며, 나는 계속 온 천하에 증거할 것이다. 이런 거짓말하는 자들 중에서 몇을)

네게 주어 저희로 와서 네 발 앞에 절하게 하고 내가 너를 사랑하는 줄을 알게 하리라"고 하신 이 예언의 주인공들이 바로 '너희들'이다. 반드시 이렇게 실상이 된다. 이 예언이 사실이 되는 때가 지금 이 세대이며, 빌라델비아 교회 사자가 바로 '나'이기 때문이다.

이때를 두고 **10절**에 이렇게 예언하셨다. "네가(신옥주 목사가, 여러 부분, 여러 모양으로 말하면 '해를 입은 여자, 또 다른 보혜사인 진리의 성령의 실상, 현숙한 여자, 하나님의 자녀들, 백성들을 해산하는 위에 있는 예루살렘, 전대미문의 새 언약을 대언하는 사람, 아가서에 술람미 여자, 하나님의 종, 셋이 하나 된 사람, 믿음, 영생을 이미 얻기로 작정된 자' 등 전 성경인 생명책에 예언이 되어 있는 자인 '나'를 두고 지칭하신 기록이며, 이미 실상이 된 자 네가)

나의 인내의 말씀을 지켰은즉(처음으로 성경을 기록한 모세를 비롯하여 40여 명의 저자를 통해서 1600여 년간 기록하신 하나님의 인내의 말씀, 예수 그리스도께서 친히 하신 인내의 말씀을 지켰은즉) 내가(예수 그리스도께서 하신 말씀이지만 이는 하나님께서 예수 그리스도를 통해서 말씀하신 것이므로 '내가'는 성부 하나님께서)

또한 너를 지키어 시험의 때를 면하게 하리니(이렇게 명백하게 하나님의 인내의 말씀을 사람이 먼저 지킬 때, 하나님께서 정해 두신 시험의 때, 곧 전 우주적인 일곱째 날인 이 세대에 7년 대환난을 두고 하신 시험의 때를 면하게 하시는 것이다. 이런 진리를 단 하나도 모르니까 가르치는 귀신들이 "환난 전에 휴거 한다, 환난이 아예 없다, 두 번 휴거 한다, 아니다", 아예 말조차 아니하든지… 사람의 소리인 사단의 소리만 '설'이 되어 퍼뜨리고, 영적인 소경인 교인들은 혼란하여 무슨 말인지, 어느 목사 말이 맞는지 모르는 것이다.

지금 전 세계 목사들이 해석한 것은 하나도 안 맞는 '사람들의 증거'일 뿐이다. 다 버리고 다시 보고 듣고 믿고 지켜 실행해야 한다. 이런 대환난에, 곧 시험의 때인 7년 대환난에 들게 하지 않으시려고 14년째 온전한 것으로 하나님의 가르치심을 친히 받고 있고, 나는 대언하고 있다. 나와 은혜로교회 성도들은 이미 14년째 지켜 실행하였고, 앞으로도 영원히 지켜 실행할 것이다. 그래서 **사1:8~9절**의 예언이 이미 피지에서 실상이 되어 있는 것이다.

사1:8~9 [8]딸 시온은 포도원의 망대같이, 원두밭의 상직막같이, 에워싸인 성읍같이 겨우 남았도다 [9]만군의 여호와께서 우리를 위하여 조금 남겨 두지 아니하셨더면 우리가 소돔 같고 고모라 같았었으리로다

　　피지에 이사한 것도 **에스겔 12장**에 예언대로 이사했고, 왜 피지로 이사한 것인지에 대한 예언은 이미 창세기에서 요한계시록까지 전 성경에 천국의 비밀로 감추어진 하나님의 뜻대로 보고 듣고 믿고 지켜 실행한 것이며, 타작마당에 대해 전 성경에 예언되어 있는 대로 영적인 전쟁을 하여 성도들을 영적인 깊은 잠에서 깨어나게 하시는 하나님의 계명을 지켜 실행한 것이다.

　　이로 인하여 나는 '폭행, 특수폭행, 감금, 중감금, 특수감금, 아동학대, 방임, 유기, 교사, 사기죄(자신들이 스스로 헌금한 것을 두고)'라는 죄명을 씌워 2018년 7월 24일 오후 6시경 인천 공항에서 체포되어 그날 오후 9시부터 25일 새벽 2시까지 조사받고, 몇 시간 후 오전 7시 30분경 어

느 건물 앞 벤치에 끌려 나가서 SBS '그것이 알고 싶다' 장경주 PD가(허건, 오상수 형사와 함께) 대기하고 있었고, 무려 5시간을 인터뷰하고도 자신들의 계획대로 편집하여 날짜까지 맞추어서 3번이나 방영하게 한 것이 그들 계획인 줄 아느냐?

나도, 나를 감옥에 가둔 자들도, 원흉인 이인규를 비롯한 모든 대적자들도 이 땅에 사람으로 태어나기 전에 이미 예언해 두신 하나님의 계획대로 이루어진 일이다. 이 사건은 나와 은혜로교회 성도들이 누군지 온 세상에 알리시고, 이로 말미암아 나를 통한 하나님의 말씀이 참 진리이며, 하나님은 죽은 자의 하나님이 아니라 살아 있는 산 자의 하나님이심을 온 세상에 하나님의 택한 자녀들에게 증거하시는 하나님의 증거다. 이런 하나님을 믿고 마귀에게 종노릇한 데서 살아 계신 하나님께로 돌아와서 전 성경에 기록된 모든 복을 다 받아 누리라고 하시는 하나님의 음성이다.

이런 하나님의 행하시는 일인데 아무것도 모르고 온갖 죄명을 다 씌워 재판을 하는 척했지만, 답은 이미 정해 두고 7년 징역을, 동생이라는 이유 때문에 4년 징역을 선고하여 2021년 6월 8일 이 시간까지 감옥에 가두어 두고 온갖 학대를 하며, 판사, 검사, 변호사, 하속들인 교도관들이 다 있는 데서 자칭 피해자라고 하는 자가 "신옥주, 너 죽여 버린다"라고 하는 소리를 해도 참고 기다렸다.

이유는 우리 안에 아직 귀신 노릇 하는 자들이 있기 때문이고, 이는 하나님의 말씀을 안 믿는 자들, 곧 의인 중에 함께 있었던 '악인'이 다 드러날 때까지 시간이 필요했기 때문이었다. 이제 그들 정체가 다 드러나고 얼마나 자신들이 패역했는지 14년째 말씀을 받고도 사리사욕을 가지고 피지에까지 따라다닌 목사들, 평신도이면서 아무나 목사 안수를 받고 목회를 하는 타락한 이 세대를 그대로 다 나타내 보여 준 것이다. 한 몫의 삶이 귀신이 주인이 되어 있는 자들의 실체를 다 드러내게 하신 기간이었다.

'패역'이란 '순종치 않은, 고집 센'이라는 뜻으로 말을 잘 듣지 않고 고집 센 짐승에게 사용되는 표현이다. 대개 '완악자, 반역자'란 의미로 사용되어 사람이 자신을 만드신 하나님의 말씀에 순종치 아니하고 귀신이 주인임을 자랑하여 자신의 고집 센 더러운 모습, 더러운 언행을 절대 회개치 아니하고 사악한 자의 언행을 패역이라고 한다. 즉 하나님의 사랑과 은혜를 저버리고 하나님의 권위와 법을 업신여기는 일체의 행위를 뜻한다.

다시 말하면 하나님에게서 돌아서는 배도 행위, 마음과 생각의 귀신이 주인이 되어 기만과 술수가 가득 찬 상태, 하나님 앞에서 행악과 불의를 행하는 것, 고집이 세고 순종치 않은 것, 자기 고집대로만 하는 것, 다투기를 좋아하는 것, 하나님을 대적하고, 진리를 왜곡하며, 음행, 복종을 거부하고 불순종함, 진리를 왜곡되게 받아들이는 것 등이 모두 패역한 행실이다.

다른 말로 표현하면 '패려하다, 패리하다'라고도 한다. 이러한 패역이 10년이 넘게 고쳐지지 않는 것을 이미 하나님께서는 다 아시고, 에스겔 선지자를 통하여 2571년 전에 **겔3:25~27절**에 예언해 두신 그대로 나와 성도들이 옥에 갇힌 것이다.

겔3:25~27 [25]인자야 무리가 줄로 너를 동여매리니 네가 그들 가운데서 나오지 못할 것이라 [26]내가 네 혀로 네 입천장에 붙게 하여 너로 벙어리

되어 그들의 책망자가 되지 못하게 하리니 그들은 패역한 족속임이니라 ²⁷그러나 내가 너와 말할 때에 네 입을 열리니 너는 그들에게 이르기를 주 여호와의 말씀이 이러하시다 하라 들을 자는 들을 것이요 듣기 싫은 자는 듣지 아니하리니 그들은 패역한 족속임이니라

그래서 수없이 말했다. 피지에 가서 의인과 악인이 결판난다고 했고, 이제 거지 나사로같이 살다가 낙원에 가는 사람은 7년 대환난 전에 병이 들어서 회개시켜서 데리고 가든지, 곧 육체가 죽든지~ 이미 준비된 자는 갑자기 사고가 나서 죽고, 영혼은 낙원에서 쉬게 하든지 할 거라고 시작부터 말했고, 그대로 우리 안에서 다 이루어졌다.

이 모든 것이 실상으로 이루어지는데도 하나님을, 예수 그리스도를 안 믿는 자들이 나왔고, 그들은 자신들이 스스로 나간 것 같으나, 하나님께서 은혜를 거두시면 예비해 두신 땅에서 뽑아 내신다고 예언해 두신 그대로 이루어진 것이다. 10년이 넘게 이런 모든 사실이 실상이 되어 이루어져도 안 믿고 있는 패역자들의 패역무도한 일을 드러내기 위해 피지로 이사하게 하신 하나님의 완전한 지혜였다.

렘13:23~24절의 예언이 실상임도 증명하신 두렵고 떨린 사실이라, 우리 안에 수치스러운 실체도 온 천하에 드러내고 증명한다.

렘13:23~24 ²³구스인이 그 피부를, 표범이 그 반점을 변할 수 있느뇨 할 수 있을찐대 악에 익숙한 너희도 선을 행할 수 있으리라 ²⁴그러므로 내가 그들을 사막 바람에 불려가는 초개같이 흩으리로다

이 예언이 2621년이 지난 지금 이 세대에 사실이 되었음을 14년째가 된 이제, 명백하게 이 진리가 실상이라고 증명한다. 창세 이래 어느 나라, 어느 교회, 어느 한 사람도 하지 못한 방법으로 성경적인 개혁을 시작하였고, 지금 온 세상의 그 어떤 종교 지도자도 지켜 실행하지 않은 하나님의 계명대로 목회를 했다. 단 한 번도 헌금 이야기나, 헌금함을 돌리거나, 헌금자 명단을 주보에 올리거나, 심방을 한 적이 없다. 그런데도 악인은 악인일 뿐이라는 것을 다 보았고, 경험했다. 피지에 이주하게 하신 하나님의 많은 뜻 중에 한 가지인 나를 통해 전하는 이 말씀이 진실로 진실로 사실이며, 참 진리임을 증명한다.

14년째 전대미문의 새 언약을 혀로 말만 했다면 이 구속 사건이 나지 않았겠지만, 그렇게 혀로 말만 했다면 하나님 나라와 아무 관계가 없다. 그래서 온 세상 모든 기독교인들도, 전 세계 그 누구도 이 일은 막을 수가 없다. 우리가 사는 이 세대에 온 세상을 시험하는 때가 임한다. 지금 나와 은혜로교회 성도들은 이 시험을 통과하는 중이다. **렘17:9~10절**의 예언대로 지금 시험하시는 중이다.

렘17:9~10 [9]만물보다 거짓되고 심히 부패한 것은 마음이라 누가 능히 이를 알리요마는 [10]나 여호와는 심장을 살피며 폐부를 시험하고 각각 그 행위와 그 행실대로 보응하나니

왜 이렇게 시험하실까? 하나님께서 창조하신 만물 중에 오직 사람만이 하나님의 성전이기 때문이다. 사람의 생각과 마음의 주인은 하나님

이 좌정하시는 거룩한 성전이 되어야 하는데, 모든 만물보다 거짓되고 더러우며 부패하고 타락한 것이 사람의 마음이라는 사실을 14년째 여러분들을 보며 알았다. '어떻게 이럴 수가 있을까? 이렇게까지 짐승보다 못한 상태로 어떻게 그 입에서 주여 주여 하고 살아왔을까?' 하고 경악하다 못해 사랑이신 하나님께서 심판하실 수밖에 없음을 인정하게 되고, 부끄러워서 하늘을 볼 수가 없는 탄식이 이제껏 끊이질 않는다. 하나님께서 사람을 시험하시는 이유는 **전3:18~19절**에 기록되어 있다.

전3:18~19 [18]내가 심중에 이르기를 인생의 일에 대하여 하나님이 저희를 시험하시리니 저희로 자기가 짐승보다 다름이 없는 줄을 깨닫게 하려 하심이라 하였노라 [19]인생에게 임하는 일이 짐승에게도 임하나니 이 둘에게 임하는 일이 일반이라 다 동일한 호흡이 있어서 이의 죽음같이 저도 죽으니 사람이 짐승보다 뛰어남이 없음은 모든 것이 헛됨이로다

　　본문의 짐승은 사람이 본능적으로 아는 짐승을 말씀하신 것이 아니다. 존귀에 처하나 깨닫지 못하는 멸망하는 짐승, 곧 성경을 보고 교회를 다니며 거룩한 척 가장하고 다닐 뿐, 진리는 단 한 절도 깨닫지 못하고, 자신의 이익을 위해서 이용만 하는 자를 두고 '짐승'이라고 하셨고, 사람과 짐승을 한 날에 만드신 이유가 감추어져 있다. 하나님께서 창조하신 만물 중에 오직 사람만 하나님의 형상의 모양으로 만드셨는데, 이런 사람이 가장 하나님을 대적하고 불순종한다는 것을 천지 만물을 통해 자신의 영적인 상태를 살피고, 하나님의 뜻을 깨달아 알게 하시려고 시험하시는 것이다.

귀신이 주인이라는 단어를 사용하는 것은 하나님의 말씀으로 다시 창조되면, 곧 더러운 귀신이 다 떠나면 하나님의 성전이 될 수 있으므로 그런 것이다. 하지만 인간은 하나님의 말씀으로 다시 창조되지 아니하면 진실로 귀신이요, 사단이며, 마귀일 뿐이다. 그래서 본문에 "인생, 짐승"이라는 단어를 사용하셨던 것이다.

진실로 이 진리가 사실이었다. 인간이 인간이 아니더라. 어떤 인간은 짐승보다 더 악하고 독하더라. 사나운 짐승을 왜 만드셨는지 너무 명백하게 14년째 보았고, 하나님의 뜻을 깨달았다. '인도'를 보아라. 저게 바로 지옥이다. 사람이 사람이 아니다. 미얀마를 보아라. 그런데 저 속에 사는 인도인, 미얀마인보다 더 짐승 같은 자가 전대미문의 새 언약을 받고도 더러운 언행을 고치지 않는 귀신이다. 왜 "티끌을 떨어 버리라"고 하셨는지, 하나님의 아프고 슬픈 마음을 이 명령 속에 감추어 두셨다.

보통 여행, 곧 6일간도, 악인들이 이 세상을 지배하는 때도 만세 전에 택하신 자녀는 다르다. 사람의 시각과 하나님의 보시는 것은 진실로 땅과 하늘 차원이더라. 사람이 보기에 얌전한 것 같고 착한 것 같은 자가 얼마나 더럽고 추악한 자인지도 14년째 보고 있다. 어떻게 그렇게 자기 분수를 모르나? 진리를 몰라서 그랬다고 핑계 대지 마라. 절대 아니다. 하나님께서 주신 기본 양심만 가지고도 이럴 수는 없다. 왜 나를 옥에 가두시는데 내어 주셨는지 뼈저리게 뼈저리게 절감한다. 귀신의 특징과 근본 뿌리는 분수를 모르는 교만이다.

너희들을 보고 원수도 사랑할 수밖에 없음도 깨달았다. 육으로도 왜 가족을 먼저 주셨는지, 왜 한 몫의 삶을 살게 하시고, 육체가 살아 있을 때 계명을 주신 대로 버리게 하셨는지, 그 한 몫의 삶의 보응이 얼마나 무서운지 너희들을 보고 깨달았다. 진리는 진실로 실상이며, 이렇게 실상이 되어 깨닫고 보고 하지 아니하는 온 세상의 모든 종교는 다 허상이라는 것을 온 천하에 천명한다. 이렇게 모든 이론을 다 파하시는 하나님의 완전한 지혜는 사람으로 육체도 죽지 아니하고 영생할 수 있다는 것을 영원히 증명하게 하시려고 나를 이 땅에 보내신 것이다.

하나님께서는 이 일을 위하여 2천 년 전에 하나님의 아들 예수 그리스도를 보내셨고, 죄를 모르실 때 이미 아들이 십자가에 죽으실 것과 삼일 만에 다시 부활하시고, 영원히 죽지 아니하는 신령한 몸을 주실 것을 미리 말씀하셨다. 또한 신령한 몸으로 부활한 예수 그리스도가 왜 '**세세토록 사망과 음부의 열쇠**'를 받았는지, 왜 승천하셔서 하나님 우편에 앉아 쉬게 하시는지에 대한 하나님의 뜻을 너무나 명백하게 알게 하셨다.

진실로 진실로 지금 이 세대를 위해서였다. 예수 그리스도께서 육체를 입고 이 땅에 오시지 않았다면 절대 성경 속에 감추어 두신 이 진리를 인간은 알 수 없게 하신 하나님의 모략이다. 인간은 하나님을 모르면 차라리 태어나지 않는 것이 그 자신에게 유익하고, 모든 만물에게도 유익하다. 온 세계 78억의 모든 사람, 모든 만물은 하나님을 진리대로 아는 이 일 외에 아무것도 아님을 영원히 증명할 것이다.

진실로 모든 사람 중에, 천지 만물 중에 최고 복을 받은 사람이 우리다. '**영생의 길, 영원한 생명의 길**'을 깨달아 지켜 실행하는 우리가 받은 이 은혜와 사랑은 영원히 갚아야 할 사랑의 빚이다. 이 온 세상은 우리를 감당할 수 없다. 그러나 반드시 영혼이 정결하여 하나님의 성전이 된 자가 이에 해당한다. 귀신이 주인인 자에게는 절대 실상이 될 수 없는 것 또한 '영생'이다. 하나님 나라는 혀로 말만 하는 자가 가는 곳이 아니라, 이 땅에서 하나님의 계명대로 육체가 살아서 지켜 실행할 때 실상이 되는 것이다.

이러니 창세 이래 지금 이 세대 '믿음'이 실상이 될 때까지 아무도 육체가 살아서 계명을 지킨 사람이 없었던 것이다. 이런 빌라델비아 교회의 사자를 하나님께서 사랑하신 것 또한 하나님의 은혜로 이렇게 된 것이다. 78억의 인구 중에 하나뿐이었음을, 오직 하나뿐임을 이미 내가 이 땅에 태어나기 전에 예언해 두셨던 것이다.

아5:2 내가 잘찌라도 마음은 깨었는데 나의 사랑하는 자의 소리가 들리는구나 문을 두드려 이르기를 나의 누이, 나의 사랑, 나의 비둘기, 나의 완전한 자야 문 열어 다고 내 머리에는 이슬이, 내 머리털에는 밤 이슬이 가득하였다 하는구나

아가서의 이 예언은 나에 대한 예언이 진실로 사실이었음을 너희들을, 나를 학대하고 이 시간까지 괴롭히는 모든 짐승 같은 사람들을 보고 경험하며, 이 진리가 사실임을 온 세상에 말하게 하신 것이다. 그러니까 결국 나의 나 된 것은 하나님의 은혜대로, 미리 언약하신 대로 된 것임을 온 세상에 천명하도록 하시는 하나님의 완전하신 지혜였다. 이러니 두려워하고 말고 할 것이 없다.

가짜가 아무리 괴롭혀도 가짜는 가짜일 뿐이고, 진짜를 위해 존재했

고, 결국은 오직 하나님만 참 신이심을 온 천하로 알게 하여 하나님께서 정하신 때에 이 온 세상이 모두 하나님만 찬양하게 하시려는 하나님의 뜻이다. BC 900년에 기록된 이 예언이 2021년 지금 이 세대에 온전히 실상이 된 것이다. 곧 2921년 후인 지금 이 세대에 나에 대한 예언이라고 이렇게 증거해 주시는 이유를 전 세계 모든 사람이 반드시 알게 될 날이 온다.

14년째 너희들을 보고 경험하지 않았다면 지금 이 본문 아가서의 실상이 '나'라고 밝히지 못했을 것이다. 이 송사가 없었다면 이렇게 온 세상에 내가 누군지, 우리가 누군지 밝히지 않았을 것이다. 그러니 완전한 지혜이신 하나님의 뜻이었다. 성경은 문자 그대로만 보면 절대 하나님의 뜻을 알 수 없는 천국의 비밀이다.

아6:9~10 [9]나의 비둘기, 나의 완전한 자는 하나뿐이로구나 그는 그 어미의 외딸이요 그 낳은 자의 귀중히 여기는 자로구나 여자들이 그를 보고 복된 자라 하고 왕후와 비빈들도 그를 칭찬하는구나 [10]아침 빛같이 뚜렷하고 달같이 아름답고 해같이 맑고 기치를 벌인 군대같이 엄위한 여자가 누구인가

아6:9~10절에서 하신 예언이 실상이라는 증거가 하나님의 말씀, 곧 인내의 말씀을 지킨 것이다. 이 예언의 말씀은 예수 그리스도께서 언약하신 대로, 곧 하나님께서 아들을 통해서 언약하신 대로 실상이 된 진리의 성령이 외모로 '여자'라는 명백한 증거다.

"나의 누이"라고 한 것도 육으로 보면 예수 그리스도에게는 나의 누

이가 된다. 하나님은 한 분이시니 하나님의 아들이신 예수 그리스도에게 나는 '누이'가 되는 것이고, '나의 비둘기, 나의 완전한 자는 하나뿐이며, 그는 그 어미 곧 나를 낳은 육의 어미의 외딸'이니 문자 그대로 외모로도 여자이며, 외딸, 하나, 완전한 지혜를 대언하는 자라는 뜻이 이대로 사실이 되어 이제야 온 천하에 내가 나에 대하여 하나님과 사람 앞에 시인하는 것이다.

절대 여러 곳, 여러 사람, 여러 목사, 여러 여자가 아니다. 하나님도 한 분이시고, 예수 그리스도도 한 분이시며, 또 다른 보혜사인 진리의 성령도 한 사람이어야 한다. 외모로 남자가 자신을 두고 진리의 성령이라고 하면 거짓말이다. 지금 이 시간에 자신이 죄를 짓고 감옥에 갇힌 남자 목사가 성경에 기록된 송사라고 하면 거짓말이다. 그래서 '참 과부의 송사, 과부의 송사'라고 하신 것이다.

또한 해산하는 자, 곧 하나님의 말씀을 지켜 실행하여 하나님의 아들들을 해산하는 자는 반드시 '여자'여야 한다는 것을 증거하시는 하나님의 증거가 바로 아가서다. 예수 그리스도께서 이 땅에 오신 것은 율법을 폐하러 오신 것이 아니라 율법을 완전케 하러 오셨다고 하셨던 것 또한 나, 곧 진리의 성령을 증거하시기 위해서였다.

마5:17 내가 율법이나 선지자나 폐하러 온 줄로 생각지 말라 폐하러 온 것이 아니요 완전케 하려 함이로라

이 말씀은 지금 이 세대 진리의 성령이 실상이 되어 기록된 말씀이

참 사실, 곧 참 진리임을, 완전한 실상이 되어 하나님만이 참 신이심을 증거하게 하는 '참 진리'임을 믿으라고 미리 증거해 두신 것이다. 이래서 '새 언약의 중보'로 오신 분이 예수 그리스도시다. 또 이렇게 말씀하신다.

마5:18 진실로 너희에게 이르노니 천지가 없어지기 전에는 율법의 일점 일획이라도 반드시 없어지지 아니하고 다 이루리라

이런 진리를 '구약은 율법이요, 신약은 복음'이라고 하며 폐한 자들이, 성경을 다 안다고 자만하고 자긍하는 자들이 나를 "이단이니~ 사이비니~" 한 것이다. 전 성경 문자적인 기록 자체가 성경적인 율법이다. 예수 그리스도께서 실상이듯이, 또 다른 보혜사인 진리의 성령도 실상이다.
또 증명한다. 이런 실상이 된 나와 영원한 언약을 받고 하나님의 계명대로 지켜 실행하여 다시 창조된 하나님의 아들들이 다음 예언의 실상이다.

잠2:21 대저 정직한 자는 땅에 거하며 완전한 자는 땅에 남아 있으리라

정직한 자, 완전한 자는 "땅에 남아 있으리라" 하셨는데 신령한 몸으로 다시 부활하신 예수 그리스도는 왜 땅에 남아 계시지 않았을까? 하나님께서 정하신 때가 아니었고, 하늘에서 이 땅에 오신 하나님의 아들이시지만 육체를 입고 오셨음을 증거하시는 하나님의 증거요, 이는 또 다른 보혜사인 진리의 성령도 사람으로 오신다는 천국의 비밀을 감추어 두신 것이다.

'완전한 자'는 창세 이래 그 어느 세대가 아닌, 2021년 지금 이 세대에 실상이 되는 영원한 언약이다. 육체도 죽지 아니하고 완전한 자는 '하나'뿐이라는 것이 진실로 사실이며, 나와 함께 하나가 된 거룩한 떡덩이들이 완전한 지혜로 다시 창조되어 온 세상에 나타내시는 때가 지금이다.

예수 그리스도께서 사단의 시험을 받아 돌로 '떡덩이'를 만들라고 한 것은 당시는 때가 아니니 실상이 안 되었지만, 진리의 성령이 실상이 된 지금, 예수 그리스도를 진실로 믿는 그리스도인, 곧 그분의 계명을 지켜 실행한 은혜로교회 성도들이 하나님의 말씀으로 하나, 곧 거룩한 떡덩이가 된 것이다.

이는 **마5:17절**도, **잠2:21절**도 사실이 되어 완전케 되는 때가 2021년 지금 이 세대다. 왜 "완전한 자, 나의 완전한 자는 하나뿐이라"라고 하셨는지 이제 믿어지느냐?

이제 내가 온 세상과 싸운다

이런 진리를 단 한 절도 모르면서 기득권 세력이 된 자들이 전부 거짓말을 하고 있다. 이제 온 천하는 잠잠하지 아니하면 인도, 미얀마처럼 징벌하신다. 전 성경에 기록된 모든 재앙을 다 내리신다. 이러한 진리가 실상이 되어 증거하는데 어떻게 안 믿나? 그런데 마귀의 자식들은 안 믿는다. 그 자체가 패역이고, 도저히 안 믿는 너희들의 패역을 고치기 위해 나를 옥에 가두는 후욕하는 그들을 사용한 것이고, 이 시험이 실상이 되니까 너희 마음, 생각의 주인이 귀신이었음이 다 드러나게 하신 것이다.

이렇게 시험하신 것은 인생이 하나님을 모르면 짐승이나 다를 바 없다는 것을 너희들로 하여금 철저하게 깨닫게 하시기 위해서다. 그러나 경건한 자는 반드시 시험에서 건지시되 영원히 건지셔서 완전한 영생, 영원한 생명을 주셔서 하나님께서 내주하시므로 완전한 자가 되어 땅에 남아 있게 하신다.

그러나 악인들에게는 다음 판결대로 이루시고 계신다.

잠2:22 그러나 악인은 땅에서 끊어지겠고 궤휼한 자는 땅에서 뽑히리라

지금도 실상으로 이루시고 계시는 하나님의 행하심이다. 이는 낙토에 가서 의인과 악인을 갈라내신다고 하신 말씀에 대한 명백한 증거다.

사실 하나님은 본래 항상, 영원히 살아 계신 하나님이시고, 당신이 행하신 일은 영원히 있다. 이를 믿으라고 예수 그리스도를 이 땅에 보내셨고, 나를 보내신 것도 이 때문이며, 다시 창조된 성도들 또한 이 사명으로 이 땅에 보내셨으며, 이 세대 모든 사람들에게 진실로 하나님은 살아 계신 하나님이심을 믿고 계명대로 지켜 행하여 영원한 삶을 살라고 하는 하나님의 뜻이다.

이런 진리는 단 한 절도 모르면서 '**성자 하나님, 성령 하나님**'이라고 가르친 성경 박사, 신학자, 목사들은 다 지옥의 사자들이다. 그 말을 맞다고 하는 자들은 지옥 불의 심판을 이미 받은 자들이다. 그래서 사실은 하

나님의 심판은 쉬지 않고 진행되어 왔다. 이에 대해서 사람들이 모를 뿐이다. 이제 이러한 이 세상에 속한 자들이 일할 시기를 끝내는 것이 지금이 세대이고, 실상이 나를 통한 '새 언약'만이 진실로 복음이며, 율법이 완전케 되는 것이다.

그래서 **시101:6절**에 이렇게 예언해 두신 것이고, 이미 14년째 실상이 되어 이루어지고 있다. "내 눈이 이 땅의 충성된 자를 살펴 나와 함께 거하게 하리니 완전한 길에 행하는 자가 나를 수종하리로다"라고 하신 이대로 현재 성취되고 있고, 이런 자들은 **2절**에 "내가 완전한 길에 주의하오리니 주께서 언제나 내게 임하시겠나이까 내가 완전한 마음으로 내 집안에서 행하리이다"라고 하신 이 율법이 성취되어 우리 집안에서 모두 우리 일을 하고 있다.

이런 나를 '이단, 사이비'라고 하는 너희들이 다 이단이요, 사이비이며, 성경과 다른 거짓말로 사기 치는 사기꾼들이며, 영적인 살인자들이다. 온 세상에 공개하여 너희들의 실체를 밝히 드러낼 것이다. 온 세상 사람들아, 누가 이단인지, 누가 사이비인지 육체가 살아 있을 때 자신의 두 눈으로 똑똑히 보고 선, 악을 분별하여 학대당하는 귀신의 처소에서 나와야 한다.

이런 이때, 그러나 악인들, 곧 성경과 다른 거짓말을 하는 자들에게 다음 말씀이 이미 사실이 되어 성취되고 있다.

시101:7~8 [7]거짓 행하는 자가 내 집안에 거하지 못하며 거짓말하는 자가 내 목전에 서지 못하리로다 [8]아침마다 내가 이 땅의 모든 악인을 멸하리니 죄악 행

하는 자는 여호와의 성에서 다 끊어지리로다

이 말씀이 이제 사실이 된 명백한 증거가 나를 고소한, 우리에게서 떨어져 나간 그들이다. 하나같이 거짓말로 법정에서 거짓 증언한 자들이었다. 이들은 이 본문에 해당하는 실상이다.

본문의 "여호와의 성"은 하나님께서 예비해 두신 땅, 영원히 거처하시는 나라, **호2:19~20절**의 예언이 실상이 된 나와 거룩한 떡덩이들이 영원한 가족이 되어 영원한 기업을 일으키는 곳이다. 여러 부분, 여러 모양으로 말하면 '시온산, 거룩한 산, 새 예루살렘 성, 낙토, 고토, 본토, 본향'으로 표현한다. 이런 일이 아니면 뭐 하러 비행기를 10시간이나 타고 가난한 그 나라에 이주를 하겠나?

악인들, 거짓말하는 자들 눈에는 내가, 은혜로교회 성도들이 바보인 줄 안다. 우리에게서 나가 새빨간 거짓말로 세상 법에 고소한 그들은 **시101:7~8절**이 거짓말하는 자신들에 대한 예언임을, 그들은 육체가 죽어서 그 혼이 음부에 가서도 모르는 천국의 비밀이다. 자신들 스스로 이 예언뿐 아니라 전 성경에 기록된 마귀의 자식들임을 나를 송사한 사건으로 인해 본인들이 스스로 증명한 것이다.

2018년 7월 24일 나를 체포하여 유치장에 가두어 두었을 때 이미 말씀을 선포했다. '남은 자'가 되라고 했는데, 이미 자신들에 대한 예언대로 사실이 되어 하나님의 성에서 나오면서 또 거짓말하여 나를 고소했다. 감추인 모든 것이 다 드러난다고 했고, 정직을 연습하라고까지 했다. 그러나 귀신이 주인인 자는 단 한 말씀도 믿지 아니하고 패역하고 패역했으며, 이제 이런 거짓말하는 자들은 하나님의 나라와 아무 관계가 없는 자들이고, 이들의 이름, 얼굴도 우리 모두는 다 안다.

이래서 내게는 '대적들의 기록한 소송장'이 다 있다. 그들이 어떤 거짓말쟁이들인지, 그들의 주인은 누군지, 그들이 어떤 거짓말들을 했는지 14년 만에 이제 하나하나 밝히고, 감옥에 갇힌 2년 11개월 만에 이들의 죄악을 하나님 앞에, 사람 앞에 고발하고 송사한다.

이들이 새빨간 거짓말로 고소한 나를 통한 이 일, 특히 피지에서 현재 이루어지고 있는 이 기업은 **시37:18절**의 예언이 사실이 된 것이다.

시37:18절 "18여호와께서 완전한 자의 날을 아시니 저희 기업은 영원하리로다(라고 하신 기업이다. 그 누구도 팔 수 없고, 팔면 안 된다. 우리 집안 일을 하여 절대 죄를 짓지 아니하고도 영원히 살 수 있음을 온 세상 사람들에게 증명할 하나님의 행하심이다. 이런 기업을 훼방하고 온갖 더러운 말로 거짓 증언한 자들은 이런 하나님의 행하심을 자신들이 스스로 거절하고 떨어진 자들이며, 하나님의 일을 안 믿는 자칭 기독교인들이다. 우리에게 영원한 기업을 일으키게 하신 하나님의 행하심은 전 성경에 예언되어 있다.)

19저희는 환난 때에 부끄럽지 아니하며 기근의 날에도 풍족하려니와"라고 예언되어 있다. 영원한 기업을 일으키라고 하신 이유 중 하나는 온 세상을 시험하시는 7년 대환난이 이 땅 온 세상에 있을 때 이 환난에 들지 않게 하시는 하나님의 계명이다. 특히 이 환난 때, 곧 시험의 때는 다른 말로 표현하면 '기근의 날'로서 4가지 중한 벌을 내리면 노아, 다니엘, 욥이 있다 해도 자기의 의로 그들 자신만 구원을 받는다고 하셨다. 혀로 "주여 주여" 한다고 구원받는 것이 절대 아니다. 그래서 악인은 **20절**에 이렇게 판결해 두셨다. "악인은 멸망하고 여호와의 원수는 어린 양의 기름같이 타서 연기 되어 없어지리로다"

따라서 온 세상 모든 사람들, 특히 기독교인들에게 하나님께서 이렇게 지시하셨다.

시37:37 완전한 사람을 살피고 정직한 자를 볼찌어다 화평한 자의 결국은 평안이로다

'**완전한 사람**'은 **호2:19~20절**의 말씀이 실상이 된 자이며, **갈3: 22~23절**의 예언이 실상이 된 '**믿음**'이고, 예수 그리스도께서 당신이 승천하시면 아버지께로서 보내시마 약속하신 '**또 다른 보혜사인 진리의 성령**'을 뜻한다. 이 사람을 살피고 보라고, 일어날 것이라고 한 예언이 실상이 된 사람이 '**나**'이며, 그 증거가 내가 '**송사**'에 걸린 것이다. 이 말은 절대 허언이 아니다. 사실이다. 성경을 마치 우화처럼 사람의 생각대로, 문자 그대로 보고 해석하는 설교자들은 생명책에 이름이 기록되어 있어야 구원을 받는다고 하신 말씀도 무슨 뜻인지 모르고 지어내며, 혀로 "주여 주여" 하면서 단 한 계명도 지키지 않는다.

시편 37편을 찾아서 교독하거라. 전부 지금 이 세대 나와 우리를 이단이라 매도하고, 혀로 비방하여 학대하는 악인들에 대한 예언이다. 그래서 하나님의 도를 지켜 실행한 의인인 완전한 자를 악인이 괴롭히고 죽이려고 하나 이미 다음과 같이 예언해 두셨다.

시37:27~34 ²⁷악에서 떠나 선을 행하라 그리하면 영영히 거하리니 ²⁸여호와께서 공의를 사랑하시고 그 성도를 버리지 아니하심이로다 저희는 영영히 보호를 받으나 악인의 자손은 끊어지리로다 ²⁹의인이 땅을 차지함이여 거기 영영히 거하리로다 ³⁰의인의 입은 지혜를 말하고 그 혀는 공의를 이르며 ³¹그 마음에는 하나님의 법이 있으니 그 걸음에 실족함이 없으리로다 ³²악인이 의인을 엿보아 살해할 기회를 찾으나 ³³여호와는 저를 그 손에 버려두지 아니하시고 재판 때에도 정죄치 아니하시리로다 ³⁴여호와를 바라고 그 도를 지키라 그리하면 너를 들어 땅을 차지하게 하실 것이라 악인이 끊어질 때에 네가 목도하리로다

이 계명대로 보고 듣고 믿고 지켜 실행한 것이 14년째 이 일인데, 이렇게 송사에 걸려 현재 재판 중이다. 그러나 이미 하나님께서 이렇게 예언해 두셨고, 이 본문에 예언된 의인은 나와 은혜로교회 성도들을 뜻하고, 이미 실상이 되어 이루어지고 있다. 이로 인한 재판도 실상으로 이루어지고 있고, 악인은 드러내 놓고 안양법원 302호 법정에서 나에게 "신옥주, 너 죽여 버린다"라는 협박을 한 이윤재의 말을 판사, 검사, 변호사, 교도관들, 은혜로교회 성도들이 다 들었다.

곧 **32절**에 "악인이 의인을 엿보아 살해할 기회를 찾으나"라고 하신 이 예언이 실상이 되어 자신의 입으로 내 이름까지 말하며 "신옥주, 너 죽여 버린다"고 재판 때에 이 말씀대로 사실이 되어 성취되고 있다. 명백하게 나에 대한 예언이다.

예수님이 부활하셔서 **누가복음 24장**에 제자들에게 나타나셨을 때, 제

자들이 알아보지 못하니까 구약성경을 가지고 당신에 대해서 자세히 설명하시면서 이렇게 말씀하신다. **눅24:44절**에 "내가 너희와 함께 있을 때에 너희에게 말한 바 곧 모세의 율법과 선지자의 글과 시편에 나를 가리켜 기록된 모든 것이 이루어져야 하리라 한 말이 이것이라 하시고"라고 하였지만 **시편 37편**에 예언된 "의인"은 예수 그리스도에 대한 예언이 아니고, 예수 그리스도를 믿어 계명을 주신 그대로 지켜 실행한 나에 대한 예언이다. 다른 세대 그 누구도 아닌 2021년 이 세대, 나와 하나님의 아들들, 백성들에 대한 예언이다.

그래서 '성도'라는 말씀을 하신 것이다. 곧 하나님께서 말씀하시기를 **"내가 거룩하니 너희도 거룩하라"**라고 하신 말씀이 전 우주적인 일곱째 날인 지금 이 세대, 곧 의인의 날에 실상이 되는 예언이다. 따라서 의인이 악인에게 당한 송사라는 명백한 증거가 전 성경에 예언되어 있었고, **시 37:32절**에 살아 계신 하나님의 말씀을 안 믿는 의인 중에 함께 있었던 악인들에 의해 송사를 당한 것이다.

이 송사, 곧 재판 때에도 미워하는 것은 살인이라고 하셨는데, 미워하는 정도가 아니고 드러내 놓고 "신옥주, 너 죽여 버린다"라고 하는 말을 재판에 참석한 판사, 검사, 변호사들, 교도관들까지 다 들었다. 이렇게 명백하게 **32절**의 말씀뿐만 아니라, 전 성경에 내가 14년째 겪고 있는 모든 일들이 다 예언되어 있었다. 일면식도 없는 사람들에 의해 **스바냐 3장**에 예언대로 온 세상 사람들로부터 치욕과 수욕을 받는 중에 있다. 그러나 이 수욕이 도리어 온 세상에 칭찬과 명성을 받게 하신다고도 예언되어 있다.

나의 송사는 이미
전 성경에 예언되어 있다

또 **시편 64편**에도 지금 내가 겪고 있는 14년째 이 고난이, 송사가 예언되어 있고, 현재 사실이 되어 진행 중이다. 7년 징역형을 선고받고 3년이 다 되도록 옥에 갇혀 있는 이유와 나와 은혜로교회 성도를 새빨간 거짓말로 모해하고 고소한 그들에 대한 예언과 함께 결과까지 명백하게 지금 증명한다.

시64:1~10절 "¹하나님이여 나의 근심하는 소리를 들으시고 원수의 두려움에서 나의 생명을 보존하소서 ²주는 나를 숨기사 행악자의 비밀한 꾀에서와 죄악을 짓는 자의 요란에서 벗어나게 하소서 ³저희가(이 '**저희**'는 이인규, 박형택을 비롯해 나를 거짓말로 모해한 모든 자들, 특히 자칭 목사들, 대한민국 감리교 총회, 예장합신 총회에서 나를 '이단'이라 정죄한 그들, 피지 난디한인교회 박상기 목사 외 선교사 23명, 베트남 하노이 한인교회 목사와 300여 명의 교인들, 우리에게서 나간 대적자들, 고소인들 등등 전부 이 '**저희**'에 해당하는 실상의 주인공들이다. 이 저희가)

칼같이 자기 혀를 연마하며 화살같이 독한 말로 겨누고 ⁴숨은 곳에서(이들은 전부 나를 만나 본 적도 없는데 예수 이름으로 교회를 세우고 '총회'라는 명칭 아래 숨어서 자신들의 실체를 성경대로 밝히 드러내니까 모여서 혀로 "이단이니~ 사이비니~ 회개파 이단 같다느니~" 하며 독한 말로 나 한 사람을 겨누고, 새빨간 거짓말로 10여 년을 학대하고 살해한 자들이다. 성경을 사람이 본능적으로 아는 지식으로 설교하는 자들은 "다윗의 시인데~" 하며, 나보고 자의적인 해석을 한다고 또 숨은 곳, 즉 예수 이름 사용하여 강단에서 설교 중에, 총회에서 비방하고, 그런 설교나 말을 들은 자들은 방 안에서 인터넷으로 비방 글을 쓴다든지 하여 나를 비방하고 학대할 것이라는 비밀이 감추어져 있다.

이런 대적자들 때문에 증거한다. 이 말씀에는 다윗의 후손으로 오실 예수 그리스도에 대한 예언도 감추어져 있었고, 특히 이 본문은 **계 3:7~13절**의 다윗의 집의 열쇠를 받은 빌라델비아 교회 사자, 곧 나 신옥주 목사에 대한 예언도 감추어져 있다. 전 성경 기록 목적이 지금 이 세대를 지시한 예언이었음을 이미 14년째 증명하고 있고, **고린도전서 13장**에 **"온전한 것이 올 때에는"**이라고 하신 예언이 명백하게 실상이 되었다. 믿든 안 믿든 창세 이래 2021년 6월 10일 이 시간까지 이 예언의 주인공은 나와 은혜로교회 성도들이며, 사실이 되어 현재 진행 중이다.)

다시 **3절**을 보자. "³저희가 칼같이 자기 혀를 연마하여(이인규 권사, 박형택 목사 등 자칭 이단 상담가, 전문가라는 명칭을 사용하여 혀로, 글로 한 새빨간 거짓말을 '칼을 갈듯이 연마하여'라고 비유하신 것이다.)

화살같이 독한 말로 겨누고(라고 하신 것은 목사에게 있어 가장 치명적인 말이 '이단, 사이비, 사이비 교주'라는 말이다. 이 말을 안 들어 본 사람은 이 아픔을 모른다. 그것도 자신들이 성경을 가지고 성경과 다른 거짓말을 일생 하며 자신도 지옥 불못에 가고, 교인들도 지옥 불못에 보내는 자들이 바로 이단이며 사이비인데, 도리어 나를 겨누며 "이단, 사이비"라고 독한 말로 화살같이 쏜 것이다.

이렇게 할 줄 아니까 책을 썼다. "내 생각은 너희 생각과 다르고

[2009], **방언통역과 방언**[2012], **성경과 다른 거짓말**[2014], **교회 안에 무당**[2014], **이단 조작자들에 대한 성경적인 판결**[2015]"이라는 제목으로 책을 출간했고, 책 제목만 봐도 **히9:10절**의 성경적인 온전한 개혁을 하는 것을 알 수 있도록 연구하라고 목사들을 상대로 썼다.

이 책들 제목만 들어도 이성이 있는 목사나 기독교인이라면 "이단이니~ 사이비니~" 할 수가 없다. 창세 이래 지금 이 세대가 될 때까지 단 한 세대도, 그 누구도 **히9:10절**의 말씀을 실상으로 이룬 사람은 없었다. 이 일은 사람이 하는 일이 아니고, 하나님께서 **요6:45절**의 말씀을 실상으로 하시는 개혁이다.

요6:45 선지자의 글에 저희가 다 하나님의 가르치심을 받으리라 기록되었은즉 아버지께 듣고 배운 사람마다 내게로 오느니라

욥33:13~18절의 예언이 실상이 된 것이다. 하나님께서 14년째 나를 통해서 하시는 이 일에 대한 예언이 명백하다.

욥33:13~18 [13]하나님은 모든 행하시는 것을 스스로 진술치 아니하시나니 네가 하나님과 변쟁함은 어찜이뇨 [14]사람은 무관히 여겨도 하나님은 한 번 말씀하시고 다시 말씀하시되 [15]사람이 침상에서 졸며 깊이 잠들 때에나 꿈에나 밤의 이상 중에 [16]사람의 귀를 여시고 인치듯 교훈하시나니 [17]이는 사람으로 그 꾀를 버리게 하려 하심이며 사람에게 교만을 막으려 하심이라 [18]그는 사람의 혼으로 구덩이에 빠지지 않게 하시며 그 생명으로 칼에

욥기서의 이 예언대로 지금까지 땅에 이루어지게 하시는 하나님의 행하심이다. 지금 전 세계 기독교는 다시 예언, 곧 전대미문의 새 언약으로 돌아서지 아니하면 모두 구덩이, 곧 지옥 불에 떨어진다. 이런 구덩이에 떨어져 영원히 멸망치 않게 하시려고 나를 사용하셔서 진술하게 하시는 일이다. 이런 일인 줄 모르니까 이렇게 독한 말로 나를 겨누고)

⁴숨은 곳에서 완전한 자를 쏘려 하다가 갑자기 쏘고 두려워하지 않도다(하나님께서 나를 사용하신 것은 완전한 지혜였다. 세상에서 이름이 유명하거나 돈, 명예, 권력이 있는 자도 아닌 나, 외모로 무시해도 될 만큼 작은 교회 여자 목사이니 아무도 두려워하지 않고 방송에, 인터넷에, 유튜브 방송에 아무나 너도나도 혀로 "이단, 사이비"라는 말로 쏘아 댄 것이다. 아무 두려움도 없이 말이다. 그리고 단 한 번도 이런 자들을 상대로 세상 법에 고소하지 않고 상대를 안 하니까 더 두려움 없이 독한 말로 쏘아 댄 것이다.)"

그러나 나는 이미 이런 나의 사명에 대해서 알고 있고, 이에 대한 판결의 말씀도 다 가지고 있다. 그래서 '대적의 기록한 소송장'이 실상이 되어 내 손에 쥐어질 때까지 참았던 것이다. 이제 이 일을 훼방한 모든 사람은 진실로 회개하고 공개 사과하고 영원한 언약으로 돌아서지 아니하면, 이 성경에 기록된 모든 심판의 말씀대로 재앙을 다 받아야 할 것이며, 그로 끝나는 것이 아니라 육체가 죽어서 영원히 구덩이, 곧 지옥 불에서 벌을 받으며 고통을 당해야 한다. 나는 분명히 성경에 기록된 진리대로 경고했고. 이제 책임은 각자에게 있다.

본문의 "완전한 자"는 아6:9절의 예언의 주인공인 나에 대한 예언이 명백하다. 그래서 또 다음과 같이 예언해 두신 것이다. 사1:2~31절이다. 모두 찾아서 합독해라.

사1:23절의 "과부의 송사"인 지금 나에 대한 송사를 하나님께서 행하시는 일인 줄 알고 사실임을 받아들여 수리하지 아니하면 다음 말씀대로 실상이 된다.

사1:20 너희가 거절하여 배반하면 칼에 삼키우리라 여호와의 입의 말씀이니라

사1:28~31 28그러나 패역한 자와 죄인은 함께 패망하고 여호와를 버린 자도 멸망할 것이라 29너희가 너희의 기뻐하던 상수리나무로 인하여 부끄러움을 당할 것이요 너희가 너희의 택한 동산으로 인하여 수치를 당할 것이며 30너희는 잎사귀 마른 상수리나무 같을 것이요 물 없는 동산 같으리니 31강한 자는 삼오라기 같고 그의 행위는 불티 같아서 함께 탈 것이나 끌 사람이 없으리라

진실로 **시64:3~4절**의 말씀대로 독한 말로 나를 겨누어 숨은 곳에서 갑자기 쏘고 두려워하지도 않으며 드러내 놓고 "죽여 버린다"라고 학대한다. 이들의 행위는 이미 전 성경에 예언되어 있는 이대로 사실이 되어 이루어지고 있다.)

다시 **시64:5절**로 가자. "⁵저희는 악한 목적으로 서로 장려하며 비밀히 올무 놓기를 함께 의논하고 하는 말이 누가 보리요 하며(어쩌면, 이 진리대로 똑같이 이대로 행동하더라. 그들에게는 무시하고 멸시하며 짓이 기듯이 짓밟아도 되는 사람으로 보인 것이다. 그러나 이미 너희들의 언행은 너희가 이 땅에 사람으로 태어나기 전에 BC 1000~400년경에 다 예언해 두신 이대로 천한 사람, 곧 악인으로, 대체육체로 사용되고 있다는 것이다. 너희들의 모든 행위를 하나님께서도 다 보시고 아시고 계시고, 은혜로교회 성도들도 다 알고 있다. 너희들이 두려워서 이 일을 못 할 것 같으냐? 이제 내가 너희 모두를 송사할 테니 기다려라. 거짓이 결코 진실을 이길 수 없다는 것을 온 천하가 다 알도록 할 것이다.)

⁶저희는 죄악을 도모하며 이르기를 우리가 묘책을 찾았다 하나니 각 사람의 속 뜻과 마음이 깊도다 ⁷그러나 하나님이 저희를 쏘시리니 저희가 홀연히 살에 상하리로다 ⁸이러므로 저희가 엎드러지리니 저희의 혀가 저희를 해함이라(10년을 넘게 온갖 더러운 말로 괴롭히고, 온 세상에 치욕을 준 이 일에 대한 결과는 너희들의 혀가 너희들을 스스로 자해한 것이다. 이제 하나님께서 정하신 시간에 세 치 혀로 도모하고 지껄인 결과의 보응을 너희들이 다 받을 것이다. 하나님께서 살아 계시지 않는 것같이 서로 연합하여 죄악을 짓고, 하나님의 행하시는 이 일을 훼방한 것에 대해 하나님의 이 언약이 실상이 되어 사실대로 이루어질 것이다.)

저희를 보는 자가 다 머리를 흔들리로다(왜 이럴까? "신옥주 이단, 신옥주 사이비" 하면서 짓밟고 훼방하여 흉악범 다루듯 세상 힘을 이용하여 새빨간 거짓말로 중죄인에 해당하는 선고를 한 너희들의 거짓이 이긴 줄 알고 더 악독하게 짓밟았지만, 하나님께서 살아 계심을 악인인 너희들이 받는 보응을 보고 사람들이 머리를 흔들게 된다. 이제 이 예언이 너희들한테 실상이 되는 시간이다. 너희들의 실체가 다 드러나고 너희 스스로 세 치 혀로 자해한 결과 엎드러지는 것을 통해서 다음 **9~10절**의 말씀 또한 사실이 되어 이루어진다.)

⁹모든 사람이 두려워하여 하나님의 일을 선포하며 그 행하심을 깊이 생각하리로다(이제 이 말씀대로 하나님께서 반드시 이루신다. 나를 송사에 걸어 온갖 거짓말로 짓밟아도 잠잠히 계신 하나님이신 줄 알았더냐? 2020년 2월 27일에 대법원 7년 판결이 확정될 때 이미 징벌하시고 계신 여호와의 칼이 '코로나19'이다.

코로나19가 우연히 생긴 것 같으냐? 절대 아니다. 타작마당을 폭행, 특수폭행이라는 죄명을 붙이고, 성경에 예언된 대로 하나님의 계명을 지켜 실행한 것을 두고 나에게 죄를 씌운 이 일에 대한 하나님의 변호하심이다. 아이들이 피지 이민을 가기 위해 학교를 그만두고 검정고시를 보거나, 학교 폭력, 따돌림 등으로 인해 학교에 가지 않고 이민 준비를 한 것을 두고 '아동학대, 방임, 교사, 유기죄'라는 죄명을 씌우더니, 코로나19로 인해 전국에 아이들이 1년이 넘게 학교를 가지 못하는 초유의 사태가 벌어졌다.

하나님의 말씀에는 뜻이 있다고 말하니까 신천지에서 배웠다고 희롱하고 짓밟더니 정작 가라지 추수를 하는 신천지는 숫자가 많아 싸우지도 못하면서 자칭 기독교인이라고 자긍하는 너희들 보기에 나는 아무 힘이 없어 보이고, 어떤 억울한 일을 당해도 참고 견디니까 만만해 보였나?

신천지는 단 한 명도 구원을 받을 수 없다. 성경을 사용한다고 해서 하나님의 뜻을 아는 것이 아니다. 이미 10년째 '가라지 추수'라고 말했고, 그대로 다 드러났다.

교회 문을 강제로 닫아야 할 위기를 1년이 넘게 겪고도 깨달음이 없는 기득권 세력들인 너희가 무시, 멸시한 나를 통한 이 일은 하나님의 행하심이다. 코로나19를 통하여 온 세계를 들어 나와 은혜로교회를 변호하시고 계셔도 깨달음이 없는 교회 지도자들, 세상 권력자들이 이제 하나님께서 살아 계신 하나님이심을 모두 보게 될 것이다.

나를 통한 이 일을 훼방한 것은 너희들이 혀로 말만 하고 믿는다고 하는 예수께서 **요15:10절**에 "내가 아버지의 계명을 지켜 그의 사랑 안에 거하는 것같이 너희도 내 계명을 지키면 내 사랑 안에 거하리라"라고 하신 계명을 지켜 실행한 것이니, 예수 그리스도와 성부 하나님의 일을 훼방한 것이다. 그래서 이렇게 또 말씀하신다.

요15:18~19 [18]세상이 너희를 미워하면 너희보다 먼저 나를 미워한 줄을 알라 [19]너희가 세상에 속하였으면 세상이 자기의 것을 사랑할 터이나 너희는 세상에 속한 자가 아니요 도리어 세상에서 나의 택함을 입은 자인고로 세상이 너희를 미워하느니라

구약성경도 아닌 신약성경에 너희들이 혀로 오직 예수라고 하여 이용만 하고 밥벌이 수단으로 삼은 예수님이 친히 너희들에 대해서 이미 1990년 전에 예언해 두셨고, 나에 대해서 예언해 두신 대로 사실이 되어

이루어지고 있어도 눈이 있으나 보지 못하고 귀가 있으나 듣지 못하며, 그 생각과 마음의 주인이 귀신임을 너희 스스로 자랑하는 자들이다.

또한 '미워하는 것은 살인'이라고 하셨으니, 14년을 미워하고 훼방한 너희들은 영적인 살인자들이요, 이 세상에 속한 자들이다. 나와 은혜로교회는 하나님께, 예수 그리스도께 속한 자들이라는 사실을 나를 학대한 너희들이 명백하게 증명해 주고 있다. 자신들이 혀로 말만 하는 오직 예수의 계명은 단 한 절도 지키지 아니하는 너희들에 대해서 예수 그리스도께서 또 다음과 같이 말씀하신다.

요15:20~21 [20]내가 너희더러 종이 주인보다 더 크지 못하다 한 말을 기억하라 사람들이 나를 핍박하였은즉 너희도 핍박할 터이요 내 말을 지켰은즉 너희 말도 지킬 터이라 [21]그러나 사람들이 내 이름을 인하여 이 모든 일을 너희에게 하리니 이는 나 보내신 이를 알지 못함이니라

하나님이 누구신지 알지 못하니 당연히 아들 예수 그리스도도 알지 못하는 자들이 바로 자칭 기독교인들, 자칭 목사들인 너희들이다. 진실로 예수 그리스도를 믿는 자라면 반드시 예수 그리스도의 계명을 지켜 실행할 것이고, 이렇게 실행하면 나처럼 이 세상에 속한 자들에게 핍박과 미움을 받아야 하는 것이다.

따라서 본문의 "사람들"은 바로 나를 "이단이니~ 사이비니~" 비방하고 혀로, 손가락으로 예수 그리스도께서 언약하신 대로 이 땅에 온 또 다른 보혜사인 진리의 성령을 비방하고 훼방하는 자들이며, 예수 그리스

도를, 성부 하나님을 비방하고 훼방하는 것이라고 하신 이 본문의 실상이 바로 너희들이다. 나와 은혜로교회 성도들은 너희들의 학대로 인하여 우리가 생명책에 이름이 기록된 하나님 나라의 상속자들이며, 예수 그리스도와 하나님께서 사랑하고 기뻐하시는 자들이라는 것을 증명해 주는 것이니 나는, 우리는 육체도 죽지 아니하고 살아서 다음 말씀을 그대로 이룰 것이다.

막10:29~30절에 "[29]예수께서 가라사대 내가 진실로 너희에게 이르노니 나와 및 복음을 위하여 집이나 형제나 자매나 어미나 아비나 자식이나 전토를 버린 자는 [30]금세(현재 이 세상)에 있어 집과 형제와 자매와 모친과 자식과 전토를 백 배나 받되(백 배의 복은 하나님과 예수 그리스도의 계명을 지켜 실행한 자가 받는 복이다. 혀로 "예수 이름으로 백 배의 복을 받을지어다"라고 하는 목사들의 공갈로 인해 받는 것이 절대 아니고, 너희들 같은 자들은 상상도 할 수 없는 하늘의 복을 하나님의 계명을 지켜 실행한 우리가 받는 것이다. 그러니 더 이상 성경을 들고 사기 치지 마라.)

핍박을 겸하여 받고(이렇게 명백하게 나와 은혜로교회를 새빨간 거짓말로 욕하고 핍박한 것은 내가 하늘에 속한 자요, 백 배의 복을 받은 자라는 것을 온 세상에 알려 주는 하나님의 완전한 지혜다.) 내세에 영생을 받지 못할 자가 없느니라"

이렇게 누가 봐도 명백하게 핍박을 겸하여 받는다고 하신 이 말씀을 믿고 견디어 이기는 자가 **계3:7~13절**의 빌라델비아 교회의 사자요, 새 예루살렘이다.

계3:12 이기는 자는 내 하나님 성전에 기둥이 되게 하리니 그가 결코 다시 나가지 아니하리라 내가 하나님의 이름과 하나님의 성 곧 하늘에서 내 하나님께로부터 내려오는 새 예루살렘의 이름과 나의 새 이름을 그이 위에 기록하리라

　　예수 그리스도께서 하신 말씀, 약속대로 실상이 된 빌라델비아 교회의 사자가 바로 '나'다. 나는 이미 실제로도 안양에서 빌라델비아 교회를 7년간 목회를 한 목사다. 그때는 나도 내가 누군지 모르는 영적인 상태에 목회를 했고, 그 결과 다 망했다. 단 한 명의 영혼도 건지지 못했다. 이런 내가 안양지방법원 302호에서 재판을 받고 있는 것이 우연인 것 같으냐? **"사람이 자기 길을 계획할찌라도 그 걸음을 인도하시는 분은 하나님이시라"**고 하셨다. 전 성경 단 한 절의 말씀도 지켜 실행하지 않는 자칭 목사들, 자칭 기독교인들에게 천국의 비밀을 알게 하시는 하나님이 아니시다.

　　'빌라델비아 교회의 사자'는 육체가 살아서 하나님의 계명을 지켜 실행하므로 이미 이 예언대로 이 땅에 보냄을 받은 나조차도 내가 누군지 모르게 하셨다가, 하나님께서 정하신 시간, 때에 알게 하시고 가르쳐 주신 것이다.

　　이런 나를 비방하고 이단, 사이비라고 정죄한 너희들에 대한 예언도 전 성경에 다 예언되어 있다. 내가 빌라델비아 교회의 사자라는 명백한 증거가 14년째 나를 두고 자칭 목사, 자칭 총회인 '사단의 회'에 속한 너희들이 온 세상에 거짓말로 나를 핍박한 너희들의 언행이다. 또 증명한다.

　　계3:7~9절에서 "⁷빌라델비아 교회의 사자에게 편지하기를 거룩하고

진실하사 다윗의 열쇠를 가지신 이 곧 열면 닫을 사람이 없고 닫으면 열 사람이 없는 그이가 가라사대(라고 하신 '그이'는 성부 하나님이시다. 나를 통한 14년째 이 일은 성부 하나님께서 친히 행하시는 일이다. 이래서 그 누구도 막을 수가 없다.)

⁸볼찌어다 내가 네 앞에 열린 문을 두었으되 능히 닫을 사람이 없으리라 내가 네 행위를 아노니 네가 적은 능력을 가지고도 내 말을 지키며 내 이름을 배반치 아니하였도다(이 예언이 사실이 되어 처음 중국 선교지에서 한국으로 돌아와 부천 중동역에 교회를 다시 세우고 목회자 세미나를 할 때 **'열린문 성경연구원'**이라고 명칭하여 신문에 광고를 했는데, 당시 장로교 어느 목사가 자신들이 '열린문' 성경연구원을 이미 사용하고 있으므로 쓰면 안 된다고 항의해서 사용하지 못했다. 가짜가 진짜를 사용하지 못하게 하더라. 그때부터 오늘 이 감옥에 갇히기까지 가짜 목사, 가짜 기독교인들에 의해 하나님께서 하시는 이 일을 핍박할 싹이 바로 기독교 기득권 세력들임을 경험하면서 시작했다.

사람이 무서웠으면 어떻게 오늘에 이르기까지 예수 그리스도의 계명, 성부 하나님의 계명을 지켜 실행했겠는가? 전대미문의 새 언약을 14년째 하고 있는 이 일이 내가 이 본문의 주인공인 빌라델비아 교회의 사자라는 명백한 증거이며, 하나님께서 나를 사용하셔서 행하시는 일임을 증명하는 것이다. 이제 이 일을 훼방한 자들에 대한 예언이 사실이 되었음을 온 천하에 지금 증거하는 것이고, 이 증거는 하나님의 증거다.)

⁹보라 사단의 회 곧 자칭 유대인이라 하나 그렇지 않고 거짓말하는 자들 중에서 몇을 네게 주어 저희로 와서 네 발 앞에 절하게 하고 내가

너를 사랑하는 줄을 알게 하리라(고 하신 이 예언이 사실이 되어 사단의 회, 곧 자칭 기독교인이라 하나 그렇지 않고 거짓말하는 자들로 내가 하나님께 사랑받은 자라는 사실을 알게 할 것이다. 그리고 저 황금돔이 있는 이스라엘에서 '새 예루살렘'이 실상이 되는 것이 아니다. 이 사실 한 진리만 깨달아도 저 이스라엘 나라와 팔레스타인이 싸움을 하지 않는다. 서로 피를 흘리고 죽고 죽이는 살생을 절대 하지 않는다. 내가 왜 진리의 성령인지 온 세상 사람들이 반드시 알게 될 날이 있고, 그렇게 하시려고 이 송사 또한 예언이 기록되어 있는 그대로 사실이 되어 이루어진 것이다.

내가 있는 곳, 육체도 죽지 아니하고 영생하는 거룩한 자들이 있는 나라가 '새 예루살렘', 곧 '하나님의 성'이다. 그 나라는 바로 하나님께서 예비해 두셔서 전 성경 속에 감추어 두신 천국의 비밀이었고, 나는 하나님께서 1600여 년간 40여 명의 저자를 통해서 기록해 두신 하나님 나라 비밀을 알게 해 주셔서 이미 14년째 하나님의 인도하심을 따라 지켜 실행한 것이다.

전 세계 모든 기독교인들은 아무도 모르고 있고, 이 새 예루살렘을 상상하고 있다. 아니면 문자 그대로 저 이스라엘 예루살렘이라고 사람의 소리, 곧 사단의 소리를 하여 미혹하는 수단으로 삼아 부자가 된 단체가 바로 '백 투 예루살렘'을 외치는 단체다. 그들은 전부 아무것도 모르면서 사기 친 것이다. 믿든 안 믿든 사실이다. 이미 10년 전에 다 증명한 사실이다.

따라서 빌라델비아 교회의 사자만이 하나님의 계명을 지켜 실행하며, 하늘에서 하나님께로부터 내려오는 새 예루살렘은 때가 되면 피지 사람들이 증명할 것이다. 사도 요한 당시는 상상조차 할 수 없는 독수리의 두 날개를 타고 하늘에서 자신들이 사는 나라로 내려온 새 예루살렘, 다시 택한 예루살렘인 줄 시인하게 될 것이다. 아니 온 세상 사람들이 시인하게 될 것이다. 나는 이에 대해서 영원히 증명한다.

"하나님께로부터 내려오는 새 예루살렘"이라고 하셨지 않으냐? 이런 말씀을 문자 그대로, 사람이 본능으로 아는 지식으로 보아도 의문이 들어야 한다. '이성'이 있는 사람이라면 말이다. 저 이스라엘 예루살렘이라면 이 말씀이 이해가 되지 않아야 한다. 이 한 가지 진리, 곧 사실만 깨달아도 저 이스라엘 대통령과 미국 전 대통령 트럼프의 언행이 얼마나 헛된 것인지 분별하게 된다.[14] 온 세상의 문제와 해답은 이 온 세상을 창조하시고 경영하시는 하나님의 말씀인 성경 속에 있다.

이 사실을 안다면 이스라엘과 팔레스타인이 전쟁 할 필요가 없게 된다. 미친 언행을 하는 미국 전 대통령의 언행 때문에 세계 최강대국인 미국인들끼리 싸울 이유가 없어진다. 이제 야벳 족속들이 전 세계를 지배하는 시대도 우리가 사는 이 세대에 끝난다. 공산주의도 다 끝난다. 그래서 "진리를 알찌니 진리가 너희를 자유케 하리라"라고 하신 것이다.

이스라엘도, 예루살렘도 다시 택하실 것을 이미 다 예언해 두셨다. 증명한다. 사14:1~2절에 이미 BC 700년경에 이사야 선지자를 통해서 예언해 두셨고, 이미 14년째 다시 택하고 계신 사실이니 이 예언은 이미 성취되고 있다.

사14:1~2 [1]여호와께서 야곱을 긍휼히 여기시며 이스라엘을 다시 택하여 자기 고토에 두시리니 나그네 된 자가 야곱 족속에게 가입되어 그들과 연합할 것이며 ²민족들이 그들을 데리고 그들의 본토에 돌아오리니 이스라엘 족속이 여호와의 땅에서 그들을 얻어 노비를 삼겠고 전에 자기를 사로잡던 자를 사로잡고 자기를 압제하던 자를 주관하리라

이 말씀은 2721년이 지난 이 세대에 이미 14년째 전대미문의 새 언약으로 사실이 되어 여호와께서, 곧 하나님께서 예비해 두신 땅에 **에스겔 12장**의 예언대로 지켜 실행하여 이주한 것이다. 나를 통해서 하나님께서 행하신 일이 교인들을 '감금, 특수감금, 중감금'한 것이라는 말장난으로 7년 판결을 내리게 한 형사 허건 자칭 기독교인과 검사 최수경, 검사 이윤희, 판사 장서진, 송승우에 의해 내려진 부당한 선고다.

하지만 이는 하나님께서 이들을 사용하셔서 하신 일이다. 이 일이 하나님의 아들들, 백성들로 하여금 살아 계신 하나님의 말씀이 참 진리라는 것을 깨달아, 귀신들이 가르친 모든 거짓말들을 다 버리고 하나님의 말씀으로 다시 태어나게 하는 하나님의 사랑인 줄 알고 하나님의 군대가 되어 일어서게 한 것이다. 그래서 열매를 보면 그 나무, 곧 그 사람을 안다고 하셨다. 즉 나쁜 나무인지, 생명나무인지 안다고 하셨다.

하나님의 뜻대로 행하는 자

은혜로교회와 나는 다음 말씀으로 명백하게 또 증명한다. '좁은 문,

생명의 길'이 나를 통한 이 길임을 온 천하에 천명한다. **마7:13~27절**이다.

"¹³좁은 문으로 들어가라 멸망으로 인도하는 문은 크고 그 길이 넓어 그리로 들어가는 자가 많고 ¹⁴생명으로 인도하는 문은 좁고 길이 협착하여 찾는 이가 적음이니라 ¹⁵거짓 선지자들을 삼가라 양의 옷을 입고 너희에게 나아오나 속에는 노략질하는 이리라 ¹⁶그의 열매로 그들을 알찌니 가시나무에서 포도를, 또는 엉겅퀴에서 무화과를 따겠느냐 ¹⁷이와 같이 좋은 나무마다 아름다운 열매를 맺고 못된 나무가 나쁜 열매를 맺나니 ¹⁸좋은 나무가 나쁜 열매를 맺을 수 없고 못된 나무가 아름다운 열매를 맺을 수 없느니라(유치하고 저급한 수준의 새빨간 거짓말로 나를 감옥에까지 가둔 원흉인 이인규, 박형택 같은 나쁜 열매를 맺은 대한민국 감리교, 예장합신 총회는 멸망으로 인도하는 문, 불법을 행한 자들이다. 나를 후욕한 그들, 십 년을 넘게 혀로, 손가락으로 인터넷, 유튜브, TV방송, 신문 등을 통해 학대한 자들에게 직분을 준 목사들이 멸망으로 인도하는 크고 넓은 문에 있는 자들이다.)

¹⁹아름다운 열매를 맺지 아니하는 나무마다 찍혀 불에 던지우느니라(이 '불'은 영원히 꺼지지 않는 불, 사람이 피우지 않은 불, 성경을 가지고 지옥 불에서 나오는 혀의 소리로 성경과 다른 거짓말을 설교하여 영적으로 살해하는 불, 그래서 **야고보서 3장**에 "혀는 곧 불이요 불의의 세계라"고 하셨던 이 불, 그리고 육체가 죽어서 흙으로 돌아가고 그 혼은 혀에 물 한 방울 없이 고통받는 **눅16:19~31절**의 부자가 영원히 거처하는 지옥 불, 다른 말로 음부, 곧 지옥 유황 불못을 뜻한다.

'나무'도 사람이 본능적으로 아는 나무가 아니고, 사람을 나무에 비유한 것이다. 곧 멸망으로 인도하는 크고 넓은 문에서 거짓말로 설교하고, 거짓말에 "아멘" 하며 마음에 믿는 자들을 나무에 비유하신 것이다. 이 나무들은 전부 나무에 매달려 잔인하게 사형당하신 예수 이름 사용하는 자들이다. 온 천하에 모든 종교 지도자들이다. 멸망으로 인도하는 '나무'에 해당함을 예수님을 매어 단 십자가에 감추어 두신 천국의 비밀이다.

또한 예수 그리스도께서 부활하신 후에 왜 하나님께 세세토록 받은 열쇠가 '사망과 음부의 열쇠'인지 히2:14절의 말씀이 사실대로 2021년 6월 11일 현재까지 이루어지고 있다. 곧 아름다운 열매를 맺지 아니하는 자칭 목사들과 자칭 기독교인들인 너희를 사망과 음부의 열쇠로 심판하시고 계신 것이다.

히2:14 자녀들은 혈육에 함께 속하였으매 그도 또한 한 모양으로 혈육에 함께 속하심은 사망으로 말미암아 사망의 세력을 잡은 자 곧 마귀를 없이 하시며

그래서 불의한 재판관, 불법한 자들은 이미 심판을 받고 있다. 이 사실, 곧 진리를 알면 성경을 가지고 성경과 다른 거짓말로 설교하는 지도자들이 누군지, 그를 경배하고 섬기는 교인들이 누군지 다 보인다. 이들이 사이비요, 이단이다. 다시 말하면 아름다운 열매 맺지 아니하는 나무는 곧 성경과 다른 거짓말로 가르치고 교인들을 혀로 지옥 보내는 지도자들이다. 이런 자들이 감리교 총회, 예장합신 총회 목사들, 난디한인교회 박상기 목사, 자칭 피지 한인 선교사들, 베트남 한인교회 목사들이다. 이런 너

희들의 혀가 불이 되어 교인들을 죽인 결과로 인하여 너희들이 받는 하나님의 판결이 바로 **마7:19절**이다.)

²⁰이러므로 그의 열매로 그들을 알리라 ²¹나더러 주여 주여 하는 자마다 천국에 다 들어갈 것이 아니요(라고 하신 이 예언의 주인공들이 다 나를 이단, 사이비라고 한 자들이다. 단 한 절의 천국의 비밀도 모르고 전부 새빨간 거짓말로 설교한 너희들이, 멸망으로 인도하는 크고 넓은 문에 있는 자들이 나를 이단, 사이비라고 비방하고 학대하지 않았다면 나는 이 진리를 사실 그대로 온 세상에 알리는 일에 시간을 지체할 뻔한 것이다. 나도 하나님의 뜻을 몰랐기에 언제까지 참고 기다렸을 것이다. 하지만 이 일은 하나님께서 행하시는 일이며, 더 이상 기다릴 수 없을 정도로 나를 학대하고, 하나님의 큰일을 훼방하는 것을 더 이상 볼 수 없도록 나를 괴롭힌 너희로 인한 결과다. 천국은 너희같이 사기 치고 공갈하는 영적인 살인자들이 들어가는 곳이 아니다.) 다만 하늘에 계신 내 아버지의 뜻대로 행하는 자라야 들어가리라"

하나님의 뜻은 성경 속에 비밀로 감추어 두셨다. 어떤 죄를 지어도 예수님이 십자가에 죽으실 때 다 지시고 죽으셨다고 거짓말을 가르치는 자들이 알 수 있는 것이 아니다. 심지어 자살해도 천국 갔다고 하는 거짓말쟁이 목사들, 살인을 해도 천국 간다고 거짓말로 교도소에서 전도한다는 목사들은 다 자신이 하나님 자리에 앉아 있는 귀신들이다. 마귀들이다. 다 하나님의 말씀을 왜곡시키는 거짓말로 가르치는 자들이다.

온 세상 사람들아, 무지한 교인들아, 속지 마라. 이런 자들이 있는 교회는 귀신의 처소다. 절대 하나님 나라인 천국에 들어갈 수 없다. 지옥 불못에 간다. 자살한 자는 지옥에 간다. 살인자도 지옥에 간다. 육체가 죽어서 천국 간다고 가르치는 자도 거짓말쟁이다. 속지 마라. 영원히 증명할 수 있고, 할 것이다.

지금 회개하고 돌아서지 아니하면 단 한번뿐인 한 몫의 삶을 이런 거짓말쟁이한테 속아서 하인 노릇 하고, 지옥 유황 불못에 떨어진다. 하나님의 말씀을 이성을 가지고 똑똑히 보아라. 하나님의 뜻을 모르는데 어떻게 행할 것이며, 하나님의 뜻대로 행하지 않는데 어떻게 천국에 들어가나? **마7:21절**뿐만 아니라 전 성경에 다 기록되어 있는데 새빨간 거짓말로 지어낸 귀신의 가르침을 더 좋아하는 교인들도 지옥의 자식들이다.

막3:35절에도 "누구든지 하나님의 뜻대로 하는 자는 내 형제요 자매요 모친이니라"라고 하셨는데 천주교는 '마리아'를 예수님의 모친이라고 마리아상을 만들어 경배하게 하는 치명적인 죄를 짓고 있다. 하나님 외에 그 누구도 경배하지 말라고 하셨는데 천주교는 무슨 짓을 하고 있는지 보라. 천주교 교황은 **계시록 17, 18장**에 예언된 땅의 음녀들과 가증한 것들의 어미요, 용이며 귀신의 처소 바벨론이다. 예수님께서 하신 말씀도 안 믿는 자들이니 적그리스도다.

마리아가 하나님의 뜻대로 행한 것이 무엇이냐? 이 우상들아, 답해라. 2020년도에 로마 바티칸 성전에 코로나19 전염병으로 죽은 시체를 넣은 관이 가득해도 깨닫지 못하는 천주교인들아, 너희 그대로 있으면 지옥 불못에 간다. 성경 어디에 죽은 사람 시체를 하나님의 교회 안에 두고 죽은 자에게 추모하라고 했는지 증거하여 반론해라. 이 더러운 귀신들아~ 혀로 평화를 말하면 평화가 이루어지더냐? 이대로는 천주교인 단 한 사람도 천국에 들어갈 수 없다.

이제 이런 성경과 다른 거짓말을 하는 거짓 선지자, 거짓 선생, 가르치는 귀신, 옛 뱀, 사단, 마귀, 용, 독사들이 일하는 시기가 다 끝났다. 천주교 교황이 하고 있는 짓만 보아도 교황이 있는 그곳은 귀신의 처소이며, 온 세계 대통령들이 그 앞에 부복하며 마치 하나님 대하듯 경배하게 하는 온 세계를 멸망시키는 큰 음녀다.

'음녀'란 "대저 주를 멀리하는 자는 망하리니 음녀같이 주를 떠난 자를 주께서 다 멸하셨나이다"[시73:27]라고 하신 판결대로 이제 아무도 성경을 가지고 사람들을 속이고 타락하게 만드는 자들이 하나님 자리, 예수님 자리에 앉아서 속이지 못하도록 전부 하나님의 법으로 거짓을 판결할 것이다. 온 천하는 잠잠하고 하나님의 말씀을 받지 아니하면 어떤 심판을 받는지 어디 해보자.

나는 아무 힘이 없어 보이는, 그래서 새빨간 거짓말로 죄를 씌워 7년 징역형을 받고 감옥에 있는 목사다. 나 한 사람, 한 교회와 전 세계 성경을 사용하는 모든 자칭 유대교, 천주교, 기독교 지도자들, 교인들과의 싸움이다. 너희들이 먼저 나를 학대하고 이단, 사이비라 했으며, 이것이 원인이 되어 형사, 검사, 판사들이 언론과 연합하여 감옥에 가두며 싸움을 시작한 것이다. 이제 누가 이기는지 **계시록 12장**의 싸움을 시작한다.

온 세상 사람들한테 고발한다. 누가 이단, 사이비인지, 누가 거짓인지, 누가 진실인지 이 싸움의 결과가 어찌 되는지 두 눈으로 똑똑히 보고, **시편 64편**대로 되는지 안 되는지 보게 될 것이다. 자신들이 이단, 사이비이면서 진리를 진리대로 전하고 하나님의 뜻대로 지켜 실행한 나와 은혜로교회를 도리어 이단이라 정죄하여 결국 옥에까지 가둔 너희들은 너희 혀로 너희 자신을 자해하여 멸망하되, 영원히 멸망한다. 그런 너희들에게 **시64:7~10절**의 말씀이 사실이 되어 그대로 이루어질 것이다.

시64:7~10 [7]그러나 하나님이 저희를 쏘시리니 저희가 홀연히 살에 상하리로다 [8]이러므로 저희가 엎드러지리니 저희의 혀가 저희를 해함이라 저희를 보는 자가 다 머리를 흔들리로다 [9]모든 사람이 두려워하여 하나님의 일을 선포하며 그 행하심을 깊이 생각하리로다 [10]의인은 여호와를 인하여 즐거워하며 그에게 피하리니 마음이 정직한 자는 다 자랑하리로다

다시 **마7:21절**을 더 증명한다. 하나님의 뜻대로 행하는 자라야 천국에 들어가는데 아무나 누구나 혀로 예수 이름만 부르면 죽어서 천국 간다고 거짓말로 가르치는 지금 전 세계 종교 지도자들이다. 이들은 혀로 "예수, 예수" 부르면 죽어서 천국에 다 들어간다고 가르친다. 이들은 자신들이 혀로 부르는 예수 그리스도도 무시하고, 예수 그리스도를 통해서 하나님께서 하신 말씀도 거절하고, 대적하는 원수들이다. 또 증명한다.

마12:46~50 [46]예수께서 무리에게 말씀하실 때에 그 모친과 동생들이 예수께 말하려고 밖에 섰더니 [47]한 사람이 예수께 여짜오되 보소서 당신의 모친과 동생들이 당신께 말하려고 밖에 섰나이다 하니 [48]말하던 사람에게 대답하여 가라사대 누가 내 모친이며 내 동생들이냐 하시고 [49]손을 내밀어 제자들을 가리켜 가라사대 나의 모친과 나의 동생들을 보라 [50]누구든지 하늘에 계신

내 아버지의 뜻대로 하는 자가 내 형제요 자매요 모친이니라 하시더라

이 말씀은 예수님 당시 말씀을 듣고 있던 제자들을 지칭하신 것 같지만 아니다. 그 증거가 당시는 그들이 하나님의 뜻을 아는 때가 아니었다. 그 결과 그들은 다 육체가 죽었다. 하나님의 뜻을 행하는 자는 육체도 죽지 아니하고 영생에 이른다. 따라서 이 예언은 일곱째 날, 여호와의 날인 지금 이때 실상이 되는 것이다. 같은 사건을 **눅8:19~21절**도 기록되어 있다.

눅8:19~21 [19]예수의 모친과 그 동생들이 왔으나 무리를 인하여 가까이 하지 못하니 [20]혹이 고하되 당신의 모친과 동생들이 당신을 보려고 밖에 섰나이다 [21]예수께서 대답하여 가라사대 내 모친과 내 동생들은 곧 하나님의 말씀을 듣고 행하는 이 사람들이라 하시니라

예수 그리스도를 믿는 사람은 사람이 본능적으로 아는 모친, 형제, 자매가 아니라, 누구든지 하나님의 말씀, 곧 하나님의 뜻대로 행하는 사람들이 모친이요, 형제요, 자매라고 하신 말씀을 믿고 지켜 실행하는 자다. 믿음은 이렇게 실상이며, 진리는 이렇게 실상이 되는 것이다. 지금까지 전 세계 기독교, 성경을 사용하는 모든 종교는 혀로 "하나님, 예수님" 하지만 종교생활 따로, 자신의 사생활 따로 하는 삶을 살고 있다. 종교생활은 혀로 말만 하면 되는 것이고, 어떤 죄를 지어도 예수 이름으로 기도하면 다 용서받고, 죽으면 천국 간다고 가르친 것이 전부다.

이런 종교생활은 하나님의 뜻이 무엇인지 단 하나도 모른다. 그렇게 혀로 말만 하면서 일반 세상 사람과 동일하게 살다가 죽는 사람을 그리스도인이라고 하는 것이 아니다. 이런 종교생활은 하나님과 아무 관계가 없다. 그러니 당연히 천국에 못 간다. 지금까지 모든 종교는 다 사기 치는 것이다. 하나님의 뜻대로 행하는 자가 천국에 들어가는데, 예수님 당시에 하나님의 뜻대로 행한 자가 없었다는 것은 이미 2021년 동안 기독교 역사가 증명해 준다. 하나님의 뜻대로 행하는 자는 반드시 육체도 죽지 아니한다. 그래서 하나님의 행하시는 것은 영원히 있을 것이라고 하셨고, 다음 말씀에서도 예언해 두셨다.

요일2:17 이 세상도, 그 정욕도 지나가되 오직 하나님의 뜻을 행하는 이는 영원히 거하느니라

이 말씀은 육체도 죽지 아니하고 영원히 땅에 거한다는 뜻이다. 그래서 영생이 하나님의 뜻이다.

시37:27, 29 ^{27}악에서 떠나 선을 행하라 그리하면 영영히 거하리니⋯ ^{29}의인이 땅을 차지함이여 거기 영영히 거하리로다

하나님은 거짓말하시는 분이 아니다. 사람들이 안 믿는다. 지난 주 2021년 6월 1~11일까지 너희 편지를 보면서 경악했다. 진실로 귀신이 주인인 자들은 단 한 절의 말씀도 안 믿는다는 것을 보았다. 도저히 사람

이라고 할 수 없는 패역을 하고 있다. 몇 명 외에 아직 정직하지 않다. 진짜 하나님의 말씀을 안 믿는 자들이다. 우리 안에도 이런데, 누가 이 진리를 믿겠나? 그러면서 어떻게 교회를 다녔으며, 어떻게 낙토에까지 갔을까? 보응이 정말 무섭다.

잠2:21 대저 정직한 자는 땅에 거하며 완전한 자는 땅에 남아 있으리라

이렇게 언약해 두셨는데 사람들이 안 믿은 것이다. 진짜 귀신이 주인인 자들의 하는 생각은 무엇이든지 부정적이고, 무엇이든지 죄만 짓는다. 자해만 하더라.

겔43:7 내게 이르시되 인자야 이는 내 보좌의 처소, 내 발을 두는 처소, 내가 이스라엘 족속 가운데 영원히 거할 곳이라 이스라엘 족속 곧 그들과 그 왕들이 음란히 행하며 그 죽은 왕들의 시체로 다시는 내 거룩한 이름을 더럽히지 아니하리라

겔43:7절의 이 언약은 상상이 아니라, 이 땅에서 하나님의 처소가 실상이 되어 이루어지는 것을 예언해 두셨다. 이곳이 새 예루살렘 성이다.

겔43:9 이제는 그들이 그 음란과 그 왕들의 시체를 내게서 멀리 제하여 버려야 할 것이라 그리하면 내가 영원토록 그들의 가운데 거하리라

겔43:9절의 이 언약도 명백하게 이 땅에서, 곧 하나님께서 약속하신 땅에 거하시되 반드시 새 언약으로 다시 창조된 자들 가운데 거하신다. 이 언약의 보증으로 '믿음이요 진리의 성령'인 나를 보내신 것이다.

이렇게 실상으로 영원히 거하시려고 호2:19~20절에도 말씀하신 것이다. 기록된 말씀을 믿고 지켜 실행하는 것이 믿는 것이다. 신약에서도 다음 말씀에 하신 대로 현재 이루어져 가고 있는 중이다.

고전7:24 형제들아 각각 부르심을 받은 그대로 하나님과 함께 거하라

엡2:22 너희도 성령 안에서 하나님의 거하실 처소가 되기 위하여 예수 안에서 함께 지어져 가느니라

요일4:12~13 12어느 때나 하나님을 본 사람이 없으되 만일 우리가 서로 사랑하면 하나님이 우리 안에 거하시고 그의 사랑이 우리 안에 온전히 이루느니라 13그의 성령을 우리에게 주시므로 우리가 그 안에 거하고 그가 우리 안에 거하시는 줄을 아느니라

이 예언들도 진리의 성령이 실상이 될 때인 지금 이 세대에 사실이 되어 이미 이루어지고 있다.

이렇게 실상이 되어 계21:2~7절에 "2또 내가 보매 거룩한 성 새 예루살렘이 하나님께로부터 하늘에서 내려오니 그 예비한 것이 신부가 남편을 위하여 단장한 것 같더라 3내가 들으니 보좌에서 큰 음성이 나서 가

로되 보라 하나님의 장막이 사람들과 함께 있으매 하나님이 저희와 함께 거하시리니 저희는 하나님의 백성이 되고 하나님은 친히 저희와 함께 계셔서 [4]모든 눈물을 그 눈에서 씻기시매 다시 사망이 없고(그래서 천국이다. 저 하늘 어딘가에서 천국이 이루어지는 것이 아니라, 이렇게 새 예루살렘이 하나님께로부터 하늘에서 내려온다는 말 또한 AD 90년경에는 절대 알 수 없는 '이상'이었지만, 그래서 상상하게 만든 것이지만, 전 성경을 통으로 보면 명백하게 실상이다.) 애통하는 것이나 곡하는 것이나 아픈 것이 다시 있지 아니하리니 처음 것들이 다 지나갔음이러라 [5]보좌에 앉으신 이가 가라사대 보라 내가 만물을 새롭게 하노라 하시고 또 가라사대 이 말은 신실하고 참되니 기록하라 하시고 [6]또 내게 말씀하시되 이루었도다 나는 알파와 오메가요 처음과 나중이라 내가 생명수 샘물로 목마른 자에게 값없이 주리니 [7]이기는 자는 이것들을 유업으로 얻으리라 나는 저의 하나님이 되고 그는 내 아들이 되리라"

먼저 '**장막**'이 이해가 되면 천국이 이 땅에서 이루어진다는 것이 깨달아진다. **고후5:1~6절**에서는 '사람의 몸'을 장막이라고 하셨다. **벧후1:13~14절**에도 마찬가지로 '육신'을 장막이라고 하셨다. **욥4:21절**에도 "장막 줄을 그들에게서 뽑지 아니하겠느냐 그들이 죽나니 지혜가 없느니라"고 하셨고, **사38:12절**에서도 사람의 육신을 장막이라고 하셨다. 그리고 장막을 두고 '거주지, 나라, 왕권, 시온 성, 하나님 나라, 견고한 새 예루살렘, 여호와의 전, 여호와의 집, 하나님의 보호하심, 목자들의 장막, 회막, 성전' 등으로 지칭한다.

따라서 '온전한 장막'은 하나님께서 영원한 언약으로 다시 창조하신

'사람'을 뜻하시는 것이다. 이러한 온전한 장막이 바로 **호2:19~20, 23절**에 하신 언약이 실상이 된 나와 성도들에 대한 예언이다.

호2:19~20, 23 [19]내가 네게 장가들어 영원히 살되 의와 공변됨과 은총과 긍휼히 여김으로 네게 장가들며 [20]진실함으로 네게 장가들리니 네가 여호와를 알리라… [23]내가 나를 위하여 저를 이 땅에 심고 긍휼히 여김을 받지 못하였던 자를 긍휼히 여기며 내 백성 아니었던 자에게 향하여 이르기를 너는 내 백성이라 하리니 저희는 이르기를 주는 내 하나님이시라 하리라

이 예언은 육으로 저 황금돔이 있는 이스라엘, 곧 구약시대에 유일한 하나님의 선민이었던 그들에게서 이 본문의 주인공이 나오는 것이 절대 아니다. 그들이 보기에 하나님의 백성이 아니라고 하는 이방 나라에서 실상이 된다. 또 반드시 셈 족인 동양인에게서 나와야 한다.

이는 이미 창세기에 예언되어 있다. **창9:26~27절**이다. 노아의 홍수 이후 '셈, 함, 야벳' 세 인종이 전 세계에 퍼질 것과 이 중 '셈'은 곧 동양인인 현재 우리에 대한 예언이며, 세 인종에 대한 결과를 예언해 두신 것이다.

창9:26~27 [26]또 가로되 셈의 하나님 여호와를 찬송하리로다 가나안은 셈의 종이 되고 [27]하나님이 야벳을 창대케 하사 셈의 장막에 거하게 하시고 가나안은 그의 종이 되게 하시기를 원하노라 하였더라

창세기 9장의 예언이 온전히 실상이 되는 때가 지금 이 세대다. 따라

서 **호2:19~20절**의 예언의 실상은 반드시 셈 족인 동양인이어야 하고, BC 1400년경 모세에 의해서 기록된 이 예언을 BC 750년, 곧 650년 후 호세아 선지자를 통해서는 이렇게 구체적으로 예언하셨고, 이 예언이 실상이 되는 '말일'이 지금 이 세대다.

호3:5 그 후에 저희가 돌아와서 그 하나님 여호와와 그 왕 다윗을 구하고 말일에는 경외하므로 여호와께로 와 그 은총으로 나아가리라

호세아서에 기록된 이 말일이 악인들에게 이 세상의 권세를 허락하신 기간이 끝나는 때를 말씀하신 것이다.

'말일'에 대해서는 여러 부분, 여러 모양으로 말하면 '세상 끝, 말세, 종말, 미래, 장래, 장차, 마지막 때, 끝날' 등으로 표현한다. **렘23:20절**에도 예언되어 있는데, 말일에 있을 일이 **예레미야 23장** 전체에 예언되어 있다. 찾아서 교독하거라.

렘23:19~20 [19]보라 나 여호와의 노가 발하여 폭풍과 회리바람처럼 악인의 머리를 칠 것이라 [20]나 여호와의 노는 내 마음의 뜻하는 바를 행하여 이루기까지는 쉬지 아니하나니 너희가 말일에 그것을 완전히 깨달으리라

이 말씀 이대로 또 다른 보혜사인 진리의 성령이 실상이 되어 죄에 대하여, 의에 대하여, 심판에 대하여 책망할 때 이 세상에 속한 자들, 곧 악인들이 지배하는 세상이 끝나는 날을 두고 '말일'이라고 하신 것이다. 이

말일이 이미 사실이 되어 하나님의 백성들을 악한 길과 악한 행위에서 돌이키도록 하나님의 말씀을 대언하는 것이 나를 통한 14년째 이 일이다. 이는 5~8절의 말씀이 실상이 되는 것이며, 이미 낙토에서 실행되고 있다.

렘23:5~8 ⁵나 여호와가 말하노라 보라 때가 이르리니 내가 다윗에게 한 의로운 가지를 일으킬 것이라 그가 왕이 되어 지혜롭게 행사하며 세상에서 공평과 정의를 행할 것이며 ⁶그의 날에 유다는 구원을 얻겠고 이스라엘은 평안히 거할 것이며 그 이름은 여호와 우리의 의라 일컬음을 받으리라 ⁷그러므로 나 여호와가 말하노라 보라 날이 이르리니 그들이 다시는 이스라엘 자손을 애굽 땅에서 인도하여 내신 여호와의 사심으로 맹세하지 아니하고 ⁸이스라엘 집 자손을 북방 땅, 그 모든 쫓겨났던 나라에서 인도하여 내신 여호와의 사심으로 맹세할 것이며 그들이 자기 땅에 거하리라 하시니라

예레미야 30장을 찾아서 교독하거라.

렘30:23~24 ²³보라 여호와의 노가 발하여 폭풍과 회리바람처럼 악인의 머리를 칠 것이라 ²⁴나 여호와의 진노는 내 마음의 뜻한 바를 행하여 이루기까지는 쉬지 아니하나니 너희가 말일에 그것을 깨달으리라

이 말일에 대하여 다니엘서에는 이렇게 기록되어 있으며, 이때를 두고 말씀하신 것이다.

단10:14 이제 내가 말일에 네 백성의 당할 일을 네게 깨닫게 하러 왔노라 대저 이 이상은 오래 후의 일이니라

단12:4 다니엘아 마지막 때까지 이 말을 간수하고 이 글을 봉함하라 많은 사람이 빨리 왕래하며 지식이 더하리라

이 말씀에서 마지막은 세상이 종말 하는 것이 아니고, 악인이 지배하는 이 세상이 끝나는 날을 뜻한다. 곧 하나님께서 만드신 세상을 하나님께서 통치하시는 세상이 아니라, 먼저 악인들에게 이 권세를 6일간 허락하셨다. 6일이 끝나는 때를 두고 '말일, 마지막 때'라고 하신 것이다. 이때가 지금 이 세대다. 2021년 현재 비행기가 하늘을 날아다니므로 사람들이 빨리 왕래할 때, 인터넷이 개발되어 누구든지 온 세상 지식이 더하는 이때를 예언하신 것이다. 따라서 이때가 되어야 **단12:1~3**절의 "영생"을 얻는 자가 실상이 된다.

단12:1~3 [1]그때에 네 민족을 호위하는 대군 미가엘이 일어날 것이요 또 환난이 있으리니 이는 개국 이래로 그때까지 없던 환난일 것이며 그때에 네 백성 중 무릇 책에 기록된 모든 자가 구원을 얻을 것이라 [2]땅의 티끌 가운데서 자는 자 중에 많이 깨어 영생을 얻는 자도 있겠고 수욕을 받아서 무궁히 부끄러움을 입을 자도 있을 것이며 [3]지혜 있는 자는 궁창의 빛과 같이 빛날 것이요 많은 사람을 옳은 데로 돌아오게 한 자는 별과 같이 영원토록 비취리라

이미 이 말씀의 예언이 이루어지고 있다. 이때, 곧 말일에 다음 말씀이 실상이 된다.

사2:2~4 ²말일에 여호와의 전의 산이 모든 산 꼭대기에 굳게 설 것이요 모든 작은 산 위에 뛰어나리니 만방이 그리로 모여들 것이라 ³많은 백성이 가며 이르기를 오라 우리가 여호와의 산에 오르며 야곱의 하나님의 전에 이르자 그가 그 도로 우리에게 가르치실 것이라 우리가 그 길로 행하리라 하리니 이는 율법이 시온에서부터 나올 것이요 여호와의 말씀이 예루살렘에서부터 나올 것임이니라 ⁴그가 열방 사이에 판단하시며 많은 백성을 판결하시리니 무리가 그 칼을 쳐서 보습을 만들고 그 창을 쳐서 낫을 만들 것이며 이 나라와 저 나라가 다시는 칼을 들고 서로 치지 아니하며 다시는 전쟁을 연습지 아니하리라

이 예언을 실상으로 이루시기 위해 현재 새 언약으로 다시 창조하시고 계신다. 여호와의 전의 산, 곧 시온산, 새 예루살렘을 두고 **계시록 21장**에 예언을 해 두신 것이다. 이미 성취되고 있는 실상인데 이제 기초를 세우는 것이다. 또 **미4:1~5절**에도 **사2:2~4절**의 예언이 반복해서 기록되어 있고, 더 구체적으로 예언되어 있다. 이 모든 일들은 결국 전 성경 기록 목적이며, 실상이 되어 14년째 나를 통한 이 일을 예언해 두신 것이다. 이 일은 예수 그리스도께서 실상으로 강림하셔서 성취하시는 일이 아니고, 이미 하나님께서 이루시고 계신다.

그래서 '**온전한 장막**'이 된 사람, 곧 셋이 하나 된 사람을 여러 부

분, 여러 모양으로 기록해 두신 것이다. 이제 2021년 6월 12일 이때 **사 52:1~2절**의 예언이 실상이 되는 나에 대한, 나를 통한 예언이다.

사52:1~2 [1]시온이여 깰찌어다 깰찌어다 네 힘을 입을찌어다 거룩한 성 예루살렘이여 네 아름다운 옷을 입을찌어다 이제부터 할례받지 않은 자 와 부정한 자가 다시는 네게로 들어옴이 없을 것임이니라 [2]너는 티끌을 떨어 버릴찌어다 예루살렘이여 일어나 보좌에 앉을찌어다 사로잡힌 딸 시온 이여 네 목의 줄을 스스로 풀찌어다

본문의 **"보좌"**는 권세, 권력자, 귀빈, 통치자가 앉는 권세와 권위와 위엄의 자리, 보편적으로 왕과 관련하여 사용될 때는 절대 권한을 지닌 **'왕권'**을 상징한다. 물론 이 왕권은 절대 권한을 가지신 만왕의 왕이신 하 나님께서 친히 부여하신다. 이 보좌에서 국사와 재판 등이 이루어지는데, 이때 보좌는 공의에 의해 견고히 선다.

잠16:12 악을 행하는 것은 왕의 미워할 바니 이는 그 보좌가 공의로 말미 암아 굳게 섬이니라

즉 하나님께서 친히 공의를 행하실 때 실상이 되는데, 이렇게 하시 는 이유는 **10절**의 예언이 실상이 되기 때문이다.

잠16:10 하나님의 말씀이 왕의 입술에 있은즉 재판할 때에 그 입이 그릇

하지 아니하리라

곧 하나님의 말씀으로 선, 악을 재판하되 공의로 재판하게 하시려고 보좌에 앉으라고 하신 것이다. 재판장은 하나님이시다.

시7:11 하나님은 의로우신 재판장이심이여 매일 분노하시는 하나님이시로다

그러나 재판장이신 하나님께서는 반드시 당신이 스스로 진술치 아니하시고, 당신이 장가드신 자를 사용하신다. 또한 새 예루살렘의 보좌에 앉는 사람은 반드시 '**여자**'라야 한다는 뜻이 바로 **호2:19~20절**의 예언이고, 예수 그리스도께서 예언하신 또 '**다른 보혜사인 진리의 성령**'이다. 하나님의 아들들, 백성들을 해산하는 어미이며, 외모로 여자라는 것과 이 여자가 목사이며, 다윗의 집의 열쇠를 가지신 이, 성부 하나님과 하나 된 자, 내주하시는 성전 된 여자라는 뜻이며, 이 여자는 2021년 6월 12일 현재 악인들에 의해 사로잡혀 있어야 한다. 증거가 바로 **사52:2절**에 "사로잡힌 딸 시온이여 네 목의 줄을 스스로 풀찌어다"라고 하신 것이다.

하나님께서 장가드신 여자, 말일인 2021년 지금 이 세대에 새 예루살렘에 영원한 기둥이 될 하나님의 사자, 곧 목사인 빌라델비아 교회 목사이며, 재판장이신 하나님의 말씀을 대언할 사람, 하나님께서 동행하시는 여자, 영생을 믿으라고 이 땅에 보내신 진리의 성령, 하나님의 말씀을 보고 듣고 믿고 지켜 실행하는 실상의 '**믿음**'을 두고 "**사로잡힌 딸 시온이**

여"라고 하신 말씀이 나에 대한 예언이 명백하며, 재판장이신 하나님께서 공의로 재판하시기 위해 이렇게 말씀하신 것이다. 따라서 이 예언들은 절대 다른 세대 다른 사람이 아니고, 이 세대 나에 대한 예언이 확실하다.

하나님께서 변론하시는
참 과부의 송사

이렇게 보좌에 앉으라고 하신 이유는 **시68:5~6절**을 성취하시기 위해서다. 곧 과부의 송사를 변론하시고 악인의 머리를 치시기 위해 이 예언을 성취하시려는 하나님이시다.

시68:5~6 [5]그 거룩한 처소에 계신 하나님은 고아의 아버지시며 과부의 재판장이시라 [6]하나님은 고독한 자로 가속 중에 처하게 하시며 수금된 자를 이끌어 내사 형통케 하시느니라 오직 거역하는 자의 거처는 메마른 땅이로다

본문의 **"수금된 자"**는 죄인을 도망갈 수 없도록 가두어 두고 사슬이나 착고, 곧 수갑에 채워졌으며, 겨우 생계만 유지할 수 있는 음식이 제공되는 감옥에 가두어진 자를 뜻한다. 요셉, 예레미야, 세례 요한, 예수 그리스도, 베드로, 바울 등이 복음을 전하다가 누명을 쓰고 수금되었다. 그러나 본문의 수금된 자는 하나님의 말씀을 전하고 지켜 실행한 것으로 인하

여 감옥에 갇힌 나에 대한 예언이다. 그리고 아직 하나님 아버지를 안 믿었던 너희들을 고아라고 하신 것이다.

성도 창섭, 문자, 지원 너희들은 옥에 갇힐 때 하나님을 믿지 않은 고아였다. 전 은혜로교회 성도들이 내가 옥에 갇힐 때까지 모두 하나님을 안 믿은 영적인 상태였고, 2021년 6월 12일 현재도 거의 대부분이 아직 귀신이 주인인 상태의 고아다. 이런 고아의 아버지시며, 과부의 재판장이신 하나님께서 고아와 과부를 변론하시려고 일어서신 것이다.

이는 또 **시75:7절** "⁷오직 재판장이신 하나님이 이를 낮추시고 저를 높이시느니라(고 하신 이 언약대로 자신들이 '이단이요 사이비'이면서, 생명책에 이름이 기록된 자로 하나님의 말씀을 대언하는 나를 도리어 이단이라고 한 자들은 이제 낮추시고, 나를 변론하시고 세우시기 위해 보좌에 앉으라고 하신 것이다. 이때 악인은 **8절**의 판결대로 사실이 된다. 이미 이렇게 14년째 진행되고 있다.) ⁸여호와의 손에 잔이 있어 술 거품이 일어나는도다 속에 섞은 것이 가득한 그 잔을 하나님이 쏟아 내시나니 실로 그 찌끼까지도 땅의 모든 악인이 기울여 마시리로다"

이 예언은 전 성경 속에 감추어 두신 하나님의 징벌과 재앙이다. 나를 "이단이니~ 사이비 교주니~" 한 모든 악인들뿐만 아니라, 창세 이래 첫 순교자 아벨을 죽인 가인이 한 모든 언행부터 7년 대환난에 순교자의 수가 찰 때까지 악인들이 하는 악행과 죄에 대한 징벌을 이 세대가 다 받는다는 뜻이 '잔'에 대한 단어 속에 감추어져 있다.

2021년 이 세대가 될 때까지 모든 죄를 짓고 영원한 지옥 불못에 가는 자들이 어떤 악을 행해도 다 참으신 하나님께서 이 세대에 나를 사용하셔서 창세 이래 처음으로 온전한 개혁, 완전한 지혜, 온전한 것인 전대미문의 새 언약을 하시는 이때, 이 일을 훼방하고 혀로, 손가락으로 가만히 숨어서 10년을 넘게 괴롭히고 학대한 악인들에게 다 마시게 하신다는 판결이다. 이 판결을 구체적으로 예언해 두신 말씀 중 대표적인 말씀이 **마태복음 23장** 전체다. 찾아서 합독하거라. 앞에 설명한 '잔'을 받을 악인들이 실상이 되는 때가 지금 이 세대다.

마23:35~36 [35]그러므로 의인 아벨의 피로부터 성전과 제단 사이에서 너희가 죽인 바라랴의 아들 사가랴의 피까지 땅 위에서 흘린 의로운 피가 다 너희에게 돌아가리라 [36]내가 진실로 너희에게 이르노니 이것이 다 이 세대에게 돌아가리라

이 예언 그대로 하나님께서 악인들을 징벌하시기 위해 나를 보좌에 앉으라고 하신 것이다. 이렇게 말씀을 선포하여 나를 이단이라고 한 모든 악인들을 다 심판하시고 가룟 유다의 직분이 타인에게 가듯이, 악인들이 다스리고 지배하던 왕위를 영영한 사역자들, 예수 그리스도와 함께 왕 노릇 할 자들에게 주신다. 그래서 **시75:10절**에 "**또 악인의 뿔을 다 베고 의인의 뿔은 높이 들리로다**"라고 예언해 두신 것이다. 이렇게 된 장막, 곧 하나님의 거하시는 성전이 된 거룩하고 온전한 자를 두고 보좌에 앉으라고 하신 것이다. 또 이렇게 명령하신 이유는 **시72:2~4절**의 예언을 성취하기 위해서다.

시72:2~4 [2]저가 주의 백성을 의로 판단하며 주의 가난한 자를 공의로 판단하리니 [3]의로 인하여 산들이 백성에게 평강을 주며 작은 산들도 그리하리로다 [4]저가 백성의 가난한 자를 신원하며 궁핍한 자의 자손을 구원하며 압박하는 자를 꺾으리로다

가난한 자, 곧 심령이 오직 하나님 한 분만 바라고 동행하며 이 세상의 그 어떤 것도 좇거나 추구하지 않았고, 그래서 더욱 가난하여 세상의 '부귀영화'는 단 한 가지도 가지지 않은 참 과부인 나를 송사하여 온갖 더러운 말로 죄를 씌우고 짓밟고 학대한 자들에게 자신들이 행한 그대로 갚아 주실 것을 언약해 두셨고, 이런 궁핍한 자의 자손을 구원하여 내시고 압박하는 자를 꺾으셔서, 나를 통한 이 일이 전대미문의 새 일이며, 하나님의 언약하신 그대로 실상이 되는 하나님의 행하심이라는 사실을 온 세상이 알게 하신다는 언약이다.

이런 진리를 받고도 아직 우리 안에 안 믿는 자는 티끌이다. 타작을 할 가치도 없는 악인이다. 그래서 떨어 버릴 것이다. 언제까지 기다려 줄 줄 알았더냐? 더 이상 귀신들한테 희롱당하지 않는다. 경고하고 영원한 기업의 자격도 박탈할 것이며, 하나님의 큰일을 방해하고 원수 노릇 하는 자는 낙토뿐 아니라, 은혜로교회에서 영원히 제명시킨다. 진실로 패역무도한 자가 우리 안에 있었다.

짐승과 다를 바 없는 악독함이 생각과 마음을 잡고 저 스스로 자해하고 온갖 계산을 하고, 시기, 질투, 미움, 곧 살인, 정죄, 판단, 비웃음, 가장, 더럽고 더러운 짐승만도 못한 행동을 하는 자가 낙토에, 과천에 있었

다. 이런 흉악한 귀신들이 목사, 사모, 권사, 집사, 교사, 전도사 등이 되어 모태 신앙이라고 자랑하며 흉악한 짓거리를 하고 있었다.

이제 각자 자신들의 상태가 어떠했는지 다 조사받은 결과가 너 자신들도 알고, 사람인 나도 알고, 하나님께서는 이미 너희가 이 땅에 사람으로 태어나기 전에 예언해 두신 진리대로였음을 온 세상에 공개한다. 너희의 그 더러운 패역을 영원히 고치고 다시 창조하시는 하나님의 완전하신 사랑을 거절하고 더 패역무도한 자라는 것을, 너희 실체가 귀신이 주인이었다는 것을 깨닫게 하시려고 나를 옥에 가두실 것도 미리 다 예언해 두셨던 것이다.

결국 악인들이, 나를 고소한 그들이 다 대체육체들이었다. 이는 너희들을 영원히 살리시기 위한 하나님의 사랑이다. 2018년 7월 24일에 나와 성도들이 수금되어 감옥에 갇힌 것이 명백하게 너희 패역한 것에 대한 보응이며, **전3:17~18절**의 예언이 사실이 되었다.

"[17]내가 심중에 이르기를 의인과 악인을 하나님이 심판하시리니 이는 모든 목적과 모든 일이 이룰 때가 있음이라 하였으며 [18]내가 심중에 이르기를 인생의 일에 대하여 하나님이 저희를 시험하시리니(라고 하신 이 말씀대로 현재까지 시험하시고 계신다. 그런데 3년이 다 된 이 시험, 14년째 이 시험에서 합격한 성도는 거룩한 자로 다시 태어났는데, 경솔하고 악한 자들은 감추고 감춘 자신의 실체가 짐승보다 더 못하고, 짐승과 다름이 하나도 없음을 다 드러나게 하셨다. 귀신이 주인일 때는 이러하다고 14년째 말해도 단 한 절도 안 믿고 사리사욕만 가지고, 곧 배워서 써먹고 싶어서 따라온 자들이 대부분이었고, 단 한 마디도 인정하지도 실행하지도 아니하고 생각으로, 행위로 부인하고 철저하게 가장하고 있었다.

이는 너희들의 가치, 그릇 차이, 교만, 거만한 영적인 상태를 너희 자신이 철저하게 인정하라고 시험하신 성적표를 받은 것이다. 너희들이 이 땅에 태어나기 전, 이미 모세부터 전 성경 저자들을 사용하셔서 지금 너희들의 언행에 대해서, 시험의 결과에 대해서, 우리 모두의 미래에 대해서 다 예언해 두셨다. 이런 진리를 안 믿는 너는 누구냐? 시험하신 이유를 이렇게 예언해 두셨다.)

저희로 자기가 짐승보다 다름이 없는 줄을 깨닫게 하려 하심이라 하였노라(이 말씀이 참 진리임을 인정하느냐? 인정만 해서는 안 된다. 이제 다시는 이런 귀신 놀음은 안 된다. 계속 패역하면 하나님 나라와 너는 아무 관계가 없다. 하나님의 뜻대로 행하는 자라야 천국의 상속자다. 자신이 짐승이나 다를 바 없다는 성적표를 받고도 계속 그대로 있으면 **전 3:19~20절**에 이미 판결해 두신 대로 실상이 된다.)

¹⁹인생에게 임하는 일이 짐승에게도 임하나니 이 둘에게 임하는 일이 일반이라 다 동일한 호흡이 있어서 이의 죽음같이 저도 죽으니 사람이 짐승보다 뛰어남이 없음은 모든 것이 헛됨이로다 ²⁰다 흙으로 말미암았으므로 다 흙으로 돌아가나니 다 한곳으로 가거니와"

2021년 6월 12일 이 세대까지 땅에 있던 모든 사람들은 모두 **전 3:19~20절**의 말씀에 해당하는 삶을 살다가 육체가 죽었고, 죽는 것으로 끝난 것이 아니라 한 몫의 삶의 결과로 인해 '영원'이 결정되어 지옥 불에서 영원히 살아야 한다는 것이다. 본문의 짐승도 사람이 아는 본능적으로 아는 짐승이 아니라, 우리 가운데 있다가 개가 토한 것을 다시 먹으러 간

사람들, 마귀의 자식이라는 것을 스스로 증거하여 나를 고소하고 세상 법에 넘긴 자들이 이 짐승의 실상이다.

그리고 아직 단 한 절도 안 믿고 귀신이 주인인 채 시험을 본 성적표가 나를 고소한 자들이 씌운 죄목들, 대적자들의 소송장에 기록된 그대로 거울로 보듯이 너희한테 보여 준 것은 너희들이 그들과 동일한 죄를 짓고 패역했다는 것이다. 이런 너희들은 **전3:19~20절**에 모두 한곳으로 간다고 말씀하신다.

이제 인생인 너희들에게 묻는다. 이번 편지에 그나마 정직하게 자신의 상태를 사실 그대로 자백한 인생은 다시 그런 삶을 살지 않겠다고 약속했으니 나는 또 믿는다. 그릇 차이가 있을 뿐 반드시 다 의롭게 될 것이라고 하나님께서 말씀하셨고, 너희도 너 자신을 위해서 다시는 패역하지 않고 고치겠다고 했으니 또 믿는다.

하지만 몇 명 외에 거의 대부분은 아직 속이고 흉악한 귀신의 교만함으로 횡설수설하여 자신이 지금 무슨 말을 하는지도 모르고 편지를 쓴 사람들은 네가 대적자들처럼 그런 헛된 삶을 살고 그들과 함께 지옥 불에 갈래? 너 자신에 대해서 이제 '주인이 귀신이었구나~' 하고 자각하고, 인생에서 하나님의 말씀을 믿고 다시 창조되어 '산 영, 살려 주는 영'이 될래?

절대 어려운 것이 아니다. 너 자신이 그 더러운 귀신을 붙들고 더 좋아하고 있는 것이다. 어떻게 자신을 낳아 준 어미를 미워하나? 어떻게 '하나님과 예수님이 근친상간'이라는 흉악한 귀신이 주는 생각에 몇 년, 아니거의 8년을 말씀을 받고 낙토에서 가장하고 패역할 수 있나? 사람이 보기에는 얌전한 척하나 영적으로 죽은 자다. **계3:1절**에 살았다고 하는 예수 이름을 가지고 네 나이만큼 교회 생활을 한 네가 죽은 자가 되어 패역하고 있었다.

편지를 보는 내 눈을 의심했다. 어떻게 그런 미친 생각을 하나? 너무 기가 차고 어이가 없어서 안 쓴다. 어떻게 그런 생각을 하나? 그게 바로 네 주인이 귀신이라는 명백한 증거다. 사실 너를 본 그날부터 단 한 순간도 거룩한 근심이 떠난 적이 없다. 부창부수라는 말을 왜 했는지 모두 잊었느냐? 그래도 이번에는 자신 속에 더러운 귀신의 정체를 말해 주어서 얼마나 감사하고 울었는지~ 살아나거라. 절대 어렵지 않다.

조하은이가 제일 자신의 실체를 정직하게 표현하고, 왜 자신에 대해서 정직하게 말해야 하는지도 잘 알고 있다. 하은아, 반드시 살려 주는 영이 될 수 있다. 꼭 약속 지키거라. 자신의 영적인 상태를 이제 알고 있다는 것은 살아나고 있다는 것이다. 모두 반드시 살려 주는 영이 되어 우리 외에 그 누구도 모르고 있는 하나님의 뜻을 지켜 실행하여 온전한 영생을 얻는 삶이 어렵지 않다는 것을 짐승 같은 사람들과 모든 인생들에게 산소망을 알게 하자. 하나님께서 이미 작정해 두셨으니 반드시 된다.

우리만 시험하시는 것이 아니다. 하나님께서 이 온 세상을 반드시 시험하신다. 그 시험에 들게 하지 않으시려고 아무 일도 없는 이때, 시험하시는 것이다. 온 세상 사람들이 누리는 것은 비교 자체가 안 되도록 영원히 다스리고 누리며 살게 하신다.

귀신은 너무 게을러서 공부도, 일도 다 안 하고 짐승처럼 먹고 싶은 것, 하고 싶은 것만 하고, 잠이나 자고 먹고 놀고 하는, 딱 짐승처럼 살면서 인간의 탈을 쓰고 온갖 욕심은 다 부리는 그 더러운 욕망만 가지고 일생 살더라. 너를 이렇게 철저하게 타락하고 부패하며 무능한 자로 만든 것은 혀로 예수 이름 부르고 교회만 다니면 구하는 모든 것을 다 주신다고 가르침을 받아서 더 더러운 짐승이 된 것이다.

이 세상의 학교도 자신이 공부를 안 하면 상을 받을 수 없고, 대학도 갈 수 없고, 세상에서 성공도 할 수 없는 것이라는 것은 가르치지 않아도 다 알 텐데, 어찌 그리 미쳐 있나? "주여 주여" 고래고래 소리 지르는 미친 언행만 배운 결과가 더럽고 게으른 지금의 너를 만든 것이다. 이 세상에서 너 같은 인생은 사람 취급도 못 받는데, '성도'라는 이름으로 부르니까 어쩌면 그리도 분수를 모르나?

이제 티끌에 해당하는 자들은 떨어 버릴 것이다. 더 이상 기다려 주는 것이 아무 소용이 없다는 것을 너희들을 보면서 절감하고 깨달았다. 타작마당이 어떠한 사랑이었는지 영원히 살아서 너희 입으로 시인하고 부끄러워해야 할 것이다.

따라서 '거룩한 성 새 예루살렘'은 상상이 아니라 실상이 되어 하나님께서 예비해 두신 땅에서 사실로 이루어진다. 그래서 '장막'은 먼저 **호 2:19~20절**의 예언과 예수 그리스도께서 하신 예언, 보내 주마 약속하신 진리의 성령이 실상이 된 자인 나에 대한 예언이고, 빌라델비아 교회의 사자인 나를 통해 전대미문의 새 언약으로 다시 택함을 받은 이스라엘인 하나님의 택한 백성들에 대한 예언이며, 하나님께서 만세 전에 예비해 두신 땅인 낙토에서 이루어지는 것이다. 이를 두고 **출19:4절**에 하신 말씀이 실상이 되어 우리가 대한항공 비행기를 타고 피지로 날아갔다. 과천 은혜로교회 근처 사람들은 몇 년 동안 이사하는 짐을 싸서 비행기를 타고 날아가는 것을 다 보아도 아무도 몰랐던 것이다.

출19:4 나의 애굽 사람에게 어떻게 행하였음과 내가 어떻게 독수리 날개로 너희를 업어 내게로 인도하였음을 너희가 보았느니라

더 어이없는 것은 자신들이 두 귀로 듣고, 두 눈으로 보고 인정하여 피지로 보내 달라고 사정한 사람들이다. 그 누구도 아무도 은혜로교회에 와 달라거나, 교회 근처에 이사를 오라고 하거나 하지 않았다는 것이다. 전부 유튜브를 통해서 말씀을 믿고 자신들이 찾아와 놓고, 자신들이 스스로 헌금해 놓고, 자원서, 가족 동의서까지 다 쓰고 독수리의 두 날개로 날아갔다. 모두 사실 그대로 우리는 가난하여 가족이라도 한 방을 쓸 수 없고, 부부라도 우리가 집을 짓기 전에는 한 방을 쓸 수 없다고 수없이 말했다. 낙토에 여행 가는 것도 아니고 양로원이 아니라고도 다 말했고, 땅 개간부터 농사를 지어야 하고, 아무도 놀 수 없고 다 일해야 한다고 말했다. 월급을 준다고 단 한 번도 누구에게도 말하지 않았다. 영원한 가족이며, 모두 우리 집안 일을 하는 것이라고도 다 말했다.

그런데 나를 고소한 그들 모두 다 반대로 거짓말로 진술하여 고소한 것이다. 그들이 거짓 진술한 '소송장'이 다 있으니 이제 내가 그들을 소송한다. 그들의 실체를 밝힐 것이고, 대한민국 사법부는 거짓 진술만 믿고 7년, 4년 징역형을 선고하였으며, 이로 인해 법치 국가가 아님도 밝힐 것이다. 방송이 얼마나 거짓을 지어낼 수 있는지도 밝힐 것이다.

피지 사람들도 우리가 **출19:4**절의 예언의 주인공들임을 반드시 시

인하게 될 것이다. 구약의 모세와 아론, 여호수아 당시에 출애굽 사건이 아닌, 2021년 지금 이 세대 성경대로 이제 성취된 실상이라는 사실을 온 세계가 인정하게 할 것이다.

마지막 때
심판받는 악인들의 실체

구름을 바라보는 자들

이 송사가 2018년 7월 24일 시작이 되었고, 이제 하나님께서 나를 변론하시는 중에 있다. 온 세상이 믿든, 믿지 않든 이는 명백한 사실이다. **출19:4~6절**에 우리에 대한 하나님의 증거를 모세를 통해 BC 1400년경에 기록해 두신 예언인데, 2014년부터 독수리의 두 날개를 타고 이사를 한 것이다.

출19:5절에 "⁵세계가 다 내게 속하였나니(문자 그대로는 지금 전 세계이고, 영적으로는 **고전4:9절**에 "천사와 사람"이라고 하셨으므로, 복음을 전하는 사역자들을 이단이라 비방하고, 정죄하는 목사와 교인들을 지칭하시는 것이다. 이런 세계가 다 하나님께 속하였나니) 너희가 내 말을 잘 듣고 내 언약을 지키면(이 언약은 **히브리서 8장**의 새 언약인 영원한 언약으로 이미 14년째 지켜 실행하고 있다. 혀로 말만 하는 자들은 절대 알 수 없는 언약이다. 이 언약은 아브라함에게 하신 언약이고, 이삭, 야곱, 이스라엘, 다윗, 예수 그리스도에게 이어져서 하나님께서 정하신 때인 지금 이 세대에 14년째 언약을 선포하고 있고, 지켜 실행하고 있다.

하나님의 말씀은 혀로 말만 하라고 주신 것이 아니다. 반드시 지켜 실행할 때 영원한 언약이 되는 것이다. 사실 이 언약은 노아의 대홍수 후 방주에서 나온 노아와 그 아들들과 모든 생물에게 하신 언약인데, 다시는 홍수로 모든 생물을 멸하지 않겠다는 언약이다. 언약의 증거는 "내 무지개를 구름 속에 두어서 이것이 나의 세상과의 언약의 증거"라고 하셨다. 이 언약을 문자 그대로 사람이 본능적으로 아는 지식으로 보면 이 속에 감추어 두신 하나님의 뜻을 알 수 없다.

창9:12~17 [12]하나님이 가라사대 내가 나와 너희와 및 너희와 함께하는 모든 생물 사이에 영세까지 세우는 언약의 증거는 이것이라 [13]내가 내 무지개를 구름 속에 두었나니 이것이 나의 세상과의 언약의 증거니라 [14]내가 구름으로 땅을 덮을 때에 무지개가 구름 속에 나타나면 [15]내가 나와 너희와 및 혈기 있는 모든 생물 사이의 내 언약을 기억하리니 다시는 물이 모든 혈기 있는 자를 멸하는 홍수가 되지 아니할찌라 [16]무지개가 구름 사이에 있으리니 내가 보고 나 하나님과 땅의 무릇 혈기 있는 모든 생물 사이에 된 영원한 언약을 기억하리라 [17]하나님이 노아에게 또 이르시되 내가 나와

땅에 있는 모든 생물 사이에 세운 언약의 증거가 이것이라 하셨더라

먼저 '생물'에 대한 하나님의 뜻을 알아야 한다. **겔1:5절**의 "사람"을 뜻한다. 사람과 하나님 사이에 언약하신 것이다. 사람은 **창9:6절**에 하나님께서 당신의 형상대로 지으셨다. 그래서 절대 살인도, 자살도 하면 안 된다. "무릇 사람의 피를 흘리면 사람이 그 피를 흘릴 것이니 이는 하나님이 자기 형상대로 사람을 지었음이니라" 그래서 사람은 자신의 것이 아니고, 하나님의 것이다. 어떤 경우든 살인, 자살은 하나님 나라와 아무 관계가 없이 영원한 지옥의 판결을 받는다. 이 한 가지 사실만 알아도 살인자나 자살하는 자에게 천국에 간다고 거짓말을 할 수 없다. 그런데 기독교인이 하나님의 법을 무시하고 성경과 다른 거짓말을 가르친다. 이렇게 거짓말을 가르치는 자는 지옥의 자식들이다.

'구름'은 **유1:12절**에서 '사람의 육체'를 구름에 비유하셨다.

유1:11~12 [11]화 있을찐저 이 사람들이여, 가인의 길에 행하였으며 삯을 위하여 발람의 어그러진 길로 몰려 갔으며 고라의 패역을 좇아 멸망을 받았도다 [12]저희는 기탄없이 너희와 함께 먹으니 너의 애찬의 암초요 자기 몸만 기르는 목자요 바람에 불려 가는 물 없는 구름이요 죽고 또 죽어 뿌리까지 뽑힌 열매 없는 가을 나무요

이런 진리의 눈으로 **히12:1절**에서도 "이러므로 우리에게 구름같이 둘러싼 허다한 증인들이 있으니"라고 하셨고, **호13:3절**에서도 "이러므로

저희는 아침 구름 같으며 쉽게 사라지는 이슬 같으며 타작마당에서 광풍에 날리우는 쭉정이 같으며 굴뚝에서 나가는 연기 같으리라"고 하셨다.

종합하면 육체를 입은 사람을 '구름'에 비유하셨고, 특히 **호13:3절**의 "구름", 곧 사람은 바알에게 무릎 꿇은 자칭 기독교인들, 곧 지금 이 세대 예수 이름으로 우상숭배 하는 자들을 '**아침 구름, 쉽게 사라지는 이슬, 타작마당에서 떨어져 나간 쭉정이, 굴뚝에서 나가는 연기**'에 비유하신 예언으로, 우리에게서 떨어져 나간 자들, 나를 세상 법에 고소한 자들에 대한 예언도 감추어져 있다. **유1:12절**에도 10년을 넘게 나를 학대한 이인규 권사, 박형택 목사, 예장합신 총회 목사들, 한국 감리교 총회 목사들에 대한 예언도 감추어져 있다.

이들은 전부 아침 구름이며, 물 없는 구름이고, 자기 몸만 기르는 목자요, 하나님의 자녀, 백성들에게 암초다. 이들은 전부 성경을 가지고도 자신에 대한 예언이며 실상이 된 줄 모르는 영적인 소경, 귀머거리, 벙어리들이다. 나를 이단, 사이비라고 비방하고 정죄한 그들 모두 아침 구름, 쉽게 사라지는 이슬, 연기, 쭉정이들이다.

그러므로 이제 2021년 6월 13일부터 영원히 이들의 가면을 벗기고 실상, 실체를 드러내어 하나님의 판결대로 선포할 것이며, 이미 죽은 자이지만 '죽는 자의 죽는 것'도 기뻐하시지 않으시는 하나님이시기에 반드시 죽지 말고 살아서 이 진리가 하나님의 어떠한 사랑인지 너희 모두의 눈으로 보고, 너희 입으로 시인하고, 하나님께 굴복하게 되기를 바란다.

따라서 성경, 곧 참 진리는 사람이 본능적으로 아는 지식으로 구름은 저 '구름', 바람은 저 '바람', 무지개는 저 '무지개', 생물은 '생물'로만 보면 절대 하나님의 뜻을 알 수 없고, 하나님의 뜻을 알 수 없으니 행할 수도 없으며, 이런 사람은 그 누구든 하나님 나라인 천국과 아무 관계가 없다.

그래서 천국은 비밀이며, 2021년 6월 13일 이때까지 천국, 지옥, 영생, 생명, 하나님, 예수 그리스도, 성령을 다 상상하고, 하나님을 대적하는 대적자들, 곧 사단, 마귀, 귀신, 뱀, 독사, 짐승, 용, 악어, 천사 등도 전부 상상만 하여 성경을 가지고 성경과 다른 거짓말로 설교하여 가르치고 믿었다. 이 결과 단 한 사람도 예수 그리스도께서 언약하신, 하나님께서 예수 그리스도를 통해서 하신 언약을 믿지 않았으며, 그래서 단 한 사람도 **요 11:25~26절**의 말씀이 사실이 되지 않았던 것이다.

지금 전 세계 모든 사람들에게 의문을 던진다. 왜 하나님의 아들을 통하여 하나님께서 하신 언약이 이루어지지 않았을까? 사실 전 성경이 다 이러하다. 이는 절대 과언이 아니고, 허언은 더더욱 아니며, 사실이다. 이런 진리의 눈으로 **요11:25~26절**의 말씀을 보자.

요11:25~26 [25]예수께서 가라사대 나는 부활이요 생명이니 나를 믿는 자는 죽어도 살겠고 [26]무릇 살아서 나를 믿는 자는 영원히 죽지 아니하리니 이것을 네가 믿느냐

'**생물, 구름**'은 다 육체를 입은 '**사람**'을 말씀하신 것이다. 이런 진리의 눈, 곧 하나님은 영이시니까 영적인 눈으로 다음 구름을 보자.

전11:4 풍세를 살펴보는 자는 파종하지 아니할 것이요 구름을 바라보는

자는 거두지 아니하리라

"구름을 바라보는 자는 거두지 아니하리라"라고 하신 이 말씀은 무슨 뜻일까? 이 말씀 속에 지금 전 세계 성경을 사용하는 모든 종교, 유대교, 천주교, 기독교의 현재 영적인 상태가 다 감추어져 있다. 즉 구름만 바라보면 절대 하나님의 정하신 때를 모른다는 뜻도 감추어져 있다. 과연 무슨 뜻일까? 그래서 2021년 지금 이때까지 기독교나 세상 모든 종교나 일반이 되어 예수 그리스도께서, 예수 그리스도를 통해서 하신 하나님의 말씀이 사실이 되지 않았던 것이다. 이 때문에 다음과 같이 말씀하신다.

전12:1~2 ¹너는 청년의 때 곧 곤고한 날이 이르기 전, 나는 아무 낙이 없다고 할 해가 가깝기 전에 너의 창조자를 기억하라 ²해와 빛과 달과 별들이 어둡기 전에, 비 뒤에 구름이 다시 일어나기 전에 그리하라

왜 구름을 바라보는 자, 곧 사람을 바라보는 자는 거두지 아니할까? 거두는 것은 무엇일까? 이 사람, 곧 구름은 누구를 지칭하는 것일까? 비 뒤에 구름이 다시 일어나기 전에 회개하고 돌아서지 아니하면 천국과 아무 관계가 없고, 구원과 아무 관계가 없다. 이 때문에 14년째 다시 예언하고 있다. 그래서 예수 그리스도를 통해서 이렇게 말씀하셨다.

마6:26 공중의 새를 보라 심지도 않고 거두지도 않고 창고에 모아 들이지도 아니하되 너희 천부께서 기르시나니 너희는 이것들보다 귀하지 아니하냐

이 '공중의 새'는 사람이면 누구나 다 아는 공중의 새를 말씀하신 것이 아니고, 성경을 가지고 사람이 본능적으로 아는 것으로 설교하고 가르치는 자들, 곧 사단이요 마귀들을 뜻하신 것이다. 사단, 마귀를 상상하는 자들은 전 성경을 가지고 단 한 절도 하나님의 나라 비밀인 하나님의 뜻을 모르고 자신이 지어낸 말로 가르치고 설교하는 자들이다. 이런 자들은 심지도, 거두지도 않는다고 이미 판결해 두셨다.

곧 이들은 전부 '구름'을 바라보는 자들이다. 심지도 아니했는데 어떻게 거두겠느냐? 이들을 두고 '공중의 새'라고 비유하신 것이다. 그래서 이들을 두고 다음과 같이 말씀하셨다.

엡2:2 그때에 너희가 그 가운데서 행하여 이 세상 풍속을 좇고 공중의 권세 잡은 자를 따랐으니 곧 지금 불순종의 아들들 가운데서 역사하는 영이라

이들이 다 '공중의 권세 잡은 자', 곧 마귀요 사단이며 가르치는 귀신이다. 증명한다.

딤전4:1~2 [1]그러나 성령이 밝히 말씀하시기를 후일에 어떤 사람들이 믿음에서 떠나 미혹케 하는 영과 귀신의 가르침을 좇으리라 하셨으니 [2]자기 양심이 화인 맞아서 외식함으로 거짓말하는 자들이라

양심에 화인 맞아서 지옥 불에서 나오는 소리로 성경과 다른 거짓말을 하는 자들이라 성경을 사용하면 할수록 점점 미쳐 가서 양심이 아예

죽었고, 이런 자들은 부끄러움도, 더러움도 모르고 일생 살다가 지옥 불에 가서 혀에 물 한 방울 먹지 못하는 고통 속에 영원히 사는 **눅16:19~31절**의 부자 같은 자들이다.

김호민은 검찰 측 증인으로 서서 내가 자신을 바리새인이라고 했다고 자랑하더라. 그 친구도, 그 친구 남편, 아들도 다 바리새인이요 외식하는 자임을 스스로 수치도 모르고 자랑하는 그는 **딤전4:1~2절**의 주인공이다. '후일'이 곧 2021년 지금 이 세대이고, 믿음이 실상이 되어 베트남에서 말씀을 듣고 피지까지 자원해서 간 자다. 이렇게 자신에 대한 예언을 눈으로 보고 귀로 듣고도 자신의 주인이 '공중 권세 잡은 자 마귀'라는 것과 '귀신'이라는 것을 모르는 대적자가 된 것이다.

이렇게 명백하게 '내 대적의 소송장'이 내게 있기에 이 감옥살이를 하게 만든 대적자들이 어떤 거짓말로 거짓 증언을 했는지 반드시 밝혀서 자신들이 지은 죄의 보응을 하나님의 판결 그대로 다 받는 것을 눈으로 볼 것이고, 또한 이런 진리를 안 믿는 자가 누군지 다 드러났다.

'가르치는 귀신'도 '영'이라고 하는데 '영'을 상상하는 기독교인들은 무엇이든지 다 상상한다. 그래서 '성령'도 상상하여 나를 이단이라고 하며, 치명적인 죄를 지어 자신을 자해하는 무지몽매한 기독교인들이 바로 지금 이 세대 전 세계 기독교인들인 줄 누가 믿을까?

성경을 가지고 성경과 다른 거짓말을 가르치는 자들이 있는 교회를 두고 **계18:2절**에서 "귀신의 처소"라고 하시고,

계16:13~14 [13]또 내가 보매 개구리 같은 세 더러운 영이 용의 입과 짐승

의 입과 거짓 선지자의 입에서 나오니 ¹⁴저희는 귀신의 영이라 이적을 행하여 온 천하 임금들에게 가서 하나님 곧 전능하신 이의 큰 날에 전쟁을 위하여 그들을 모으더라

이 말씀대로 전 세계 구석구석까지 예수 이름으로 교회를 세우고, 귀신의 처소에서 가르친 성경과 다른 거짓말로 설교하여 사람들을 모은 것이다.

이들이 사람들을 모으는 방법은 '이적'이었다. 곧 예수 이름으로 병 고치고, 귀신 쫓고, 귀신이 가르친 소리, 곧 자칭 방언 기도를 가르쳐서 개구리 소리로 온 세상 천하 임금들을 미혹하여 70~80만 교인들을 모았고, 전 세계 단일 교회로 가장 크다고 자랑하는 교회가 된 줄 알면 아연실색하여 기절할 것이다. 처음에 이 개구리 소리를 두고 장로교에서는 '이단'이라고 하더니, 여의도에 있는 그 교회가 점점 부자가 되어 가니까 어느 날부터 너도나도 다 개구리 소리인 "랄랄라 따따따" 따라 하고, 이제는 그 소리가 귀신이 가르친 거짓말이라고 하니까 성경대로 말한 나를 도리어 이단이라고 한 것이다.

"예수 이름으로 귀신아 떠나갈지어다" 하면 귀신이 반응하여 장단을 맞추고 쇼를 하니까 다 속아서 장로교인들이 개구리 소리 해서 부자 된 교회, "예수 이름으로 귀신아 떠나갈지어다"라고 해서 부자 된 교회를 보고 '이단'이라고 하더니, 지금은 전 세계가 너도나도 이렇게 귀신을 쫓는다고 가르치고 따라 하게 된 것이다. 이제는 누구도 그들을 이단이라고 하지 않더라.

이들은 전부 '구름을 바라본 자들'이라 거두지도 아니하고, 공중 권세 잡은 자들이라 모두 하나님께 불순종하는 자의 아들들이요, 이들이 있는 교회는 귀신의 처소이며, 모두 '귀신의 영'들이요, 이들은 이적을 행하여 예수님을 흉내 내고 주의 이름으로 귀신도 쫓아내며 많은 권능을 행했다고 자랑하는 자들이다. 이들에 대한 판결이 바로 **마7:13~27절**에 예언해 두신 **'멸망으로 인도하는 크고 넓은 문에 있는 자들이며 불법을 행하는 자들'**이다. 이들은 예수 그리스도께서 "나는 도무지 너를 모른다"고 하시며 "**불법을 행하는 자들아 내게서 떠나가라**"고 하신 예언의 주인공들이다.

참 아이러니한 것은 대한민국 사람 중에 전 세계를 미혹한 귀신의 처소에 서 있는 용이 나왔으며, 그로부터 '목사' 권세를 받은 자들이 퍼뜨리고 미혹한 개구리 소리를 '성령받은 방언'이라고 하는 것과 "예수 이름으로 귀신아 떠날지어다"라고 가르친 것들이다. 그래서 '**천하 만국을 미혹**'했다고 한 것이다. 이런 자들의 결과가 TV에, 신문에 다 나와도 영적인 소경일 때는 땅에 속한 자들도, 하늘에 속한 우리도 다 몰랐던 것이다.

14년째 이들의 실체를 드러내니까 도리어 나를 '이단'이라고 정죄한 것이다. 자신들의 정체를 드러내는 것은 사실 그들을 지옥 불에서 꺼내 주고 영원히 영생에 이르게 하려는 것인데, 귀신들은 들어 보거나 성경을 보고 '왜 이렇게 말을 할까?' 하고 생각을 해 보아야 하는데 이들은 전부 이성 없는 자들이 되어 자신들이 본능적으로 아는 그것으로 영원히 멸망하는 자들, 곧 지옥 유황 불에 가는 자들이라 아무것도 모르고, 도리어 나를 이단이라 정죄한다.

공중 권세 잡은 자, 마귀

'공중의 새'는 사람이 누구나 다 아는 저 '공중의 새'를 뜻하는 것이
아니라, 공중 권세 잡은 자인 **마귀**를 말씀하신다. 곧 성경을 가지고 천국
의 비밀은 단 한 가지도 모르면서 자신이 만들어 낸 성경과 다른 거짓말
로 가르치고, 예수 이름으로 이적을 행하여 온 천하를 미혹하는 불법을
행하는 설교자들을 말씀하신 것이다. 이들, 곧 '사람'을 '영'이라고 한 것
은, 영이신 하나님께서 당신의 형상대로 사람을 지으셨기 때문에 이런 자
들을 여러 부분, 여러 모양으로 기록해 두셨던 것이고 '귀신의 영'이라고
하신 것이다. 그래서 또 다음과 같이 말씀해 두셨다.

마8:20 예수께서 이르시되 여우도 굴이 있고 공중의 새도 거처가 있으되
오직 인자는 머리 둘 곳이 없다 하시더라

곧 공중의 새의 거처는 '귀신의 처소'이다. 이런 말씀은 영적인 소경
인 그들에게 하나도 보이지도 들리지도 아니한다. 귀신의 영들, 곧 귀신이
주인인 사람들이 모인 곳, 모든 더러운 영들, 모든 더러운 죄를 짓는 사람
들이 모인 교회를 '귀신의 처소, 귀신의 거처'라고 한다. 이렇게 성경이 기
록되어 있으니 가르치는 귀신들은 자신들에 대한 예언인 줄 꿈에도 모르
고, 사실을 사실대로 말하는 나를 미워하고 말로 죽이는 것이다. 이단, 사
이비라고 학대하여 살해하는 것이다. 이런 공중의 새, 곧 마귀와 그 세력
들에 대해서 또 이렇게 예언해 두셨다.

마13:31~32 [31]또 비유를 베풀어 가라사대 천국은 마치 사람이 자기 밭에 갖다 심은 겨자씨 한 알 같으니 [32]이는 모든 씨보다 작은 것이로되 자란 후에는 나물보다 커서 나무가 되매 공중의 새들이 와서 그 가지에 깃들이느니라

　이 말씀은 예수 이름이 온 세상에 퍼지니까 '공중의 새들', 곧 마귀, 사단, 귀신들이 와서 가지인 '교인들'이 있는 곳에 있다는 뜻이다.

　공중의 새에 대한 해답은 천국 복음을 전할 때 훼방하는 자들에 대한 예언이고, 바로 **마13:10~50절, 막4:10~32절, 눅8:9~15절**에 동일하게 예언되어 있다. 찾아서 반드시 다 읽어라. 해답만 말하면 2008년 6월 16일부터 천국 복음을 전하고 있는데 이 사실을 누가 믿을까? 하지만 명백한 사실이다.

　나를 사용하셔서 천국 복음을 전하신 14년째 이 일이 씨 뿌리는 비유 속에 감추어 두신 천국의 비밀 중 하나다. 이때가 되어야 '공중의 새'의 정체가 무엇인지 밝히 드러나는 것이다. 본문에서 공중의 새를 '악한 자, 마귀, 원수, 새들, 사단'이라고 여러 부분, 여러 모양으로 기록해 두셨다.

　마귀는 천국의 말씀을 믿어 구원에 이르지 못하게 하려고 하나님의 말씀을 가라지, 쭉정이들의 마음에서 **빼앗는** 일을 한다. 이들을 두고 '공중의 새'라고 하신 것이다. 2021년 이때까지 하나님의 아들들과 가라지, 쭉정이들인 마귀의 아들들이 함께 공존하여 있다가 영적인 추수 때인 이때, 다음과 같이 갈라내신다.

　마13:30절에 "둘 다 추수 때까지 함께 자라게 두어라 추수 때에 내

가 추숫군들에게 말하기를 가라지는 먼저 거두어 불사르게 단으로 묶고(이렇게 영적인 추수 때인 지금 이 세대에 '가라지'를 먼저 거둔 곳이 바로 신천지다. 이유는 '단'으로 묶은 것이다. 그들은 12지파를 각 지파별로 묶어서 '요한 지파, 베드로 지파' 등으로 말하는 자체가 바로 이 예언의 실상이다. 그런데 공중의 새는 곧 사단, 마귀들은 거두지도 아니한다고 하셨다. 이들이 바로 하나님의 뜻을 모르는 자들이다. 이들 모두는 천국과 아무 관계가 없는 일을 하는 자들이다.

신천지도 이 본문이 자신들에 대한 예언인 줄 모르고, 도리어 자신도 모르는 소리를 하여 30만이나 되는 사람들을 모은 것이다. 가라지 추수인 줄도 모르고 자신들만 정통 기독교인들이라고 자랑하는 기득권 세력들은 가라지 추수하는 신천지가 무서워서 꼼짝을 못 하고 교인들을 다 빼앗기는 치욕을 겪은 것이다. 또한 공중의 새들인 마귀, 사단들이 가라지인 자신들의 머리였다는 사실조차 꿈에도 모른다는 것이다.

가라지 추수를 한 신천지가 나타난 것은 신천지에게 빼앗긴 교인들은 자신들이 심지도 거두지도 아니한 사단이요 마귀인 공중의 세력들의 것이라고 하나님께서 명백하게 교훈하시는 것이다. 곧 지금 이 세대가 하나님께서 정하신 추수 때라는 것을 깨달으라고 행하시는 일인데 하나님의 뜻을 모르고 있다.

나를 두고 신천지에서 배워 왔다느니 할 때 신천지에 대해서 처음 들었고, 그때 도리어 지금이 영적인 추수 때라는 것과 나를 통한 이 일이 천국 복음을 이제 전하는 것이라는 사실을 명백히 확인해 주시는 하나님의 뜻임을 알았기에 상대할 필요도, 가치도 없었던 것이다. 그들은 말 그대로 가라지를 거두는 것이니 하나님께 허락을 받아 자신에게 주어진 일을 하고 있는 것이다. 이에 대한 해답은 **마13:36~50절**에 판결되어 있다.) 곡식은 모아 내 곳간에 넣으라 하리라(이 '**곡식**'은 '의인들, 천국의 아들들'이다. 이미 이 아들들은 14년째 새 언약인 영원한 복음을 전하여 유튜브를 통해서 모았고, 그래서 **23절**에)

²³좋은 땅에 뿌리웠다는 것은 말씀을 듣고 깨닫는 자니 결실하여 혹 백 배, 혹 육십 배, 혹 삼십 배가 되느니라 하시더라… ³⁶이에 예수께서 무리를 떠나사 집에 들어가시니 제자들이 나아와 가로되 밭의 가라지의 비유를 우리에게 설명하여 주소서 ³⁷대답하여 가라사대 좋은 씨를 뿌리는 이는 인자요 ³⁸밭은 세상이요 좋은 씨는 천국의 아들들이요 가라지는 악한 자의 아들들이요"라고 하신 예언의 실상이 바로 '**곡식**'이다.

천국의 아들들인 곡식을 거두는 자는 '**인자**'인데, 문자 그대로만 보면 예수 그리스도 자신에 대해 '**인자**'라고 하셨지만, 이는 온전한 해석이 아니다. 곧 2천 년이 흐른 후 영적인 추수 때인 2021년 지금 이 세대에 사실이 되어야 하는 '**인자**'이다.

요6:27 썩는 양식을 위하여 일하지 말고 영생하도록 있는 양식을 위하여 하라 이 양식은 **인자가 너희에게 주리니** 인자는 아버지 하나님의 인치신 자니라

썩는 양식이 아니라 육체도 죽지 아니하고 영원히 영생에 이르는 온전한 양식을 먹이는 나에 대한 예언이다.

이 증거가 **겔3:25~27절**의 말씀이 사실이 되어 내가 감옥에 갇힌 이 사건이다. 곧 영생하도록 있는 양식은 하나님께서 친히 가르치시는 전대미문의 새 언약인데, 이 양식을 14년째 대언하는 이 일이 바로 '**씨 뿌리는 비유의 비밀**'이 실상이 된 것이다. 이렇게 씨를 뿌리고 영생하도록 있는 양식인 하나님의 뜻, 천국의 비밀을 열고 지켜 실행하여 하나님께서 약속하신 땅에 이사하여 일하게 한 일로 인해 마귀의 세력, 곧 공중의 권세 잡은 자들에 의해 송사가 이루어진 것이다. 이 또한 예언이 사실이 된 하나님의 행하심이다.

겔3:25~27 ²⁵**인자야** 무리가 줄로 너를 동여매리니 네가 그들 가운데서 나오지 못할 것이라 ²⁶내가 네 혀로 네 입천장에 붙게 하여 너로 벙어리 되어 그들의 책망자가 되지 못하게 하리니 그들은 패역한 족속임이니라 ²⁷그러나 내가 너와 말할 때에 네 입을 열리니 너는 그들에게 이르기를 주 여호와의 말씀이 이러하시다 하라 들을 자는 들을 것이요 듣기 싫은 자는 듣지 아니하리니 그들은 패역한 족속임이니라

이렇게 천국의 아들들을 곳간에 넣는 일을 14년째 하고 있다. 패역을 고치지 아니하면 천국의 아들들이 아니다. 분명히 하나님의 뜻을 행하는 자가 천국에 들어간다고 하셨고, 이 천국의 아들들이 백 배, 육십 배, 삼십 배의 복을 받는 것이다. 진리는 이러한데 하나님의 뜻은 단 한 절도 모르는 공중의 새들, 곧 사단, 마귀, 가르치는 귀신들이 거짓말로 지어내서 삼십 배, 육십 배, 백 배의 복을 팔아먹는다. 아무것도 모르는 교인들은

그런 거짓말에 다 속는다.

영생하도록 있는 양식을 위해 일하는 천국의 아들들은 한 몫의 삶을 무효하여 버리고, 하나님께서 예비해 두신 땅에 이사하여 완전히 새로운 삶을 사는 자들이다. 이렇게 생명책에 이름이 기록된 천국의 아들들을 피지에 감금했다고 하는 그들은 **마13:19~22절**에 해당하는 실상의 주인공들이며, 가라지요, 쭉정이들이며, 마귀의 자식들이다.

그리고 **마13:43~44절**의 예언이 실상이 된 의인들, 천국의 아들들은 '곡식'이 되어 하나님의 나라에서 해와 같이 빛난다.

마13:43~44 [43]그때에 의인들은 자기 아버지 나라에서 해와 같이 빛나리라 귀 있는 자는 들으라 [44]천국은 마치 밭에 감추인 보화와 같으니 사람이 이를 발견한 후 숨겨 두고 기뻐하여 돌아가서 자기의 소유를 다 팔아 그 밭을 샀느니라

이 예언이 하나님께서 약속하신 땅에서 실상이 되는 것이다. 천국은 이렇게 하나님께서 만드신 땅에서 실상이 된다. 진리는 이러한데 가르치는 귀신들은 육체가 죽어서 가는 곳이라고 가르친 것이다. 이 씨 뿌리는 비유가 AD 55년에 기록된 예언인데 1966년이 지난 지금 2021년에 실상이 되어 기초가 세워지고 있다.

따라서 영적인 추수 때가 되었는데도 공중의 새들은 거두지도 않고 있다. 심지도 않는다. 그리고 '내 곳간'이 결국 아버지 나라이다. 곡식만 들어가는 곳이다.

반대로 '가라지'는 **마13:38~42절**에 "가라지는 악한 자의 아들들이요 가라지를 심은 원수는 마귀요 추수 때는 세상 끝이요('**세상 끝**'이란 보이는 이 세상이 멸망하는 것이 아니고, 악인들이 지배하는 세상이 끝이라는 뜻이다. 이때에 대해서 예수 그리스도께서 미리 예언해 두셨다.

마태복음 24장, 마가복음 13장, 누가복음 21장이다. 찾아서 모두 교독하거라. 2021년 이때가 영적인 추수 때, 곧 '**세상 끝**'이라는 징조는 전 성경에 이미 예언되어 있으며, 곡식과 가라지가 나누어지는 때가 지금 이때다. 그중에 가장 큰 징조가 또 다른 보혜사인 진리의 성령, 믿음이 실상이 된 것이다. 지금 이때까지 온 세상은 모두 죄 아래 가두어져 있었다.

롬3:9~23절의 말씀대로 모두 다 율법 아래 있게 하여 율법 속에 감추어진 복음을 알 수 없도록 감추어 두신 것이다. 사실 신약성경 '**마태, 마가, 누가, 요한**', 곧 사복음서라고 하는 단어는 잘못된 것이다. '**사복음서**'만 복음서냐? 다른 말씀은 아니냐? 구약성경은 그럼 율법이냐? 성경을 한 권으로 묶을 때 이미 사람 수준에서 묶은 것이다. 그러나 이 또한 하나님의 경영 계획이다. 하나님께서 정하신 시간에 친히 가르치실 때, 곧 진리의 성령을 그릇으로 사용하셔서 대언하실 때, 온전히 전 성경 속에 감추어 두셨던 천국의 비밀을 전대미문의 새 일이 되게 하셔서 당신의 뜻을 밝히실 때까지는 모두 '**사람의 증거**'로 이어져오게 하신 것이다.

그래서 로마서에 이렇게 예언하신 것이다.

롬3:19 우리가 알거니와 무릇 율법이 말하는 바는 율법 아래 있는 자들에게 말하는 것이니 이는 모든 입을 막고 온 세상으로 하나님의 심판 아래 있

게 하려 함이니라

롬3:23 모든 사람이 죄를 범하였으매 하나님의 영광에 이르지 못하더니

    이 말씀대로 2008년 6월 16일에 **히브리서 8장**의 새 언약을 처음 시작할 그 시간까지 이 온 세상에 의인은 없나니 하나도 없었다는 것을 선고한다. 로마서를 기록한 저자 사도 바울도 이 말씀을 기록했어도 이 말씀대로 실상이 될 때를 그는 몰랐다. 예수 그리스도께서 '세상 끝'에 있을 징조를 말씀하셨어도 그 세상 끝이 언제일지 모르셨다. 오직 하나님께서만 아시는 한 날, 한 때였다. 이 때문에 장래 일을 사람에게는 알게 하지 않으신다고 말씀하셨던 것이다.

    시102:18절의 예언대로 전 성경 기록 목적이 장래 세대, 곧 악인들이 지배하는 이 세상은 심판하시고, 의인의 세대인 '오는 세상'을 영원히 세우실 때를 계획하신 대로 경영해 오신 것이다. 이때 사용될 사람이 바로 예수 그리스도를 통해서 예언하신 그대로 진리의 성령이 실상이 되어 **요16:7~15절**의 말씀이 성취되는 것이다. 곧 8절에 "그가 와서 죄에 대하여, 의에 대하여, 심판에 대하여 세상을 책망하시리라"고 하신 언약 이대로 땅에서 이루어지는 것이 14년째 나를 통한 이 일이다.

    이렇게 예수 그리스도가 상상이 아니고 실상이듯이, 진리의 성령도 명백하게 실상이라는 사실이 인정되지 아니하면 하나님 나라와 아무 관계가 없다. 증거가 진리의 성령이 실상으로 올 때까지 모든 사람이 죄를 범하여 하나님의 영광에 이르지 못하였다는 사실을 2021년까지 온 땅의

역사가 증명해 준 것이다.

하나님은 신령하신 분이라 본래 영원히 사시는 분이시다. '**영광**'이란 빛나는 영예, 인간이 감당할 수 없는 초월한 빛, 하나님의 임재나 긍휼, 완전성을 찬양하며 하나님만 높여 드리는 행위를 뜻한다. 사람이나 사물에 관련해서는 '아름다움, 뛰어남, 명성' 등의 의미로 사용된다.

특히 하나님과 관련되어서는 그분의 위엄 넘치는 현현, 곧 임재에 대한 표현으로, 또는 초월한 광휘(위엄, 권위, 장엄)와 인간이 감히 범접할 수 없는 지존함을 뜻하는 말이다. 이를 여러 모양으로 표현하면 '**영예, 광채**'라고 한다. 따라서 영광은 본질적으로 하나님께 속한 것이므로 오직 하나님만 영광을 받으실 분이시다. 그래서 하나님께서 다음과 같이 말씀하셨다.

사42:8 나는 여호와니 이는 내 이름이라 나는 내 영광을 다른 자에게, 내 찬송을 우상에게 주지 아니하리라

곧 하나님은 당신이 창조하신 모든 만물 중에 영장인 사람을 통해서 영광을 받으시는데, 이 영광을 다른 자에게 주셔서 영광을 받도록 하지 않겠다고 하신다. 따라서 **사42:8**절의 말씀이 사실이 되어 땅에 이루어질 때까지 이 온 세상은 모두 죄 아래 가두어 두신 것이다.

이 사실을 깨닫게 하시려고 보내 주신 분이 하나님의 아들 예수 그리스도시다. 하나님께 영광을 돌리기 위해 이 땅에 보내신 아들을 통해서 하나님께서 살아 계심을 증명하시는 모든 일을 보고도 안 믿었고, 도리어 아들을 십자가에 죽였다. 그러나 죽임을 당하셔도 전능하신 하나님

께서 약속하신 대로 삼 일 만에 다시 살아나셔서 영원히 죽지 아니하시는 신령한 몸으로 부활하셨지만, 이를 온전히 믿고 하나님께만 영광 돌리는 세상이 아니었다는 것은 이미 역사가 증명해 준다.

그리고 아들 또한 십자가상에서 "엘리 엘리 라마 사박다니"라고 하시므로 완전히 사람으로 이 땅에 오셨다는 것을 증명하셨고, 약속대로 삼 일 만에 부활하신 것으로 하나님의 아들이심을 완전하게 증명하신 것이다. 하지만 이때는 하나님께서 정하신 때가 아니었고, 예수 그리스도를 이 땅에 보내신 목적은 '새 언약, 곧 영원한 언약인 새 노래'의 중보로 오신 것이며, 이때가 될 때까지 성경이 모든 것을 죄 아래 가두어 두신 것이 바로 예수 그리스도께서 약속하신 **요11:25~26절**의 말씀이 실상이 되지 않았다는 것이다. 이에 대한 해답은 **갈3:22~23절**이었다.

갈3:22~23 [22]그러나 성경이 모든 것을 죄 아래 가두었으니 이는 예수 그리스도를 믿음으로 말미암은 약속을 믿는 자들에게 주려 함이니라 [23]믿음이 오기 전에 우리가 율법 아래 매인 바 되고 계시될 믿음의 때까지 갇혔느니라

이때에 대해서는 이미 구약성경에 다 예언되어 있었다. 곧 예수 그리스도께서 이 땅에 오셔도 그때가 온전한 때가 아니었고, 2천 년이 흘러야 함을 예언해 두셨다. 이때를 여러 부분, 여러 모양으로 계속 말씀하셨고, 이 '믿음'이 실상이 될 사람을 **호2:19~20절**에 예언해 두셨던 것이다. 이에 대해서는 14년째 계속 증명하고 있다.

이 '믿음'이 바로 나에 대한 예언이었다. 이를 증명해 주는 일이 2008년 6월 16일부터 창세 이래 단 한 세대도, 그 누구도 **호2:19~20절**의 말씀이 실상이 된 사람이 없었던 것이며, 모두 상상만 하고 종교생활을 한 것이다. 이에 대해 2021년 6월 14일까지 땅의 모든 역사가 명백히 증거하고 있고, 14년째 아무도 몰랐던 전대미문의 새 일, 새 언약을 증거하고 있는 이 일이다. 현재뿐 아니라 앞으로도 영원히 증명된다.

이사야 42장 전체를 반드시 다 읽고, 지면의 한계상 **사42:9~25절**을 선포한다. 이 또한 나와 은혜로교회 성도들과 현재 전 세계 성경을 사용하는 모든 종교, 더 나아가 땅에 있는 모든 사람들에게 하시는 하나님의 음성이며, 하나님의 행하심을 증명하는 일이다.

사42:9절 "보라 전에 예언한 일이 이미 이루었느니라(이때가 바로 예수 그리스도께서 이 땅에 실상으로 오셔서 이루신 때를 말씀하신 것이다. 그리고 2천 년이 흐른 후) 이제 내가 새 일을 고하노라(이 말씀을 이루시기 위해 나를 이 땅에 보내실 것을 아들 예수 그리스도를 통해 십자가를 지시기 전에 **요14:16~17, 26절, 15:26절, 16:7~15절**에 예언하신 그대로 또 다른 보혜사인 진리의 성령이 실상이 되어 대언할 때, 곧 2008년 6월 16일 그때가 바로 본문의 "이제"다. 그리고 '내가', 곧 하나님께서 "새 일을 고하노라"고 하신 일이 이루어진 것이다. 이는 신약성경 **요6:45절**의 말씀과 **사54:13절**의 말씀이 사실이 되어 이루어진 날을 이렇게 말씀하신 것이다.)

그 일이 시작되기 전이라도 너희에게 이르노라(2008년 6월 16일 전대미문의 새 일이 시작되기 전인 BC 700년경, 곧 2708년 6개월 16일

전에 이미 기록해 두신 것을 이렇게 말씀하신 것이다. 진리는 이런 것이다. 성경만이 참 진리라는 사실은 기록된 예언이 사실이 되어 땅에 그대로 이루어지므로 증명되는 것이다. 지금 나를 통한 이 일이 하나님의 행하신 일임을 믿으라고 예수 그리스도를 먼저 보내신 것이고, 이때가 될 때까지는 예수 그리스도에 대해서도 하나님의 뜻을 아무도 알 수 없도록 철저하게 천국의 비밀로 감추어 두셨다. 믿든 안 믿든 이는 명백한 사실이다.

곧 성경 속에 감추어진 하나님의 뜻을 알 수 없도록 '인봉, 봉함'해 두셨던 것이다. 따라서 문자 그대로 사람이 본능적으로 아는 지식, 즉 생물은 생물, 무지개는 무지개, 구름은 하늘에 저 구름으로 아는 것으로 보고 설교하는 사람은 절대 단 한 절의 하나님의 뜻도 모르고 사람이 지어 낸 설교를 하게 되는 것이며, 그 결과는 천국과 아무 관계가 없다. 도리어 천국문을 가로막고 있는 암초이며, 지옥의 사자다.

성경을 사용하는 종교가 이러한데, 사람들이 만들어 낸 모든 종교는 다 헛된 것이고, 도리어 하나님께 죄에 죄를 더하는 것이라 절대 천국에 갈 수 없다. 따라서 지금 전 세계 모든 종교는 다 버려야 하고 폐해야 한다. 절대 과언도 허언도 아닌 하나님의 증거다. 나는 대언을 하는 것이다. 전 성경을 근거로 하나님의 뜻을 선포하고 천명하는 것이다.

더불어 나에 대한 이 송사와 7년 판결이 얼마나 부당한지 하나님께서 변론하시는 것이다. 내가 감옥에 갇힐 것도 이미 3421년 전 최초의 성경 저자 모세를 통해서 예언해 두셨고, 40여 명의 성경 저자를 사용하여 1600여 년 간 기록된 이 진리가 3421년이 지난 이때, 온전히 사실이 되어 예언이 실상이 된 내가 하나님의 증거하심을 대언하고 있는 것이다.

14년째 이루어지고 있는 이 일은 이미 이 세상 모든 만물을 창조하시기 이전에 다 계획해 두신 하나님의 뜻이다. 그래서 **욥33:13절**의 말씀도 BC 1400년경에 저자는 미상으로 기록되었지만, 이때 기록한 예언을 나와 나를 감옥에 가두도록 길잡이 역할을 한 우리에게서 나간 자들이 고소하고 허건 형사가 기획하여 검사, 판사, 변호사 등에 의해 현재 기록된 성경을 이루고 있는 중이다.

지금 이 경고와 권면을 무시하고 업신여기면 선포되는 말씀 그대로, 각자 본인들이 행한 그대로 자신들이 다 받는다. 나는 악인들에게 14년째 경고하고 있고, 2021년 6월 16일을 시작으로 온 세상에 경고한다. 이 경고와 하나님의 사랑을 무시하고 계속 죄를 지으면 '**죄에 대해서, 의에 대해서, 심판에 대해서**' 세상에 있는 모든 사람에게 천명하는 이 말씀이 사실이 되어 그대로 이루어져 왔고, 현재도 이루어지고 있으며, 앞으로도 영원히 성경 속에 감추인 진리대로 다 이루어질 것이다.

그래서 이와 같이 말씀해 두셨다.

잠16:9 사람이 마음으로 자기의 길을 계획할지라도 그 걸음을 인도하는 자는 여호와시니라

'**여호와**'는 유일하신 참 하나님의 이름이다. 이 사실, 곧 진리의 뜻을 깨달으면 온 세상 모든 사람들이 살아 계신 하나님을 믿을 것이다. 그러므로 나를 통한 이 일을 사람 생각대로 판단하고 정죄한 결과는 본인들에

게 치명적이며, 다시는 돌이킬 수 없는 영원한 죄를 짓는 자해 행위다. 이에 대해 경고하신 말씀이 **욥33:13절**이다.

욥33:13 하나님은 모든 행하시는 것을 스스로 진술치 아니하시나니 네가 하나님과 변쟁함은 어찜이뇨

'진술'이란 단어를 왜 사용하셨을까? 이 단어는 보통 사람들이 흔하게 사용하는 단어가 아니다. 더군다나 천지 만물을 창조하신 하나님께서 이 단어를 사용하신 것이다. 왜일까? '진술'이란 ①자세히 벌여 말함. 또는 그 말. 곧 사건에 대해서 자세히 하는 말. 의견을 진술하다. ②소송 당사자나 관계인이 법원에 사건에 관한 사실이나 법률상의 의견을 말함. 또는 그 내용을 뜻한다.

그런데 왜 하나님께서 '진술'이라는 단어를 사용하셨을까? 하나님의 말씀인 성경을 사람들을 사용하셔서 기록하신 것은 온 천지 만물을 창조하신 목적과 경영하심에 대해 진술해 두신 것으로 진리인 성경이다. 이 세상 어느 종교 경전에 이렇게 명확하게 이 온 세상 만물을 "**내가 창조했다**"고 기록한 책이 있는가? 온 세상 사람들에게 묻는다. 있거든 반드시 온 세상 앞에 증명하라. 없다. 오직 살아 계신 하나님의 말씀을 1189장 속에 다 함축시켜 기록해 두신 성경만이 참 진리다.

이 세상에 어느 책이 1600여 년간 기록한 것이 있으며, 모든 만물에 대한 모든 궁금한 것을 이 한 권의 책 속에 다 담고 기록해 두신 것을 **욥33:13절**에 말씀하신 것이다. 곧 하나님이 창조하시고 경영하시는 모든 일

을 예언해 두신 성경을 가지고 모두 사람의 말로 변개시켜서 하나님께 영광을 돌리는 것이 아니라 사람들이 영광을 가로챘고, 아들 예수님을 이 땅에 보내시고 그분을 통해 하나님께서 당신이 살아 계심을 나타내셨는데도 2021년 이 시간까지 "오직 예수"라는 말로 부득불 왕 노릇 하시고 계셨던 것이다.

따라서 내가 이 땅에 와서 하나님께서 정하신 시간이 될 때까지 아들에 대해서도, 성부 하나님에 대해서도 아무도 알지 못했다. '설마~' 하며 이 말을 믿든 안 믿든 이는 참 사실이다. 증거가 '**온전한 영생**'을 얻은 자가 없었다는 것이고, 다음 말씀이 명백한 증거다.

요17:3 영생은 곧 유일하신 참 하나님과 그의 보내신 자 예수 그리스도를 아는 것이니이다

2021년 이때까지 영생이 실상이 되지 않았던 명백한 이유가 영생은 창조주 하나님 여호와와 그 아들 예수 그리스도를 아는 것인데, 지금 이때까지, 특히 2008년 6월 16일 이전까지 하나님과 예수 그리스도에 대해서 온전히 알고 있는 사람이 없었기 때문이다.

이렇게 전 세계에 예수 이름이 퍼진 상태에 예수 그리스도에 대해서, 성부 하나님에 대해서 알게 하실 때 사용되는 그릇이 바로 '**또 다른 보혜사인 진리의 성령**'이었다. 그래서 예수님께서 당신이 승천하시는 것이 너희에게 유익이라고 하시며 진리의 성령에 대해서 미리 예언해 두셨던 것이다. 이 예언이 사실이 되어 진리의 성령인 내가 이 땅에 와서 **요**

15:26절의 예언이 실상이 된 것이다.

요15:26 내가 아버지께로서 너희에게 보낼 보혜사 곧 아버지께로서 나오시는 진리의 성령이 오실 때에 그가 나를 증거하실 것이요

이는 진리의 성령인 나를 통해서 하나님의 친히 가르치심인 진리로 성부 하나님에 대해서, 그 아들 예수에 대해서 증거할 때 '**영생**'이 실상이 된다. 그 증거가 **요14:16~17절**이다. 이 예언 속에 영생을 이미 받은 자로 이 땅에 보냄을 입은 사람들이 예언되어 있다. 두 눈을 크게 뜨고 정신을 차리고 이성을 찾아서 분별해 보거라.

요14:16 내가 아버지께 구하겠으니 그가 또 다른 보혜사를 너희에게 주사 영원토록 너희와 함께 있게 하시리니

사실 이 말씀은 율법이 되어 2021년까지 '**예수 이름**' 안에 가두어 둔 말이 되었다. 당시 예수 그리스도께서도 당신이 아버지께 구해서 보내주시겠다는 말로 모든 사람들이 성경을 보게 한 것이다. 그래서 신약성경도 문자 그대로, 사람 시각으로 보면 율법이 되어 성경이 모든 것을 죄 아래 가두어 두신 기간이었음을 증명하는 것이다.

곧 또 다른 보혜사인 진리의 성령에 대해서는 이미 구약의 창세기부터 다 예언되어 있었다. 예수 그리스도에 대해서만이 아니고, 오히려 나에 대해서 더 많이 예언되어 있었다. 이에 대해서는 14년째 증명하여 왔고,

지금 이 시간에도 증명하고 있으며, 영원히 증명한다. **창세기 1~50장** 안에 다 예언되어 있었고, 전 성경에 너무나 많이 예언되어 있다. 그러나 이렇게 하신 하나님의 뜻을 당시 아들 예수님도 모르셨던 것이다. 이는 아들의 뜻대로 땅에 있는 모든 만물을 경영하시는 것이 아니라, 하나님의 뜻대로 창조하시고 경영하신다는 것을 증거하는 것이다. 이런 뜻이 감추어져 있는 하나님의 이름이 '**여호와**'라고 당신이 밝히시는 것이다.

그래서 이렇게 말씀해 두셨다.

시83:18 여호와라 이름하신 주만 온 세계의 지존자로 알게 하소서

이 예언이 창세 이래 단 한 세대도 실상이 된 적이 없었다. 이 예언이 실상이 되는 때가 여호와의 날인 지금 이 세대다. 이를 위해 진리의 성령이 이 땅에 와서 **호2:19~20절**의 말씀이 실상이 되어 온전히 영생을 하는 '본'이 되는 것이다.

하나님께서 거하시는 거룩한 자, 성전 된 실상이 바로 '**또 다른 보혜사**'라서 이를 두고 '**진리의 성령**'이라고 한 것이다. 이런 하나님의 뜻을 당시 예수 그리스도도 온전히 모르시므로 "**엘리 엘리 라마 사박다니**"라고 하신 것이고, 당신이 아버지께 진리의 성령을 구하겠다고 하신 것이다.

성부 하나님의 이름은 '**여호와**'시다. 하나님께서 이 땅에 보내신 아들의 이름은 '**예수 그리스도**'다. 또 **마28:19절**에 "아버지(여호와 하나님)와 아들(예수 그리스도)과 성령의 이름(?)으로 세례를 주고"라고 하신 이 말씀이 온전히 실상이 되는 때가 바로 **요14:16절**의 말씀이 실상이 되고, **요일**

5:7∼9절의 말씀이 사실이 되어 셋이 하나가 되어 증거하고 있는 이때이다.

아버지도 이름이 있고, 아들도 이름이 있으며, 아들이 일하실 때도 하나님께서 동행하셔서 죽은 자도 살리시고, 죽임을 당해도 언약하신 그대로 삼 일 만에 다시 살리셔서 제자들에게 나타나시고, 신령한 육체는 손과 발이 다 있고 구운 생선 한 토막도 잡수셨다고 하셨다. 그러나 그때는 '성령의 이름'을 가진 자가 없었다. 그래서 모든 진리를 진리 가운데로 인도할 수 없는 때였다.

그 증거가 예수 그리스도는 잠깐 사역하시고 십자가에 죽으셨으며, 신령한 몸으로 부활하셨지만 40일 후에 승천하신 것이다. 그때는 "온전한 것이 올 때에는 부분적으로 하던 것이 다 폐하리라"고 하신 **고전13:10절**의 말씀이 이루어지는 때가 아니었던 것이다.

그래서 '오직 예수'만 혀로 부른다고 하나님을, 예수 그리스도를 아는 것이 아니고, 그 결과 '영생'이 실상이 되지 않았던 것이다. 2021년 이때까지 영생을 온전히 이룬 자가 없었기에 영생이라는 단어를 사용만 해도 자칭 기독교인들은 발작을 한다. 귀신이 주인인 영적인 상태는 교만이 기본 뿌리이기 때문에 절대 기록된 진리도 안 믿더라. 14년째 보았다.

그런데 예수 그리스도께서, 즉 아들을 통해서 하나님께서 1990년 전에 약속하셨다. 이 약속은 이미 3421년 전에 모세를 통해, 구약의 선지자들을 통해 미리 예언해 두셨고, 영원히 사는 사람, 곧 하나님께서 장가 드셔서 영원히 살겠다고 하신 예언은 BC 750년경에 하신 예언으로, 이 속에 '영생'의 비밀이 감추어져 있었다.

공변된 판단을 받지 못한
예수 그리스도

호2:19~20절에 "내가 네게 장가들어 영원히 살되(이렇게 되어야 천국이 실상으로 이루어지는 것이다. 다른 말로 하면 신령한 몸이 되는 것이며, 하나님의 말씀으로 완전히 다시 창조되는 것이다.) 의와('의'는 **사 45:25절**에 "이스라엘 자손은 다 **여호와로 의롭다 함을 얻고 자랑하리라 하느니라 하셨느니라**"고 하신 예언이 실상이 되게 하시려고 진리의 성령을 먼저 세우시는 것이다. 따라서 영생을 얻는 자는 반드시 진리의 성령이 실상이 되어 영원한 의이신 하나님에 대해서 진리대로 알게 할 때, 영생이 실상이 된다. 이렇게 이미 14년째 인도하고 있다.

이스라엘도 그래서 다시 택하신 이스라엘이다. 따라서 이스라엘은 반드시 다음 말씀이 실상이 되어야 한다.

사45:17 이스라엘은 여호와께 구원을 입어 영원한 구원을 얻으리니 영세에 부끄러움을 당하거나 욕을 받지 아니하리로다

시119:142 주의 의는 영원한 의요 주의 법은 진리로소이다

시119:144 주의 증거는 영원히 의로우시니 나로 깨닫게 하사 살게 하소서

14년째 이 일은 하나님의 증거, 곧 본문의 주의 증거다. 이 '의'를 받

아 반드시 깨달을 때 생각과 마음을 잡고 죄를 짓게 하는 귀신에게서 영원히 자유하게 되어 영생을 얻는 것이다. 이런 사람을 거룩한 자, 성도라고 하는 것이다. 이런 의와)

공변됨과(어느 한쪽으로 치우쳐 사사롭지 않고 공평함, 공의롭고 정당함, 다른 말로 하면 '정의, 공정한, 공의'라고 한다. 이 말씀이 너무 중요하다. 이유는 예수 그리스도께서 이 땅에 오신 당시가 하나님께서 정하신 때가 아니라는 분명한 증거다. 곧 "오직 예수"라고 말만 한다고 구원받는 것이 아님도 명백하게 증명된다. 이는 예수님 당시에 실상이 되는 언약이 아니고, 나에 대한 예언임도 명백히 밝히시는 증거이기도 하다. 증명한다.

행8:32~33 ³²읽는 성경 귀절은 이것이니 일렀으되 저가 사지로 가는 양과 같이 끌리었고 털 깎는 자 앞에 있는 어린 양의 잠잠함과 같이 그 입을 열지 아니하였도다 ³³낮을 때에 공변된 판단을 받지 못하였으니 누가 가히 그 세대를 말하리요 그 생명이 땅에서 빼앗김이로다 하였거늘

행8:32~33절의 이 말씀은 **사53:7~9절**의 예언을 인용한 것이다. 예수 그리스도께서 원수들에 의해 당시 가장 잔인하게 사형당하신 것을 두고 **"낮을 때에"**라고 하신 것이다. 하나님의 아들이시고 새 언약의 중보로 이 땅에 보냄을 받으신 분이신데 사람으로 태어나실 때도 가장 낮은 자리인 구유에 뉘어져 계셨고, 죄도 없으신 분이신데 흉악범 취급을 당하신 것을 이렇게 말씀하신 것이다. 이렇게 하나님의 아들이, 가장 존귀하고 높으신 분이 이런 취급을 당하셔도 당신의 억울함을 말씀하시지 못하셨고,

공변된 판단을 받지 못하셨다는 뜻이다.

사53:7~8 ⁷그가 곤욕을 당하여 괴로울 때에도 그 입을 열지 아니하였음이여 마치 도수장으로 끌려가는 어린 양과 털 깎는 자 앞에 잠잠한 양같이 그 입을 열지 아니하였도다 ⁸그가 곤욕과 심문을 당하고 끌려갔으니 그 세대 중에 누가 생각하기를 그가 산 자의 땅에서 끊어짐은 마땅히 형벌받을 내 백성의 허물을 인함이라 하였으리요

　이 부분을 사람의 시각으로 보고 예수님이 모든 인류의 죄, 곧 과거의 죄, 현재의 죄, 미래의 죄를 다 지시고 죽으셨다고 변개시킨 것이다. 전 성경을 통으로 보지 아니하면 교묘하고 간사하게 이렇게 지어낼 수 있다. 예수님께서는 이 땅에 오시기 전에, 곧 육체를 입고 혈육에 속하신 모양으로 오시기 전에 영혼이 하나님 앞에 있었다. 그러다 정하신 때에 하나님의 백성들의 구원을 위해 이 땅으로 보내심을 받으신 것이다. 하나님께서는 예수 그리스도께서 이 땅에서의 삶을 통해 사람들이 허물과 죄에서 사함을 받는 길, 곧 생명을 영원히 다시 얻는 길을 교훈하시기 위해 보내셨으며, 이를 위해 예수 그리스도의 삶과 십자가의 도의 비밀 속에 하나님의 뜻과 계획을 감추어 두셨던 것이다.

　다시 말하면 하나님의 아들에게 주어진 사명은 당신의 뜻대로 사는 것이 아니라, 당신을 이 땅에 보내신 하나님의 뜻대로 살아 드리는 것이다. 이는 2021년 지금 이 세대, 곧 악인들에게 허락하신 기간이 다 끝나가는 세상 끝에, 오는 세상을 예비하는 우리들에게 육체도 죽지 아니하고

영생에 이르는 길을 열어 두신 것이다. 하나님께서 악인들에게 허락하신 기간에는 인간은 절대 하나님의 법대로 살지 않고 한 몫의 삶을 죄만 짓고 살다가, 점점 수명이 짧아져서 아무도 온전한 영생에 이를 수 없다는 것을 다 보셨고 아신다. 노아의 홍수 때에도, 소돔과 고모라 심판 때에도, 출애굽 한 이스라엘 백성들이 지은 죄, 곧 이스라엘만 하나님의 선민으로 택하셔서 하나님께서 살아 계심을 다 보이시고 경험하게 하셨건만, 하나님의 계명을 절대 지키지 않고 끊임없이 죄를 짓고 심판을 받아 죽었다.

이렇게 계속 죄를 짓는 것이 반복되는 근본 원인은 귀신, 사단, 마귀, 곧 타락한 천사들, 악인들에게 허락하신 기간이었기 때문이다. 하나님께서 만드신 모든 것은 영원히 있는데, 이 모든 것을 다스리고 누리고 정복하며 살되, 죄를 지으면 반드시 심판하시겠다고 약속하신 대로 지키시는 하나님이시니 그대로 두면 아무도 영생에 이를 수 없음을 아시고 하나님의 아들을 이 땅에 보내신다고 약속하셨고, 그 약속대로 예수 그리스도도 동일하게 혈육에 함께 속한 자로 보냄을 받은 것이다.

이렇게 하신 목적은 하나님께서 창조하신 세상은 본래 하나님의 뜻대로, 각자 주어진 삶을 하나님의 뜻대로 살아 보시기에 심히 좋았더라고 하신 그대로 천국을 이루시기 위해서다. 하나님의 형상의 모양대로 창조된 사람은 하나님만이 참 신이시며, 창조주로서 영광을 받으시고, 하나님의 계명대로 살아 드리는 하나님의 나라가 이 땅에서 이루어지도록 하는 것이다. 본래 하나님께서 행하신 모든 것은 영원히 있기에 영원한 삶을 사는 것이 하나님의 뜻이다. 곧 질서를 어기지 아니하는 것이다.

이를 위해 보내신 아들이시며, 이 아들을 통해서 모든 인간은 하나님께서 만드신 피조물이며 계명대로 살지 않으면 반드시 한 번 죽어야 한다는 것과, 하나님의 뜻대로 지켜 실행하면 죽어도 살고, 살아서 하나님의 계명대로 지켜 실행하면 영원히 죽지 아니한다는 것을 믿으라고 보내신 것이다.

그래서 아들의 사명을 **사53:7~8절**에 예언해 두신 것이다. 이는 인간의 삶이 자신에게 권한이 있는 것이 아니라, 창조주 하나님께 있음을 교훈하시는 것이다. 현재까지 모든 인간은 다 자기 마음대로 살고, 어디서 왔다가 어디로 가는지도 모르면서 단 한번뿐인 한 몫의 삶을 헛되고 헛되게 보내고, 육체가 죽고 나서야 자신이 영원히 사는 곳이 지옥 불이라는 것을 깨닫게 된다는 사실조차 모르고 산다. 성경을 가지고도 다 사람 생각대로 보고 해석하여 하나님에 대해서도, 아들 예수님에 대해서도 아무것도 모르고 헛되고 헛된 종교생활을 하고 있는 것이다.

지금 전 세계 성경을 사용하는 유대교, 천주교, 기독교인들은 세상에 있는 모든 다른 종교들과 하나도 다를 바 없는 삶과 결과를 낳고 있는데도 아무도 모르고, 도리어 자신들은 죽어서 천국 간다고 말하고, 하나님의 뜻을 거스리고 대적하는 자들이다.

하나님께서 이렇게 2021년까지 이어져 올 것도 이미 다 아시고 예언해 두신 것이다. 어린 양으로 이 땅에 오신 예수 그리스도도 하나님의 계명을 다 지키신 것이 아니라는 사실을 모르고, '성자 하나님, 성령 하나님'이라는 말로 도리어 죄를 더 짓고도 부끄러움도 없는 뻔뻔함을 이제 우리는 다 안다.

기독교라는 한 종교 안에서 혀로 "하나님, 예수님" 부르는 자들에 의해 자신들과 아무 관계가 없는 나를 이단, 사이비라는 말로 죽이고, 결국 감옥에 가두어 7년이라는 판결을 선고하여 하나님의 일을 훼방하고 짓밟고 학대하고 있다.

나와 은혜로교회 성도는 하나님의 계명을 보고 듣고 믿고 지켜 실행한 것인데, 사람의 생각대로 하나님의 말씀을 왜곡하고 대적하는 이단, 사이비가 바로 자신들인데도 도리어 나를 흉악범 취급을 하는 근본 원인은 성경 속에 감추어 두신 하나님의 뜻을 아느냐, 모르느냐의 차이이고, 지켜 실행하느냐, 아니면 혀로 말만 하여 예수 이름, 하나님의 이름으로 죽고 죽이는, 그래서 자신도 지옥에 가고, 교인들도 지옥에 보내느냐 하는 차이이다.

같은 말씀을 가지고 어떻게 해석하느냐에 따라 '영원'이 결판나는 것이다. 문제는 예수님 초림 당시에도 그랬고, 2021년 지금 이 세대까지 다 이런 상태로 이어져 왔다는 것을 우리는 알고 하나님께로 돌아왔는데, 기득권 세력이 되어 있는 대한민국 교회들은 우리가 사람이 보기에 아무 힘이 없어 보이고, 지극히 적은 수이니 무조건 무시하고 업신여기는 것이다.

결국 **사53:8절**의 말씀을 사람 생각대로 해석한 결과, 2021년 이때까지 단 한 사람도 **요11:25~26절**의 말씀이 실상이 되지 못했던 것이다. 이 말씀뿐만 아니라 전 성경이 다 이러하다. 그래서 **요5:34절**에 "사람에게서 **증거를 취하지 아니하노라**"라고 하셨고, 41절에 "나는 사람에게 영광을 **취하지 아니하노라**"라고 하셨던 것이며, "나로 인하여 실족하지 아니하는 자가 복이 있다"라고 하셨으며, "오른눈, 오른손이 너를 실족케 하거든 **빼어 내버리고 찍어 내버려서라도 지옥에 가지 말고 영생을 얻으라**"라고 하신 것이다.

그런데 14년째 여러분들을 보고 깨달았다. 귀신이 주인일 때 지은 죄의 보응이 얼마나 무서운지~ 하나님의 말씀을 단 한 절도 안 믿고 도리어 죄에 죄를 더 짓고, 가장의 달인이 되어 죽을 짓만 하는 자들이 모태신앙, 목사, 사모, 강도사, 전도사, 장로, 권사, 집사, 교사라는 직분자들이라는 사실을 보았고, 이들 모두가 영적인 소경, 귀머거리, 벙어리가 된 것은 성경과 다른 거짓말을 먹고 마신 결과라는 것을 보았고, 깨달았다.

기록된 진리가 진실로 사실인 것과 예수 이름으로 사람에게 들어온 귀신들, 하나님의 이름으로 들어온 귀신의 악독함과 잔혹함을 14년째 보았고 경험하였으며, 감옥에 갇힌 것이 명백한 증거다. 나는 "내 생각은 너희 생각과 다르고"[2009]라고 하면 모두 자신들의 삶과 언행을 돌아볼 줄 알았다. 그런데 병준과 부천에서 시작할 때부터 따라온 너희들을 보며 알았다. 귀신이 주인인 상태, 곧 새 부대가 되지 않은 상태는 절대 단 한 절의 말씀도 안 믿고 대적한다는 것을 알았다.

왜 아들 예수님을 보내셔도 안 되었던 것인지도 알았고, 왜 내가 호2:19~20절의 주인공이며, 갈3:22~23절의 실상의 '믿음'인 것과 예수 그리스도께서 약속하신 또 다른 보혜사인 '진리의 성령'이라는 사실도 온 세상에 내 입으로 시인할 수밖에 없다는 것도 알았다.

이렇게 하나님과 사람 앞에 시인하는 것이 바로 롬10:10절의 진리가 실상이 되는 것이다.

롬10:10 사람이 마음으로 믿어 의에 이르고 입으로 시인하여 구원에 이르느니라 이런 진리를 귀신들은 단답형으로 해답만 가르쳐 주기를 바라고 원할 뿐, 절대 안 믿는다는 것을 다 보게 하셨다. **롬10:10절**을 가지고 귀신들이 2021년 6월 15일 지금 이 시간까지 이용해 먹는다. 지옥 불에 간 옥한흠 목사, 부자 목사들이 가장 많이 이용해 먹는 말씀 중 하나다. 전 성경 단 한 절의 뜻도 모르면서 로마서 전문가라고 거짓 자랑하고 육체가 죽어 지옥에 떨어졌어도 살아서 지옥 불에 있는 자들, 또한 눈으로 보이는 궁전에서 살고 싶어 수천억 원을 들여 교회를 궁전처럼 만들어 자랑하고 자긍하는 그들은 죽은 자의 설교를 지금까지 소환해서 듣고 있는 것이다.

지금 밝히고 있는 이 대적자들에 대한 언행들을 증거하는 것은 바로 나에게 '대적의 기록한 소송장'이 있다는 명백한 증거다. 우리 안에 있다가 나가서 후욕하는 자들의 머리는 사단이요 마귀였다는 것을 하나하나 밝히게 하시고, 원수들이 하나님 앞에 무릎 꿇게 하시는 하나님의 완전한 지혜이다.

이렇게 14년째 하나님의 증거를 대언하는 것만이 성경은 살아 계신 하나님의 말씀이며, 성경만이 참 진리임을 너무나 명백하게 증거하는 것이며, 또한 이렇게 성경에 기록된 대로 실상이 되는 것을 보게 하시고 듣게 하셔서 온 세상의 모든 이론을 다 파하는 강력임도 확실하고 명백하게 증거하시는 하나님의 완전하신 모략이다.

이제 **사53:7~8절** 말씀, 곧 "형벌받을 내 백성의 허물을 인함이라"고 하신 하나님의 뜻을 알아듣느냐? 아들 예수 그리스도께서 이 땅에 오시지 않았다면 기독교인들, 성경을 사용하는 모든 자들의 허물이 무엇인지, 곧 죄가 무엇인지, 의가 누구를 지칭하시는지, 심판은 어떤 것인지에 대해서 알 수 없었다. 그러나 나는 이 말씀 속에 감추어진 하나님의 뜻을 알았고, 하나님의 뜻을 알았으니 지켜 실행한 것이다.

예수 이름으로
공갈하고 사기 치는 자들

사53:9절에 이렇게 말씀하신 하나님의 뜻도 보인다. 이 말씀도 사람 생각대로 보면 실수한다.

사53:9 그는 강포를 행치 아니하였고 그 입에 궤사가 없었으나 그 무덤이 악인과 함께 되었으며 그 묘실이 부자와 함께 되었도다

이 말씀은 사람 생각대로 기록한 것이다. 그리고 사람 생각대로 보고 가르친 말이 바로 "예수는 죄가 없으시고 십자가에 죽으셨으며 예수의 제자인 아리마대 부자 요셉이 바위 속에 판 자기 새 무덤에 넣어 두게 될 것을 예언한 것이다."라고 한 것이다.

그러나 이 말씀들 속에는 많은 뜻을 감추어 두셨다. 이 뜻을 아무것도 모르고 사람 생각대로 가르치고 믿었으니 영광을 하나님께 돌리는 것이 아니라, 천주교는 마리아에게, 예수께, 기독교는 "오직 예수" 하며 예수님이 불가불, 곧 어쩔 수 없이 지금 이 세대까지 왕 노릇 하고 계시는 것이다.

따라서 예수 그리스도도 하나님께 온전히 영광을 돌리지 못하고, 지금 이 시간까지 당신이 영광을 받는 결과를 어쩔 수 없이 낳은 것이다. 이는 마치 하나님께서 살아 계시지 않은 하나님으로 사람들에게 비취게 하고, 당신의 아들을 잔인하게 죽는 데 내어 주신 하나님으로 알도록 곡해하여 하나님께로 돌아서게 하지 못하고, 도리어 두려움도 없이 대적하며 더 타락하고 부패하게 만든 것이다.

또한 사단, 마귀, 귀신이 하나님의 이름, 예수 이름 사용하여 사기 치고 공갈하여 교인들을 하인 만들고, 영원히 지옥에 보내는 영혼 살인자라는 사실을 아무도 모르고 속고 있었으니, 이 진리를 전 세계 사람들이 알면 어찌 될까?

더 치명적인 것은 지금도 예수님에게 씌운 가시면류관들이 예수 그리스도를 십자가에 못 박아 피를 흘리게 하고 있다는 사실이다. 이 모든 것을 "엘리 엘리 라마 사박다니"라고 하신 말씀과 **히2:14절**의 말씀 속에 감추어 두셨다. 이 말씀 속에 감추어 두신 천국의 비밀을 사실대로 알면 나를 "이단이니~" 비방하고, 혀로 손가락으로 10년을 넘게 학대한 자들이 다음 말씀의 실상이 되는 주인공들임을 스스로 인정하는 것이다.

마18:6~9절이다. "⁶누구든지 나를 믿는 이 소자 중 하나를 실족케 하면 차라리 연자 맷돌을 그 목에 달리우고 깊은 바다에 빠뜨리우는 것이 나으니라 ⁷실족케 하는 일들이 있음을 인하여 세상에 화가 있도다 실족케 하는 일이 없을 수는 없으나 실족케 하는 그 사람에게는 화가 있도다 ⁸만일 네 손이나(이인규를 비롯하여 감리교 총회 목사들, 박형택이를 비롯하여 예장합신 목사들, 인터넷, 신문 등에 자신들의 손으로 쓴 글로 인하여 전대미문의 새 언약인 영원한 복음을 듣지 못하도록 정죄하여 구원에 이르지 못하게 만든 이인규, 박형택, 박상기, 진용식, 오명옥, 탁지일 등등 네 손이나)

네 발이(하나님의 계명을 받고 마음에 믿어 지켜 실행한 나와 은혜로교회가 이주한 땅, 피지에까지 와서 "이단이니~ 사이비니~", '특수감금, 중감금, 감금, 아동학대, 방임, 유기, 교사, 사기, 폭행, 특수폭행'이라는 죄명을 확정 지으려고 독수리의 두 날개를 타고 날아와서 하나님의 아들들, 백성들을 짓밟고 온 세상에 치욕을 준 허건 외 형사들, 언론사들, 자칭 선교사라고 하여 피지 신문에까지 내서 짓밟고 학대한 박상기 외 감리교회, 순복음교회 목사들, 선교사들, 대사관 직원들, 함께 동조하여 아무것도 모르는 피지인들에게 죄를 짓게 만든 한국 사람들, 우리에게서 떨어져 나가서 후욕하고 고소한 그들, SBS '그것이 알고 싶다'라는 프로를 보고 일방으로 욕하고 괴롭히는 모든 자들이 다 이에 해당하는 주인공들이다. 이런 모든 자들이 한 행위를 두고, 만일 네 손이나 네 발이)

너를 범죄케 하거든(14년째 성경대로 보고 듣고 믿고 지켜 실행하여 하나님을 기쁘시게 하는 이 일을 두고 자신들 생각대로 지껄이고, 글을 써서 훼방하고 판단한 것이 전부 너희 스스로 영원히 씻을 수 없는 죄를 지은 것이고, 이는 하나님과 변쟁하는 것이며, 범죄케 된 것이다. 이 예언은 AD 55년경에 기록한 것이고, 예수님께서 AD 25년에 예언하신 말씀이 2000년이 지난 2021년에 이미 실상이 되어 이루어지고 있는 것이다.

지금 이 권고, 경고를 듣고 진실로 회개하고 돌아서지 아니하면 너희들은 모두 이 판결대로 지옥 불에 떨어질 사람들이다. 또 전 세계에 성경을 가지고 성경과 다른 거짓말로 설교하고 가르치는 모든 자들도 이에 해당한다. 성경 속에 감추어 두신 천국의 비밀은 단 한 절도 모르면서 네 손, 네 발이 너를 범죄케 한 것이다.)

찍어 내버리라 불구자나 절뚝발이로 영생에 들어가는 것이 두 손과 두 발을 가지고 영원한 불에 던지우는 것보다 나으니라(이 판결이 바로 나를 함부로 정죄하고 죄를 씌워 온 세상에 치욕을 준 너희들에 대한 하나님의 판결이다. 나는 잠시 감옥에 갇히지만 나를 이렇게 만든 너희들은 영원한 지옥 불못에 던지운다. 이런 너희들은 눈이 있으나 보지 못하고, 귀가 있으나 듣지 못한 것은 너희가 지은 죄가 너를 범죄케 한 것이다.

자칭 목사, 기독교인인 너희들이 육체가 살아 있을 때 이 판결을 받게 하시는 것은 너희들을 향한 하나님의 마지막 사랑이다. 그래서 하나님께서는 나에 대한 송사를 가만히 보시고 계신 것이며, 나와 은혜로교회 성도들이 이 땅에 사람으로 태어나기 전에 이미 다 예언해 두신 당신의 뜻대로 이 모든 세상을 경영하고 계신다는 증거이다. 우리뿐만 아니라 네 손, 네 발이 범죄케 한 너희들에 대한 예언도 다 마찬가지라는 사실을 지금 증거하는 것이다. 이뿐 아니라, 전 성경에 너희들에 대한 진술이 다 기록되어 있고, 나에 대한 진술도 다 기록되어 있다.

그래서 나는 '대적자의 기록한 소송장'이 온전히 있고, 이 소송장과 실제 법정에서 이 말씀을 안 믿고 나를 후욕하고 거짓말로 진술한 대적자들의 기록한 소송장도 다 있어서 절대 너희들이 원하는 대로 되지 않는다는 것을 온 세상과 이 세상 법에 소송하여 이길 것이다. 이미 이긴다고도 다 예언되어 있다.

지금도 늦지 않았다. 회개하고, 소송도 바로잡고, 하나님께로 진실로 돌아서라. 나는 원수도 사랑하라고 하신 계명을 지킬 것이고, 일흔 번씩 일곱 번이라도 용서하라고 하신 말씀을 지킬 것이며, 단 한 번도 너희들을 마음으로 미워하는 살인 죄를 짓지 않았다. 지금 이 판결은 하나님의 계명대로 지켜 실행하는 것이며, **약4:7절**에 "마귀를 대적하라 그리하면 너희를 피하리라"고 하신 계명을 지키는 것이다.)

⁹만일 네 눈이 너를 범죄케 하거든 **빼어 내버리라**(성경, 곧 살아 계신 하나님의 말씀을 가지고 사람이 본능적으로 아는 지식으로 보고 교인들한테 설교하거나, 교인들에게 '**큐티**' 하라고 가르쳐서 '**언약궤**'인 성경을 함부로 만지고 먹고 마시게 만든 자의 눈, 귀신이 자기 마음대로 성경 한 절 보고 세속적인 말로 지어내서 가르치는 자의 눈, 이런 귀신들의 가르침이 맞다고 마음에 믿어 일생 귀신의 처소에서 썩는 양식을 위해 일하고 죄를 먹고 마시는 모든 자들이 다 이에 해당하는 주인공들이다.

눈이 있어도 선악을 분별 못 하는 '**네 눈**', 성경을 가지고도 감추어진 천국의 비밀은 단 한 절도 모르는 '**네 눈**'이 너를 범죄케 하는 줄도 모르는 '**눈**', 이런 자들에게 "네 눈을 **빼어 내버리라**"라고 명령하신다. 다른 사람이 **빼면** 사회 문제가 되니까 이 본문들은 직접 명령하신다. 이 눈은 눈이 있으나 하나님의 뜻을 알 수 없고, 볼 수 없는 눈이다.

왜 **빼어 내버리라**고 하셨으며, 범죄케 하는 눈이라고 할까? **마12:22절**에 "귀신 들려 눈 멀고 벙어리 된 자"라고 하셨다. 그래서 **딤전4:1~2절**에 가르치는 귀신이 양심에 화인 맞아서 외식함으로 거짓말하는 자들이며, 이들은 거룩한 강단에 서서 미운 물건이 되어 성경과 다른 거짓말을 가르치는 귀신의 처소에 있는 자들이고, 이들의 결과는 영원한 지옥 불못이라고 판결해 두셨다.

이 말씀은 이들도 반드시 이 명령대로 지켜 실행해서 지옥 불에 들어가지 말기를 바라시는 하나님의 사랑이다. 그러나 이들은 전부 죄를 심상히 여긴다. 이들이 만들어 낸 거짓말에 다 속아서 지옥에 가건만, 이런 명령은 그들 눈에 보이지 않는다. 자신들이 혀로 부르는 예수님이 하신 말씀을 모두 무시, 멸시하는 네 눈은 차라리 빼어 내버리라.)

한 눈으로 영생에 들어가는 것이 두 눈을 가지고 지옥 불에 던지우는 것보다 나으니라(구약은 율법이요 신약은 복음이라고 거짓말로 가르치는 목사들아, 너희가 바로 이 본문의 실상의 주인공들이다. 네 눈은 왜 이 복음은 안 보이느냐? '영생'이 죽어서 가는 천국이라면 이 명령은 '어불성설', 곧 조금도 사리에 맞지 않은 말, 말이 되지 않는 말이다. 영생을 죽어서 얻는다면 왜 너를 범죄케 하는 네 눈, 네 발, 네 손을 빼어 내버리고 찍어 내버려서라도 얻으라고 하시고, 지옥 불에 가지 말라고 하셨는지 성경을 잘 믿고 있다고 자긍하는 너희는 다 반박해라.

전 세계 모든 사람들아, 천국이 육체가 죽어서 간다고 속이는 모든 종교는 다 거짓말이다. 사기꾼이요, 공갈하는 자들이다. 아무나 누구나 천국 간다고 하는 자들, 그렇게 가르치는 자들이 너를 지옥 불못에 보내는 살인자들이다. 당장 그 종교에서 탈출해야 한다. 자살해도 천국 간다고 거짓말하는 너는 살인자다. '영생'을 말한다고 이단이라고 정죄하는 자칭 목사들은 네가 이단이며, 사이비 교주다. 네 혀로 말하는 오직 예수께서 너 같은 자들에게 판결하신 말씀이며, 너에게 주신 명령이 **마18:6~9절**이다.

전 성경에 너희같이 거짓말하여 지옥 불에 떨어지게 만드는 자들 때문에 기록해서 법으로 주신 것이 성경이다. 이 무지몽매한 짐승들아~

이런 거짓말로 설교하는 자들이 있는 교회는 지옥 불에 보내는 곳이다. 예수 이름으로 가장하여 속이는 무덤이다. 전 성경을 가지고 단 한 절의 하나님의 뜻도 모르는 영적인 소경이요 귀머거리이며, 몰각한 목자요 벙어리 개라고 하셨다. 귀신이 주인이 되어 그 자신도 속고, 교인들도 속이는 자들이다.

하나님께서 행하시는 일은 영원히 있는데 왜 너희 입으로 부르는 예수님께서 하신 말씀은 다 무시하고 멸시하나? "무릇 살아서 나를 믿는 자는 영원히 죽지 아니하리니"라고 하신 영생의 말씀을 믿지도 않으면서, 예수 그리스도를 통하여 주신 하나님의 계명대로 지켜 실행한 나를 이단이라 정죄하며 진리의 도를 훼방하나? 이 경고를 듣고 진실로 회개하고 돌아서지 아니하면 너희들은 영영히 타는 불못에서 영원히 영벌을 받아야 한다.)

나를 '이단, 사이비'라고 비방한 자들에게 하나님의 법으로 진실을 밝히고, 하나님께서 친히 증거하신 말씀으로 판결한다. 세상에 있는 모든 사람에게 천명한다. 피지에 이사한 것은 전 성경에 예언되어 있는 하나님의 계명을 지켜 실행한 것이다.

영생을 얻어
하나님 나라에 들어가는 길

　마19:16~30절, 눅18:18~30절, 막10:17~31절의 어떤 관원, 오늘날 목사가 예수 그리스도께 '영생을 얻는 길과 하나님 나라에 들어가는 길'에 대해서 질문하고 대답하신 기록이다. 죽어서 하나님 나라에 들어가는 것이면 이 기록된 말씀도 어불성설이다. 모두 찾아서 차례대로 합독하라. 이 말씀 중 하나님 나라에 들어가는 자, 곧 '영생'을 얻는 자는 반드시 세 군데 말씀대로 지켜 실행할 때 들어간다. 이 중 핵심이 다음 구절들이다.

마19:28~29 [28]예수께서 가라사대 내가 진실로 너희에게 이르노니 세상이 새롭게 되어 인자가 자기 영광의 보좌에 앉을 때에 나를 좇는 너희도 열두 보좌에 앉아 이스라엘 열두 지파를 심판하리라 [29]또 내 이름을 위하여 집이나 형제나 자매나 부모나 자식이나 전토를 버린 자마다 여러 배를 받고 또 영생을 상속하리라

눅18:29~30 [29]이르시되 내가 진실로 너희에게 이르노니 하나님의 나라를 위하여 집이나 아내나 형제나 부모나 자녀를 버린 자는 [30]금세에 있어 여러 배를 받고 내세에 영생을 받지 못할 자가 없느니라 하시니라

　막10:29~30 "[29]예수께서 가라사대 내가 진실로 너희에게 이르노니 나와 및 복음을 위하여 집이나 형제나 자매나 어미나 아비나 자식이나 전토를

버린 자는 ^{30}금세(현재 이 세상)에 있어 집과 형제와 자매와 모친과(그래서 **막 3:31~35절**에 "^{31}때에 예수의 모친과 동생들이 와서 밖에 서서 사람을 보내어 예수를 부르니 ^{32}무리가 예수를 둘러앉았다가 여짜오되 보소서 당신의 모친과 동생들과 누이들이 밖에서 찾나이다 ^{33}대답하시되 누가 내 모친이며 동생들이냐 하시고 ^{34}둘러앉은 자들을 둘러보시며 가라사대 내 모친과 내 동생들을 보라 ^{35}누구든지 하나님의 뜻대로 하는 자는 내 형제요 자매요 모친이니라"고 하신 것이다.

왜 예수께서 예수 그리스도와 복음을 위하여 집이나 형제, 자매, 어미, 아비, 자식, 전토를 버리라고 하셨을까? 전 세계에서 누가 예수 그리스도와 복음을 위해서 이 말씀대로 한 몫의 삶에서 가지고 있던 모든 것을 버린 자들이 있을까? 나와 은혜로교회 성도들이다. 선교사로 가도 가족을 데리고 가든지, 아니면 혼자 가서 선교를 해도 왔다 갔다 하지 가족을 버린 자는 거의 없다. 버리기만 하면 되는 것이 아니라 반드시 하나님의 뜻대로 지켜 실행하여 영원한 가속을 만들고, 모든 계명대로 행하여야 한다. 그래서 한 몫의 삶을 모두 버린 자가 금세, 곧 현재 2021년에 있어서 집, 형제, 자매, 모친, 자식, 전토를 백 배나 받는다고 명백하게 약속하셨다.

그런데 특이한 언약이 있다. 한 몫의 삶일 때 자신의 모든 것을 다 버릴 때는 '아비, 어미'도 포함되었는데, 다시 받을 때는 왜 '아비'는 말씀하시지 않았을까? 또 왜 '모친, 곧 어미'만 기록되었을까? 버리는 것도 상상으로 버리는 것이 아니다. 실상으로 버린다. 예수님께서 말씀을 전하실 때 예수님의 육의 모친, 동생들, 누이가 찾아와서 밖에서 기다리고 있다고 하니까 하시는 말씀이 **"누가 내 모친이며 동생들이냐"**라고 하신다. 사람 차원은 절대 이해가 안 되는 대답이다.

전 세계 모든 사람들에게 묻는다. 예수 그리스도께서 이렇게 대답하신 이유가 무엇일까? 병두 성도가 대답해 보거라. 너는 아직 영의 말이 무슨 말인지 알아듣지 못한다. 병두 성도뿐만 아니라 우리 중에 90%는 아직 말귀를 잘못 알아듣는다. 병준, 성경이부터 다 그렇다. 낙토에 있으면서도 그곳에 왜 갔는지 모르고 있으니 아직 귀신이 주인 노릇 하는 것이다.

육에 속한 사람은 절대 말귀를 못 알아듣는다. 나와 교통하라는 것이 내가 너희한테 위로 받으려고 하는 것이냐? 병준, 병두 성도가 일어나서 대답을 해 보거라. 이제 누구한테도 교통하라는 말을 안 한다고 했다. 왜 예수님께서 자신을 찾아온 어머니 마리아와 형제들, 자매인 동생들이 찾아왔는데 누가 내 모친이며, 동생들이냐고 대답하셨을까?

14년째 말씀을 받고 있는 병준이도 말귀를 못 알아듣고, 귀신도 믿고 떨었다는 말씀 그대로 자신의 사심에 의해 따라온 것이다. 범섭, 대선, 병준, 창섭 이 넷이 하나같이 '영의 말'이 무엇인지 못 알아듣고 있었다. 이유는 자기 욕심을 버리지 않고 목회도 안 되고 말씀은 좋으니까 배워서 한자리하고 싶어서 따라온 것이지, 성진, 진선 성도처럼 말씀을 알아듣고 따라온 것이 아니었다.

왜 먼저 된 자 나중 되고, 나중 된 자 먼저 되는지 너무 명확하게 다 보았다. 진실로 성경만이 참 진리라는 사실을 2008년 6월 16일 시작부터 2021년 6월 16일 오늘 이 시간까지 귀신이 주인이면 절대 영의 말인 하늘 일, 곧 하나님의 말씀을 알아듣지 못한다는 것을 만 13년이 지난 지금까지 이 말을 해야 한다.

특히 몇 대째 기독교 집안, 목사 집안, 모태 신앙이라고 하는 자들은 다 하나같이 왜 그럴까? 사람 차원은 절대 영생에 이를 수 없다. 나와 우리 교회 성도들에 대한 예언은 3421년 전, 최초의 성경 기록 저자인 모세를 통해서도 이미 예언되어 있었다. 이에 대해서 직설적으로 말하기 시작한 것이 내가 옥에 갇혔을 때였다. 너희 영적인 상태에 따라 천국의 비밀을 여는 것이다.

너희들은(거듭난 성도들은 빼고) 피지에 왜 갔느냐? 육으로 보면 나와 너희들은 목사와 교인 사이다. 전 세계 어느 목사가 교인들이 자원해서 헌금한 돈으로 공동체를 하고, 공동 기업을 일으키고, 모든 것을 성경에 예언되어 있는 대로 지켜 실행하더냐?

병준이 너는 처음 부천에서 하던 행동이 단 한 가지도 변한 것이 없다. 그 이유가 무엇일까? 병두도, 병준도, 하나님의 백성이 맞는데 왜 영의 말을 분별 못 했을까? 병준이는 목사라는 직분을 무슨 벼슬처럼 생각하고 자신이 목회하는 데 필요한 말씀이었을 뿐, 단 한 번도 자신을 돌아보거나 하나님의 말씀을 두렵고 떨림으로 믿지 않았던 흉악한 귀신이었다. 내가 네 속셈을 모르고 있는 줄 아느냐? 왜 내가 베트남에 어느 날 갑자기 교회를 개척한다고 했을까? 이 뜻을 아는 성도는 두세 성도밖에 없다. 일반 백성이 제사장, 곧 목사가 되어서 오늘 이 시간까지 따라오게 한 것은 너희들에게 영생을 얻게 하시려는 하나님의 은혜였다.

전 은혜로교회 성도들 모두 너희 욕심에 의해 따라온 것이 90%다. 그렇게라도 아니었으면 낙토에 온 자가 얼마나 될까? 인자가 올 때에 믿는 자를 보겠느냐고 하신 말씀이 진실로 사실이다. 우리 안에 신학교를 나왔다고 하는 자 중에 너희를 목사라고 교인들이 따라온 자가 몇 명이나 될까?

진실로 **전12:5절**에 "메뚜기도 짐이 될 것이며"라고 하신 말씀이 사실이었다. 어쩌면 그리도 마치 나를 위해서 은혜로교회에 와 주었다고 으스대고 교만이 하늘을 찌르는지, 전부 흉악한 귀신들이다. 자칭 사모라는 자들은 역겨워서 볼 수가 없을 지경이었다. 과천은 지금도 얼마나 자신들이 미쳐 있는지 모른다. 그러니 어떻게 영의 말을 알아듣겠나~ 한 몫의 삶의 보응이 얼마나 무서운지 낙토에 있는 성도들을 통해 성진, 다니엘 성도는 뼈저리게 다 보고 있을 것이다.

이렇게 너희 위주로 말하다 보면 일이 진전이 안 된다. 귀신은 근본이 교만이고, 거짓말이다. 그래서 자신의 분수를 모르는 거다. 귀신은 자신이 안 버리는 것이다. 자해한다고 한 모델이 '**가룟 유다**'다. 너 자신들을 위해서 교통하라고 하셨던 것이다.

한 몫의 삶을 버리지 아니하면 절대 영생과 관계가 없다. 지금 예수 그리스도는 누가 내 모친이요 동생들이냐고 하신 말씀은 '**영의 말**'인데, 당시 사람들은 아무도 못 알아들은 것이다. 예수님도 말씀을 전할 때는 이렇게 말씀하셨지만 사건을 만나서 십자가에 달리셨을 때는 육의 소리, 곧 "**엘리 엘리 라마 사박다니**"라고 하셨던 것이다. 그리고 예수 그리스도와 복음을 위해서 집, 형제, 자매, 어미, 아비, 자식, 전토를 버리라고 하신 것은 갑자기 하신 계명이 아니다. 예수 그리스도께서 하시는 말씀은 하나님께서 아들을 통해서 하시는 말씀이다. 이렇게 말씀하신 근거가 바로 창세기에 있다. 다만 예수님 당시에 온전히 실상이 되는 말씀이 아니었을 뿐이다. 증명한다.

창12:1 여호와께서 아브람에게 이르시되 너는 너의 본토 친척 아비 집을 떠나 내가 네게 지시할 땅으로 가라

하나님께서 주시는 복을 받는 자는 하나님의 지시대로 지켜 실행하는 자다. 이 진리는 영원히 변치 아니한다. 이는 곧 **사55:8∼9절**의 "**내 생각은 너희 생각과 다르고**"라고 하신 말씀대로 아브람의 생각대로 삶을 살게 두시지 않으신 하나님의 뜻이다. 이때 아브람은 거듭나지 않은 영적인 상태에 하나님의 지시, 명령, 계명, 말씀대로 본토를 떠난다. 다른 사람을 위해서가 아니다. 자신을 위해서다.

지금까지 전 세계 기독교는, 성경을 사용하는 모든 종교는 자신들이 기도하면 하나님께서 그 기도를 듣고 복을 주신다고 사람 마음대로 생각한다. 네가 원하는 것을 그렇게 들어주시는 하나님이 아니시다. "**내 생각(곧 하나님의 생각)과 네 생각(곧 사람의 생각)이 다르다**"는 이 한 절의 말씀 속에 사실 성경적인 개혁의 뜻이 이미 다 감추어져 있다.

14년째가 온전히 되는 오늘에야 병준 성도는 자신의 생각이 자신을 죽이고 있었다는 것을 알아듣고 있을까? 그나마 말이다. 아직 대선, 범섭은 못 알아듣는다. 병준 성도가 자신의 주인이 귀신이었음을 자각하고 지은 죄를 나한테 고백한 그날에야 영적인 감각이 생기고 있었던 것이다. 말귀를 기쁨이, 평강이보다 못 알아들었던 것이다. 믿든 안 믿든 이는 사실이다. 아직 병두 성도는 이런 단계도 아니다.

아브람에게 네 본토 친척 아비 집을 떠나라고 말씀하신 것은 아브람에게 복을 주시기 위해서였다. 증거가 **창12:2∼3절**이다. "²내가 너로 큰 민

족을 이루고 네게 복을 주어 네 이름을 창대케 하리니 너는 복의 근원이 될찌라(아브람이 아무것도 모를 때 하나님께서 지시하신다. 이 자체가 시험이다. 시험이 시작된 것이다. 아브람이 기도해서 "그래, 복줄게" 하신 것이 아니다. 알아듣고 있느냐? 이 본문 **창12:1~3절**만 깨달아도 지금 전 세계 모든 교회가 말하는 '**기도**'가 얼마나 하나님을 대적하는지 다 보인다. 자신들이 기도한다고 복을 주시는 하나님이 절대 아니다. 그러니 기도하자고 가르치고, 구하면 다 주신다고 하는 지금 전 세계 교회에서 말하는 기도는 진리를 한 절도 안 믿는 것이다. 왜 이렇게 되었을까?

"**구하라 주실 것이요 찾으라 찾을 것이라**"라고 하신 예수님의 가르침을 사람 생각대로 보고 받아들여서 그런 것이다. 또 "**너는 내게 부르짖으라 내가 네게 응답하겠고 네가 알지 못하는 크고 비밀한 일을 네게 보이리라**"라고 하신 말씀도 사람 생각대로 보고 듣고 믿는다고 한 것에서 비롯된 것이다. 이 말씀은 천국의 비밀을 담고 하신 말씀이고, 이 말씀의 비밀은 곧 '**복음**'이다. 그래서 2008년 6월 16일에 전대미문의 복음이 선포된 것인데 이 사실을 우리 안에서도 안 믿는다.

그러므로 하나님께서 주시는 복을 받는 자는 미안하지만 전 세계인들 중에 낙토에 있는 여러분들이 처음이다. 복음이 처음이고, 하나님 나라에 실상이 되어 들어가는 자가 이제 나온다는 뜻이다. 믿든 안 믿든 이는 사실이다. 아브람에게 하신 이 언약은 2021년 이 세대에 나와 우리에게 온전히 실상이 되는 것이다. 이 언약을 받은 아브라함, 사라는 육체가 죽었고, 실상으로 자신들에게 이루어진 것이 아니다. **갈3:22~23절**의 말씀이 실상이 될 때 온전히 실상이 되는 예언이다. 3421년 후인 지금 사실이 되어 영원히 이어지는 것이다.

이런 하나님의 뜻을 아무것도 모르면서 너도나도 아무나 아브라함의 복을 달라고 기도하고, "믿습니다" 하는 것은 다 헛소리요 사기꾼들이다. 절대 그렇게 복을 주시는 하나님이 아니시다. 예수 이름으로 기도한다고 복을 주시는 하나님이 아니시다. 구하지 않아도 계명을 지켜 실행할 때 복을 주신다.

빌라델비아 교회를 할 때 교인 중에 '창대'라는 이름을 가진 자가 있었는데 다시 예언할 때 왔다가 교회를 떠났다. 그는 안 믿는 장로 아들이었다. 사업을 오픈할 때 **"창대케 하리라"** 하고 성경 말씀을 액자에 걸어둔다고 창대케 되는 것이 절대 아니다.

이 본문 **창12:1~3절**만 깨달아도 전 세계가 나를 이단이라고 할 수 없다. 단 한 절의 뜻, 곧 하나님의 뜻을 알지 못한다고 누가 믿겠냐마는 이는 사실이다. 하나님께서 주신 계명대로 지켜 실행할 때 전 성경에 기록된 모든 복을 받는 것이다. 그 복은 곧 **'영생'**이며, **"네 이름을 창대케 하리라"**고 하신 이 예언 속에 감추어져 있었다.

그래서 **욥8:7절**에 "네 시작은 미약하였으나 네 나중은 심히 창대하리라"라고 하셨던 것이다. 진리는 이러한데 음녀들은 전부 자신이 부자 되는 데 다 사용해 먹는다. 그러나 이런 행위의 결과는 다음 판결대로 된다.

잠5:3~6 [3]대저 음녀의 입술은 꿀을 떨어뜨리며 그 입은 기름보다 미끄러우나 [4]나중은 쑥같이 쓰고 두 날 가진 칼같이 날카로우며 [5]그 발은 사지로 내려가며 그 걸음은 음부로 나아가나니 [6]그는 생명의 평탄한 길을 찾지 못

하며 자기 길이 든든치 못하여도 그것을 깨닫지 못하느니라

그래서 진리를 진리대로 깨닫지 못하는 것이 이미 심판을 받고 있는 것이다. 좋은 말로 하면 '보응'이다. 따라서 "먼저 된 자 나중 되고 나중 된 자 먼저 된다"라고 하신 말씀도 이 본문, 곧 **창12:1~3절**에 예언되어 있었다. 또한 다음과 같이 예언하셨고, 이 세대 우리에게는 이미 사실이 되어 성취되고 있다.

사41:4 이 일을 누가 행하였느냐 누가 이루었느냐 누가 태초부터 만대를 명정하였느냐 나 여호와라 태초에도 나요 나중 있을 자에게도 내가 곧 그니라

곧 시작도 하나님이시고, 결과도 하나님께 다 달려 있다. 이 사실만 깨달아도 "기도하자"라고 말하지 않는다. 구약의 시작도 여호와 하나님이시고, 나중, 곧 결과도 하나님께서 이미 14년째 나를 들어 행하시고 계신다. 그래서 영생과 하나님의 나라는 지금 이 세대에 실상으로 이루시고 계신 것이다.

하나님은 복의 근원이시라 반드시 하나님의 뜻대로 지켜 실행하는 자가 복의 근원이 된다. 직설적으로 말하면 아브라함과 사라가 낳은 이삭은 예수 그리스도의 표상이고, 예수 그리스도를 낳은 마리아는 사라가 모형이며, 또 사람 마리아는 예수님께서 말씀하신 **"누가 내 모친이며 형제냐"**라고 하신 모친, 또한 하나님의 아들들을 낳고 있는 여자인 나에 대한

모형이었다. 그런데 이를 누가 믿겠느냐? 이런 영적인 눈으로 성경을 성경으로 분별해야 신령한 사람인 것이다. 이렇게 분별할 때 신령하신 하나님을 알 수 있고, 신령한 몸으로 다시 부활하신 하나님의 아들 그리스도를 알 수 있다.

머리로만 안다고 해도 사건을 만나면 아는 것이 아니었다는 것을 분별한 것이 2018년 7월 24일 내가 옥에 갇히고 병준 성도가 피지 옥에 갇힐 때 네가 한 생각이 바로 너의 실체였다. 너는 흉악한 귀신이었던 것이다. 나한테 편지로 실토할 때도 너는 아직 주인이 귀신이었다. 지금도 마찬가지다. 아직 주인이 하나님으로 바뀌지 않았다. 이렇게 귀신은 시간 낭비를 하게 하고, 죄를 더 짓고 있었던 것이다.

거듭났다는 성도들 말고 지금도 은혜로교회 성도들이 다 그렇다. 이 말을 인지하고 정직해져야 한다. 그렇지 않으면 너는 순교하든지~ 낙원에 간다. 이런 너희는 전쟁하는 것이 아니라 도리어 해친다. 그 시간에 죄나 짓고 있더라. 단 한 마디 어미의 법도 안 지키는 자가 대부분이다. 육의 어미가 네 어미라는 것을 네가 스스로 인정 안 해도 다 안다. 나를 어미라고 안 해도 된다. 목사의 입으로 대언하는 하나님의 말씀도 업신여기는 자들한테 기대한 적 없다.)

³너를 축복하는 자에게는 내가 복을 내리고 너를 저주하는 자에게는 내가 저주하리니(이 복을 나와 다시 창조된 성도들이 이미 받았다. 낙토에서 처음 시작 때부터 다니엘 성도는 수없이 경험했고, 나도 14년째 경험하고 있다. 이 일을 두고 '이단'이라고 한 자는 이미 내가 중국에 있을 때부터 죽는 것을 14년째 보고 있다. 배정도 목사를 보아라.[15] 진짜 내가

빌려 달라고 한 적이 없는데 거짓말로 고소하고 결국 죽더라. 죽는 것으로 끝나는 것이 아니다. 지옥 불에 떨어진다. 절대 협박이 아니다. 전 성경을 가지고 증명한다. 영원히 증명된다.) 땅의 모든 족속이 너를 인하여 복을 얻을 것이니라 하신지라"

이 언약은 아직 나 이전 그 누구도 이 언약대로 사실이 된 적이 없었다. 아브라함도 자신 생전에 이 언약이 성취되지 않았다. 이 언약이 실상이 되는 때는 의인의 세대, 곧 오는 세상이다. 그래서 **히11:1절**에 "**믿음은 바라는 것들의 실상**"이라고 하신 것이고, 이 '**믿음**'은 사람들이 누구나 다 안다고 생각하는 각자의 믿음을 두고 하신 말씀이 아니라, **갈3:22~23절**의 "믿음이 올 때까지"에 해당하는 '**믿음**', 곧 실상이 된 나에 대한 예언이며, 이 믿음이 실상이 될 때 모든 사람들이 바라는 하나님, 하나님의 나라, 천국, 영생, 하나님의 아들들, 영영한 사역자들, 하나님의 백성들, 곧 이스라엘, 새 예루살렘, 시온 성, 새 예루살렘 성 등이 다 실상이 되는 것이다.

절대 상상이 아니라 실상이다. '**오는 세상**'도 실상이고, 모두 실상이 된다. 이때가 될 때까지는 다 상상, 꿈, 이상 속에 있다. 혀로 말만 하는 영생, 천국이 아니며, 심지어 용, 사단, 마귀, 옛 뱀, 귀신 등도 다 실상이다. 이를 감추시고 성경을 기록하여 주셨으므로 사람들이 몰랐을 뿐이다.

사람들은 **창세기 12장**에 '아브람'을 당시 아브람으로만 알고 있는 것은 본능적으로 아는 그것으로 다 멸망한다는 것을 이제 우리는 아는데, 전 세계 성경을 사용하는 모든 종교인들은 모르고 있다. 하나님께서 아브람에게 약속하신 이 언약은 아브라함의 후손으로 이 땅에 오신 예수 그리스도께서 오셔도 그때 당시에 실상이 되는 언약이 아니었다. 예수 그리스도께서 약속하신 언약대로 지켜 실행하여 실상이 되는 지금 이때가 되어야 온전히 이루어지는 언약이다.

　이런 진리의 눈으로 다시 **막10:29절**로 가서, 예수 그리스도를 통하여 하나님께서 다시 말씀하신다. "**나와 및 복음을 위하여**"라고 하신 이 말씀도 온전한 해석은 "**하나님과 및 천국 복음을 위하여**"라고 보아야 한다. 이유는 당시 예수 그리스도를 찾아온 관원에게 영생과 하나님 나라에 대한 질문에 대답하신 말씀이기 때문이다. 그리고 아브람에게 약속하신 언약이 그때 당시에 사실이 되는 것이 아니라는 확실한 증거가 또 있다.

　히11:8~16절 "⁸믿음으로 아브라함은 부르심을 받았을 때에 순종하여 장래 기업으로 받을 땅에 나갈쌔 갈 바를 알지 못하고 나갔으며 ⁹믿음으로 저가 외방('**외방**'이란 '남의 나라, 타국, 외국'을 뜻한다. 우리가 영원히 거하는 땅, 하나님께서 예비하신 땅은 우리가 태어난 땅이 아니라는 명백한 증거를 이 '외방' 속에 감추어 두셨다. 당시 아브라함도 외방, 곧 외국, 타국, 남의 나라에서 살았지만, 이 외방은 이 세대 우리가 한 몫의 삶을 버리고 타국에서 완전히 새로 시작해야 되는 예언이 감추어져 있다.

　이런 외방)에 있는 것같이 약속하신 땅에 우거하여 동일한 약속을 유업으로 함께 받은 이삭과 야곱으로 더불어 장막에 거하였으니 ¹⁰이는 하나님의 경영하시고 지으실 터가 있는 성을 바랐음이니라(당시 아브라함 때, 새 예루살렘, 곧 하나님께서 영원히 거처하시는 성, 곧 나라, 진리의 성령과 함께 영생을 얻은 하나님의 아들들, 백성들이 거하는 낙토, 본토, 본향, 고토가 있는 터가 있는 성을 바랐음이니라)

¹¹믿음으로 사라 자신도 나이 늙어 단산하였으나 잉태하는 힘을 얻었으니 이는 약속하신 이를 미쁘신 줄 앎이라 ¹²이러므로 죽은 자와 방불한 한 사람으로 말미암아 하늘에 허다한 별과 또 해변의 무수한 모래와 같이 많이 생육하였느니라 ¹³이 사람들은 다 믿음을 따라 죽었으며 약속을 받지 못하였으되 그것들을 멀리서 보고 환영하며 또 땅에서는 외국인과 나그네로라 증거하였으니 ¹⁴이같이 말하는 자들은 본향 찾는 것을 나타냄이라(이 '**본향**'이 바로 이 세대 우리를 위해 예비해 두신 땅, 시온산, 낙토, 새 예루살렘이다. 곧 아브라함, 이삭, 야곱, 이스라엘, 다윗, 예수 그리스도께서 말씀하신 계명인 '**영생, 하나님 나라**'를 얻게 하기 위한 길을 찾도록 기록해 두신 것이다. 명백하게 아브람에게 언약하신 **창12:1~3절**의 약속은 이 세대 다시 창조함을 받은 우리에 대한 예언이었다.)

¹⁵저희가 나온 바 본향을 생각하였더면 돌아갈 기회가 있었으려니와 ¹⁶저희가 이제는 더 나은 본향을 사모하니 곧 하늘에 있는 것이라(이 말씀을 문자 그대로 사람 생각대로 보면 죽어서나 가는 곳이라고 생각한다. 신령한 것을 신령한 것으로 해석하면 '**위에 있는 예루살렘**'을 말하는 것으로 육체도 죽지 아니하고 영생에 이르는 사람, 또 다른 보혜사인 진리의 성령과 함께 있는 사람들인 거룩한 떡덩이들이 아직 이 땅에 육체를 입고 오기 전, 영혼이 하늘에 있을 때라서 이렇게 말씀하신 것이다.

사람은 육체가 죽으면 끝이라든지, 영혼이 어디서 왔다가 어디로 가는지 알지 못하면서 전부 상상만 하게 된다. 결국 하나님의 말씀인 성경을 통하여 하나님의 뜻을 보고 듣고 깨달아 알지 못하면 차라리 사람으로 태어나지 않는 것이 더 낫다. 그러므로 반드시 육체를 가지고 이 땅에

사는 동안 '**하나님의 도**'를 깨달아 알고 믿어야 한다.) 그러므로 하나님이 저희 하나님이라 일컬음 받으심을 부끄러워 아니하시고 저희를 위하여 한 성을 예비하셨느니라"

이 성이 바로 **계3:12절**의 예언이 실상이 되는 것이다.

계3:12 이기는 자는 내 하나님 성전에 기둥이 되게 하리니 그가 결코 다시 나가지 아니하리라 내가 하나님의 이름과 하나님의 성 곧 하늘에서 내 하나님께로부터 내려오는 새 예루살렘의 이름과 나의 새 이름을 그이 위에 기록하리라

이 성은 하나님께서 예비해 두신 땅에서 온전히 실상이 되는데 핵심은 예수 그리스도께서 언약하신 대로 또 다른 보혜사인 진리의 성령이 실상이 되어 **엡2:15절**의 예언대로 성취된 사람이다.

엡2:15 원수 된 것 곧 의문에 속한 계명의 율법을 자기 육체로 폐하셨으니 이는 이 둘로 자기의 안에서 한 새 사람을 지어 화평하게 하시고

이렇게 새 사람이 된 사람을 두고 '**빌라델비아 교회 사자**'라고 하고, 여러 부분, 여러 모양으로 예언되어 있는 대로 실상이 된 사람이어야 한다. 곧 **호2:19~20절**의 말씀대로 실상이 된 사람, **요일5:7~9절**의 말씀대로 '**셋이 하나 된 사람**'을 두고 '**한 새 사람**'이라고 하시고, **계12:1절**의 "**해를 입은 여자**"다. 다음 예언대로 14년째 실행 중인 사람이어야 한다.

골3:5~10 ⁵그러므로 땅에 있는 지체를 죽이라 곧 음란과 부정과 사욕과 악한 정욕과 탐심이니 탐심은 우상숭배니라 ⁶이것들을 인하여 하나님의 진노가 임하느니라 ⁷너희도 전에 그 가운데 살 때에는 그 가운데서 행하였으나 ⁸이제는 너희가 이 모든 것을 벗어 버리라 곧 분과 악의와 훼방과 너희 입의 부끄러운 말이라 ⁹너희가 서로 거짓말을 말라 옛 사람과 그 행위를 벗어 버리고 ¹⁰새 사람을 입었으니 이는 자기를 창조하신 자의 형상을 좇아 지식에까지 새롭게 하심을 받는 자니라

그래서 반드시 **히브리서 8장**의 새 언약으로 다시 창조함을 받고 온전해져야 한다. 곧 **고전13:10절**의 말씀대로 '온전한 것'이 실상이 되어 와서 모든 사람들이 각자 자신들이 알고 있다는 지식을 다 폐하고, 하나님을 아는 지식, 하나님께서 행하신 모든 일에 대한 지식에까지 완전히 새롭게 되는 것을 뜻하신 것이다. 이를 두고 '**다시 창조, 다시 제조**'라고 한다. 현재 14년째 이 말씀이 실상이 되어 이루어지고 있다.

이런 우리가 하나님의 계명을 지켜 실행하므로 하나님께서 예비하신 땅에 이사하는 것을 두고 "**하나님의 성, 곧 하늘에서 내 하나님께로부터 내려오는 새 예루살렘의 이름**"이라고 하신 것이다. 곧 **출19:4~6절**의 말씀이 사실이 되어 하늘에서 땅에, 곧 낙토에 이사한 것이다.

출19:4~6 ⁴나의 애굽 사람에게 어떻게 행하였음과 내가 어떻게 독수리 날개로 너희를 업어 내게로 인도하였음을 너희가 보았느니라 ⁵세계가 다 내게 속하였나니 너희가 내 말을 잘 듣고 내 언약을 지키면 너희는 열국 중에서

내 소유가 되겠고 ⁶너희가 내게 대하여 제사장 나라가 되며 거룩한 백성이 되리
라 너는 이 말을 이스라엘 자손에게 고할찌니라

이 예언도 결국 이 세대 우리에 대한 예언이 명백하다. 독수리의 두 날개인 비행기를 타고 하늘에서 낙토, 본향, 고토, 본토에 내리는 것을 **계 3:12절**에 말씀하신 것이다. '독수리의 두 날개'인 비행기가 하늘을 나는 때가 1913년이었으니 반드시 이후에 태어난 사람들이 **출19:4~6절**의 예언이 실상이 되는 것이다. 3421년 전에 모세를 통해서 기록된 이 예언이 사실이 되어야 이성으로도 기록된 말씀이 참 진리임을 인정하게 되는 것이다. 이렇게 명확하게 증거해 주었고, 실상이 되어 이루어지고 있는 이 진리를 안 믿는 것은 불신자다. 예수 그리스도도, 성부 하나님도 절대 안 믿는 사람들이다.

그래서 한 몫의 삶을 육체가 살아서 버려야 한다. 계명대로 지켜 실행하지 않으면서 목사니, 선교사니 하는 자들은 사기꾼들이요, 영적인 살인자들이다. 이들이 결국 사심, 사욕을 가지고 낙토까지 따라왔던 것이다. 이들은 말씀을 들어보지 않는 악인들보다 더 나쁜 패역자로 이미 판결이 난 것이다. 나를 고소한 아이 중에 하나는 형사에게 내가 독수리의 두 날개를 비행기라고 했다고 조롱하더라. 그 아이의 주인이 귀신이라는 것을 자신이 증명하는 것을 두 눈으로, 두 귀로 보고 들었다.

낙토에 가서 의인과 악인이 결판난다고 한 그대로 다 사실이 되어도, 단 한 절도 안 믿는 자들은 모두 이 세상에 속한 자들이다. 이 또한 예언대로 성취된 것이다. 원수가 집안에 있다고 하셨고, 하나님의 아들과 마

귀의 자식들이 사실이 되어 나누어지고 실상이 되는 때가 지금 이 세대다.

따라서 새 예루살렘 성, 하나님께서 예비하신 성은 저 황금돔이 있는 중동의 예루살렘이 절대 아니다. 하나님의 성전이 된 사람, 셋, 곧 성부 하나님, 아들 그리스도 예수와 하나 된 진리의 성령이 실상이 되어 육체를 입고도 죽지 아니하고 영생하는 자들을 위해 예비해 두신 땅, 나라를 뜻하시는 것이고, 이렇게 온전히 실상이 된 사람, 새 사람들이 영원히 사는 나라가 바로 하나님의 소유인 제사장 나라다.

그래서 반드시 예루살렘도 다시 택하신다. 예루살렘 이름의 뜻이 '예루(터, 기초)'와 '살렘(평안, 평강)'의 합성어로서 '살렘의 기초, 곧 평화의 기초, 평강의 소유'라는 뜻이다. 따라서 새 예루살렘은 하나님께서 영원히 거하시는 거룩한 성전이 된 사람들이 거처하는 거룩한 도성, 거룩한 나라를 말씀하신 것이다.

다른 말로 여러 부분, 여러 모양으로 예루살렘을 표현하면, 모리아, 여부스, 시온, 살렘, 아리엘, 헵시바, 오홀리바, 여호와 삼마, 다윗 성, 유다 성읍, 하나님의 성, 곧 지존하신 이의 성, 큰 왕의 성, 신실하던 성읍, 의의 성읍, 신실한 고을, 여호와의 산, 여호와의 성읍, 이스라엘의 거룩한 이의 시온, 찾은 바 된 자요 버림받지 아니한 성읍, 여호와의 보좌, 좋은 열매 맺는 아름다운 푸른 감람나무, 여호와는 우리의 의, 온전한 영광, 모든 세상 사람들의 기쁨, 주의 성, 진리의 성읍, 거룩한 성, 나의 거룩한 산으로 말씀하셨던 것이다. 반드시 다시 택한 새 예루살렘을 말씀하신 것이다. 그래서 다음과 같이 예언해 두셨다.

사11:1~9절이다. "¹이새의 줄기에서 한 싹이 나며(예수 그리스도께서 이 땅에 사람으로 오실 것을 예언하신 것이다.) 그 뿌리에서(이 분은 하나님의 아들이시며, 육체가 죽은 후 영원히 죽지도 아니하고, 시공간을 초월하는 육체로 다시 부활하셔서 거룩한 자들의 기초, 뿌리가 되실 것을 이렇게 말씀하신 것이다.) 한 가지가 나서(예수 그리스도를 믿는 자, 곧 외모로 기독교인 중에 예수 그리스도의 계명을 지켜 실행한 나에 대한 예언이다.) 결실할 것이요(2021년 현재 하나님의 아들들, 백성들이 태어나고 있으니, 이 예언이 2721년이 지난 지금 성취되어 결실하고 있다.)

²여호와의 신 곧 지혜와 총명의 신이요 모략과 재능의 신이요 지식과 여호와를 경외하는 신이 그 위에 강림하시리니 ³그가 여호와를 경외함으로 즐거움을 삼을 것이며(문자 그대로 보면 이 '신'을 상상한다. 또 다른 보혜사인 진리의 성령, 진리의 영, 하나님이 동행하시는 성전 된 사람인 나에 대한 예언이다. 그래서 위에 있는 예루살렘이라고 하신 것이다. 이미 14년째 성취되고 있다.)

그 눈에 보이는 대로 심판치 아니하며 귀에 들리는 대로 판단치 아니하며 ⁴공의로 빈핍한 자를 심판하며 정직으로 세상의 겸손한 자를 판단할 것이며 그 입의 막대기로 세상을 치며 입술의 기운으로 악인을 죽일 것이며(하나님의 심판의 말씀을 대언하므로 악인에게 사실이 되어 그대로 이루어지니까 이렇게 말씀하신 것이다. 2021년 6월 16일 어제 조선일보, 동아일보 신문에 났다.[16] 한 주 전 신문에 동아일보가 실구독자 2위에 올랐다고 났더라. 이제 악인들이 진리로 깨닫고 돌아서지 아니하면 그들에 대한 심판의 말씀대로 사실이 된다. 그래서 심판의 말씀을 경고하기 전, 계속 우리에 대해서 특히 나에 대해서 증명하는 것이다. 치명적인 죄를 지어 죽지 말라는 뜻을 담고 증거하는 것이다.

그래서 **사52:1~2절**의 말씀대로 사실이 되는 것이다.

사52:1~2 ¹시온이여 깰찌어다 깰찌어다 네 힘을 입을찌어다 거룩한 성 예루살렘이여 네 아름다운 옷을 입을찌어다 이제부터 할례받지 않은 자 와 부정한 자가 다시는 네게로 들어옴이 없을 것임이니라 ²너는 티끌을 떨어 버릴찌어다 예루살렘이여 일어나 보좌에 앉을찌어다 사로잡힌 딸 시온이 여 네 목의 줄을 스스로 풀찌어다

'나'에 대한 예언이다. **계3:12절**의 빌라델비아 교회의 사자, 위에 있 는 예루살렘, 평화의 터, 기초의 실상인 진리의 성령을 여러 부분, 여러 모 양으로 말씀하신 예언이다. 저 황금돔이 있는 예루살렘이 아니라는 명백 한 증거가 이 말씀이다. 진리의 성령을 왜 비둘기에 비유하셨는지에 대한 해답이기도 하다. 반드시 독수리의 두 날개인 비행기가 하늘을 날아다닐 때를 지시하신 비밀이었다.

또한 비둘기가 '**평화의 상징**'이기에 진리의 성령에 대한 비밀을 담고 비유하셨고, 비둘기의 입, 곧 진리의 성령의 입으로 대언하는 하나님의 말 씀으로만이 진실로 사람이 하나님과 평화하게 된다는 뜻이다. 비둘기의 입에 물린 감람 새 잎사귀는 진리의 성령의 음성을 듣고 지켜 실행하여 온 세상을 치료하고 회복시킬 약 재료가 되는 '**영영한 사역자들**'을 뜻한다. 또 한 비둘기는 귀소성이 있어서 원거리 통신에 사용되기도 했는데, 이는 반 드시 하나님께서 예비해 두신 땅에 감람 새 잎사귀를 물고 온 세상을 심판

할 때, 육체도 보존되도록 예비해 두신 땅으로 되돌아 온다는 뜻이다.

'**방주 안에서 내보냈다**'는 것은 하나님께서 미리 예언해 두신 진리대로 하나님께로부터 보냄을 받았다는 뜻이다. 이 외에도 비둘기는 성질이 순해서 길들이기 쉽고, 날개의 힘이 강하여 멀리 날 수 있다. 또한 멀리서 양식을 먹인다는 비밀도 담겨 있다.

왜 새 예루살렘이어야 하는지, 진리의 성령이 실상이 되어야 예루살렘이 진실로 평화의 터, 기초가 되는 것인지에 대한 하나님의 뜻을 비둘기에 감추어 두셨던 것이다. 그리고 비둘기는 울음소리가 슬프다. 이는 진리의 성령이 탄식하며 애가, 애곡을 부르며 말씀을 안 믿고 도리어 훼방하고 죽는 사람들을 향하여 슬피 우는 것을 뜻하신 것이다.

그래서 이때를 두고 **단12:4절**에서 사람들이 빨리 왕래하고 지식이 더할 때까지 천국의 비밀이 열리지 않고 인봉되어 있었고, 진리의 성령이 실상이 될 때까지 성경이 모든 것을 죄 아래 가두어 두었으며, 죄에 대하여, 의에 대하여, 심판에 대하여 세상을 책망하니까 이 세상에 속한 자들이 미워하는 것이다. 이 때문에 미워하는 것은 살인이라고 하셨고, 이렇게 미움받고 살해당하신 분이 바로 성령으로 잉태된 분, 곧 진리에 기록된 그대로 잉태되신 분인 하나님의 아들 예수 그리스도시다.

가난한 자를 멸시하는 자들

이는 새 언약을 선포하는 진리의 성령의 음성은 하나님과 사람 사이를 진실로 평화하게 할 수 있고, 이런 기초가 바로 '새 **예루살렘, 위에 있는 예루살렘, 시온 성, 거룩한 성, 성전**'이라고 하신 것이다. 이 새 예루살렘은 지금 2021년 6월 17일에 실상으로 대적자들에 의해 '**사로잡혀 있는 여자**'라야 한다. 이보다 더 어떻게 증거하나?

이렇게 하나님께서 미리 예언해 두신 말씀대로 증거해 주어도 안 믿는 귀신들은 마귀의 자식이다. 이런 자는 이제 떨어 버린다. 이런 자는 지옥 불의 자식이라 거룩한 성에 있을 수 없다. 그래서 낙원에 가는 자들도 죽는 것이고, 지옥의 자식들은 개가 토한 것을 다시 먹으러 자기 집으로 되돌아간다.

사11:4절 "⁴공의로 빈핍한 자를 심판하며 정직으로 세상의 겸손한 자를 판단할 것이며 그 입의 막대기로 세상을 치며 입술의 기운으로 악인을 죽일 것이며(성도들 눈에 이 진리가 명백하게 사실이었음을 보게 하시고 계신 것이다. 곧 "**그 입의 막대기로 세상을 치며 입술의 기운으로 악인을 죽일 것이며**"라고 하신 것이다. 이러해도 귀신임을 자랑하는 네 언행은 너를 네가 죽이는 것이다.)

⁵공의로 그 허리띠를 삼으며 성실로 몸의 띠를 삼으리라(하나님께서 친히 동행하셔서 심판하시는 2021년 6월 17일 이때 이미 실상이 되어 이루어지고 있다.)

⁶그때에(온전히 온 세상이 이렇게 되는 때는 7년 대환난이 지나 '오

는 세상'이 된 그때에) 이리가 어린 양과 함께 거하며 표범이 어린 염소와 함께 누우며 송아지와 어린 사자와 살찐 짐승이 함께 있어 어린아이에게 끌리며 [7]암소와 곰이 함께 먹으며 그것들의 새끼가 함께 엎드리며 사자가 소처럼 풀을 먹을 것이며 [8]젖먹는 아이가 독사의 구멍에서 장난하며 젖 뗀 어린아이가 독사의 굴에 손을 넣을 것이라 [9]나의 거룩한 산 모든 곳에서 해됨도 없고 상함도 없을 것이니 이는 물이 바다를 덮음같이 여호와를 아는 지식이 세상에 충만할 것임이니라"고 하신 이 예언이 온전히 이루어지는 세상을 두고 '의인의 세대, 오는 세상, 새 예루살렘 성, 천년왕국'이라고 한다.

이미 악인이 지배하고 있는 세상 끝인 2021년 지금 이 세대에 낙토에서 기초가 세워지고 있는 우리의 14년째 이 일의 결과를 두고, 현재는 나와 몇 성도들이지만 온전히 하나가 되어 땅에서 실상이 되는 것을 두고, 위에 있는 예루살렘이라고 하신 것이다.

이런 진리의 눈으로 다시 히11:16절의 말씀에 예언된 한 성을 다시 보자. "저희가 이제는 더 나은 본향을 사모하니 곧 하늘에 있는 것이라"라고 하신 이 말씀이 이제 보이느냐? 하늘에 속한 자, 하나님께로부터 보냄을 받고 하나님께서 정하신 때가 되어 셋이 하나 된 나와 나를 통해서 다시 창조, 제조되는 거룩한 하나님의 아들들, 백성들이 있는 나라, 하나님께서 예비해 두신 땅, 낙토가 택한 하나님의 백성들에게 '본향, 새 예루살렘 성'이다.

히브리서가 기록될 당시는 누구든지 알고 있는 저 하늘에 영혼이 있었던 것이나, 이제는 이 예언도 성취되어 폐하고 실상이 된 것이다. 그래서 이 진리를 믿는 사람들에게 이제 2021년 6월 16일부터는 '더 나은 본향'이된 것이다. 진리는 이렇게 사실이 되어 이 땅에 그대로 이루어지는 것이다.

이렇게 온 세상에 알리시려고 악인들을 사용하셔서 나를 옥에 가두고 자신들이 가진 권력을 사용하여 온 세상에 수치와 치욕을 주어 학대하는 것이다. 이는 또 하나님의 아들들에게는 대체육체를 사용하여 영원히 대속하시는 하나님의 완전한 지혜와 모략이며, 다른 말로는 다시 창조되어 해산하는 기간이다. 또한 한 몫의 삶 동안 너희들이 지은 죄의 보응도 끝내는 대속죄일이다. 그래서 택한 백성들도 다음 말씀을 이루는 것이기도 하다.

사49:7절에 "이스라엘의 구속자, 이스라엘의 거룩한 자이신 여호와께서 사람에게 멸시를 당하는 자(아직 우리 안에서 14년째 사람에게 멸시를 당하고 있는 나에 대한 예언이다. 너희들이 얼마나 멸시했는지 너희 자신들이 다 알 것이다. 이미 증거도 다 있다. 이 예언은 예수 그리스도에 대한 예언이 절대 아니고, 2008년 6월 16일부터 2021년 6월 17일 현재까지 사람에게도 멸시를 당하고 있는 나에 대한 예언이 확실하다.

이 예언은 BC 700년경의 예언이니 하나님께서 이사야 선지자를 통해서 미리 증거해 두셨고, 2708년 후에 이 예언이 성취되어 현재도 이루어지고 있는 실상이다. 이렇게 진리는 살아 계신 하나님의 말씀이며, 이는 하나님의 증거하심이고, 진리의 성령인 나는 **욥33:13절**의 하나님의 진술하심을 대언하는 것이다.

'**멸시**'란 업신여기고 깔본다는 뜻이다. 이미 거듭난 성도들 외에는 다 멸시했다. '나는 아닌데~' 하는 너는 아직 네 주인이 누군지도 모르는 귀신이다. 나를 통해서 전하시는 하나님의 말씀을 안 믿고 멸시하는 것이고, 이런 내가 가난한 자이기에 멸시한 것이다. 후욕하는 그들과 지금도 안 믿고 귀신 노릇 하는 너희는 안청환이 돈을 헌금하겠다고 약속한 대로 지켰으면 전부 믿는 척하고, 부지런하게 일하고 난리가 났을 것이다.

이 말들은 후욕하고 고소한 그들이 송사한 진술서에도, 심지어 법정에서도 다 나왔다. 내가 사기꾼을 데려다 놓고 사기 쳤다고 하더라. SBS '그것이 알고 싶다' PD도 나한테 물었다. 이에 대한 사실은 우리 안에 있는 가족 중에 증인들이 다 있다. 내가 데려다 놓은 것이 아니었고, 그렇게 사용하시는 것도 하나님께서 하셨다는 것을 우리 중 대부분은 다 안다. 내가 부자였다면 절대 멸시하지 않았다. 이에 대한 해답도 전 성경에 있다.

잠14:31 가난한 사람을 학대하는 자는 그를 지으신 이를 멸시하는 자요 궁핍한 사람을 불쌍히 여기는 자는 주를 존경하는 자니라

시106:24~25 ²⁴저희가 낙토를 멸시하며 그 말씀을 믿지 아니하고 ²⁵저희 장막에서 원망하며 여호와의 말씀을 청종치 아니하였도다

진실로 이러했다. 보이는 목사를 멸시한 것이 문제가 아니라, 나를 통한 이 말씀을 멸시하는 것은 하나님의 말씀을 믿지 않는 패역이며, 자신들에게 영생의 복을 주시기 위해 예비해 두신 낙토를 멸시한 것이다. 낙토에서는 절대 원망, 불평은 안 된다고 했다. 이에 대한 하나님의 판결은 치명적이다. **잠1:22~23절**을 찾아서 합독하거라. 그리고 **잠17:5절**을 보자.

잠17:5 가난한 자를 조롱하는 자는 이를 지으신 주를 멸시하는 자요 사람의 재앙을 기뻐하는 자는 형벌을 면치 못할 자니라

온갖 죄에 죄를 더해도 회개하기를 기다려 주니까 귀신들은 점점 더 멸시했다.

롬2:4~8절에 "⁴혹 네가 하나님의 인자하심이 너를 인도하여 회개케 하심을 알지 못하여 그의 인자하심과 용납하심과 길이 참으심의 풍성함을 멸시하느뇨(라고 하신 이 말씀이 사도 바울 당시에 그들만 해당하느냐? 절대 아니다. 성경이 모든 것을 죄 아래 가두어 두었기에 이 판결을 하는 나도 모르고 있었던 전대미문의 새 일이라 참고 인내한 것이 도리어 너희들이 더 죄를 짓게 한 것인가 하고 자책하게 만들더라. 귀신은 귀신일 뿐이다. 죽을 자의 죽는 것도 기뻐하시지 않는 하나님을 멸시한 것이다. 죽을 병이 들어도 회개치 아니하는 강퍅함에 경악했다. 이런 티끌에 해당하는 자들은 다음 판결에 해당한다. **5~8절**이다.)

⁵다만 네 고집과 회개치 아니한 마음을 따라 진노의 날 곧 하나님의 의로우신 판단이 나타나는 그날에 임할 진노를 네게 쌓는도다 ⁶하나님께서 각 사람에게 그 행한 대로 보응하시되 ⁷참고 선을 행하여 영광과 존귀와 썩지 아니함을 구하는 자에게는 영생으로 하시고(이래서 **요6:27절**에 "썩는 양식을 위하여 일하지 말고 영생하도록 있는 양식을 위하여 하라 이 양식은 인자가 너희에게 주리니 인자는 아버지 하나님의 인치신 자니라"고 하신 것이다. 2021년 지금 아니, 더 나아가 창세 이래 지금까지 단 한 세대도 영생하도록 있는 양식을 준 사람도 없었고, 영생하도록 있는 양식을 위해

일한 사람도 없었다. 14년째 이미 이 본문을 실상으로 이루고 있다.

이러해도 이 진리를 이단, 사이비라고 정죄한 모든 대적자들은 단 한 명도 죽지 말고 살아서 이 본문의 말씀을 실상으로 이루고 있는 자들이 나와 은혜로교회 성도들임을 너희 입으로 시인하게 되기를 진심으로 바라고 바란다.

이 때문에 모든 것을 참고 모든 것을 믿고 모든 것을 바라고 기다려 주니까 더 무시하고 멸시하더라. 다시는 패역하면 안 된다고 경고해도 무시한 귀신은 티끌이다. 떨어 버릴 것이다. 참고 선, 곧 하나님의 뜻대로 행하는 성도들에게는 이미 영생을 언약하신 대로 실행되고 있다. 이 일을 위해 나는 이 세상에 온 것이다.)

[8]오직 당을 지어 진리를 좇지 아니하고('당'은 불의한 자들의 무리, 진리를 대적하기 위해 모인 무리들인데, 진실로 이러했다. 평소에는 서로 친하지도 않으면서 대적하는 일에는 어찌 그리 하나가 잘 되는지~ 이 예언이 AD 50~70년 사이에 기록되었으니, 1950년이 지난 이 세대에 사실이 되어 땅에 이루어졌다. 그러나 당을 지어 진리를 대적한 그들은 자신들에 대한 예언이 사실이 되어 이루어졌는데도 모르고 있다. 자신들이 지은 죄가 어떤 것인지 모르는 그들은 이 판결 외에도 전 성경에 이미 예언되어 있다.

그들은 육체가 죽어서야 자신들이 지은 죄가 어떤 자해를 한 것인지 지옥 불에서나 알게 될 것이다. 절대 죽지 말고 살아서 당을 지어 대적한 너희 모두 두 눈으로 보아라. 누가 이단인지, 누가 사이비인지, 누가 참 진리를 전했는지 너희들이 멸시한 낙토가 어떤 곳인지 반드시 보아라.

쟁기를 잡고 뒤를 돌아보지 말라고 하신 예수 그리스도의 말씀도 어기고, 너희 마음대로 믿는다고 착각하는 너희들도 이제 각자 행한 그대로 받을 것이다. 지금 판결한다.

눅9:62 예수께서 이르시되 손에 쟁기를 잡고 뒤를 돌아보는 자는 하나님의 나라에 합당치 아니하니라 하시니라

'쟁기'는 논, 밭을 갈 때 사용하는 농기구다. 이 말씀이 예수님 당시 제자들에게 해당하는 말인 줄 아느냐? 당시 예수님의 제자들은 논, 밭을 가는 사역을 한 것이 아니다. 혀로 말로만 설교하고 지금 2021년 6월 17일 이 시간까지 예수 이름 사용하는 자칭 목사, 강도사, 전도사, 선교사들처럼 사역한 것이다. 시골에서 목회를 하는 목사도 이렇게 논, 밭을 갈아 준다고 이에 해당하는 주인공들이 아니다. 구원과 아무 관계가 없는 자신들 밥벌이 수단이다.

그런데 왜 뜬금없이 이 말씀을 하셨을까? 진리의 성령이 실상이 되어서 예수 그리스도의 계명을 지켜 실행할 때, 하나님께서 약속하신 땅에 **에스겔 12장** 말씀대로 이사하여 황무한 땅을 개간부터 해서 농사를 지어야 했다. 이때를 두고 예언하신 것이다. 명령하시고 지시하신 것이다. 증거가 또 다른 보혜사가 실상으로 와야 너희에게 유익하다고 하셨고, 와서 예수 그리스도에 대해서도 증거할 것이라고 하셨으며, 장래 일을 가르치고 모든 진리 가운데로 인도한다고 말씀하셨다.

특히 '영생과 하나님 나라'에 대한 질문에 대답하신 **마19:16~30절**

의 말씀을 지켜 실행하는 자가 영생을 얻어 하나님 나라에 들어갈 것을 이미 말씀해 두셨다. 이때 "내 이름을 위하여 집이나 형제나 자매나 부모나 자식이나 전토를 버린 자마다 여러 배를 받고 또 영생을 상속하리라" 라고 하신 이 말씀대로 지켜 실행할 때 눅9:62절의 말씀이 사실이 되어 이루어지는 것이다. 그래서 예수 그리스도께서 회당에서 말씀을 전하실 때, 자신을 불러내는 육의 모친, 동생들에 대해서 "누가 내 모친이냐, 동생들이냐"고 하신 일도 지금 이 세대 하나님 나라가 실상이 될 때 지키라고 주신 계명이었다. 앞에 설명하다가 중단된 것을 다시 설명한다.

눅18:29~30 ²⁹이르시되 내가 진실로 너희에게 이르노니 하나님의 나라를 위하여 집이나 아내나 형제나 부모나 자녀를 버린 자는 ³⁰금세에 있어 여러 배를 받고 내세에 영생을 받지 못할 자가 없느니라 하시니라

분명하게 '**하나님 나라, 영생**'이라고 하셨다. 예수님 당시나 2021년 이 세대 내가 실상으로 나타나기 이전 그 누구도 하나님 나라에 들어갈 자, 영생을 얻을 자에 대해서 진리대로 전한 자도 없었고, 따라서 하나님 나라에 대해서 아는 자도 없었다. 이는 이미 역사가 증명해 준다. 아들 예수께서도 모르셨던 사실이라고 하면 누가 믿겠냐마는 이는 사실이다. 당시는 하나님께서 정하신 때가 아니었고, 그래서 예수 그리스도께서는 '비유'로 말씀하신 것이다. 그 결과 지금 이 세대까지 하나님 나라, 곧 천국은 모두 육체가 죽어서 가는 곳이라고 가르치고 모두 그렇게 믿었다. 이 자체가 모두 거짓말이다. 믿든 안 믿든 이는 사실이다.

"하나님은 죽은 자의 하나님이 아니요 산 자의 하나님이시라"라고 하신 이유가 이 때문이다. 이래서 '영생'에 대해서도 예수 그리스도께서는 말씀만 하시고, 당신은 온전한 영생에 이르시지 못했던 것이다. 오해할까 봐, 예수 그리스도의 사명은 반드시 육체가 한 번 죽으시고 삼 일 만에 부활하셔서 영원히 죽지 아니하시는 신령한 몸을 받으시는 것이다. 하지만 그렇게 신령한 몸을 다시 받으셔도 하나님 우편에서 쉬고 계신다. 2천 년이 다 되도록 2021년 6월 17일 지금 이 시간까지 아무 일도 안 하시고 쉬고 계신다. 당신이 친히 가르치셨던 제자들도 아직 신령한 몸으로 부활하지 못했다. 순교자들은 제단 아래서 쉬고 있다.

이는 '온전한 영생'이라고 할 수 없다. 이 말을 하면 전 세계 천주교, 기독교가 나를 죽이려고 하겠지만, 나를 죽일 수 없다. 그리고 이 말은 사실이다. 당신의 입으로 말씀하시지만 자신은 육체도 죽지 아니하는 온전한 영생을 실상으로 이루시는 사명이 아니었다.

막10:29~30절에 구체적으로 현재 우리에 대한 예언이 기록되어 있고, 이미 실상이 되고 있다. "[29]예수께서 가라사대 내가 진실로 너희에게 이르노니 나와 및 복음을 위하여 집이나 형제나 자매나 어미나 아비나 자식이나 전토를 버린 자는(한 몫의 삶을 완전히 버리는 것이다. 이렇게 세 군데나 다 동일하게 모든 것을 다 버리는 자가 들어가는 곳이 하나님 나라다. 특히 '전토'는 논, 밭, 전답, 국토의 전체, 온 나라 안을 뜻한다. 곧 자신이 살고 있는 모든 땅, 집, 나라, 가족, 모두 다 버리라는 뜻이다.) 이래서 다음과 같이 말씀하신 것이다.

막3:31~35 ³¹때에 예수의 모친과 동생들이 와서 밖에 서서 사람을 보내어 예수를 부르니 ³²무리가 예수를 둘러 앉았다가 여짜오되 보소서 당신의 모친과 동생들과 누이들이 밖에서 찾나이다 ³³대답하시되 누가 내 모친이며 동생들이냐 하시고 ³⁴둘러 앉은 자들을 둘러보시며 가라사대 내 모친과 내 동생들을 보라 ³⁵누구든지 하나님의 뜻대로 하는 자는 내 형제요 자매요 모친이니라

눅8:19~21 ¹⁹예수의 모친과 그 동생들이 왔으나 무리를 인하여 가까이 하지 못하니 ²⁰혹이 고하되 당신의 모친과 동생들이 당신을 보려고 밖에 섰나이다 ²¹예수께서 대답하여 가라사대 내 모친과 내 동생들은 곧 하나님의 말씀을 듣고 행하는 이 사람들이라 하시니라

하나님의 말씀을 전한 사람은 성경을 기록한 저자들과 아들 예수 그리스도시다. 그런데 온전히 전한 사람은 없었다. 그 증거가 **고전13:10절**이다. 온전한 것이 올 때에는 부분적으로 하던 것은 다 폐하리라고 하신 것이고, **히브리서 8장**의 "새 언약"이며, 이사야서에서는 "새 일"이라고 하셨던 나를 통한 14년째 이 일이다.

또한 **사55:8~9절**에 하나님의 생각과 사람의 생각이 다르다고 하신 말씀이며, 하나님께서는 사람의 증거를 취하지 않는다고 하신 것이고, 사람에게서 영광을 취하지 않으신다고 하신 말씀이다. 이렇게 말하는 나도 대언을 할 뿐 이미 말씀하시고 기록해 두신 성경 속에 감추어진 하나님의 뜻을 밝히시는 분은 하나님이시다.

마12:46~50절에도 예수 그리스도께서 누가 내 모친이며, 형제들이 냐고 하신 말씀이 세 군데 다 기록되어 있다.

마12:46~50 ⁴⁶예수께서 무리에게 말씀하실 때에 그 모친과 동생들이 예수께 말하려고 밖에 섰더니 ⁴⁷한 사람이 예수께 여짜오되 보소서 당신의 모친과 동생들이 당신께 말하려고 밖에 섰나이다 하니 ⁴⁸말하던 사람에게 대답하여 가라사대 누가 내 모친이며 내 동생들이냐 하시고 ⁴⁹손을 내밀어 제자들을 가리켜 가라사대 나의 모친과 나의 동생들을 보라 ⁵⁰누구든지 하늘에 계신 내 아버지의 뜻대로 하는 자가 내 형제요 자매요 모친이니라 하시더라

이렇게 세 군데를 다 비교하여 함께 보아야 온전히 보인다. 당시 무리가 다 있는 데서 말씀을 전하시는 중에 있었던 일인데, 마태복음에서는 구체적으로 제자들을 가리켜 말씀하신다. 당시 무리들이 다 있었어도 예수 그리스도와 같이 복음을 전하시는 데 함께 동고동락했던 사람들은 제자들이고, 이들은 결국 예수 그리스도의 뜻을 좇아 예수 그리스도를 증거한다. 그리고 기록한 것이 신약성경이다. 이는 **요15:27절**에 "너희도 처음부터 나와 함께 있었으므로 증거하느니라"라고 하신 말씀이 성취된 것이다. 그런데 이 증거도 하나님의 감동으로 기록되었지만 사람의 증거다.

이들의 증거만으로는 하나님께서 온전히 영광을 받으시지도 않았고, 영생을 온전히 얻은 것이 아니었고, 결국 순교했다. 이에 대한 명백한 증거가 너무 많다. 영원히 증명한다. 그중 **요17:3절**이다.

요17:3 영생은 유일하신 참 하나님과 그의 보내신 자 예수 그리스도를 아는 것이니이다

이 말씀대로도 안 믿는 것이 지금 전 세계 성경을 사용하는 모든 종교인 유대교, 천주교, 기독교인들이다.

또 **요17:2절**에서 하신 말씀도 안 믿는다. 더 직설적으로 말하면 전 성경을 단 한 절도 안 믿고 하나님의 뜻도 모르고 안 믿는다. 도리어 이 말을 하는 나를 말도 안 되는 소리를 한다고 반박해도 이는 사실이다.

요17:2 아버지께서 아들에게 주신 모든 자에게 영생을 주게 하시려고 만민을 다스리는 권세를 아들에게 주셨음이로소이다

'**영생**'을 얻는 길, 곧 하나님 나라에 들어가는 길을 예수님께 찾아온 부자 관원이 물었고, 예수님은 그 물음에 답하신 것이다. 하나님의 계명을 지키라고 하시고 그 계명을 다 지켰다고 대답하는 부자 관원에게 "네게 오히려 한 가지 부족한 것이 있으니 가서 네 있는 것을 다 팔아 가난한 자들을 주라 그리하면 하늘에서 보화가 네게 있으리라 그리고 와서 나를 좇으라"라고 하시니까 그 사람은 재물이 많은 고로 이 말씀을 인하여 슬픈 기색을 띠고 근심하여 간다.

이 부자는 자신이 가진 모든 것도 다 가지고 누리고 영생하여 하나님 나라에도 들어가고 싶으니까 예수님께 질문한 것이다. 자신의 뜻대로 답하시지 않으니까 그는 슬픈 기색을 띠고 근심하며 돌아간 것이다. 사실

부자 관원, 곧 오늘날 부자 목사는 하나님의 계명을 하나도 지키지 않았다. 자신의 생각대로 자신은 다 지켰다고 자긍하며 말하였고, 예수 그리스도께서도 네가 계명을 지키지 않았다고 말씀하지 않으셨고, 대신 "네 모든 것을 다 팔아 가난한 자를 주고 자기를 좇으라"라고 하신 것이다.

이 부자는 예수 그리스도가 누군지 모르는 사람이다. 이처럼 지금 전 세계 부자 목사들은 하나님의 아들을 모른다. 그러니까 '성자 하나님, 성령 하나님'이라고 하는 것이다. 이 부자가 예수 그리스도께 "선한 선생님이여"라고 하는 말과 똑같다. 이 부자의 결과는 일생 날마다 호화로이 연락하다가 죽어서 자신이 간 곳이 음부인 지옥 불못에 떨어져서 혀에 물 한 방울 먹지 못하는 고통을 받으며 영원히 지옥 불에서 살아야 한다. 눅 16:19~31절을 보라. 성경은 반드시 성경 속에서 해답을 찾아야 한다.

이런 부자의 영적인 상태와 부자가 일생 목회하고 육체가 죽어서 그 혼이 간 곳이 바로 지옥 불이다. 누가복음 16장의 기록이 없었다면 부자의 한 몫의 삶의 결과로 인해 받은 심판이 어떤 것인지 알 수 없다. 이렇게 결과까지 기록해 두었는데 지금 전 세계 어느 부자 목사가 기록된 말씀을 믿느냐? 아무도 없다. 부자 목사는 도리어 더 부자가 되고 싶어서 날마다 하인들인 교인들을 속이고 헌금하라고 닦달한다. 아무것도 모르는 교인들은 심는 대로 거둔다고 한 말씀의 뜻도 모르고, 이 부자 관원이 부자 목사 이야기인 줄 모르고, 성경을 가지고도 눈이 있어도 안 보인다. 그래서 자기 욕심에, 곧 자신도 부자 목사처럼 부자가 되고 싶어서 헌금한 것이다.

허건 형사가 나보고 묻더라. 처음에 변호사도 없이 조사받을 때 "이윤재 등 그들이 헌금한 것은 왜 헌금했을 것 같으냐"고 하더라. 나는 그들이 헌금한 사실도 몰랐다. 구속되어 조사받을 때 알았는데 물어보니까 이렇게 답했다. "내가 그 사람이 아니니 질문 자체가 말이 안 되지만 내 생각은 자신이 복받고 싶으니까 헌금한 것이다"라고 했다. 그런데 얼마나 간사한지 이런 질문과 대답은 소송장에 기록하지 않았다. 허건 형사 자신도 사람이면 내가 헌금하라고 하지 않았다는 것을 다 알 것이다. 그런데 얼마나 간사한지 이런 나를 '사기'라고 기소했고, 판사는 그대로 사기죄로 판결했다.

변호사는(당시) 얼마나 무능한지 돈을 받고도 변호는커녕 형사, 검사, 판사가 7년형을 판결한 것을 두고 내가 물었다. 이들이 말하는 것 모두 내가 다 죄를 지었다고 가정하고 묻는다. 나는 세상 법을 모르니까 이 징역형이 정당하게 판결한 것이냐고 물었더니 아니라고 답하더라, 뻔뻔하게~ 소경들이 판결할 수 있는 일이 아니라고 해도 어떻게 이렇게 엉터리 판결이 날 수 있는 것인지, 같은 법을 배운 자기들끼리도 말도 안 되는 판결을 한 것이란 사실을 그들은 알까?

세상에 유명한 사람이, 아니 유명한 부자 목사가 나처럼 기소되었다면 이렇게 판결했겠나? 그들은 나에게 "너 같은 것은 죽여 버린다"라고 하고 형사, 검사, 판사가 다 하나가 되더니 2020년 1년 내내 장관, 총장이 싸우더라.[17]

하나님께서는 이런 부자들, 부자 되고 싶어서 부자 교회에 다니는 교인들이 하나님의 나라 비밀을 알지 못하도록 비유로 기록하셨다. 성경은 문자 그대로, 사람이 본능적으로 아는 대로 보면 단 한 절도 하나님의 나라 비밀인 하나님의 뜻을 알 수 없고, 도리어 더 부패하고 타락하게 만든다. 그래서 사람에게서 증거를 취하시지 않는다고 하신 것이고, 나를 인하여 실족하지 아니하는 자가 복이 있다고 예수께서 말씀하신 것이다. 나 또한 아무것도 모르고 7년이라는 기간에 목회를 하지 않았다면 절대 대언하는 그릇으로 사용되지 못했을 것이다. 실상이 아니면 절대 알 수 없는 것이 천국의 비밀이다.

이런 관원인 부자 목사가 돌아가고 제자들에게 이렇게 말씀하신다.

막10:23~25 [23]…재물이 있는 자는 하나님의 나라에 들어가기가 심히 어렵도다… [24]…얘들아 하나님의 나라에 들어가기가 어떻게 어려운지 [25]약대(낙타)가 바늘귀로 나가는 것이 부자가 하나님의 나라에 들어가는 것보다 쉬우니라 하신대

왜 천주교, 기독교인 부자들은 문자 그대로도 이런 말씀은 안 볼까? 결국 이 말씀이 사실이었음을 자신들이 스스로 헌금했던 이윤재, 이미애, 박찬문, 노영자, 유단비 이들이 증명했다. 유단비는 제주도 오피스텔 3개 계약한 문서를 교회에 기증했다고 해서 도로 내주라고 했고, 도로 주었다는 것만 알고 있었다. 바리새인 중에 바리새인이었으며, 그 몸, 그 나이로 마치 선심 쓰듯이 내놓은 문서였기에 그랬다. 그 사실 외에 이윤재, 노영자가 헌금한 것, 그 후에 유단비가 헌금한 사실도 나는 몰랐다. 그런데 내가 '사기죄'란다. 사실 확인도 안 하고, 사건이 나니까 바로 배신하는 자칭 기독교인들을 수백 명 보았다. 지금 과천에 100명도 안 남았다. 이들 중에 진짜 믿는 사람은 몇 명 없다.

대적의 기록한 소송장이 내게는 온전히 다 있으니 나는 이제 **사52: 1~2절**의 말씀대로 지켜 실행한다. 귀신이 주인인 자, 티끌에 해당하는 자, 하나님 나라에 합당치 않은 자에 대해 진리대로 판결하면 반드시 각자 행한 대로 우리 안에서부터 그대로 이루어진다.

왜 마가, 마태, 누가복음에 하나님 나라를 위하여 한 몫의 삶을 모두 버리라고 하셨는지 보이느냐? 한 몫의 삶을 모두 버리라고 하신 이유를 **막3:31~35절, 눅8:19~21절, 마12:46~50절**에 기록해 두셨던 것이다. 자신을 찾아온 육의 가족을 두고 "누가 내 모친이며 형제들이냐?"라고 하셨는데, 이는 한 몫의 삶은 육체에 해당하는 삶이라서 그런 것이다. 아들이 하신 말씀은 하나님의 말씀이라고 하셨다.

그런데 지금 이 세대가 될 때까지 교인들에게 헌금하라고 강요할 때만 사용했을 본문들이 바로 자신한테 하신 하나님의 말씀임을 모르는 부자들이다. 이런 말을 내가 송사에 걸려 구속되기 전에 자세하게 말했다면 나는 그들에 의해 수십 년 징역형을 받았을지도 모른다. 하나님께서 하시는 일은 진실로 완전하신 지혜였다.

고소한 그들은 모른다. 자기들이 송사한 이 일이 어떤 일인지를 말이다. 자신들도 성경을 이루고 있는 줄은 꿈에도 모르고 있다. 자신들의 모형인 거짓 증인들이 이미 2721년 전에 성경에 예언되어 있었고, 그보다 더 3421년 전에 기록되어 있는 줄 그들은 모른다. 이들에 대해 예언을 한 모세부터 전 성경을 기록한 저자들 모두 아무도 몰랐다. 그중 한 군데를 명백하게 증명한다.

사54:15~17 ¹⁵그들이 모일찌라도 나로 말미암지 아니한 것이니 누구든지 모여 너를 치는 자는 너를 인하여 패망하리라 ¹⁶숯불을 불어서 자기가 쓸 만한 기계를 제조하는 장인도 내가 창조하였고 파괴하며 진멸하는 자도 내가 창조하였은즉 ¹⁷무릇 너를 치려고 제조된 기계가 날카롭지 못할 것이라 무릇 일어나 너를 대적하여 송사하는 혀는 네게 정죄를 당하리니 이는 여호와의 종들의 기업이요 이는 그들이 내게서 얻은 의니라 여호와의 말이니라

"¹⁵그들이(나를 '이단, 사이비, 사이비 교주'라고 치고 혀로, 손가락으로 학대한 감리교 권사 이인규, 박형택 예장합신 총회 소속 목사부터 우리에게서 나간 그들과 형사, 검사, 판사까지, SBS '그것이 알고 싶다' PD, 각 언론사, 방송, 외국에 있는 방송까지, 2021년 6월 18일 현재까지 나를 혀로, 손가락으로 학살한 모든 사람들이 다 이 "그들"이다.)

모일찌라도 나로 말미암지 아니한 것이니(이들은 거의 전부가 다 기독교인들인데 하나님께서 2721년 전에 이미 이들에 대해서 예언해 두셨고 판결해 두셨다. 나를 이단이라고 한 그들은 나를 치고 학대하려고 모일지라도 하나님으로 말미암지 아니했다고 하신다. 이 예언은 이사야 선지자 당시의 일이 아니고, 예수 그리스도에 대한 예언도 아니었다. 예수께서 원수들에 의해 사형당하신 것이 명백한 증거다.)"

여기서 다음 말씀으로 전 세계 모든 기독교인들, 그중에 나를 "이단이니~ 사이비니~" 하고 비방하고 네 마음대로 판단하여 지껄인 자들에게 묻는다.

눅24:27절에 "이에 모세와 및 모든 선지자의 글로 시작하여 모든 성경에 쓴 바 자기에 관한 것을 자세히 설명하시니라" 44~45절 "⁴⁴또 이르시되 내가 너희와 함께 있을 때에 너희에게 말한 바 곧 모세의 율법과 선지자의 글과 시편에 나를 가리켜 기록된 모든 것이 이루어져야 하리라 한 말이 이것이라 하시고 ⁴⁵이에 저희 마음을 열어 성경을 깨닫게 하시고" 더 앞에 32절 "저희가 서로 말하되 길에서 우리에게 말씀하시고 우리에게 성경을 풀어 주실 때에 우리 속에서 마음이 뜨겁지 아니하더냐 하고"

또 요5:39절에 "너희가 성경에서 영생을 얻는 줄 생각하고 성경을 상고(연구)하거니와 이 성경이 곧 내게 대하여 증거하는 것이로다"

위에 누가, 요한이 기록한 신약성경에 구약은 물론이고 모든 성경은 다 예수 그리스도에 대하여 증거하는 것이라고 친히 말씀하셨다. 그런데 **이사야 54장** 전체는 예수 그리스도에 대해서 예언하신 것이 아니고, 2021년 지금 나에 대해서, 나를 세상 법에 고소하여 징역살이를 시키는 우리에게서 나간 자들, 허건 형사, 최수경, 이윤희 검사, 장서진 판사, 송승우 수원고법판사 외 두 명, 권순일 판사 외 두 명 대법 판사들, 감리교 권사 이인규, 예장합신 총회 목사 박형택, 자칭 기자라고 하는 기독교 잡지사 기자들, 자칭 이단 전문가라고 하는 자들 등등 나를 치려고 모여 의논하고 당을 지은 그들에 대한 예언이다.

이를 믿든 안 믿든 사실인데, 그렇다면 예수님께서 하신 말씀, 곧 모든 성경은 자신에 대해서 기록한 것이라고 하신 말씀이 사실인가? 모두 답해라, 누구 말이 맞는지. 곧 예수 그리스도께서 하신 말씀이 맞는지, 지금 내가 하는 말이 맞는지 답해라. 나는 이에 대해서 14년째 증명하고 있다.

그리고 또 한 가지 더 질문한다.

요21:25 예수의 행하신 일이 이 외에도 많으니 만일 낱낱이 기록된다면 이 세상이라도 이 기록된 책을 두기에 부족할 줄 아노라

사도 요한이 기록한 이 말이 맞을까? 이해가 되는 말이냐? 모두 답해라. 신약성경의 이 기록대로라면 왜 구약은 율법이라고 하고, 신약은 복음이라고 했으며, 신약성경 특히 마태, 마가, 누가, 요한서를 복음서, 곧 사복음서라고 할까? 사도 바울이 쓴 성경은 그럼 복음이 아닌가? 다른 제자들, 곧 야고보서, 베드로전후서, 요한1, 2, 3서, 유다서, 요한계시록은 복음이 아닌가? 저자가 미상인 히브리서는 복음이 아닌가? 구약은 전부 율법이기만 한가? 예수 그리스도께서는 구약성경 전체도 자신에 대한 말이라고 하셨는데 왜 이런 예수님의 말은 안 믿고 신약성경 마태, 마가, 누가, 요한복음만 복음이라고 성경에 아예 제목을 붙였나?

'사복음서', 곧 마태복음, 마가복음, 누가복음, 요한복음만 복음서냐? 성경 박사들, 원어 박사들, 성경 번역가들, 출판사 등 돈을 버는 데 이용한 모든 자들에게도 묻는다. 답을 해 보라. 이런 의문도 안 가지고 믿는다고 하는 너희들은 전부 가짜다. 자신들은 이미 잘 믿는다고 착각하고 기득권 행사하는 모든 자들아, 다 반론해라. 너희 모두가 하는 언행은 사람의 '이론'에 해당하기에 반론이라는 말로 질문하는 것이다.

사54:15절에 "그들이 모일찌라도 나로 말미암지 아니한 것이니"라고 하신 이 말씀에 해당하는 자들이 누굴까? 예수 그리스도 당시는 예수

그리스도를 치려고 모인 자칭 유대인들이라고 하나 사단의 회인 바리새인, 대제사장들, 서기관들, 장로들이 예수를 치려고 모여서 의논하던 자들이 맞다. 그러나 이는 2천 년 동안에 해당하는 하층, 곧 지옥의 소리, 중층의 소리일 뿐 상층, 곧 온전한 중층, 상층의 소리가 아니었다.

그리고 앞에서 예수님이 말씀을 전하실 때, 육의 어머니와 형제들이 찾아왔을 때 **"누가 내 모친이며 형제들이냐"**라고 하신 말씀을 왜 기록해 두셨을까? 이유도 없이 그런 말씀을 기록하게 하신 것일까? 그것도 세 군데나 다 같은 사건들을 기록했다. 왜 그랬을까? 특히 쟁기를 잡고 뒤돌아본 자들에게 전부 왜 이런 일을 기록하셨을까 하고 묻는다. 너희들은 예수 그리스도를 안 믿는 자들이고, 하나님 나라에 합당치 않은 자들이다. '아닌데요' 하고 반발해도 그건 네 생각이고, 하나님의 뜻은 하나님의 나라에 합당치 않으므로 깨닫고 믿는 은혜를 주시지 않은 것이다.

다른 말로 하면 나를 통한 14년째 이 일과 대언하는 하나님의 말씀을 안 믿는 자들이다. 이미 한 몫의 삶을 다 버리고 낙토에 갔다면 누가 찾아와도 그들 말에 넘어가서 한국에 되돌아가는 자가 될 수 없다. 따라서 되돌아온 자들은 살아서 영생에 이를 수 없다. 너희가 낙토에서 한 일은 전부 무효다. **에스겔 18장과 33장**을 10번 이상 읽어라. 그래도 말씀이 맞다고 생각하면 순교하든지~ 낙원에 가든지 할 것이다.

7년 대환난이 오기 전, 온 세상을 시험하시기 전에 거지 나사로같이 한 몫의 삶을 살다가 낙원에 갈 자는 환난 전에 육체가 죽는다. 이미 10년을 우리 두 눈으로 다 보았다. 낙토에 가서 의인인지, 악인인지 결판난다고 한 말씀대로 쟁기를 실상으로 잡고 가다가 되돌아온 자들은 혹 오는 세상에 들어가도 '영생'에 이를 수 없고 죽는다. 하나님의 말씀은 단 한 말씀도 믿지 않은 것이다. 그리고 낙토에도 이제 절대 아무나 들어갈 수 없다. 온갖 미친 짓을 하고 말씀은 멸시하면서 네 욕심에 의해 그냥 머리로 듣고 있는 너도 순교하든지~ 낙원에 가든지 할 것이다.

예수 그리스도에게도 공의로 심판하신 하나님이시고, 그분의 기도도 들어주시지 않으셨는데, 너희들이 무엇인데 귀신이 주인인 자이면서 게으르고 더러운 네 욕심대로 언행을 하고 지껄이는 네 소원을 들어주겠나? 짐승이 아니거든 생각이라는 것을 하거라. 그래서 수없이 경고했는데 다 네가 스스로 말씀을 무시하고 업신여겼다. 이는 하나님을 업신여기고 멸시하는 것이다.

우리 교회 안에도 이러한데 성경과 다른 거짓말을 하는 온 세상 교회가 어떠한지는 더 말할 필요가 없다. 특히 2018년 7월 24일 사건이 난 이후에 너희 모두가 한 언행은 너희 스스로 자해한 거다. 시험에 합격한 성도들 외에 14년째 나를 통해서 하신 모든 일을 네 마음대로 생각하고 판단하고 정죄한 언행, 생각을 모두 알고 계시는 하나님이시다.

다시 시작한다고 하니까 또 네 마음대로 생각하더니 하나님의 징계를 바로 받아도 정직하지 않고 악독을 그대로 가지고 있었다가 코로나19로 자가격리 되어 성도 중에 깨어 일어난 성도가 회개하자고 하니까 마지못해 하는 자백에, 귀신이 주인인 자들의 패역에 내가 두 손을 하나님께 들고 '사52:1~2절의 말씀을 실행하겠습니다' 하고 지키고 있다.

한 성도도 예외 없이 시험을 같이 보았고, 통과한 거듭난 성도들 외에 아직 귀신이 주인이다. 그러나 반드시 이기라고 하셨다. 수없이 말했다. 나도 이기라고 했다. 혀로 말만 한다고 천국에 가고, 죽어서 가는 천국이면 왜 네 눈이, 네 손이, 네 발이 너를 범죄케 하거든 빼어 버리고 찍어 내버려서라도 지옥 불에 가지 말고 영생하라고 하셨는지 모두, 전 세계 모든 사람들은 고민을 해야 한다.

한국 대통령이 오스트리아의 한 수도원에서 "가톨릭의 가치가 평생 내 삶의 바탕을 이루었고, 정치인이 된 이후에도 높은 윤리의식을 지닐 수 있었다"고 말했다.[18] 정말 높은 윤리의식을 가지고 사는 사람은 남들 앞에서 스스로 이렇게 말할 수 없다. 윤리의식은커녕 얼마나 많은 비리, 부패, 부도덕, 부정당한 일들이 드러나고, 감추인 것은 또 얼마나 많을까? 한 나라의 통치권자가 사사로이 저지른 일들이 다 드러나는데도 자신을 이렇게 말하는 저 사람에게 무엇이 윤리의식인지 묻고 싶다. 지금 이대로는 가톨릭 신자들, 사제들은 단 한 명도 구원과 관계없다. 믿든 안 믿든 사실이다.

성경 속에 감추어진 하나님의 뜻대로 분별하고 2021년 이때까지 가톨릭 역사가 증명한다. 못 믿겠거든 자신이 직접 이성을 가지고 성경을 보아라, 천국 가는지. 그래도 모르겠거든 나를 통한 새 언약의 말씀, 곧 영원한 언약을 들어보든지~ 그래도 안 믿기거든 네가 죽으면, 육체를 벗으면 그때에는 네가 영원히 간 곳이 지옥 불못이라는 것을 알게 될 것이다.

예수 그리스도께서도 아무 일도 없을 때는 이렇게 영적인 모친, 형제, 자매가 누군지 말씀하시고는 왜 자신에게 십자가 사건이 실상으로 닥쳐서는 "엘리 엘리 라마 사박다니"라고 하셨을까? 아이들이 공부를 잘하고 아니고는 평소에는 모른다. 시험을 쳐서 성적이 나와야 안다. 하물며 하나님의 나라에 육체도 죽지 아니하고 살아서 영생에 들어가는 것을 아무나, 누구나 귀신이 주인인 채 들어간다는 말이냐?

예수 그리스도께서 말씀하셨다. 부자 관원, 곧 부자 목사에게 영생과 하나님 나라에 들어가려면 한 몫의 삶에서 가진 모든 것을 다 버리고, 예수 그리스도의 계명을 지켜 실행하며 하나님의 뜻대로 행하는 자가 천국에 들어가고, 죄를 범하는 자는 결단코 들어갈 수 없다는 것을 뜻하신 것이다.

"오직 예수" 혀로 말은 하면서 왜 하신 말씀은 안 믿고 새빨간 거짓말로 가르치냐? 혀로 말은 누구든지 다 할 수 있다. 하지만 실제 하나님의 계명은 지키지 아니한다. 창세 이래 모든 자들이 다 그렇게 하는 중 아브라함은 하나님의 계명을 지켜 실행하지만 그때는 때가 아니었다.

그리고 당시 제자들인데 왜 '모친'이라는 용어를 사용했을까? 이는 바로 지금 이 세대에 우리에 대한, 나에 대한 예언을 감추어 두신 것이다. 한 몫의 삶인 채 그대로 있으면서 혀로 말만 하는 자들은 하나님과 아무 관계가 없다. 예수 그리스도를 통해서 친히 보여 주신 것이다. 십자가의 도는 우리가 나타나기 전에는 절대 알 수 없는 천국의 비밀이었다.

다시 **막10:29~30절**로 가자. 반드시 "²⁹나와 및 복음을 위하여 집이나 형제나 자매나 어미나 아비나 자식이나 전토를 버린 자는 ³⁰금세에 있어 집과 형제와 자매와 모친과 자식과 전토를 백배나 받되(이때 **마태복음 13장, 마가복음 4장, 누가복음 8장**의 씨 뿌리는 비유가 이 세대 우리에 대한 예언이었다. **마13:1~30절**을 찾아서 읽어라.

마13:8, 16, 23, 37~38, 43 ⁸더러는 좋은 땅에 떨어지매 혹 백 배, 혹

육십 배, 혹 삼십 배의 결실을 하였느니라 ¹⁶그러나 너희 눈은 봄으로, 너희 귀는 들음으로 복이 있도다 ²³좋은 땅에 뿌리웠다는 것은 말씀을 듣고 깨닫는 자니 결실하여 혹 백 배, 혹 육십 배, 혹 삼십 배가 되느니라 하시더라 ³⁷대답하여 가라사대 좋은 씨를 뿌리는 이는 인자요 ³⁸밭은 세상이요 좋은 씨는 천국의 아들들이요 가라지는 악한 자의 아들들이요 ⁴³그때에 **의인들은 자기 아버지 나라에서 해와 같이 빛나리라** 귀 있는 자는 들으라

'길가, 돌밭, 가시떨기'는 천국의 말씀인 14년째 전하는 전대미문의 새 언약을 듣고도 깨달음이 없는 악한 자들이었고, 그들이 누군지 두 눈으로 다 보았고, 그들의 이름, 얼굴까지 다 안다. 이런 진리를 마귀들이 자기들 이익을 위해 헌금을 요구하며 교인들을 속일 때, 삼십 배, 육십 배, 백 배의 복을 말하며 속인 것이다. 절대 다른 어느 세대가 아니고, 천국, 아버지 나라, 하나님 나라 비밀을 하나님께서 친히 밝히시는 14년째 이 일에 대한 예언이 명백하다.

그리고 하나님 나라는 육체가 살아서 이 땅에서 이루어지고, 이 하나님 나라에서 영원히 영생하는 것이다. 그래서 **단2:44절**의 예언이 이 땅에서 이루어지는 것이다.

단2:44 이 열왕의 때에(지금 이 세대가 열왕의 때다.) 하늘의 하나님이 한 나라를 세우시리니 이것은 영원히 망하지도 아니할 것이요 그 국권이 다른 백성에게로 돌아가지도 아니할 것이요 도리어 이 모든 나라를 쳐서 멸하고 영원히 설 것이라

단4:3 크도다 그 이적이여, 능하도다 그 기사여, 그 나라는 영원한 나라요 그 권병은 대대에 이르리로다

단6:26 내가 이제 조서를 내리노라 내 나라 관할 아래 있는 사람들은 다 다니엘의 하나님 앞에서 떨며 두려워할찌니 그는 사시는 하나님이시요 영원히 변치 않으실 자시며 그 나라는 망하지 아니할 것이요 그 권세는 무궁할 것이며

단7:14, 18, 22, 27 [14]그에게 권세와 영광과 나라를 주고 모든 백성과 나라들과 각 방언하는 자로 그를 섬기게 하였으니 그 권세는 영원한 권세라 옮기지 아니할 것이요 그 나라는 폐하지 아니할 것이니라 [18]지극히 높으신 자의 성도들이 나라를 얻으리니 그 누림이 영원하고 영원하고 영원하리라 [22]옛적부터 항상 계신 자가 와서 지극히 높으신 자의 성도를 위하여 신원하셨고 때가 이르매 성도가 나라를 얻었더라 [27]나라와 권세와 온 천하 열국의 위세가 지극히 높으신 자의 성민에게 붙인 바 되리니 그의 나라는 영원한 나라이라 모든 권세 있는 자가 다 그를 섬겨 복종하리라 하여

이 예언이 이루어지는 때가 바로 지금 이 세대다. 다니엘서에 예언된 이 나라는 지금 이 세대까지 단 한 세대도 실상이 된 적이 없는 예언이었고, BC 550년경에 기록한 것이다. 이 예언이 이루어지는 때가 바로 **마13:43절**에 천국의 아들들, 곧 의인들이 아버지 나라에서 해와 같이 빛난다고 하신 예언이 실상이 되는 때다. 이때를 두고 **단12:4절**에 "많은 사람

이 빨리 왕래하며 지식이 더하리라"고 하신 때, 곧 비행기가 하늘을 날아 다니고 인터넷의 발달로 창세 이래 없었던 최고의 문명을 누리는 2021년 지금 이 세대다.

불과 14년 전만 해도 1인 유튜브 방송은 상상도 못 했다. 그런데 지금 보아라. 얼마나 지식을 더할 수 있는 세대인지 방 안에 앉아서 전 세계에 일어나는 일을 다 알 수 있고, 지구 반대편에서 실시간으로 정보를 알 수 있는 세대가 된 것이다.

특히 우리가 태어난 나라의 반도체, IT 산업이 세계 최고가 되는 것은 20~30년 전에는 상상도 못 할 일이었다. 하나님께서 사람을 사용하셔서 경영하시고 계시는 것이다. 이는 2571년 후인 지금 이 세대가 되면 다니엘서의 예언이 사실이 되는 때라는 것을 지시해 두신 것이다. 이제 실상이 되도록 기초를 14년째 세우는 것이다.

이 언약은 이미 **창세기 12장**에 아브라함에게 하신 언약이며, 이삭, 야곱, 이스라엘, 다윗, 예수 그리스도께 하나님께서 하신 언약이었다. **창세기 12장**은 앞에 보았으니까 다음 말씀을 보자.

창17:1~8절 "¹아브람의 구십구 세 때에 여호와께서 아브람에게 나타나서 그에게 이르시되 나는 전능한 하나님이라 너는 내 앞에서 행하여 완전하라 ²내가 내 언약을 나와 너 사이에 세워 너로 심히 번성케 하리라 하시니 ³아브람이 엎드린대 하나님이 또 그에게 일러 가라사대 ⁴내가 너와 내 언약을 세우니 너는 열국의 아비가 될찌라 ⁵이제 후로는 네 이름을 아브람이라 하지 아니하고 아브라함이라 하리니 이는 내가 너로 열국의 아비가 되게 함이니라 ⁶내가 너로 심히 번성케 하리니 나라들이 네게로 좇아 일어나며 열왕이 네게로 좇아 나리라(지금 이때가 열왕의 때인 명백한 이유가 아브라함의 후손이 온 세상에 흩어져 나라가 세워진 것이다. 사라에게는 '이삭', 하갈, 곧 사라의 몸종에게서 난 '이스마엘', 이스마엘에게서 열두 아들과 딸 하나가 나고, 이 딸은 '에서'의 아내가 된다. 그리고 아브라함의 후처 '그두라'에게서 아들 6명이 난다. 이러한 아브라함의 후손들이 세운 나라가 바로 '열국, 곧 여러 나라, 이 세상 모든 나라, 이방 나라, 여러 민족'이며, 이 모든 나라가 다 나라로서 체계가 세워져서 현재 온 세상이 되었으며, 이를 두고 '열왕의 때'라고 하신 것이다.

현재 200개 국가가 넘을 것이며, 이 나라마다 국가 최고 지도자가 세워진 때를 지칭하신 것이 다니엘서에 기록된 '열왕의 때'다. 결국 이 예언은 아브라함과 다윗의 자손으로 예수 그리스도께서 이 땅에 오실 것과 예수 이름이 전 세계 구석구석 다 퍼져서 각 나라마다 자국의 언어로 성경이 번역되어 하나님, 예수 그리스도의 이름을 모르는 사람이 없는 지금 이때에 이루어질 예언이며, 이때가 곧 '열국, 열왕의 때'다. 이를 사람의 본능적인 지식으로 열국이니까 '열 개 국가' 이렇게 해석하면 절대 안 된다.

아브라함에게 본처는 '사라'이고, 사라는 아들 하나 '이삭'을 낳는다. 이 아들로부터 약속의 자녀들이 나온다. 이삭도 예수 그리스도의 표상이다. 하갈과 그두라에게서 난 자식들은 약속의 자손이 아니다. 이에 대해서 갈라디아서 4장에 예언되어 있다. 결국 위에 있는 예루살렘은 사라가 표상이었다. 종의 자식, 곧 하갈에게서 난 이스마엘 후손들은 하나님 나라를 유업으로 잇지 못한다.

지옥 불에 간 눅16:19~31절의 부자가 바로 그두라의 후손들이다.

이들 모두는 자신들이 아브라함의 자손들이라고 말하나, 결국 약속의 자식인 예수 그리스도를 핍박하고 죽인 것이다. 이래서 원수가 집안 식구라고 하신 것이다. 사실 세계 전쟁은 아브라함의 후손들, 곧 그두라와 하갈의 몸으로 온 자식들과 약속의 자식인 사라에게서 난 이삭의 후예들에 의해 일어나는 것이다.

전 세계 종족을 연구하면 결국 종의 자식과 자유하는 여자의 자식들로 분류가 되나, 지금 이 세대는 명확하게 아브라함에게 약속하신 영원한 언약을 받고 마음에 믿어 지켜 실행하는 이삭의 후손들이, 예수 그리스도를 진실로 믿는 약속의 자식들, 곧 해를 입은 여자와 하나님의 아들들, 백성들을 먼저 세우시고, 진리로 전 세계가 하나 되게 하는 때가 2021년 현재 이 세대다.

육체를 따라 난 자들

이는 자의적인 해석이 절대 아니라는 증거가 바로 **히브리서 8장**의 새 언약을 이미 14년째 하고 있다는 것이다. 이는 **갈라디아서 4장**에 예언된 **"자유하는 여자"**와 하갈, 곧 종의 자식에 대한 예언이 명백한 증거다.

갈4:21~23 [21]내게 말하라 율법 아래 있고자 하는 자들아 율법을 듣지 못하였느냐 [22]기록된 바 아브라함이 두 아들이 있으니 하나는 계집 종에게서, 하나는 자유하는 여자에게서 났다 하였으나 [23]계집 종에게서는 육체를 따라 났고 자유하는 여자에게서는 약속으로 말미암았느니라

이 본문에서만 보면 '그두라'의 자식들은 아예 없는 것으로 보게 된다. 이래서 부분으로 보는 것이다. 전체를 통으로 보면 하갈, 곧 종의 자식들은 전부 육체를 따라 난 자들이다. 이들에게 먼저 보이는 이 세상을 다스리고 누리고 지배하는 기간을 허락하신 것이 6일간에 해당한다.

이때 약속의 자식들은 전부 이들에 의해 핍박을 받고 순교당하거나 아니면 거지 나사로, 곧 그두라의 자손인 부자의 상에서 떨어지는 것으로 겨우 연명하고 살다가 낙원에 가 있는 나사로같이 살았던 것이다. 다른 말로 표현하면 육체를 따라 난 아브라함의 자식들은 성경을 가지고 문자 그대로, 그것도 거듭나지 않은 사람의 본능적인 눈으로 보고 신앙생활을 하는 자들이다. 이들도 하나님, 예수님을 입으로는 말을 하나, 하나님의 뜻은 단 한 절도 모르면서 전부 사람이 본능적으로 아는 그것으로 보고 듣고 믿는 자들이다. 또 다른 모양으로 말하면 부분, 곧 조각으로 성경을 보고, 자신들은 이미 성경을 다 안다고 생각하는 사람들이다.

결국 이들이 약속의 자식들을 핍박하고 죽이는 하나님의 대적자들이며, 원수들이다. 일생 무익한 한 몫의 삶을 살다가 육체가 죽어서 영벌에 처하는 인생들이 바로 다 종의 자식들이다. 그래서 **"살리는 것은 영이니 육은 무익하니라"**고 하셨고, 이들은 전부 썩는 양식을 위하여 일하는 자들이다. 곧 성경을 사용하는 종교인들 모두가 지금 이 세대까지 성경을 문자 그대로만 보고, 그것도 어느 한 부분만 보고 사람 생각대로 해석하

여 말만 하고, 단 한 절의 계명도 지켜 실행하지 않는 모든 자들이 다 이에 해당한다.

이들에게 허락하신 기간에, 잠시 자신들에게 주어진 때에 이 세상의 주인 노릇 하고, 기득권 세력이 되어 있었던 것이다. 이들에게 천국을 허락하신 것이 아니다. 그래서 아무리 보여 주고 들려 주어도, 안 보이고 안 들린다. 그러니 깨닫는 것이 아예 없다. 이런 현상은 하나님께서 이들에게 천국, 곧 아버지 나라를 주신 것이 아니라서 그렇다. 그래서 듣든지 아니 듣든지 말하라고 하신 것이다.

또한 이들에 의해 온 세상의 문명이 발달하고 오늘에 이르게 하신 것 또한 하나님의 모략이요, 완전한 지혜였다. 이들의 눈에는 보이는 것이 전부다. 한 몫의 삶을 자신들 마음대로 사는 것이 전부다. 이들의 특징은 자신들이 귀신이요, 사단이며, 마귀라는 사실을 모르면서 예수 이름으로 예수님을 흉내 내고, 일생 성경을 가지고 죄에 죄를 더하는 것이다. 그래서 이 기간 아래서는 성경을 기록한 저자들, 참 선지자들은 핍박과 가난 속에 살고, 결국 죽임을 당했던 것이다.

이 모든 것을 깨닫게 하시려고 2008년 6월 16일에 공개 목회자 세미나를 시작하고, 2021년 6월 19일 이 시간까지 이들 종의 자식들에 의해 핍박당하고 옥에까지 갇히게 된 것이다. 그러나 이 일에는 너무 큰 천국의 비밀이 감추어져 있으며, 하나님의 큰일, 새 일을 위한 하나님의 모략이며, 완전한 지혜다. 육에 속한 이들을 사용하셔서 영원히 자유롭게 하시는 하나님의 사랑이 감추어져 있다. 이렇게 온 세상을 분별하는 것이 성경적인 세계관이며, 성경적인 역사관이다. 그러니 이 세상에서 가르치는 세계, 역사는 결국 무효해야 하고, 무익한 교육이었다는 것도 명백하게 보인다. 지금 이 말을 알아듣고 있지?

왜 코로나로 마스크를 쓰게 하고, 학교도 1년 6개월이 되도록 아이들이 제대로 못 가고 온라인 수업으로 대체하는지 온 세계 사람들이 하나님의 뜻을 알면, 육에 속한 자들에게 하나님께서 너희 마음대로 사는 세상은 끝났으니 이제 하나님께로 돌아오라고 하시는 징조임을 알 텐데~ 또한 나를 "이단이니~ 사이비니~" 하며 판단하고 정죄한 보응과 징벌이다. 우리 아이들 학교를 못 가게 했다고 '아동학대, 유기, 교사, 방임' 죄를 씌운 것에 대한 하나님의 타작마당이다.

2020년에만 384만 명이 코로나19 전염병으로 사망했다. 사실 이 숫자보다 더 많다. 중국, 북한, 러시아 등 공산 국가, 곧 사회주의 국가들은 속이니까 그렇고, 너무 가난한 나라들은 집계조차 할 수 없고, 하려고도 생각을 못 하기에 하나님만 아시는 숫자다. 하나님께서 친히 하시는 타작마당은 이런 것이다. 이들 가운데는 기독교인, 천주교인, 유대교인들도 있다. 이들은 결국 육에 속한 자들이다. 전부 천국의 비밀은 모르고, 성경을 가지고 성경과 다른 거짓말로 가르치고 가르침받아서 어떤 죄를 지어도 이미 예수님이 다 지시고 십자가에 죽으셨다고 가르쳐 죄를 심상히 여기게 만든 것이다.

이들 육에 속한 자들은 성경을 사용하는 것 때문에 더 죄에 죄를 더하여 짓게 된 것이다. 이들을 두고 다음과 같이 말씀하셨다.

요일3:8 죄를 짓는 자는 마귀에게 속하나니 마귀는 처음부터 범죄함이니

라 하나님의 아들이 나타나신 것은 마귀의 일을 멸하려 하심이니라

이들 모두는 천국의 비밀을 단 하나도 모른다. 전부 육체대로 성경을 보고, 육체대로 살고, 육체대로 아는 지식으로 일생 헛되고 헛된 삶을 살다가 육체가 죽으면 영원한 영벌에서 영원히 고통받으며 사는 것인데 아무것도 모르고 큰소리치는 것이다.

이래서 한 몫의 삶, 곧 육체대로 사는 삶을 성경인 진리를 순종하므로 온전히 무효하고, 하나님의 뜻대로 살아야 하는 것이다. 하나님께서 이 땅에 보내 주신 아들 예수 그리스도께서 이유 없이 네 부모, 형제, 자매, 자식, 전토를 버리라고 하신 것이 아니다. 이는 하나님의 계명이며, 반드시 지켜 실행하여 영생을 얻게 하시는 하나님의 사랑이다. 이런 하나님의 뜻을 모르고 종의 자식들은 전부 나를 흉악범 취급을 한 것이다. 이들은 전부 귀신이 주인인 자들이니 근본적으로 나를 미워하는 것이고, 대적하는 것이다. 이는 하나님의 아들을 미워하는 것이고, 우리를 창조하신 성부 하나님을 미워하는 것이다.

이럴 줄 아시니까 미리 3421년 전부터 과부의 송사에 대하여 이렇게 예언하시고 판결해 두신 것이다. **신27:19절**에 "객이나 고아나 과부의 송사를 억울케 하는 자는 저주를 받을 것이라 할 것이요 모든 백성은 아멘 할찌니라"라고 하나님의 법으로 판결해 두셨던 것이다. 이 '객, 고아, 과부'는 아무나 이에 해당하는 것이 아니고, **디모데전서 5장**의 참 과부인 나이 육십이 되고, 하나님께서 약속하신 땅으로 이민을 갔으니 피지에서 우리는 '**객, 곧 나그네요, 외국인**'이다. 고아도 아직 하나님 아버지를 모르고 거듭

나지 않은 중에 송사에 휘말린 것이다.

낙토에서 3일간 갇혔던 성도들과 한국에서 감옥에 갇혔던 '문자, 지원, 별, 선주', 현재도 안양교도소에 갇혀 있는 창섭 성도도 내가 옥에 갇힐 때 모두 아직 거듭나지 않았던 고아였다. 그래서 베트남에서 그렇게 힘들었던 것이다. 건 성도도 아직 태어나지 않았다. 태어났으면 성도들이 올 때 왔어야지~ 이래서 **신27:19절**의 말씀은 명백하게 우리에 대한 예언이며, 3418년이 지난 후 2018년 7월 24일에 실상이 된 것이다. 진리는 이런 것이다.

말로만 아닌 사실이 되어 땅에 그대로 이루어지는 것이다. 이렇게 영이신 하나님의 말씀으로 분별하는 것을 '**영적인 분별, 영적인 눈, 신령한 눈**'이라고 한다. 이렇게 전 세계를 분별하고, 사람을 분별하는 세계관, 역사관이 성경적인 세계관이다. 이런 사람은 하나님의 말씀으로 다시 태어난 사람이고, 따라서 자신의 개인 생각으로 절대 죄를 짓지 않는다. 이런 사람이 도를 닦은 사람이고, 도를 지켜 실행한 신령한 사람이다.

다시 **갈4:23절**로 가자. 지금까지 육체를 따라 난 자에 대해서 설명하고 증거한 것이다. "자유하는 여자에게서는 약속으로 말미암았느니라" 이 자유하는 여자를 문자 그대로 육으로만 보는 사람은 아브라함의 본처 '사라'로만 본다. 곧 이 말씀 속에 감추어 두신 천국의 비밀은 모르는 것이다.

직설적으로 말하면 **호2:19~20절**의 말씀이 실상이 되어 모든 것에서 진실로 자유해진 자, 그래서 거룩하신 하나님의 영원히 거하시는 성전이 된 여자, 전 성경을 통해서 미리 약속해 두신 언약대로 실상이 된 진리의 성령, 해를 입은 여자인 나에 대한 예언이다. 영원히 귀신에게서 자유하고, 그래서 죄에서 영원히 자유하며, 따라서 육체의 죽음에서도 영원히 자유하고, 이생의 염려에서도 자유하며, 온 세상 사람들이 매여 있는 모든 것에서 자유한 여자를 뜻하는 것이다.

이는 창세기에 아브라함의 아내 '사라'에 대한 실상이 아니라, 2021년 지금 이 세대에 사실이 되어 땅에 이루어지는 '나'에 대한 예언이다. 이는 영원히 증명된다. 증거가 하나님의 아들들, 즉 롬8:14, 19절에 약속하신 하나님의 아들들이 태어나고 있는 이 일이다. 이 일을 온 세상에 알려서 흩어져 있는 하나님의 자녀들, 백성들을 모으시려고 이 세상에 속해 있는 자들, 곧 육에 속한 자들이 자신들의 생각과 방법대로 나를 감옥에 가둔 것이다.

시작은 치욕으로, 짓밟힘으로 했지만 이는 다음 말씀을 이루시는 하나님의 모략이다. 스바냐 3장을 찾아서 합독하거라. 습3:14~20절의 말씀뿐만 아니라 3장 전체가 사실이 되어 이 땅에 이루어진다. 현재 예언이 실상이 되어 진행 중에 있다. 온 세상에 수욕받는 자로 칭찬과 명성을 얻게 하신다.

습3:18~20 ¹⁸내가 대회로 인하여 근심하는 자를 모으리니 그들은 네게 속한 자라 너의 치욕이 그들에게 무거운 짐이 되었느니라 ¹⁹그때에 내가 너를 괴롭게 하는 자를 다 벌하고 저는 자를 구원하며 쫓겨난 자를 모으며 온 세상에서 수욕받는 자로 칭찬과 명성을 얻게 하리라 ²⁰내가 그때에 너희를 이끌고 그때에 너희를 모을찌라 내가 너희 목전에서 너희 사로잡힘을 돌이킬 때에 너희로 천하 만민 중에서 명성과 칭찬을 얻게 하리라

나 여호와의 말이니라

현재 **막10:29~30절**의 말씀을 지켜 실행함으로 인하여 감옥에 사로잡혀 있는 나와 우리에 대한 예언이 명백하다. 이래서 예수 그리스도께서 누가 내 모친이며 형제들이냐 하시고, 하나님의 뜻대로 행하는 자가 하나님 나라에 들어가고 영생을 얻는다고 하신 것이며, 이렇게 **스바냐 3장**도 지금 이루시고 계신 것이다. 이는 곧 하나님의 행하심이며, **갈4:23절**의 "자유하는 여자"라는 명백한 증거다.

갈4:24~31절에 "²⁴이것은 비유니(곧 하갈과 사라는 비유이고, 실상은 아니라는 하나님의 증거하심이다.) 이 여자들은 두 언약이라(곧 하갈과 사라는 육에 속한 자와 영에 속한 자, 율법에 속한 자와 복음에 속한 자, 이 세상에 속한 자들과 오는 세상에 속한 자들, 육체에 속한 자들과 성령에 속한 자들, 지옥에 가는 자들과 영생을 얻는 자들에 대한 언약을 '두 언약'이라고 하신 것이다. 곧 육에 속한 교회와 영에 속한 교회를 뜻한다. 이 두 여자에 대한 기록 속에 천국의 비밀이 감추어져 있고, 창세 이래 2021년 6월 19일 이 시간까지 하나님의 뜻이 감추어져 있다. 이 뜻을 모르는 자들이라 나에 대해서 아무것도 모르고 나를 감옥에 가둔 것이 자신들이 영원한 지옥에 갈 죄를 자신들에게 지은 것이다.

가룟 유다가 은 삼십에 예수님을 팔고 예수님이 사형당하자 양심에 가책이 되어 은 삼십을 유대인 대제사장들, 서기관들, 바리새인들, 장로들에게 도로 주고 자살한 사건에 대한 기록 속에 나를 이단, 사이비라고 비방하고 학대하며 감옥에 가둔 자들, 이인규부터 고소한 그들 모두에 대한 비밀이 감추어져 있었는데도, 아무것도 모르는 그들은 성경을 가지고도 자신을 영원히 지옥에 보내는 자해를 한 것이다. 지금 그들이 살아 있을 때 이 말을 사실 그대로 하는 것은 깨닫고 돌아서서 지옥에 가지 말라는 것이다. 마지막 경고다. 가룟 유다가 한 행위는 예수 이름으로 교인들을 지옥에 보내는 목사들의 모형이요, 자칭 교회 직분자들의 모형이다. 자신들이 스스로 자해하는 자들에 대한 교훈인데, 귀신은 자신들이 죽을 짓만 골라서 한다.)

하나는 시내산으로부터 종을 낳은 자니 곧 하가라(아브라함 당시 사라의 여종 하가, 곧 하갈에 대한 이야기 속에 지금 2021년 이때까지 사람이 본능적으로 아는 수준으로 성경을 보는 모든 교회 목사, 교인들에 대한 예언이 감추어져 있다. 전 세계 교회가 다 이런 영적인 상태다. 그래서 성경이 모든 것을 죄 아래 가두어 두었다고 하신 것이다. 바로 앞 장인 **갈 3:22~23절**에 해답이 있다.

이 하가에 속한 자들이 성령으로 난 자들인 나와 은혜로교회를 핍박하고 감옥에 가두고, 자신들이 가졌다고 하는 권력, 힘으로 7년이라는 부당한 선고를 하고, 혀로, 손가락으로, 말로, 글로, 방송으로, 인터넷으로, 새빨간 거짓말로 비방하고 정죄하여 짓밟고 학대한 것이다.

이 죄는 지금 전 세계에 내리는 징계, 재앙으로 보응하시고 계신다. 코로나로 중국 간호사들이, 그것도 여자 간호사들이 머리를 삭발하고,[19] 이란, 미국을 들어[20] 나를 변호하고 계셔도 아무도 안 믿는다.

이는 철저하게 나를 통한 하나님의 말씀을 멸시하고 업신여긴 것이다. 우리 안에서 말씀을 받고도 안 믿었고 철저하게 패역한 것이다. 타작마당은 혀로 말만 하고 가만히 있는 것인 줄 아느냐? 귀신은 손끝 하나 움직이지 않고 혀로 말만 하는 것이 특징이다. 자신의 주인이 귀신인 줄도 모르고 부끄러움도 모르며 시기, 질투, 원망, 불평만 하는 자들이더라. 그런 흉악한 귀신들이 성경을 가지고 설교를 하고 "선교사니~ 목사니~" 하며 교만하고 거만하여 말씀을 업신여기는 자들이더라.

그들에게 하나님의 말씀은 자신의 거짓을 감추는 장식품일 뿐, 높은 자리, 부자, 권력을 가지는 데 사용되는 도구일 뿐이더라. 구경꾼들은 얼마나 간사한지 사람 앞에만 잘하는 척, 믿는 척하고 멸시하더라. 알면서도 모르는 척 기다려 주는 것은 이제 끝났다. 각자 자신이 행한 대로 보응을 받는다. '선'이신 하나님의 뜻을 알고도 행치 아니한 자가 더 악한 자다.

"시내산으로부터"라고 하니까 구약시대 저 예루살렘과 이스라엘인 줄 안다. 2천 년간 전 세계 예수 이름, 하나님의 이름을 사용하는 모든 교회가 다 이렇게 하갈 같은 교회다. 그래서 택하신 자녀들에게 계명을 주셨다. "내가 거룩하니 너희도 거룩하라", "내가 완전하니 너희도 완전하라", "나의 계명을 가지고 지키는 자라야 나를 사랑하는 자니라"라고 여러 부분, 여러 모양으로 가르치시고 교훈해 두셨는데 우리가 몰랐을 뿐이다.

그리고 지금까지 기득권 세력이 되어서 압제하고 지배했던 그들이 다 하나님의 언약과 아무 관계없이 먼저 성경을 가지고 사용했고, 먼저 태어난 것이다. 말씀으로 다시 태어난 것이 아니고, 육으로 이삭보다 먼저 태어난 것이다.

이렇듯이 나와 우리가 이 땅에 오기 전에 먼저 기독교인들이 되어 성경을 가지고 성경과 다른 거짓말로 설교하여 사람을 모아 자신들은 이미 하나님께 복을 받아서 교인들도 많다고 생각하고, 그래서 더 자긍한다. 피지에, 베트남에 먼저 가 교회를 세웠다고 하는 그들이 한 온갖 더러운 말을 함축한 단어가 '이단, 사이비, 사이비 교주'라는 단어다. 이런 말로 업신여기고 짓밟으며 기득권 행사를 하더라. 이들이 전부 종의 자식들, 그 두라의 자식들, 특히 **눅16:19~31절**에 기록된 지옥 불에 간 자식들이다.)

²⁵이 하가는 아라비아에 있는 시내산으로 지금 있는 예루살렘과 같은 데니 저가 그 자녀들로 더불어 종노릇하고(이들을 다른 모양으로 표현하면 마귀에게 종노릇하는 자들이다. 이유는 **히2:15절**에 "또 죽기를 무서워하므로 일생에 매여 종노릇하는 모든 자"들이다. 또 다른 말로 표현하면 하나님께 제사하지 아니하고 마귀에게 제사하는 자들이며, 우상숭배 하는 자칭 기독교인들이다.)

²⁶오직 위에 있는 예루살렘은 자유자니 곧 우리 어머니라 ²⁷기록된 바 잉태치 못한 자여 즐거워하라 구로치 못한 자여 소리 질러 외치라 이는 홀로 사는 자의 자녀가 남편 있는 자의 자녀보다 많음이라 하였으니 ²⁸형제들아 너희는 이삭과 같이 약속의 자녀라('**약속의 자녀**'라는 것은 은혜로교회 성도들, 곧 영원한 언약인 전대미문의 새 언약으로 다시 택하심을 입은 이스라엘, 하나님의 아들들은 이 땅에 사람으로 태어나기 전에 이미 진리인 성경에 기록이 되어 있었다는 뜻이다. 이미 창세기부터 예언되어 있었으니 3421년 전의 예언이 이제 사실이 되고 있다.

위에 있는 예루살렘에 대한 예언이 **사54:1절**이다. 또 앞에서 나를 치는 자들에 대한 예언인 **사54:15~17절**을 현재 넓이로 증명하는 중이다.

곧 15절에 "그들이 모일찌라도 나로 말미암지 아니한 것이니"에 대해 증명하는 중이다. 예수 그리스도께서 성경의 기록은 당신에 대해서 기록한 것이라고 하셨는데 **이사야 54장**도, 현재 **갈4:21~31절**도 예수 그리스도에 대한 예언이 아니라, 2021년 이 세대 나와 우리에 대한 예언이다. 이런 사실을 누가 믿겠느냐? 그런데 사실이다.

'**위에 있는 예루살렘**'은 자유자, 곧 "진리를 알찌니 진리가 너희를 **자유케 하리라**"는 말씀이 사실이 되어 모든 것에서 영원히 자유해진 나에 대한 예언이 확실하다. 이렇게 생명책에 이름이 기록되어 있는 자들이 온전히 구원을 얻어 하나님의 나라에 들어가는 것이다. 그런데 이런 진리를 단 한 절도 알지 못하고, 하나님과 아무 관계가 없이 모여서 부자가 되고, 헛된 종교생활을 하는 자들이 자신들이 이단이요 사이비이면서, 반대로 나를 두고 정죄한 것이다. 이에 대해서 사도 바울을 통해서 이미 예언해 두셨다.)

[29]그러나 그때에 육체를 따라 난 자가 성령을 따라 난 자를 핍박한 것 같이 이제도 그러하도다 [30]그러나 성경이 무엇을 말하느뇨 계집 종과 그 아들을 내어 쫓으라 계집 종의 아들이 자유하는 여자의 아들로 더불어 유업을 얻지 못하리라 하였느니라 [31]그런즉 형제들아 우리는 계집 종의 자녀가 아니요 자유하는 여자의 자녀니라"

이 예언 또한 사도 바울 당시에 성취되는 예언이 아니라, 하나님의 나라가 땅에서 실상이 되는 이때, 성취되는 예언이다. 육체를 따라 난 자들은 하나님 나라를 유업으로 받을 수 없다. 따라서 육체를 따라 난 자들에게는 하나님 나라의 비밀을 알게 하지 않으신다. 내가 실상이 되어 전대미문의 새 언약을 대언하기 전까지 전 세계 모든 교회가 육체를 따라

난 자들에 해당했다. 이러니 아무도 가보지 않은 새 일, 새 길을 따라가는 길에는 당연히 핍박이 따른다.

열왕의 때에 임하는 심판

이런 진리의 눈으로 다시 **창17:6절**로 가서 보자. "내가 너로 심히 번성케 하리니 나라들이 네게로 좇아 일어나며(이 말씀에 대해 갈라디아서의 해답을 찾아 증명한 것이다. 아브라함에게 언약하신 이 언약이 실상이 되는 때가 지금 이 세대라는 것이다. 영원한 나라인 하나님의 나라가 이 땅에 세워지기 전에 아브라함의 아들을 먼저 낳은 사라의 여종 하갈의 자식 이스마엘은 지금 이 세대까지 하나님의 나라를 유업으로 받지 못하는 교회의 표상이었고, 그림자요 모형이었다. 이들에 의해 그때나 지금이나 동일하게 이어져 온 이 모든 대적자들이 일할 시기는 이제 끝났다.)

열왕이 네게로 좇아 나리라(결국, 열왕이 아브라함으로 좇아 나리라고 하신 이 예언이 사실이 되어 지금 전 세계가 이 예언 그대로 되어 이루어져 있다. 열왕, 곧 전 세계 모든 나라의 대통령, 수상들이 이에 해당한다. 이 열왕의 때에 아브라함에게 하신 이 언약, 곧 영원한 언약이 온전히 땅에서 이루어지는 것이다. 이때 예수 그리스도의 계명을 지켜 실행한 하나님의 자녀들, 백성들은 새 예루살렘, 곧 자유하는 여자의 자녀들로 영원한 언약으로 다시 창조하시고, 창세기에 아브라함에게 하신 이 언약이

3421년이 지난 이 세대에 이루어지는 언약이었다. 곧 이 열왕의 때에 하나님께서 한 나라를 세우시고, 영원한 나라가 되게 하신다는 뜻이다. 그래서 이사야 선지자를 통해서 700년 후에 다음과 같이 예언해 두셨다.

사49:7 이스라엘의 구속자, 이스라엘의 거룩한 자이신 여호와께서 사람에게 멸시를 당하는 자, 백성에게 미움을 받는 자, 관원들에게 종이 된 자에게 이같이 이르시되 너를 보고 열왕이 일어서며 방백들이 경배하리니 이는 너를 택한 바 신실한 나 여호와 이스라엘의 거룩한 자를 인함이니라

이 본문은 예수 그리스도에 대한 예언이 아니다. 전대미문의 새 언약을 하나님께서 친히 하시는 이때, 대언하는 나에 대한 예언이다. 예수님 당시는 열왕의 때가 아니었고, 그래서 영원히 온전한 영생, 곧 육체도 죽지 아니하고 살아서 영생하여 하나님의 나라에 들어가신 것이 아니었다. 예수님도 사람에게 멸시당하셨지만, 백성에게 미움을 당하시지 않았다. 앞에서 '사람에게 멸시당하는 자'에 대해서 하다가 넓이로 갔는데, 반드시 열왕의 때에 세워지는 하나님 나라에서 살아서 영생에 이르는 주인공이어야 한다. '멸시'는 업신여김을 당하는 것이다. 나에 대한 예언임을 증명한다.

잠15:20 지혜로운 아들은 아비를 즐겁게 하여도 미련한 자는 어미를 업신여기느니라

이 '어미'는 **갈4:21~31절**의 위에 있는 예루살렘, 곧 자유하는 여자로 하나님의 아들들, 백성들인 약속의 자녀들의 어미인 나에 대한 예언이고, 예수 그리스도께서 영생과 하나님 나라에 들어가는 자들에 대해서 대답을 하실 때 하나님 나라를 위하여 집이나 형제나 자매나 아비나 어미나 전토를 버린 자들에게 금세에 있어 백 배나 받는 복 중에 예언된 '모친'이다. 그래서 예수 그리스도께서 말씀을 전하시고 계실 때, 자신을 찾아온 육의 어머니 마리아와 동생들이 밖에서 부를 때, "누가 내 모친이고 동생들이냐" 하시고, 제자들을 가리키시며 "하나님의 뜻대로 행하는 자가 내 모친이며 형제요 동생들이라"라고 하셨던 것이다.

이는 누구든지 사람이 본능적으로 아는 한 몫의 삶일 때 각자에게 주어진 어미를 '어미'라고 하시지 않고, 하나님의 뜻을 대언하여 지켜 실행하고 하나님의 자녀들을 해산하는 '어미'를 말씀하시는 것이다. 이는 영적으로 '어미'를 뜻하는 것이다.

요16:20~21 [20]내가 진실로 진실로 너희에게 이르노니 너희는 곡하고 애통하리니 세상이 기뻐하리라 너희는 근심하겠으나 너희 근심이 도리어 기쁨이 되리라 [21]여자가 해산하게 되면 그때가 이르렀으므로 근심하나 아이를 낳으면 세상에 사람 난 기쁨을 인하여 그 고통을 다시 기억지 아니하느니라

이 예언은 나와 우리에 대한 예언이며, 이미 이루어지고 있다. 이 여자가 바로 나고, **잠15:20절**의 "어미"다. 이 어미를 왜 업신여길까? 죄에

대하여, 의에 대하여, 심판에 대하여 세상을 책망하니까 '예수님이 이미 자신들의 모든 죄를 다 지시고 죽으셨고 옷자락만 잡아도 귀신이 떠나는데~' 하며 자신들은 이미 잘 믿고 있는데 안 믿는다고 하고, 지켜 실행해야 한다고 하니까 모두 싫어하고, 전대미문의 새 언약인데도 온 세상 목사들이 반대로 말하고, 그들은 기득권 세력이 되어 나를 이단, 사이비라고 정죄하지, 나는 아무것도 없는 가난한 목사이지 하니까 멸시한 것이다.

하나님께서는 친히 진술하시지 않고 사람을 쓰시는데 나를 통하여 하나님께서 하시는 훈계를 업신여긴 것이다.

잠15:5 아비의 훈계를 업신여기는 자는 미련한 자요 경계를 받는 자는 슬기를 얻을 자니라

이 예언이 14년째 나를 통해 성취되고 있는 이 일이다. 단 한 세대도, 그 누구도 할 수 없었던 하나님의 뜻을 대언하는 이 일이 아비의 훈계인데, 얼마나 업신여겼는지 우리 안에 있는 여러분들이 증인들이다.

낙토에 있는 거듭난 성도들이 다 안다. 또 14년째 당하는 이 치욕이, 한국 기독교인들에 의해 현재 3년이 다 되도록 감옥에 가두어 두고, 7년이라는 징역형을 선고하고, 새빨간 거짓말로 방송에, 인터넷에, 신문에 이단, 사이비라고 하는 이 모든 일들이 다 나를 업신여긴 것이고, 아비의 훈계를 업신여긴 자들이다. 이 일은 공의의 하나님께서 전 우주적인 심판날인 지금, 미리 정해 두신 나를 사용하셔서 하시는 이 일을 목사들이 업신여긴 것이다.

잠19:28 망령된 증인은 공의를 업신여기고 악인의 입은 죄악을 삼키느니라

잠19:28절의 예언도 사실이 되어 이루어지고 있다. 자신들이 이단이며 사이비인데, 도리어 성경대로 이루어지는 이 일을 하는 나를 이단, 사이비라고 한 것은 자신들이 망령된 증인들이라는 증거다. 또 증명한다. **잠1:22~33절**이다.

"²²너희 어리석은 자들은 어리석음을 좋아하며 거만한 자들은 거만을 기뻐하며 미련한 자들은 지식을 미워하니 어느 때까지 하겠느냐 ²³나의 책망을 듣고 돌이키라 보라 내가 나의 신을 너희에게 부어 주며 나의 말을 너희에게 보이리라 ²⁴내가 부를찌라도 너희가 듣기 싫어하였고 내가 손을 펼찌라도 돌아보는 자가 없었고 ²⁵도리어 나의 모든 교훈을 멸시하며 나의 책망을 받지 아니하였은즉(이 예언도 이미 14년째 사실이 되어 이루어지고 있는 실상이다. 진리의 성령을 통해서 하나님의 뜻을 보이셨고, 하나님의 교훈과 책망을 하셨다. 그런데 이 교훈을, 모든 교훈을 멸시하고 책망도 받지 아니하고 도리어 옥에 가두기까지 했고, 너희도 마찬가지로 얼마나 멸시했나~ 그래서 이렇게 판결해 두셨고, 이대로 이 땅에, 이 온 세상에 실상이 된다.)

²⁶너희가 재앙을 만날 때에 내가 웃을 것이며 너희에게 두려움이 임할 때에 내가 비웃으리라 ²⁷너희의 두려움이 광풍같이 임하겠고 너희의 재앙이 폭풍같이 이르겠고 너희에게 근심과 슬픔이 임하리니 ²⁸그때에 너희가 나를 부르리라 그래도 내가 대답지 아니하겠고 부지런히 나를 찾으

리라 그래도 나를 만나지 못하리니 ²⁹대저 너희가 지식을 미워하며 여호와 경외하기를 즐거워하지 아니하며 ³⁰나의 교훈을 받지 아니하고 나의 모든 책망을 업신여겼음이라(이 책망은 반드시 **요16:7~8절**의 말씀이 실상이 된 진리의 성령이 모든 진리 가운데로 인도하여 죄에 대하여, 의에 대하여, 심판에 대하여 세상을 책망하시리라고 하신 이대로 14년째 실행하고 있다. 이 감옥 안에서도 이 말씀을 성취하고 있다. 이러해도 진리의 성령을 상상하고 나를 멸시하며 업신여길 것이냐? 하나님의 교훈을 받지도 아니하고, 받는 척하며 희롱하고 멸시한 모든 자들에게 이제 하나님께서 친히 타작하시고 심판하신다. 코로나19 재앙을 내려도 비웃은 모든 자들은 하나님이 살아 계신 하나님이심을, 반드시 이 말씀대로 실행되는 것을 경험할 것이다. 나는 분명히 경고했다.)

³¹그러므로 자기 행위의 열매를 먹으며 자기 꾀에 배부르리라 ³²어리석은 자의 퇴보는 자기를 죽이며 미련한 자의 안일은 자기를 멸망시키려니와(이 말씀에 가장 먼저 해당하는 자는 아프고 슬프지만 우리 안에 있다. 14년째 보았다. 지금이라도 회개하고 돌이키지 아니하면 이 심판을 피할 수 없다. 악인의 받을 벌이 너에게 가득하다고 하여도 무시하고 업신여긴 너희는 하나님을 안 믿는 자다. 자해하지 말라고 그렇게 말해도 자해한 자는 네가 너를 죽이는 것이다. 그 누구도 원망하지 마라. 그러나 하나님의 교훈을 받고 지켜 실행하는 자는) ³³오직 나를 듣는 자는 안연히 살며 재앙의 두려움이 없이 평안하리라"라고 하신 이대로 낙토에서 실상이 된다.

하지만 계속 거절하고 패역하면 **사30:8~14절**에 이렇게 판결해 두셨다. "⁸이제 가서 백성 앞에서 서판에 기록하며 책에 써서 후세에 영영히

있게 하라 ⁹대저 이는 패역한 백성이요 거짓말하는 자식이요 여호와의 법을 듣기 싫어하는 자식이라 ¹⁰그들이 선견자에게 이르기를 선견하지 말라 선지자에게 이르기를(이 선견자, 선지자는 **행3:21~26절**의 예언이 실상이 된 나에 대한 예언이다. 하나님의 법을 14년째 대언하고 있다. 영원히 대언할 것이다.) 우리에게 정직한 것을 보이지 말라 부드러운 말을 하라 거짓된 것을 보이라(하나님의 교훈을 멸시하여 업신여기고 귀신임을 자랑하는 자는 다 이에 해당한다. 나를 "이단이니~ 사이비니~" 하는 자들은 모두 이에 해당한다.)

¹¹너희는 정로를 버리며 첩경에서 돌이키라 이스라엘의 거룩하신 자로 우리 앞에서 떠나시게 하라 하는도다(하나님의 말씀을 업신여기는 자체가 이렇게 하는 언행이다. 누가 대놓고 이렇게 말하나? 귀신도 혀로는 "주여 주여" 하는데~ 이 말씀이 실상이 되는 때는 절대 다른 세대가 아니다. 좌로도 우로도 치우치지 않고 바른 길, 곧 정로는 **요6:45절**의 하나님의 가르치심인 약속이 실상이 되는 여호와의 날, 인자의 날인 지금 이 세대를 지시하신 것이다. 예수 그리스도께서도 '**정로**'를 걸으신 것이 아니라고 하면 전 세계 기독교인들이 나를 죽이려고 할 것이다. 그런데 이는 사실이다.

그래서 예수님이 나를 인하여 실족하지 아니하는 자가 복이 있다고 하신 것이다. 정로였다면 부활하신 후에 세세토록 성부 하나님께 받은 열쇠가 '**사망과 음부의 열쇠**'일 수 없다. 당시는 하나님께서 정하신 때가 아니었다. 예수 그리스도께서 전 성경이 당신에 대해서 기록하신 것이라고 한 말씀도 2천 년간 성경이 모든 것을 죄 아래 가두어 두신 것이라는 명

백한 증거이며, 더 명백한 증거는 신령한 몸으로 부활하신 후에 승천하셔서 하나님 우편에 계신 것이다.

온 세상 유대교, 천주교, 기독교인들이 믿든 안 믿든 이는 사실이다. 따라서 지금 이 말씀도 예수님 당시에 성취되는 말씀이 아니고, 장래에 있을 예언이었고, 이미 이루어지고 있는 실상이다. 나를 "이단이니~ 사이비니~" 하며 감옥에까지 가둔 이 사건이 나와 은혜로교회 성도들이 누군지 하나님께서 악인들을 사용하셔서 증거하게 하시는 일이다.

한 절의 하나님의 뜻을 깨닫고 믿어도 절대 패역할 수 없다. 처음부터 말씀이 맞다고 따라온 병준이가 패역에 패역을 저지르고 있었다고 스스로 자백한 그 말이 명백한 증거다. **겔3:25~27절**의 말씀이 실상이 되었음을 온 세상 누구도 반박할 수 없는 사실이 된 것이다. 이러니 이 온 세상은 어떠하겠느냐? 지금 이 말을 뼈저리게 맞다고 인정, 곧 시인할 성도가 성진, 진선, 다니엘 성도다.

내가 감옥에 갇히고 너희들의 하는 언행들을 더 적나라하게 다 보았으니까~ 귀신이 주인인 상태는 절대 하나님을 믿는 것이 아니라는 사실을 나를 고소한 자들, 우리에게서 나가 후욕한 그들이 명백하게 스스로 증거한 것이다. 대체육체의 실상이 얼마나 악독한지 3년이 다 되도록 보고 있다. 이런 모든 언행들이 **사30:11절**의 말씀이 사실이 되어 이루어지고 있는 증거다.

정직을 훈련하자고 해도 듣지 않은 사람들이 거의 대부분이었다. 자신들이 한 언행을 다 알고 있으면서 손가락으로 하늘을 가린다. 이런 행위가 너희들한테 정직한 것을 보이지 말라고 하고, 하나님을 떠나시라고 하는 행위다. 사람은 속일 수 있어도 하나님은 속일 수가 없다는 것도 안 믿는다. 내 생각은 너희 생각과 다르다는 말씀만 믿어도 절대 계속 패역을 저지를 수 없다.

결국 할 마음이 없는 귀신이 주인이었다는 것을 14년째 지금도 우리 안에서 다 나타내고 있는 것이다. 귀신의 바탕은 거짓이고 게으르고 더러움이다. 자신은 보지 않고 자기 마음대로 시기, 질투, 원망, 불평, 미움, 욕심, 사심을 버리지 않는 철저한 이기주의다. 단 한 가지도 선한 것이 없다. 그래서 점도 흠도 없어야 한다고 하신 것이고, 아들 예수께서도 완전히 죽고 다시 신령한 몸을 받으신 것이다.

전 성경 기록 목적이 지금 이 세대였다. 예수께서 죽은 자도 살리시고, 소경을 눈 뜨게도 하시고, 이적을 행하신 것과 구약에 에녹, 엘리야가 육체도 죽지 아니하고 옮기운 모든 것이 다 지금 이 세대를 지시하신 것이다. 그래서 천국은 비밀이다. 이렇게 말씀을 받고도 이 진리를 안 믿는 것에 대한 하나님의 심판의 말씀이 얼마나 무서운지 **12~14절**에 예언되어 있다.)

¹²이러므로 이스라엘의 거룩하신 자가 말씀하시되(지금 말씀하신다.) 너희가 이 말을 업신여기고 압박과 허망을 믿어('**압박**'은 ①강한 힘으로 내리 누름. ②심리적, 정신적으로 상대편에게 겁을 줌. 군사력, 경제력 등으로 상대편의 행동을 제약함이다. 이런 압박은 마귀가 자신보다 약한 귀신들한테 하는 언행이다. 그래서 마귀를 여러 부분, 여러 모양으로 '**용, 사단, 뱀, 독사**'에 비유하신 것이다. 이 모두는 사람을 이렇게 지칭하신 것인데, 이런 마귀는 자신에 대한 비밀을 감추어 두신 단어요 비유인 줄

모르고, 교회를 다니지 않는 사람들을 지칭하는 줄 착각한다. 그래서 기독교인들이 마귀, 사단, 용, 뱀, 독사 등에 대해서 상상하며, 안 믿는 가족에게 '마귀'라고 하고 미친 행동을 하는 것이다.

성경을 가지고 단어만 사용할 뿐 하나님의 뜻은 단 하나도 모르면서 성경과 다른 거짓말을 가르치고 설교하는 자들이 교인들을 압박하는 것이다. 이런 자들이 일생 하는 언행은 다 허망, 곧 거짓이 많아 미덥지 않고, 어이없고 허무하다. 곧 '사탄, 마귀, 뱀, 독사, 용, 귀신'의 근본이 거짓말이다. 이 사실을 진리대로만 알아도 절대 14년째 이 일을 아니라고 할 수 없다. 양심에 화인 맞은 자들이나 이 일을 의심하고 패역하는 것이다. 말씀이 하나님이라고 신약에 기록되어 있어도 사람 수준으로 '**성자 하나님, 성령 하나님**'이라고 지어내서 더 혼란하게 만든 자들이 다 압박하는 자요, 허망한 자들이다.

가르치는 귀신도 '**영, 귀신의 영, 더러운 영**'이라고 기록되어 있는데 하나님의 가르치심을 대언하여 모든 진리 가운데로 인도하여 천국의 비밀을 하나하나 밝히는 진리의 영, 곧 진리의 성령은 왜 상상하나? 이런 자는 모든 것을 다 상상한다. 그래서 자신이 무슨 말을 하는지 모르는 미친 자들이다. 이들을 두고 '포도주로 인하여 미쳤다'고 하고 '술 취했다'고 하는 것이다. 이런 압박과 허망한 짓을 하고 온 목사, 사모들이 무슨 할 말이 있다고 교만하고 거만하나? 이 흉악한 귀신들아~ 너희가 이 말을 업신여기고 압박과 허망을 믿어)

그것에 의뢰하니 [13]이 죄악이 너희로 마치 무너지게 된 높은 담이 불쑥 나와 경각간에 홀연히 무너짐 같게 하리라 하셨은즉 [14]그가 (하나님께서) 이 나라를 훼파하시되('**훼파**'란 헐어서 깨뜨리신다는 말이다.) 토기장이가 그릇을 훼파함같이 아낌이 없이 파쇄하시리니 그 조각 중에서, 아궁이에서 불을 취하거나 물웅덩이에서 물을 뜰 것도 얻지 못하리라"고 하신 이 판결은 정로를 전대미문의 새 언약으로 가르치시는 14년째 이 말씀, 하나님의 행하심을 멸시하여 업신여긴 자들에게 사실이 되어 이루어진다.

겔16:1~52절을 모두 찾아서 교독하거라. 새 언약으로 다시 택함을 받고 입고 깨달아 지키지 않은 전 세계 교회는 **에스겔 16장**의 말씀대로 하고 있고, 이런 모든 자들을 이제 벌하시고 심판하신다. 이 외에도 전 성경에 이미 다 판결해 두셨다. 이 때문에 하나님의 집에서부터 심판하신다고 하셨고, 이미 하고 계신다. 하나님의 뜻을 행하지 않는 모든 자들을 반드시 시험하신다. 너 자신이 무슨 언행을 했는지. 지금도 하고 있는지 이미 14년째 다 드러내시고 계신다. 이렇게 조사도 받지 않고 갑자기 죽는 자들은 다 좌편에 있는 자들이다.

에스겔 전체는 이 말씀을 업신여기는 자들의 언행과 그들이 받을 심판, 이런 모든 더러운 귀신에게서 온전히 진리의 하나님께로 돌이키셔서 하나님께서 예비해 두신 땅에 이주하여 안전히 거하게 하시는 나를 통한 이 모든 일이 이미 예언되어 있었다. 그런데 다 예수님에 대해서 예언해 두신 것이냐? 그것도 혀로 "오직 예수" 말만 하는 자들이 다 압박하고 허망한 것을 가르치는 그들의 헛소리를 믿는 너는 누구냐? 더 이상 희롱하는 자를 우리 안에서 용납하지 않는다. 경고장은 마지막 방법이다. 14년째 선포해도 안 고치는 귀신은 영원한 기업의 주인도 아니고, 영원한 가족이 아니다. 티끌이므로 떨어 버릴 것이다.

에스겔 20~21장을 찾아서 교독하거라. 이미 이 예언이 이루어지고 있어도 두려움이 없는 귀신들은 살아 계신 하나님의 손에 빠져 들어가는 것이 얼마나 무서운지 직접 다 경험할 것이다. 우리 안에서 이미 실상이 되어 이루고 계신 이 일을 온 세상에 증거한다. **겔20:33~44절**이다. 온 세상 모든 사람들아, 하나님의 하시고 계신 일을 들으라. 그리고 나와 은혜로교회를 보아라.

"**33**나 주 여호와가 말하노라 내가 나의 삶을 두고 맹세하노니(나를 실상이 되게 만드셔서 대언하게 하시는 이 일이 바로 "**나의 삶을 두고 맹세하노니**"라고 하시는 것이다. 그래서 이때가 되기 전까지 아무도 아무것으로도 맹세하지 말라고 하셨다. **마5:34~36절**에 예언되어 있다. 너희는 하늘로도 땅으로도 맹세하지 말라고 하신 것인데 귀신이 주인인 자는 아무 두려움이 없이 함부로 지껄인다. 설교자들이 다 이렇다. 하나님께서는 온 세상에서 오직 '**나의 삶**', 곧 **호2:19~20절**의 말씀이 실상이 되어 영생을 이미 얻은 자를 통해서 맹세하신다. 이 맹세가 이미 14년째 나를 통한 이 일이다.

이런 하나님의 말씀이 실상이 되어 이루어지는 이 일을 "이단이니~ 사이비니~ 사이비 교주니~"라고 훼방하는 사단, 마귀, 귀신들아, 너희들이 하나님 나라의 원수요 대적자들이다. 이 일을 훼방하고 업신여겨 멸시한 모든 자들은 그 누구든 성령을 훼방한 죄이며, 이 세상에서도 오는 세상에서도 영원히 사함을 받지 못하고 지옥 불못에 떨어져서 영원한 죄의 형벌을 받는다.

하나님은 영원히 살아 계신 분이시다. 이를 믿으라고 예수 그리스도를 2천 년 전에 보내시고, 원수들이 아들을 죽여도, 돌 무덤에 시체를 넣어 지켜도 다시 살아나게 하셔서 제자들에게 나타나게 하시고, 신령한 몸을 입고도 음식을 잡수시고 하신 것을 기록해 두신 이유가 2021년 지금 이 세대에 나를 통해서 하시는 이 일을 믿으라고 보내셨고, 기록해 두신 것이다.

이런 이 일을 가로막고 대적해? 이 흉악한 귀신들아, 네 목숨이 몇 개냐? 이 천하에 가장 나쁜 패역한 자들아, 그 더러운 입으로 다시는 하나님, 예수님, 성자 하나님, 성령 하나님이라 부르지 마라, 이 지옥의 자식들아~ 온 천하는 잠잠하고 이 말씀을 받고 패역을 고치지 아니하면 이 진리, 곧 성경에 기록된 모든 재앙을 너한테 다 내릴 것이다.

셋이 하나 된 한 새 사람

14년째 이 일이야말로 전무후무한 '새 일'이며, 이 일 외에 어떤 일도 하나님께서 행하시는 온전한 일이 아니다. 믿든 안 믿든 이는 사실이다. 나는 대언만 할 뿐 이는 이미 40여 명의 저자들을 통해서 1600여 년간 기록해 두신 예언대로 하나님께서 정하신 때에 정하신 사람, 여럿이 아닌 '단 한 사람'을 통해서 온 세상을 진리로 하나 되게 하시려고 한 곳, 한 나라, 한 교회, 한 목사를 통해서 하시는 일이다. 증명한다. 온 세상 사람들이 아는 저 이스라엘이 이 일의 실상이 아님이 **에스겔 20장**에도 예언되어 있다.

겔20:10~17 ¹⁰그러므로 내가 그들로 애굽 땅에서 나와서 광야에 이르게 하고 ¹¹사람이 준행하면 그로 인하여 삶을 얻을 내 율례를 주며 내 규례를 알게 하였고 ¹²또 나는 그들을 거룩하게 하는 여호와인 줄 알게 하려 하여 내가 내 안식일을 주어 그들과 나 사이에 표징을 삼았었노라 ¹³그러나 이스라엘 족속이 광야에서 내게 패역하여 사람이 준행하면 그로 인하여 삶을 얻을 나의 율례를 준행치 아니하며 나의 규례를 멸시하였고 나의 안식일을 크게 더럽혔으므로 내가 이르기를 내가 내 분노를 광야에서 그들의 위에 쏟아 멸하리라 하였으나 ¹⁴내가 내 이름을 위하여 달리 행하였었나니 내가 그들을 인도하여 내는 것을 목도한 열국 앞에서 내 이름을 더럽히지 아니하려 하였음이로라 ¹⁵또 내가 광야에서 그들에게 맹세하기를 내가 그들에게 허한 땅 곧 젖과 꿀이 흐르는 땅이요 모든 땅 중의 아름다운 곳으로 그들을 인도하여 들이지 아니하리라 한 것은 ¹⁶그들이 마음으로 우상을 좇아 나의 규례를 업신여기며 나의 율례를 행치 아니하며 나의 안식일을 더럽혔음이니라 ¹⁷그러나 내가 그들을 아껴 보아 광야에서 멸하여 아주 없이 하지 아니하였었노라

문자 그대로도 저 구약시대 이스라엘에게 하나님께서 예비해 두신 젖과 꿀이 흐르는 땅이 아님을 명백하게 에스겔 선지자를 통해서 이미 예언해 두셨다. 이래도 저 이스라엘 땅이라고 할래? 이 흉악한 자들아~ 어디 네 혀로 지껄여서 이 일을 대적해 보거라. 마음으로, 생각으로 이 말씀을 멸시해 보아라, 이 천하에 악독한 짐승들아~

사람이면 다 사람인 줄 아느냐? 이 더러운 귀신들아, 그곳이 어딘데,

이 일이 어떤 일인데 더러운 언행으로 대적하고 이 말씀을 업신여기나? 절대로 너는 영생을 얻지 못한다. 하나님의 계명을 지켜 실행하지 않으면 그 누구도 하나님 나라에서 영생하지 못한다. 오는 세상에 들어가도 너는 반드시 한 번 죽는다. 이 말씀을 직접 받고도 패역한 너희는 죽어 마땅하다. 어디 그 더러운 생각, 마음, 혀로 지껄이고 더러운 언행을 계속하나?

거지 나사로가 행위가 옳아서 낙원에 간 줄 아느냐? 절대 아니다. 남아 있는 육의 가족, 특히 아내들인 너희가 얼마나 패역했는지를 보여 주는 것이다. 이미 만세 전에 너희들은 영생을 얻기로 정하셔서 너의 대체육체로 붙여 두셨고, 계속 너희가 패역하니까 준비된 그들을 낙원에 데리고 가신 것이다.

몇 년 전에 기독교 신문사 국장 두 사람과 목사 둘이 나를 이단이라고 할 때 이단이 아니라고 와서 보라고 한 일로 낙토에 왔었는데, 나부아 예배당에 십자가를 걸지 않았다고 "이러니까 이단 소리 듣는다"라고 해서 내가 "십자가만 걸면 이단이 아니냐?"라고 싸웠다. 물론 30분 내로 화해했지만, 한국으로 돌아간 후 어느 날 갑자기 심장마비로 죽었다. 그 목사는 자신이 물 속에서도 숨을 몇 분간 참을 수 있다고 건강을 자랑하던 사람이었다. 그날 함께 왔던 신문사 국장은 은근히 비웃고 하더니 한국으로 돌아가는 비행기 안에서 죽을 뻔하는 고통을 당하고도 깨닫지 못하는 기장 측 장로였다. 그들 중 누가 이 일이 하나님께서 하시는 전대미문의 새 일, 새 언약인 줄 알까? 14년째 듣고 따라온 자는 이제야 자신의 실체를 발견했는데, 그들이 어떻게 알겠느냐?

하나님께서 나의 삶, 곧 하나님께서 장가드셔서 영원히 살려 하신다는 실상이 된 나를 들어서 14년째 맹세하시고 계신다. 지금도 맹세하신다. 이 맹세는 기록된 말씀이다. 저 황금돔이 있는 이스라엘 나라가 이 말씀들의 실상이 아님을 **히3:8~11절**에 기록해 두셨다.

히3:8~11 [8]노하심을 격동하여 광야에서 시험하던 때와 같이 너희 마음을 강퍅케 하지 말라 [9]거기서 너희 열조가 나를 시험하여 증험하고 사십 년 동안에 나의 행사를 보았느니라 [10]그러므로 내가 이 세대를 노하여 가로되 저희가 항상 마음이 미혹되어 내 길을 알지 못하는도다 하였고 [11]내가 노하여 맹세한 바와 같이 저희는 내 안식에 들어오지 못하리라 하셨다 하였으니

　　이 말씀에 **"저희"**가 바로 지금도 전 세계 사람들이 아는 저 이스라엘의 결과이며, 그때는 하나님께서도 **"나의 삶을 두고 맹세하노라"**라고 하시지 않았다.

히3:15~19 [15]성경에 일렀으되 오늘날 너희가 그의 음성을 듣거든 노하심을 격동할 때와 같이 너희 마음을 강퍅케 하지 말라 하였으니 [16]듣고 격노케 하던 자가 누구뇨 모세를 좇아 애굽에서 나온 모든 이가 아니냐 [17]또 하나님이 사십 년 동안에 누구에게 노하셨느뇨 범죄하여 그 시체가 광야에 엎드러진 자에게가 아니냐 [18]또 하나님이 누구에게 맹세하사 그의 안식에 들어오지 못하리라 하셨느뇨 곧 순종치 아니하던 자에게가 아니냐 [19]이로 보건대 저희가 믿지 아니하므로 능히 들어가지 못한 것이라

이 말씀대로 저 이스라엘은 사실이 되어 있어도 영적인 소경 목사와 교인들은 백 투 예루살렘이라고 하며 또 속인다. 이들은 이제 드러내 놓고 전 세계 사람을 속이고 밥벌이 수단으로 삼는다. 영화, 다큐멘터리도 만들고, 영어를 가르친다고 하며 대안 학교도 세운다고 신문에 났더라. 그런데 그들에게 말씀하실 때는 **"나의 삶을 두고 맹세하신다"**라고 하시지 않았다.

따라서 **"나의 삶을 두고 맹세하노니"**라는 말씀은 땅에서 성경을 가지고 다투는 모든 일의 최후 확정이다. 이는 하나님께서 약속을 기업으로 받는 자들에게 그 뜻이 변치 아니함을 충분히 나타내시려고 우리의 하는 이 일에 나의 삶을 두고 맹세하신다고 하시고, 보증으로 진리의 성령을 실상으로 주신 것이다. 또한 더 좋은 언약인 14년째 이 일에 보증으로 하나님의 아들을 BC 4년에 이 땅에 육체를 입고 오시도록 보내신 것이다. 따라서 '나의 삶을 두고 하시는 이 맹세'는 온전한 맹세다. 곧 이 맹세 이전에는 맹세하면 도리어 죄가 된다. 증명한다.

약5:12 내 형제들아 무엇보다도 맹세하지 말찌니 하늘로나 땅으로나 아무 다른 것으로도 맹세하지 말고 오직 너희의 그렇다 하는 것은 그렇다 하고 아니라 하는 것은 아니라 하여 죄 정함을 면하라

'**맹세**'란 하나님 앞에서, 사람 앞에서 약속하는 것, 꼭 이루거나 지키겠다고 굳게 다짐하는 것을 뜻한다. 가르치는 귀신들은 일생 맹세한다. 그 귀신의 말에 "아멘" 하여 동조하는 자도 맹세한 것이다. 성경이 모든 것을

죄 아래 가두어 두는 기간에는 이렇게 모두 죄를 지었다. 왜 이렇게 하게 두셨을까? 맹세는 하나님께서 하시지만 하나님께서 친히 진술치 아니하시고 정해 두신 예언대로 사람을 사용하시는데, 곧 영혼이 정결하여 하나님께서 내주하시는 성전이 된 사람을 두고 "나의 삶을 두고 맹세하노니"라고 하신 것이다.

반드시 **엡2:15절**의 예언이 실상이 된 "한 새 사람", **갈3:22~23절**의 "**믿음**"이 실상이 된 사람, **호2:19~20절**의 말씀이 실상이 된 사람인 '**진리의 성령**'을 통해서 하나님이 친히 하시는 14년째 이 일이 맹세다. 그러므로 땅에서 다투는 모든 일에 최후 확정이다. 그러니 이 말씀을 멸시하는 것은 악인임을 스스로 드러내고 나타내는 하나님의 판결이다. 이래서 이 말씀은 의인과 악인을 완전히 나누어 '**영원**'을 결판내는 마지막 결정이고, 이 일을 훼방하는 것은 '**영원한 죄에 처하는 것**'이다.

다시 **겔20:33절**로 가자. "³³나 주 여호와가 말하노라 내가 나의 삶을 두고 맹세하노니 내가 능한 손과 편 팔로 분노를 쏟아 너희를 단정코 다스릴찌라 ³⁴능한 손과 편 팔로 분노를 쏟아 너희를 열국 중에서 나오게 하며('분노'는 하나님께서는 범죄하는 인간에게 크게 분노하시는데, 이는 죄인을 파멸시키기 위한 분노라기보다 곁길로 나가는 자식을 매질하는 부모, 곧 죄인이 회개하고 돌아오기를 원하시는 하나님의 절절한 사랑의 또 다른 표현이다. 따라서 사람의 분노와 하나님의 분노의 차이는 땅과 하늘, 지옥과 천국의 차이다. 사람의 분노는 하나님의 의를 이루지 못하지만, 하나님의 분노하심은 하나님의 공의로우신 뜻을 이루시기 위함이다.

특히 본문의 분노는 악인에게는 영원한 멸망이 되고, 택한 자녀를 향하신 하나님의 사랑으로 열국, 곧 이 세상 모든 나라 중에서 나오게 하신다. 하지만 공의의 하나님이시므로 국문하시기 위해 나오게 하시고, 행한 대로 보응하신다. 정신을 차리고 말씀을 받아라. 이미 이 본문은 실행이 되었고, 또 실행하시기 위해 분노를 쏟고 계시는 중이다. 온 세상에 1년이 넘는 전염병, 내전, 기근, 각종 재앙으로 능한 손과 편 팔로 분노를 쏟고 계신다. 이렇게 너희를 이 세상 나라 중에서 나오게 하며) 너희의 흩어진 열방 중에서 모아 내고(현재 낙토에 있는 너희는 흩어진 열방 중에서 모아 내셨다.)

[35]너희를 인도하여 열국 광야에 이르러(당시는 구약이니까 한국도 열국에 해당한다. 그리고 '**광야**'는 광야 교회, 곧 한국에서 중층의 소리를 하는 중에 여러분을 모은 것을 이렇게 말씀하신 것이다. 그래서 일본, 중국, 태국, 베트남, 미국, 호주, 캐나다 등에서 한국에, 은혜로교회에 이르러) 거기서 너희를 대면하여 국문하되(이미 국문, 곧 타작마당이 시작된 증거다.)

[36]내가 애굽 땅 광야에서 너희 열조를 국문한 것같이 너희를 국문하리라 나 주 여호와의 말이니라(저 이스라엘 백성들이 애굽에서 출애굽 한 후 광야에서 시험하여 새로 태어난 자 외에 다 죽은 이유는 그들의 원망, 불평과 계명을 어기고 죄에 죄를 더한 것 때문이다. 이 과정이 현재 동일하게 진행되고 있어도 아무 두려움도 수치도 모르고 이 시간까지 죄를 짓고 있는 너희는 사람이 아니다. 수없이, 수없이 말했다. 이런 사랑을 멸시한 자들은 어떻게 되는지 각자 본인들이 겪는데 문제는 공동체다. 같이 겪는 것이 문제다. 왜 그리 내가 애타했는지 뼈저리게 너희 모두가 느낄

것이다. 오죽하면 경고장을 주어서 티끌에 해당하는 자는 영원히 떨어 버린다고 했을까?)

³⁷내가 너희를 막대기 아래로 지나게 하며 언약의 줄로 매려니와 ³⁸너희 가운데서 패역한 자와 내게 범죄한 자를 모두 제하여 버릴찌라(현재도 진행 중에 있다. "왜 패역하면 안 된다, 죄를 지으면 절대 안 된다"고 그토록 말했는지, 타작마당을 왜 했는지 아직 너희가 아는 수준은 빙산의 일각이다. 패역한 자, 범죄한 자는 은혜를 거두신다. 그런 자는 하루아침에 끝난다. 절대 하나님을 속일 수 없다. 다 보고, 다 아신다. 이미 이 말씀대로 제하고 계셨다. 그래서 또 말했다. "낙토를 비방하지 말고, 안 믿기거든 제발 나가 달라"고 한 것이다. 자신은 누가 주인인지 모르고, 죄를 짓지 아니하고도 살 수 있는 환경에 가서 온갖 미친 짓을 하는 자들은 바로 이 본문의 패역한 자, 하나님께 범죄한 자들이다.)

그들을 그 우거하던 땅에서는 나오게 하여도(일본에서, 중국에서, 미국에서 말씀을 듣고 나오게 하여도) 이스라엘 땅에는 들어가지 못하게 하리니(저 이스라엘 백성들도 이에 해당했고, 이 세대 전대미문의 새 언약으로 다시 택하여 일본에서 낙토까지 왔다가 되돌아간 그들을 여러분들도 다 보았다. 미국, 중국, 베트남 등에서도, 심지어 한국에서도, 각자 자신들이 다니던 귀신의 처소에서 나오게 하셨어도 이스라엘 땅, 낙토에는 패역한 자, 범죄한 자들은 들어가지 못하게 하시는 사건이 내가 구속된 사건이다. 이미 내가 베트남에 있을 때 형사와 후욕하는 자들은 알고 있으면서 공모하던 중이었다. 2018년 7월 24일 체포되기 전 11개월 동안 조사했다고 허건 형사가 말했다.

알고 있으면서 서서히 교회서 나가기 시작했고, 자신들이 나간 것 같지만 하나님께서 국문하셔서 패역한 자, 범죄한 자를 제하여 버리신 것이다. 그들은 하나같이 말씀을 받아도 안색 한번 변하지 않는 바리새인들이었다. 막대기 아래로 지나는 과정이 바로 타작마당이었다. 낙토에 들어가서도 어느 날 돌변하여 나가 버리는 자들 전부 이 본문의 주인공들이다. 만세 전에 택한 자라면 몇 년씩 말씀을 받고도 절대 변하지 않는다는 것은 말이 안 된다. 의인과 악인이 낙토에서 결판난다고 미리 다 말해도 단 한 절의 말씀도 안 믿는 자들, 곧 패역한 자들이다.

이렇게 기록된 예언이 사실이 되어도 믿기는커녕 점점 본색이 드러나서 온갖 미친 짓을 하는 것이다. 그래서 이기라고 해도 안 믿는 자는 하나님께서 제하여 버리신 사람이다. 하나님께서 하신 일이다. 곧 하나님을 안 믿는 패역자들이다. 너무나 정확하게 다 예언된 이대로, BC 550년경에 기록된 예언이 이 세대에 사실이 되어 이루어지고 있다고 이렇게 매일 증명해 주어도 안 믿는 자는 악인이다.

이제 낙토에 들어가는 비행기도 직항은 2019년에 끊어져 버렸다. 현재 과천에서 너희들이 하는 모든 언행을 다 알고 있다. 아무리 가장해도 안 되는 자는 안 된다. 특히 쟁기를 잡고 가다가 뒤돌아본 자, **눅9:62절**에 "예수께서 이르시되 손에 쟁기를 잡고 뒤를 돌아보는 자는 하나님의 나라에 합당치 아니하니라 하시니라"고 하신 이 예언의 주인공들은, 어떤 이유이건 창세 이래 전 세계에서 지금 이 시간까지 낙토까지 갔다가 되돌아 간 자들이다. 한국에 나와도 마찬가지다. 내가 감옥에 있을 때 접견을 왔기에 깨달은 줄 알고 다시 말을 했는데도 안 듣고 멸시한 자도 이제 끝났다. 단 한 절도 안 믿는 자다.

하나님께서 하시는 일을 나도 어쩔 수 없다. 순교하든지, 낙원에 가든지 하면 된다. 얼마나 업신여겨 멸시했는지 이제 각자 행한 대로 받으면 된다. 사건이 나고 배신한 자들도 절대 낙토를 허락하지 않는다. 혁준 성도는 정확하게 그 시간에, 내가 말씀을 쓰고 있는 그 시간에 저는 진실로 회개하여 그 말씀의 주인공이었음을 증명했다. 한국에 나와서 할 일이 있어서였다. 작년에 이미 마음에 내가 생각했던 대로 이루어진 것이다.

하나님께서 약속하신 땅에 아무나 들어가는 것이 아니다. 만세 전에 택한 자가 들어가는 곳, 천국이 실상으로 이루어지는 곳, 영생을 얻은 성도들에게 죄를 짓지 아니하고 살 수 있고, 이 온 세상에 유일한 제사장의 나라가 되는 곳이다.

독수리의 두 날개로 업어 발이 돌에 부딪히지 아니하고 땅에 내린 곳, 하늘에서 내려오는 새 예루살렘 성, 아브라함부터 모든 열조들이 소망했으나 실상이 되지 않았던 영원한 언약이 사실이 된 곳, **출19:4~6절** 외전 성경에 예언하여 지시하신 나라다. 온 세상을 시험하실 때 육체도 보존하게 하기 위한 곳, 거룩하신 하나님께서 영원히 거처하시는 곳이다. 이 땅에는 패역한 자, 범죄한 자, 곧 말씀을 받고도 안 믿는 자, 징책, 책망, 교훈을 멸시한 자는 절대 들어갈 수 없는 땅이다.)

너희가 나를 여호와인 줄 알리라(지금 2021년 6월 20일 주일 현재 이때가 되어야 너희가 나를 통해서 14년째 하시고 계신 이 일이 하나님께서 이미 3421년 전에 예언해 두신 언약 그대로 이루어지고 있음을 6월 16일부터 내가 직접 내 이름을 밝히고 광포하고 있다. 이때가 되어야 비로소 하나님께서 친히 행하시는 일임을 알게 된다고 하신 것이다. 이제 정말 모두 다 하나님께서 친히 행하시고 계신 일인 줄 알고 있느냐? 답을 해 보아라.)

³⁹나 주 여호와가 말하노라 이스라엘 족속아(문자 그대로 사람이 본능적으로 아는 지식으로 보면 저 황금돔이 있는 이스라엘 족속인 줄 안다. 절대 아니다. 반드시 **사14:1절**의 예언대로 다시 택하신 이스라엘, 곧 **히브리서 8장**의 전대미문의 새 언약을 받고 전 성경에 감추어 두신 하나님의 명령, 계명, 율례, 법도를 지켜 실행하되 예수 그리스도께서 말씀하신 영생과 하나님의 나라에 들어가는 길에 대해 기록한 **마19:16~30절, 눅 18:18~30절, 막10:17~31절**의 말씀대로 지켜 실행한 자들, 곧 나와 은혜로교회 성도들이 실행하여 진리대로 이루어지고 있는 우리가 본문의 이스라엘 족속이다.

특히 **막10:29~30절**에 "²⁹예수께서 가라사대 내가 진실로 너희에게 이르노니 나와 및 복음을 위하여 집이나 형제나 자매나 어미나 아비나 자식이나 전토를 버린 자는 ³⁰금세에 있어 집과 형제와 자매와 모친과 자식과 전토를 백 배나 받되 핍박을 겸하여 받고 내세에 영생을 받지 못할 자가 없느니라"라고 하신 이 예언이 2021년 6월 20일 현재 온전히 실상이 된 우리가 이스라엘 족속이다.

온 세상에 천명한다. 나 신옥주 목사가 창섭 성도와 함께 감옥에 갇혀 있는 이 일이 바로 지금 이 본문의 주인공들이라는 명백한 증거다. 이 말씀을 지켜 실행한 것으로 인하여 10년이 넘게 핍박을 겸하여 받고 있다. 이런 우리가 **겔20:39절**의 "이스라엘 족속"이다.

다른 말로 하면 다시 창조함을 받은 하나님의 백성들이며, 영원한 가족들이다. 하나님 나라, 곧 천국의 상속자들이며, 영생을 얻은 자들이며, 하나님의 아들들이다. 피조물들이 나타나기를 고대하는 하나님의 아들들이다. 오는 세상에서 다스리고 누리고 정복하며 온전히 하나님께 영광을 돌리는 나라와 제사장들이다. 전 성경 기록 목적이 이 세대 이스라엘 족속들을 위해서였던 실상의 주인공들이다. 그리고 이런 택한 이스라엘 족속을 모으시기 위해서 치욕을 겪고 있는 것이다. 곧 온 세상에 천국 복음을 광포하시기 위한 하나님의 완전한 지혜이기도 하다. 그래서 이렇게 지금 말씀하신다.)

너희가 내 말을 듣지 아니하려거든 가서 각각 그 우상을 섬기고 이후에도 그리하려무나마는 다시는 너희 예물과 너희 우상들로 내 거룩한 이름을 더럽히지 말찌니라(전 은혜로교회 성도들에게 하시는 이 말씀에 모두 응답하거라.)

[40]나 주 여호와가 말하노라 이스라엘 온 족속이 그 땅에 있어서(낙토, 하나님께서 약속하신 땅, 본토, 고토, 본향, 이스라엘 땅에 있어서) 내 거룩한 산 곧 이스라엘의 높은 산에서 다 나를 섬기리니(아무 데서나 섬기는 것이 아니다. 이 예언의 말씀을 성취하시려고 "나와 및 복음을 위하여 집이나 형제, 자매, 어미, 아비, 자식, 전토를 버리라"라고 하신 것이다. 곧 하나님 나라를 위하여 한 몫의 삶은 완전히 버리고 약속하신 땅에 가서 새로 시작한 영원한 가족과 함께 백 배의 복을 받는 것이다. 영원히 영생하는 자들이 있는 곳, 그래서 오는 세상에서 온 세상의 중심인 수도가 되는 곳이다. 이곳을 '높은 산'이라고 하신 것은 영적으로 온전히 상

충의 소리를 하는 곳, 성산을 뜻한다. 이래서 '제사장 나라'가 되는 것이다. 증명한다. **시15:1절**에 "¹여호와여 주의 장막에 유할 자 누구오며 주의 성산에 거할 자 누구오니이까(라고 기도한 다윗은 이렇게 소망했지만 이 예언이 실상이 되는 때와 주인공들이 누군지 몰랐다. 이 예언은 BC 1000~400년에 기록되었는데 AD 2021년이 된 이 세대, 곧 3021년이 지난 지금 나와 은혜로교회 성도들이 주인공들이다.

이 성산은 거룩하신 하나님께서 영원히 거하시는 높은 산, 거룩한 산이다. 이 장막이 바로 새 예루살렘이다. 다윗의 집의 열쇠를 받은 빌라델비아 교회의 사자다. 그와 함께 있는 거룩한 떡덩이들이다. 창세 이래 단 한 세대도, 그 누구도 이 예언의 주인공들이 자신들이라고 말하고 실상이 된 사람들이 있었느냐? 아무도 없었다.

그런데 나는 오늘 2021년 6월 21일 주일 서울구치소에서 온 세상에 천명한다. 나를 통한 전대미문의 새 언약으로 다시 창조하시고 계시고, 이미 거룩한 자로 다시 창조된 은혜로교회 성도들이 이 본문의 주인공들이다. 믿든 안 믿든 이는 사실이다. 진리는 이런 것이다. 하나님께서 정하신 때가 되면 땅에 실상이 되어 이루어진다. 이런 우리는 **2~5절**의 말씀대로 온전히 이루고 있고, 이루어 갈 것이다.) ²정직하게 행하며 공의를 일삼으며 그 마음에 진실을 말하며 ³그 혀로 참소치 아니하고 그 벗에게 행악지 아니하며 그 이웃을 훼방치 아니하며 ⁴그 눈은 망령된 자를 멸시하며 여호와를 두려워하는 자를 존대하며 그 마음에 서원한 것은 해로울찌라도 변치 아니하며 ⁵변리로 대금치 아니하며 뇌물을 받고 무죄한 자를 해치 아니하는 자니 이런 일을 행하는 자는 영영히 요동치 아니하리이다"

전 세계 어느 목사가 자신에 대한 예언이 성경에 기록되어 있고, 함께 하는 성도들 또한 이미 3421년 전에 자신들에 대한 예언이 기록되어 있었고, 지금 이 예언이 이루어져서 성취되고 있다고 전한 자가 있었느냐?

온 세상 사람들에게 묻는다. 신옥주 목사가 미친 목사인 줄 아느냐? 이 일이 사실이 아니면 어떻게 이렇게 14년째 온갖 치욕적인 말, 모해하는 말, 특히 목사에게 이단, 사이비라는 말은 아예 목사와 교인들을 죽이는 말이다. 이런 소리를 들으며 흉악범 취급을 당하고 감옥에 갇히고도 이렇게 사실이라고 13년이 지난 후에야 밝힐 수 있을까? 사실이 아니면 어떻게 내 실명을 말하고 온 세상에 밝히겠느냐?

이 진리를 실상으로 시험을 겪으며 내가 옥에 갇히고 나서야 하나님의 말씀으로 다시 거듭나는 성도들이 나오고, 도리어 더 말씀을 확정하는 시간이었다. 온 세상이 믿든 안 믿든 사실이다. **시편 15편**은 BC 4년에 이 땅에 오신 예수 그리스도에 대한 예언이 아니다. 현재 육체도 살아서 이 성산에 들어가 기초를 세우고 있는 나와 은혜로교회 성도들과, 아직 하나님의 나라 비밀을 몰라서 영혼이 갈급해 하고 방황하는 영적인 고아, 하나님의 택한 백성들을 찾으시는 하나님의 음성이며, 진리의 성령의 대언이다.

1년이 넘게 전 세계에 내리는 코로나19 재앙은 징조일 뿐이다. 이 말씀을 무시하는 자는 **4절**의 망령된 자들, 곧 하나님의 이름을 망령되이 일컫는 자들이다. 혀로 나를 참소한 자들은 반드시 진실로 회개하고 돌아서야 한다. 본문에 "**이웃을 훼방하는 자, 벗에게 행악하는 자들**"은 성경을 가지고 성경과 다른 거짓말로 가르치고 설교하는 자들이며, 진실로 진리대로 사실을 전하는 나를 혀로, 손가락으로 훼방하는 자들이다. 나와 은혜로교회 성도들은 이런 죄를 절대 짓지 않았고, 하나님의 계명대로 보고 듣고 지켜 실행하여 하나님의 뜻대로 행하는 본문의 실상의 주인공들이다.

또 증명한다. **시43:1~3절**의 기도가 사실이 되어 현재 나와 은혜로교회 성도들의 기도를 예언해 두신 것이다.

"¹하나님이여 나를 판단하시되 경건치 아니한 나라에 향하여 내 송사를 변호하시며(다윗의 후손으로 이 땅에 오신 하나님의 아들 예수 그리스도에 대한 예언도 맞지만, 더 온전한 실상은 2021년 6월 21일 현재 우리에게서 나가 후욕하는 그들에 의해, 더 나아가 이인규에 의해 시작된 일로 인해 송사를 당하여 옥에 갇힌 이 일에 대한 예언이 이루어진 것이다. 다윗왕 당시나 예수 그리스도께서 사역하시던 당시를 "**경건치 아니한 나라에**"라고 지칭하는 것은 당시의 실상과는 맞지 아니한다. 지식이 더하고 사람들이 빨리 왕래하는 이때를 지시하신 것이다.

이미 송사에 걸리기 10년 전부터 영적으로 보기에는 이인규 감리교 권사에 의해 송사에 걸린 것이다. 혀로, 손가락으로, 인터넷에 더러운 말들로 비방하고 정죄했을 때, 이 세상에 속한 자들 같으면 바로 세상 법에 명예 훼손, 모욕죄로 고소하여 싸웠을 것이다. 나는 그렇게 하지 않았다. 귀신들은 그런 나를 더 괴롭혔다. 나를 비방한 이인규 권사는 네이버 카페 '무엇이든 물어보세요'를 운영하며 이단이라 정죄하는 일로 밥벌이를 하는 자다. 나는 그런 인터넷 사이트에 들어가 본 적이 없다. 믿든 안 믿든 이 본문도 이 세대 나에 대한 예언이다.)

간사하고 불의한 자에게서 나를 건지소서('**간사하다**'는 간교하여 남을 잘 속이는 데가 있다, 성질이 능갈치고 행실이 바르지 못하다는 뜻이다. '불의하다'는 옳지 아니한 일, 사람의 도리에 벗어난 일이며, 하나님께서 말씀하시는 불의한 나라는 하나님과의 관계에서 하나님께서 요구하시는 기준에서 벗어난 모든 일, 하나님을 대적하는 모든 행위, 하나님의 뜻을 거스리는 모든 언행을 뜻한다. 하나님께서 정하신 때가 되기 전까지 불의한 재판관들이 일하는 시기에는 다 이러했다. 이래서 성경이 모든 것을 죄 아래 가두어 두는 기간이었고, 이때는 하나님께서 **"불의한 재판관의 말한 것도 들으라"**고 하신 기간이다. 영원한 의이신 하나님에 대해서 사람들에게 알게 하시는 기간이 아니었다. 이때를 예수 그리스도께서 명백하게 예언해 두셨다.

> **눅18:6~8** ⁶주께서 또 가라사대 불의한 재판관의 말한 것을 들으라 ⁷하물며 하나님께서 그 밤낮 부르짖는 택하신 자들의 원한을 풀어 주지 아니하시겠느냐 저희에게 오래 참으시겠느냐 ⁸내가 너희에게 이르노니 속히 그 원한을 풀어 주시리라 그러나 **인자가 올 때에 세상에서 믿음을 보겠느냐 하시니라**

누가복음 18장에서 말씀하신 '때'가 바로 지금 이 세대를 지시하신 것이다. 이 본문을 두고 하나님의 뜻을 모르는 목사들은 기도에 대해서 가르칠 때 사용하는 단골 말씀이 되었다. 이 과부에 대한 예언도 나에 대한 예언이라고 말하면 누가 믿을까? 또한 2천 년이 되는 기간도 이 속에 감추어져 있다. 불의한 재판관들, 곧 성경을 가지고 선, 악을 분별하도록 성도들에게 가르쳐야 함에도 문자적인 기록 속에 감추어진 하나님 나라의 비밀을 모르니까 사람이 본능적인 것으로 아는 것으로 가르친 것이다.

이래서 온전한 것이 올 때에는 부분적으로 하던 것은 폐하리라고 하셨고, 사람에게서 증거를 취하시지 않는다고 하셨던 것이다. 귀신들이 가르친 말들은 하나님 나라와 아무 관계가 없는 말로 일생 가르친 것이다. '인자' 또한 모두 예수 그리스도만 인자라고 전 세계 교회 목사들이 알고 가르친다. 인자에 대한 해답도 성경 속에 있다. **요6:27절**의 인자는 하나님의 인치신 자를 뜻한다.

롬1:18 하나님의 진노가 불의로 진리를 막는 사람들의 모든 경건치 않음과 불의에 대하여 하늘로 좇아 나타나나니

이 예언이 사실이 되는 때는 진리의 성령이 실상이 되어 성경을 사용하는 불의한 재판관들, 곧 목사들, 교인들의 실체를 모든 진리 가운데로 인도하여 드러낼 때를 뜻한다. 즉 '죄에 대하여, 의에 대하여, 심판에 대하여' 하나하나 밝힐 때인 이때, 이미 14년째 실상이 되는 것을 예언한 것이다. 이에 대해서 영원히 증명된다. 이 세상에 속한 관원들, 곧 목사들이 성경을 가지고 사람의 말로 변개, 왜곡시켜서 가르친 것 때문에 14년째 전하는 **'진리의 도'**를 훼방하고 막는 일을 두고 말씀하신 것이다.

신령한 것을 신령한 것으로 해석하여 모든 진리 가운데로 인도함을 받고 있는 14년째 이 일이 나로 하여금 송사에 걸리게 한 근본 원인이다. '의'에 대해서 단 한 절도 모르는 온 세상의 기독교 목사, 성경을 사용하는 모든 종교 지도자들은 여출일구 사람의 소리를 하는데, 하나님의 가르치

심을 대언하는 나는 혼자 반대편에 서서 **"진리는 이런 것이다"**라고 선포하여 싸우는 것이고, 혀로 말만 하는 것이 아니라 지켜 실행하므로 인하여 불의하고 경건치 아니한 자들을 상대로 **히9:10절**의 개혁을 해야 하는 나에 대한 예언이 **시43:1~3절**이 맞다.)

²주는 나의 힘이 되신 하나님이시어늘 어찌하여 나를 버리셨나이까 (이 본문은 사람이 보기에 마치 나는 하나님께 버림받은 것 같으나 절대 아니다. 또한 2천 년이 될 때까지는, 곧 중층의 소리는 예수님께서 십자가에 달리셔서 **"엘리 엘리 라마 사박다니"**라고 하실 일에 대한 예언이다. 이 말씀의 뜻을 알았다면 성경 박사, 학자라는 사람들이 가르쳤을 것이다.

그런데 나 이전에 누가 **"엘리 엘리 라마 사박다니"**, 번역하면 **"나의 하나님, 나의 하나님, 어찌하여 나를 버리셨나이까"**라고 하신 것에 대한 예언을 가르쳤느냐? 온전한 하나님의 뜻은 다음 말씀에도 예언되어 있다. 곧 나에 대한 예언임을 명백하게 증명한다.

사54:1~8절이다. "¹잉태치 못하며 생산치 못한 너는 노래할찌어다 구로치 못한 너는 외쳐 노래할찌어다 홀로 된 여인의 자식이(나에 대한 온전한 예언이다. 이미 14년째 이 말씀이 실상이 되어 진행 중이다.) 남편 있는 자의 자식보다 많음이니라 여호와의 말이니라(이 말도 사람 눈에는 지금 2021년 6월 21일에는 우리가 비교할 수 없이 적은 숫자이지만 불의한 목사들의 숫자는 하나님이 보시기에 거듭난 자가 없으므로 이렇게 말씀하신 것이다. 지금은 말씀을 받은 수가 겨우 오백여 명이지만, 온 세상이 이 말씀 앞에 무릎 꿇는다는 뜻이 감추어져 있다. 그래서 나는 모든 것을 믿고, 모든 것을 바라고, 모든 것을 참는다.

곧 하나님께 버림받은 것이 아니라 반드시 지고 가야 할 십자가의 과정 중에 있는 것이고, 이미 영생을 받은 자, 그래서 하나님께서 내주하시는 '나'라는 사실을 나는 알고 있으니까 온 세상에 나에 대해서 증거하는 것이다. 이것이 하나님과 사람 앞에 시인하는 것이다.)

[2]네 장막터를 넓히며 네 처소의 휘장을 아끼지 말고 널리 펴되 너의 줄을 길게 하며 너의 말뚝을 견고히 할찌어다 [3]이는 네가 좌우로 퍼지며 네 자손은 열방을 얻으며 황폐한 성읍들로 사람 살 곳이 되게 할 것임이니라(지금은 피지 나라 한곳이지만, 반드시 전 세계가 하나님만 참 신이심을 인정하는 세상이 된다. 이를 두고 의인의 세대, 오는 세상이라고 한다. 그 준비를 지금 14년째 하고 있는 것이다. 나라를 이으려 해도 지도자가 없을 때, 하나님의 말씀으로 다시 창조된 하나님의 아들들을 세우셔서 왕 노릇 하게 하시려는 하나님의 뜻을 지켜 실행할 때, 이 말씀이 사실이 된다.

그래서 멀리 보고, 넓게 보고, 높이 보며, 깊게 보고, 자해하지 말라고 한 것이다. 짐승은 바로 눈앞에 자기 입에 들어가는 것만 본다. 당장 네 앞에 네 주머니에 돈 들어가는 것만 보고 원하는 언행을, 아직 귀신 노릇 하는 너희 모두가 이런 짐승이나 다를 바 없는 언행을 하는 것이다. 이인규, 박형택, 난디한인교회 박상기가 다 그런 사람이다. 나를 이단, 사이비라고 혀로 글로 정죄하고 학대하는 그들이 다 이러하다. 교인 빼앗길까 봐 그랬다고 박상기가 그랬고, 목사들이 나를 학대하는 이유가 다 이 때문이다. 그들 모두보다 더 나쁜 사람이 말씀을 받고 실상으로 이루어지는 것을 다 보면서도 게으르고 더러운 귀신 노릇을 하는 너희들이고, 더 어리석은 자들은 쟁기를 잡고 가다가 뒤를 돌아본 하나님 나라에 합당치 않은 자들이다.

귀신은 점 하나만큼도 하나님의 일을 하지 않는다. 자신을 자해하는 짓만 계속한다. 이미 성적표를 다 받고 있는데도 안 믿는 자들이다. 마치 나를 위해서 일해 준다고 생각하는 흉악한 귀신들의 실상을 영원히 증명할 것이다. 어떻게 그렇게 악독하고 미천하나? 짐승이라도 사람이 되었을 시간이 되어도 그 더러움, 게으름, 천하디 천한 언행을 하나? 너희가 아무리 훼방해도 이 일은 온 천하에 그 누구도 막을 수 없다. 귀신이 주인인 너만 죽는 짓이다.) ⁴두려워 말라 네가 수치를 당치 아니하리라 놀라지 말라 네가 부끄러움을 보지 아니하리라 네가 네 청년 때의 수치를 잊겠고 과부 때의 치욕을 다시 기억함이 없으리니"

지금은 수치를 당하여 잠시 버리움을 받은 것같이 사람들 눈에는 그렇게 보이나, 이 치욕이 도리어 나를 전 세상에 알리는 시간이고, 다시 창조, 제조된 성도들이 어떤 지도자들이 되어가는지 온 세상이 보게 된다. 대적자들이 날뛰고 이긴 것처럼 더 악랄하게 미친 언행을 하나 아침이 되려면 더 짙은 어두움을 지나듯이 이 기간은 잠시다. 그러니 다니엘 성도야, 너무 아파하지 말거라. 짓밟아 주는 그들을 통해 도리어 가난한 나를 온 세상에 알리는 하나님의 모략이고, 하나님의 아들들을 다시 창조, 제조하시는 기간이라서 그런 것이다.

원수 마귀는 대적해야 하기에 송사하고 그들의 실체를 낱낱이 밝히는 것이고, 이는 그들도 죽지 말고 살아서 이 일이 어떤 일인지 결과가 드러날 때 진실로 부끄러워 자신들의 입을 막고 이를 갈며 부끄러워하게 하시려는 하나님의 뜻이다. 네가 고백했듯이 모든 것을 믿고 모든 것을 바라고 모든 것을 견디고 모든 것을 참으면 된다. 너를 대표로 세우는 것은 사람인 내 뜻이 아니었다. 본래 하나님께서 너를 이 땅에 보내실 때 그렇게 보내신 것이다.

성도들이 혹 죄를 지어 죽을까 봐 안청환을 세웠고, 진선 성도도 세웠던 것이다. 그 과정을 아는 성도들은 절대 사람 생각대로 판단하지 않는다. 너를 너답게, 모든 성도들을 각자 너답게 만드시는 하나님의 행하심이다. 물론 나도 마찬가지다. 하나님의 계획을 사람들이 모를 뿐 사람이 자기 길을 계획할지라도 그 걸음을 인도하시는 분은 성부 하나님이시다. 다 하나님의 뜻대로 경영하시고 계심을 14년째 되는 올해에야 우리 중에 진실로 인정하는 성도들이 나오듯이, 온 세상 사람들이 내가 누군지, 너희들이 누군지 다 알게 되고, 원수도 화목하게 하실 날이 반드시 온다.

따라서 이 기간은 우리를 영원히 죄에서 자유하게 하여 육체도 죽지 아니하고 살아서 영원한 삶을 살아가는 온전한 영생에 이르게 하시는 하나님의 사랑받은 사람들로 만드시는 과정에 반드시 겪어야 할 시험이다. 하나님께서는 공의의 하나님이시니까 그 누구도 예외 없이 한 몫의 삶일 때 지은 죄의 보응도 육체가 살아서 받는 것이다.

온 세상에 모든 사람들 중에 나와 우리가 가장 복 있는 사람이다. 돈으로도, 권력으로도, 이 세상의 어떤 것으로도 영생은 얻을 수 없는데, 오직 하나님의 은혜로만 얻는 복이 영생이며, 이 복은 영원한 복이라 백 배, 곧 약속의 자식들에게 허락하신 복이다. 아브라함이 백 세에 약속의 자식 '이삭'을 하나님께서 주신 것은 바로 지금 이 세대 백 배의 복을 받은 은혜로교회 성도들에 대한 예언이 감추어져 있는 천국의 비밀이었다.

그 이삭은 그림자요, 모형일 뿐이다. 그래서 자유하는 여자의 자식들이 은혜로교회의 성도들이다. 위에 있는 예루살렘인 나를 통한 이 일의 실상을 이미 하나님께서 아브라함에게 언약해 두셨던 것이다. 진실로 사실이다. 아무도 의심 안 해도 되는 참 진리다. 그래서 나는 문자 그대로 '진리의 성령'의 실상이라고 체포되어서 온 세상에 말한 일이 SBS '그것이 알고 싶다' PD 장경주의 인터뷰 때였다. 내가 미치지 않았다. 너무 뚜렷하게 정신 차린 말을 하는 것이고, 이는 하나님의 뜻이며, 하나님의 행하심이라는 하나님의 증거를 대언하는 것이다. 그래서 다음과 같이 예언해 두셨고, 이 예언들을 이루시려고 내가 감옥에 갇힌 것이다.

잠4:18 의인의 길은 돋는 햇볕 같아서 점점 빛나서 원만한 광명에 이르거니와

잠13:9 의인의 빛은 환하게 빛나고 악인의 등불은 꺼지느니라

잠29:12~13 [12]관원이 거짓말을 신청하면 그 하인은 다 악하니라 [13]가난한 자와 포학한 자가 섞여 살거니와 여호와께서는 그들의 눈에 빛을 주시느니라

사2:5 야곱 족속아 오라 우리가 여호와의 빛에 행하자

이 치욕은 만세 전에 하나님께 택하심을 입은 야곱 족속을 이스라엘로 다시 창조, 제조하시는 하나님의 행하심이다. 그러니 만 배로 감사해야

할 일이다. 이래서 **잠6:20~23절**에 이렇게 말씀하신 것이다.

잠6:20~23 ²⁰내 아들아 네 아비의 명령을 지키며 네 어미의 법을 떠나지 말고 ²¹그것을 항상 네 마음에 새기며 네 목에 매라 ²²그것이 너의 다닐 때에 너를 인도하며 너의 잘 때에 너를 보호하며 너의 깰 때에 너로 더불어 말하리니 ²³대저 명령은 등불이요 법은 빛이요 훈계의 책망은 곧 생명의 길이라

타작마당이 있는 은혜로교회의 이 길이 곧 '생명의 길'이다. 이는 영원히 증명된다. 목사의 직무는 교인들로 죄를 짓지 아니하고 영생에 이르게 하는 것이다. 세상에서 죄를 지은 자들은 이렇게 가두어 두고, 직원들에게 소리 지르고 질서를 어기고 소란을 피우면 경고를 하고, 안 되면 마지막 가는 곳이 징벌방이다. 그곳에는 아예 수갑을 채워서 가두어 두고 운동도 아무것도 못 한다고 하더라. 또 문제가 생기면 독방에 넣고 '조사방'이라는 곳에 넣어 두고 본인들이 살 수 있는 생필품도 구입 못 하고 일주일씩 분리시켜 놓고, 그것도 카메라가 있는 방에 가두어 두고 조사를 한다고 하더라.

이미 죄를 정하여 가두어 둔 곳에서도 자신들 교도관들에게 욕하거나 질서를 파괴하면 이렇게 하는데~ 하물며 하나님 나라에 들어가지 못하는 치명적인 상태, 곧 주인이 귀신인 자가 계속 미친 짓을 하는데 성경대로 지켜 실행한 타작마당을 종교의 자유가 있는 나라에서, 그것도 몰래 타작한 것도 아니고 본인들이 눈으로 보는 성경, 곧 살아 계신 하나님의 말씀대로 실행하여 징계하고 훈계와 책망을 한 것을 '폭행, 특수폭행'이

라는 죄를 씌운 것이다.

타작마당에 관련된 모든 말씀이 천여 구절이 있다. 이 많은 말씀은 지키지 않는 것이 하나님의 뜻이냐? 자신이 치명적인 죄, 곧 근친상간, 음란, 도둑질, 수간, 거짓말, 시기, 질투, 원망, 불평, 모든 더러운 죄란 죄를 다 짓고도 실제 타작을 하지 않고 말로 말씀으로만 책망한 병준, 성경, 범섭을 보아라. 14년째가 되어서야 자신이 지은 죄를 고백하는 병준 성도가 아직 태어나지 않고 있었다는 것을 현재 은혜로교회 성도들은 다 아는 사실이다.

자신에 대해서는 절대 모르고 그 많은 시간을 낭비한 서경호, 김숙이 등도 보아라. 이들은 타작을 한 적이 없다. 그런데 결과를 보아라. 자신들은 믿는다고 하지만 안 믿었고, 이제 믿는 것이다. 자신의 실상을 하나님 앞에, 사람 앞에 시인한 병준 성도가 진짜 이제 믿는 것이다. 믿을 수밖에 없는 상황에까지 이르러서야 실토를 해도 교만이 아직 남아 태어나지 않았다. 그러나 나는 믿는다. 반드시 이겨서 영생에 이를 것을 믿는다.

예수 그리스도께서 "내가 곧 길이요 진리요 생명이라"고 하셨는데 예수 그리스도를 믿는다는 너희 모두가 은혜로교회 오기 전에 길은 무슨 길인지, 진리가 무엇인지, 생명은 무엇을 뜻하시는지 알았느냐? 아무도 몰랐다. 하나님 우편에 쉬고 계시는 예수 그리스도께서 훈계의 책망으로 여러분들을 생명의 길로 인도하였느냐? 실상으로 말이다. 모두 답해 보거라. 이 교만하고 거만한 귀신들아~ 자기 마음대로 생각하고 설교하고, "하나님, 예수님" 하면서 아무것도 모르는 자들을 가르치는 영적인 살인자였으면서, 자신을 돌아보지 않고 가장하고 배워서 한자리하려고 기다리다가 점점 하나님의 뜻이 드러나서 자신이 한자리해 먹을 수가 없다고 인지되는 시간이 되니까 본성이 다 드러난 것이다. 그런 시간에 그런 더러운 욕심을 버리고 하나님의 말씀을 지켜 자신을 죄 짓게 만드는 귀신에게서 영원히 벗어나 정결케 되었으면 될 것을, 그릇이 아니니까 10년을 넘게 미친 언행을 하고 있었던 것이다.

이런 더러운 사심이 없었던 성진, 다니엘, 진선 성도를 보아라. 늦게 말씀을 받고 따라와도 한 몫의 삶일 때 자신들에게 주어진 삶에 최선을 다했고, 하나님께서 정하신 때에 말씀을 따라 순종하고 더 최선을 다해 지켜 실행했다. 사람이 보는 시각으로도 누구를 사용하시겠느냐? 이 중에 다니엘이 제일 타작을 많이 받았다. 진선, 지은, 혜산, 진숙, 태욱, 화진, 옥희 성도들은 내 손으로 타작한 적이 없다. 그런데도 단 한 번도 말씀이 아니라고 한 적이 없고, 모두 작은 일에도 최선을 다한 성도들이다. 이들은 다시 태어났다. 이들 모두는 한 몫의 삶일 때 평신도들이었다.

곧 목사를 하고 싶어하는 사심이 없었다. 새리, 선, 희라, 은혜 성도도 타작했다. 사람이 보기에 타작할 일이 아니었음에도 타작했다. 이들도 다 거듭났다. 순하게 다 받았다. 자신들에게 주어진 일에 최선을 다했다. 아무도 한 몫의 삶일 때 목사가 아니다. 늦게 온 지원, 한나 성도도 목사가 아니었다. 이런 성도들은 성도가 되어 다시 태어났다. 그런데 온갖 더러운 죄란 죄는 다 지으면서 자신들을 돌아보지 않는 너희가 시기한다고 하나님께서 정하신 일이 변경되는 것이 아니다. 각자 자신들은 몰랐어도 하나님께서는 이미 정해 두신 뜻대로, 곧 그릇대로 이 땅에 가장 합당하게 보내신 것이다.

따라서 시기, 질투, 원망, 불평, 미움, 살인 등등 모든 죄는 하나님을 안 믿는 자가 하는 언행이다. 죄를 짓는 것은 네가 너를 자해하여 죽이는 것이다. 거울을 보고 왜 더러움을 씻지 않고 있었나? 이는 네가 그릇이 아니었다는 증거다. 그릇이 다르다는 증거다. 은혜로교회 온 성도 중에 다니엘처럼 연단받은 사람이 있으면 말해 보아라. 내가 증인이다. 그릇에 따라 연단하고 훈련하여 하나님께서 가장 적당하게, 합당하게, 각자의 그릇대로 사용하시고 계신다.

자신이 어떤 모습이었든 이 전대미문의 새 언약을 받고 오는 것이 하나님의 어떤 사랑인지도 모르고, 네 분수도 모르고, 무슨 짓을 했나? 시간이 흐를수록 너희가 한 패역은 너를 부끄러워하게 만들 것이다. 이렇게 하지 아니했다면 교만하여 세상 사람들이 가는 지옥 불구덩이에 가야 할 자들이 자칭 목사요, 사모들이었고, 자칭 직분자들이었다. 먼저 된 자 나중 되고, 나중 된 자 먼저 된다고 하신 말씀이 다른 데서 나오는 것이 아니라 우리에게서 실상이 된 것을 증거하는 것이다.

그래서 하나님께서 말씀하시는 '공정'은 하나님께서 정해 두신 자리에, 정하신 사람이 서서, 자신에게 주어진 일을 최선을 다해 직무를 수행하게 하는 것이다. 대서로 사용하시기 위해 20년을 논문을 쓰며 연구하고, 논리적으로 연구한 것을 증명하여 사람들을 이해시키고 글을 쓰는 훈련을 시킨 성진 성도를 보아라. 하나님께서는 각자에게 가장 합당하게 쓰시기 위해 한 몫의 삶에서도 훈련을 해 오셨다.

각자 자신이 원하는 삶을 사는 기간은 육체에 속할 때였다. 한 몫의 삶을 버리고 다시 새로 시작하는 것은 네 소견대로 사는 것이 아니라, 하나님의 뜻대로 살아 드리는 것이 산 제물이 된 봉헌물이다. 다시는 누구도 시간 낭비하지 말고, 자신의 가치를 만드는 지혜로운 길은 너를 죄 지어 죽게 만드는 귀신에게서 영원히 벗어나는 길이다. 깨끗한 그릇이 되어야 하나님의 말씀이 심겨지고 거룩하신 하나님께서 동행하시는 성전이 되는 것이다.

다시 **사54:4~5절** "⁴두려워 말라 네가 수치를 당치 아니하리라 놀라지 말라 네가 부끄러움을 보지 아니하리라 네가 네 청년 때의 수치를 잊겠고 과부 때의 치욕을 다시 기억함이 없으리니 ⁵이는 너를 지으신 자는 네 남편이시라(그래서 이 예언의 주인공은 반드시 **호2:19~20절**의 말씀이 실상이 된 사람이어야 한다. 곧 예수 그리스도에 대한 예언이 아니라는 명백한 증거다.) 그 이름은 만군의 여호와시며(유일하신 하나님의 이름이 '여호와'시다. 왜 예수 그리스도도, 하나님도 이름을 말씀하셨을까?) 네 구속자는 이스라엘의 거룩한 자시라 온 세상의 하나님이라 칭함을 받으실 것이며(창세 이래 이 세대까지 단 한 번도 이 진리대로 사실이 된 적이 없었다. 오는 세상이 이렇게 된다. 이제 이 예언을 이루시기 위해서 14년째 기초를 세우시는 것이다. 우리를 영원히 구속하셔서 영생에 이르게 하실 분은 하나님이시다. 혀로 "오직 예수, 오직 예수" 한다고 구원얻는 것이 아니다.)

⁶여호와께서 너를 부르시되 마치 버림을 입어 마음에 근심하는 아내 곧 소시에 아내 되었다가 버림을 입은 자에게 함같이 하실 것임이니라 네 하나님의 말씀이니라 ⁷내가 잠시 너를 버렸으나(이 예언이 곧 **시43:2절**의 예언이 2018년 7월 24일에 실상이 되어 2021년 6월 21일 현재 이런 상황이

다. 그러나 이는 버리신 것이 아니라 패역한 너희들을 고치시고 태어나게 하시는 기간이며, 전 세계에 흩어져 있는 택한 백성들을 불러 모으시기 위한 하나님의 모략이다. 따라서 이 본문은 예수 그리스도에 대한 예언이 아니라 '나'에 대한, 우리에 대한 예언이다.) 큰 긍휼로 너를 모을 것이요 [8]내가 넘치는 진노로 내 얼굴을 네게서 잠시 가리웠으나"

전대미문의 새 언약을 받고도 패역한 너희로 인한, 곧 거룩한 떡덩이들의 패역으로 인하여 이렇게 말씀하신 것이다. 또한 나한테 얼굴을 가리우신 것이 아니다. 함께 동행하셨다. 증거가 끊이지 않고 영원한 언약을 주시고 계신 것이다. 처음 유치장에서 10일간과 2018년 8월 3일 서울구치소로 와서 6개월은 그랬네~ 15일 독방에 있을 때도 아무것도 없는 상태였고, 곧 3인실에 가서 지내면서 말씀을 보낼 수 있는 상황이 아니었었네~ 그러고 보니, 이 말씀 그대로 잠시 얼굴을 가리우셨네~

이제 **겔3:25~27**절의 예언대로 이루어진 실상이며, 이 예언대로 이루어진 실상이 나에 대한 예언이었음을 인정하느냐? 두 눈을 똑바로 뜨고 보아라.

겔3:25~27 [25]인자야 무리가 줄로 너를 동여매리니 네가 그들 가운데서 나오지 못할 것이라 [26]내가 네 혀로 네 입천장에 붙게 하여 너로 벙어리 되어 그들의 책망자가 되지 못하게 하리니 그들은 패역한 족속임이니라 [27]그러나 내가 너와 말할 때에 네 입을 열리니 너는 그들에게 이르기를 주 여호와의 말씀이 이러하시다 하라 들을 자는 들을 것이요 듣기 싫은 자는 듣지 아니하리니 그들은 패역한 족속임이니라 단순하게 대언을 하는 것이 아니라 죄에 대하여, 의에 대하여, 심판에 대하여 세상을 책망하는 진리의 성령의 실상이 모든 진리 가운데로 인도하여 책망을 하니까 듣기 싫어하고 미워한 것이다. '인자' 또한 이 본문을 두고 나에 대한 예언이라고 하니까 낙토에 있는 성도가 나보고 편지하기를 "인자이세요"라고 하더라. 그렇게 멸시하더라. 처음 구속되고는 너희가 가관이 아니었다. 얼마나 패역했는지~ 어찌 말로 다 하나. 본문의 인자는 하나님께서 인치신 자다.

다시 **사54:8절**로 가자. "⁸내가 넘치는 진노로 내 얼굴을 네게서 잠시 가리웠으나 영원한 자비로 너를 긍휼히 여기리라 네 구속자 여호와의 말이니라(그래서 이 본문은 예수 그리스도에 대한 예언이 아니다. 현재 사람들 눈에는 마치 내가 버림받은 것같이 수치와 치욕을 당하고 있다. 그리고 현재 겪고 있는 송사에 대한 예언이 기록되어 있다. **사54:9~17절**이다.)

⁹이는 노아의 홍수에 비하리로다(2021년 지금 이 세대를 이렇게 예언해 두셨다.) 내가 다시는 노아의 홍수로 땅 위에 범람치 않게 하리라 맹세한 것같이 내가 다시는 너를 노하지 아니하며 다시는 너를 책망하지 아니하기로 맹세하였노니 ¹⁰산들은 떠나며 작은 산들은 옮길찌라도 나의 인자는 네게서 떠나지 아니하며 화평케 하는 나의 언약은 옮기지 아니하리라 너를 긍휼히 여기는 여호와의 말이니라"

그래서 성령의 열매가 '화평'이다. 곧 예수 그리스도께서 이 땅에 오셨을 때 온전히 화평케 되는 것이 아니다. 문자 그대로 사람 생각대로 보면 예수의 피로 화평케 된다고 보고 가르친 것이다.

엡2:15절에 "¹⁵원수 된 것 곧 의문에 속한 계명의 율법을 자기 육체로 폐하셨으니 이는 이 둘로 자기의 안에서 한 새 사람을 지어 화평하게 하시고(라고 하신 대로 예수께서 이 땅에 오셔서 십자가를 지시고 부활, 승천하시고 2천 년이 흐른 후에 또 다른 보혜사인 진리의 성령이 와서 성도들과 하나님 사이를 화평케 하실 것을 예언한 것이다. 16절이 이를 증명한다.) [16]또 십자가로 **이 둘을 한 몸으로 하나님과 화목하게 하려 하심이라** 원수 된 것을 십자가로 소멸하시고"

곧 예수 그리스도께서 십자가에 죽으심으로 귀신의 정체를 알게 하셨고, 한 몸의 삶은 반드시 한 번 죽어야 한다는 것과 육체도 죽지 아니하고 살 수 있는 길을 '십자가의 도' 속에 감추어 두셨다. 즉 계명을 지켜 실행하므로 진리로 거룩해지는 길을 감추어 두셨던 것이다.

그러나 이러한 십자가의 도의 비밀은 또 다른 보혜사인 진리의 성령이 실상으로 올 때까지 아무도 모르게 하셨다. 하나님께서 정하신 때에 이 땅에 보냄을 받은 진리의 성령이 실상으로 와서 하나님의 뜻을 대언하게 하셔서 하나님께서 친히 아들을 통한 천국의 비밀을 밝히시고 지켜 실행하여 영적으로 그리스도와 한 몸이 되게 하신다. 여기까지는 온전한 중층의 소리다.

이렇게 한 몸이 된 영적인 상태, 곧 예수 그리스도께서 하신 계명대로 지켜 실행하는 것은 이미 **요일5:7~9절**의 셋이 하나 된 영적인 상태가 되는 것이고, 이렇게 '새 사람'이 된 나를 통하여 성도들을 하나님과 화목하게 하신다는 뜻이다. 이래서 화평은 성령의 열매라고 하신 것이다. 이렇게 될 것을 이미 2921년 전에 예언해 두셨다.

아8:10 나는 성벽이요 나의 유방은 망대 같으니 그러므로 나는 그의 보기에 화평을 얻은 자 같구나

　이 예언들이 다 실상이 되어 현재 실행 중이다. 그러니까 예수 그리스도께서 이 땅에 오셨을 때 화평케 되는 것이 아니고, 지금 이 세대에 실상이 되는 것이다. 그래서 **고전14:27~33절**에 이렇게 말씀하신 것이다.

고전14:27~33 [27]만일 누가 방언으로 말하거든 두 사람이나 다불과 세 사람이 차서를 따라 하고 한 사람이 통역할 것이요 [28]만일 통역하는 자가 없거든 교회에서는 잠잠하고 자기와 및 하나님께 말할 것이요 [29]예언하는 자는 둘이나 셋이나 말하고 다른 이들은 분변할 것이요 [30]만일 곁에 앉은 다른 이에게 계시가 있거든 먼저 하던 자는 잠잠할찌니라 [31]너희는 다 모든 사람으로 배우게 하고 모든 사람으로 권면을 받게 하기 위하여 하나씩 하나씩 예언할 수 있느니라 [32]예언하는 자들의 영이 예언하는 자들에게 제재를 받나니 [33]하나님은 어지러움의 하나님이 아니시요 오직 화평의 하나님이시니라

　이미 14년째 이 예언이 성취되고 있는데 먼저 예언하던 자들이 잠잠해야 하는데, 도리어 이 말씀을 거절하고 대적하고 있다. 부분적으로 하던 것은 다 폐해야 하는 것이라고 예언하는 자들, 곧 지금 성도들이 성경과 다른 거짓말을 하는 자들에게 영적으로 전쟁하는 것을 이렇게 말씀하신다. 먼저 예언, 곧 강단에서 설교하는 자들에게 그렇게 하는 것은 성경과

다른 거짓말이라고 제재를 하는 것이다. 곧 이 말씀을 이루시고 계신다.

2020년부터 성도들이 일어나서 그들의 거짓말 설교를 밝히는 것이다. 이렇게 될 줄 그들은 이미 알고 있기 때문에 이단이라는 프레임을 씌우고, 진리의 도를 훼방하는 것이다. 따라서 14년째 이 일이야말로 '온전한 화평'을 이루는 실상이다. 그러므로 이 화평은 위로부터 난 지혜다.

약3:17~18 ¹⁷오직 위로부터 난 지혜는 첫째 성결하고 다음에 화평하고 관용하고 양순하며 긍휼과 선한 열매가 가득하고 편벽과 거짓이 없나니 ¹⁸화평케 하는 자들은 화평으로 심어 의의 열매를 거두느니라

"오직 위로부터 난 지혜는 첫째 성결하고 다음에 화평하고"라고 하신 이 예언을 기록할 당시 AD 45년경에는 화평케 하는 성령의 실상은 아직 이 땅에 오지 않았다. 그래서 이렇게 말씀하신다. 또한 반드시 완전한 지혜는 하나님께서 친히 가르치시는 전대미문의 새 언약이어야 함을 "**첫째 성결하고**"라고 하신 것이다. 성결은 하나님의 속성이다. 다른 말로 표현하면 **호2:19~20**절의 말씀이 실상이 되어야 대언하는 진리의 영, 곧 진리의 성령도 성결해진다는 뜻이다. 이는 곧 마음을 성결하게 하는 것이다.

귀신이 주인인 상태는 절대 성결하지 않다. 예수 그리스도께서 성결의 도를 보이셨다. 곧 하나님께서 육체를 입은 사람이 성결해지는 길을 아들을 통해서 교훈하신 것이다.

롬1:3~4 ³이 아들로 말하면 육신으로는 다윗의 혈통에서 나셨고 ⁴성결의

영으로는 죽은 가운데서 부활하여 능력으로 하나님의 아들로 인정되셨으니 곧 우리 주 예수 그리스도시니라

예언하신 이대로 십자가를 지시기 이전 육체의 삶은 반드시 한 번 죽으셔야 함을 보이신 것이다.

지금 전 세계 기독교인들이 "오직 예수" 하면서 혀로 말만 하는 자들은 구원과 아무 상관이 없다는 것을 깨달아야 한다. 이래서 살리는 것은 영이니 육은 무익하다고 하신 것이고, 예수 그리스도에 대한 해답이다. 곧 십자가에 죽으시고 부활하신 그리스도께서 성결의 영이시라는 것과 이때 하신 일은, 곧 신령한 몸을 입고 하신 일은 구약성경을 가지고 자신에 대해서 자세하게 설명하신 것이 '**성결의 영**'이 하신 일이었다.

그래서 **누가복음 24장**에 기록된 예언의 뜻을 모르면 전부 육에 속한 자들이 썩는 양식을 위해 일하는 것이다. 이 결과는 치명적이다. 살았다 하는 이름인 예수 이름을 가졌으나 영적으로 죽은 자다[계3:1]. 이래서 신령한 몸으로 부활하신 그리스도, 곧 하나님의 아들을 알아보지 못하던 제자들이 성경을 가지고 자신에 대해서 자세하게 설명하여 가르치실 때 예수는 보이지 않았다고 하신 것이다[눅24장]. 이는 육에 속한 예수는 보이지 않고, 하나님의 아들로만 보였다는 뜻이다.

이는 너무 중요하다. 지금 전 세계에 성경을 사용하는 모든 사람들, 더 넓게는 온 땅에 있는 모든 사람들은 이 사실을 깨닫지 못하면 구원과 아무 관계가 없다. 이 사실, 곧 진리를 육체가 살아 있을 때 깨달아야 하고, 마음으로 믿어 계명대로 지켜 실행해야 하나님 나라에 들어가며, 영생을

얻는다. 혀로, 머리로 말만 한다고 얻는 것이 절대 아니다. 왜 육체가 살아 있을 때 한 몫의 삶을 버려야 하는지 보이고 들리고 깨닫고 믿어지느냐?

그래서 신령한 것은 신령한 것으로 해석하지 아니하면 절대 천국의 비밀은 알 수 없다. 지금 온 세상에 그 누구도 몰랐던 천국의 비밀을 14년째 대언하고 있는 이 일이 어떤 일인지 증명하는 것이다. 2021년 동안, 아니 창세 이래 왜 신령한 몸으로 육체도 죽지 아니하고 영생에 이른 자가 없었는지 명백하게 보이고 들리고 마음에 믿어지느냐? 이 일에 우리를 먼저 부르시고 신령한 사람으로 다시 창조, 제조하시고 계신 것이 14년째 이 일이다.

이 일은 유튜브에서 말씀을 듣고 흉내 낸다고 되는 일이 아니다. 그렇게 하는 목사는 **행12:20~23절**의 예언대로 실상이 된다. 이 결과 헤롯이 충, 곧 벌레에 먹혀 죽는다. 그래서 '배워서 써먹어야지~' 하고 계산하고 따라왔다는 것 자체가 어떤 패역인지 너희는 아직 모른다. 그냥 육체가 죽는 것으로 끝나는 것이 아니고, 영원한 지옥 불에 간다. 얼마나 조심조심하며 이 시간까지 왔는지 너희는 모른다. 이 진리를 대적하는 것을 영원한 죄에 처하는 이유가 바로 하나님께서 친히 창세 이래 처음으로 천국의 비밀을 여시는 '전대미문의 새 일, 새 언약'이기 때문이다.

왜 하나하나 하층, 중층, 상층의 소리로 열고 왔는지에 대한 해답이 바로 말씀을 이용하여 흉내만 내다가 죽을까 봐서였다. 인내의 말씀인 이유가 죽는 자의 죽는 것도 기뻐하시지 않는 것이 하나님의 본마음이시기에 대언하는 나를 사용하셔서 너희들을 점검해 가며 알아들을만큼 차근차근 하나씩 하나씩 알게 하시는 것이다.

그런데 흉악한 귀신들은 아무것도 모르고 해답이나 말하라고 독촉하고, 바로 원어 사전을 사용하여 당을 지어 떨어지게 만든 장본인이 병준이다. 철저하게 계산하면서 따라오는 선주는 얼마나 간사했는지 어찌 말로 다 하나? 너희는 아직 베트남에 왜 교회를 세우게 하셨는지에 대한 하나님의 사랑을 아무도 모른다. 너희들을 살리기 위해 얼마나 많은 희생을 치르며 왔고, 현재도 치르고 있는지 모른다. 새 부대가 되기 전에는 절대 하나님의 말씀이 단 한 절도 심기지 않는다는 사실을 예수 그리스도의 십자가의 도의 비밀 속에 감추어 두셨고, "엘리 엘리 라마 사박다니"의 비밀 속에 감추어 두셨다.

전 성경 기록 목적을 깨닫지 못하면 전부 헛된 일, 상상에서 벗어날 수 없다. 혀로 말만 하는 말쟁이들의 결과는 전부 **눅16:19~31절**의 판결대로 사실이 된다. 그래서 사람에게서 증거를 취하시지 않고[요5:34], 사람에게서 영광을 취하지 않으신다고 하셨던 것이다[요5:41]. 이 일을 의심하고 안 믿는 패역은 영원히 사함받지 못하는 죄다. 오죽하면 사람으로 태어나지 않는 것이 더 낫다고 했을까?

사람 차원은 절대 안 된다. 하나님 나라에 합당한 자가 될 수 없다. 한국에 있는 두 부부는 어미의 법을 가슴에 새겨서 사람 차원은 안 된다고 했다고 편지마다 하더라. 진실로 그러하다. 2021년까지 그 누구도, 창세 이래 그 누구도 몰랐던 전대미문의 새 언약이라고 14년째 말하고, 영원토록 증거할 것이다. 이 진리 외에는 그 누구도 하나님의 나라에 들어갈 수 없고, 더더욱 영생은 아무도 얻을 수 없다.

여기서 묻는다. 예수 그리스도께서 화평케 하시는 것이냐? 모두 답해라. 2021년까지 기독교 역사가, 천주교 역사가 증명해 준다. 성결하지 않았고, 천국의 비밀을 전하는 자도 없었고, 하나님의 도를 전하고 지켜 실행하는 자도 없었으며, 그 결과 모든 것이 죄 아래 가두어져 있었다. 그것도 "예수 이름, 하나님의 이름"을 사용하여 가두어 두신 것이다. 이는 지금 이때를 위해서였다. 모든 입으로 하나님만 참 신이심을 고백하게 하기 위함이었다.

교만하고 거만한 우리 안에 귀신들은 네가 얼마나 패역했는지 답해라. 왜 예수 그리스도께서 신령한 몸으로 부활하셨어도 사망과 음부의 열쇠를 세세토록 받으셨는지 답을 해라. 어디서 교만하고 거만하고 패역하나? 더럽고 더러우며 게으른 귀신 노릇을 하나? 가족이 낙원에 가는 것을 보고도 정신 못 차리는 너는 죽고 싶어 안달이 났구나~ 너희들의 패역이 얼마나 극심한지 다 말할까? 짐승보다 못한 언행을 하고 있음을 몰라서 기다려 준 줄 아느냐? 이 배은망덕한 자들아~

온 세상에서 가장 나쁘고 악독한 자들이 이 말씀을 받고도 안 믿는 패역자들이다. 죽을 병이 들어도 회개는커녕 더 악독하게 죄를 짓고 있는 자들이 너희들이었다. 육의 가족을 통해서 보여 주어도 감사는커녕 아무 감각이 없는 자들이 너희들이다. 이 못된 것들아~ 어디서 귀신임을 자랑하며 간사를 떠나? 언제까지 그 더러운 언행을 할래?

신령한 것을 신령한 것으로 분별하라고 성경을 기록한 저자 바울도 아직 신령한 몸으로 부활하지 못했다. 예수 그리스도께 직접 가르침을 받았던 사도들도 아무도 신령한 몸을 받지 못했다. 신령한 몸으로 부활하신 그리스도를 만나서 복음을 전해들은 사도 바울도 받지 못한 '영생의 비밀'

이 14년째 이 일이다. 하나님의 아들도 육체도 죽지 아니하고 신령한 몸을 받지 못한 기이하고 기이한 하나님의 행하시는 일이 바로 나를 통한 이 일이다.

어디서 교만을 떠나? 이 천하에 악독한 것들아~ 어디서 잘난 척하고 온갖 더러운 생각으로 대적하며 멸시하고 이 진리를 업신여기나? 이 더러운 귀신들아~ 그런 너희는 지옥 갈 자식들이냐? 답해라. 그곳이 어딘데 그런 더러운 언행을 하며, 간사를 떠나? 죽고 싶으면 죽어라. 죽어서 지옥에 가 보고 이를 갈며 후회할래? 어디서 시기하고 질투하나? 이 더러운 귀신들이~ 더 이상 더러운 귀신을 용납하지 않는다. 과천도 마찬가지다. 어디서 귀신이 거만하고 교만하나? 다시는 너희 같은 더러운 귀신들은 보고 싶지 않고, 보지 않을 것이다. 귀신들은 죽어 마땅하고 지옥 불에 떨어지는 것이 마땅하다. 어디서 그 더러운 생각, 더러운 혀로, 손가락으로 멸시하고 업신여기나?

아들이라도 공의의 하나님이심을 그대로 나타내시고 판결하셨는데, 너희 두 눈으로 보여 주어도 안 보고, 들려 주어도 멸시하고 업신여긴 너희들이 한 언행 그대로 보응하신다. 절대 그 누구도 예외가 없다. 어디서 뚫린 입이라고 지껄이고, 아직 살아 있다고 교만하여 이용만 하려고 드나? 너희 같은 더러운 귀신들은 이름도 부르고 싶지 않다. 어디서 희롱하고, 손가락 끝으로 하늘을 가리나?

"오직 예수" 하고 대적하는 이 흉악한 귀신아, 너희들은 절대로 하나님 나라와 관계가 없다. 그러니 거룩한 떡덩이들 속에 있지 말고 영원히 떠나라. 너희는 영생을 받을 주인공들이 아니다. 네 마음대로 죄 짓고 살다가 육체가 죽어서 지옥 불못에 떨어질 짐승이다. 네 생각의 결과, 곧 귀신이 주인인 결과로 너는 영원히 망할 자다. 더러운 자는 영원히 더러운 자일 뿐이다. 사람의 탈만 쓰면 사람인 줄 아느냐?

예수 그리스도도 육체로 계실 때, 곧 한 몫의 삶일 때 하신 일에 대한 결과로 죽으신 것이다. 신령한 몸으로 부활하신 것은 하나님께서 미리 약속하신 대로 지키신 것이다. 부활하신 신령한 몸으로 40일간 구약성경을 가지고 자신에 대해서 자세히 풀어 가르치실 때, 처음 만났던 사도 바울이 영혼이 온전히 성결케 된 줄 아느냐? 모두 잘났으니 답해라.

'오직'이란 하나뿐이라는 뜻으로 '다만, 단지, 오로지'라는 말이다. 위로부터 난 지혜는 하나뿐이라는 뜻으로 오직이라고 하신 것이다. "**오직 위로부터 난 지혜는 성결하고**"라는 이 말만 깨달아도 귀신 노릇 안 한다.

중층까지는 '**오직 예수**'만 보여서 예수님처럼 순교해야 한다. 혀로 말만 하는 자들은 지옥에 가는 자들이다. 이들은 하층에 있는 자들, 곧 좌편에 해당하는 자들이다. 좌편이나 우편이나 아무도 성결하지 않았다는 증거가 모두 육체가 죽은 것이다. 그래서 좌편은 다 죽어서 지옥 불에 떨어졌고, 우편도 제단 아래서 쉬고 있는 것이다. 낙원에 가 있는 나사로도 우편일 뿐이다.

하나님께서는 좌로도 우로도 치우치지 말고 정로를 가라고 하셨는데 안 지킨 결과가 바로 우편도 다 한 번 육체가 죽은 것이다. 창세 이래 그 누구도 영생에 이른 자는 아직 없었다. 에녹과 엘리야도 그림자이고, 모형이다. 그래서 다음과 같이 말씀하신 것이다.

계15:1~4 [1]또 하늘에 크고 이상한 다른 이적을 보매 일곱 천사가 일곱 재앙을 가졌으니 곧 마지막 재앙이라 하나님의 진노가 이것으로 마치리로다 [2]또 내가 보니 불이 섞인 유리 바다 같은 것이 있고 짐승과 그의 우상과 그의 이름의 수를 이기고 벗어난 자들이 유리 바다 가에 서서 하나님의 거문고를 가지고 [3]하나님의 종 모세의 노래, 어린 양의 노래를 불러 가로되 주 하나님 곧 전능하신 이시여 하시는 일이 크고 기이하시도다 만국의 왕이시여 주의 길이 의롭고 참되시도다 [4]주여 누가 주의 이름을 두려워하지 아니하며 영화롭게 하지 아니하오리이까 오직 주만 거룩하시니이다 주의 의로우신 일이 나타났으매 만국이 와서 주께 경배하리이다 하더라

'만국이 와서 경배하는 주'가 예수님일까? 주는 오직 하나님 한 분이시다. 다른 세대가 아닌 여호와의 날, 인자의 날인 지금 이 세대에 나를 통한 이 일이 실상이 되는 것을 예언하신 것이다. '만국이 와서' 주, 곧 하나님께 경배하는 곳이 바로 새 예루살렘이다. 이 땅, 이 나라에서 하나님께서 영원히 거하시는 처소가 되어 온 세상이 진리로 하나가 되는 것이다. 그때가 되어야 공산주의, 곧 사회주의도 없어지고, 민주주의도 없어지고, 오직 하나님께서 통치하시는 온 세상이 되는 것이다. 이런 세상을 두고 '오는 세상'이라고 하신다.

그래서 전대미문의 새 언약으로 다시 예언하실 때까지 예수 이름으로 죄 아래 가두어 두신 것이다. 이런 죄 아래 두었던 너희들을 14년째 정로로 돌이켜서 영생에 이르게 하시고 계신 하나님의 행하심이 이 일이다. 어디서 이런 하나님의 행하심을 두고 이단, 사이비라고 멸시하나? 이 천

하에 더러운 귀신들이~

나를 통한 이 일 외에 다 거짓이며, 조각으로 먹은 것이고, 사람의 증거이며, 더 직설적으로 말하면 '사단의 소리'다. 성경을 가지고 말하면 다 하나님의 말씀인 줄 아느냐? 어디서 흉악한 귀신들이 자신의 실체인 이단, 사이비임을 그 더러운 혀로, 손가락으로 말하고 글을 써서 자랑하고 정죄하나? 이제 온 천하는 이 진리 앞에 잠잠해야 한다. 마스크를 쓰고도 교회 강단에서 설교하는 전 세계 모든 종교 지도자들은 다시는 거짓말로 사람들을 속이지 마라. 계속 속이면 더 악한 자들을 사용하여 심판할 것이며, 재앙을 내릴 것이다.

비행기가 날아다닐 때 열리는 공중의 새의 비밀

계9:1~21절이다.

"¹다섯째 천사가 나팔을 불매 내가 보니 하늘에서 땅에 떨어진 별 하나가 있는데 저가 무저갱의 열쇠를 받았더라 ²저가 무저갱을 여니 그 구멍에서 큰 풀무의 연기 같은 연기가 올라오매 해와 공기가 그 구멍의 연기로 인하여 어두워지며 ³또 황충이 연기 가운데로부터 땅 위에 나오매 저희가 땅에 있는 전갈의 권세와 같은 권세를 받았더라 ⁴저희에게 이르시되 땅의 풀이나 푸른 것이나 각종 수목은 해하지 말고 오직 이마에 하나님의 인 맞지 아니한 사람들만 해하라 하시더라(이래서 14년째 인을 치고 있다. 살아 계신 하나님의 도로, 전대미문의 새 언약으로 인을 치고 있다. 이 진리로 모든 진리 가운데로 인도하는 말씀으로 인 맞지 아니한 자들은 다 무저갱의 열쇠 받은 자의 입에서 나오는 지옥 불의 소리로 이미 해함을 받고 있다. 그래서 하나님의 집에서부터 심판하신다고 하셨던 것이다. 이렇게 인 맞은 자 중에 삼십 배 복을 받은 자가 바로 나사로 같은 자들이다. 이러한데도 감사할 줄 모르는 귀신들을 보았다.

이래서 **요6:27절**에서 이렇게 말씀하신 것이다. 정신을 똑바로 차리고 두 눈으로 똑바로 보고, 두 귀로 똑바로 들어라, 이 더러운 귀신들아. "썩는 양식을 위하여 일하지 말고 영생하도록 있는 양식을 위하여 하라 이 양식은 인자가 너희에게 주리니 **인자는 아버지 하나님의 인치신 자니라**"라고 하신 영생하도록 있는 양식을 14년째 먹고 먹이고 있다.

이런 일을 이단이라고 한 목사는, 기독교인들은 다 사기꾼이요, 살인자요, 도적질하는 자요, 무저갱의 사자요, 사단, 마귀이며, 옛 뱀이다. 썩는 양식을 먹고 먹인 결과가 모두 육체가 죽은 것이다. 이런 명백한 영원한 언약을 먹고도 귀신임을 자랑하는 자는 반드시 죽는다.

전 성경에 이미 다 판결해 두셨다. 이 판결을 피할 자가 아무도 없다. 지금 더러운 것을 씻지 아니하면 순교하든지~ 거지 나사로같이 살다가 죽어야 한다. 그도 아닌 자는 지옥 불의 자식들, 곧 마귀의 자식들이다. 본문의 땅의 풀, 푸른 것, 각종 수목에도 들지 못하는 인생들이다.)

⁵그러나 그들을 죽이지는 못하게 하시고 다섯 달 동안 괴롭게만 하게 하시는데 그 괴롭게 함은 전갈이 사람을 쏠 때에 괴롭게 함과 같더라

⁶그날에는 사람들이 죽기를 구하여도 얻지 못하고 죽고 싶으나 죽음이 저희를 피하리로다 ⁷황충들의 모양은 전쟁을 위하여 예비한 말들 같고 그 머리에 금 같은 면류관 비슷한 것을 썼으며 그 얼굴은 사람의 얼굴 같고 ⁸또 여자의 머리털 같은 머리털이 있고 그 이는 사자의 이 같으며 ⁹또 철 흉갑 같은 흉갑이 있고 그 날개들의 소리는 병거와 많은 말들이 전장으로 달려 들어가는 소리 같으며 ¹⁰또 전갈과 같은 꼬리와 쏘는 살이 있어 그 꼬리에는 다섯 달 동안 사람들을 해하는 권세가 있더라 ¹¹저희에게 임금이 있으니 무저갱의 사자라 히브리 음으로 이름은 아바돈이요 헬라 음으로 이름은 아볼루온이더라"

이 예언이 실상이 되어 이마에 하나님의 인 맞지 아니한 자들은 다 해를 받는다. 이들의 머리는 무저갱의 열쇠를 받은 자들로서, 구약 히브리어로는 '아바돈, 곧 파괴자, 멸망자'라는 뜻이다. 같은 의미로 이렇게 표현하기도 한다. 곧 '스올, 음부, 무덤'으로 번역했다. 같은 단어를 구약 **욥 26:6절**에 무저갱의 열쇠를 받은 자들의 머리인 '아바돈'이 있는 곳을 이렇게 예언해 두셨다.

욥26:6 하나님 앞에는 음부도 드러나며 멸망의 웅덩이도 가리움이 없음이니라

이 '음부'는 **눅16:19~31절**의 부자가 죽어서 그 혼이 떨어진 음부, 곧 지옥 불을 말씀하셨고, 그 부자는 일생 예수 이름 사용하며 날마다 호화로이 잔치하고 연락하며 한 몫의 삶을 살다가, 육체가 죽어 간 곳이 음부인

지옥 불못이라고 이미 14년째 증명하고 있으니, 하나님 앞에는 음부의 실체도 다 드러난 것이다. 또 '멸망의 웅덩이'는 **마7:13~27절**에 예언된 멸망으로 인도하는 크고 넓은 문에 있는 지도자들이다. 이들은 전부 크고 넓은 문에 앉아서 아무나, 누구나 다 천국 간다고 속이고, 예수 이름으로 귀신도 쫓고, 권능도 행하고, 거짓 선지자이면서 선지자 노릇 하는 자들이다.

이들의 혀는 전부 **야고보서 3장**의 지옥 불에서 나오는 소리로 사람들의 영혼을 살인하는 자들이며, 생의 바퀴를 불사르고 지옥으로 보내는 자들이다. 이런 지도자가 서 있는 곳이 바로 멸망의 웅덩이다. 성경을 가지고 성경과 다른 거짓말로 설교하여 자신도 속고, 교인들도 속이는 교회가 바로 '멸망의 웅덩이'다.

이들의 머리는 무저갱의 열쇠를 받은 하늘에서 땅에 떨어진 별, 곧 예수 이름 사용하는 지도자다. 이런 자의 입에서 나오는 성경과 다른 거짓 설교로 인하여 **계9:2절**에 해와 공기가 그 구멍의 연기로 인하여 어두워졌다고 하셨다. 이런 지도자의 혀에서 나온 설교로 인해 진리의 도, 진리의 성령이 대언하는 영원한 언약의 말씀을 못 받게 된다는 뜻이다. 이미 이 예언들이 3421년 후인 2021년 지금 사실이 되어 있다. 이 일, 곧 사실을 알면 전 세계가 경악할 것이다.

욥28:20~23절에 "²⁰그런즉 지혜는 어디서 오며 명철의 곳은 어디인고 ²¹모든 생물의 눈에 숨겨졌고(모든 사람의 눈에 지혜와 명철은 숨겨졌다는 뜻이다.) 공중의 새에게 가리워졌으며(사람이 본능적으로 아는 생물, 공중의 새가 아니고, 다 사람을 뜻한다. 공중의 새는 씨 뿌리는 비유가 실상이 된 2008년 6월 16일부터 나를 통한 이 진리를 못 듣게 만들고 괴롭히는 이인규, 박형택, 박상기, 예장합신 총회, 감리교 총회 등 훼방한 그들이 다 이에 해당한다.

마13:19절에는 "악한 자", 25절에서는 "원수", 32절에는 "공중의 새들", 39절에는 "원수는 마귀요", 41절에는 이들을 두고 "불법을 행하는 자"로서 42절에 풀무 불에 던져져서 이를 갈 것이며, 49~50절에 "⁴⁹세상 끝에도 이러하리라 천사들이 와서 의인 중에서 악인을 갈라내어 ⁵⁰풀무 불에 던져 넣으리니 거기서 울며 이를 갊이 있으리라"라고 하셨다.

막4:15절에서는 "사단", 4절에는 "새들"이라고 하셨고, 눅8:5절에 "공중의 새들"이라고 하셨다. 12절에 공중의 새들에 대해서 이렇게 말씀하셨다. 이해를 위해 눅8:9~12절을 보자.

눅8:9~12 ⁹제자들이 이 비유의 뜻을 물으니 ¹⁰가라사대 하나님 나라의 비밀을 아는 것이 너희에게는 허락되었으나 다른 사람에게는 비유로 하나니 이는 저희로 보아도 보지 못하고 들어도 깨닫지 못하게 하려 함이니라 ¹¹이 비유는 이러하니라 씨는 하나님의 말씀이요 ¹²길 가에 있다는 것은 말씀을 들은 자니 이에 **마귀가 와서 그들로 믿어 구원을 얻지 못하게 하려고 말씀을 그 마음에서 빼앗는 것이요**

하나님 나라의 비밀을 드러내는 14년째 이 일을 훼방하는 자, 하나님의 말씀을 마음에 받아 구원을 얻지 못하게 하려고 '이단'이라 정죄하여 교인들이 이 말씀을 받지 못하게 훼방하는 사람, 곧 사단이요 마귀를 공중의 새라고 하신 것이다.

'공중의 새'에 대한 진리의 눈으로 **욥28:20~23절**로 다시 가자. 하나님의 지혜와 명철은 이런 공중의 새들, 곧 사단, 마귀에게는 가리워지고 숨겨져서 성경을 읽어도 모른다는 뜻이다. 하나님 나라, 곧 천국의 비밀은 이들에게는 허락하지 않으신 것이다. 이에 대해서 이미 3421년 전에 예언해 두신 대로, 그들의 눈에는 보아도 보이지 아니하고, 들어도 들리지 아니하게 하신 것이다.

14년째 진실로 이러했다. 귀신이 주인일 때는 정말 이러함을 다 보았다. 그래서 영적인 소경이요, 귀머거리들이 이런 자들이다. 나를 통한 이 일을 훼방한 모든 자들에 대한 예언이 2021년 현재 사실이 되었다. **21절**만 깨달아도 아바돈, 곧 무저갱의 열쇠를 받은 자들에 대한 예언임을 알 수 있는데 아무도 모르고 있다.) ²²멸망과(망하여 없어짐. '**지옥, 영원한 형벌**'과 동의어로 사용한다. 그래서 이렇게 예언해 두셨다.

시88:11 주의 인자하심을 무덤에서, 주의 성실하심을 멸망 중에서 선포할 수 있으리이까

이 예언대로 무저갱의 열쇠 받은 자들 중에는 절대 하나님의 인자하심, 성실하심을 설교할 수 없다는 뜻이다. 그들은 전부 혀로는 하나님, 예수님, 사랑, 복 등 다 말하지만 하나님의 뜻을 단 한 절도 알 수 없고, 볼 수도 없다. 아이러니 한 것은 지옥의 자식들은 이런 소리에 전부 "아멘" 하며 너무 잘 속고 믿는다는 것이다. 죽을 자, 지옥 백성은 이미 살아 있을 때 결판이 난다.

이런 교회, 곧 지옥 불의 소리로 설교하는 자들이 있는 곳이 '무덤'이다. 하나님의 이름, 예수 이름으로 십자가를 세우고 교회 간판을 걸은 것을 두고 '회칠한 무덤'이라고 하신 것이다. 회칠을 했으니 사람 눈에는 안 보인다. 성경을 성경으로 해석하여 '아바돈, 곧 무덤, 멸망, 사망, 음부, 스올, 지하'라고 분별을 해야 이런 자가 있는 곳이 지옥인 줄 알게 된다.

그래서 사람의 생각과 하나님의 생각은 지옥과 천국 차이다. 거룩한 강단에 서 있는 이들을 두고 '미운 물건, 곧 하나님이 미워하시는 사람, 우상, 용, 사단, 뱀, 마귀, 귀신, 독사, 악어, 짐승'이라고 하신 것이다. 곧 성경을 가지고 성경과 다른 거짓말로 설교하는 자들을 이렇게 비유하신 것이다. 시88:10절에도 말씀하셨다.

시88:10 주께서 사망한 자에게 기사를 보이시겠나이까 유혼이 일어나 주를 찬송하리이까

이렇게 예언하신 것은 영적으로 죽은 자, 곧 지옥 불의 설교로 인친 자, 혀가 불이 되어 그 불로 인을 친 자는 살았다 하는 예수 이름을 가졌으나 죽은 자라는 뜻이다. 사데 교회의 사자를 두고 이렇게 말씀하신 것이다. 이런 자들이 있는 것을 너무 잘 아시니까 듣든지 아니 듣든지 말하라고 하신 것이다.

이미 악인과 의인은 사람은 몰라도 하나님 앞에 정해져 있다. 티끌로 돌아갈 자, 즉 죽을 자를 떨어 버리라고 하신 이유가 이에 있다. 그들은 대체육체들이다. 티끌도 연휼히 여긴다고 하신 말씀이 너무도 명백하

게 사실이다. 악인을 의인 만드는 것이 아니다. 지금은 더더욱 그러하다. 자신이 변심한 것 같아도 아니고, 본래 귀신이 주인인 자들이라 아무리 천국 복음을 보여 주고 들려 주어도, 그들에게는 깨닫는 은혜를 안 주시고 거룩한 처소에서 **빼내시는** 것이다. 이들을 두고 '**사망의 세력, 마귀의 자식들, 유혼**'이라고 하신 것이다. 이런 사단, 마귀가 있는 곳에서 일생 성경을 가지고 설교를 해도 하나님의 인자하심, 성실하심은 단 한 절도 말할 수 없다는 뜻이다.

　2021년 6월 22일에 받은 지훈 성도 편지에 '여호와의 증인'이 하는 설교에서 지옥이 없다는 소리에 아연실색했다. 이들이 하는 말은 "죄에 대한 형벌은 불타는 지옥에서 고초를 겪는 것이 아니라 죽음입니다. 영원한 고초를 겪게 하는 것은 하느님의 공의에 어긋납니다. 하느님은 영원한 고초를 겪게 하려는 생각조차 하지 않습니다. 지옥에 있는 사람은 무의식 상태에 있으며 아무런 고통도 느낄 수 없습니다. 심지어 선한 사람도 지옥에 갑니다. 충실한 사람이었던 야곱과 욥은 지옥에 가기를 바랐습니다" 라고 하면서 성경 구절을 사용했다. 횡설수설하여 미친 소리를 한다.

　이들이 바로 '**멸망, 사망, 음부, 유혼, 무저갱의 사자, 원수, 대적자, 거짓말장이, 광명한 천사로 가장한 자, 사단, 마귀, 귀신, 곧 성경을 가지고 성경과 다른 거짓말을 가르치는 귀신**'이다. 이들에 대한 반박은 전 성경 말씀 속에 있다.

　눅16:19~31절에 부자가 죽어서 그 혼, 곧 유혼이 간 곳이 혀에 물 한 방울 먹지 못하고 고통하는 곳이다. 곧 불타는 지옥에 간 것이다. 마 25:46절에서는 "**저희는 영벌에**, 의인들은 영생에 들어가리라 하시니라"라고 하셨다. 그들은, 곧 여호와의 증인들은 혀로 말만 여호와의 증인이라고 하면서 전부 거짓말을 가르쳐서 지옥으로 보내는 무저갱의 사자요, 지옥의 사자다. **마태복음 25장**의 "저희"는 바로 예수 이름을 사용하나 왼편, 좌편에 있는 자들을 두고 영원히 벌을 받는 곳에 들어간다고 하셨다.

또 **계21:8절**에 "그러나 두려워하는 자들과 믿지 아니하는 자들과(이 두려움은 귀신이 주인인 영적인 상태를 뜻한다. 이들은, 곧 귀신들은 자신이 죽어서 혼이 둘째 사망, 곧 지옥 불에서 영원히 고통받는 줄 알고 두려워하는 것이다. 이런 귀신을 14년째 보고 있다. 영영히 자신의 집으로 생각하고 살다가 그 사람에게서 떠나야하니까 두려워서 도망가는 마귀의 자식들을 너무 많이 보았다. 이들 귀신은 찌질하고 정말 천박하게 거짓말하고, 죄를 짓고, 사람에게 들키지 않으려고 또 거짓말하고 벌벌 떨면서 나를 피하더라. 아예 감각이 없는 자는 그조차도 못 느끼고 살더라. 그렇게 다가왔다가 말씀받고 돌아가는 그날 사건을 만나서 다시 나타나지 않는 자들을 얼마나 보았는지~ 이렇게 실체가 드러날 때 바로 도망간다. 두려워서 한시도 있을 수 없다.

이럴 때 어떻게 하라고 수없이 수없이 말해도 안 들리고 도망가더라. 두려워서 떨리거든 바로 그 순간에 네가 인지하고, '이게 생각을 통해 주인 되어 있는 귀신이구나~' 하고 버리고, 말씀을 받으면서 죄를 짓고자 하는 생각, 이미 죄를 지은 생각, 미운 마음, 시기, 질투, 원망하는 마음을 바로 버리면 된다. 네 생각이 너를 죽이는 것이다. 그것이 귀신이 네 주인이 되어 자해하는 것이다. '**마귀**'는 여호와의 증인처럼 성경을 가지고 성경과 다른 거짓말로 가르쳐서 하나님의 말씀을 믿고 구원받지 못하도록 거짓말을 하는 자들이다.

그래서 **요8:44~45절**에 이렇게 판결해 두셨다.

요8:44~45 [44]너희는 너희 아비 마귀에게서 났으니 너희 아비의 욕심을 너희도 행하고자 하느니라 저는 처음부터 살인한 자요 진리가 그 속에 없으므로 진리에 서지 못하고 거짓을 말할 때마다 제 것으로 말하나니 이는 저가 거짓말장이요 거짓의 아비가 되었음이니라 [45]내가 진리를 말하므로 너희가 나를 믿지 아니하는도다

이런 귀신의 머리 '**아바돈**', 곧 마귀, 사단은 아무 감각이 없어서 두려움이 없다. 이들을 영원히 지옥 불에 보내는 방법이 바로 '**사망과 음부의 열쇠**'인 예수 이름으로 영원히 결박하는 것이다. 곧 "예수 이름으로 죽으면 천국 간다", "예수님이 너의 과거의 죄, 현재의 죄, 미래에 지을 죄도 다 십자가에 죽으실 때 지고 죽으셨다"라고 사람 생각대로 성경을 보고 가르친 말만 믿고 아무 두려움도 없이, 일생 캄캄한 흑암인 영적인 무감각 속에서 자기 마음대로 살면서도 복받고, 죽어서는 천국 간다고 생각하는 것이다.

눅16:19~31절의 부자가 이러했다. 가룟 유다가 자해하여 결국 자살하는 과정이 바로 이러하다. 돈궤를 맡은 유다는 예수 그리스도께서 주시는 조각, 곧 부분을 받고, 그때 생각 속에 사단, 곧 마귀가 들어간 것이다.

요13:26~29 [26]예수께서 대답하시되 내가 한 조각을 찍어다가 주는 자가 그니라 하시고 곧 한 조각을 찍으셔다가 가룟 시몬의 아들 유다를 주시니

²⁷조각을 받은 후 곧 사단이 그 속에 들어간지라 이에 예수께서 유다에게 이르시되 네 하는 일을 속히 하라 하시니 ²⁸이 말씀을 무슨 뜻으로 하셨는지 그 앉은 자 중에 아는 이가 없고 ²⁹어떤 이들은 유다가 돈궤를 맡았으므로 명절에 우리의 쓸 물건을 사라 하시는지 혹 가난한 자들에게 무엇을 주라 하시는 줄로 생각하더라

이렇게 각자 자기 마음대로 생각한다. 분명히 예수께서 앞에 말씀하셨는데도 못 알아듣고, 자신들 마음대로 생각한 것이다. **21절**에 "예수께서 이 말씀을 하시고 심령에 민망하여 증거하여 가라사대 내가 진실로 진실로 너희에게 이르노니 너희 중 하나가 나를 팔리라 하시니"라고 하신 말씀을 듣고도, 그 말씀을 무슨 뜻으로 하셨는지 못 알아들었다.

14년째 보았다. 특히 나를 고소한 그들이 법정에서 하는 말이 전부 자신들 마음대로 생각하고 그렇게 말하더라. 그 많은 시간 동안 말씀을 받고도 성경에 기록된 단어인 '**종말, 아나니아, 삽비라, 타작**' 등만 말을 하나, 다 잘못 알아듣고 자기 마음대로 지껄이더라. 그들이 한 말은 전부 자신은 귀신이 주인이라고 명백히 증거하였다. 이 말씀이 맞다고 울며 죄를 고백하고, 낙토에 보내 달라고 사정하고, 아이들을 자신들이 스스로 학교를 보내지도 않았으면서 내가 보내지 말라고 했다는 등 어찌 말로 다 하나? 이들은 결국 **약2:19절**의 말씀이 실상이 되어서 피지까지 간 것이다.

약2:19 네가 하나님은 한 분이신 줄을 믿느냐 잘하는도다 귀신들도 믿고 떠느니라 이런 귀신들은 본래 진리를 안 믿는 자들이다.

딤전4:1~2 ¹그러나 성령이 밝히 말씀하시기를 후일에 어떤 사람들이 믿음에서 떠나 미혹케 하는 영과 귀신의 가르침을 좇으리라 하셨으니 ²자기 양심이 화인 맞아서 외식함으로 거짓말하는 자들이라

마귀의 자식들은 본래 시작부터 거짓말이다. 일생 성경을 가지고 '조각, 곧 부분'으로만 보고 듣고 믿고 먹이는 자들이라 전부 자기들 마음대로 지어낸 말들을 가르친 것이다. 이렇게 자신의 생각을 잡고 있던 귀신에게 속아서 다음 말씀대로 되었다.

렘6:19절인데 **16~19절**에 "¹⁶여호와께서 이같이 말씀하시되 너희는 길에 서서 보며 옛적 길 곧 선한 길이 어디인지 알아보고 그리로 행하라 너희 심령이 평강을 얻으리라 하나 그들의 대답이 우리는 그리로 행치 않겠노라 하였으며 ¹⁷내가 또 너희 위에 파숫군을 세웠으니 나팔소리를 들으라 하나 그들의 대답이 우리는 듣지 않겠노라 하였도다 ¹⁸그러므로 너희 열방아 들으라(예레미야 당시에 이 본문이 실상이 되는 일이 아닌 증거가 **"열방아 들으라"**라고 하신 말씀이다. 구약 당시는 저 이스라엘 백성만 선민이었다. 지금 이 본문도 나를 통해 하신 14년째 이 일에 대한 예언이다. **"내가 곧 길이요"**라고 하셨던 예수 그리스도를 믿는 기독교인들 중에 있었던 여러분들에게 '옛적 길, 곧 선한 길'이 어디인지 하나님께서 친히 가르치심을 나를 통해 대언하게 하시는 하나님의 행하심, 인도하심이 바로 '옛적 길, 곧 선한 길'이다.

이 길은 이미 옛적, 곧 아담부터 아브라함에게 언약하신 '**영원한 언약**'이며, 그 길을 따라 지켜 실행한 나와 우리가 걷고 있는 이 길이 바로 '**좁은 길, 생명의 길, 여호와의 길, 주의 길**'이다.

이때 나를 통해서 전대미문의 새 일인 영원한 언약이 실상이 되는 이 나팔 소리를 듣고 이 길로 행하라고 하셨는데도, 14년째 외쳐도 우리는 듣지 않겠노라고 대적하며 감옥에까지 가두었다. 이러하므로 하나님께서 "**열방아 들으라, 곧 전 세계 모든 민족들아 들으라**"라고 하신다. 전 세계 모든 열방아 들으라)

회중아(이 회중은 현재 은혜로교회다. 곧 거룩하신 하나님께서 나를 사용하셔서 새 언약의 나팔을 불게 하셨고, 지식이 더하는 이때, 사람들이 빨리 왕래하는 이때에 새 언약으로 모은 택한 자들, 낙토, 곧 이스라엘 땅에 있는 거룩한 성도들을 뜻한다. **시1:5절**의 예언이 실상이 된 의인의 회중이다.

시1:5~6 ⁵그러므로 악인이 심판을 견디지 못하며 죄인이 의인의 회중에 들지 못하리로다 ⁶대저 의인의 길은 여호와께서 인정하시나 악인의 길은 망하리로다

시편 1편 전체가 이미 실상이 되어 이루어진 예언이다. 그래서 또 다음 예언도 이미 이루어지고 있고, 영원히 사실이 될 것이다.

시22:22~31 ²²내가 주의 이름을 형제에게 선포하고 **회중에서 주를 찬**

송하리이다 [23]여호와를 두려워하는 너희여 그를 찬송할찌어다 야곱의 모든 자손이여 그에게 영광을 돌릴찌어다 너희 이스라엘 모든 자손이여 그를 경외할찌어다 [24]그는 곤고한 자의 곤고를 멸시하거나 싫어하지 아니하시며 그 얼굴을 저에게서 숨기지 아니하시고 부르짖을 때에 들으셨도다 [25]대회 중에 나의 찬송은 주께로서 온 것이니 주를 경외하는 자 앞에서 나의 서원을 갚으리이다 [26]겸손한 자는 먹고 배부를 것이며 여호와를 찾는 자는 그를 찬송할 것이라 너희 마음은 영원히 살찌어다 [27]땅의 모든 끝이 여호와를 기억하고 돌아오며 열방의 모든 족속이 주의 앞에 경배하리니 [28]나라는 여호와의 것이요 여호와는 열방의 주재심이로다 [29]세상의 모든 풍비한 자가 먹고 경배할 것이요 진토에 내려가는 자 곧 자기 영혼을 살리지 못할 자도 다 그 앞에 절하리로다 [30]후손이 그를 봉사할 것이요 대대에 주를 전할 것이며 [31]**와서 그 공의를 장차 날 백성에게 전함이여** 주께서 이를 행하셨다 할 것이로다

명백하게 2021년 6월 23일 현재 여호와의 회중인 우리에 대한 예언이다. 반드시 이 말씀대로 이루신다. 이 여호와의 거룩한 회중아) 그들의 당할 일을 알라(성경을 가지고 자기 생각대로 보고 사람의 소리, 곧 사단의 소리로 변개, 왜곡시켜 여호와의 증인들처럼 다 지어내서 가르치는 자들, 그들의 거짓말을 믿는 자들, 전 세계는 천국의 비밀은 단 한 절도 모르면서 새빨간 거짓말로 가르치고, 특히 한국 기독교는 14년째 전하는 전대미문의 새 언약을 훼방하여 이단, 사이비라는 프레임을 씌워 하나님의 선한 일을 행치 않으면서 도리어 선을 행한 우리를 학대한 그들, 하

나님의 법을 듣지 않겠노라 거절하고 감옥에까지 가둔 자칭 목사들, 자칭 기독교인들, 말씀을 배반하고 대적하는 그들이 다 본문의 "그들"이다. 그들의 당할 일을 알라)

¹⁹땅이여 들으라(하늘의 일을 기록한 성경을 가지고 모두 세속적인 말로 다 왜곡해서 먹고 먹이는 땅에 속한 모든 자들이여 들으라) 내가(하나님께서) 이 백성에게 재앙을 내리리니 이것이 그들의 생각의 결과라 그들이 내 말을 듣지 아니하며 내 법을 버렸음이니라"

이 '법'은 절대 다른 세대 그 누구도 아니고 우리의 14년째 이 말씀이다. 증명한다.

히8:6~13절 "⁶그러나 이제 그가 더 아름다운 직분을 얻으셨으니 이는 더 좋은 약속으로 세우신 더 좋은 언약의 중보시라 ⁷저 첫 언약이 무흠하였더면 둘째 것을 요구할 일이 없었으려니와 ⁸저희를 허물하여 일렀으되 주께서 가라사대 볼찌어다 날이 이르리니 내가 이스라엘 집과 유다 집으로 새 언약을 세우리라 ⁹또 주께서 가라사대 내가 저희 열조들의 손을 잡고 애굽 땅에서 인도하여 내던 날에 저희와 세운 언약과 같지 아니하도다 저희는 내 언약 안에 머물러 있지 아니하므로 내가 저희를 돌아보지 아니하였노라(저 유대인들은 이 본문을 문자 그대로도 안 본다. 뿐만 아니라 전 세계 성경을 사용하는 모든 사람들은 왜 이 본문을 안 볼까? 한국 기독교인들이 이런 본문은 안 보고 저 황금돔이 있는 이스라엘로 돌아가자고 하는 그들은 다 재앙을 당한다. 저 이스라엘과 전 세계 유대인들은 이 본문에서 말씀하시는 이스라엘 집이 누구를 지칭하시는지, 유다 집은 또 누구를 지칭하시는지 모른다.

다시 택하신 이스라엘 집, 유다 집은 반드시 BC 4년에 이 땅에 오신 예수 그리스도를 믿고 사랑하여 그분의 계명을 지켜 실행한 거룩한 자들, 예수 그리스도께서 이 땅에 계실 때 하셨던 약속이 실상이 되어 이루어진 또 다른 보혜사인 진리의 성령을 통해서 전대미문의 새 언약을 받고 지켜 실행하는 거룩한 자들이며, 영생을 얻기로 이미 하나님께서 택하여 두신 자들, 생명책에 이름이 기록되어 있는 자들, 하나님께서 정하신 때에 이 땅에 보냄을 받은 자들이 이 본문의 주인공들이며, 2021년 현재 여호와의 날, 인자의 날인 지금 은혜로교회 성도들에 대한 예언이었고, 이미 실상을 이루고 온 지 14년째다.

전 세계 모든 사람들이 이 말을 믿든 안 믿든 이는 명백한 사실이다. 내 언약, 곧 하나님의 언약 또한 가장 온전한 언약은 **요6:45절**의 말씀대로 하나님의 가르치심을 받은 자들이다. 이들은 **사14:1~2절**의 말씀이 실상이 된 거룩한 자들이다. 이렇게 다시 택함을 받은 이스라엘이 실상이 될 때)

¹⁰또 주께서 가라사대 그날 후에 내가 이스라엘 집으로(이 집은 한 몫의 삶을 **마19:28~29절**, **막10:29~30절**, **눅18:29~30절**의 말씀대로 지켜 실행하여 다 버리고, 하나님의 뜻대로 행하는 영원한 가족이 되어 자기 소견대로 하지 않고, 하나님의 말씀을 땅에서 이루어 드리는 하나님의 백성들이 거룩한 떡덩이들이 되어 온 세상에 빛이 되는 성도들을 두고 이스라엘 집이라고 한다.)

세울 언약이 이것이니 내 법을 저희 생각에 두고 저희 마음에 이것을 기록하리라(이렇게 실상이 되도록 현재 하나님의 말씀대로 지켜 실행하여 다시 창조하고 있다. 귀신이 주인일 때는 절대 하나님을 섬길 수 없고, 새 사람이 되어야 하나님의 법이 생각과 마음에 기록이 된다. 이렇게 영혼이 정결하게 되어야)

나는 저희에게 하나님이 되고 저희는 내게 백성이 되리라 [11]또 각각 자기 나라 사람과 각각 자기 형제를 가르쳐 이르기를 주를 알라 하지 아니할 것은 저희가 작은 자로부터 큰 자까지 다 나를 앎이니라 [12]내가 저희 불의를 긍휼히 여기고 저희 죄를 다시 기억하지 아니하리라 하셨느니라 [13]새 언약이라 말씀하셨으매 첫 것은 낡아지게 하신 것이니 낡아지고 쇠하는 것은 없어져 가는 것이니라"

이 새 언약으로 생각과 마음의 주인이 다시 창조되어야 진실로 하나님의 백성이 되는 것이다. 이렇게 되는 때는 예수 이름이 전 세계에 퍼져서 각 나라 말로 성경이 번역되고, 사람들이 보기에는 하나님, 예수님을 모르는 사람이 없을 정도가 되었을 지금 이 세대이며, 성경이 모든 것을 죄 아래 가두어 두었던 기간이라 불의한 재판관 아래서 신앙생활을 하는 기간이다. 이 모든 죄, 곧 불의에서 돌이키는 때가 2021년 지금 이 세대다. 이런 때를 모르고 새 언약을 거절하고 불의에서 돌아서지 아니하면 다음 말씀대로 판결을 받는다.

히10:28~31 [28]모세의 법을 폐한 자도 두세 증인을 인하여 불쌍히 여김을 받지 못하고 죽었거든 [29]하물며 하나님 아들을 밟고 자기를 거룩하게 한 언약의 피를 부정한 것으로 여기고 은혜의 성령을 욕되게 하는 자의 당연히 받을 형벌이 얼마나 더 중하겠느냐 너희는 생각하라 [30]원수 갚는 것이 내게 있으니 내가 갚으리라 하시고 또 다시 주께서 그의 백성을 심판하리라 말씀하신 것을 우리가 아노니 ³¹살아 계신 하나님의 손에 빠져 들어가는 것이 무서울진저

낡고 쇠하여 가는 첫 언약에 해당하는 구약성경을 율법이라고 하며 업신여긴 자들은 왜 이 본문은 보지 않을까? 저 황금돔이 있는 이스라엘 나라 유대인들은 왜 이런 본문들은 안 볼까? 신약만 복음이라고 하며 아예 멸시한 지금 전 세계 기독교인들은 왜 안 볼까? 이들 모두보다 더 나쁜 사람은 14년째 '전대미문의 새 언약'인 '영원한 언약'을 듣기 싫어하고, 하나님의 가르치심을 대언하는 은혜의 성령을 욕되게 하는 이단, 사이비라는 말로 짓밟는 자들로서 이 일은 살아 계신 하나님의 손에 빠져 들어가서 영원히 영벌에 처하는 죄가 된다. 이 죄는 **26~27절**의 판결에 해당하는 주인공들이다.

히10:26~27 ²⁶우리가 진리를 아는 지식을 받은 후 짐짓 죄를 범한즉 다시 속죄하는 제사가 없고 ²⁷오직 무서운 마음으로 심판을 기다리는 것과 대적하는 자를 소멸할 맹렬한 불만 있으리라

'**짐짓 죄**'는 14년째 나를 통한 이 일을 멸시하고 거절한 자들이 지은 죄다. 이 일을 훼방하고 이단, 사이비라는 말로 지껄여서 온 세상에 나를 욕되게 한 이 송사의 근본 원인은 이인규 감리교 권사의 손가락으로 인터넷에서부터 시작되었다. 14년째 이 일을 대적하고 비방하여 짓밟은 자들

은 다시 속죄하는 제사가 없다. 하나님의 법으로 생각과 마음에 기록되어 다시 창조된 자들은 절대 저 사람이 본능적으로 아는 이스라엘 나라가 아니라는 것을 다 안다.

롬9:30~31 [30]그런즉 우리가 무슨 말 하리요 의를 좇지 아니한 이방인들이 의를 얻었으니 곧 믿음에서 난 의요 [31]의의 법을 좇아간 이스라엘은 법에 이르지 못하였으니

명백하게 진리의 성령이 실상이 되어 '의에 대해서, 죄에 대해서, 심판에 대해서' 하나님의 뜻을 밝히 드러내는 때와 실상의 주인은 모든 사람들이 본능적으로 아는 저 이스라엘 나라 사람이 아니라 이방인들이다. 이미 14년째 이 일은 우리가 이 땅에 태어나기 전, 3421년 전뿐만 아니라 만세 전에 계획하신 하나님의 뜻이다. 그래서 또 이렇게 예언되어 있었고, 지금은 사실이 되어 이루어지고 있다.

롬9:4~8 [4]저희는 이스라엘 사람이라 저희에게는 양자 됨과 영광과 언약들과 율법을 세우신 것과 예배와 약속들이 있고 [5]조상들도 저희 것이요 육신으로 하면 그리스도가 저희에게서 나셨으니 저는 만물 위에 계셔 세세에 찬양을 받으실 하나님이시니라 아멘 [6]또한 하나님의 말씀이 폐하여진 것 같지 않도다 이스라엘에게서 난 그들이 다 이스라엘이 아니요 [7]또한 아브라함의 씨가 다 그 자녀가 아니라 오직 이삭으로부터 난 자라야 네 씨라 칭하리라 하셨으니 [8]곧 육신의 자녀가 하나님의 자녀가 아니라 오직

이 말씀만 보고 깨닫고 믿어도 나를 절대 욕할 수 없다. 지금 성경을 사용하는 모든 종교는 유대교, 천주교, 기독교인들이다. 육신대로 성경을 보고, 육신대로 해석하여 혀로 말만 하는 자들이다. 이런 영적인 상태는 하나님과 아무 관계가 없고, 도리어 대적하는 자들이라는 사실을 누가 믿을까?

'약속의 자녀'인 예수 그리스도께서 하나님이 이 땅에 보내겠다고 창세기부터 구약성경 전체에 약속이 되어 있는 그대로 이 땅에 오셨고, 그래서 땅의 역사는 다 무효하고 현재 전 세계가 2021년을 사용하고 있다. 그런데 예수 그리스도께서 이 땅에 오셨어도 반드시 2천 년이 흘러야 약속의 자녀들이 실상이 되는 것이 하나님의 뜻, 곧 천국의 비밀이었다. 이에 대해 구약성경에 이미 예언되어 있고, 전 성경에 예언되어 있는 것을 14년째 증명하고 있다. 곧 약속의 자녀인 예수 그리스도께서, 예수 그리스도를 통하여 하나님께서 약속하셨다. 그 약속은 '영생'이다.

그래서 이렇게 약속하신다. 당신이 승천해서 아버지께로부터 내 이름으로 보내겠다고 하신다. 그가 와서 모든 진리 가운데로 인도해야 너희에게 유익하다고 약속하신다. **요16:7~15절**에 기록된 약속이다. 그는 실상으로 이 땅에 와서 이렇게 할 것이라고 약속하신다. 두 눈으로 똑바로 보고, 두 귀로 똑바로 들어라.

요16:7~15절 "⁷그러하나 내가 너희에게 실상을 말하노니 내가 떠나가는 것이 너희에게 유익이라 내가 떠나가지 아니하면 보혜사가 너희에게로 오시지 아니할 것이요 가면 내가 그를 너희에게로 보내리니 [8]그가 와서 죄에 대하여, 의에 대하여, 심판에 대하여 세상을 책망하시리라 [9]죄에 대하여라 함은 저희가 나를 믿지 아니함이요(그래서 진리의 성령을 인정 안 하는 것은 예수 그리스도를 안 믿는 것이요, 성부 하나님을 안 믿는 것이다. 이 한 가지 사실만 깨달아도 절대 귀신 노릇 할 수 없다. 절대 14년째 이 일을 "이단이니~ 사이비니~" 할 수 없다.

왜 성령을 훼방하는 자는 이 세상에서도, 오는 세상, 곧 내세에서도 사함을 받을 수 없는 영원한 죄에 처하는지는 영원히 증명된다. 나를 감옥에 가둔 이 죄를 회개하고 돌이키지 아니하면 전 성경에 기록된 모든 재앙이 이 땅에 다 내린다. 절대 과언도 아니고, 허언은 더더욱 아니다.

나는 분명히 온 세상에 경고했다. 이 경고를 믿든 안 믿든 사실이며, 참 진리다. 예수 그리스도께서, 예수 그리스도를 통하여 하나님께서 하신 약속이다. 전 성경을 기록한 40여 명의 저자를 통하여서 이미 약속해 두셨고, 이 약속이 실상이 되어 이루어져도 안 믿는 자들은 절대 예수 그리스도도, 성부 하나님도 안 믿는 패역한 자들이다.

혀로 "오직 예수" 하며 일생 밥벌이 수단으로 삼고, 성공의 수단으로 삼으면서 하나님의 말씀은 단 한 절도 지켜 실행하지 않는 패역자들이 누군지 똑똑히 보고 듣고 분별해라. 누가, 어디서 하나님을 대적하는 원수들인지 명백하게 다 보이는데도 이 진리를 안 믿는 너는 더 나쁜 악인이다.

예수 그리스도를 믿지 아니하면서 왜 그 더러운 혀로 "주여 주여" 하나? 하나님의 아들을 이 땅에 보내신 하나님의 이름을 더 이상 망령되이 일컫지 마라. 더 이상 희롱하지 마라. 진리의 성령이 실상이 되어야 죄가 무엇인지 알게 된다. 혀로 물 한 방울 먹지 못하는 지옥 불에 있는 부자가 예수 이름, 하나님의 이름으로 일생 교인들을 지옥 불의 소리로 죽이고, 둘째 사망인 영원히 타는 불에 보낸 결과로 자신이 그 지옥 불에서 영벌받는 자가 된 것인 줄 알면 누가 그런 지옥의 사자가 있는 교회에 있겠나?

이런 지옥의 사자들한테 나는 당연히 미움을 받게 되어 있다. 문제는 이런 지옥 불에서 꺼내어 주고 영생에 들어가도록 인도하는 이 일을 듣고도 거절하고 도리어 고소한 악인들이고, 지옥의 자식들이다. 그래서 죽을 자는 죽어서 영벌을 받는 것이 마땅하다. 그런 지옥 불에서 영원히 살도록 돌이키기에 염증이 났다고 하신 하나님의 말씀이 진실로 참 진리다. 기록된 말씀이 사실이 되어 이루어진 이 일을 믿지 아니하는 죄는 다시는 사함을 받을 수 없는 영원한 죄요, 지옥 불의 자식들로 이미 판결이 난 것이다.)

¹⁰의에 대하여라 함은 내가 아버지께로 가니 너희가 다시 나를 보지 못함이요(그래서 영원한 '의'는 성부 하나님이시다. 예수 그리스도를 이 땅에 보내신 분은 성부 하나님이시고, 그분을 통해서 하나님께서 살아 계심을 다 증거해 주셨는데 지금 전 세계는 이대로 이 본문을 안 믿고 "오직 예수"라고 혀로 말만 하는 말쟁이들이다. 이런 자들은 영원히 다시 예수 그리스도를 보지 못한다.

속지 마라. 구약은 율법이요 신약은 복음이라며? 이렇게 거짓말을 하는 자들이 왜 이 신약성경은 안 보고 안 믿나? 이 더러운 귀신들아, 다시는 그 더러운 혀로 성경과 다른 거짓말로 속이지 마라. 2021년 6월 24일 이때까지 예수 그리스도를 보지 못하고 있으면서 혀로 "주여 주여" 하며 거룩한 척, 잘 믿는 척하는 흉악한 귀신들이 이단이요, 사이비다. 어디서 그 더러운 혀를 놀려 나를 이단, 사이비라고 욕하나? 혀에 물 한 방울 못 먹고 영원히 고통받는 지옥 불못의 자식들, 마귀의 자식들아~ 너 스스로 네 혀가, 네 손가락이 너를 지옥 불의 자식임을 증거하는 줄도 모르고 수치도 모르는 이 악인들아, 다시는 너희 혀에서 "하나님, 예수님" 하며 속이지 못하게 할 것이다.

이 '너희'는 누구냐? 은혜로교회 성도들도 답해라. 이 패역한 인간들아~ 2천 년이 다 되도록 예수 그리스도를 보지 못하고 다 죽은 자들이 다른 종교인들과 무종교인들만이냐? 이 교만하고 거만한 귀신들이 어디서 희롱하고 말씀을 업신여기나? 어디서 부끄러운 줄도 모르고 네 정체를 계속 자랑하나? 영원히 거룩한 떡덩이에게서 떠나라, 이 더러운 귀신들아~

왜 이 말씀 **"죄에 대하여라 함은 저희가 나를 믿지 아니함이요"**라고 하셨고, **"의에 대하여라 함은 예수 그리스도가 아버지께로 가니 너희가 다시 예수 그리스도를 보지 못함이라"**고 하신 이대로 2021년 오늘까지 사실이 되어도, "오직 예수, 오직 예수" 하며 다시 보지 못하는데 어떻게 그 옷자락을 잡을래? 이 흉악한 귀신들아, 양심이 있으면 너희들이 무슨 짓을 했는지 답해라. 다시는 그 더러운 언행을 보고 싶지 않다. 한없는 사랑을 짓밟고 온 세상에 치욕을 당하게 만든 것은 이 진리를 받고도 안 믿고 업신여긴 자들이다. 네가 행한 그대로 너 자신이 받아라.)

[11]심판에 대하여라 함은 이 세상 임금이 심판을 받았음이니라(당시 하나님이 구약성경에 약속하신 언약대로 이 땅에 예수 그리스도께서 오

섰는데 성경을 가지고도 보지 못한 유대인이라고 하나 아닌 자들, 곧 사단의 회인 대제사장, 바리새인들, 서기관들, 장로들만 이 세상 임금이냐? 모두 답해라. 당시 하나님의 아들을 알아보지 못하고 세상 법에 넘겨서 가장 잔인하게 사형시킨 그들은 이 세상 임금들이며, 그들이 하는 언행들은 이미 하나님께 심판을 받은 것이다.

예수 그리스도께서 살아 계실 때 하신 약속은 아들을 통해서 하신 하나님의 약속이다. 이 약속이 땅에서 사실이 되어 이루어지고 있는 이 일을 세상 법에 고소한 그들은 이미 심판을 받은 것이다. 나를 이단이라, 사이비라 욕하고 학대한 자칭 목사들, 그들은 이미 심판을 받은 것이다. 사망과 음부의 열쇠를 사용하여 일생 호화로이 연락하고, 높은 자리에 앉아서 목사님, 사모님 소리 들으며 하나님을, 예수 그리스도를 대적한 자들은 이미 하나님께 심판을 받은 것이다.

이 경만하고 교만한 자칭 목사들아, 네가 이 본문에 예언된 '이 세상 임금'이다. 너 같은 악인들을 심판하여 지옥에 보내는 사역이 예수님에게 주신 사명 중에 가장 큰 사명이었다. 이 지옥의 자식들아~ 그래서 이렇게 예언해 두신 것이다.

히2:14절이다. "자녀들은 혈육에 함께 속하였으매 그도 또한 한 모양으로 혈육에 함께 속하심은(이 온 세상에 있는 자칭 기독교인들아, 성경 박사, 학자라는 거짓 자랑하는 자들아, 왜 이 말씀은 멸시하나? 예수 그리스도는 혈육에 함께 속하시고 한 모양으로 이 땅에 오셨다. 이렇게 하나님의 아들이 사람으로, 곧 육체로 오셨음을 부인하는 자들이 '이단'이다. 이렇게 부인하는 이단들이 만들어 낸 말이 바로 '성자 하나님'이라는 말이다. 또 이단은, 육체를 입고 오셨으나 이분은 하나님께서 구약성경에 보내시겠다고 언약해 두신 그대로 이 땅에 오신 하나님의 아들이라는 사실을 부인한 자들이 당시 예수 그리스도께서 자신이 하나님의 아들이라 했다고 죽인 자칭 유대인들이다. 이들이 전부 '이단'이며 '사이비'다.

'사이비'란 겉으로는 기독교 같아 보이나, 실제로는 전혀 다르거나 아닌 것을 이르는 말이다. 예수님 당시 유대인들은 겉으로는 하나님을 섬기는 것 같으나, 실제로는 전혀 다른 자들임을, 곧 사이비임을 증거하는 것이 바로 하나님의 아들을 세상 법에 넘겨 사형시킨 것이다. 이 유대교인들은 그때나, 지금이나 마찬가지로 다 '사이비요 이단'이다. 이처럼 지금 전 세계 천주교, 기독교는 겉으로는 다 하나님을, 예수 그리스도를 경배하고 섬기는 것 같으나, 실제로는 곧 하나님께서 보시기에 '사이비요 이단'이다. 성경을 가지고 성경과 다른 말인 자신이 지어낸 거짓말로 설교하고 가르치는 자들이 바로 '사이비요 이단'이다.

이 사실을 내가 몰라서 이때까지 참은 줄 아느냐? 참고 기다려 주니까 더욱더 패역하고 나를 학대하느냐, 이 더러운 귀신들아~ 한 번만 더 "이단이니~ 사이비니~" 해 보아라. 성경을 가지고도 자신이 무슨 죄를 지었는지 알지 못하는 너 같은 악인들을 자기의 꾀에 빠져 합법적으로 심판을 받아 영원한 지옥 불에 떨어지게 만드시는 하나님의 모략이요, 완전한 지혜인 줄도 모르고 어디서 미친 언행을 하나?

하나님의 자녀들이라면 이 본문의 "그"는 예수 그리스도에 대한 지칭이요 하나님의 증거하심을 알 것이다. 이 말씀을 믿는 자가 지금 전 세계에 누굴까? 예수 그리스도께서 육체를 입고 이 땅에 오실 것을 이미 3421년 전 모세를 통해서 다 예언해 두셨다. 구약성경을 가지고 신령한 것을 신령한 것으로 보고 듣고 믿고 지켜 실행한 자가 누구냐? 어느 세대에 있었느냐? 교만하고 거만한 귀신들은 답해라. 누가 이단이며 사이비인지 답해라.

나를 이단이고 사이비라고 고소한 김용린, 너 답해라. 이윤재, 이미애, 박찬문, 노영자, 박정숙, 박지애, 송종완, 장춘화, 정대영, 김호민, 김정탁, 유단비, 이순득 너희들은 답해라. 누가 이단이고 사이비냐? 이 천하에 악독하고 배은망덕한 짐승 같은 자들아, 답해라. 이인규 감리교 권사, 박형택 목사, 박상기 목사, 베트남 하노이한인교회 목사, 피지 감리교회 한국 목사, 순복음교회 목사, 자칭 선교사들, 사단의 회인 예장합신 총회, 감리교총회 소속 목사들아, 누가 이단인지, 누가 사이비인지 답해라. 어디서 혀로, 손가락으로 이 일을 훼방하고 방해하나?

너희들은 전부 사단, 마귀, 귀신들이다. 귀신의 처소에 있는 교인들과 함께 이미 하나님께 심판을 받은 자들이다. 예수 그리스도께서 하나님께 세세토록 받은 열쇠가 '**사망과 음부의 열쇠**'인 이유가 바로 너희 같은 더러운 귀신들을 예수 이름으로 지옥 불에 보내기 위한 것이었다. 몰라서 그랬다고 변명하지 마라. 너희 손에 장식품으로 들고 다니는 성경에 이렇게 분명하게 기록해 두신 말씀도 모두 부인하고, 성경과 다른 거짓말을 가르치는 너희들은 사기꾼들이요, 영적인 살인자들이다. 자녀들은 혈육에 함께 속하였으매 그도 또한 한 모양으로 혈육에 함께 속하심은)

사망으로 말미암아 사망의 세력을 잡은 자 곧 마귀를 없이 하시며"(라고 하신 이 말씀의 뜻만 알고 깨달아 믿어도 지금 전 세계 유대교, 천주교, 기독교가 다 보인다. 예수님이 십자가에 죽으심은 사망의 세력 잡은 자

마귀를 합법적으로 심판하시고, 마귀의 세력이 누군지, 어디에서 무슨 일을 하는지, 온 세상 사람들로 하여금 보게 하고, 믿게 하고, 이들에게서 영원히 자유하라고 교훈하신 하나님의 뜻이다.

그러나 이러한 하나님의 뜻을 모르고 도리어 이런 마귀를 섬기는 자들이 누구냐? 예수님을 십자가에 달고 희롱하고 조롱한 자들이 바로 예수님의 제자 중에 나온 가룟 유다이며, 자칭 하나님을 섬긴다고 하는 유대인들인 바리새인, 서기관들, 장로들, 대제사장들이다. 이들이 마귀요 사단이며, 마귀의 세력들이요, 이 세상 임금들이다.

그들은 하나님의 말씀인 성경을 가지고 하나님의 일을 훼방하고, 하나님께서 보내신 아들을 죽이고, 하나님께 심판을 받아 지옥에 보내고 있는 현재 유대교인들이다. 이 사실을 알면 전 미국 대통령이었던 트럼프의 언행을 따르지 않는다. 그 배후는 어떤 세력들인지 다 보인다. 이처럼 이들보다 더 나쁜 악인들은 예수 그리스도께서 하신 말씀을 이용하여 사기치고, 교인들을 죽이고 지옥으로 보내는 자들이다. 예수 이름으로 가장하여 자신의 정체를 속이고 하나님을, 예수 그리스도를 대적하는 너희들은 지금도 하나님의 아들을 십자가에 못 박고 천국 문을 가로막고 있는 사단, 마귀, 귀신들이다.

나를 사용하셔서 하나님께서 '천국 복음'을 이제 열고 계시는 것이다. 그래서 예수 그리스도께서 오신 목적은 천국 복음을 대언하는 새 언약인 영원한 언약을 믿고, 마귀의 세력 잡은 자들에게서 영원히 자유하라고 중보로 오신 것이다. 다시 말하면 악인들인 용, 사단, 마귀, 귀신, 뱀, 독사, 짐승에게는 영원한 결박인 사망과 음부의 열쇠로 자신도 속고, 교인들도 속이고, 지옥 불의 소리로 한 몫의 삶을 헛되게 보내다가 육체가 죽어 꺼지지 않는 지옥 불못에서 영벌을 받게 하는 심판이고, 반대로 하나님께 택하심을 입은 의인들에게는 육체도 죽지 아니하고 온전히 영생에 이르게 하는 이 일을 위해 십자가에 죽으신 것이다. 그래서 **히2:15~16절**에 예언해 두셨던 것이다.)

히2:15~16 [15]또 죽기를 무서워하므로 일생에 매여 종노릇하는 모든 자들을 놓아 주려 하심이니 [16]이는 실로 천사들을 붙들어 주려 하심이 아니요 오직 아브라함의 자손을 붙들어 주려 하심이라

따라서 이 세상 임금들은 유대교, 천주교, 기독교 지도자들이 십자가에 죽으시고 삼 일 만에 살았다고 하는 예수 이름을 가지고 사용하면서 영적으로 죽은 자들이며, 자칭 유대인이라 하고 기독교인들이라고 하나 사단의 회요, 마귀들이 거룩한 강단에 서서 성경과 다른 거짓말을 가르치는 자들이다. 이들은 이미 하나님께 심판을 받은 것이다.

이를 두고 **요16:11~14절**에 "[11]심판에 대하여라 함은 이 세상 임금이 심판을 받았음이니라(이제 이들이 하나님 자리에 앉아서 임금 노릇 하는 때가 끝난다. 따라서 이 세상에 속한 자들에게는 하나님의 지혜를 알지 못하도록 기록한 것이 진리인 성경이다.) [12]내가 아직도 너희에게 이를 것이 많으나 지금은 너희가 감당치 못하리라 [13]그러하나 진리의 성령이 오시면 그가 너희를 모든 진리 가운데로 인도하시리니 그가 자의로 말하지 않고 오직 듣는 것을 말하시며 장래 일을 너희에게 알리시리라 [14]그가 내

영광을 나타내리니 내 것을 가지고 너희에게 알리겠음이니라"고 살아 계실 때 하신 이 약속이 실상이 된 것이고, 이 진리의 성령이 실상으로 와야 영생이 실상이 된다. 그래서 천국 복음이 열리는 것이다.

요15:26 내가 아버지께로서 너희에게 보낼 보혜사 곧 아버지께로서 나오시는 진리의 성령이 오실 때에 그가 나를 증거하실 것이요

이 예언이 성취되어 모든 진리 가운데로 인도하여 아들 예수님에 대해서 이렇게 정확 명확하게 증거하고 있다. 이 증거는 예수님의 제자들의 증거와는 차원이 완전히 다르다. 2천 년 기간은 제자들, 곧 사도들이 한 증거대로 사람의 증거가 되어 지금까지 이어져 온 것이다.

요14:26 보혜사 곧 아버지께서 내 이름으로 보내실 성령 그가 너희에게 모든 것을 가르치시고 내가 너희에게 말한 모든 것을 생각나게 하시리라

순복음교회서 하는 가르침대로라면, "랄랄라 따따따" 하는 귀신의 소리가 성령받은 증거라면 모든 것을 가르치고 있어야 하고, 이미 거룩해져서 영생의 비밀이 드러났어야 한다. 순복음교회 70~80만 교인들이 천국의 비밀을 단 한 가지도 모르는데 어떻게 된 것이냐? 이미 죄에 대하여, 의에 대하여, 심판에 대하여 다 가르침받고도 남을 시간이 50년이 넘었다. 그런데 왜 영생을 안 하고 그 부인은 죽었나?[21] 그렇게 귀신의 소리로 전 세계를 미혹한 목사는 지금 병들어서 곧 죽을 상황에 있나? 그는

'용'이다. 그의 가르침은 귀신의 가르침이다. 열매를 보아라.

그리고 기독교인들이 상상하는 성령이라면 이미 모든 기독교인들은 죄를 짓지 아니하고 거룩한 삶을 살고 있어야 하고, 천국의 비밀이 다 드러났어야 한다. 단 한 가지 비밀도 드러나지 않았던 전대미문의 새 일이 나를 통한 이 일이다.

무슨 배짱으로, 체포되어서 SBS '그것이 알고 싶다' 프로그램 PD한테 내가 진리의 성령이라고 하고 온 세상에 공개하겠느냐? 나 미치지 않았다. 절대 이단이 아니고 사이비는 더더욱 아니다. 이런 명백한 일이 아니면 왜 세상에서도 거의 망한 자들이 대부분인 자들을 데리고 그 가난한 나라에 가며, 왜 타작마당을 하나?

요14:16 내가 아버지께 구하겠으니 그가 또 다른 보혜사를 너희에게 주사 영원토록 너희와 함께 있게 하시리니

요14:16절의 "너희"는 이미 영생을 받는 자들로 이 땅에 보냄을 받은 하나님의 아들들, 영영한 사역자들, 백성들이다. 이 너희가 실상인데 진리의 성령이 실상임을 왜 안 믿느냐? 예수 그리스도가 실상인데 왜 또 다른 보혜사인 진리의 성령은 상상하나? 이 '너희'는 2021년 이 세대가 되기 전 어느 누가 본문의 "너희"더냐? 역사가 이미 증명해 준다.

당시 제자들이 본문의 "너희"도 절대 아니다. 이 본문의 "너희"는 반드시 요11:26절의 예언이 실상이 되는 거룩한 자들이다. "무릇 살아서 나를 믿는 자는 영원히 죽지 아니하리니 이것을 네가 믿느냐"고 하신 말씀이

사실이 되어 육체도 죽지 아니하고 영생을 얻는 자들이 바로 **요14:16절**의 "**너희들**"이다. 또 증명한다.

예수의 살과 피를 먹고 마시는 것

요6:50~51 [50]이는 하늘로서 내려오는 떡이니 사람으로 하여금 먹고 죽지 아니하게 하는 것이니라 [51]나는 하늘로서 내려온 산 떡이니 사람이 이 떡을 먹으면 영생하리라 나의 줄 떡은 곧 세상의 생명을 위한 내 살이로라 하시니라

이 말씀에서 '**영생**'은 반드시 육체도 죽지 아니하고 영원히 사는 것이다. 그런데 왜 지금까지 교회에서는 죽어서 영원히 산다고 가르치고 그런 말만 믿고 있나? 성경 박사, 자칭 잘 믿는다고 자긍하는 모든 기독교인들, 천주교인들에게 묻는다. 왜 죽어서 영생한다고 가르치고 그 거짓말을 믿나? 영생을 안 하면 기독교를 믿을 이유가 없다. 전 세계 모든 기독교인들에게 묻는다. 왜 교회를 다니느냐?

예수 그리스도께서 자신을 '**떡**'에 비유하셔서 사람으로 하여금 먹고 죽지 아니한다고 하셨는데, 이 떡은 어떻게 먹는 것일까? 먹은 사람이 없었으니까 지금까지 단 한 사람도 영생을 얻은 자가 없다. 이 떡을 먹는 방법도 성경 속에 있다. 그리고 명백하게 영생은 육체도 죽지 아니하고 영

원히 사는 것임을 두 눈으로 모두 확인하자.

요6:52~58 [52]이러므로 유대인들이 서로 다투어 가로되 이 사람이 어찌 능히 제 살을 우리에게 주어 먹게 하겠느냐 [53]예수께서 이르시되 내가 진실로 진실로 너희에게 이르노니 인자의 살을 먹지 아니하고 인자의 피를 마시지 아니하면 너희 속에 생명이 없느니라 [54]내 살을 먹고 내 피를 마시는 자는 영생을 가졌고 마지막 날에 내가 그를 다시 살리리니 [55]내 살은 참된 양식이요 내 피는 참된 음료로다 [56]내 살을 먹고 내 피를 마시는 자는 내 안에 거하고 나도 그 안에 거하나니 [57]살아 계신 아버지께서 나를 보내시매 내가 아버지로 인하여 사는 것같이 나를 먹는 그 사람도 나로 인하여 살리라 [58]이것은 하늘로서 내려온 떡이니 조상들이 먹고도 죽은 그것과 같지 아니하여 이 떡을 먹는 자는 영원히 살리라

이 본문을 문자 그대로 보고 사람이 만든 의식이 바로 성찬식이다. 성찬식 때 먹는 떡, 혹은 카스테라, 혹은 식빵, 혹은 무교병이라고 하면서 쌀가루로 만든 떡과 포도주를 예수님이 흘리신 피라고 하며 먹고 마시게 했다. 그랬는데 왜 아무도 살지 못하고 다 죽었을까? 이에 대한 답을 또 이렇게 할 것이다. "마지막 날에 다시 살리시니까 육체가 죽어서 언젠가 다시 살아날 것"이라고 사람 마음대로 대답할 것이다. 이렇게 만든 의식이 영생하도록 주는 양식이 아니었다. 모두 헛되고 헛된 것이다. 이런 성찬식으로는 그 누구도 영생과 관계가 없다.

요6:47~49 ⁴⁷진실로 진실로 너희에게 이르노니 믿는 자는 영생을 가졌나니 ⁴⁸내가 곧 생명의 떡이로라 ⁴⁹너희 조상들은 광야에서 만나를 먹었어도 죽었거니와

요6:32~35 ³²예수께서 이르시되 내가 진실로 진실로 너희에게 이르노니 하늘에서 내린 떡은 모세가 준 것이 아니라 오직 내 아버지가 하늘에서 내린 참 떡을 너희에게 주시나니 ³³하나님의 떡은 하늘에서 내려 세상에게 생명을 주는 것이니라 ³⁴저희가 가로되 주여 이 떡을 항상 우리에게 주소서 ³⁵예수께서 가라사대 내가 곧 생명의 떡이니 내게 오는 자는 결코 주리지 아니할 터이요 나를 믿는 자는 영원히 목마르지 아니하리라

지금 온 세상의 기독교인들은 이렇게 믿는다. 그런데 영원한 생명인 영생을 얻은 자도 없고, 교회를 다니면서 영혼이 목마르지 아니한 사람도 없었다. 왜 이러할까? 영생하도록 먹은 영혼의 양식이 아니었기 때문이다. 인자의 살과 피를 마시는 것을 지금까지 전 세계가 의식으로 하는 성찬식이 아니라는 뜻이다. 예수 그리스도의 살과 피를 먹고 마시는 방법은 바로 다음 말씀대로 지켜 실행하는 것이다.

요8:51~53절이다. "⁵¹진실로 진실로 너희에게 이르노니 사람이 내 말을 지키면 죽음을 영원히 보지 아니하리라(곧 육체가 죽지 아니하는 길이 바로 예수 그리스도께서 하신 말씀을 지켜 실행하는 것이다. 이것이 예수 그리스도를 믿는 것이다. 다른 말로 표현하면 예수 그리스도의 살과 피를 먹고 마시는 것이다. 명백하게 육체의 죽음도 영원히 보지 아니한다는 뜻

이다. 귀신들이 가르치는 육체는 죽고 영혼이 산다는 뜻이 아니고, 실상으로 육체가 살아서 예수 그리스도께서 하신 말씀을 지켜 실행하면 영원히 죽지 아니하고 영생한다는 뜻이다.)

[52]유대인들이 가로되 지금 네가 귀신 들린 줄을 아노라 아브라함과 선지자들도 죽었거늘 네 말은 사람이 내 말을 지키면 죽음을 영원히 맛보지 아니하리라 하니 [53]너는 이미 죽은 우리 조상 아브라함보다 크냐 또 선지자들도 죽었거늘 너는 너를 누구라 하느냐"

분명히 육체도 죽지 아니하는 영생을 말씀하신 것이다. 그런데 이 영생의 길은 예수 그리스도께서 하신 말씀을 지켜 실행하는 것이라고 하셨다. 그래서 또 이렇게 말씀하셨다.

요7:16 예수께서 대답하여 가라사대 내 교훈은 내 것이 아니요 나를 보내신 이의 것이니라

곧 예수께서 하신 말씀은 하나님 아버지의 말씀이라는 뜻이다. 그래서 또 이렇게 말씀하셨다.

요6:63 살리는 것은 영이니 육은 무익하니라 내가 너희에게 이른 말이 영이요 생명이라

그러므로 예수 그리스도께서 이르신 말은 하나님 아버지의 말씀이며, 그 말씀을 지켜 실행하는 것이 죽음을 보지 아니하고 영생을 한다는

뜻이다. 그래서 또 예수님이 이렇게 말씀하신다.

요4:34 예수께서 이르시되 나의 양식은 나를 보내신 이의 뜻을 행하며 그의 일을 온전히 이루는 이것이니라

따라서 영생은 육체도 죽지 아니하고 살아서 하나님 나라에 들어가는 것이다. 그래서 또 이렇게 말씀하신다.

요12:50 나는 그의 명령이(하나님의 명령이) 영생인 줄 아노라 그러므로 나의 이르는 것은 내 아버지께서 내게 말씀하신 그대로 이르노라 하시니라

하나님께서 아들에게 하신 말씀이 '**영생**'이며, 이는 '**하나님의 명령**'이다. 영생은 육체도 죽지 않고 살아서 예수 그리스도를 믿고, 예수 그리스도의 하신 말씀을 지켜 행하는 것이며, 이렇게 사람이 살아서 예수 그리스도를 믿으면 영원히 죽지 아니한다는 뜻이다. 이것이 '**하나님의 명령**'이다.

그런데 왜 2021년 이때까지 아무도 영생을 하지 못하고 있었을까? 예수 그리스도께서 하신 말씀을 지켜 실행하지 않았던 것이다. 이는 하나님의 말씀을 지켜 실행하지 않았다는 뜻이다. 다른 말로 표현하면 하나님의 아들을 믿는 자가 없었다는 것이고, 이는 하나님의 아들을 이 땅에 보내신 성부 하나님을 믿는 자가 없었다는 것이다. 증명한다.

요12:44~46 [44]예수께서 외쳐 가라사대 나를 믿는 자는 나를 믿는 것이

아니요 나를 보내신 이를 믿는 것이며 ⁴⁵나를 보는 자는 나를 보내신 이를 보는 것이니라 ⁴⁶나는 빛으로 세상에 왔나니 무릇 나를 믿는 자로 어두움에 거하지 않게 하려 함이로라

그러므로 진실로 예수 그리스도를 믿는 자는 예수 그리스도께서 하신 말을 지켜 실행하는 것이다.

요12:47~48 ⁴⁷사람이 내 말을 듣고 지키지 아니할찌라도 내가 저를 심판하지 아니하노라 내가 온 것은 세상을 심판하려 함이 아니요 세상을 구원하려 함이로라 ⁴⁸나를 저버리고 내 말을 받지 아니하는 자를 심판할 이가 있으니 곧 나의 한 그 말이 마지막 날에 저를 심판하리라

그래서 하나님께서 정하신 심판 날인 이때까지 아무도 예수께서 하신 말씀을 지키지 아니하였다는 증거가 모두 다 육체가 죽었고, 이를 두고 **"성경이 모든 것을 죄 아래 가두어 두었다"**라고 하신 것이다. 사람 편에서는 이렇게 된 것이지만, 하나님 편에서도 이미 이렇게 계획해 두신 일이었다. 곧 전 성경 기록 목적이 지금 이 세대였고, 이때를 맞추어서 나와 우리는 하나님께로부터 보냄을 받은 것이다. 이 증거가 **갈3:15~22절**이다.

"¹⁵형제들아 사람의 예대로 말하노니 사람의 언약이라도 정한 후에는 아무나 폐하거나 더하거나 하지 못하느니라 ¹⁶이 약속들은 아브라함과 그 자손에게 말씀하신 것인데 여럿을 가리켜 그 자손들이라 하지 아니하시고 오직 하나를 가리켜 네 자손이라 하셨으니 곧 그리스도라 ¹⁷내가 이

것을 말하노니 하나님의 미리 정하신 언약을 사백삼십 년 후에 생긴 율법이 없이 하지 못하여(모세를 통해서 율법을 주시기 전에 아브라함에게 언약하셨다는 뜻이고, 사백삼십 년 후에 생긴 율법이 그 언약을 폐할 수 없다는 뜻이다. 그러므로 아브라함에게 하신 언약, 곧 약속은 영원한 언약이었고, 그 언약은 그 누구도 폐할 수 없다.)

그 약속을 헛되게 하지 못하리라(이 말씀은 너무 중요하다. **요14:16절**에 '너희'에게 하신 언약은 영생의 언약인데 이 언약은 사실 아브라함에게 허락하신 약속이었다. 그런데 그 약속이 저 이스라엘이 아니고, 또 다른 보혜사인 진리의 성령이 실상이 되어 나타날 때 아브라함에게 약속하신 영원한 언약이 실상이 된다. 곧 아브라함, 이삭, 야곱, 저 이스라엘, 다윗, 예수 그리스도께서 이 땅에 오셨을 때 그때도 실상이 되지 않았고, 그후 2천여 년이 흐른 지금 이 세대에 이루어진 언약이었다.

이때가 될 때까지 온 세상을 율법 아래 있게 하신 것이다. 이는 하나님께서 이미 그렇게 계획해 두신 일이었다. 이런 하나님의 뜻을 모르니까 서로 싸우고, 기득권 행사를 하고 "이단이니" 하고, 죽이고, 정죄하고, 패역하는 것이다. 진실로 이 약속대로 영원한 언약을 폐하지 아니하시고, 이 세대에 전대미문의 새 일인 새 언약으로 14년째 실상이 되게 하시고 계신다.)

[18]만일 그 유업이 율법에서 난 것이면 약속에서 난 것이 아니리라 그러나 하나님이 약속으로 말미암아 아브라함에게 은혜로 주신 것이라"

아브라함에게 약속하신 유업은 영원한 기업, 영원한 생명, 영원한 하나님 나라를 유업으로 약속하신 것이다. **창12:1~2절**과 **창17:1~8절**인데 **창17:7~10절**에 이렇게 말씀하셨다.

"⁷내가 내 언약을 나와 너와 네 대대 후손의 사이에 세워서 영원한 언약을 삼고 너와 네 후손의 하나님이 되리라 ⁸내가 너와 네 후손에게 너의 우거하는 이 땅 곧 가나안 일경으로 주어 영원한 기업이 되게 하고 나는 그들의 하나님이 되리라(고 하신 이 약속 속에 2021년 6월 24일 나와 성도들에 대한 예언이 감추어져 있었다. 본문에 "그들의 하나님이 되리라"라고 하신 그들이 바로 요14:16절에 또 다른 보혜사를 너희에게 주사 영원토록 함께 거하게 하신다는 '너희들'이다.

절대 자의적인 해석이 아니다. 명백하게 나와 우리에 대한 예언이다. 이제야 기초가 세워지고 있다. 이렇게 온 세상에 이 예언이 바로 나와 은혜로교회 성도들에 대한 예언임을 보이는 실상으로 증거하게 하실 때까지 어떤 치욕도 참고 인내했던 것이다. 그래서 수없이 말했다. 너희가 이해 안 되는 언행을 해도 믿어 주고 기다려 주라고 한 것이다. 이 엄청난 일을 어떻게 한꺼번에 다 말하나?

이 언약을 창세기에서는 몸에 할례를 받으라고 하셨으나, 영원한 언약이 실상이 되는 때인 지금 이 세대는 전대미문의 새 언약으로 마음에 할례를 해야 하는 것이다. 이는 하나님께서 영원히 거하시는 성전이 되어 육체도 죽지 아니하고, 영생하여 영원히 살게 하시려는 하나님의 뜻이다. **창세기 17장**을 찾아서 합독하거라. 이 언약이 지금 우리에게 실상이 되는 언약인지 이제 보이느냐?) ⁹하나님이 또 아브라함에게 이르시되 그런즉 너는 내 언약을 지키고 네 후손도 대대로 지키라 ¹⁰너희 중 남자는 다 할례를 받으라 이것이 나와 너희와 너희 후손 사이에 지킬 내 언약이니라"

'내 언약'은 하나님의 계명, 명령, 율례, 법도다. 사람 생각대로는 들는 순간, 보는 순간 '사람이 어떻게 지키나~' 하는 생각이 들 것이다. 그래서 사람 생각과 하나님의 생각이 다르다고 하셨다. 절대 어렵지 않다. 못지킬 것을 주시는 하나님이 아니시다. 너무 쉽고 영원히 성공하는 길이다. 이 언약은 사람인 우리를 위해서 주신 것이다.

'언약'이란 하나님과 사람 사이에 약속이다. 하나님께서 창조주로서 피조물인 인간을 향한 일방적인 약속이다. 창조주와 피조물 사이에 계약이다. 또한 하나님께서 일방적으로 하시는 약속이지만, 당신이 만드신 인간을 인격적으로 예우하시는 증거다. 곧 강제로 요구하시는 것이 아니라는 뜻이다. 하나님께서 만드신 모든 만물 중에 유일하게 사람만 하나님의 형상의 모양으로 만드셨다. 만물 중에 인간에게만 주신 고유한 권한이면서 질서의 하나님이심을 증명하는 근거다. 이 법이 없었다면 온 세상은 무질서와 혼돈에 의해 이처럼 유지될 수가 없다.

약육강식에 의해 지배되는 동물을 보아라. 모든 만물 속에 감추어두신 하나님의 신성, 곧 하나님만이 신이시며, 하나님만이 창조주이신데, 온 세상에는 얼마나 많은 신을 사람이 만들어 냈는지 보아라. 이제는 아예 이 세상 사람들이 만들어 낸 바보상자인 TV에 의해 너도나도 어느 한 분야에 1등을 하면 '신'이라는 단어를 사용한다.

이는 자신들이 하는 말이 무엇을 뜻하는지 모르고 혀로 창조주 하나님을 대적하는 것이다. 아이가 공부를 잘하면 '공부의 신', 노래를 잘하면 '노래의 신, 예능의 신, 운동의 신' 등등, 아예 '신'을 일반화해서 하나님만이 '참 신'이심을 부정하고, 어릴 때부터 귀신이 주인이 되도록 가르치는 세대다.

하나님의 말씀으로 거듭나지 아니한 사람은 TV에서 하는 말들은 무조건 다 믿는다. 내가, 우리가 겪었어도 그들이 하는 말들을 믿는다. 이런 말을 다 하려면 끝이 없다. 왜 하나님께서 약속하신 땅이 가난한 나라였고, 가난한 우리를 우리 되게 하셨는지는 말씀으로 거듭나야 하나님의 뜻, 사랑을 안다. 우리에게 일방적인 사랑이 어떤 뜻인지 알게 된다. 온 세상이 얼마나 미쳐있는지 바보상자가 한꺼번에 말해 주는데도, 그 속에 빠져서 착각하고 '영원'을 망쳐 버리는 진실로 짐승 같은 수준의 사람을 14년째 보고 있다.

허상, 상상이 자신의 '영원'을 결정하여 영벌을 받는 무지몽매한 자들을 보며 뼈저리게 뼈저리게 하나님께 감사와 영광을 돌리게 된다. "나는 나다"라는 말을 여러분들에게 왜 하게 하는지 아직 여러분들은 모른다. 온 천하와 영원을 담고 하는 단어다.

사람이 희귀하고 희소하다. 한 영혼이 온 천하보다 귀하다는 말이 진실로 진실로 사실이요 참 진리다. 사람의 생각과 하나님의 생각은 영원한 지옥과 영원한 천국인 줄을 알아야 한다. 아무튼 이 언약은 하나님께서 하나님 되심과 사람이 사람다움을 증명하는 약속이다.

그래서 '내 언약, 곧 하나님의 언약'이라고 하신다. 이는 하나님만이 하실 수 있는 언약이다. 아들 예수 그리스도도 이 언약에는 권한이 없는, 하나님만이 창조주이심을 증명하시는 언약이라 '영원한 언약'이다. 이 언약은 인간이 하나님과 동행하며 영원히 다스리고 누리고 정복하고 살 수 있는 약속이다. 이 언약은 절대 권한이 하나님께만 있고, 인간은 이 언약을 자유의지로 지킬 때 하나님께서 예비하신 모든 복을 다 받아 누리며 살 수 있는 것을 뜻한다. 말 그대로 영원한 약속이다. 일시적으로 받는 복, 행복이 절대 아니다. 잠깐 누리는 것이 절대 아니다.

하나님을 위해서가 아니라 오직 하나님께서 만드신 만물 중에 으뜸 인 사람 사랑하심을 이 언약 속에 감추어 두셨다. 사람이 이 언약을 듣고 싶다고 해서 듣는 것이 아니다. 이 언약을 받으면서 자신의 자유의지로 말씀에 순종하여 하나님이 주시는 모든 복을 다 받아 영원히 영생하며, 인간은 상상도 할 수 없는 모든 것을 다 누리고 다스리며 하나님처럼 살 게 하신다. 그래서 "네 영혼은 너에게 맡겼다"라고 한 것이다.

귀신이 주인일 때는 아무리 많은 말로 설명을 해도 단 한 마디도 안 믿더라. 하나님의 언약은 지켜도 되고, 안 지켜도 되는 것이 아니다. 그래 서 하나님만 창조주시다. 네 자유의지로 네 영혼을 사랑하여 영원히 영생 에 이르게 하는 하나님의 언약을 듣고 지켜 실행하여 너를 너답게 다시 창조하시는 하나님의 일방적인 사랑에 네가 동의하여 선택하는 것이다. 그래서 그 누구도 상상조차 하지 못한 모든 복을 네가 받을 것이고, 네가 누릴 것이며, 네가 다스릴 것이다. 그래서 '언약'이다.

그리고 "남자는 할례를 하라"라고 하신 것도 문자 그대로 본문만 받 으면 안 된다. 이래서 반드시 성경은 성경으로 해석해야 한다.

갈3:27~29 ²⁷누구든지 그리스도와 합하여 세례를 받은 자는 그리스도로 옷 입었느니라 ²⁸너희는 유대인이나 헬라인이나 종이나 자주자나 남자나 여자 없이 다 그리스도 예수 안에서 하나이니라 ²⁹너희가 그리스도께 속한 자 면 곧 아브라함의 자손이요 약속대로 유업을 이을 자니라 그런데 여기서 너무 중요한 핵심이 있다. '그리스도 안에서'다. 이는 반드시 어떤 때, 곧 다른 세대가 아니며, 하층 수준이 아닌 영적인 상태, 실상의 주인공에 대한 천국의 비밀이 감추어져 있다. **갈라디아서 3장**을 찾아서 모두 합독하거라.

해답만 말하면 '**믿음**'인 내가 실상이 되어 와서 하나님의 가르치심을 대언하여 하층, 중층, 상층에 대해서 명백하게 분별하게 할 때, 곧 14년째 이 일이 실상이 된 2021년 지금이 되어야 하나님 나라를 유업으로 이을 자들에게 영생에 대한 비밀이 드러나고 실상이 된다는 뜻이다.

곧 예수 그리스도를 육체대로 아는 수준인 사람 차원이 아니라 온전하게 아는 이때, 2021년 6월 25일 이때가 되어야 진실로 '**그리스도 안에서**'가 무슨 뜻인지 알게 된다는 것이다. 큰 틀로 말하면 성경을 문자 그대로 사람이 본능적으로 아는 수준은 하층, 왼편, 좌편에 속한 자들이 일하는 시기가 끝나는 때에 온전한 것인 믿음이 이 땅에 실상으로 와서 예수님이 육체를 입고 한 몫의 삶을 사실 때 하셨던 일, 곧 십자가에서 운명하시기까지 무덤에 계시는 시간까지의 일은 전부 육에 해당하는 것이라는 사실을 증명하고, 지금 온 세상에 성경을 사용하는 천주교, 기독교가 다 이 수준이라는 것을 가르치고, 이 가르침을 믿는 사람들을 은혜로교회로 불러 모아 온전한 중층의 소리로 거듭나게 하고 영적으로 다시 태어나게 하며, 태어난 성도를 성장시키는 과정을 다 '**그리스도 안에서**'라고 하신 것이다.

다시 말하면 예수 그리스도께서 십자가에 죽으시고 무덤에 계신 이틀 기간이 바로 2천 년이 흐르는 기간이라는 비밀이 감추어져 있다. 이 기간 안에는 반드시 그 어떤 사람도 온전한 영생에 이를 수 없었다. 심지어 하늘에서 이 땅에 오신 하나님의 아들이라도 그러했다. **이는 하나님의 계명을 지킨 사람이 없었다는 명백한 증거다.** 그 결과 택한 자녀들은 순교하거나 거지 나사로같이 살다가 한 번 육체가 죽어야 했고, 그 기간 안에 영생을 말하는 자는 다 가짜다.

절대 그 누구도 아니라는 사실이 바로 하나님의 아들 예수 그리스도를 통해서 보여 주셨던 것이다. 아들이 이 땅에 사람으로 태어나기 전에 이미 하나님께서 계획해 두신 하나님의 뜻이었다. 그래서 예수 그리스도의 비밀을 아무도 몰랐다. 하나님의 아들일 때는 영혼이 하나님 앞에 있었으니 거룩했다. 그래서 죄가 없었다. 이는 우리도 마찬가지다.

이런 아들이 이 땅에 오셔서 육체를 입으시고 사람으로 태어났으니 사람 수준에서는 절대 알아보지 못하고, 핍박하여 결국 사람 수준으로 죽인 것이다. 그러나 이 또한 이미 하나님께서 미리 다 계획해 두신 일이다. 당시 유대인들, 곧 사단의 회들은 오늘날 나를 이단, 사이비라고 정죄하고 결국 감옥에 가둔 일에 기초가 된 이인규 감리교 권사부터 모든 자들이 다 사단의 회에 해당한다. 예수님의 제자 중에 가룟 유다 하나가 나왔듯이, 혀로 "오직 예수"라고 하는 자들 중에 이인규 하나가 나와서 인터넷으로 돈을 버는 밥벌이 수단을 삼은 그는 100% 가룟 유다의 실상이다.

전 성경은 모형, 그림자를 사용하여 2008년 6월 16일 실상인 믿음, 또 다른 보혜사인 진리의 성령이 나타나서 전대미문의 새 언약을 세상에 선포하는 그 시간까지 성경이 모든 것을 죄 아래 가두어 두신 기간이었다는 것을 온 세상에 누가 믿을까? 아직 우리 안에도 안 믿는 자들이 있는데.

병준 성도야, 알아듣고 있느냐? 어미의 법도 안 지키는 자식아~ 그래서 너한테 "네가 100년이 지나도 나를 알겠느냐"라고 한 것이다. 나도 이기거라. 부모는 자식이 나보다 더 잘하고 더 성공하기를 바라는 것이 진짜 부모의 마음이다. 그래서 이를 두고 예수 그리스도를 통해서 하나님께서 하신 말씀, 곧 "내 살과 피를 마시라"라고 하신 것인데, 지금 너희는 이 뜻을 모른다.

나는 성경을 문자 그대로 말하지 않고도 영원히 말하고 증명하는 모든 강력을 다 가지고 있다. 그러나 너희가 알아듣는 수준으로 교육하는 것이다. 아무리 '온 세상과 전쟁을 해야지~' 해도 막상 말씀을 글로 쓰면 단 한 번도 내 뜻이 아닌 상태, 곧 택한 자녀들, 백성들인 너희 수준에 맞추어 말하게 하신다. 그래서 '대서'를 예비해 두신 것이다.

사람 차원은 절대 영생하여 하나님 나라의 기둥, 곧 영영한 사역자가 될 수 없다. 모든 피조물들이 고대하는 하나님의 아들들은 절대 사람 차원은 안 된다. 사람 차원은 누구든지 한 번 죽는다. 그래서 좌편으로나 우편으로나 치우치지 아니하고 바른 길, 정로를 걸어야 하는 것이다. 우편으로 치우친 자들이 순교자들이고, 좌편으로 치우친 자들이 혀로 "예수님, 하나님" 하면서 **눅16:19~31절**의 부자가 간 지옥 불못에 가는 자들이다.

거지 나사로도 이미 그렇게 정해 두셔서 이 땅에 보냄을 받은 사람들이었다. 이들은 왕 노릇 하는 자들이 아니라 '낙원'이라는 용어를 썼고, 하나님께서 그렇게 정하셔서 부자의 대문에서 떨어진 것을 얻어먹다가 하나님의 집에 와서 말씀을 받게 하고 준비시켜서, 곧 더러운 죄가 무엇인지 알게 하고, 진실로 말씀을 받은 자는 사고로 가고, 준비가 안 된 자는 병으로 죽게 하신 것이다.

이는 또 뜻이 있다. 남아 있는 육의 가족의 희생제물로 교훈하시는 뜻도 감추어져 있다. 이렇게 말하려면 끝이 없다. 낙원에 육의 가족을 보낸 너희들도 정신을 빨리 안 차리면 낙원에 간다. 육의 가족은 더 이상 낙원에도 가지 말고 살아서 영영한 사역자들, 백성들이 되거라.

낙토에 있는 너희가 어떻게 하느냐에 따라 7년 대환난 때, 너희 육의 가족에게도 하나님께서 주시는 은혜가 다르다. 육의 가족이 이 일을 괴롭히는 것은 너희의 대체육체이면서 현재 너의 영적인 상태도 아직 거듭나지 않고 있거나, 완전히 잠들어 있는 상태라서 더 그렇다.

이런 뜻을 모르니까 나도 이기라고 수없이 말했는데 서경호, 김숙이 부부는 철저하게 사람 수준인 채 자신들은 잘 믿는다고 생각한다. 하나님 나라에 합당치 않은 언행을 해도 아무런 깨달음이 없다. 내가 왜 서요셉이한테 "박정숙이와 대화해 보거라"라고 했는지 너희는 아무것도 모른다. 숙이, 네가 제일 싫어했다는 박찬문의 모습이 너희에게도 있었다. 그런데 아직도 너희는 나를 통한 이 일이 너희 실체를 드러내어 살리시려는 하나님의 사랑임을 깨닫지 못했다. 너희 가족 중에 미림이만 합당했다는 것이 사실이 되어도 너희는 핑계만 댄다. 어찌 일일이 다 말하나~

낙토에 있는 너희들 중에도 거듭난 성도들과 아직 아닌 성도들은 그릇의 차이가 다 있다. 거듭난 성도도 그릇 차이가 있는데 그런 것은 너희가 어찌할 수 없다. 모두 하나님 뜻대로 이 땅에 보내신 것이고, 어느 그릇, 곧 어느 성도도 귀하지 않은 성도는 없다. 사람이 보기에 누구는 더 높은 자리, 낮은 자리가 있는 것 같은데, 아니다. 사람에게 어느 작은 장기 하나도 없으면 안 되듯이 하나님 편에서는 그렇게 정하신 것이다.

예수 그리스도께서 "엘리 엘리 라마 사박다니" 하신 말 속에도 많은 비밀이 감추어져 있다. 당신 생각과는 다른 하나님의 뜻에, 사람 차원의 결과를 감추어 두신 것이다. 자신에게 주어진 사명에 대해서 온전히 모르신 증거다. 하나님 한 분 외에 그 어떤 피조물도 자신에게 절대 권한이 있는 것이 아니다. 이를 모르셨기에 다음과 같이 말씀하신다. 증명한다.

요5:21~23 ²¹아버지께서 죽은 자들을 일으켜 살리심같이 아들도 자기의 원하는 자들을 살리느니라 ²²아버지께서 아무도 심판하지 아니하시고 심판을 다 아들에게 맡기셨으니 ²³이는 모든 사람으로 아버지를 공경하는 것같이 아들을 공경하게 하려 하심이라 아들을 공경치 아니하는 자는 그를 보내신 아버지를 공경치 아니하느니라

그럼 "심판을 다 아들에게 맡기셨으니"라고 하신 말씀이 잘못되었을까? 아니다. 멸망하는 자들에게는 치명적인 영원한 결박이 되어 시험에 빠져 영원히 실족케 하는 말이지만, 완전한 지혜로 하나님의 가르치심을 받는 우리가 실상이 될 때까지 율법이 되어, 곧 성경이 모든 것을 죄 아래 가두어 두시는 기간에 이 온 세상을 경영하시는 하나님의 뜻이었다. 그래서 진리를 진리대로 아는 우리에게는 다음 말씀이 실상이 되는 것이다.

딤전4:3~4 ³혼인을 금하고 식물을 폐하라 할 터이나 식물은 하나님이 지으신 바니 믿는 자들과 진리를 아는 자들이 감사함으로 받을 것이니라 ⁴하나님의 지으신 모든 것이 선하매 감사함으로 받으면 버릴 것이 없나니

지금 예수 그리스도를 비하하는 것이 절대 아니다. 너희가 모두 다시 창조되면 지금 이 말들의 가치와 수준이 어떤 것인지 아주 조금 알게 되고 보인다. 요5:21~23절의 말씀이 예수 그리스도께서 사망과 음부의 열쇠를 세세토록 받으신 이유 중에 극히 적은 것에 해당한다. 이는 이 세대 하나님의 아들들, 백성들로 하여금 전대미문의 새 언약의 중보로 오신 분이 '예수 그리스도'이심을 명백하게 증명하시고, 이 속에 영생의 비밀들을 다 감추어 두셔서 악인들에게는 알게 하지 않으시는 하나님의 뜻이다.

따라서 천국의 아들들, 백성들에게는 단 한 절, 관사 하나도 버릴 것이 없다. 모두 감사함으로 받아야 하는 하나님의 사랑이다. 그래서 요5:24절에 이렇게 말씀하신다. "내가 진실로 진실로 너희에게 이르노니 내 말을 듣고 또 나 보내신 이를 믿는 자는 영생을 얻었고(이미 얻었다. 증거가 나와 다시 태어난 성도들이다. 그러므로) 심판에 이르지 아니하나니 사망에서 생명으로 옮겼느니라"고 하신다. 이미 옮긴 증거가 또 있다.

증명한다. 막10:17~31절이다. 이 말씀이 이미 실상이 된 것은 사람의 뜻이 아니고, 하나님의 뜻이 사실이 되어 땅에 그대로 이루어지고 있고, 나는 이미 내 살에 할례의 증거가 있으며, 예수 그리스도께서 말씀하신 요6:50~51절에 해당하는 실상의 사람이 된 것이다.

요6:50~51, 54 [50]이는 하늘로서 내려오는 떡이니 사람으로 하여금 먹고 죽지 아니하게 하는 것이니라 [51]나는 하늘로서 내려온 산 떡이니 사람이 이 떡을 먹으면 영생하리라 나의 줄 떡은 곧 세상의 생명을 위한 내 살이로라 하시니라… [54]내 살을 먹고 내 피를 마시는 자는 영생을 가졌고 마지막 날

에 내가 그를 다시 살리리니

　　사람이 생각하듯이 식인종이 아니고 말이다. 야만인들이라고 생각하는 세대, 아주 옛날에는 식인종들이 실제 있었고, 그 의식도 사실 귀신들이 만들어 낸 무지의 결과다.

　　지금 이 본문들을 보면 그래서 이해를 못 하는 것이다. 당시 유대인들뿐만 아니라 전 세계 모든 사람이 사람 수준으로 보고 알 수 있는 차원이 절대 아니라는 것을 전 세계 사람들이 알아야 한다. 그래서 **요 6:50~51, 54절**의 이 본문을 지켜 실행한 사람이 나와 우리라는 명백한 증거가 바로 **마19:16~30절, 눅18:18~30절, 막10:17~30절**의 말씀을 지켜 실행하고 있는 것이고, 이 때문에 송사에 걸려 감옥에 갇혀 있는 이 현실이 증거다.

　　막10:29~30절에 "²⁹예수께서 가라사대 내가 진실로 너희에게 이르노니 나와 및 복음을 위하여 집이나 형제나 자매나 어미나 아비나 자식이나 전토를 버린 자는 ³⁰금세에 있어 집과 형제와 자매와 모친과 자식과 전토를 백 배나 받되(라고 하신 이대로 이미 실상이 되어 받고 있는데도, 귀신 노릇 하는 자들이 있어서 그들은 안 믿는 것이다. 본문에는 "**나와 복음을 위하여**"라고 했는데

　　눅18:29~30 ²⁹···**하나님의 나라를 위하여** 집이나 아내나 형제나 부모나 자녀를 버린 자는 ³⁰금세에 있어 여러 배를 받고···

마19:29 또 내 이름을 위하여 집이나 형제나 자매나 부모나 자식이나 전토를 버린 자마다 여러 배를 받고 또 영생을 상속하리라

곧 "**백 배, 여러 배를 받되**"라고 하신 이대로 이미 받고 있고, 이는 하나님 나라인 천국에서 받는다. 이렇게 실상이 된 땅이 '**낙토**'다. 사람들이 보기에 피지 나라다. 하나님의 뜻대로 사는 우리에게는 하나님께서 약속하신 땅, 고토, 본토, 본향, 이스라엘 땅, 여호와의 땅, 하나님께서 예비하신 땅이다. 이렇게 온전히 실상이 되는 것이 참 진리다. 그래서 내가 진리의 성령이다. 이런 진리가 실상이 되어 하나님과 사람 앞에서 시인하는 것이다.)

핍박을 겸하여 받고(현재 2021년 6월 25일 이날에 이 크고 기이하고 기이한 하나님 나라 천국 복음을 전하고, 예수 그리스도와 성부 하나님의 이름으로 말미암아 온전하게 핍박을 받는 사람이 창세 이래 아무도 없었다. 이 말을 하면 나보고 귀신들은 또 지껄일 것이다. "말도 안 되는 소리로 교만하다", "사도 바울보다 네가 더 큰 자냐"라고 별의별 말로 또 죄를 지을 테지만, 이는 믿든 안 믿든 사실이다.

하나님은 죽은 자의 하나님이 아니시고 살아 있는 산 자, 곧 육체가 살아 있는 자인데 하나님의 말씀으로 거듭난 자, 곧 육체도 죽지 아니하고 살아서 감옥에 갇히고, 온 세상에 치욕을 당하여 **습3:14~20절**의 말씀대로 실상이 된 나처럼 지금 2021년 6월 25일에 하나님의 나라, 천국 복음을 지켜 실행하면서 겪고 있는 목사가 어디에 있는지 묻는다. 나와 성도가 7년, 4년 징역형을 받은 죄명에 대한 죄를 절대 짓지 않고 이런 부당한 판결을 받고 감옥에 갇혀 있는 목사가 어디에 있느냐?

'**핍박**'이란 권력자나 힘있는 세력이 상대방에게 육체적, 물리적, 정신적 고통을 주며 괴롭히는 것을 말한다. 그래서 이렇게 예언해 두셨다.

딤후3:12 무릇 그리스도 예수 안에서 경건하게 살고자 하는 자는 핍박을 받으리라

이 예언이 사실이 되어 나만 핍박을 받는 것이 아니라, 전 은혜로교회 성도가 핍박을 받고 있다. 어린아이들까지~ 심지어 낙토에서도 받고 있다. 이 본문이 나와 은혜로교회 성도들이 확실하고 명백하다. 지금 이 세대에, 죄악이 만연한 이 세상에 죄를 짓지 아니하고 하나님의 말씀대로 보고 듣고 믿고 지켜서 사는 자들이 어디에 있는지 묻는다.

'**경건**'이란 문자 그대로는 '공경하는 자세로 삼가고 조심함'이라는 뜻이다. 곧 삶이 하나님께 예배하는 산 제사를 가리킨다. 이 말 속에는 '하나님을 두려워하다, 하나님께 경배하다'라는 뜻이 담겨 있다. 곧 '경건한 삶'이란 하나님을 경외하고 공경하므로 영혼이 정결하여 거룩한 삶을 살고, 하나님께서 싫어하시는 어떤 것도 하지 않으려고 죄를 미워하며 하나님의 계명대로 사는 것을 뜻한다. 사람이 생각하는 가장하는 삶이 아니라, 구원의 은혜를 베푸신 하나님께 뜨거운 사랑과 충성된 삶을 성경대로, 곧 진리대로, 실상으로 사는 삶을 뜻한다.

지금 전 세계 어느 교회가 성경대로 보고 듣고 지켜 실행하여 이로 말미암아 '이단, 사이비' 소리를 14년 동안 듣고, 결국 온갖 더러운 죄명을 씌워 옥에까지 갇히고도 다음 말씀을 지켜 실행한 교회가 어디에 있나?

마7:13~27절의 예언 중 '좁은 문, 생명의 길'이 은혜로교회에 대한 예언임을 온 천하에 천명한다.

마7:13~14 [13]좁은 문으로 들어가라 멸망으로 인도하는 문은 크고 그 길이 넓어 그리로 들어가는 자가 많고 [14]생명으로 인도하는 문은 좁고 길이 협착하여 찾는 이가 적음이니라

'협착하다'는 뜻은 '압력을 가하다'라는 뜻으로 아주 좁은 공간에서 놀림을 당하는 고통스러운 상태를 의미한다. 이 말대로 나는 2년 12개월째 실상이 되어 감옥에서 압력을 받고 놀림감이 되어 "이단이니~ 사이비니~" 하며 사람이 아닌 취급, "사이비 교주라네~" 하며 놀리고, 법정에서는 "신옥주, 너 죽여 버린다"라고 해도 견디고 있다. 이보다 더 협착한 길을 가는 자가 어디에 있느냐?

전 세계 어느 교회 목사가 나처럼 목회를 14년째 하고 있는지 은혜로교회 전 성도들이 증인들이다. 헌금함 한 번 돌린 적 없고, 헌금자 명단을 한 번도 주보에 올린 적도 없이, 지출 등 어떤 일에도 내가 개입하지 않고 성도들이 알아서 집행하고, 심지어 심방 등 전 세계 교회에서 관습처럼 하는 구역 예배, 각종 수련회, 헌신 예배 등등 어떤 것도 하지 않았고, 오직 말씀 연구와 선포 외에는 하지 않았다. 내 개인 이름으로 그 흔한 차 한 대도 없다. 전 세계를 다 뒤져 보아라. 나도, 다니엘 성도도 그 어떤 재산도 하나도 없다. 오직 성경대로 보고 듣고 믿고 지켜 실행한 것밖에 없는데 나를 '사기꾼'으로 몰았다. 만약 어느 한 가지라도 있었다면 어

찌 되었을까?

동생 창섭 성도는 12명이 한 방에 있는 교도소에서 4년 징역형을 받아 살고 있다. 지금도 성도 다섯 명과 함께 기소당해 재판을 받고 있다. 재판 받고 있는 성도들이 증인들이다. 우리를 고소한 그들이 어떤 거짓말을 하였는지 이들이 증인이다. 또 나를 세상 법에 넘긴 그들에 대한 예언도 전 성경에 기록되어 있다. **사54:14~17절**을 다시 증명한다. 문자 그대로도 사실이 되어 있다.

사54:14~17 [14]너는 의로 설 것이며 학대가 네게서 멀어질 것인즉 네가 두려워 아니할 것이며 공포 그것도 너를 가까이 못할 것이라 [15]그들이 모일찌라도 나로 말미암지 아니한 것이니 누구든지 모여 너를 치는 자는 너를 인하여 패망하리라 [16]숯불을 불어서 자기가 쓸 만한 기계를 제조하는 장인도 내가 창조하였고 파괴하며 진멸하는 자도 내가 창조하였은즉 [17]무릇 너를 치려고 제조된 기계가 날카롭지 못할 것이라 무릇 일어나 너를 대적하여 송사하는 혀는 네게 정죄를 당하리니 이는 여호와의 종들의 기업이요 이는 그들이 내게서 얻은 의니라 여호와의 말이니라

이 예언이 실상이 되어 있는 내가 '좁은 문, 생명의 길'이고, 좁고 협착한 이유가 바로 나를 치러 모인 이들에 의해 이단, 사이비라고 일방적으로 새빨간 거짓말로 욕하고 혀로, 손가락으로 학대하는 이들에 의해 협착해진 것이다. 이를 다른 말로 표현하면 예수 그리스도의 살인 예수님이 하신 말씀을 믿고 지켜 실행했고, 이로 인하여 학대당하고 치욕을 겪고

옥에까지 갇히는 이 일이 '피'를 마시는 것이다.

하나님 나라, 복음, 예수 그리스도의 이름, 하나님의 이름 때문에 당하는 핍박이 바로 예수 그리스도의 살을 먹고, 피를 마시는 실상이다. 이 세상에 속한 자들에게 미움받는 이 일이 하나님께서 보시기에 나는 목숨을 버리는 것이다. 이래서 다음과 같이 또 말씀하셨다.

마16:24~26 ²⁴이에 예수께서 제자들에게 이르시되 아무든지 나를 따라 오려거든 자기를 부인하고 자기 십자가를 지고 나를 좇을 것이니라 ²⁵누구든지 제 목숨을 구원코자 하면 잃을 것이요 누구든지 나를 위하여 제 목숨을 잃으면 찾으리라 ²⁶사람이 만일 온 천하를 얻고도 제 목숨을 잃으면 무엇이 유익하리요 사람이 무엇을 주고 제 목숨을 바꾸겠느냐

24~26절에 이렇게 말씀하신 이유가 바로 21~23절에 있었다. 모두 찾아서 함께 읽어라.

예수 그리스도께서 십자가에 죽으실 것과 삼 일 만에 부활하실 것을 말씀하실 때, 베드로가 예수님을 붙들고 "**주여 그리하지 마옵소서 이 일이 결코 주에게 미치지 아니하리이다**"라고 사람의 일을 생각하고 사단의 소리를 한 것이다. 이 말씀 후에 하신 말씀이 바로 24~26절이다. 곧 하나님의 일을 하는 데는 "누구든지 자기를 부인하고, 각자 자신에게 주어진 십자가를 지고 따라오라"고 하신다. 다시 말하면 하나님의 일을 함에는 반드시 한 몫의 삶을 버려야 함을 이렇게 말씀하신 것이다. 그 결과 제자들도 당시 기득권 세력들에 의해 핍박을 받았고, 순교당했다. 이 말씀은

하나님 나라의 비밀을 드러내고 실상을 이룰 때 있을 일을 감추시고 하신 예언이다. 증거가 **마16:27~28절**이다.

마16:27~28 ²⁷인자가 아버지의 영광으로 그 천사들과 함께 오리니 그때에 각 사람의 행한 대로 갚으리라 ²⁸진실로 너희에게 이르노니 여기 섰는 사람 중에 죽기 전에 인자가 그 왕권을 가지고 오는 것을 볼 자들도 있느니라

같은 사건 기록을 **막8:34~36절**에도 이렇게 말씀하셨다.

막8:34~36 ³⁴무리와 제자들을 불러 이르시되 아무든지 나를 따라오려거든 자기를 부인하고 자기 십자가를 지고 나를 좇을 것이니라 ³⁵누구든지 제 목숨을 구원코자 하면 잃을 것이요 누구든지 나와 복음을 위하여 제 목숨을 잃으면 구원하리라 ³⁶사람이 만일 온 천하를 얻고도 제 목숨을 잃으면 무엇이 유익하리요

여기서 온 천하를 얻고도 제 목숨을 잃는 자는 누구를 지칭하신 것일까? 큰 용, 옛 뱀, 사단, 마귀, 귀신이 주인인 사람이다. 증명한다.

계12:9 큰 용이 내어 쫓기니 옛 뱀 곧 마귀라고도 하고 사단이라고도 하는 온 천하를 꾀는 자라 땅으로 내어 쫓기니 그의 사자들도 저와 함께 내어 쫓기니라

이 세상의 권세를 6일간(구약 4천 년 + 신약 2천 년 = 6천 년, **벧후 3:8절**로 해석하면 6일)에는 악인들에게 허락하셨다. 이 기간 동안은 이 세상 부귀영화를 다 가지고 귀신이 주인이 되어 있는 자들이 하고 싶은 대로 다 누리며 살고, 하나님 자리에 앉아 온 천하를 예수 이름, 하나님의 이름 이용하여 미혹하고 가장한 자들에게 허락하신 기간이다.

계16:12~14 ¹²또 여섯째가 그 대접을 큰 강 유브라데에 쏟으매 강물이 말라서 동방에서 오는 왕들의 길이 예비되더라 ¹³또 내가 보매 개구리 같은 세 더러운 영이 용의 입과 짐승의 입과 거짓 선지자의 입에서 나오니 ¹⁴저희는 귀신의 영이라 이적을 행하여 온 천하 임금들에게 가서 하나님 곧 전능하신 이의 큰 날에 전쟁을 위하여 그들을 모으더라

이 말씀에 해당하는 자들이 사단이요 마귀들로 하나님의 이름, 예수 이름 이용하여 온갖 이적을 일으켜 온 천하를 꾀는 자들이며, 하나님의 아들 예수 그리스도를 시험까지 한 자다. **마4:1~6절**과 **눅4:1~6절**에 예수님을 시험한 마귀가 순식간에 천하 만국을 보여 주며 이 모든 권세와 영광을 주겠다고 한 것이다. 귀신이 주인이 되어 온 천하 만국이 자신들 발 아래 있는 줄 아는 자들은 이 세상 임금들의 머리가 되어 하나님의 아들을 시험한 마귀요, 사단이며, 용, 옛 뱀, 히브리어, 곧 구약에는 이름을 '**아바돈**'이라고 하고, 신약에서 이름은 '**아볼루온**'이라고 하는 자로 번역하면 '**사망, 멸망, 파괴자, 파멸하는 자**'라고 한다. 이들이 서 있는 곳이 **마태복음 7장**에 멸망으로 인도하는 크고 넓은 문이다.

이들에 대해 **욥28:22절**에서는 이렇게 예언해 두셨다.

욥28:22 멸망과 사망도 이르기를 우리가 귀로 그 소문은 들었다 하느니라

이들은 전부 아무도 완전한 지혜를 알 수 없다. 소문만 들었을 뿐이다. '소문'이란 여러 사람의 입에서 오르내리며 전하여 오는 말을 뜻한다. 이들은 하나님만이 아시는 지혜와 명철의 곳이 어디인지 모르고, 자신의 혀로 말만 하는 예수에 대해서도 소문만 듣고 예수님의 흉내를 낼 뿐이다. 전대미문의 새 언약을 14년째 대언하여 천국의 비밀, 영생에 이르는 생명의 길을 지켜 실행하는 이 일에 대해서도 소문만 들은 자들이다. 이들은 자신들에게 허락하신 기간 동안 온 천하를 꾀며 미혹하는 자로 살지만, 자신의 육체가 죽어서야 자신이 간 곳이 지옥 불못인 줄 아는 자들이다.

그래서 사람이 만일 온 천하를 얻고도 제 목숨을 잃으면 무엇이 유익하겠느냐고 하신 것이다. 유익이 없을 뿐 아니라 영원히 지옥 영벌에 처하여 혀에 물 한 방울 먹지 못하고 고통받으며 영원히 살아야 한다. 이제 이들이 일할 시기가 끝났다. 온 세상에서 높은 자리에 앉아 지배하고 싶어하는 왕들, 중국의 시진핑, 미국의 대통령, 러시아 푸틴 등등 하나님의 말씀으로 거듭나지 않고 땅에서 높아지면 높아질수록 영원히 멸망하는 길이라는 것을 그들은 모른다. 이 사실을 알면 트럼프가 선거 때 그런 미친 짓을 하겠나?

지금 온 세상에 최고 지도자들을 보아라. 무슨 언행을 하고 있는지~ 존속살인자를 마치 성군인 양 찬양하는 북한을 보아라. 저 북한을 동경하

는 자들은 또 누구냐? 교황을 보아라. 이런 세상 나라 왕들은 교황이 등장하면 하나님 대하듯 한다. 그들은 이 세상에서도 최고가 되어 지배하다가 죽어서도 천국 가고 싶어서 소문으로만 들은 대로 "하나님, 예수님" 하며 예배드리는 척하는 자들이다. 이들 모두는 다 온 천하를 얻고도 자신의 목숨은 육체도 죽지만, 둘째 사망, 곧 지옥 영벌에 처하여 자신이 한 몫의 삶을 살 때 지은 모든 언행대로 심판받아서 고통하며 영원히 살아야 한다.

따라서 모든 인간은 한 몫의 삶을 살 때 참 진리, 유일한 진리인 성경을 진리대로 깨달아 지켜 실행하여 영원을 준비하지 아니하면 차라리 사람으로 태어나지 않는 것이 더 낫다. 이 말을 믿든 안 믿든 이는 참이고 사실이다. 이 온 세상 모든 만물을 창조하시고, 사람을 죽이기도 하시고, 살리기도 하시며, 가난하게도 하시고, 부하게도 하시고, 낮추기도 하시고, 높이기도 하시는 하나님의 뜻을 모르고 귀로 소문만 들은 모든 자들, 이 세상 임금들은 다 이제부터 다음 말씀대로 떨게 될 것이다.

사19:15~17 ¹⁵애굽에서 머리나 꼬리나 종려나무 가지나 갈대나 아무 할 일이 없으리라 ¹⁶그날에 애굽인이 부녀와 같을 것이라 그들이 만군의 여호와의 흔드시는 손이 그 위에 흔들림을 인하여 떨며 두려워할 것이며 ¹⁷유다의 땅은 애굽의 두려움이 되리니 이는 만군의 여호와께서 애굽에 대하여 정하신 모략을 인함이라 그 소문을 듣는 자마다 떨리라

이제 이 예언이 실상이 된다. 창세 이래 단 한 세대도 이루어지지 않았던 이 예언은 7년 대환난을 지나면서 사실이 된다.

이 '유다의 땅'은 지금은 사람 눈에 보이지 않는 땅이다. 하나님께서 하나님의 뜻을 이 땅에 실상이 되도록 이루실 땅, 그래서 예비해 두신 땅, '오는 세상' 주인인 의인들을 위해서 예비해 두신 땅이다. 이 본문을 문자 그대로 보고 저 황금돔이 있는 곳을 차지하려고 싸우는 저 이스라엘과 팔레스타인들 눈에는 안 보이게 하신 천국의 비밀이다. 다시 택하신 이스라엘인 하나님의 백성들을 위해 예비해 두신 땅이다. 이 온 세상에 속한 자들을 시험하실 때, 시험에 들게 하지 않게 하시기 위해 예비하신 땅이다.

이 온 세상에 있을 모든 일로 인하여 이제 소문만 듣고, 혀로 "주여 주여" 하는 자들에게는 또 다음 예언이 실상이 된다. **누가복음 21장, 마태복음 24장, 마가복음 13장**의 예언이 사실이 되어 성취된다. 현재 이미 나와 은혜로교회 성도들이 이 세상에 속한 자들에 의해 핍박을 받고, 옥에 갇힌 이 일이 징조다. 우리가 하나님께서 말씀하신 대로 보고 듣고 실행한 것은 이 유다의 땅에 이사하는 것을 온 세상에 징조로 나타내 보이시는 하나님의 사랑이다. 이 중 **눅21:20~26절**의 예언이 사실이 되어 이루어진다.

눅21:20~26 ²⁰너희가 예루살렘이 군대들에게 에워싸이는 것을 보거든 그 멸망이 가까운 줄을 알라 ²¹그때에 유대에 있는 자들은 산으로 도망할찌며 성내에 있는 자들은 나갈찌며 촌에 있는 자들은 그리로 들어가지 말찌어다 ²²이날들은 기록된 모든 것을 이루는 형벌의 날이니라 ²³그날에는 아이 밴 자들과 젖먹이는 자들에게 화가 있으리니 이는 땅에 큰 환난과 이 백성에게 진노가 있겠음이로다 ²⁴저희가 칼날에 죽임을 당하며 모든 이방에 사로잡혀 가겠고 예루살렘은 이방인의 때가 차기까지 이방인들에게 밟히리라 ²⁵일월 성신에는 징조가 있겠고 땅에서는 민족들이 바다와 파도의 우는 소리를 인하여 혼란한 중에 곤고하리라 ²⁶사람들이 세상에 임할 일을 생각하고 무서워하므로 기절하리니 이는 하늘의 권능들이 흔들리겠음이라

누가복음 21장의 "이날"이 지금 이 세대다. 내가 감옥에 갇히고 피지로 이사하는 것이 '징조'다. 이 온 세상을 형벌하시는 때에는 전 성경에 기록된 모든 재앙이 다 내리므로 이 재앙의 소식에 사람들이 무서워 기절한다. 이 재앙이 사람들이 본능적으로 알고 있는 저 예루살렘을 징조로 온 세상 사람들에게 보이신다. 이래서 예루살렘을 다시 택하시는 것이다.

이때 '**유다의 땅**'이 애굽, 곧 온 세상 사람들에게 두려움이 된다. 저 황금돔이 있는 유다의 땅은 그곳에 재앙이 내리는 것을 보고 두려움이 되고, 이 세대 하나님께서 예비해 두신 '**유다의 땅**'은 하나님께서 영원히 거하시는 처소라서 두려움이 된다. 이유는 영원히 망하지도 않고, 국권이 다른 백성에게 돌아가지 아니하며, 그 권병들은 영원히 대대에 이르기 때문이다. 지금 이 세상에 속한 지도자는 몇 년 혹은 수십 년 독재하다가 바뀌고 바뀌지만, 하나님께서 세우시는 한 나라, 유다의 땅은 영원히 선다. 이래서 온 세상 사람들에게 두려움이 되는 것이다.

이러한 세상을 향해 죄에 대해서, 의에 대해서, 심판에 대해서 하나님의 법으로 책망하고, 하나님의 뜻을 땅에 실상으로 이루어야 하니 이 세상에 속한 자들에게 핍박, 미움, 훼방을 받는 것이다. 이들은 전부 사람들이 듣기 좋아하는 말로 온 천하를 미혹했는데 자신들의 정체를 드러내니 이를 갈며 대적하는 것이다. 이렇게 하나님의 일이 실행되는 때에 대

적하는 악인들에 의해 생명의 길이 협착해진 것이다. 대적하는 그들은 이제 하늘에 있을 곳이 없게 되고, 하나님께서 세우시는 한 나라를 핍박하고 괴롭힌 이 세상에 속한 자들은 영원히 망한다. 이에 대해서도 이미 전 성경에 예언해 두셨다. 이 중에 다음 판결을 하고 앞으로 계속 이 온 세상에 일어날 일들을 판결할 것이다.

사25:6~8절 "⁶만군의 여호와께서 이 산에서 만민을 위하여 기름진 것과 오래 저장하였던 포도주로 연회를 베푸시리니 곧 골수가 가득한 기름진 것과 오래 저장하였던 맑은 포도주로 하실 것이며(이미 14년째 이 예언이 이루어지고 있다.) ⁷또 이 산에서 모든 민족의 그 가리워진 면박과 열방의 그 덮인 휘장을 제하시며(이 '산'이 바로 **눅21:21절**에 "산으로 도망하라"라고 하신 산이다. 다른 말로 표현하면 '거룩한 산, 시온산, 새 예루살렘, 성산, 높은 산, 영원히 하나님께서 거하시는 산, 유다의 땅, 새 하늘, 새 땅, 하나님께서 예비하신 산, 낙토, 고토, 본향, 본토' 등으로 기록해 두신 곳이다.

이곳에 이미 이사하게 하신 것은 사람들이 상상하듯 혀로 기도만 하고 앉아 있으면 어느 날 갑자기 이루어지는 하나님의 나라가 아니라, 실상이란 것을 보여 주신 것이다. 이러한 나라를 만세 전에 하나님께서 계획하시고, 2021년 6월 26일 이 세대까지 보이는 이 온 세상은 악인들에게 허락하신 기간이었다.

아무 데나, 아무 산에 도망하라는 것이 아니다. 하나님의 자녀들, 백성들을 위해 예비해 두신 산, 환난을 피할 곳을 지금 나를 통해서 예비하시고 세우시는 것이다. 이 산에서 모든 민족의 가리워진 면박, 덮인 휘장,

곧 성경을 육의 눈으로 보고 사람 생각대로 해석하여 죄 아래 있게 한 모든 것을 다 제하시는 산이다. 이미 은혜로교회 성도들은 본인들이 다 경험하고 있다. 이때 온전한 진리로 돌아서지 아니하면 영원히 사망의 세력 잡은 자들에게 다음 말씀이 실상이 된다.)

[8]사망을 영원히 멸하실 것이라 주 여호와께서 모든 얼굴에서 눈물을 씻기시며 그 백성의 수치를 온 천하에서 제하시리라 여호와께서 이같이 말씀하셨느니라"라고 하신 이 '사망'이 바로 **히2:14절**에 "사망의 세력 잡은 자 마귀"이며, 이들은 바로 **막8:34~37절**에 예언된 자들이다. 이들은 보이는 한 몫의 삶이 전부인 줄 알고 자신이 원하는 대로, 하고 싶은 욕망대로 죄를 먹고 마시며 사는 자들이다.

막8:38 누구든지 이 음란하고 죄 많은 세대에서 나와 내 말을 부끄러워하면 인자도 **아버지의 영광으로 거룩한 천사들과 함께 올 때에 그 사람을 부끄러워하리라**

따라서 하나님의 선한 일, 곧 계명을 지켜 실상이 되게 하는 이 일을 할 때에 당하는 치욕, 수치를 부끄러워 아니하고, 자신의 목숨을 내어놓는 것이 바로 예수 그리스도의 살과 피를 먹고 마시는 것이요, 하나님 나라의 일을 위해 던지고 정로를 걷는 것이다. 그래서 같은 사건을 **눅 9:18~27절**에서 이렇게 약속하셨던 것이다.

"[18]예수께서 따로 기도하실 때에 제자들이 주와 함께 있더니 물어 가라사대 무리가 나를 누구라고 하느냐 [19]대답하여 가로되 세례 요한이라

하고 더러는 엘리야라, 더러는 옛 선지자 중의 하나가 살아났다 하나이다 [20]예수께서 이르시되 너희는 나를 누구라 하느냐 베드로가 대답하여 가로 되 하나님의 그리스도시니이다 하니 [21]경계하사 이 말을 아무에게도 이르 지 말라 명하시고 [22]가라사대 인자가 많은 고난을 받고 장로들과 대제사 장들과 서기관들에게 버린 바 되어 죽임을 당하고 제삼일에 살아나야 하 리라 하시고 [23]또 무리에게 이르시되 아무든지 나를 따라오려거든 자기를 부인하고 날마다 제 십자가를 지고 나를 좇을 것이니라(이 말씀이 이상하지 않느냐? 당시에 제자들도 동고동락했으니 당연히 '날마다'라는 말이 맞지 만, 이 말씀은 한 몫의 삶을 버리고 자기 소견대로 하지 않고 영원한 가족 이 되어서 집안 일을 하는 우리에 대한 예언이다.

2021년 6월 26일 지금 살아 있는 산 자에게 살아 계신 하나님이시 다. 날마다 너희 각자에게 주어진 십자가인 집안 일을 최선을 다해서 하 고, 말씀을 받고, 자신에게 영적인 전쟁, 인터넷으로 영적인 전쟁을 해야 하고… 이렇게 날마다 각자에게 주어진 일을 우리는 하고 있다. 나와 우 리 모두가 날마다 나에게 주어진 십자가를 지고 예수 그리스도께서 하나 님의 말씀을 땅에서 이루어 드렸듯이 우리는 영원히~ 또 자기 생각대로 죄를 지을까 봐 그런다. 온 세상 사람들이 생각지도 못하는 누림이 있다.)

[24]누구든지 제 목숨을 구원코자 하면 잃을 것이요 누구든지 나를 위 하여 제 목숨을 잃으면 구원하리라 [25]사람이 만일 온 천하를 얻고도 자기 를 잃든지 빼앗기든지 하면 무엇이 유익하리요 [26]누구든지 나와 내 말을 부끄러워하면 인자도 자기와 아버지와 거룩한 천사들의 영광으로 올 때 에 그 사람을 부끄러워하리라 [27]내가 참으로 너희에게 이르노니 여기 섰는

사람 중에 죽기 전에 하나님의 나라를 볼 자들도 있느니라"

종합하여 보면 이 본문들은 전부 당시가 아닌 '오는 세상'을 준비하는 지금 이 세대에 대한 예언이다. 예수님 당시에 그들이 죽기 전에 하나님 나라를 볼 자들도 있을 것이라고 하신 이 말씀에 천국의 비밀이 감추어져 있었다. 곧 하나님 나라는 예수 그리스도께서 대적자들에 의해 십자가에 죽으셨는데 삼 일 만에 다시 살아나셨다. 그 몸은 시공간을 초월하고 영원히 병들지도 아니하고 죽지도 아니하는 몸을 다시 받으신 것이다. 이를 두고 말씀하신 것이다.

다시 말하면 하나님 나라가 이 땅에서 실상이 되는 것을 아들을 통해서 당시에 보여 주셨던 것이다. 지금 이 말이 너무 중요하다. 당시 사도들, 사도 바울도 모두 죽기 전에 하나님 나라, 곧 부활하신 신령한 몸으로 다시 나타나신 그리스도를 보았다. 사도 바울 외에 다른 열한 사도들은 예수님의 한 몫의 삶도 보았고, 대적자들, 원수들에 의해 죽임당하신 것도 보았으며, 다시 부활하신 신령한 분, 그리스도도 보았다. 사도들이 육체가 죽기 전에 말이다.

그런데 신령한 몸으로 부활하시기 전에 사도들은 아들을 통해 하신 하나님의 말씀을 알아듣지도 못하고, 믿지도 않았다. 아들 또한 부활하시기 전과 신령한 몸으로 부활하신 후의 사역이 너무 달랐다. 한 몫의 삶일 때 사역은 '육의 일'에 속했고, 곧 '땅의 일'에 속했다. 그 결과는 제자들이 아무도 안 믿는 영적인 상태였다.

그래서 부활하신 후에 제자들에게 나타나셨지만 불과 삼 일 만인데도 알아보지 못했다. 엠마오로 가는 두 제자에게 나타나셔서 구약성경을 가지고 당신 자신에 대해서 자세하게 풀어 해석하실 때, 제자들의 마음이 뜨거워져서 그분이 하나님의 아들 그리스도인 줄을 알아보았다. 신령한 몸으로 부활하신 그리스도는 손과 발도 보이시고, 구운 생선 한 토막도 잡수시고, 자신임을 증명하신다. 부활하시기 전 사역과 신령한 몸으로 부활하신 후의 사역에는 2천 년 기독교 역사와 나를 통한 14년째 사역이 감추어져 있었다.

2008년 6월 16일에 종로 5가 한국교회 100주년 기념관에서 목회자 세미나를 할 때까지 땅에 있는 모든 목사들, 성경을 사용하여 가르치는 종교 지도자들은 전부 육체대로 성경을 보고, 사람의 말로 해석하여 가르쳤다. 나름 성경 학자, 성경 박사라는 사람들도 다 사람 차원을 벗어나지 못했다. 따라서 아무도 거듭나지 않았다. 그 결과 예수 그리스도에 대해서도, 성부 하나님에 대해서도 알지 못했고, 그러니 천국, 곧 하나님 나라도 어디서, 어떻게 이루어지는지 알지 못했던 것이다.

뿐만 아니라 다른 종교인들이나, 아무 종교가 없는 사람들과 일반이 되었고, 도리어 더 타락하고 부패한 것이다. 교회를 다니는 것만으로 교만하여 미친 언행을 해도 자신이 하는 언행이 이성이 없는 짐승 같은 상태임을 부끄러운 줄도 모르고 하고 있었던 것이다. 예수 이름으로 귀신 쫓고, 병 고치고, 온갖 이적을 행한다고 속고 속여도 수만, 수십만 명을 모으고 부자가 되어 있는데 이제 영적인 눈을 뜨고 영적인 잠에서 깨어나서 이성을 찾고 하나님의 지혜로 그들을 보니까 얼마나 미친 설교를 하고 있는지 보일 것이다.

이런 영적인 분별이 되는 것은 너희의 생각이 하나님의 말씀으로 변화되어 영혼이 정결해지고 있다는 증거다. 이렇게 하나님의 가르치심인 전대미문의 새 언약을 받고 있는 것은 온전한 중층의 소리를 넘어 상층의 소리를 받으면서 생각을 잡고 있는 귀신이 다 떠나면 거듭난 것이다. 육체가 살아서 하나님께서 거하시는 성전이 되는 것이다.

이런 지금의 실상을 예수 그리스도께서 부활하신 후에 40일간 하신 사역 속에 감추어 두셨던 것이다. 당시는 하나님께서 정하신 때가 아니었기 때문에 **"여기 섰는 사람 중에 죽기 전에 하나님 나라를 볼 자들도 있느니라"**고 하신 것이고, 하나님 나라는 신령한 몸이 되어 성경을 가지고 성경으로 자신에 대해서 자세히 설명하셨듯이, 14년째 나를 통한 이 일에 대한 예언이 감추어져 있었던 것이다.

또한 우리 안에서 낙원에 간 성도들이 죽기 전에 하나님 나라가 임한 것을 보고 죽었다. 그러나 자신들은 모르고 간 것이다. 증명한다.

공변됨으로 보존하신다는
영생에 대한 언약

호2:19~20 [19]내가 네게 장가들어 영원히 살되 의와 공변됨과 은총과 긍휼히 여김으로 네게 장가들며 [20]진실함으로 네게 장가들리니 네가 여호와를 알리라

이 예언은 절대 예수 그리스도에 대한 예언이 아니었다. 예수 그리스도께서 예언하시고 약속하신 또 다른 보혜사인 진리의 성령이 실상이 되어 올 것을 약속하신 예언이다. 진리의 성령이 실상이 되어 오면 '의'에 대해서, 곧 성부 하나님에 대해서 자세히 알게 하고, 죄에 대해서 밝히므로 얼마나 패역했는지 하나하나 알게 한다.

'공변됨'이란 '사사롭지 않고 정당하다, 치우침이 없이 공평하다'는 뜻으로 좌로나 우로나 치우치지 아니하고 정로를 가고 있는 14년째 이 일이며, 본문의 주인공이 '나'라는 명백한 증거다. 더 증명한다.

행8:32~33 [32]읽는 성경 귀절은 이것이니 일렀으되 저가 사지로 가는 양과 같이 끌리었고 털 깎는 자 앞에 있는 어린 양의 잠잠함과 같이 그 입을 열지 아니하였도다 [33]낮을 때에 공변된 판단을 받지 못하였으니 누가 가히 그 세대를 말하리요 그 생명이 땅에서 빼앗김이로다 하였거늘

예수 그리스도께서는 당시는 하나님께서 정하신 때가 아니어서 송사에 걸리셨을 때 공평한 판단을 받지 못하셨다. 이미 이렇게 될 것이 구약 전체에 예언되어 있었다. **욥31:35절**뿐만 아니라 창세기부터 다 예언되어 있었다. 예수는 대적의 기록한 소송장이 없었던 것이다. 사람 편에는 그러했지만 하나님 편에서는 그때는 온전한 때가 아니었고, 불가불 왕 노릇을 2천 년간 하도록 계획해 두셨던 것이다.

그러므로 **호2:19~20절**은 명백하게 나에 대한 예언이 맞다. 몇 군데 더 가보자. 공변됨은 다른 말로 표현하면 '**공평함, 공정함, 정의로움, 공**

의롭다'는 뜻이다. 이는 하나님만이 가지신 속성이다. 공평에 대해서 해답을 찾아 가자. **사9:1~7절**이다. 이 예언이 예수님 당시에 실상이 되는 것이 아니었다.

사9:1~7 [1]전에 고통하던 자에게는 흑암이 없으리로다 옛적에는 여호와께서 스불론 땅과 납달리 땅으로 멸시를 당케 하셨더니 후에는 해변 길과 요단 저편 이방의 갈릴리를 영화롭게 하셨느니라 [2]흑암에 행하던 백성이 큰 빛을 보고 사망의 그늘진 땅에 거하던 자에게 빛이 비취도다 [3]주께서 이 나라를 창성케 하시며 그 즐거움을 더하게 하셨으므로 추수하는 즐거움과 탈취물을 나누는 때의 즐거움같이 그들이 주의 앞에서 즐거워하오니 [4]이는 그들의 무겁게 멘 멍에와 그 어깨의 채찍과 그 압제자의 막대기를 꺾으시되 미디안의 날과 같이 하셨음이니이다 [5]어지러이 싸우는 군인의 갑옷과 피묻은 복장이 불에 섶같이 살라지리니 [6]이는 한 아기가 우리에게 났고 한 아들을 우리에게 주신 바 되었는데 그 어깨에는 정사를 메었고 그 이름은 기묘자라, 모사라, 전능하신 하나님이라, 영존하시는 아버지라, 평강의 왕이라 할 것임이라 [7]그 정사와 평강의 더함이 무궁하며 또 다윗의 위에 앉아서 그 나라를 굳게 세우고 지금 이후 영원토록 공평과 정의로 그것을 보존하실 것이라 만군의 여호와의 열심이 이를 이루시리라

지금까지 이 본문을 두고 성경대로 해석한다는 사람은 다 예수님 초림 때라고 한다. 이는 **마4:12~16절**에 다시 기록되어 있다. 구원의 복음이 갈릴리 지방에서부터 시작되어 퍼져 나갈 것을 예언함과 동시에, 지금 이

세대 나와 우리를 통해서 온전히 이루어질 예언이다. 영적인 추수 때인 지금 하나님께서 친히 온전케 하셔서 공평과 정의, 곧 '**공변됨**'으로 나와 성도들을 육체도 죽지 아니하고 영원히 보존하실 것을 예언하신 것이다.

다시 말하면 '**영생**'을 언약하신 것이다. 곧 다윗의 집의 열쇠를 받은 빌라델비아 교회의 사자를 통해서 온전케 하신다. 이 언약은 하나님께서 약속하신 땅에서 실상이 된다. 그래서 다음과 같이 예언하셨다.

요14:16~17 ¹⁶내가 아버지께 구하겠으니 그가 또 다른 보혜사를 너희에게 주사 영원토록 너희와 함께 있게 하시리니 ¹⁷저는 진리의 영이라 세상은 능히 저를 받지 못하나니 이는 저를 보지도 못하고 알지도 못함이라 그러나 너희는 저를 아나니 저는 너희와 함께 거하심이요 또 너희 속에 계시겠음이라

아들 예수님을 통해서 이미 영생하는 우리에 대해 예언해 두신 이대로 현재 실상이 되고 있다. 나와 우리 성도들이 이 땅에 사람으로 태어나기 전에 예언해 두신 그대로 하나님께서 경영하시고 계신다. 이런 진리를 안 믿는 것은 차라리 태어나지 아니한 것이 자신에게 더 유익하다.

다시 말한다. 나와 우리는 이미 영생을 주시기로 만세 전에 하나님께서 정해 두신 사람들이다. 다시는 의심하여 패역하면 안 된다. 이 영생을 믿으라고 예수 그리스도를 2025년 전에 이 땅에 보내셨던 것이다. 이제 예수 그리스도의 승천 후 2천 년이 다 되어 간다.

사16:1~5절에도 명백하게 지금 이 세대에 대하여 예언해 두셨다.

"¹너희는 이 땅 치리자에게 어린 양들을 드리되 셀라에서부터 광야를 지나 딸 시온산으로 보낼찌니라(전 세계 예수 이름 사용하는 모든 자들을 데리고 있는 목사들에게 교인들을 하나님께 드리라고 하신다. '셀라'는 '반석, 절벽'이라는 뜻으로 사해 남동쪽 80km 지점의 에돔 수도이며, 난공불락의 요새지이다.

유다 왕 아마샤는 이곳을 정복하여 '욕드엘'이라 불렀고, 바위 요새로 이루어져서 '견고한 성'이라 불렸으나, 오바댜 선지자에 의해 멸망이 선포되었다. 헬라 시대 때 나바테야 사람들은 이곳을 수도로 삼고 '페트라'(바위)로 불렀다. 지금 많은 사람들은 이 페트라를 예비처라고 말한다. 아니다. 절대 아니다. 그곳에서부터 전 세계 예수 믿는 모든 사람들은 다 **'광야'**, 곧 현재 **'교회를 지나 딸 시온산, 곧 낙토로 보낼찌니'**라는 뜻이다. 이를 누가 믿겠느냐? 그런데 때가 되면 택한 자녀들에게 알려진다. 이래서 온 세상에 우리가 누군지 광포해야 한다.)

²모압의 여자들은 아르논 나루에서 떠다니는 새같고 보금자리에서 흩어진 새 새끼 같을 것이라 ³너는 모략을 베풀며 공의로 판결하며 오정 때에 밤같이 그늘을 짓고 쫓겨난 자를 숨기며 도망한 자를 발각시키지 말며 ⁴나의 쫓겨난 자들로 너와 함께 있게 하되 너 모압은 멸절하는 자 앞에서 그 피할 곳이 되라 대저 토색하는 자가 망하였고 멸절하는 자가 그쳤고 압제하는 자가 이 땅에서 멸절하였으며 ⁵다윗의 장막에 왕위는 인자함으로 굳게 설 것이요 그 위에 앉을 자는 충실함으로 판결하며 공평을 구하며 의를 신속히 행하리라"

이 예언 또한 시온산, 곧 새 예루살렘에서 실상이 된다. 나와 우리에 대한 예언이다. 토색하는 자, 곧 사람의 영혼은 하나님의 것인데 교인들을 성경과 다른 거짓말로 설교하여 자신의 사람으로 만들고 영혼을 지옥 보내는 자, 다른 말로 교인들을 멸절한 자, 압제하는 자들을 하나님께서 심판하셔서 다시는 강단에 설 수 없는 지금 이 세대에 귀신의 처소에서 **빠져** 나오는 사람들을 함께 있게 하라고 하신다.

따라서 이 예언 또한 예수님 당시에 실상이 되는 것이 아니고, 지금 이 세대에 실상을 이루신다. 의를 신속히 행하는 지금 나에 대한 예언이 명백하다.

사람들이 빨리 왕래하고 지식이 더하는 이때를 두고 말씀하셨고, 무엇보다 예수 그리스도께서 승천하셔서 보내시겠다고 약속하신 진리의 성령이 실상으로 와서 '**의에 대하여**', 곧 영원히 의로우신 하나님에 대해서 하나님께서 친히 가르치실 때, 곧 **요6:45절**의 말씀이 사실이 된 14년째 이 일이 명백한 증거이며, **호2:19~20절**에 말씀하신 공변됨으로 좌로도 우로도 치우치지 아니하도록 인도하시는 하나님의 증거다.

더더욱 "**충실함으로 판결하며**"라는 말씀이 명백한 증거다. 판결이란 '일의 옳고 그름을 가려서 판단하는 일'을 뜻한다. 또 소송 사건에 대하여 법원이 법률에 따라 재판하는 일. 성경에서 판결을 주관하는 자는 재판장이다. 따라서 재판을 주관하시는 분은 하나님이신데, 하나님은 친히 진술치 아니하시고 반드시 사람을 사용하신다. 곧 재판장, 제사장, 사사, 황제, 각 지방의 장로, 오늘날 목사, 세상에서 판사가 재판하는데, 모든 재판은 하나님께 속했다고 하신다. 이 사실을 나의 이 송사를 통해 하나님께서 명백하게 증거하시고 계신다. 지금 이 시간에도~

말씀으로 증명한다. 나를 통해서 '충실함으로' 판결하고 계신다.

사2:2∼4 [2]말일에 여호와의 전의 산이 모든 산 꼭대기에 굳게 설 것이요 모든 작은 산 위에 뛰어나리니 만방이 그리로 모여들 것이라 [3]많은 백성이 가며 이르기를 오라 우리가 여호와의 산에 오르며 야곱의 하나님의 전에 이르자 그가 그 도로 우리에게 가르치실 것이라 우리가 그 길로 행하리라 하리니 이는 율법이 시온에서부터 나올 것이요 여호와의 말씀이 예루살렘에서부터 나올 것임이니라 [4]그가 열방 사이에 판단하시며 많은 백성을 판결하시리니 무리가 그 칼을 쳐서 보습을 만들고 그 창을 쳐서 낫을 만들 것이며 이 나라와 저 나라가 다시는 칼을 들고 서로 치지 아니하며 다시는 전쟁을 연습지 아니하리라

이미 14년째 하나님께서 '하나님의 도'로 가르치시고 계신다. 나를 사용하셔서 전대미문의 새 언약으로 2008년 6월 16일부터 지금 이 시간에도, 앞으로도 영원히 가르치신다. 이렇게 사용하시려고 "내가 네게 장가들어 영원히 살려 하심이라"고 하셨고, 그래서 "해를 입은 여자"라고 하셨으며, "나의 완전한 자는 하나뿐"이라고 하셨고, "현숙한 여자"라고 하신 것이고, "딸 시온산"이라고 하셨다.

또한 "내가 거룩하니 너희도 거룩하라"라고 하셨고, 그 무엇보다 "또 다른 보혜사요 진리의 성령"이라고 하셨고, "영원히 너희와 함께 거할 것이라"라고 예수 그리스도께서 하신 약속, 곧 하나님께서 아들을 통하여 하신 약속이 실상이 된 이 일이 바로 창세 이래 '하나님의 도'를 이 땅에

전한 사람이 단 한 명도 없었다는 명백한 증거다. 이래서 사람의 증거를 취하시지 않는다고 하셨던 것이다.

하나님의 도, 곧 여호와의 도를 가르칠 자가 없었으니 당연히 행한 자가 없었고, 이에 대한 명백한 증거가 바로 지난 역사다. '하나님의 도'로 가르침을 받았다면 반드시 지켜 실행하여 호2:19~20절의 말씀이 실상이 되었어야 했다. 그래서 에녹, 엘리야도 현재 육체도 죽지 아니하고 영생을 얻은 우리의 그림자요, 모형인 것이다. 이에 대해서도 영원히 증거한다.

여기서 14년째 이 일을 요6:45절의 말씀으로 증명을 하면 더 확신할 것이다.

요6:45 선지자의 글에 저희가 다 하나님의 가르치심을 받으리라 기록되었은즉 아버지께 듣고 배운 사람마다 내게로 오느니라

이 말씀이 현재 14년째 실행되어 이루어지고 있다. 이렇게 되어야 했고, 이루어졌기에 지켜 실행하는 우리가 실상이 된 것이다. 창세 이래 단 한 세대도 온전히 사실이 된 적이 없었던 새 일, 곧 영원한 언약이라는 것은 온 세상은 몰라도 은혜로교회 성도들은 다 안다.

이에 대한 증거가 마7:13~27절이다. 좁은 문, 생명으로 인도하는 문은 멸망으로 인도하는 자들에 의해 "이단이니~ 사이비니~" 하여 사람들이 듣지 못하게 하고, 들어도 교회에 실제 오지 못하게 만들어 버린 것이고, 이미 이 본문은 사실이 되어 나와 성도가 이 일로 2018년 7월 24일에 체포되어 감옥에 갇히고, 현재 2021년 6월 27일 주일 이날까지 재판이

진행되고 있다.

피지에까지 가서 우리 성도들을 옥에 넣고 삼 일 만에 풀어 주었으며, 드론까지 띄우고 언론, 형사 등 수십 명이 동원되어 짓밟고 온 세상에 치욕을 주어도 요동하지 않고 더 단단해진 성도들을 통해 **마7:13~27절**의 우리 교회에 대한 예언이 이루어지고 있다. 너무 명백하게 좁은 문, 생명으로 인도하는 길이 은혜로교회임을 3년이 다 된 나와 성도의 송사, 옥에 갇힘이 증명한다. 정신을 차리고 모두 성경을 찾아서 읽어라.

마7:13~27절 "¹³좁은 문으로 들어가라 멸망으로 인도하는 문은 크고 그 길이 넓어 그리로 들어가는 자가 많고 ¹⁴생명으로 인도하는 문은 좁고 길이 협착하여 찾는 이가 적음이니라 ¹⁵거짓 선지자들을 삼가라 양의 옷을 입고 너희에게 나아오나 속에는 노략질하는 이리라 ¹⁶그의 열매로 그들을 알찌니 가시나무에서 포도를, 또는 엉겅퀴에서 무화과를 따겠느냐 ¹⁷이와 같이 좋은 나무마다 아름다운 열매를 맺고 못된 나무가 나쁜 열매를 맺나니 ¹⁸좋은 나무가 나쁜 열매를 맺을 수 없고 못된 나무가 아름다운 열매를 맺을 수 없느니라 ¹⁹아름다운 열매를 맺지 아니하는 나무마다 찍혀 불에 던지우느니라 ²⁰이러므로 그의 열매로 그들을 알리라 ²¹나더러 주여 주여 하는 자마다 천국에 다 들어갈 것이 아니요 다만 하늘에 계신 내 아버지의 뜻대로 행하는 자라야 들어가리라(아버지의 뜻은 하나님만이 아셨으니 창세 이래 지금 이때까지 아버지의 뜻대로 행하는 자가 없었다. 2008년 6월 16일이 아버지의 뜻을 세상에 알리는 시작 날이었고, 따라서 아버지의 뜻대로 보고 듣고 믿고 지켜 실행한 이 일로 인하여 핍박을 받고 협착한 이 길, 곧 아버지의 뜻을 따라 행하였더니 이미 나와 우리에 대한 예언이 사실이었음을 이제 온 천하에 천명하고 있는 것이다.

진리는 이러한데 혀로 "오직 예수, 오직 예수" 하면 누구든지 다 죽어서 천국 간다고 새빨간 거짓말을 한 것이다. 낙원에 가는 자도 14년째 우리 안에서 이루어진 일이 거지 나사로에 대한 모형이 실상이 되었는데, 이 명백한 사실을 누가 믿겠느냐? 그들의 육의 가족들도 아직도 귀신 노릇 하는 것은 아직 하나님을 안 믿는 명백한 증거이고, 이는 예수 그리스도도, 진리의 성령도 안 믿는 패역함이다. 이런 패역을 고치시는 하나님의 완전한 지혜요 모략임을 낙토에 이주하여 나를 통해서 하신 말씀이 사실이 됨을 모두 다 보았지 않느냐?

천국은 땅에서 실상이 된다. 이미 내가 육체가 살아서 기록된 예언이 사실이 되어 증명하고 있는 이 일이다. 성도들 또한 하나님의 도를 받아서 한 몫의 삶을 버리고 계명을 지켜 순종하고 있는 이것이 내가, 우리가 좁은 문, 생명의 길임을 증명하는 것이고, 약속하신 땅에서 성전 된 나와 성도들을 통하여 온 세상에 알게 하신다. 이렇게 하나님의 뜻을 행하여 실상으로 들어가는 것이 천국이다. 천국은 비밀이라는 말도 안 믿는 자들이 바로 멸망으로 인도하는 크고 넓은 문들이고, 무저갱의 사자, 곧 지옥의 사자 아바돈이요 아볼루온들이다.)

²²그날에 많은 사람이 나더러 이르되 주여 주여 우리가 주의 이름으로 선지자 노릇 하며 주의 이름으로 귀신을 쫓아내며 주의 이름으로 많은 권능을 행치 아니하였나이까 하리니(지금 전 세상 교회 중에 한국 교회의 실상이 다 이러하고, 전 세계에 예수 이름으로 귀신 쫓고, 병 고치고, 예수 이름으로 무당짓 하고, 별의별 유행을 만들어 내어 가르친 목사가 많은

나라가 한국이다. 귀신이 가르친 지옥 불의 소리 방언으로 온 세상을 미혹하여 포도주로 인하여 곧 예수 이름으로 미치게 만들고, 멸망으로 인도하는 문이 되어 크고 넓어서 70~80만 교인들의 주인이 된 목사, 그 목사와 함께 용, 곧 사단, 마귀가 되어 부자 된 목사가 한둘이냐? 지금도 매주 금식기도원 이름으로 전면 광고가 나온다.[22] 죽은 자, 금식기도원 설립한 자 장모부터 한국에 유명하다는 목사는 그 신문에 자신들의 사진을 내고 여출일구 동일하게 부끄러움도 모르고 자랑하는 신문 광고가 나온다.

이들은 이 본문의 크고 넓은 문, 멸망으로 인도하는 문에 서 있는, 미운 물건들이라는 사실을 모른다. 귀신이 주인인 사람의 특징이 성경을 가지고 자신의 눈으로 보아도 하나님의 뜻은 단 한 절도 보이지 않는다. 귀신이 눈도, 귀도 다 막고 있다. 그래서 이렇게 말씀해 두셨다.

마12:22절에 "그때에 귀신 들려 눈 멀고 벙어리 된 자를 데리고 왔거늘 예수께서 고쳐 주시매 그 벙어리가 말하며 보게 된지라" 천국이 비밀인 것도, 당시에 귀신 들렸던 이 사람들이 그때 귀신이 다 떠난 것이 아니라는 사실도 아는 자가 없다. 증명된 사실인데도 말이다. 귀신이 그때 다 떠났으면 사람이 영생해야 한다.

예수님이 십자가상에서 "엘리 엘리 라마 사박다니"라고 하신 말 속에는 귀신의 정체를 모르면 절대 사람은 육체가 살아서 영생할 수 없다는 비밀이 감추어져 있다. 이 때문에 나로 인하여 실족하지 않는 자가 복이 있다고 하셨고, 네 오른눈, 오른손이 너를 범죄케 하거든 빼내 버리고 찍어 내버리라고 하셨고, 그렇게 해서라도 영생하라고 하셨으며 지옥 불에 가지 말라고 하셨던 것이다.

영적인 눈먼 자는 바로 귀신이 주인이 되어서 그렇다. 소경은 귀머거리, 벙어리다. 그래서 몰각한 목사를 '**벙어리 개**'라고 하셨다. 애완견들이 잘난 척하고 짖어 대는 목사들인 줄 알면 기절할 것이다. 귀신은 귀신을 쫓아낼 수 없다는 것을 하나님께서 교훈하신 것이다. 이런 사실을 아무것도 모르면서 예수 이름으로 귀신을 내쫓았다고 사기 친 희대의 사기꾼이 한국에서 나왔고,[23] 예수님 당시 사도들을 통하여 이미 다 교훈해 두셨다. 이렇게 다 말하려면 끝이 없다.

천국은 육체가 죽어서만 간다고 말하는 것 자체가 천국의 비밀을 하나도 모르는 무지몽매한 말이다. 이런 자는 '**영생**'이라는 단어가 무슨 뜻인지 모르는 자들이다. 온 천하에 하나님께 이런 진리를 가르침받고 있는 사람은 나와 우리뿐이다. 진실로 사실이다. 아무도 의심 안 해도 된다. 의심하는 자체가 네 주인이 귀신이다. 이 말을 알아듣는 성도는 지금 몇 명밖에 없다.

마7:22절의 "**그날**"은 2021년 6월 27일 지금 이날, 이때다. 좁은 문, 생명으로 인도하는 문이 2008년 6월 16일에 열리고 있는 이때를 두고 "**그날에**"라고 하신 것이다. 이때는 전 세계 78억 인류 중에 멸망으로 인도하는 크고 넓은 문에 대해서 실상을 내 두 눈으로 보고 있고, 경험했고, 지금도 다 보고 있다.

너무 명백한 것은 "예수 이름으로 귀신이 떠나갈지어다"라고 한 용, 사단, 마귀가 한국에서 나왔다. 예수 이름으로, 곧 주의 이름으로 선지자 노릇 하고 많은 권능을 행하여 부자 된 자도 한국에서 나왔다. 이런 불의하고 불법한 자 아래서 우리 모두는 종교생활을 했고, 그 결과는 너무 치명적이어서 이 보응을 14년째 받고 있는 것이다.

성경대로 보고 듣고 믿고 지켜 실행한 이 엄청난 일로 인하여, 곧 하나님 나라 천국 복음을 인하여 핍박을 받고 감옥에 갇힌 이 일이 내가, 우리가 하나님의 가르치심을 받고 있다는 증거이며, 이미 영생을 받은 증거다. 마12:22절의 이 말씀의 실상이 현재도 살아 있는 대한민국 교회 목사들이며, 이들이 전 세계 기독교인들을 미혹시켜 실족하게 만든 사단, 마귀이며 귀신들이다. 귀신의 처소가 어디인지, 누구인지 명백하게 보이면 답을 하거라. 아직 교만하고 거만하여 말씀을 업신여기는 자는 네가 행한 대로 너는 보응을 받는다. 문제는 떡덩이이니까 모두 같이 받는 것 때문에 티끌을 떨어 버리라고 하신 것이다.)

[23]그때에(지금 2021년 6월 27일 주일에) 내가(문자 그대로는 예수 그리스도께서, 온전한 말로는 하나님께서) 저희에게("주여 주여" 하며 주의 이름으로 선지자 노릇 하며, 주의 이름으로, 곧 예수 이름으로 귀신을 쫓아내며 예수 이름으로 많은 권능을 행하고 있는 전 세계 모든 자들, 곧 멸망으로 인도하는 크고 넓은 문에 있는 지도자들, 평신도이면서 꼬리가 머리 되어 있는 자들, 이들의 말이 맞다고 경배하며 하인 노릇 하는 모든 자들이 다 이 "저희"다.

이런 저희에게) 밝히 말하되(지금 나를 사용하셔서 밝히 말씀하시고 계신다. 문자적인 이 기록이 실상이 되어 지금 밝히 말하고 있는 것이다. 이는 진리의 성령이 실상이 되어야 "밝히 말하되"라고 하신 이 말씀이 사실이 되어 천국의 비밀, 하나님의 뜻이 밝혀지는 것이다. 지금 내가 밝히 말하되) 내가 너희를 도무지 알지 못하니 불법을 행하는 자들아 내게서 떠나가라 하리라"

예수 이름으로 병 고치고 예수 이름으로 혀만 사용하여 "귀신아 떠나갈지어다"라고 하여 귀신 쫓아내는 유명한 김기동 목사, 조용기 목사 등등 그들은 전부 불법을 행한 자들이다. 예수 그리스도께서도, 하나님께서도 알지 못하는 자들이다. 그런 그들이 예수 이름으로 사기 치고 살인하고 도둑질하여 부자가 되었고, 그를 부자 되게 만든 자들은 다 같은 자들인 교인들이다. 그래서 관원이 악하면 그 하인들, 곧 교인들도 다 악하다고 하셨다.

그런데 교만한 교인들은 목사가 잘못되었고, 자신들은 그런 목사들 때문이라고 생각하는 귀신들이더라. 우리 안에서 보았다. 그런 인간은 더 악한 인간이다. 분수를 모르고 너도 그 부자같이 되고 싶어서 헌금하고 따라다니고, 그를 우상 만든 것이다. 너는 우상숭배 한 자다. 마귀에게 제사한 주제에 어디 그 더러운 생각으로 교만하고 거만하냐~ 이 분수도 모르는 인간들의 이름들도 부르고 싶지 않다. 귀신은 진실로 분수를 모르고 나댄다.

지금 이 시간에도 너희 이런 귀신들이 눈에 선하다. 귀신 이름도 부르고 싶지 않을 만큼 미친 귀신들아, 게으르고 더러운 그 언행은 언제 고칠래? 너 같은 귀신을 두고 티끌이라고 하는 거다. 너희 곁에 함께 있는 귀신들을 보고 너를 보아라. 네가 얼마나 더러운지, 얼마나 게으른지, 얼마나 분수도 모르는지를 보아라. 거울을 보고도 왜 안 씻나, 이 더러운 귀신들아~

흉악한 귀신들은 그러더라. 내가 목사를 싫어하고 그래서 타작한다고 하더라. 그런 너에게 말한다. 그런 흉악한 자들을 불쌍히 여겨 살리려는 하나님의 사랑을 귀신인 네가 어찌 아나~ 낱낱이 밝혀 주마, 너희가 얼마나 더러운 귀신들인지~ 용, 사단, 마귀에도 들지 못하는 티끌로 이 세상에서도, 오는 세상에서도 사함을 못 받는 너라는 것을 밝히 판결하여 네가 직접 겪게 해 주마.

죽기를 소원하는 자는 죽어야 한다. 혀로, 생각으로, 마음으로 이 진리를 멸시하고 업신여기며 무시한 너는, 네가 너를 자해한 짐승이다. 이제 우리 안에 짐승은 함께 존재할 수 없다. 경고 3번으로 끝이다. 다시는 봐 주지 않는다. 그 더러운 얼굴, 더러운 이름, 더러운 언행을 보고 하나님의 아들들, 백성들로 하여금 거울을 보고 더러운 것을 씻으라고 너를 의인과 함께 공존해 있게 한 것이다. 거룩한 자들로 거듭나 버리면 너 같은 귀신은 지옥으로 간다. 이 불쌍한 귀신들아, 그만 자해해라.

불법을 행하고 있었으면서 목사라고 목을 쳐들고, 섬김받고, 사기 치고, 살인한 자들이 바로 목사들이었다. 성경은 단 한 절도 모르면서 어디서 교만을 떠나~ 어디서 사모라고 교만하나, 이 살인자들아~ 살인자들은 이 세상 법에서도 무기징역, 사형이다. 그들은 절대로 하나님 나라에 들어가지 못하는데 살인자들이 "예수, 예수" 하면 천국을 죽어서 간다고 속여서 웃으면서 사형당하게 돕는 지옥의 사자다. 그러면서 자신은 교도소 선교했다고 거짓 자랑한다.

그런 목사, 그런 사모가 부끄러운 줄도 모르고 '내가 사모인데~' 하나, 이 흉악한 귀신들아. 너희를 성도라고도 부르지 마라. 사용하지도 말아라. 어디 온갖 게으르고 더러운 짓만 다 한 귀신이 귀신임을 너 스스로 자랑하나?

너 같은 귀신을 낙토에까지 보내고 한 이유를 너는 죽었다가 살아나도 모르는 참 진리가 14년째 이 일이다. 티끌이라는 것을 자랑하고 죽어 보아라, 그때 네가 간 곳이 지옥 불못인 줄 알 테니까~ 너무 기가 차서 다시는 너희 그 더러운 얼굴 보고 싶지 않다. 영원히 너 같은 것들이 혀로 말하는 예수를 너는 볼 수 없다. 그래서 육체가 죽어서 지옥 불에서 "아~ 천국은 없구나" 하며 네 남편 목사와 같이 혀에 물 한 방울 못 먹고 영벌을 받아라. 이보다 더 미친 귀신들은 진짜 부끄러워서 끔찍하다. 그 자식들 때문에 기다려 주는 거다. 네가 낳은 자식을 보고 네가 하는 언행이 얼마나 더러운지 거울을 보고 깨달아라. 이 배은망덕한 짐승들아~

하나님도, 예수님도 알지 못한다고 하신 이 본문은 너는 소경이 되어 안 보이지? 그래서 고소한 그들의 말을 들은 네 남편 목사가 왔다가 갔다고 자랑하느냐? 이 흉악한 귀신아, 기분 나쁘면 나가서 너희 집인 지옥으로 가라. 너 같은 자 몸을 빌어 이 땅에 태어난 자식들이 불쌍해서 기다려 주는 줄도 모르고 어디서 귀신 언행을 계속 하나?

사람의 생각대로 하는 일이면 너희 80%는 다 저 북한이나 아프리카 오지에 데려다 버려야 할 자들이다. 이 일은 하나님의 일방적인 사랑으로 예정해 둔 일이기에 모든 것을 참고 기다려 주니까 도저히 두고 보실 수 없어서 대체육체들과 세상에 속한 자들, 악인들을 격동시켜서 나를 옥에 가두게 허락하신 것이다.

갇히는 그날까지 한 명도 거듭난 사람이 없었다. 이 사실 앞에 나는 아프고 아파서 베트남은 두 번 다시 보고 싶지 않은 나라가 되었다. 결국 이 모든 일들은 하나님께서 이미 다 계획해 두신 그대로 실행이 되고 있다. 온 세상 그 누구도 하나님의 도를 몰랐고, 따라서 행한 사람도 없었다는 것을 누구도 아니라고 할 수 없는 너무 명백한 사실임을 보게 하고, 증명하게 하신 하나님의 완전한 지혜요 모략이었다.

이 좁고 협착한 길, 곧 생명의 길은 하나님께서 친히 가르치시고 나는 대언하는 하나님의 성전이다. 그래서 한 영혼이 온 천하보다 귀하다고 하신 것이다. 이래서 나는 '믿음'이다. 아무도 믿지 않고, 보지도 않았고, 지켜 실행하지 않았던 하나님의 뜻, 감추어 두신 천국의 비밀을 믿고 지켜 실행했다. 하나님께서 이렇게 만세 전에 택하여 정하시고, 당신이 정하신 시간에 땅에 그대로 사실이 되어 성취되고 있는 이 기이한 일이 실상이 되어 있는 내가 바로 좁은 문, 생명의 길이며, 이는 내 뜻이 아니고, 이렇게 정하신 하나님의 뜻이다.

그러니 아무것도 모르는 귀신은 나를 미워하고 시기하고 어린 손주까지 미워하고 대적의 기록한 소송장에도 평강이 이름이 올라와 있다. 평강이가 육으로도, 영으로도 온전히 내 손주로 온 것도 하나님께서 하신 일이다. 귀신 너는, 너를 그렇게 쓰시는 것이다. 계속 미친 짓하고 자해하면 너는 지옥 불에 떨어질 마귀의 자식이다.

이 말은 너를 살리기 위한 마지막 사랑의 타작이다. 귀신이 주인이면 시간과 관계없이 무엇이든지 자기 생각, 자기 마음, 자기 육체대로 생각하고 행동하다가 네 생각의 결과로 인하여 영원히 망하는 것이다. 너희 그 더러운 속을 몰라서 가만히 있은 줄 알고 지금도 속이고 있는 너~ 너는 영원히 예수 그리스도를 못 보는 줄 알아라. "너희가 다시 나를 보지 못하리라"라고 하셨는데도 안 믿고 고집부리는 귀신이 바로 너다.

하나님의 뜻을 알아야 행하고, 행해서 지켜 실행해야 들어가는 곳이 천국, 곧 하나님 나라다. 이미 이 세상에 속한 자들이 하는 모든 근심, 이생의 염려를 하지 않고 맡겨진 일에 최선을 다하면 되는 삶을 살고 있어도, 지옥이 좋다고 하는 귀신은 죽어 지옥에서 영원히 고통받으며 벌을 받아야 하는 것이 마땅하다.

온 세상이 다 악한 자 아래 처해 있다고 하신 **요일5:19절**의 말씀이 진실로 사실이다. 악한 자들이 만지지 못하도록 지키고 있건만, **18절**의 말씀이 사실이 되어 있어도 안 믿는 귀신은 차라리 이 땅에 태어나지 않은 것이 너에게 유익했다. 고소한 그들을 보아라. 사실이다. 나를 대적하여 옥에 가둔 이 일이 그들에게 합법적으로 지옥 불에 떨어질 지옥의 자식들임을 증명한 것이다. 쟁기를 잡고 가다가 뒤를 돌아본 자들 모두 하나님 나라에 들어올 수 없는 자들이다. 합당치 않았기에 깨달음을 주시지 않은 것이다.

세상 의사가 암이 뼛속 깊이 퍼져 있는 것을 알려 줄 때까지 모르고 있는 너는, 하나님 앞에 한 언행은 뒤돌아보지 않는 너는 누구냐? 거지 나사로냐? 순교자냐? 지옥의 자식이냐? 구경꾼으로 있다가 적당하게 거리 두고 믿는 척하는 너는 누구냐? 이 안에 갇혀 있다고 너희 언행을 모를까? 흉악한 자칭 목사, 집사들아~ 더러운 가장을 언제까지 할래?

낙토에까지 가서 쫓겨 와도 단 한 가지도 변화된 것이 없이 말쟁이, 너는 누구며, 어디서 교만을 떠나, 이 천하에 악독한 것들아~ 성도라는 용어를 쓰지 마라. 어디서 성도라고 사용하나, 이 못된 귀신들아~ 도무지 너를 알지 못한다고 하시는 이 말씀에 오금이 저려야 한다. "주여 주여"

한다고 다 들어가는 곳이 아님을 실상으로 보여 주어도 안 믿는 너는 귀신이다.

'말씀도 많이 안 들었는데 왜 거듭났다고 하나' 하고 다니엘 성도를 시기하는 귀신들아, 다니엘 성도는 이미 순종하여 갈 바를 알지 못하고 길을 떠나서 낙토를 찾았다. 네 수준에서 어떻게 하나님께서 하신 이 큰 일을 깨닫겠느냐? 내 육체를 빌어 왔을 뿐 그는 하나님의 아들이며, 영영한 사역자다. 너희 같은 귀신들이 죄를 지어 죽을까 봐 안청환을 낙토에서 대표로 세웠고, 그는 저 스스로 도망을 갔다.

처음부터 다니엘을 세웠어야 했다. 세월이 흘러 너희 모두 다시 창조되어 성장하면, 시간이 흐르면 흐를수록 뼈저리게 절감하고 부끄러워 고개를 들 수 없을 것이다. 너도 네 분수를 모르는 자다. 온 세상 사람 중에 78억 명의 인간 중에 너를 택하셔서 이 진리를 받게 하고, 이미 약속하신 땅에 이사까지 해서 다시 창조하시고 계신 하나님의 사랑은 점 하나도 모르는 너는 죽어 마땅한 귀신이다. 너는 그릇이 그것밖에 안 되는 자다. 네 가치는 네가 만들어야 한다고 그렇게 말해도 단 한 마디도 안 듣고 안 지키는 너는 아직 귀신이다. 어디서 네 마음대로 판단하고 시기하여 질투하고 미워하나? 보이는 육으로도 비교도 안 되는 네가 인간이냐?

하나님을 믿는 것은 지금의 너도, 과거의 너도, 미래의 너도 네 기준이 아니라 매일, 매사에 너라는 것과 하나님은 하나님이심을 인정하고 시인하는 삶이어야 한다. 네 계획, 네 뜻대로 부모를 선택해서 이 땅에 태어났느냐? 이 귀신아, 답해라. 근본이 없는 귀신은 너같이 무엇이든지 너 자신을 네가 자해하는 거다. 짐승만도 못한 무지몽매한 인간이 감사가 없이 매사에 불평, 불만하고 죄 짓고 죽을 짓만 한다.

　너희들이 한 모든 언행들을 나는 다 기억한다. 그런데 하나님은 어떠하시겠느냐? 이 무지몽매한 자들아, 하나님의 뜻대로 행하는 자가 들어가는 곳이 천국이다. 언제나 그 상상에서 잠을 깰래? 언제까지 천국도 상상하고 혀로 "오직 예수" 하고 말쟁이로 살래?

　나는 14년째 하나님의 뜻을 대언했고, 지켜 실행했다. 약속하신 땅에 간 것도 하나님의 뜻을 따라 갔고 이사한 것이다. 이미 보이는 이 세상을 창조하실 때부터 예비해 두신 땅이 낙토다. 하나님께서 영원히 거하시는 처소가 된 나와 우리를, 이 세상에 성경에 기록된 모든 재앙을 내리실 때, 육체도 보존하여 죽지 아니하고 영원히 살게 하시려는 하나님의 사랑하심이다.

　그곳에 있으면서 그렇게 더러운 귀신에게 일생 종노릇하고 산 것도 부족해서 낙토에서 감옥에 갇혀 있다고 생각하고, 철장에 갇혀 있다고 생각을 해? 이 천하에 배은망덕한 인간들아~ 북한같이 감시한다고? 이 천하에 나쁜 인생들아, 제발 나가라. 너희 없어도 하나님은 누구를 통해서든 일을 하신다. 인간에게 종살이하다가 지옥에 가는 것이 네 소원이니 그렇게 살아라. 나가 달라고 수없이 수없이 말해도 안 듣는 너는 다시는 보고 싶지 않다.

　하나님의 뜻은 전 성경을 기록한 저자들도 몰랐다. 증명한다.

출34:27 여호와께서 모세에게 이르시되 너는 이 말들을 기록하라 내가 이 말들의 뜻대로 너와 이스라엘과 언약을 세웠음이니라 하시니라 출애굽기 34장에 예언하신 이 말씀들의 뜻을 모세는 몰랐다. 전 성경을 기록한 저자들도 몰랐다. 예수 그리스도께서도 몰랐다. 믿든 안 믿든 사실이다.

증명한다. 시40:8절의 저자는 다윗이다. 다윗이 고백한 이 말씀이 다윗에게 실상이 되었느냐? 시40:1~17절까지 찾아서 읽어라.

8절 "나의 하나님이여 내가 주의 뜻 행하기를 즐기오니 주의 법이 나의 심중에 있나이다"라고 한 이 말이 다윗왕의 기도인데 실상이 본인에게 이루어졌느냐? 아니다. 증거가 육체가 죽었다. 이 말씀은 당연히 첫째는 예수 그리스도께서 다윗의 자손으로 오실 것을 예언해 두신 것이지만, 이 세대 나와 은혜로교회 성도들에 대한 예언이다. 증명한다.

시40:1~7 ¹내가 여호와를 기다리고 기다렸더니 귀를 기울이사 나의 부르짖음을 들으셨도다 ²나를 기가 막힐 웅덩이와 수렁에서 끌어 올리시고 내 발을 반석 위에 두사 내 걸음을 견고케 하셨도다 ³새 노래 곧 우리 하나님께 올릴 찬송을 내 입에 두셨으니 많은 사람이 보고 두려워하여 여호와를 의지하리로다 ⁴여호와를 의지하고 교만한 자와 거짓에 치우치는 자를 돌아보지 아니하는 자는 복이 있도다 ⁵여호와 나의 하나님이여 주의 행하신 기적이 많고 우리를 향하신 주의 생각도 많도소이다 내가 들어 말하고자 하나 주의 앞에 베풀 수도 없고 그 수를 셀 수도 없나이다 ⁶주께서 나의 귀를 통하여 들리시기를 제사와 예물을 기뻐 아니하시며 번제와 속죄제를 요구치 아니하신다 하신지라 ⁷그때에 내가 말하기를 내가 왔나이다 나를 가리켜 기록한 것이 두루마리 책에 있나이다 이렇게 새 노래인 전대미문의 새 언약을 2008년 6월 16일부터 시작하여 부르고 있고, 나에 대한 예언이 이미 창세기부터 요한계시록까지 성경, 곧 두루마리 책에 기록이 되어 있었음을 14년째 여러분들에게 명백하게 증명하고 있다, 지금 이 시간에도. 예수 그리스도께서 성경은 당신에 대한 기록이라고 하신 예언도 폐하고, 여러분 모두가 성경을 다 안다고 생각한 지식도 폐하고, 방언도 폐하고 있는데 알아듣는 성도가 적다, 아직은~

예수 그리스도에 대한 예언이 아니라는 증거를 **히10:1~18절**을 찾아서 합독하거라. 이 본문을 두고 중층의 소리로 하면 예수 그리스도에 대한 말이라고 해석할 수 있으나, 명백하게 의문이 풀어지는 말씀이 아니다. 그래서 **히브리서 8장**의 새 언약이 우리의 14년째 이 언약이었음을 먼저 인식하지 아니하면 안 보인다. 또한 2천 년간 땅의 역사가 이 본문을 예수 그리스도에 대한 예언이 아니었음을 증명해 준다. 당시 제자들조차 온전케 되지 않았고, 온전한 것인 내가 실상이 되어야 이 본문은 물론이고, 전 성경 속에 감추어진 하나님의 뜻이 밝혀진다.

그래서 **5~7절**을 보자. "⁵그러므로 세상에 임하실 때에 가라사대 하나님이 제사와 예물을 원치 아니하시고 오직 나를 위하여 한 몸을 예비하셨도다(이 한 몸이 '나'다. **호2:19~20절**의 실상이 된 몸, 해를 입은 여자, 셋이 하나 된 몸, 육체도 죽지 아니하고 살아서 하나님의 거하시는 성전이 되는 사람인 나에 대한 예언이며, 나와 함께 영원한 가족이 되어 거룩한 떡덩이가 되는 여러분들에 대한 예언도 이 한 몸에 감추어져 있다. 그래서 **아6:9절**에도 예언해 두신 것이다. "나의 완전한 자는 하나뿐이로구나 그는 그 어미의 외딸이요"라고 하셨던 것이다. 믿든 안 믿든 사실이다. 영원히 증명된다.)

⁶전체로 번제함과 속죄제는 기뻐하지 아니하시나니(이 예언의 기간은 2천 년 동안 예수 이름 사용하여 혀로 "오직 예수" 말만 하면 이미 구원받았다고 가르친 기간이 감추어져 있다.) ⁷이에 내가 말하기를 하나님이여 보시옵소서 두루마리 책에 나를 가리켜 기록한 것과 같이 하나님의 뜻을 행하러 왔나이다 하시니라(7절은 예수 그리스도에 대한 예언도 맞지만, 더 온전한 것은 나에 대한 예언이다. 그래서 예수 그리스도께서 당신이 승천하셔야 너희에게 유익하다고 하셨던 것이다.)"

히10:12~18 ¹²오직 그리스도는 죄를 위하여 한 영원한 제사를 드리시고 하나님 우편에 앉으사 ¹³그 후에 자기 원수들로 자기 발등상이 되게 하실 때까지 기다리시나니 ¹⁴저가 한 제물로 거룩하게 된 자들을 영원히 온전케 하셨느니라 ¹⁵또한 성령이 우리에게 증거하시되 ¹⁶주께서 가라사대 그날 후로는 저희와 세울 언약이 이것이라 하시고 내 법을 저희 마음에 두고 저희 생각에 기록하리라 하신 후에 ¹⁷또 저희 죄와 저희 불법을 내가 다시 기억지 아니하리라 하셨으니 ¹⁸이것을 사하셨은즉 다시 죄를 위하여 제사드릴 것이 없느니라

이 예언이 바로 **시40:1~8절**에 기록된 말씀을 다시 하신 것이다.

따라서 주의 뜻, 곧 하나님의 말씀이 사람의 마음에 새겨지려면 반드시 새 언약, 곧 새 노래로 모든 불법에서 돌이키고, 하나님의 말씀대로 보고 듣고 지켜 실행하여 영원히 죄를 짓게 만드는 귀신에게서 자유해져야 한다. 이렇게 실상이 되는 주인공은 전 성경 기록 목적에 해당하

는 이 세대에 우리에 대한 예언이다. 이 예언이 사실이 되어 이루어지고 있으니 **시40:8절** 또한 나에 대한 예언, 우리에 대한 예언이 명백하다. **시 103:17~22절**도 나와 우리에 대한 예언이다. 곧 하나님의 뜻을 14년째 이루어가고 있는 실상이 되었다.

시103:17~22 [17]여호와의 인자하심은 자기를 경외하는 자에게 영원부터 영원까지 이르며 그의 의는 자손의 자손에게 미치리니 [18]곧 그 언약을 지키고 그 법도를 기억하여 행하는 자에게로다 [19]여호와께서 그 보좌를 하늘에 세우시고 그 정권으로 만유를 통치하시도다 [20]능력이 있어 여호와의 말씀을 이루며 그 말씀의 소리를 듣는 너희 천사여 여호와를 송축하라 [21]여호와를 봉사하여 그 뜻을 행하는 너희 모든 천군이여 여호와를 송축하라 [22]여호와의 지으심을 받고 그 다스리시는 모든 곳에 있는 너희여 여호와를 송축하라 내 영혼아 여호와를 송축하라

나와 우리를 향하신 이 계획은 만세 전, 곧 영원부터 영원까지 이미 계획이 되어 있었던 하나님의 뜻이다. 그러니 하나님의 말씀을 받고 지켜 실행하고 있는 모든 것은 이미 하나님께서 정하신 대로 경영해 가시는 것이다. 사람이 몰랐던 것이다. 우리가 하나님을 안다는 것은 오직 기록된 진리를 진리로 해석해서 밝혀지는 하나님의 가르치심으로만 알게 된다. 이런 참 진리를 수년씩 받고도 단 한 절도 안 믿는 자들을 우리 모두는 다 보았다. 이렇게 하나님의 뜻을 받고 마음에 믿고 행하는 자들이 천국에 들어간다. 이런 자들이 영생을 하는 것이다.

그런데 너희들이 한 몫의 삶을 살 때 다녔던 교회에서 단 한 절의 하나님의 뜻을 진리대로 전한 목사가 있었느냐? 없었다. 있었다면 전대미문의 새 일인 새 언약이라고 하면 안 된다. 아들 예수 그리스도도 몰랐던 하나님의 뜻이다. 다윗의 입을 통해, 손을 빌어 기록된 이 예언은 당시 다윗왕 자신이 실상이 되는 말씀이 아니었고, 다윗의 자손으로 이 땅에 오신 예수님이 실상이 되는 예언이 아니었으며, 예수 그리스도를 진실로 믿는, 그래서 계명대로 지켜 실행하는 우리에 대한 예언이 확실하다.

그래서 반드시 하나님의 뜻을 행하는 자들에게 허락하신 복이 하나님께서 주신다고 하신 '**영원한 언약**'이며, 최고 핵심은 '**영생**'이다.

요일2:15~17 [15]이 세상이나 세상에 있는 것들을 사랑치 말라 누구든지 세상을 사랑하면 아버지의 사랑이 그 속에 있지 아니하니 [16]이는 세상에 있는 모든 것이 육신의 정욕과 안목의 정욕과 이생의 자랑이니 다 아버지께로 좇아 온 것이 아니요 세상으로 좇아 온 것이라 [17]이 세상도, 그 정욕도 지나가되 오직 하나님의 뜻을 행하는 이는 영원히 거하느니라

하나님의 뜻은 문자적인 기록 속에 감추어 두셨다. 이 뜻이 나를 통해 14년째 땅에 선포되고 있고, 이 뜻대로 지켜 실행한 우리가 바로 천국에 들어가는 것이다. 죽어서 가는 곳이 아니다. 그래서 예수 그리스도께서도 한 번 죽으시고 부활하셨지만, 당시는 때가 아니어서 이 시간까지 우편에 계시는 것이다.

나와 우리를 향한 전 성경 기록 목적은 앞으로도 영원히 증명된다.

아무나 원한다고 가는 길이 아니고, 자신이 원하지 않았다고 해서 못 가는 길도 아니며, 이미 하나님 편에서는 정해 두신 그릇대로 각자에게 자유의지를 주셨지만 그 자유의지로 하나님의 뜻을 좇아 따라온 것도 뒤돌아보면 하나님의 은혜였다.

'영생'을 얻기로 정해진 자는 하나님께서 반드시 다 찾으시고, 세상 어디에 있든 듣게 하시고, 모으실 것이다. 이렇게 모으시는 데도 반드시 사람을 사용하신다. 이런 진리를 훼방한 자들로 인해 이 생명의 길이 협착해진 것이다. 이런 천국이 실상이 된 자를 "이단이니~ 사이비니~" 하며 훼방한 자들은 하나님의 선한 일을 대적하고, 옥에 가두고, 혀로 글로 학대하여 짓밟는 행위이니 이제 남은 것은 심판밖에 없다.

불법을 행하는 자들이 예수 이름으로 귀신 쫓고, 권능을 행하고, 선지자 노릇 하는 것이다. 이런 자들에게 겪는 핍박, 이런 불법하는 자들에 의해 길이 좁고 협착해진 것이다. 이렇게 좁은 곳에 가두어 두고 치욕을 주어도 하나님의 말씀은 매이지 않고 끊임없이 열어 주시고 계신 것을 알기에 자신 속에 있는 귀신은 공개하여 죽고 이기는 삶을 살아가고 있는 것이 병준 성도다. 반드시 된다. 죄를 짓지 아니하고도 삶을 살 수 있다는 것을 나를 통해, 우리를 통해서 온 세상에 나타내셔서 하나님은 진실로 살아 계심을 실상이 되어 증거하는 것이 우리에게 주어진 사명이다. 지금 잠시 이 세상과 구별되어 살지만 다시 태어나면, 하나님께서 정하신 때가 되면 이 세상 사람들은 상상조차 할 수 없는 모든 것을 다 누린다.

2천 년 만에 밝혀지는
창수, 마른 풀, 검불, 거짓 선지자의 정체

불의의 창수를 일으키는
자칭 기독교인들

마7:24~25 [24]그러므로 누구든지 나의 이 말을 듣고 행하는 자는 그 집을 반석 위에 지은 지혜로운 사람 같으리니 [25]비가 내리고 창수가 나고 바람이 불어 그 집에 부딪히되 무너지지 아니하나니 이는 주초를 반석 위에 놓은 연고요

'창수'란 강물이 불어서 넘치는 물, 홍수를 뜻한다. 영적으로 홍수는 나를 이단~ 사이비~ 흉악범으로 몰아서 온갖 더러운 말로 10년을 넘게

인터넷 신문, 방송, 뉴스, 교회 강단에서 목사들이 이단이라 말하고, 문서를 만들어 피지 감리교회까지 보내어 홍수가 되어 덮치고, 실제 홍수도 겪는 것을 두고 이렇게 예언해 두신 것이다. 이인규 권사 한 손가락에 의해 비처럼 내리더니 홍수가 되어 나와 성도들을 옥에 가둔 것이다. 이에 대해서 증명한다.

이 본문에 "창수가 나고"라는 이 예언이 나와 우리에 대한 예언임을 증명하는 말씀이 **삼하22:4~9절**이다.

삼하22:4~9절에 "⁴내가 찬송 받으실 여호와께 아뢰리니 내 원수들에게서 구원을 얻으리로다 ⁵사망의 물결이 나를 에우고(사망의 세력 잡은 자 마귀들이 나를 욕하고 비방하여 짓밟고 죽이는 말, 글들이 일파만파 퍼져 이단, 사이비, 사이비 교주, 흉악범, 7년 징역형을 받은 자 등등 온갖 더러운 말들이 나를 에워싸서 결국 옥에까지 갇힌 것이다. 아이들까지 새빨간 거짓말을 하는 것을 두고 '**사망의 물결**'에 비유하신 것이다.

이 말씀을 문자 그대로 보면 다윗의 승전가인데 다윗이 겪은 일을 두고 하신 말씀만이 아니고, 먼저는 다윗의 후손으로 오신 예수 그리스도께서 이렇게 사망의 세력 잡은 자 마귀들에 의해 사형을 당하실 것과 여호와의 날, 인자의 날인 지금 이때 나와 우리를 통해 온전히 이루어지는 예언이다. 곧 다윗의 집의 열쇠를 받은 빌라델비아 교회 사자에게 자칭 유대인이라 하나 아니고, 사단의 회에 속한 자들이 온갖 더러운 말로 나를 에우고라는 뜻이다.)

불의의 창수가 나를 두렵게 하였으며(불의한 재판관들이 일하는 시기가 끝나는 말일에, 세상 끝에 이들 불의에 대해서 책망을 하니까 미워서

10년을 넘게 이렇게 괴롭히고, 7년 징역형을 판결하고 죽여 버린단 말은 예사로 듣게 된다. 이 예언이 바로 **마7:25절**의 "비가 내리고 창수가 나며"라는 말씀과 동일한 뜻으로, 불의한 재판관들인 목사들이 한 '이단, 사이비'라는 말이 치명적인 불의의 창수, 사망의 물결이라는 뜻이다. BC 1000~900년에 **삼하22:5절**에 기록되었고, AD 55년에 기록된 마태복음 예언이 2010년부터 실상이 되어 나한테 이루어져 오다가 2021년 6월 27일 현재 온전히 사실이 되어 증명하시는 하나님의 증거다.)

[6]음부의 줄이 나를 두르고(먼저는 예수 그리스도께도, 사도들에게도 이 예언이 실상이 되었고, 지금 이 세대는 나에게, 우리에게 지옥의 사자들, 마귀의 세력들이 줄로 묶어 나를 두르고 감옥에 넣은 것이다.) 사망의 올무가 내게 이르렀도다 [7]내가 환난 중에서 여호와께 아뢰며 나의 하나님께 아뢰었더니 저가 그 전에서 내 소리를 들으심이여 나의 부르짖음이 그 귀에 들렸도다 [8]이에 땅이 진동하고 떨며 하늘 기초가 요동하고 흔들렸으니 그의 진노를 인함이로다 [9]그 코에서 연기가 오르고 입에서 불이 나와 사름이여 그 불에 숯이 피었도다" 같은 사건이 **시편 18편**에도 예언되어 있다.

이 예언은 다윗의 후손으로 이 땅에 오실 예수 그리스도에 대한 예언도 맞지만, 온전한 하나님의 뜻은 지금 나에 대해서 예언하셨고, 이미 사실이 되어 이루어지고 있는 말씀이다. 또 BC 400년경에 기록한 **욥 22:10~11절**에도 예언되어 있었다.

욥22:10~11 [10]이러므로 올무들이 너를 둘러 있고 두려움이 홀연히 너를 침범하며 [11]어두움이 너로 보지 못하게 하고 창수가 너를 덮느니라

2천 년간 어두움이 지배하는 세상에서 성경과 다른 거짓말을 듣고 믿어서 온 세상이 캄캄한 흑암 아래, 곧 죄 아래 있는 중에 영적인 깊은 잠을 자든지, 아예 죽어 있는 상태라 들리지도 보이지도 않고, 들으려고도 하지 않는다. 예수 그리스도께서 오셨을 때도 그랬고, 지금 이 세대는 더 심하다.

요1:5 빛이 어두움에 비취되 어두움이 깨닫지 못하더라

귀신이 주인일 때를 어두움에 비유하신 것이다. 그래서 악인을 '어두움'이라고 한다.

잠4:19 악인의 길은 어둠 같아서 그가 거쳐 넘어져도 그것이 무엇인지 깨닫지 못하느니라

악인들은 예수 그리스도도 알아보지 못하고, 도리어 창수가 되어 세상 법에 넘기고 사형시킨 것을 "창수가 너를 덮느니라"라고 하신 것이다. 그리고 이 예언은 21세기 지금 이 세대에 나에게도 10년이 넘게 악인들이 혀로 방송에서, 강단에서 이단이라 정죄하고, 손가락으로 글을 써서 문서로 온갖 거짓말을 쏟아 내어 창수, 곧 홍수가 된 것이다.

특히 지금 이 세대까지 성경과 다른 거짓말로 먹고 먹인 어두움들이 지어낸 말들은 온갖 더러운 홍수가 되어 있는 것이 지금 전 세계 기독교의 영적인 상태이다. 그런 이들이 기득권 세력이 될 것이 이미 전 성경에

예언되어 있으며, **사59:9~15절**에서도 이렇게 예언해 두셨다.

사59:9~15 [9]그러므로 공평이 우리에게서 멀고 의가 우리에게 미치지 못한 즉 우리가 빛을 바라나 어두움 뿐이요 밝은 것을 바라나 캄캄한 가운데 행하므로 [10]우리가 소경같이 담을 더듬으며 눈 없는 자같이 두루 더듬으며 낮에도 황혼 때같이 넘어지니 우리는 강장한 자 중에서도 죽은 자 같은지라 [11]우리가 곰같이 부르짖으며 비둘기같이 슬피 울며 공평을 바라나 없고 구원을 바라나 우리에게서 멀도다 [12]대저 우리의 허물이 주의 앞에 심히 많으며 우리의 죄가 우리를 쳐서 증거하오니 이는 우리의 허물이 우리와 함께 있음이라 우리의 죄악을 우리가 아나이다 [13]우리가 여호와를 배반하고 인정치 아니하며 우리 하나님을 좇는 데서 돌이켜 포학과 패역을 말하며 거짓말을 마음에 잉태하여 발하니 [14]공평이 뒤로 물리침이 되고 의가 멀리 섰으며 성실이 거리에 엎드러지고 정직이 들어가지 못하는도다 [15]성실이 없어지므로 악을 떠나는 자가 탈취를 당하는도다 여호와께서 이를 감찰하시고 그 공평이 없는 것을 기뻐 아니하시고

우리 안에 있는 귀신이 떠나지 아니하면 악인들이 쏟아 내는 비방과 정죄가 창수가 되어 덮는다. 대체육체들은 우리 안에 있는 귀신들과 연합하여 우리를 쳐서 정죄하고 괴롭힌다. 영적인 전쟁에 승리하는 길은 우리 안에 귀신을 다 내보내고, 패역을 고쳐야 한다.

우리에게서 떨어져 나간 대체육체들이 점점 악랄해지는 이유가 바로 우리 안에서 패역을 저질러서 더 잔인해지고, 그들의 악독이 혀로, 손

가락으로 창수가 되게 하는 것이다. 잘 믿는 척 가장하면서 절대 고치지 아니하는 귀신이 더 창수가 되어 에우는 것이다. **잠27:3~4절**에서 "창수"를 이렇게 예언해 두셨다.

잠27:3~4 [3]돌은 무겁고 모래도 가볍지 아니하거니와 미련한 자의 분노는 이 둘보다 무거우니라 [4]분은 잔인하고 노는 창수 같거니와 투기 앞에야 누가 서리요

미련한 자는 자신이 영원히 둘째 사망인 지옥 불에 떨어질 자해만 한다. 이들의 분노를 들어 창수가 되게 하여 우리를 고치시는 하나님의 사랑을 누가 알겠느냐? 하나님의 말씀을 먹일 때, 곧 죄에 대하여, 의에 대하여, 심판에 대하여 책망할 때, '이를 어찌할꼬 내가 무슨 패역을 짓고 살았나~' 하고 자신을 돌아보고 더러운 죄를 씻어야 하는데 도리어 하나님의 가르침을 받고도 고치기는커녕 더 큰 죄를 짓고 있었으니 악인들을 들어서 나를 쳐서라도 고치시는 하나님의 사랑을 언제쯤이나 알까?

겔3:25~27절의 말씀대로 사실이 되어 3년이 다 되어도, 정직을 연습하자고 애원해도 절대 듣지 아니하는 자들을 이제는 떨어 버리라고 하신다. 함 족속 땅을 우리를 위해서 예비하신 것은 그들의 피부를 희게 할 수 없듯이 악인의 악을 버리지 아니할 것이라고 하나님께서 교훈하신 것을 낙토에 이사하고 뼈저리게 뼈저리게 절감한다. 난 아직도 이해가 안 된다. 어떻게 이 말씀 앞에 그렇게 더러운 언행을 계속하고 패역을 저지를 수 있는지~ 몰라서 하는 말이 아니다. 어떻게 그렇게 하나님을 두려워

하는 마음이 없는지~ 그들은 왜 교회를 다니고, 성경을 가지고 다닐까?

그러나 어떤 창수, 곧 홍수도 나를, 우리를, 하나님을 사랑하는 이 사랑에서 끊을 수 없다. 이미 결과는 정해져 있다.

아8:6~7절이다. "⁶너는 나를 인같이 마음에 품고 도장같이 팔에 두라 사랑은 죽음같이 강하고 투기는 음부같이 잔혹하며 불같이 일어나니 그 기세가 여호와의 불과 같으니라 ⁷이 사랑은 많은 물이 꺼치지 못하겠고 홍수라도 엄몰하지 못하나니 사람이 그 온 가산을 다 주고 사랑과 바꾸려 할찌라도 오히려 멸시를 받으리라"

악인들이 나를 치고, 새빨간 거짓말이 창수가 되어 나를 옥에까지 가두지만 이렇게 해서라도 하나님 아들들, 백성들을 고치시는 하나님의 사랑을 알므로 반드시 다 고치실 것 또한 알고 있고, 믿는다. 인자가 올 때에 믿는 자를 보겠느냐고 하셨지만 믿는 자 우리가 있듯이, 하나님을 사랑하는 이 사랑, 하나님께서 우리를 사랑하는 이 사랑을 그 어떤 창수도 꺼치지 못한다.

창수에 대한 진리의 눈으로 다시 **마7:25절**로 가자.

"비가 내리고 창수가 나고 바람이 불어 그 집에 부딪히되('**바람**'이란 **렘5:13절**에 "**선지자들은 바람이라** 말씀이 그들의 속에 있지 아니한 즉 그같이 그들이 당하리라 하느니라" 성경을 가지고 보아도 감추어 두셨으니 천국의 비밀은 단 하나도 알지 못하고, 사람이 본능적으로 아는 것으로 성경과 다른 거짓말을 가르쳐서 멸망으로 인도하는 자들, 이들이 세운 교회에서 주의 이름, 곧 예수 이름으로 귀신도 쫓고, 권능도 행하고, 선지자 노릇 한 자들을 바람에 비유하신 것이다. **마태복음 7장**에서 멸망으로 인도하는 크고 넓은 문에서 불법을 행한 자들을 여러 부분, 여러 모양으로 예언해 두신 것이다.

또한 이런 불법을 행하는 자들을 **사41:29절**에서는 "우상"이라고 하셨다.

사41:29 과연 그들의 모든 행사는 공허하며 허무하며 그들의 부어 만든 **우상은 바람이요** 허탄한 것뿐이니라

부어 만들었다는 말은 예수 이름으로 속이는 바람, 우상의 언행을 더 좋아하여 교인들이 따라다니고 헌금하여 더 큰 궁전을 짓고, 경배하여 점점 견고하게 만들기 때문에 부어 만든 우상이라고 하신 것이다. 이런 곳을 교인들이 진실로 더 좋아한다. 자신의 죄를 책망하면 듣기 싫어하고 도망가 버리는 교인들에 의해 수많은 우상, 곧 바람들이 제조된다.

그래서 하나님께서 이렇게 말씀하셨다. 사41:21~24절에 "²¹나 여호와가 말하노니 **너희 우상들은 소송을 일으키라**(이 예언대로 사실이 되어 현재 내가 감옥에 갇힌 것이다. 곧 하나님의 교훈인 비를 땅에 내리니까, 이 교훈은 창세 이래 그 누구도 들어 본 적이 없는 전대미문의 새 언약이니 말씀이 없는 선지자들, 곧 우상들이 일생한 거짓말, 허탄한 말, 헛된 일들, 모든 행사의 실상들이 다 드러나서 거룩한 강단에서 더 이상 속일 수 없는 때가 오니 나를 "이단이니~ 사이비니~" 하여 온갖 거짓말로 창수를 만들어 낸 것이다.

이는 이미 하나님께서 택한 자녀들을 영원히 죄에서 자유하게 하시는 하나님의 모략이면서, 우상들한테는 그들의 실체를 드러내어 그들 스스로 자신들은 말씀이 그들 속에 없는 '바람'임을 증명하고, 나를 향한 창수와 소송을 일으키므로 그들 아래 있는 택한 자녀들을 빼내시는 하나님의 완전한 지혜다.

이미 이 예언이 2718년 만에 사실이 되어 나를 감옥에 가둔 것이다. 즉 하나님을 사랑하고 경외하는 자녀들, 백성들은 나를 통한 이 교훈이 진실로 참 진리이며, 하나님께서 친히 당신의 뜻인 천국의 비밀을 가르치시고, 나는 대언하는 진리의 성령임을 보고 듣고 깨달아 마음에 확정하여 다시 창조되는 기간이지만, 반대로 바람인 우상들은 예수 이름으로 가장한 가면이 벗겨져서 벌거벗은 것같이 2천 년 동안, 아니 창세 이래 감추어져 있던 우상의 실체가 드러나는 일이 14년째 이 일이다.

따라서 우리도, 우상들도 하나님의 계획에 따라 경영되고 있는 것이다. 감리교 권사 이인규에 의해 시작된 불의와 불법이, 우리에게서 떨어져 나간 대체육체가 불법을 행한 자칭 목사들에 의해 양육된 자들이었고, 택한 자녀들인 우리도 다 그들 아래 종살이하고 있었다.

하나님께서 정하신 시간, 때가 될 때까지 이렇게 함께 공존하여 기독교라는 울타리 안에 있었고, 이런 바람, 우상들이 일하는 시기가 끝나는 말일인 지금, 나를 사용하셔서 대언하게 하시므로 하나님을 사랑하는 자와 하나님의 이름, 예수 이름을 망령되이 일컬어 자신들이 하나님의 자리에 앉아 있는 우상들을 밝히 드러내어 갈라지는 때다.

여호와의 날, 인자의 날인 지금 이때, 전 성경의 예언이 사실이 되어 그대로 이루어지고 있는 것이다. 따라서 이 본문이 성취된 것이다. 이러니 어떻게 성경이, 성경만이 참 진리임을 안 믿겠느냐?

이때 진리의 성령을 통한 이 말씀을 받고, 믿고, 깨달아 지켜 실행하라고 2025년 전에 하나님의 아들이 이 땅에 오셨던 것이다. 진리는 이런 것이다. 온 세상에 그 어떤 것도 진리가 아니고, 오직 성경만이 참 진리라는 것을, 기록한 진리가 실상이 된 진리의 성령, 다른 말로 믿음이 증거하는 것이다. 이렇게 하신 이유는 땅에 있는 모든 사람들로 살아 계신 하나님을 믿으라고, 그래서 죄에서 영원히 자유하고 천국의 삶을 살라고 하시는 하나님의 사랑이 바로 14년째 이 일이다.

이제 하나님께서 말씀하시는 우상, 곧 바람, 우상숭배자들이 누군지 명백하게 보이느냐? 이들이 예수 이름, 하나님의 이름을 가장하여 광명의 천사처럼 거룩한 강단에 서 있는 미운 물건들이다. 이때를 두고 **마 24:15~21절**에서 이렇게 말씀하신 것이다.

"¹⁵그러므로 너희가 선지자 다니엘의 말한 바 멸망의 가증한 것이 거룩한 곳에 선 것을 보거든(읽는 자는 깨달을찐저) ¹⁶그때에 유대에 있는 자들은 산으로 도망할찌어다 ¹⁷지붕 위에 있는 자는 집안에 있는 물건을 가지러 내려가지 말며 ¹⁸밭에 있는 자는 겉옷을 가지러 뒤로 돌이키지 말찌어다 (쟁기를 잡고 뒤를 돌아보지 말라는 뜻이다. 곧 겉옷인 예수 이름만 알고 믿는 줄 아는 서요셉을 가지러 다시 한국으로 돌아가지 말라는 뜻이었다. 이런 자는 쟁기를 잡고 뒤를 돌아보아 하나님 나라에 합당치 아니한 자들이다. 그런데도 자신들은 잘 믿고 있다고 착각한다.) ¹⁹그날에는 아이 밴 자들과 젖먹이는 자들에게 화가 있으리로다 ²⁰너희의 도망하는 일이 겨울에나 안식일에 되지 않도록 기도하라 ²¹이는 그때에 큰 환난이 있겠음이라 창세로부터 지금까지 이런 환난이 없었고 후에도 없으리라"

불의하고 불법하는 자들, 예수 이름으로 선지자 노릇 하고, 예수 이름으로 귀신을 쫓는다고 거짓말하고 속여서 부자 된 자들, 예수 이름으로 권능을 행한다고 거짓 기적, 이적으로 속여서 사람들을 끌어모아 거짓 자랑하는 그들은 멸망으로 인도하는 크고 넓은 문에 있는 말씀이 없는 바람, 우상이다.

이들이 거룩한 곳에 선 것을 진리대로 분별하여 보이거든 산, 곧 거룩한 산, 시온산, 새 예루살렘으로 도망하라고 하신 대환난 때라는 것이다. 아무 데나 도망하면 안 되고, 또 겨울이나 안식일에 도망하지 말라는 뜻이다. 안식일을 잘못 알아서 육으로 쉬는 날인 줄 알까 봐서 이렇게 말씀하신 것이다.

같은 사건을 **막13:14~19절**에는 "¹⁴멸망의 가증한 것이 서지 못할 곳에 선 것을 보거든(읽는 자는 깨달을찐저) 그때에 유대에 있는 자들은 산으로 도망할찌어다 ¹⁵지붕 위에 있는 자는 내려가지도 말고 집에 있는 무엇을 가지러 들어가지도 말며 ¹⁶밭에 있는 자는 겉옷을 가지러 뒤로 돌이키지 말찌어다 ¹⁷그날에는 아이 밴 자들과 젖먹이는 자들에게 화가 있으리로다(사실 낙토가 아니면 이렇게 실상이 된다, 영육으로 다~ 기근 때문에 이렇게 된다. 지금 코로나19로 인하여 부익부 빈익빈이 더 극심하게 되어 있다. 가난한 자는 더 가난하여 당장 먹고 사는 것마저 어려워 자살하고 있어도 아무 깨달음이 없다. 집값은 폭등하여 아예 일생 벌어도 집을 살 수 없는 것 때문에 젊은 청년들은 사행심에 쉽게 돈 벌고 부자 되려고 투기에

몰두하고, 부자는 더 부자가 되어 아파트를 수십, 수백 채 가진 자도 나오고, 세상이 미쳐 간다.

이러니 범죄는 늘어나고, 젊은이들, 학생들까지 마약, 성매매, 주식투자, 코인에 빠지고, 춤추고 노래하는 연예인 만들어서 유명해지게 하려고 어린아이를 유행가 경연에 내보내어 경쟁하게 하는 언론사들, 위정자들은 세금을 '어떻게 하면 더 거둘까' 꾀를 내고, 용돈 몇만, 몇십만 원을 주어 표를 사서 자신들이 머리 노릇 하고, 국민들은 짐승 취급하는 세상이다.

전체주의로 점점 가고 있다. 코로나19 전염병 차단이라는 명목으로 전체를 통제하는 수단으로 삼고 있다. 공산주의, 곧 사회주의 사상인 좌파와 민주주의를 외치는 우파가 극명하게 갈려서 서로 싸우는 동안 그 사이에 죽어 가는 자들은 가난한 자들이다. 이런 실상이 점점 더해 간다.

사람의 방법으로는 절대 해결책이 없다. 오직 하나님께서 통치하시는 세상이 안 되면 기독교도, 성경을 사용하는 모든 종교도 다 왼편, 오른편으로 나뉘어져서 끝없이 싸운다. 이 모든 문제를 해결하는 열쇠는 성경 속에 감추어져 있었고, 이미 하나님께서 이 모든 문제를 해결하시기 위해 친히 14년째 역사하고 계신다.

하나님의 뜻을 밝히고 그 뜻을 땅에서 지켜 실행하는 나를 송사하도록 허락하신 이 일은 온 세상에 있는 모든 문제를 해결하시기 위한 하나님의 경영하심 속에 있는 한 사건이다.) [18]이 일이 겨울에 나지 않도록 기도하라 [19]이는 그날들은 환난의 날이 되겠음이라 하나님의 창조하신 창초부터 지금까지 이런 환난이 없었고 후에도 없으리라"

거룩한 강단에서, 하나님 말씀을 선포해야 할 교회의 강단에서 멸망의 가증한 것, 곧 우상, 바람, 다니엘서의 미운 물건이 서 있어서 예수 이름 이용하여 거짓 기적, 이적을 행하고, 귀신을 쫓아낸다고 속이고, 병 고치고, 동이빨이 금이빨로 된다고 미친 거짓말을 하고, 이런 사기꾼들이 자칭 권능을 행하는 것이라며 온 세상을 비행기를 타고 날아다니며 속이는 자들이 서 있는 것을 보거든, 이들을 심판하시는 성경에 기록된 모든 재앙이 이 땅에 다 내리는 대환난 때라는 뜻이다.

이때 겨울이 있는 곳에 도망하지 말라고 하신 것은 하나님께서 택한 자들, 영생을 얻은 자들을 위해 예비해 두신 땅, 가난한 우리를 위해 예비해 두신 나라는 겨울이 없는 곳이라는 뜻이다.

이 말씀을 그대로 다 믿고 지켜 실행하는 교회가 **요한계시록 2~3장**의 "빌라델비아 교회"이며, 나에 대한, 우리에 대한 예언이었다. 그래서 인내의 말씀을 지켰다고 하시며, 하나님께서 너를 지켜 영원히 하나님께서 거처하시는 성전에 기둥이 되게 하신다고 언약해 두신 것이다. 이 언약은 다윗에게 하신 언약이며, 아브라함에게, 이삭과 야곱에게 하신 언약이었고, 이 모든 언약의 핵심은 예수 그리스도를 통하여 하신 영원한 언약인 또 다른 보혜사인 진리의 성령을 실상으로 보내셔서 모든 진리 가운데로 인도하며 영원토록 너희와 함께 거하게 하시겠다는 약속, 곧 언약이다.

예수 그리스도를 통한 약속대로 실상이 되어 온 세상에 알리는 사건이 바로 우상들이 일으킨 지금 이 소송이다. 이 사건은 이 땅에 있는 모든 우상들의 언행, 어두움, 더러움을 다 씻고 새 하늘, 새 땅을 만드시는 기초가 된다.

악인들이 지배하고 다스리는 기간이 끝나는 말일에 전대미문의 하나님의 뜻을 대언하는 나에게 **마태복음 24장, 마가복음 13장, 누가복음 21장**에 기록된 모든 일들, 땅에 있을 대환난 때 내리는 모든 재앙에서 오는 세상 주인들을 보존하여 지키시기 위해서 계명을 주신 것이다.

이 모든 재앙을 내리기 전의 징조가 나와 성도들이 송사에 걸려 감옥에 갇히는 사건이다. 이것이 바로 대환난이 일어나기 전이라는 큰 징조다. 같은 사건을 **눅21:10~26절**에도 기록해 두셨다.

"¹⁰또 이르시되 민족이 민족을, 나라가 나라를 대적하여 일어나겠고 ¹¹처처에 큰 지진과 기근과 온역이 있겠고 또 무서운 일과 하늘로서 큰 징조들이 있으리라 ¹²이 모든 일 전에 내 이름을 인하여 너희에게 손을 대어 핍박하며 회당과 옥에 넘겨주며 임금들과 관장들 앞에 끌어가려니와 ¹³이 일이 도리어 너희에게 증거가 되리라 ¹⁴그러므로 너희는 변명할 것을 미리 연구치 않기로 결심하라 ¹⁵내가 너희의 모든 대적이 능히 대항하거나 변박할 수 없는 구재와 지혜를 너희에게 주리라(이 말씀을 믿거라. 그래서 '**대적의 기록한 소송장**'이 내게는 다 있다. 그들이 얼마나 거짓말들을 법정에서 선서하고 했는지, 형사의 혀에 놀아났는지, 이들의 머리는 용, 사단, 마귀, 귀신이라는 것이 전부 성경에 다 미리 예언되어 있었다. 정하신 시간이 되어 이제 그들의 기록한 소송장으로 반박하고 변론해서 진실로 거짓을 이긴다.

'구재'란 말 재주, 변재, 노래 부르는 재주를 뜻한다. 대적들은 시작부터 끝까지 거짓말이다. 태욱 성도가 밝혀내고 있고, 하나님의 뜻은 나를 통해서 하나님께서 밝히시고 계신다. 그들은 자신들이 거짓말로 이긴 줄알고 날뛰고 더 악랄하게 괴롭히지만 거짓 혀가 어찌 진실을 이길 수 있나? 시간이 걸릴 뿐이다. 이 시간을 단축시키는 것은 택함을 받은 너희들이 영원히 귀신에게서 자유하여 다시 거듭나는 것이다.

절대 전쟁은 하나님의 뜻을 우리가 얼마나 믿고 의지하느냐에 따라 시간이 단축되느냐, 지체되느냐가 결정된다. 귀신 노릇을 계속하는 것은 스스로 자해하여 결국 영생의 복을 받지 못할 뿐만 아니라, 살아서 하나님 나라가 임한 것을 보고도 안 믿고 패역하여 영벌에 처할 자들이다. 다시는 다시는 우리 안에 하나님의 말씀을 업신여기는 패역은 용납하지 않는다. 과천도 경고장을 3번 받으면 교회에서 내보내라. 이런 자는 환난이 와도 낙토에 들어갈 수 없고, 끝까지 이기면 순교하든지, 낙원에 가면 된다.

'**변박**'이란 자기의 옳음을 주장하고 상대편의 잘못된 것을 지적하여 논박함을 뜻한다. 곧 나를 혀로, 글로 인터넷, 방송, 신문, 잡지 등으로 이단, 사이비라고 매도하여 짓밟고, 결국 성경대로 보고 듣고 믿고 지켜 실행한 이 일을 두고 거짓말로 세상 법에 고소하여 법정 진술까지 한 우리에게서 나간 그들이 능히 대항하거나 변박할 수 없는 구재와 지혜를 우리에게 이미 주셔서 다 가지고 있다.

그래서 이 '소송'은 창세 이래 하나님과 예수 그리스도의 대적자들, 원수들, 곧 우상들과의 싸움이다. 신옥주 목사 한 개인의 싸움이 아니다. 하나님께서 나를 들어 친히 행하시는 일이기에 하나님께서 미리 예언해 두신 말씀이 바로 **욥33:13**절이다. 나를 소송에 넘긴 그들은 하나님과 변쟁하는 것이다. 내가 하나님이라는 뜻이 아니고, 나를 사용하셔서 하나님께서 행하시는 일이기에 그런 것이다.

욥33:13 하나님은 모든 행하시는 것을 스스로 진술치 아니하시나니 네가

'진술'이란 소송하는 당사자나 또는 소송에 걸린 당사자나 관계인이 법원에 사건에 대한 사실이나 법률상의 의견을 자세하게 말하는 것을 뜻한다. 문자 그대로 누가 하나님을 소송하겠나? 그런데 왜 이렇게 말씀하셨을까? 하나님께서는 반드시 당신의 말과 하시는 일을 사람을 통해서 말씀하시고 행하신다.

먼저 약 1600년간 40여 명의 인간 저자를 사용하셔서서 기록하게 하신 이 진리는 하나님께서 때가 되어 미리 정해 두신 나와 성도들을 사용하셔서서 기록하신 말씀대로 행하시고 계신 일이 14년째 이 일이다.

이를 두고 **마7:25절**에 "비가 내리고"라고 하신 예언이 사실이 된 것이다. 곧 **신32:1~4절**의 말씀이 사실이 되어 땅에서 이루어진 것이다. "하나님의 교훈을 내리는 비요"라고 하셨으므로 나를 사용하셔서 하나님께서 친히 교훈하시는 것을 두고 "비가 내리고"라고 하신 것이다.

이렇게 하나님께서 행하시는 일인 줄 아무것도 모르는 이인규 권사를 사용하셔서 나를 인터넷을 통해서 치기 시작했다. 이 일이 바로 **"창수가 나고"**라는 말씀이 땅에 응한 것이다. 나를 치는 대적자들이 모두 연합하여 대적하는 것이 '**창수, 곧 홍수가 나를 에우는 것**'이다. 이때 내가 아무런 대응도 안 한 것은 하나님께서 행하시는 일이기에 대적의 기록한 소송장이 내 손에 쥐어질 때까지 기다린 것이다.

또한 이 기간은 택한 자녀들도 시험을 이기며 이 말씀이 참이라고 믿는 자녀들이 모이고, 다시 창조되어 열매가 드러나야 하는 기간이기 때문에 인내해야 하는 것이다.

그런데 이런 하나님의 행하심을 아무것도 모른 채 별의별 사건이 다 생기는 것도 하나님의 행하심 속에 있다. 그래서 "비가 내리고 **창수가 나고**"라고 하신 이 말씀에 실상으로 해당하는 나와, 나를 치는 대적자들에 대해서 예언이 사실이 되어 이루어지고 있음을 지금 하나님께서 나를 통해서 증명하시는 것이다.

이러한 하나님의 행하시는 것을 업신여기고 안 믿는 자들이 그냥 신옥주 목사의 설교라고 듣고 대적한 우상들이며, 이들이 소송을 일으킨 것이다. 그들에게 하나님께서 하시는 말씀이 바로 **욥33:13절**이다. "하나님은 모든 행하시는 것을 스스로 진술치 아니하시나니 네가 하나님과 변쟁함은 어찜이뇨"라고 하시는 것은 나를 통한 이 일을 대적하고 거절하여 세상 법에 고소하여 옥에 가두고, 지금도 귀신 노릇 하는 우리 안에 있는 자들도 다 해당한다.

창세 이래 처음으로 하나님께서 온전하게 행하시는 새 일이 14년째이 일이고, 이 일을 대적하는 것은 하나님과 변쟁하는 것이라는 뜻이다. 이를 다른 말로 하면 **사41:21절**에는 우상들이 일으킨 소송이다.

눅21:15절에서는 "내가 너희의 모든 대적이 능히 대항하거나 변박할 수 없는 구재와 지혜를 너희에게 주리라"라고 하신 것이다. 아무나 소송하고 소송에 걸렸다고 성경 말씀을 가지고 자기가 이 본문의 실상이라고 하면 되는 것이 아니라, 확실하고 정확하게 예언의 말씀대로 지켜 실행하고, 그로 말미암아 송사에 걸려서 옥에 갇히는 실상이 된 나와 우리, 이 일을 대적한 그들에 대한 예언이 명백하다.)

¹⁶심지어 부모와 형제와 친척과 벗이 너희를 넘겨주어 너희 중에 몇을 죽이게 하겠고 ¹⁷또 너희가 내 이름을 인하여 모든 사람에게 미움을 받을 것이나 ¹⁸너희 머리털 하나도 상치 아니하리라 ¹⁹너희의 인내로 너희 영혼을 얻으리라 ²⁰너희가 예루살렘이 군대들에게 에워싸이는 것을 보거든 그 멸망이 가까운 줄을 알라 ²¹그때에 유대에 있는 자들은 산으로 도망할찌며 성내에 있는 자들은 나갈찌며 촌에 있는 자들은 그리로 들어가지 말찌어다 ²²이날들은 기록된 모든 것을 이루는 형벌의 날이니라('**형벌**'이란 국가가 죄를 범한 자에게 제재를 가함, 또는 그 제재를 뜻한다. 전 성경에 기록된 모든 것을 땅에 다 이루는 형벌의 날이 여호와의 날, 인자의 날인 지금 이 세대다.)

²³그날에는 아이 밴 자들과 젖먹이는 자들에게 화가 있으리니 이는 땅에 큰 환난과 이 백성에게 진노가 있겠음이로다 ²⁴저희가 칼날에 죽임을 당하며 모든 이방에 사로잡혀 가겠고 예루살렘은 이방인의 때가 차기까지 이방인들에게 밟히리라 ²⁵일월성신에는 징조가 있겠고 땅에서는 민족들이 바다와 파도의 우는 소리를 인하여 혼란한 중에 곤고하리라 ²⁶사람들이 세상에 임할 일을 생각하고 무서워하므로 기절하리니 이는 하늘의 권능들이 흔들리겠음이라… ³⁵이날은 온 지구상에 거하는 모든 사람에게 임하리라"

이 때문에 하나님께서 예비하신 땅에 이사하라고 하신 것이다. 심지어 이렇게 정하신 형벌의 날을 감하지 아니하시면 약속하신 땅에 이사를 한 우리도 견딜 수 없다. 택한 자녀들인 우리를 위해 그날들을 감하신다고 하셨다. 이 재앙에 들지 않게 하시려고 지금 징조만 보일 때 우리의 불법을 고치시고 계신 것이다. 수없이 수없이 말해도 안 믿는 패역한 자는 다시는 용납할 수 없다. 지옥에 갈 자식이나 이런 언행을 하지, 하나님께서 영생을 주시기로 미리 정해진 택한 자녀는 절대 이렇게 악독할 수 없다.

"바람, 우상, 미운 물건이 서지 못할 거룩한 강단에 서 있는 것을 보거든 형벌의 날인 줄 알라"라고 하셨고, 사람들이 세상에 임할 일을 인하여 무서워서 기절한다고 해도 안 믿는 자는 귀신들이다. 귀신도 믿고 떠는 일에 어찌 그럴 수 있나?

또 '바람'에 대해서 더 가보자. **히1:7절**에 이렇게 말씀하셨다. "⁷또 천사들에 관하여는 그는 그의 천사들을 바람으로, 그의 사역자들을 불꽃으로 삼으시느니라 하셨으되(구약에도, 신약에도 성경을 가지고 가르치고 설교하면서 하나님의 뜻은 단 한 절도 모르는 지도자들을 본문에서 천사들이라고 하신 것은 때를 감추어 두신 것이다. 비행기가 하늘을 날아다닐 때가 되어야 '바람'이 거룩한 강단에 서 있는 우상, 곧 말씀이 없는 선지자, 예수 이름으로 귀신 쫓고 권능과 거짓 이적을 행했다고 거짓 자랑하는 자들이라는 사실을 알게 된다는 뜻이다. 교회 강단에 예수 이름으로 가장한 우상, 곧 바람이 서 있다고 누가 믿겠느냐?

14년째 증명해도 바람 노릇 한 살인자들이 회개하기는커녕 '내가 목산데~ 사모인데~ 내가 누군데~어찌 받은 목사인데~' 하고 **뻔뻔한** 자들이 배워서 써먹겠다고 사심을 버리지 않고, 이 큰일을 업신여기고 더러운 욕심만 드러내는 자들이더라. 더 미친 귀신은 집사들이 이런 영적인 살인자가 되려고 하는 사심을 버리지 않고 교만하고 거만한 자들이더라. 이는 나를 통한 이 일을 업신여기고 멸시한 언행이다. 자신이 짐승과 다를 바 없는 자라는 것을 이제는 알고 인정할까?

인정하고 시인하면 절대 귀신임을 언행으로 자랑할 수 없다. 진실로 단 한 절도 안 믿는 자들이다. 이런 자들은 절대 영원한 제사장이 아니다. 오죽하면 짐승도 사람이 되었을 시간이라고 했을까? 지금 전 세상에 성경을 가지고 가르치고 설교하는 자들이 다 바람이라고 하면 나를 도리어 미쳤다고 할 거다. 그러나 사실이다. 그들은 하나님에 대해서도, 자신들이 혀로 말하는 예수 그리스도에 대해서도 절대 모르는 자들이다.

이에 대한 하나님의 뜻이 바로 다음 절에 있다. **8~9절이다.**) ⁸아들에 관하여는 하나님이여 주의 보좌가 영영하며 주의 나라의 홀은 공평한 홀이니이다 ⁹네가 의를 사랑하고 불법을 미워하였으니 그러므로 하나님 곧 너의 하나님이 즐거움의 기름을 네게 부어 네 동류들보다 승하게 하셨도다 하였고"라고 하신 이 말씀이 예수 그리스도만 이에 해당하는 아들 같으냐? 주의 나라, 곧 하나님의 나라, 하나님의 보좌는 영영하고 공평하다고 하신다.

'공평'의 다른 모양으로 한 말이 '공변됨'이다. 육체도 죽지 아니하고 영생을 얻어서 왕 노릇 해야 하는 것이다. 아들 예수 그리스도는 낮게 되었을 때 공변된 판단을 받지 못하셔서 그 생명이 땅에서 빼앗기고, 곧 원수들에 의해 죽임을 당하셨다. 그래서 **행8:33절**에 이렇게 말씀하신 것이다.

행8:33 낮을 때에 공변된 판단을 받지 못하였으니 누가 가히 그 세대를 말하리요 그 생명이 땅에서 빼앗김이로다 하였거늘 이는 지금 이 세대 우리에 대한 예언을 지칭하신 것이다. 이 세대에 공변된 판단, 곧 좌로도 우로도 치우치지 않고 바른 길, 바른 판단을 육체를 입고 낮을 때에 받는 우리를 두고 예언한 것이고, 이 말씀이 이미 실상이 되어 현재 이루어지고 있다. 사도행전을 기록할 당시에 실상이 되는 예언이 아니고, AD 65년경 누가에 의해 기록된 예언이 1956년이 지난 2021년 6월 29일 현재 이루어지고 있다.

낮을 때에, 곧 대적자들, 후욕하는 그들에게 짓밟히고 치욕을 당하여 새빨간 거짓말이 진실인 것처럼 7년, 4년형을 판결받고 감옥에 갇혀 있는 이 현실보다 더 낮을 때가 무엇이겠느냐? 이렇게 낮게 되어 온 세상에 흉악범 취급을 받고 멸시당한 나는 이미 공변된 판단을 받기로 예언되어 있었다. 그 예언대로 현재 태욱 성도가 공변된 판단을 받도록 진술하고 있다. 결과가 나오면 반드시 온 세상에 당한 이 치욕, 수욕, 업신여김, 멸시, 학대를 벗고 **습3:19~20절**의 말씀대로 이루어질 것이다.

습3:19~20 [19]그때에 내가 너를 괴롭게 하는 자를 다 벌하고 저는 자를 구원하며 쫓겨난 자를 모으며 온 세상에서 수욕받는 자로 칭찬과 명성을 얻게 하리라 [20]내가 그때에 너희를 이끌고 그때에 너희를 모을찌라 내가 너희 목전에서 너희 사로잡힘을 돌이킬 때에 너희로 천하 만민 중에서 명성과 칭찬을 얻게 하리라 나 여호와의 말이니라

이 예언은 예수 그리스도에 대한 예언이 절대 아니다. 2018년 7월 24일에 시작되었고, 그 이전에 먼저 모으신 너희가 두 눈으로, 두 귀로 다

들었다. 지금은 낮게 되어 아직 치욕, 수욕을 받지만 절대 죽지도 아니하고, **사51:14절**에 다음과 같이 판결해 두셨다.

사51:14 결박된 포로가 속히 놓일 것이니 죽지도 아니할 것이요 구덩이로 내려가지도 아니할 것이며 그 양식이 핍절하지도 아니하리라

이 예언들은 창세 이래 그 누구에 대한 예언이 아니고, 바로 나와 우리에 대한 예언이다. 대적의 땅에 포로되어 갇혀 있지만, 이 예언대로 낮게 되어 무시, 멸시당하고 있지만, 반드시 공변된 판단을 받고 놓인다.

절대 예수 그리스도에 대한 예언이 아니고, 2021년 6월 29일 현재 나에 대한 예언, 우리에 대한 예언, 창섭 성도에 대한 예언이다. 이 언약을 믿는 것이 하나님을 믿는 것이다. 창섭 성도야, 너에 대한 예언이다. 이미 영생을 얻기로 정하신 사람으로 이 땅에 온 사람이 바로 너고, 우리다. 이런 이 세대를 사도행전을 기록한 저자 누가도 모르고, 그 말을 한 빌립도 몰랐던 이 세대를 하나님께서 친히 공변된 판단을 받게 하시려고 이미 실행하고 계신다.

그래서 내게는 '내 대적의 기록한 소송장'이 영적으로도, 육적으로도 온전히 다 있다. 육적으로 태욱 성도가 가지고 있고, 영적으로 내가 가지고 있다. 나를 대적하고 우리를 짓밟은 자들에 의해 우리가 한 몫의 삶을 산 땅 한국에 포로로 잡혀 감옥에 있지만, 공변된 판단을 받고 결박된 포로 신옥주, 신창섭이 속히 놓일 것이니 죽지도 아니할 것이요, 그러므로 구덩이에 내려가지도 않을 것이며, 재산 하나 가진 것이 없이 오직 하나

님만 의지하고 온 결과 하나님께서 인도하심으로 양식이 핍절하지도 아니할 것이다.

나와 창섭 성도가, 우리가 이 땅에 사람으로 태어나기 전에, 2721년 전에 이 예언이 기록되어 있었는데 현재 땅에서 이루어지고 있는 사실이다. 이 기이하고 기이한 사람이 우리다. 창섭 성도야, 네가 이렇게 하나님께 사랑받은 하나님의 아들이다.

이 사실, 곧 기록된 진리가 사실이 되어 이루어지고 있는데도 귀신 노릇 하는 자는 원수요, 대적자요, 마귀의 자식이다. 지금 이 사실을 이 세상 사람들이 알면 어느 누가 이러하신 하나님을 안 믿겠느냐? 이러니 예수 그리스도께서 "엘리 엘리 라마 사박다니"라고 하실 수밖에 없으셨던 것이다. 순교자들이 제단 아래서 언제까지 자신들이 흘린 피를 신원, 곧 복수해 주시지 않겠느냐고 하신 것이다.

이런 하나님의 기이하신 행하심을 대적하고, 훼방하며, 새빨간 거짓말로 허건 형사의 혀와 손가락에 놀아나서 동조하고, 법정에서 거짓말로 증언한 그들에 대한 예언도 사실이 되어 나와 우리를 괴롭게 하고 있지만, 이제 그들은 받을 벌만 남았다. 대체육체로 이 땅에 온 그들이 얼마나 불쌍한 사람인지 아직 모르느냐?

이제 나를 괴롭힌 모든 자들은 다 벌하시고, 갇혀 있는 나와 창섭 성도는 공변된 판단을 받고 속히 놓인다. 이 말씀이 곧 실상이 된다. 이런 진리를 안 믿는 것이 최고 큰 패역이다. 진리는 이렇게 땅에 그대로 실상으로 이루어지는 것이다. 이런 진리 외에는 다 거짓말이다.

그러니 이 진리를 대적하는 자들, 법정에서 선서하고 거짓 증언한 자들, **요일2:19절**에 "저희가 우리에게서 나갔으나", 곧 나를 고소한 그들이 이 "저희"이며, 우리는 "우리들에게서"라는 말의 실상이다. 나를 고소한 너희에 대한 예언이 사실이 되었고, 고소당하고 치욕, 수욕을 당하는 우리도 사실이 된 것이다. 이렇게 증거가 명확한데 어떻게 이 진리의 말씀을 안 믿고 행위로 부인하나, 이 귀신들아~

귀신들은 이름도 말하고 싶지 않고, 다시 안 본다. 진저리가 나도록 더럽고 게으르고 악하고 독한 귀신들이다. 기다려 준다고 사람이 안 되더라. 얼마나 더러운지~ 얼마나 게으르고 치매 환자 같은지~ 너희들도 다 보았을 텐데 귀신은 귀신을 두둔하니까 모른 척 구경만 하더라.

요일2:19 저희가 우리에게서 나갔으나 우리에게 속하지 아니하였나니 만일 우리에게 속하였더면 우리와 함께 거하였으려니와 저희가 나간 것은 다 우리에게 속하지 아니함을 나타내려 함이니라

이들 모두는 자신들에 대한 예언이 사실이라는 것을 그들 스스로 우리에게 나타내 주어서 지금이 마지막 때임을 하나님께서 그들을 통해 증거해 주시는 것이다.

곧 **요일2:17~18절**에 "¹⁷이 세상도, 그 정욕도 지나가되 오직 하나님의 뜻을 행하는 이는 영원히 거하느니라(이는 죽지도 아니하고 구덩이에 내려가지도 아니하고 결박된 포로인 신옥주, 신창섭이도 놓인다는 뜻이고, 이미 영생을 얻은 거룩한 자들이라고 하나님께서 지금 증거하신다. 이런 진리를 안 믿는 자들은 누구냐? 나를 통한 이 일은 살아 계신 하나님의

뜻을 행하는 일이다. 영생하도록 있는 양식을 위해 일하는 것이다. 한 몫의 삶을 완전히 버리고 영원한 삶을 이미 살고 있는 성도들이다.

이런 실상을 구경꾼이 되어 기회만 엿보는 자는 하나님 나라와 아무 관계가 없다. 그냥 구경하는 관객이다. '어떻게 되나 보자' 하고 기회를 엿보는 기회주의자다. 아무리 아니라고 변명해도 사실이다. 이 세상 사람들이 만들어 낸 허상인 드라마도 주인공이 있고, 조연, 엑스트라들이 있다. 그들이 만들어 낸 드라마를 돈 주고 구경하는 관객이 바로 구경꾼들이다. 사건을 만나봐야 가짜와 진짜가 누군지 다 드러난다.

입을 삐죽이며 온갖 불평, 불만하는 너도 미친 자다. 이인규보다 더 나쁜 악인이며 귀신이다. 계속 구경해라. 나와 창섭 성도를 두고 수군대고, 손가락질하고, 하나님의 선물로 주신 아이까지도 미워하고 멸시한 자, 너는 귀신이요 악인이다. 언제까지 하나님을, 하나님의 말씀을 멸시하고 업신여길 거냐? 너 같은 귀신 때문에, 너의 패역 때문에 일어난 이 사건에도 나도 비웃는 너는 진실로 원수다. 법정에서 거짓 진술한 그들과 동류다. 죽지 말고 살아서 똑똑히 보아라, 이 말씀대로 속히 포로 된 데서 놓일 것이니까~

네가 혀로 이 말씀을 무시하고 "오직 예수, 오직 예수" 하며 비웃을 때, 너의 그 귀신이 하는 언행을 몰랐겠느냐? 귀신이 어찌 알겠나~ 너 같은 귀신들은 죽어도 모르는 것이 천국의 비밀이다. 이 감옥에 갇히고 7년 형을 받기까지 나도 비웃고 멸시한 자들이 누군지 다 보았다. 다 경험했다. 육으로도 다니엘 성도가 왜 내 몸을 빌어 이 땅에 왔는지 다 보여 주셨다. 죄가 무엇인지 다 보여 주시고 말씀해 주셨다.)

¹⁸아이들아 이것이 마지막 때라(온 천하에 천명한다. 2021년 6월 29일 지금이 악인들이 일할 시기가 끝난 마지막 때다. 명백하게 마지막 때다. 보이는 이 지구가 마지막이 아니라 마귀의 세력들, 죄를 짓는 마귀의 자식들이 부귀영화를 누리는 마지막 때다. 하나님을 알려고도 아니하고, 경외하지도 않는 자들이 지배하는 이 세상은 심판을 받고, 오는 세상이 도래한다. 이에 대한 징조가 나와 은혜로교회다. 이에 대해서는 영원히 증명된다.

이런 진리를 말했는데 고소한 그들은 내가 '종말론자'라고 거짓 증언했고, 그들의 거짓말에 허건 형사도 최수경 안양지검 검사, 이윤희 검사도 나를 종말론자라고 했다. 이 거짓말쟁이들아~ 너희들의 거짓말을 낱낱이 밝혀서 이제 너희들이 거짓 증언한 자들로 나를 모해한 죄에 대한 벌을 받을 것이다. 그 벌만인 줄 아느냐? 영원한 지옥 영벌에 떨어져서 혀에 물 한 방울 먹지 못하는 **눅16:19~31절**의 부자가 죽어서 간 음부, 지옥불에 가서 영원히 살아야 한다.

바보상자 TV에서 너희들을 미혹하여 성령을 훼방하는 죄를 짓게 한 것도 모르고, SBS '그것이 알고 싶다'에서 하는 것을 보고 손가락질하고, 이단, 사이비라고 정죄하고, 교회 앞을 지나가며 "너희 이단이지~" 하고 지껄인 너희들은 진실로 회개하고 돌아서지 아니하면 영원한 죄, 곧 지옥불에 떨어진다. 네가 지껄인 그 말이 하나님께서 합법적으로 지옥의 판결을 하시도록 너 스스로 너를 지옥에 떨어지게 하는 치명적인 실수를 한 것이다.

하나님께서는 공의의 하나님이시라 반드시 자신들이 행한 대로 심판하신다. 나를 종말론자라고 한 자들은 지금 이 시간에도 너를 지옥으로 보내는 진짜 종말론자들이 성경을 가지고 성경과 다른 거짓말로 이 세상은 종말한다고 가르치고, 부끄러움도 모르고 유튜브에 영상을 올리고, 손가락으로 글을 쓰고 혀로 거짓말을 해서 서지 말아야 할 곳에 서 있는 우상이요, 바람인 것을 모른다. 아이들아 이것이 마지막 때라) 적그리스도가 이르겠다 함을 너희가 들은 것과 같이 지금도 많은 적그리스도가 일어났으니 이러므로 우리가 마지막 때인 줄 아노라"

우리에게서 나가서 거짓말로 송사하고 감옥에 가둔 일이 실상이 되어 포로가 되어 있는 이 사건이 바로 지금이 '마지막 때'라는 것을 명백하게 증명해 주시는 하나님의 증거다. 이렇게 악인들, 우리에게서 나간 그들이 나에게 행한 그대로, 그들도 지금 정죄를 당하고 있는 실상이 바로 2721년 전에 예언된 **사54:17절**의 말씀이 지금 땅에 이루어지고 있다.

"무릇 너를 치려고 제조된 기계가 날카롭지 못할 것이라 무릇 일어나 너를 대적하여 송사하는 혀는 네게 정죄를 당하리니(라고 예언하신 말씀을 지금 이루고 계신다. 너무 명백해서 온 세상 그 누구도 이 진리를 아니라고 할 수 없다. 나를 이단, 사이비라고 한 너희들이 '이단이요 사이비이며 사이비교주'다. 성경대로 보고 듣고 믿고 지켜 실행한 나를 확인도 안 하고 그 더러운 혀로 정죄하더니, 이단이요 사이비라고 정죄한 너희들만 절대 모르고, 지금 너희들이 정죄당하는 것이다. 너희들이 지껄인 이 일은) 이는 여호와의 종들의 기업이요 이는 그들이 내게서 얻은 의니라 여호와의 말이니라"고 하나님께서 증거하신다. 정해 두신 이 언약이 사실이 된 것이다.

나를 정죄한 너희들은 모여서 예배라고 드려도 하나님으로 말미암지 아니한 자칭 목사들, 자칭 기독교인들, 곧 불법을 행하는 자들이다. 그래서 결과까지 이미 판결하신다. **사54:15절**이다.

사54:15 그들이 모일찌라도 나로 말미암지 아니한 것이니 누구든지 모여 너를 치는 자는 너를 인하여 패망하리라

여기서 "너"는 나, 신옥주 목사에 대한 예언이다. 나를 치려고 10년을 넘게 모여서 공모하고, 3년이 다 되도록 나를 감옥에 가두고, 우리에게서 나가 나를 치려고 모여 지껄인 자들은 하나님으로 말미암은 자들이 아니고 마귀의 자식들이다. 그런 그들은 내가 과천에 있을 때 내 앞에 앉아서 "아멘" 하고, 낙토에 간 성도들에게 사기 치고, 거짓 혀로 "아멘" 하며 함께 말씀을 받고 가족인 것처럼 속이고 있더니, '바람이 불고 창수가 나서' 자신들의 정체를 드러내고 나간 초개들이었다.

그들의 이름도, 얼굴도 나는 다 기억한다. 티끌에 해당하는 귀신들도 믿고 떨어서 이 말씀이 맞다고 하더니, 바람 한 번에 날려 떨어지는 초개이면서 모여서 나를 치려고 몰려다니고, 티끌 하나가 인천 공항에 도착하면 죽이려고 친한 척 마중 나와서 또 나를 치고 하지만 너희들은 이미 하나님께 심판을 받아서 다음 말씀을 이룬 것이다. **"모여 너를 치는 자는 너를 인하여 패망하리라"** 나를 이단, 사이비라고 너희 혀로 치고 정죄당한 내가 하나님께로서 이 땅에 온 이 본문의 "너"다. 또 다른 보혜사요 진리의 성령이다.

이래도 두려움이 없이 또 지껄이고, 정죄하고, "신옥주, 너 죽인다"라

고 해 보아라. 이윤재, 박찬문, 이순득 이 천하에 배은망덕한 자들아~ 또 지껄이거라. 어찌 되는지 보자. 누가 죽는지, 누가 패망하는지, 온 천하 만 민들이 다 알고 보게 될 것이다. 누가 사기 쳤느냐? 이 원수들아~ 네 손 가락으로 헌금했다. 누가 너희한테 헌금하라고 했느냐?

노영자, 유단비, 이윤재, 이미애 또 지껄이거라. 내가 언제 헌금하라 고 했으며, 언제 비자 비용 내라고 했느냐? 이 천하에 거짓말쟁이들아~ 너희들 스스로 교회 왔고, 피지 보내 달라고 사정한 자들이 이 일이 어떤 일인데 그때 너는 누구며, 배반하여 고소하고 괴롭히는 너는 누구냐? 그 래서 너는 다중인격이다. 너희 마음대로 왔다가 너희 마음대로 나가서 지 어낸 거짓말이 나를 감옥에 가두는 힘이 되어 행복하냐? 귀신이 주인인 너희들은 죽어도 알 수 없는 것이 천국의 비밀이다.

너희들이 혀로 손가락으로 치고 짓밟은 이 일은 너희 스스로 지옥 의 자식들이라고 자랑하고 영원히 패망하는 일을 한 것이다. 너희들에 대 한 예언이 사실이 되어 땅에서 이루어지고 있는 이 일은 너희들이 이 땅 에 사람으로 태어나기 전에 다 예언되어 있었고, 하나님께서 정하신 때가 되어 이루어지고 있는 이 일이 택함을 받은 하나님의 아들들, 백성들에게 는 하나님은 살아 계신 하나님이심을, 성경은 진실로 참 진리임을 확정하 게 하는 하나님의 증거가 되어 죄를 지어 죽게 만들고 지옥 가게 만드는 귀신에게서 영원히 자유하게 만드는 것이다.

이렇게 너희들과 우리는 '영원'이 육체가 살아서 결판났고, 너희들에 대한 이 예언대로 너희한테 판결한다. 너희들은 바람에 의해 여기저기 날 려서 돌아다니는 '먼지, 티끌, 안개'일 뿐이며, 말씀이 없는 거짓 선지자들, 자칭 목사들, 불법을 행하는 자들이 혀로 내는 더러운 말들이 창수가 되어 나와 성도들에게 부딪혀도 우리는 아무 요동이 없는 성도로, 하나님께 인정받아 하나님의 뜻대로 행하는 자들이라는 증거가 되었다.

마7:21, 24절의 예언대로 실상이 된 것을 온 세상에 증명해 주는 것이다. 내가, 은혜로교회가 좁은 문이요, 생명으로 인도하는 길임을 온 세상에 나타내 주어서 진심으로 너희들한테 감사한다. 너희는 귀신의 가르침을 받고 너희 머리는 우상이요, 바람임을 또 증명해 줄 테니까 두 눈을 똑바로 뜨고 보아라.

바람, 검불들, 마른 풀, 날리는 낙엽들의 실체

바람에 대한 성경적인 시각, 진리의 눈으로, 영적인 눈으로 또 해답을 가보자.

유1:12 저희는 기탄없이 너희와 함께 먹으니 너의 애찬의 암초요 자기 몸만 기르는 목자요 바람에 불려가는 물 없는 구름이요 죽고 또 죽어 뿌리까지 뽑힌 열매 없는 가을 나무요

나를 "이단이니~ 사이비니~" 하여 치는 거짓말로 가르치고, 우상

이 되어 거룩한 강단에 서서 성경을 사용하여 가장하고, 지옥으로 보내는 바람에 의해 여기저기 불려 다니는 사람을 두고 이렇게 말씀하신 것이다. 육체대로 하나님을 알고, 육체대로 "주여 주여" 하면서 불법을 행하는 너희들을 이렇게 비유하신 것이다.

그래서 나를 치고 고소한 너희들을 다음과 같이 판결한다.

시1:4~6 [4]악인은 그렇지 않음이여 오직 바람에 나는 겨와 같도다 [5]그러므로 악인이 심판을 견디지 못하며 죄인이 의인의 회중에 들지 못하리로다 [6]대저 의인의 길은 여호와께서 인정하시나 악인의 길은 망하리로다

너희들은 바람에 나는 겨임을, 심판의 말씀을 견디지 못하는 너희 스스로 죄인이라는 것을 나타내고 악인임을 증명했으니, 너희가 가는 길은 망하되 영원한 둘째 사망인 지옥 불에서 영원히 벌을 받는다. 이 예언은 2021년 6월 30일에 실상이 되어 하나님의 판결하심을 나는 대언하는 것이다. 따라서 우리 안에 있었던 너희들에 대한 명백한 판결이고, 너희들로 인해 나와 은혜로교회 성도들은 하나님께 인정을 받은 의인이라는 사실을 온 세상에 천명한다. 그리고 이렇게 또 판결하신다.

시11:2~6 [2]악인이 활을 당기고 살을 시위에 먹임이여 마음이 바른 자를 어두운 데서 쏘려 하는도다 [3]터가 무너지면 의인이 무엇을 할꼬 [4]여호와께서 그 성전에 계시니 여호와의 보좌는 하늘에 있음이여 그 눈이 인생을 통촉하시고 그 안목이 저희를 감찰하시도다 [5]여호와는 의인을 감찰하시

고 악인과 강포함을 좋아하는 자를 마음에 미워하시도다 ⁶악인에게 그물을 내려 치시리니 불과 유황과 태우는 바람이 저희 잔의 소득이 되리로다

나를 치고 괴롭힌 너희들에 대한 명백한 판결이다. 다시 말하면 불, 유황, 태우는 바람에 의해 너희들이 한 몫의 삶을 살고 영원한 지옥 불에 들어갈 자들임을 미리 예언해 두셨고, 이 판결의 주인이 너희들이다. 살아 있을 때 이 판결을 받는 것은 너희들에 대한 하나님의 마지막 사랑이다. 하나님께서는 죽는 자의 죽는 것도 기뻐하시지 않기 때문이다.

눅16:19~31절의 부자는 육체가 죽을 때까지 자신이 혀로 성경을 사용하여 지옥 불의 소리로 설교하고 교인들을 죽인 '**바람**'이라는 사실을 모르고, 육체가 죽어서야 자신이 행한 그대로 불과 유황으로 타는 지옥에 떨어진 것을 알게 된다. 이런 부자에 대한 결과를 기록해 둔 하나님의 법을 보고도, 그들 부자들은 자신에 대한 판결임을 눈이 있어도, 보이지 않았고 귀가 있어도 들리지 않았던 것이다. 이런 바람이요 우상인 자칭 목사들이 하는 거짓말이 바로 성경대로 보고 믿고 지켜 실행한 나를 "이단이니, 사이비니" 하며 정죄한 것이다.

이들이 내는 새빨간 거짓말에 속은 너희들은 이들에 의해 지어낸 거짓말을 믿고 나를 치는 도구가 되어 너희들의 '**영원**'을 망하게 한 것이다. 죽지 말고 살아서 내가, 은혜로교회 성도들이 누군지, 너희 두 눈으로 똑똑히 보거라. 그래서 나는 이렇게 기도한다.

시35:1~8 ¹여호와여 나와 다투는 자와 다투시고 나와 싸우는 자와 싸우

소서 ²방패와 손 방패를 잡으시고 일어나 나를 도우소서 ³창을 빼사 나를 쫓는 자의 길을 막으시고 또 내 영혼에게 나는 네 구원이라 이르소서 ⁴내 생명을 찾는 자로 부끄러워 수치를 당케 하시며 나를 상해하려 하는 자로 물러가 낭패케 하소서 ⁵저희로 바람 앞에 겨와 같게 하시고 여호와의 사자로 몰아내소서 ⁶저희 길을 어둡고 미끄럽게 하시고 여호와의 사자로 저희를 따르게 하소서 ⁷저희가 무고히 나를 잡으려고 그 그물을 웅덩이에 숨기며 무고히 내 생명을 해하려고 함정을 팠사오니 ⁸멸망으로 졸지에 저에게 임하게 하시며 그 숨긴 그물에 스스로 잡히게 하시며 멸망 중에 떨어지게 하소서

이 기도가 사실이 되는 것을 악인인 너희들도 보게 될 것이고, 이미 보고 있고, 은혜로교회 모든 성도들도 명백하게 보게 된다. 온 천하에 영원히 증명될 것이다. 그러므로 무고히 나를 친 너희들은 **시78:39절**의 예언이 명백한 사실임을 온 천하 만민이 알게 될 것이다.

시78:39 저희는 육체뿐이라 가고 다시 오지 못하는 바람임을 기억하셨음이로다

시83:13절 "나의 하나님이여 저희로(이 **"저희"**가 무고히 나를 치고 옥에 가두고 2021년 6월 30일 이때까지 혀로 학대하고, 손가락으로 이단, 사이비라 정죄하여 치욕을 주는 모든 자들이 이 '**저희**'에 해당한다. 온 세상이 영원히 보게 될 것이며, 나는 영원히 이 저희가 누군지 증명할 것

이다. 진리는 이런 것이다. 실상이 되어 실상을 증명하는 것이 진리의 성령의 사역이다.)

굴러가는 검불 같게 하시며('**검불**'이란 마른 풀, 낙엽, 지푸라기 따위를 통틀어 이르는 말이다. 나를 무고히 치고 학대하는 모든 자들에 대한 예언이다. 말씀이 없는 거짓 선지자들인 바람, 우상들에 의해 땅에서 뽑혀 말라 버린 풀이 나를 고소한 너희들에 대한 감추어 두신 천국의 비밀이다. 바람이 불고 창수가 나니까 내가 이단인 줄 알고 떨어져 나간 모든 자들이 다 이에 해당한다. 미국으로, 뉴질랜드로, 다시 한국으로 나온 우리에게서 떨어져 나간 자들도 다 이에 해당한다. 이들을 두고 '**마른 풀, 떨어진 낙엽, 땅에 굴러다니는 지푸라기**'라고 하신 것이고, 이들 모두 다를 두고 '**검불**'이라고 하신 것이다.

나에게는 이 말씀이 기도이면서 대적자들에 대하여 기록해 두신 소송장인데, 반대로 나를 치고 무고히 학대하는 자들, 고소하여 옥에 가둔 자들, 내가 구속되니까 바람인 불법을 행하는 자들, 우상들의 입에서 하는 말이 '사실이구나~' 하고 떨어져서 나간 그들 모두 다에 대한 실상을 밝히시는 하나님의 증거요, 천국의 비밀이다. 성경을 가지고도 자신들에 대한 예언이 사실이 된 줄도 모르고 있는 영적인 소경이요, 지금 이 판결도 들리지 않는 귀머거리들이다.

'**굴러가는**'이라는 말은 '일이나 모임이 진행되어 나가다'라는 뜻이다. 얼마나 정확하게 이 기도대로, 곧 나에게는 기도지만, '**굴러가는 검불**'들인 무고히 나를 치는 그들에게는 사실이 되어 이루어지는 살아 계신 하나님의 말씀이며, 참 진리다. **이런 진리 외에는 다 헛된 말들이다.** 이래서

내가 진리의 성령이다.

어제 2021년 6월 29일 조선일보 신문에 전면광고, 5단 광고에 이렇게 났더라. '성령충만 구국 기도회(한국교회 기도하자) 대한민국—독일통일'이라는 제목으로 '강남금식기도원, 강남순복음십자가교회'에서 낸 광고인데 1000명, 100일 철야기도, 응답, 축복, 기적이라고 쓰고, 이미 육체가 죽은 자, **눅16:19~31절**의 부자의 사진과 현재 굴러가는 검불들과 마른 풀, 낙엽, 지푸라기를 불어서 구르게 하는 바람, 곧 우상의 사진들이 부끄러움도 모르고 전면광고를 했다. 또 한 광고는 전광훈 목사가 낸 광고인데 '성령 세미나 전국 투어'라고 나왔다. 이 두 광고가 얼마나 허상, 허탄한 거짓말 광고인지는 은혜로교회 성도들은 안다.

이들 모두는 자신들이 굴러다니는 검불, 구르게 하는 바람임을 알지 못한다. 그래서 수치를 모른다. 이들이 하나님께서 비유로 말씀하시는 '바람, 용, 우상, 사단, 마귀, 가르치는 귀신, 옛 뱀, 예수 이름으로 가장한 광명의 천사들'이다. 성경이 이렇게 기록되어 있으니 사람이 본능적으로 아는 눈으로 성경을 보면 자신들에 대한 예언이 실상이 되어 있는 줄 모르는 것이다.

이런 '검불'에 대해서 더 증명한다. **욥13:20~28절**이다. 문자 그대로는 욥의 기도인데 이 기도가 2021년 지금 이 세대까지 이어져 온 예수 이름, 하나님의 이름을 혀로 부르는 좌편, 우편에 해당하는 자들에 대한 실상을 예언해 두신 천국의 비밀이다. 너무 명백한 사실이다. 또한 검불에 대한 판결이다. 정신을 차리고 두 눈으로, 두 귀로 똑똑히 예수 그리스도께서 하신 기도를 보거라. 이 세대에 대한 기도, 검불인 예수 이름 사용하는 자들에게 실상이 될 것을 예언하신 그대로 온 세상에 성경을 사용하는 종교인들이 다 이런 영적인 상태다.

욥13:20~25 ²⁰오직 내게 이 두 가지 일을 행하지 마옵소서 그리하시면 내가 주의 얼굴을 피하여 숨지 아니하오리니 ²¹곧 주의 손을 내게 대지 마옵시며 주의 위엄으로 나를 두렵게 마옵실 것이니이다 ²²그리하시고 주는 나를 부르소서 내가 대답하리이다 혹 나로 말씀하게 하옵시고 주는 내게 대답하옵소서 ²³나의 불법과 죄가 얼마나 많으니이까 나의 허물과 죄를 내게 알게 하옵소서 ²⁴주께서 어찌하여 얼굴을 가리우시고 나를 주의 대적으로 여기시나이까 ²⁵주께서 어찌하여 날리는 낙엽을 놀래시며 마른 검불을 따르시나이까

'날리는 낙엽'이 바로 우리에게서 떨어져 나간 자들, 곧 **시83:13절**에 굴러가는 검불들이다. 더 정확하게 말하면 나를 이단, 사이비라고 정죄하는 창수가 나고, 내가 옥에 갇히고 사건이 나니까, '**바람, 우상, 불법하는 목사, 고소한 그들**'에 의해 우리 안에 있는 '**검불인 마른 풀, 낙엽, 지푸라기들**'이 놀라 내가 이단인 줄 알고 한국으로, 미국으로, 뉴질랜드로, 캐나다로, 중국으로, 과천에서 떨어져 나간 자들이 나오고, 쟁기를 잡고 낙토에서 일하다가 되돌아간 그들 모두 본문의 "**날리는 낙엽**"들이다.

이들이 전부 내가 이단인 줄 알고 놀랄 것을 예언해 두신 것이다. 심지어 낙원에 간 그들도 놀라서 자신이 '혹 이단에 빠진 것일까?' 하고 생각했고, 현재 아직 귀신 노릇 하는 자들도 속으로 놀라서 의심하고 안 믿

고 지금까지 패역하는 것이다.

이 낙엽에 대해서 더 증명한다. 욥2:12절에 "티끌을 날려"라고 하시고, 이렇게 날려간 자들을 '티끌'이라고 하셨다. 최근에 티끌, 뱀에 해당하는 자가 양성호다. 또 욥21:17~26절에도 예언되어 판결해 두셨다.

욥21:17~26 ¹⁷악인의 등불이 꺼짐이나 재앙이 그들에게 임함이나 하나님이 진노하사 그들을 곤고케 하심이나 ¹⁸그들이 바람 앞에 검불같이, 폭풍에 불려가는 겨같이 되는 일이 몇 번이나 있었느냐 ¹⁹하나님이 그의 죄악을 쌓아 두셨다가 그 자손에게 갚으신다 하거니와 그 몸에 갚으셔서 그로 깨닫게 하셔야 할 것이라 ²⁰자기의 멸망을 자기의 눈으로 보게 하시며 전능자의 진노를 마시게 하셔야 할 것이니라 ²¹그의 달 수가 진하면 자기 집에 대하여 무슨 관계가 있겠느냐 ²²그러나 하나님은 높은 자들을 심판하시나니 누가 능히 하나님께 지식을 가르치겠느냐 ²³어떤 사람은 죽도록 기운이 충실하여 평강하며 안일하고 ²⁴그 그릇에는 젖이 가득하며 그 골수는 윤택하였고 ²⁵어떤 사람은 죽도록 마음에 고통하고 복을 맛보지 못하였어도 ²⁶이 둘이 일반으로 흙 속에 눕고 그 위에 구더기가 덮이는구나

너무 정확하게 현재 성경을 가지고 사용하는 악인들, 부자들, 곧 우상, 바람에 해당하는 자들에 의해 불려 다니는 겨, 바람 앞에 검불같이 되는 일을 14년째 명백하게 보고 있다. 그들이 누군지, 그들 얼굴, 그들의 언행들을 보고 있다. 다시 말하면 이 기도와 말씀대로 '**바람, 검불, 티끌, 떨어진 낙엽, 마른 풀, 지푸라기**'에 해당하는 자들을 실상으로 보고 있다.

자신들에 대한 예언을 눈에 보여 주어도 안 믿고 바람에 놀라는 낙엽, 너는 누구냐? 이런 자들은 전부 육체는 죽어 흙으로 돌아가고 자신의 혼들은 전부 지옥 불에 던져지는 이 판결대로 된다. 구더기가 바로 굴러가는 검불이다. 또 **눅16:19~31절**의 부자 목사, 부자들이다. 증명한다.

막9:43~49 ⁴³만일 네 손이 너를 범죄케 하거든 찍어 버리라 불구자로 영생에 들어가는 것이 두 손을 가지고 지옥 꺼지지 않는 불에 들어가는 것보다 나으니라 ⁴⁵만일 네 발이 너를 범죄케 하거든 찍어 버리라 절뚝발이로 영생에 들어가는 것이 두 발을 가지고 지옥에 던지우는 것보다 나으니라 ⁴⁷만일 네 눈이 너를 범죄케 하거든 빼어 버리라 한 눈으로 하나님의 나라에 들어가는 것이 두 눈을 가지고 지옥에 던지우는 것보다 나으니라 ⁴⁸거기는 구더기도 죽지 않고 불도 꺼지지 아니하느니라 ⁴⁹사람마다 불로서 소금 치듯함을 받으리라

영생하여 하나님 나라에 실상으로 들어가게 하는 14년 째 이 일을 이단이라 훼방하여 인터넷으로, 방송으로, 문서로 바람들의 입에서 나와 창수, 곧 홍수가 되어 부딪히니까 검불에 해당하는 자, 곧 떨어진 낙엽, 마른 풀, 지푸라기에 해당하는 자들이 바람들이 내는 거짓말이 '사실인가~' 하고 놀라서 떨어지는 자들이 가는 곳을 두고 AD 50년에 예언해 두신 것이다.

지옥 꺼지지 않는 불에는 구더기도 죽지 아니하고 불로 소금 치듯함을 받는다고 판결해 두신 이대로 사실이 되는 것을 최근에도 낙토에서 보

앗을 것이다. 그들 전부는 바람 소리, 곧 지옥 불에서 나는 소리인 성경과 다른 거짓말을 믿고, 그들이 하는 말에 내가 이단, 사이비인 줄 알고 놀라서 떨어진 자들이며, 구더기에 비유하신 것이다. 사람이 본능적으로 아는 구더기가 아니고, **욥25:6절**에 **"하물며 벌레인 사람, 구더기인 인생이랴"** 라고 하신 자들이다.

특히 **막9:43~49절**의 예언은 14년째 현재 이 시간에도 사실이 되어 이루어지고 있는 실상이다. 하나님의 명령인 영생을 주시려고 친히 인도하고 계신 좁은 문, 생명의 길인데, 이 길을 두고 "이단이니~ 사이비니~" 하고 정죄한 그들은 "떨어진 낙엽, 마른 풀, 지푸라기, 검불, 악인, 구더기인 인생들"로 그들의 혀가 지옥 불에 떨어지게 만든 것이다. 이들은 지옥 불에 떨어져서 혀에 물 한 방울 못 먹는 고통, 불로 소금치듯함을 당하며 영원히 산다고 미리 판결해 두셨다.

너희 눈으로 보아라. 너 스스로 귀신이 주인이라고 자랑하고, 뻔뻔하게 티끌임을 자랑하는 너희들이 가는 곳이다. 그래서 **욥21:17~21절**에서 이렇게 예언해 두신 것이다. 반드시 이 본문에 대한 답을 하거라. **17~18절**을 묻는다. 거듭나지 않은 우리 안에 있는 자들은 다 답을 해라.

욥21:17~18 [17]악인의 등불이 꺼짐이나 재앙이 그들에게 임함이나 하나님이 진노하사 그들을 곤고케 하심이나 [18]그들이 바람 앞에 검불같이, 폭풍에 불려가는 겨같이 되는 일이 몇 번이나 있었느냐

이 질문에 대한 답은 온 세상에서 현재 은혜로교회 성도들만 사실을

대답할 수 있다. 14년째 우리 눈앞에 이 일이 일어났는데 몇 번이나 있었느냐고 물으신다. 악인의 등불이 꺼짐도 이미 다 보았고, 재앙도 이미 전 세계에 내리고 있다. 이제 시간이 없다.

'**바람**'이 말씀이 없는 선지자들인 불법을 행하는 자들이고, 이들이 내는 성경과 다른 거짓말이 어떤 말들인지도 다 안다. 이런 자칭 목사들이 나를 이단이라고 한 말에 흔들려서, 곧 바람에 날려 떨어진 자들이 바로 '**굴러가는 검불**'이다. 다른 말로 '**마른 풀, 떨어진 낙엽, 지푸라기, 악인, 겨, 구더기, 인생**'들을 실상으로 보았다. 몇 번이나 보았느냐고 물으신 것이다. 이에 대한 답을 해라.

아직도 이 말이 무슨 뜻인지 못 알아듣는 너는 하나님 나라도, 영생도 상상하는 자다. 하나님은 죽은 자의 하나님이 아니고 살아 있는 산 자의 하나님이시다. 이렇게 물으시는 이유는 바로 **욥21:19~20절** 때문이다.

욥21:19~20 [19]하나님이 그의 죄악을 쌓아 두셨다가 그 자손에게 갚으신다 하거니와 그 몸에 갚으셔서 그로 깨닫게 하셔야 할 것이라 [20]자기의 멸망을 자기의 눈으로 보게 하시며 전능자의 진노를 마시게 하셔야 할 것이니라

이 말씀도 사실이 되어 이루어진다. 이렇게 되지 않기를 바라고, 미리 자신들이 지은 죄가 어떤 결과를 낳을 것인지에 대해서 보여 주는 것이 그들을 향한 마지막 사랑이다. 나는 분명히 경고했다. 믿고 행하든 행하지 않든 그것은 '**검불**'들의 몫이다.

'**바람에 날리는 낙엽**'에 대해서 다른 모양으로는 **호13:3절**에 이렇게

말씀하신다.

호13:3 이러므로 저희는 아침 구름 같으며 쉽게 사라지는 이슬 같으며 타작마당에서 광풍에 날리우는 쭉정이 같으며 굴뚝에서 나가는 연기 같으리라

이렇게 정확하게 타작마당에서 날리운 쭉정이들이 바로 바람 소리, 곧 광풍에 의해 내가 구속되니까 놀라서 떨어져 나간 '**낙엽**'이며, '**쭉정이들**'이라고 명백하게 기록된 이 말씀이 실상이 된 것이다. 진리는 이렇게 하나님께서 정하신 시간에 실상이 되어 땅에서 성취되는 것이다. BC 750년경에 기록된 예언이 2771년이 지나 2021년 지금 이루어진 하나님의 행하신 일을 '**폭력, 특수폭행**'이라고 하며 옥에 가둔 것은 하나님의 일을 훼방하고 하나님과 쟁변하는 것이다. 이 말을 믿든 믿지 않든 이는 사실이다.

이런 '**낙엽, 지푸라기, 마른 풀, 검불, 악인, 쭉정이, 구더기, 겨**'에 해당하는 자들은 다음 판결대로 실상이 된다. 14년째 이 진리를 아니라고 개가 토한 것을 다시 먹고, 낙토가 아니라고 한 몫의 삶으로 돌아간 자들, 쟁기를 잡고 가다가 뒤돌아본 자들, 우리에게서 나가 고소한 그들, "이단이니~ 사이비니~" 하며 지껄이고 욕하고 혀로, 손가락으로 글을 쓰고 한 자들이 다 바람, 곧 우상을 섬기는 자들이요, 예수 그리스도와 성부 하나님을 믿지 아니하는 자들이다.

이런 자들에게 경고한다. **사57:11~13절**이다. 14년째 나를 통한 이 일을 통해 사실이 되어 성취되고 있는 말씀이다.

"¹¹네가 누구를 두려워하며 누구로 하여 놀랐기에 거짓을 말하며 나

를 생각지 아니하며(이에 해당하는 자들이 다 고소하고 법정에서 거짓 진술한 그들에 대한 예언이 2018년 7월 24일에 시작하여 2021년 6월 30일 현재까지 사실이 되어 이루어진 것이다. 절대 예수 그리스도께서 이 땅에 오셨던 초림 때 실상이 되는 예언이 아니다. 명백하게 나를 통한 이 일에 대한 예언이다.

'네가'에 해당하는 자들은 '이윤재, 이미애, 이순득, 박찬문, 노영자, 박정숙, 박지애, 송종완, 장춘화, 정대영, 최인호, 김정탁, 김호민, 유단비, 김태웅, 서요셉' 등등 현재 안양 재판에 최신영, 이서연 등등이다. 이들 모두 "네가 누구를 두려워하며 누구로 하여 놀랐기에 거짓을 말하며 나 곧 하나님을 생각지 아니하며"라고 하신 말씀의 주인공들이다.

이들은 전부 하나님의 말씀을 한 절도 안 믿는 '바람'인 자칭 목사들, 이인규 권사, 박형택 목사, 감리교 총회, 예장합신 총회, 허건 형사, 검사 최수경, 이윤희에 의해 놀란 것이다. 그들이 나를 "이단이니, 사이비니"하고, 타작마당을 특수폭행, 폭행이라고 하고, 감금, 특수감금, 아동복지법 위반, 유기, 방임, 교사했다고 하니까 그들에 의해 놀라서 거짓을 말하고 이단인 줄 알아서 그런 것이다.

심지어 장선주, 이한별까지 다 허건 형사, 이 세상 법이 두려워서 그들의 말만 믿고 감옥에 갇히지 않기 위해 그들 편에 섰다. 이들은 하나님을 안 믿는 사람들이다. 바람에 의해 날리는 낙엽이라 놀란 것이다. 그중에 가장 어이없는 낙엽은 장선주다. 7년형을 받는 데 결정적인 역할을 했다. 그렇게 말씀을 듣고도 안 믿고, 배워서 해 먹어야겠다고 사심을 가지고 잘 믿는 척했던 흉악한 귀신의 실체다. 영생도, 하나님의 나라도 이들은 상관이 없는 자들로 판결이 난 것이다.

'타작마당도 폭행인가~' 하고 '어쩐지 이상하더라' 한 장선주는 철저하게 불신자다. 낙토에 가서 의인과 악인이 결판난다고 했고, 그들 눈으로 성경을 보게 했으며, 그들 귀로 낙토까지 가서 다 알고 있으면서 형사를 두려워하고 하나님을 안 믿는 자들이었다. "이단, 사이비구나~" 하고 김용린이가 또 자신 스스로 불신자임을, 바람들이 혀에 내는 거짓말들이 창수가 되어 그 바람에 날려 떨어진 낙엽임을 보여 주었다. 그들 전부 이 본문의 "네가"에 해당하는 자들이다.

"네가 누구를 두려워 하며 누구로 하여 놀랐기에" 이래서 **욥13:25절**에 "주께서 어찌하여 날리는 낙엽을 놀래시며"라고 하신 것이다. 따라서 '놀라는 낙엽, 놀라서 떨어진 낙엽, 사람을 두려워하여 하나님이 하시는 일을 부인하고 배반하고 돌아선 낙엽들'이 2021년 6월 30일까지 우리 안에서 떨어진 자들이다.

지금도 우리 안에 '**바람**'인 우상들이 나를 이단이라 하니까 '이단인가~' 하고 놀라고, 내가 7년 징역형을 받으니까 '사실인가' 하여 우리 안에서 떨어져 나간 자들, 그들은 하나님을 안 믿는 자들이다. 귀신이 주인일 때는 절대 하나님을 믿는 것이 아니다. 티끌로 돌아갈 자들은 지금 이렇게 증명해 주어도 절대 안 믿는다.

이들은 전부 영생, 하나님 나라, 하나님께서 약속하신 땅, 예수 그리스도, 진리의 성령, 하나님의 아들들, 이스라엘, 반대로 용, 사단, 마귀, 귀신, 뱀 등도 다 상상한다. 그런데 자신들은 잘 믿는다고 착각한다. 하나님의 말씀을 전대미문의 새 언약으로 밝히 드러내는데 어떻게 형사 하나의 말은 믿고, 하나님의 말씀은 안 믿나? 미친 이인규의 말은 믿고, 이단이라 한다고 자신들이 들어 보고, 눈으로 다 보고 한 말씀은 안 믿나? 이들은 불신자들이다. 이인규 권사, 허건 형사로 하여 두려워하고 놀란 그들이다. **"네가 누구를 두려워하며 누구로 하여 놀랐기에 거짓을 말하며 나를 생각지 아니하며"**라고 하신 하나님의 말씀을 생각지 아니하는 것이 하나님을 생각지 아니하는 것이다.) 이를 마음에 두지 아니하였느냐"

죄가 해결되지 아니한 영적인 상태는 한 말씀도 그 속에 심겨지지 아니하더라. 귀신이 주인일 때는 절대 단 한 말씀도 안 믿는다. 14년째 보았다. 귀신의 정체를 모르면 거듭날 수가 없다. 시장을 지낸 늙은 사람들이 성추행, 성범죄를 저지르고 자살하고, 일생 살았던 모든 삶을 무너뜨리게 만드는 일들이 결국 영적인 실상을 모르면 자신도 절제할 수가 없는 것이다. 죄를 짓게 하는 귀신에게 절대 이길 수가 없다는 것을 14년째 실상을 보았다.

그래서 **잠20:9절**에 이렇게 말씀하셨다.

잠20:9 내가 내 마음을 정하게 하였다 내 죄를 깨끗하게 하였다 할 자가 누구뇨

의인은 없나니 아무도 없다고 하신 진리가 진실로 사실이었는데, 귀신이 주인이면서 자신은 잘 믿고 죄를 짓지 아니했다고 하는 어이없는 생각을 하고 있는 사람들을 보았다. 이런 사람들도 하나님의 말씀 앞에는 그 실체가 다 드러났다.

잠20:5 사람의 마음에 있는 모략은 깊은 물 같으니라 그럴찌라도 명철한 사람은 그것을 길어 내느니라

잠20:5절 말씀 또한 참 사실이었다. 아무리 감추고 가장해도 시간 차이만 있을 뿐 하나님의 가르치심인 이 말씀 앞에는 낱낱이 다 드러난다는 것을 우리는 보았다. 이는 하나님께서 미리 예언해 두신 말씀대로 사실이었음을 친히 증명해 주신 하나님의 증거였다.

잠21:2, 4 ²사람의 행위가 자기 보기에는 모두 정직하여도 여호와는 심령을 감찰하시느니라… ⁴눈이 높은 것과 마음이 교만한 것과 악인의 형통한 것은 다 죄니라

이렇게 이미 판결해 두셔도, 귀신이 주인일 때는 단 한 사람도 예외가 없이 교만이 근본 뿌리더라. 온 세상에 사는 그 누구도 하나님 앞에 핑계할 수가 없다. 이미 성경, 곧 하나님의 말씀이 각 나라 언어로 번역되어 주어졌으므로 자신들은 진리를 몰랐다고 할 수가 없다.

잠22:17~21 ¹⁷너는 귀를 기울여 지혜 있는 자의 말씀을 들으며 내 지식에 마음을 둘찌어다 ¹⁸이것을 네 속에 보존하며 네 입술에 있게 함이 아름다우니라 ¹⁹내가 너로 여호와를 의뢰하게 하려 하여 이것을 오늘 특별히 네게 알게 하였노니 ²⁰내가 모략과 지식의 아름다운 것을 기록하여 ²¹너로 진리의 확실한 말씀을 깨닫게 하며 또 너를 보내는 자에게 진리의 말씀으

로 회답하게 하려 함이 아니냐

따라서 지금 이 시간에 하나님께서 이렇게 말씀하신다.

잠23:26 내 아들아 네 마음을 내게 주며 네 눈으로 내 길을 즐거워할지어다

이처럼 다정히 말씀하신다. 땅에 있는 모든 사람들이 이런 진리를 보고 듣고 깨달아 알게 하시려고 우리를 먼저 부르시고, 하나님의 뜻을 명백하고 확실하게 알게 하시고 계신다. 우리가 다른 사람보다 죄를 더 짓지 않아서가 아니다. 하나님의 일방적인 사랑으로 죄에 대해서, 의에 대해서, 심판에 대해서 먼저 알게 하신 것뿐이다. 인간의 속성을 너무 잘 아시는 하나님께서 우리가 이 땅에 사람으로 태어나기 전에, 그것도 3421년 전부터 최초의 성경 저자 모세를 시작으로 미리 다 말씀해서 기록해두신 진리다.

이런 살아 계신 하나님을 두려워하지 아니하고 무엇이 두렵고, 무엇에 놀라서 떨어진 낙엽이 되었느냐? 어떻게 이런 진리를 아니라고 부정하며 "이단이니~ 사이비니~" 하느냐? 이 천하에 배은망덕한 사람아~ 인간의 탈만 썼지 사람이 아닌 짐승이 바로 너희들이다. 이렇게 말하면 다 이렇게 핑계하더라.

잠24:12 네가 말하기를 나는 그것을 알지 못하였노라 할찌라도 마음을

저울질하시는 이가 어찌 통찰하지 못하시겠으며 네 영혼을 지키시는 이가 어찌 알지 못하시겠느냐 그가 각 사람의 행위대로 보응하시리라

진실로 이렇게 하시는 것을 14년째 보고 있다. 온 세상에 그 어떤 방법으로도 사람의 생각, 마음의 더러움을 씻는 길은 오직 한 길밖에 없다. 지금 말씀하시는 대로 이 길 외에는 온 천하에 그 어떤 방법이 없다. **시 119:9~11절**의 말씀에 우리 모두 "아멘" 하자.

시119:9~11 ⁹청년이 무엇으로 그 행실을 깨끗케 하리이까 주의 말씀을 따라 삼갈 것이니이다 ¹⁰내가 전심으로 주를 찾았사오니 주의 계명에서 떠나지 말게 하소서 ¹¹내가 주께 범죄치 아니하려 하여 주의 말씀을 내 마음에 두었나이다

이제 우리 안에서 다시는 하나님의 마음을 아프고 슬프게 하지 말자. 현재 2021년 7월 1일 이 시간까지 우리 모두의 마음을 저울질하신 하나님 앞에 벌거벗은 것같이 다 드러나서 사람이 짐승보다 더 나음이 없다는 것을 우리는 다 보았고, 알고 있다. 이렇게 우리로 하여금 철저하게 보고 듣고 깨달아 알게 하신 것은 하나님만이 하나님이심을 우리로 시인하게 하시기 위한 하나님의 사랑이다.

이제부터 다시는, 다시는 하나님 외에 그 어떤 것도 우리 마음에 두지 아니할 것을 진실로 소원하고 기도했으니 사람으로 하여금 죄를 지어 죽게 만들어 영원히 패망하게 하는 귀신에게서 자유하게 하신 하나님의

말씀을 각자의 마음에 두었다고 고백했다. 그러므로 대체육체가 되어 희생당한 너희들에 대한 마지막 사랑이다. 회개하고 돌아서라. 그리고 이 시간에 하나님의 말씀을 받아라.

렘17:5~8절이다. "⁵나 여호와가 이같이 말하노라 무릇 사람을 믿으며 혈육으로 그 권력을 삼고 마음이 여호와에게서 떠난 그 사람은 저주를 받을 것이라 ⁶그는 사막의 떨기나무 같아서 좋은 일의 오는 것을 보지 못하고(이미 좋은 일이 2008년 6월 16일부터 시작되어서 14년째 실행되고 있는 나를 통한 이 일이다. 진실로 사실이다. 창세 이래 단 한 세대도 없었던 새 일이며, 영원한 언약이다. "왜 너만 옳다고 하느냐? 그런 것이 어디 있느냐? 그러니까 교만하다, 이단이라 소리 듣는 것이다, 하나님이 너만의 하나님이냐?" 등등 온갖 말을 다하고 욕할 줄도 다 안다. 그리해도 이는 사실이다.

이렇게 하시는 것 또한 하나님께서 미리 그렇게 정하셨고, 이제 진실로 천국 복음이 온전히 열리고 있으며, **마태복음 13장, 마가복음 4장, 누가복음 8장**의 씨 뿌리는 비유에 대한 말씀이 14년째 실상이 되고 있다. 이 때문에 나는, 우리는 모든 민족에게 미움을 받고, 심지어 **사49:7절**의 예언대로 사람에게 멸시를 당하고, 하나님의 백성 이스라엘, 곧 다시 택하신 이스라엘에게도 미움을 14년째 실상으로 받고 있고, 관원들에게 종이 되어 업신여김을 당하고 있다. 믿든 안 믿든 이 일로 인하여 옥에 갇혀 온 세상에 치욕을 당하고 있지만 이는 사실이다.

"**혈육으로 그 권력을 삼고**"라는 말씀이 진실로 사실이 되어 혀로 오직 예수하며 말만 하는 자들은 예수 이름으로 혈육에 속한 자들을 끌어모아서 그 혈육으로 권력을 삼고, 기득권 세력이 된 자들을 두려워하여 그들의 말에 흔들리고 떠는 거짓말한 자들의 마음에는 하나님이 없었다. 그 자체가 이미 심판을 받고 있는 것이다. 이런 자들을 두고 사막의 떨기나무 같다고 하신다. 이런 자들을 진리로 14년째 보고 있다. 이미 만세 전에 예비하시고 아브라함에게 언약하신 영원한 언약이 실상이 되어도, 그들 눈에는 보이지도 들리지도 아니하며 바람에 떨어진 낙엽이 되었다.

창세 이래 감추어 두신 천국의 비밀이 풀어지고 실상이 되는 좋은 일이 이미 땅에 14년째 이루어지고 있다. 그런데 그는, 그들은 사막의 떨기나무 같아서 좋은 일의 오는 것을 보지 못하고)

광야 건조한 곳, 건건한 땅, 사람이 거하지 않는 땅에 거하리라(이 말씀 또한 그들은 사람 생각대로 본다. 자신들이 되돌아간 땅은 자신들이 살던 곳이고, 자신의 친척, 집, 전토가 다 있는 곳이니 이 본문이 자신들에 대한 예언인 줄은 꿈에도 모른다. 이래서 **사13:12절**에 사람을 정금보다 희소케하며, 오빌의 순금보다 희귀케 하시겠다고 미리 말씀해 두신 것이다.

지금 온 세상이 악한 자 아래 처해 있는 줄 사람들 중에 아는 사람이 몇이나 될까? 지금 이 세상은 악인들이 자기들에게 주어진 기간이 얼마 못되는 줄 알고 이미 전 세계를 자신들의 계획대로 진행하고 있다. 전 세계 최강대국이라고 자랑하는 미국도 그들에 의해 세워졌고, 그 실체를 온 세상에 드러내며 전 세계 구석구석까지 파고 들어 전 세계를 하나의 단일 정부로 만들어 자신들의 발 아래 있게 하려는 것이다. 하지만 이 또한 하나님의 허락하심 가운데 성경에 미리 예언해 두신 그대로 사실이 되어 진행되고 있다.

돈, 권력, 성의 노리개가 되어 미쳐 있고, 마약, 노래, 쉽게 돈을 벌 수 있다고 속이는 자들에 의해 청년들, 아이들까지 다 투기꾼이 되어 있다. 종교도, 정치도 다 악인들의 계획대로 실행이 되고 있어도, 아무도 알려고도 하지 않고 창수와 폭풍이 되어 지배하고 있다.

그러나 이들의 계획대로 절대 이루어지지 않는다. 그 징조가 지금 전 세계에 내린 재앙인 코로나19 바이러스다. 이를 사람이 백신을 개발해서 막겠다고 하지만 절대 안 된다. 이제 그림자와 모형은 없어지고, 실상이 다스리고 누리는 세대인 '오는 세상', 하나님께서 통치하시는 세상이 도래한다. 그 징조가 나와 은혜로교회 성도들이다. 절대 과언이 아니고, 허언은 더더욱 아니다. 그래서 이 온 세상을 시험하신다. 이렇게 시험하시기 전에 이미 14년째 빌라델비아 교회를 먼저 시험을 하시고 계신 것이다.

계3:9~10 ⁹보라 사단의 회 곧 자칭 유대인이라 하나 그렇지 않고 거짓말 하는 자들 중에서 몇을 네게 주어 저희로 와서 네 발 앞에 절하게 하고 내가 너를 사랑하는 줄을 알게 하리라 ¹⁰네가 나의 인내의 말씀을 지켰은즉 **내가 또한 너를 지키어 시험의 때를 면하게 하리니** 이는 장차 온 세상에 임하여 땅에 거하는 자들을 시험할 때라

이 예언이 사실이 되기 직전에 나와 은혜로교회는 이미 시험 중에 있다. 이 예언은 진리의 성령이 실상이 될 때, 곧 구약 4천 년, 신약 2천 년이 이미 지나고 있는 지금 이 세대에 사실이 되었다. 이제 시간이 없다.

지금 이때 이미 온 세상은 **요일5:19절** 말씀대로 2021년 7월 1일에

온전히 사실이 되었다.

요일5:19 또 아는 것은 우리는 하나님께 속하고 온 세상은 악한 자 안에 처한 것이며

그리고 나를 통한 이 일을 훼방하고 대적한 자들에 의해 감옥에 갇힌 것은 초림 때 예수 그리스도를 대적한 저 황금돔이 있는 이스라엘에서 시작하여 하나님의 아들 예수 그리스도를 통해서 미리 약속하신 언약대로 실상이 된 또 다른 보혜사인 진리의 성령과 함께, 이미 영생을 얻기로 하나님께서 정하신 아들들, 백성들을 대적한 한국에서 현재 포로로 잡혀 있는 것이다. 이는 시작과 끝이 다 되었다는 징조요, 사실이다.

전 세계에서 유일하게 남북으로 나뉘어져 있고, 핵을 머리에 이고 있는 이 실상은 택한 자녀들로 하여금 오직 하나님만 의지하고 계명대로 지켜 실행하라고 가장 합당하게 주신 환경이다. 이때 온 세상을 시험하실 때, 한 몫의 삶을 살던 땅에서 하나님께서 예비하신 땅으로 이사를 하여 새 언약으로 다시 창조하시고 재앙을 대비하게 하시는 것이다.

악한 자 아래 처해 있는 온 세상 땅을 두고 **렘17:5~6절**에 말씀하신 것이다. 혀로는 "예수, 하나님" 하면서 단 한 말씀도 지켜 실행하지 않고, 하나님의 말씀을 사람 생각대로 해석하여 도리어 죄에 죄를 더하는 데 장식품으로 삼은 자들이 있는 땅, 혈육으로 그 권력을 삼고 마음에 하나님의 말씀 한 절 안 믿고 지켜 실행하지 않는 자들, 곧 저주받은 자들이 있는 땅을 두고 이렇게 말씀하신 것이다. 지금 전 세계 성경을 사용하는 모든 자들이 이런 영적인 상태에 있다. 이는 예수 이름을 사용하는 모든 자들이 다 율법 아래 가두어져 있다는 것을 미리 예언해 두신 것이다.

곧 "사막의 떨기 나무 같아서"라는 말씀 속에 전 세계 2천 년 기독교 역사가 다 감추어져 있었다. 이 사실조차 모르고 있는데 성경 학자, 박사들이 이미 다 알고 있다고 착각하는 것이다. 구약성경은 율법이고, 신약성경은 복음이라고 말을 만들어 낸 것은 전 성경 단 한 절도 모르는 사람이 지어낸 말이다. 이런 자들은 전부 자신들은 예수를 잘 믿고 있다고 자긍하는 자들이다. 다시 자세히 하나님의 말씀을 듣자.

다시 **렘17:5~8절** "⁵나 여호와가 이같이 말하노라 무릇 사람을 믿으며 혈육으로 그 권력을 삼고 마음이 여호와에게서 떠난 그 사람은 저주를 받을 것이라 ⁶그는 사막의 떨기나무 같아서 좋은 일의 오는 것을 보지 못하고 광야 간조한 곳, 건건한 땅, 사람이 거하지 않는 땅에 거하리라(이 예언이 사실이 되는 때가 지금 이 세대다. 이때 하나님의 계명을 지켜 실행한 우리는)

⁷그러나 무릇 여호와를 의지하며 여호와를 의뢰하는 그 사람은 복을 받을 것이라 ⁸그는 물가에 심기운 나무가 그 뿌리를 강변에 뻗치고 더위가 올찌라도 두려워 아니하며(이 '**더위**'는 사람이 본능적으로 아는 더위만이 아니라 하나님의 심판을 뜻한다. 2021년 7월 1일자 조선일보 신문에 캐나다가 섭씨 49도로 서부에서 69명이 사망했고, 연일 최고 기온을 갈아치운다고 했다.[24] 전선이 녹아 내려서 전차 운행도 중단되었다고 한다. 유럽, 북미가 저 중동보다 더 뜨겁다. 전문가들은 전부 '**기후 변화의 영향**'이라고 한다. 사람 차원의 해답은 이러하다.

폭염과 더위가 오는 이유

왜 이렇게 더위로 인해 사람이 죽을 만큼 고통과 재앙이 오는 걸까? 저런 곳은 더위도 문제고, 겨울에는 추위도 문제가 되어 극과 극을 달릴 것이다. 이에 대한 하나님의 말씀하심은 어떤 뜻인지 찾아서 보고 듣자.

신명기 32장을 찾아서 교독하거라. 문자 그대로만 보면 저 '이스라엘, 곧 여수룬'을 말씀하신다. 이래서 다시 택하신 이스라엘이어야 한다. 여수룬 또한 마찬가지다. 또한 이 본문은 예수 그리스도께서 이 땅에 오셨을 때 영원한 언약이 실상이 되지 않을 것을 모세를 통하여 예언하신 것이다.

모세가 하나님께서 약속하신 땅을 바라보기만 하고 들어가지 못하고 죽는다. 이 말씀 속에 감추어 두신 비밀이며, 그래서 예수 그리스도께서는 약속하신 땅에 대한 말씀을 하지 않으신 것이다. 이는 매우 중요하다. 그래서 2천 년간 전 세계 천주교, 기독교는 그 누구도 약속하신 땅에 대한 언급을 하지 않았던 것이다.

그래서 더더욱 나를 공격하는 것이다. 하나님께서는 당시는 때가 아니어서 아들에게도 말씀하시지 아니하셨고, 이는 천국의 비밀을 2천 년 동안 모르게 하시는 하나님의 모략이 감추어져 있었다. 또한 '여수룬'도 이 본문에는 저 이스라엘에 대한 예언도 맞고, 우리의 한 몫의 삶에 대해서도 감추어져 있다. 그래서 반드시 **히브리서 8장**의 전대미문의 새 언약으로 다시 택하심을 받아야 한다. 이렇게 될 때도 이미 예언해 두셨다.

신33:5 여수룬에 왕이 있었으니 곧 백성의 두령이 모이고 이스라엘 모든 지파가 함께한 때에로다

이 예언대로 여수룬에 영원한 왕이 함께 거하시는 때, 곧 이스라엘 모든 지파인 영원한 가족과 두령이 될 영영한 사역자들을 다시 창조하실 것을 예언하신 것이고, 이미 약속하신 땅에서 기초를 세우고 있다.

신33:26~29 ²⁶여수룬이여 하나님 같은 자 없도다 그가 너를 도우시려고 하늘을 타시고 궁창에서 위엄을 나타내시는도다 ²⁷영원하신 하나님이 너의 처소가 되시니 그 영원하신 팔이 네 아래 있도다 그가 네 앞에서 대적을 쫓으시며 멸하라 하시도다 ²⁸이스라엘이 안전히 거하며 야곱의 샘은 곡식과 새 포도주의 땅에 홀로 있나니 곧 그의 하늘이 이슬을 내리는 곳에로다 ²⁹이스라엘이여 너는 행복자로다 여호와의 구원을 너같이 얻은 백성이 누구뇨 그는 너를 돕는 방패시요 너의 영광의 칼이시로다 네 대적이 네게 복종하리니 네가 그들의 높은 곳을 밟으리로다

이 예언은 명백하게 이 세대 우리에 대한 예언이다. 그리고 700년이 지난 후 이사야 선지자를 통해서 BC 700년에 또 예언해 두셨던 것이다. **사44:1~8절**이다.

사44:1~8 ¹나의 종 야곱, 나의 택한 이스라엘아 이제 들으라 ²너를 지으며 너를 모태에서 조성하고 너를 도와줄 여호와가 말하노라 나의 종 야

곱, 나의 택한 여수룬아 두려워 말라 ³대저 내가 갈한 자에게 물을 주며 마른 땅에 시내가 흐르게 하며 나의 신을 네 자손에게, 나의 복을 네 후손에게 내리리니 ⁴그들이 풀 가운데서 솟아나기를 시냇가의 버들같이 할 것이라 ⁵혹은 이르기를 나는 여호와께 속하였다 할 것이며 혹은 야곱의 이름으로 자칭할 것이며 혹은 자기가 여호와께 속하였음을 손으로 기록하고 이스라엘의 이름으로 칭호하리라 ⁶이스라엘의 왕인 여호와, 이스라엘의 구속자인 만군의 여호와가 말하노라 나는 처음이요 나는 마지막이라 나 외에 다른 신이 없느니라 ⁷내가 옛날 백성을 세운 이후로 나처럼 외치며 고하며 진술할 자가 누구뇨 있거든 될 일과 장차 올 일을 고할찌어다 ⁸너희는 두려워 말며 겁내지 말라 내가 예로부터 너희에게 들리지 아니하였느냐 고하지 아니하였느냐 너희는 나의 증인이라 나 외에 신이 있겠느냐 과연 반석이 없나니 다른 신이 있음을 알지 못하노라

이 본문들은 예수 그리스도에 대한 예언이 아니었다. 하나님께서 성경을 기록하신 목적은 지금 이 세대를 위해서다. 다시 택하신 이스라엘, 곧 여수룬의 이름 속에 감추어 두셨고, 하나님이 거룩하심과 같이 우리도 거룩해지는 지금 이때 실상이 될 것을 너무 명백하게 기록해 두셨고, 하나님께서 친히 가르치심을 나를 사용하셔서 대언하게 하시는 14년째 이 일이 확실하게 우리에 대한 예언임을 하나님께서 증거하시는 것이다.

'여수룬, 곧 다시 택하신 이스라엘'은 이름의 뜻이 '온전하고 의로운 자, 올바른 자, 곧은 사람, 고결한 자'라는 뜻으로 하나님의 지극하신 사랑의 대상이자 전 성경 기록 목적이 여수룬에 있으며, 하나님의 전적인

예정하심과 은혜로 회복되고 구속받은 가장 고귀하고 이상적인 민족을 가리키는 영적이고 도덕적이며, 또한 영광스러운 명칭이다.

그리고 **신명기 32장**으로 다시 가서 저 이스라엘, 곧 온 세상 사람들이 알고 있는 유대인들의 나라 이스라엘뿐만 아니라 실상의 여수룬이 나오는 이 세대, 전 세계 기독교인들이 모두 전대미문의 새 언약으로 돌아서지 아니하면 **신명기 32장** 예언에 다 해당한다. 더 넓게는 성경을 사용하는 모든 종교인들이 다 이에 해당한다. 그래서 온 세상에 광포해야 한다.

신32:15~24절의 "더위"가 하나님의 진노하심의 징벌이다. 정신 차리고 하나님의 뜻을 받자.

신32:15~24 ¹⁵그러한데 여수룬이 살찌매 발로 찼도다 네가 살찌고 부대하고 윤택하매 자기를 지으신 하나님을 버리며 자기를 구원하신 반석을 경홀히 여겼도다 ¹⁶그들이 다른 신으로 그의 질투를 일으키며 가증한 것으로 그의 진노를 격발하였도다 ¹⁷그들은 하나님께 제사하지 아니하고 마귀에게 하였으니 곧 그들의 알지 못하던 신, 근래에 일어난 새 신, 너희 열조의 두려워하지 않던 것들이로다 ¹⁸너를 낳은 반석은 네가 상관치 아니하고 너를 내신 하나님은 네가 잊었도다 ¹⁹여호와께서 보시고 미워하셨으니 그 자녀가 그를 격노케 한 연고로다 ²⁰여호와의 말씀에 내가 내 얼굴을 숨겨 그들에게 보이지 않게 하고 그들의 종말의 어떠함을 보리니 그들은 심히 패역한 종류요 무신한 자녀임이로다 ²¹그들이 하나님이 아닌 자로 나의 질투를 일으키며 그들의 허무한 것으로 나의 진노를 격발하였으니 나도 백성이 되지 아니한 자로 그들의 시기가 나게 하며 우준한 민족으로 그들의 분노를 격발하리로다 ²²내 분노의 불이 일어나서 음부 깊은 곳까지 사르며 땅의 그 소산을 삼키며 산들의 터도 붙게 하는도다 ²³내가 재앙을 그들의 위에 쌓으며 나의 살을 다하여 그들을 쏘리로다 ²⁴그들이 주리므로 파리하며 불 같은 더위와 독한 파멸에게 삼키울 것이라 내가 들짐승의 이와 티끌에 기는 것의 독을 그들에게 보내리로다

하나님의 백성 이스라엘이 하나님께서 주신 복을 받고도 하나님을 경외하지 아니하고 경박하고 소홀히 여기며, 도리어 신이 아닌 사람을 신으로 섬겨 하나님의 진노를 격발하여 받는 재앙이 '불 같은 더위'다. 영적으로는 성경을 가지고 사람의 말로 변개시켜서 성경과 다른 거짓말을 설교하는 것을 두고 "혀가 곧 불이요"라고 하셨다. 이런 자를 '마귀'라고 하시고, 마귀는 하나님의 말씀을 받아 구원에 이르지 못하도록 훼방하고 하나님 자리에 자신이 앉아서 우상 노릇 하는 자를 뜻한다.

이런 마귀에 의해 14년째 선포하는 진리의 도가 훼방을 받아 아무것도 모르는 교인들은 내가 이단인 줄 알고 고소하고 감옥에까지 넣은 것이다. 영원한 언약을 받고도 패역한 이유가 바로 이런 마귀들에게 가르침을 받아 우상숭배 한 결과로 인한 보응이 이렇게 오랜 시간 패역하게 한 것이다.

그러나 그 누구도 하나님 앞에 핑계할 수 없다. 이미 성경을 가지고도 모두 죄 아래 가두어져 있었던 기간이었고, 아무도 몰랐던 천국의 비밀을 성경으로 성경을 해석하여 눈으로 보여 주고, 귀로 듣게 하는데도 깨닫지 못한 것은 보응 때문이었다. 이런 마귀를 다른 말로 하면 '사단,

뱀, 가르치는 귀신, 용, 짐승, 광명의 천사로 가장한 사람, 자칭 목사, 거짓 선지자, 거짓 선생'이라고 비유하셨던 것이다.

따라서 **신명기 32장**의 말씀은 모세 당시만이 아닌 지금 이 세대 성경을 사용하며 예수 이름 사용하는 전 세계 모든 종교인들이 다 이런 영적인 상태인데 이 사실을 누가 믿겠느냐?

"포도나무, 포도주"라고 하신 것이 명백한 증거다. 예수 그리스도 이름 사용하고, 예수님이 십자가에 흘리신 피를 혀로 말만 하면서 "주여 주여" 하며 귀신도 쫓아내고, 선지자 노릇 하고, 거짓 기적을 일으켜 권능을 행했다고 하는 자들이다. 우상이 되어 교회 강단에 서 있을 것을 예언하신 것이다. 구약성경에 문자 그대로 '**마귀**'라고 기록한 곳은 **신32:17절** 한 곳이다.

너희들도 은혜로교회 오기 전에 마귀에 대해서 상상만 했지, 너희가 마귀를 섬기고 우상숭배 했다고 생각이나 했느냐? 지금 전 세계가 성경과 다른 거짓말을 믿고 우상이 된 마귀에게 예수 이름, 하나님 이름으로 예배, 곧 제사하고 있는데 자신이 그런 마귀였던 자들조차 모르고 있었지 않느냐? 왜 이 땅에 재앙이 내리는지 이제는 명백하게 보이느냐?

신명기 32장에도 나에 대한 예언이 있다. **39~40절**이다.

"³⁹이제는 나 곧 내가 그인 줄 알라 나와 함께 하는 신이 없도다 내가 죽이기도 하며 살리기도 하며 상하게도 하며 낫게도 하나니 내 손에서 능히 건질 자 없도다 ⁴⁰내가 하늘을 향하여 내 손을 들고 말하노라 나의 영원히 삶을 두고 맹세하노니("**영원히 삶을 두고 맹세하노니**"라고 하신 예언 속에 **호2:19~20절**의 말씀이 감추어져 있었고, BC 650년에 호세아 선지자가 BC 750년경의 이 본문의 실상을 기록한 것이었으며, 예수 그리스도께서 이 땅에 오셔서 가르치실 때 또 다른 보혜사인 진리의 성령에 대해서 또 예언하신 것이다. 따라서 이 예언은 3408년 후인 2008년 6월 16일에 실상이 되어 세상에 드러난 것이다. 이제는 이렇게 말해도 알아듣는 시간이 되었고, 온 세상이 믿든지 아니 믿든지 나는 하나님과 사람 앞에 시인하는 것이다.

진리는 이렇게 실상이 되어 시인하는 것이다. 이를 실상으로 보여주신 분이 예수 그리스도셨다. 구약성경을 가지고 자신에 대해서 자세히 설명하여 가르치므로 그 제자들, 곧 사도들에 의해 전 세계 구석구석까지, 예수 이름을 모르는 사람이 없도록 땅끝인 한국에까지 기독교가 전파된 것이다. 그래서 예수님께서 "내가 길이요 진리요 생명이니"라고 하신 것이다. 예수 그리스도를 통하여 하나님께서 예언하시고 언약하신 그대로 실상이 되어 2021년 7월 2일 "나의 영원히 삶을 두고 맹세하노니"라고 하신 이 말씀이 사실이 된 것이다. 진리는 이런 것이다. 그래서 '진리의 성령'이라고 하신 것인데 이런 나를 이단, 사이비라고 한다. 누가 이단이고 사이비냐?

아무도 기록된 진리를 진리대로 믿지 아니하고 우상숭배 하고 있을 때, 나는 성경대로 보고 듣고 믿고 지켜 실행한 것이니 '믿음, 온전한 것이 올 때'가 되었음을 하나님께서 친히 증거하시고 계셨고, 이 온 세상에서 택한 자녀들인 여러분들을 하나님께서 친히 모으신 것이다.

이런 영적인 눈, 곧 진리를 진리대로 분별하는 눈으로 41~43절을 보고 듣자. 그러면 이 말씀이 모세 당시에 온전히 이루어진 것이 아니고,

2021년 지금 이 세대에 사실이 되어 이루어지고 있는 살아 계신 하나님의 말씀임이 보이고 들리게 된다.)

[41]나의 번쩍이는 칼을 갈며 내 손에 심판을 잡고 나의 대적에게 보수하며 나를 미워하는 자에게 보응할 것이라(진리의 성령이 실상이 되어 하나님을 안 믿는 죄가 무엇인지, 의이신 하나님에 대해서, 심판에 대해서 대언하게 하시고 계시는 14년째 이 일을 이렇게 예언해 두신 것이다. 예수님 당시 아들을 통해서 일하신 하나님의 행하심을 모르고 당시 유대인들이 예수 그리스도를 미워하고 시기하여 결국 마귀 가룟 유다를 앞잡이로 사용하여 사형시킨 것이 하나님을 미워한 치명적인 죄다. 이 죄로부터, 아니 이미 창세기에 첫 순교자 아벨을 형제 가인이 시기하여 죽인 것부터 다 하나님을 대적한 대적자들이 실상으로 한 언행들이다. 이 죄는 2021년 7월 2일 지금 이 시간까지 사실이 되어 대적자들이 하나님의 행하심을 미워하고 대적하는 것이다.

예수 그리스도를 시기하여 당시 가장 잔인하게 죽인 유대인들은 저 밖에 다른 종교인들이 아니다. 성경을 가지고 "하나님" 하면서 자신들이 아브라함의 자손이라고 자긍하는 자들이며, 구약시대 당시 온 땅에서 유일하게 한 나라, 한 민족으로 택하신 하나님의 사랑을 받은 그들이 바로 하나님을 가장 대적하고 미워한 자들이었다는 것을 누가 알겠느냐?

프리메이슨, 일루미나티, 신세계 질서, 세계 단일 정부를 꿈꾸는 이들이 모두 성경을 문자 그대로 보고 더 극악한 죄를 짓고 하나님을 대적하는 자들이라는 사실을 이제 온 세상이 알게 된다. 그들에 의해 세워진 나라가 미국이라는 것도 사실이며, 지금 전 세계 부자들, 권력자들이 다 이런 대적자들에 의해 이 세상을 움직이고 있다. 그래서 온 세상은 악한 자 아래 거하고 있다고 예언되어 있고, 이들은 '마약, 음악, 돈, 권력, 명예, 쾌락, 탐욕'으로 타락하게 만들어서 온 세상을 미치게 하고 있다.

그러나 이 또한 하나님께서 악인을 들어 악인을 심판하시는 것이다. 겔7:1~27절을 교독하거라. 공산주의도, 민주주의도, 다 아브라함의 후손들이라고 하는 자들에 의해 실상이 된 것이다. 모든 종교도 다 이들에 의해 만들어진 것이다. 이때를 두고 '열국의 때, 열왕의 때'라고 하신 것이고, 겔7:1~15절에 이렇게 예언해 두셨다.

겔7:1~15 ¹여호와의 말씀이 또 내게 임하여 가라사대 ²너 인자야 주 여호와 내가 이스라엘 땅에 대하여 말하노라 **끝났도다 이 땅 사방의 일이 끝났도다** ³이제는 네게 끝이 이르렀나니 내가 내 진노를 네게 발하여 네 행위를 국문하고 너의 모든 가증한 일을 보응하리라 ⁴내가 너를 아껴 보지 아니하며 긍휼히 여기지도 아니하고 네 행위대로 너를 벌하여 너의 가증한 일이 너희 중에 나타나게 하리니 너희가 나를 여호와인 줄 알리라 ⁵주 여호와께서 가라사대 재앙이로다, 비상한 재앙이로다 볼찌어다 임박하도다 ⁶**끝이 났도다, 끝이 났도다,** 끝이 너를 치러 일어났나니 볼찌어다 임박하도다 ⁷이 땅 거민아 정한 재앙이 네게 임하도다 때가 이르렀고 날이 가까왔으니 요란한 날이요 산에서 즐거이 부르는 날이 아니로다 ⁸이제 내가 속히 분을 네게 쏟고 내 진노를 네게 이루어서 네 행위대로 너를 심판하여 네 모든 가증한 일을 네게 보응하되 ⁹내가 너를 아껴 보지 아니하며 긍휼히 여기지도 아니하고 네 행위대로 너를 벌하여 너의 가증한 일이 너희 중에 나타나게 하리니 나 여호와가 치는 줄을 네가 알리라 ^{10}볼찌어다 그 날이로다 볼찌어다 임박하도다 정한 재앙이 이르렀으니 몽둥이가 꽃 피며 교만이 싹났도다 ^{11}포학이 일어나서 죄악의 몽둥이가 되었은즉 그들도, 그 무리도, 그 재물도 하나도 남지 아니하고 그중의 아름다운 것도 없어지리로다 ^{12}때가 이르렀고 날이 가까웠으니 사는 자도 기뻐하지 말고 파는 자도 근심하지 말 것은 진노가 그 모든 무리에게 임함이로다 ^{13}판 자가 살아 있다 할찌라도 다시 돌아가서 그 판 것을 얻지 못하리니 이는 묵시로 그 모든 무리를 가리켜 말하기를 하나도 돌아갈 자가 없겠고 악한 생활로 스스로 강하게 할 자도 없으리라 하였음이로다 ^{14}그들이 나팔을 불어 온갖 것을 예비하였을찌라도 전쟁에 나갈 사람이 없나니 이는 내 진노가 그 모든 무리에게 미쳤음이라 ^{15}밖에는 칼이 있고 안에는 온역과 기근이 있어서 밭에 있는 자는 **칼에 죽을 것이요** 성읍에 있는 자는 **기근과 온역에 망할 것이며**

이 예언이 사실이 되어 하나하나 땅에 실상이 된다. 성경을 사용하여 우상숭배 하는 가증한 자들을 심판하는 도구로 그들보다 더 악한 자들을 사용하신다는 뜻이다.

신32:41절을 실상으로 이루실 악인들의 일이 끝나는 때가 6일이 지난 일곱째 날이고, 신약으로 말하면 2천 년이 지난 지금 이 세대에 대한 하나님의 심판하심을 예언해 두신 것이 명백하다.

14년째 전하는 이 말씀은 택하신 자녀들, 곧 다시 택하신 이스라엘에게는 영원한 복이며, 영원한 언약이지만, 예수 이름 하나님 이름 사용하는 악인들한테는 영원한 심판이다. 곧 재앙이 된다. 또한 하나님은 공의의 하나님이시니까 의인이라 칭함을 받은 우리도 한 몫의 삶을 살 때 지은 죄의 보응, 새 언약을 받으면서 하나님을 업신여기고 경홀히 여기고 대적한 죄에 대한 보응을 반드시 받는다. 이미 받고 있는 것을 14년째 보았다. 낙원에 갈 자 낙원에 갔고, 전대미문의 새 언약을 받으면서 안 믿고 패역한 죄로 사건, 사고가 어찌 그리 일어나는지, 물질적인 손해, 시간 손해, 타작마당을 대적하고 결국에는 옥에까지 가두도록 허락하신 것이다.

미워하면서 안 미워하는 척 가장하다가 실체가 드러나서 쟁기를 잡고 가다가 되돌아간 그들도, 영원히 악인, 곧 마귀의 자식들이었음을 자신들 스스로 다 드러내는데도 그들은 자신들이 지은 죄의 보응으로 인하여 아무것도 안 보이고, 아무것도 귀에 들리지 않는다는 것이다. 이것이 이미 그들이 받은 보응이요 심판이다.

이 진리를 받고 있으면서도 더 죄를 지은 것은 너에게 치명적인 국문이 따른다. 국문이란 하나님께서 친히 너희들이 지은 죄에 대한 조사, 처벌하심을 뜻하신다. 인간은 죄로 말미암아 죽는 것이다. 하나님의 뜻대로 살지 아니하는 것이 다 죄다. 하나님만이 참 신이신데 "오직 예수" 하며 영광을 예수님께 돌리는 죄, 혀로 말만 하고 한 말씀도 지켜 실행하지 않는 죄는 저 밖에 불신자보다 더한 죄다.

인간을 죄짓게 하는 원수가 바로 귀신이다. 따라서 귀신의 정체를 진리대로 알고 너 개인의 생각, 사상이 하나님의 말씀으로 바뀌지 않으면 하나님 나라와 아무 관계가 없다. 이미 우리는 14년째 국문을 받고 있다.

의인이라 인정하신 우리도, 악인이라고 스스로 자랑하고 세상 법에 고소한 그들도 6일, 2천 년간 교회 안에 의인과 악인이 함께 공존하고 있었고, 지금은 의인 중에서 악인을 골라내는 영적인 추수 때임을 하나님께서 친히 나를 사용하셔서 행하심을 너희들은 두 눈으로 보았고, 두 귀로 다 듣고 본인들이 경험하고 있다. 이러한 하나님의 행하심을 보고 듣고 경험하면서도 패역한 그 죄는 얼마나 더 중한 죄이겠느냐? 이에 대해서 모두 답해라. 고소한 그들 못지않게 너희들도 패역했다.

그래서 **욥36:17~18절**에 이렇게 예언해 두셨던 것이다.

욥36:17~18 ^{17}이제는 악인의 받을 벌이 네게 가득하였고 심판과 공의가 너를 잡았나니 ^{18}너는 분격함을 인하여 징책을 대적하지 말라 대속함을 얻을 일이 큰 즉 스스로 그릇되게 말찌니라

이 말씀이 실상이 되어 14년째 실행 중이며, **시118:18절**에서는 다른 모양으로 이렇게 언약해 두셨다.

시118:18 여호와께서 나를 심히 경책하셨어도 죽음에는 붙이지 아니하셨도다

18절에 이렇게 판결해 두셨고, 17절에 "내가 죽지 않고 살아서 여호와의 행사를 선포하리로다"라고 예언하신 말씀이 실상이 된 것이다.

이렇게 명확하게 이성적으로도 그 누구라도 반론할 수 없도록 증거하시고 국문하시고 계신 14년째 이 일을 어떻게 안 믿고 패역하나? 너는

티끌로 돌아갈 자더냐? 마귀의 자식이라 그렇게 끝까지 귀신임을 자랑하느냐? 진리를 한 절만 사실대로 깨달아도 절대 죄를 지을 수 없다.

창세 이래 셀 수 없는 사람들이 하나님을, 예수 그리스도를 믿고 살았어도 **시118:17~18절**의 말씀을 실상으로 이룬 자들은 다른 세대에 없었다. 이런 진리가 실상이 된 나와 우리인데 어떻게 그렇게 더럽고 게으른 언행으로 하나님의 행하심을 경홀히 여기고 대적하나? 이 귀신들아~ 이런 진리를 부분적으로 깨닫고 성경을 기록한 저자는 또 다음과 같이 소망하며 기도했으나, 그들은 영원히 이루지 못하고 결국 다 죽었다.

시89:48절에 "누가 살아서 죽음을 보지 아니하고 그 영혼을 음부의 권세(곧 마귀의 세력, 귀신의 처소, 한 몫의 삶)에서 건지리이까"라고 탄식한 이 기도가 우리에게는 하나님의 말씀이 되어 이 질문에 대한 답을 할 수 있다. 2021년 7월 1일 현재도 살아 계신 하나님께서 진리의 성령인 나를 통해 죽지 않고 영원히 살도록 은혜로교회 성도 너희들의 영혼을 이미 음부, 곧 지옥의 사자 권세에서 건지신 것이다. 지금 이 시간에도 건지시고 계신 것이다.

이런 하나님의 행하신 일, 곧 영원히 육체도 죽지 아니하고 살아서 지옥 불의 권세에서 건지시고 계시는 이 일을 "이단이니~ 사이비니~" 하여 사람들로 하여금 구원의 복음, 천국 복음을 듣고 온전히 구원에 이르러 육체가 살아서 하나님 나라에 들어가지 못하도록 훼방하고 방해하는 자들이 바로 음부의 권세 잡은 자 마귀들이요, 귀신들이다.

자신이 음부의 권세 잡은 자인 줄도 모르는 목사들이 바로 대적자들이요, 하나님의 원수들이다. 이런 마귀를 이기고, 반드시 살아서 한 몫의 삶을 버리고 하나님의 계명대로 지켜 행하는 나와 우리가 영생을 얻은 백배의 복을 이미 받은 자들이다.

이렇게 사실이 되어 진리는 실상이라고 하나님과 사람 앞에서 사실을 말하는 이것이 시인이며, 실상의 믿음이라는 명백한 증거다. 그래서 진리의 성령이요, 온전한 것이며, **갈3:22~23절**의 "믿음이 올 때까지"의 실상의 주인이다.

이렇게 하나님을, 예수 그리스도를 진실로 믿는 것이다. 온 세상 모든 사람 중에 누가 이러했느냐? 또한 이는 그 누구도 교만할 수 없는 변치 않는 사실이란 것을 이런 나도 이 땅에 사람으로 태어나기 전에 이미 이런 사람으로 살 것을 미리 계획해 두셨고, 하나님께서 계획하신 그대로 실행이 된다는 것이다. 이는 그 누구도 자랑치 못하게 하기 위한 하나님의 완전하신 지혜이다.

나만이 아니고 너희들도, 심지어 이 일을 훼방한 악인들도 다 하나님께서 미리 계획해 두신 하나님의 뜻이라는 사실이다. 이 온 땅에 그 누구도 자신의 뜻대로 사람으로 태어나고 삶을 사는 것이 아니다. 사람들이 모를 뿐 하나님 편에서는 이미 계획해 두신 그대로 살아가는 것이다. 그러니 다른 사람과 자기를 비교하고 시기, 질투하거나 미워하는 것은 너 자신이 너를 죽이는 자해를 하는 것이다.

이래서 **"미워하는 것은 살인"**이라고 하셨고, **"네 이웃을 네 몸같이 사랑하라"**라고 하신 것이다. 이는 다른 사람을 위해서 계명을 지키라는 것이 아니고, 너 자신을 위해서 지키라는 뜻이다. 하나님의 보내신 자를 미워하는 것은 하나님을 미워하는 것이고, 하나님의 말씀을 경홀히 여기는 것은 하나님을 경홀히 여기는 것이다.

다시 **신32:41절** "⁴¹나의 번쩍이는 칼을 갈며 내 손에 심판을 잡고 나의 대적에게 보수하며('보수'란 '복수하다, 보응하다, 보복하다'라는 뜻이다. 아무 때나 보수하시는 것이 아니라 **렘46:10절**에 "그날은 주 만군의 여호와께서 그 대적에게 원수 갚는 보수일이라 칼이 배부르게 삼키며 그들의 피를 가득히 마시리니 주 만군의 여호와께서 북편 유브라데 하숫가에서 희생을 내실 것임이로다"라고 예언해 두신 이날이 2021년 지금 이 세대다.

이날을 두고 **시94:1~7절**에 이렇게 예언해 두셨다.

시94:1~7 ¹여호와여 보수하시는 하나님이여 보수하시는 하나님이여 빛을 비취소서 ²세계를 판단하시는 주여 일어나사 교만한 자에게 상당한 형벌을 주소서 ³여호와여 악인이 언제까지, 악인이 언제까지 개가를 부르리이까 ⁴저희가 지꺼리며 오만히 말을 하오며 죄악을 행하는 자가 다 자긍하나이다 ⁵여호와여 저희가 주의 백성을 파쇄하며 주의 기업을 곤고케 하며 ⁶과부와 나그네를 죽이며 고아를 살해하며 ⁷말하기를 여호와가 보지 못하며 야곱의 하나님이 생각지 못하리라 하나이다

진실로 이러하다. 지금 이 세대가 다 이러하다. 이 예언이 실상이 되어 하나님의 대적들을 보수하시는 날이 바로 2021년 지금 이 세대다. 그리고 하나님을 미워하는 자, 곧 14년째 하나님의 행하심, 전대미문의 새 언약으로 친히 가르치시고 인도하심인 이 일을 하는 나를 미워하고 대적하는 것은 나를 사용하셔서 말씀하시고 행하시는 하나님을 미워하고 대

적하는 것이다. 이런 자들에게 보응하시고 계신다.)

[42]나의 화살로 피에 취하게 하고 나의 칼로 그 고기를 삼키게 하리니 ('나의 화살, 나의 칼, 곧 하나님의 화살, 하나님의 칼'은 무엇을 뜻하시는 것일까? 시64:3절에 **"저희가 칼같이 자기 혀를 연마하며 화살같이 독한 말로 겨누고"** 곧 악인이 나를 향하여 "이단이니~ 사이비니~ 사이비 교주니~ 폭행범이니~" 하며 7년 징역형을 받게 한 그들 모두가 이 **"저희"**에 해당하는 화살이요 칼이다. 곧 예수님을, 하나님을 믿는다고 자칭하는 목사들, 선교사들, 총회가 이렇게 나를 죽인 것이다. 이로 말미암아 하나님의 뜻을 알지 못하는 교인들이 '이단인가 보다~' 하고 말씀을 듣다가 떨어지고, 아예 말씀을 받지 못하게 한 것은 그들 영혼을 영원히 지옥에 가게 만든 것이다.

이들이 저 밖에 다른 종교인들이나 무신론자들이 아니라 자칭 기독교인들이고, 성경을 가지고 성경과 다른 거짓말들을 가르치는 자들이라 **"나의 화살, 나의 칼"**이라고 하신 것이고, 이들 때문에 하나님의 말씀을 받지 못하여 구원에 이르지 못하게 했으니 영혼들을 죽인 핏값을 그들에게 찾아 심판하신다.

또 화살은 이렇게 나를 이단, 사이비라고 치고, 새빨간 거짓말로 세상 법정에서 선서하고 거짓 증인이 된 그들은 전부 귀신의 처소에서 성경과 다른 거짓말로 가르치고 가르침을 받은 자들이라 행한 대로 심판하실 때 이 세상에 속한 자들을 화살로 사용하여 보응하신다.

렘50:6~16 [6]내 백성은 잃어버린 양 떼로다 그 목자들이 그들을 곁길로 가게 하여 산으로 돌이키게 하였으므로 그들이 산에서 작은 산으로 돌아다니며 쉴 곳을 잊었도다 [7]그들을 만나는 자들은 그들을 삼키며 그 대적은 말하기를 그들은 여호와 곧 의로운 처소시며 그 열조의 소망이신 여호와께 범죄하였음인즉 우리는 무죄하다 하였느니라 [8]너희는 바벨론 가운데서 도망하라 갈대아인의 땅에서 나오라 떼에 앞서가는 수염소같이 하라 [9]보라 내가 큰 연합국으로 북방에서 일어나 나와서 바벨론을 치게 하리니 그들이 항오를 벌이고 쳐서 취할 것이라 그들의 화살은 연숙한 용사의 화살 같아서 헛되이 돌아오지 아니하리로다 [10]갈대아가 약탈을 당할 것이라 그를 약탈하는 자마다 만족하리라 여호와의 말이니라 [11]나의 산업을 노략하는 자여 너희가 즐거워하며 기뻐하며 곡식을 가는 송아지같이 뛰며 힘센 말같이 울도다 [12]그러므로 너희의 어미가 온전히 수치를 당하리라 너희를 낳은 자가 치욕을 당하리라 보라 그가 열방의 말째와 광야와 마른 땅과 사막이 될 것이며 [13]여호와의 진노로 인하여 거민이 없는 온전한 황무지가 될 것이라 바벨론으로 지나는 자마다 그 모든 재앙을 놀라며 비웃으리로다 [14]바벨론을 둘러 항오를 벌이고 활을 당기는 모든 자여 화살을 아끼지 말고 쏘라 그가 여호와께 범죄하였음이니라 [15]그 사면에서 소리 질러 칠지어다 그가 항복하였고 그 보장은 무너졌고 그 성벽은 훼파되었으니 이는 여호와의 보수하시는 것이라 그의 행한 대로 그에게 행하여 보수하라 [16]파종하는 자와 추수 때에 낫을 잡은 자를 바벨론에서 끊어 버리라 사람들이 그 압박하는 칼을 두려워하여 각기 동족에게로 돌아가며 고향으로 도망하리라

이 본문의 여호와의 칼은 1년 반 동안 이어지고 있는 '코로나19 바

이러스' 전염병이다. 이 전염병으로 인하여 각기 자기들의 본국으로 돌아가는 현상이 바로 이 본문의 실상 중 하나이며, 이 전염병이 중국에서 시작되었으니 미국, 유럽 등에서 아시아인 증오 범죄로 인해 총으로 죽임을 당하고,[25] 길거리에 다니기가 두려워 각기 자기 동족에게로 돌아가고 있다. 영적으로 귀신의 처소에서 성경을 가지고 성경과 다른 거짓말을 가르친 결과는 참혹하다 못해 어떤 말로도 다 표현을 할 수가 없을 지경이다.

예수 이름, 하나님의 이름으로 거짓말로 속여서 일생 헛된 삶을 살게 하고 육체가 죽어 지옥 불에 떨어진 결과를 신령한 것을 신령한 것으로 해석하여 진리대로 분별하면 이 온 세상 종교계가 어떻게 될까?

감추어져 있는 사단, 마귀, 귀신들의 실체를 알면 '설마 그렇게까지 하나' 하고 믿을 수 없을 정도로 아연실색한다. 14년째가 되니까 이제는 우리 성도들도 사실이었다는 것을 아는 성도가 나오듯이, 2021년 동안 아니, 창세 이래 감추어진 어둠의 진실, 거짓의 실체, 광명의 천사로 가장한 자들의 실상은 이제 다시는 감출 수 없다.

우리에게서 떨어져 나간 그들은 허경영이라는 미친 자를 만나 그 혀의 칼에 또 삼킨 바 되었다. 온 세상에 누구를 만나든 그들을 삼킬 것이다. 자신들의 혀로 화살같이 독한 말로 나를 겨누고 쏘아 대는 말을 2021년 7월 2일에 또 겪었다. 내가 다니엘 성도와 함께 김용린을 감금했다고 하고, 내가 피지에서 땅과 집을 자신의 이름으로 해 주겠다며 새빨간 거짓말로 고소해서 형사 둘이 와서 칼같이, 화살같이 나를 찌르더라.[26] '감금, 사기죄'로 고소를 한 것이다. 나는 누구에게도 사기 치지 않았고, 감금하지 않았다. 이렇게 자신의 혀로 칼같이, 화살같이 연마하여 독한 말로 나를 쏘는 자더라. 악한 자들이 하는 거짓말을 통해서 받게 된 7년 징역 형이란 이 부당한 판결이 그의 혀를 더욱 연마하는 칼과 화살이 되었다. 내가 이런 말을 언제, 어느 때 하더냐? 들은 자는 말을 해라.

귀신의 처소 바벨론은 자신들이 혀로 가르친 성경과 다른 거짓말로 교인들의 심장, 생각, 마음에 화살이 되고 칼이 되어 죽인 자신들의 행한 그대로 자신들도 심판을 받는다. **시76:1~3절**이다. 이 본문은 이미 실상이 되어 실행되고 있다.

"¹하나님이 유다에 알린 바 되셨으며 그 이름은 이스라엘에 크시도 다 ²그 장막이 또한 살렘에 있음이여('살렘'이란 평화라는 뜻으로, 문자 그 대로는 아브라함 당시 지극히 높으신 하나님의 제사장 멜기세덱이 왕으 로 있던 성읍, 예루살렘의 옛 이름이며, 새 예루살렘의 이름이다. 영원한 왕이신 하나님과 영원히 거하는 거룩한 성도들이 있는 낙토를 뜻한다.) 그 처소는 시온에 있도다 ³거기서 저가 화살과 방패와 칼과 전쟁을 깨치 시도다(모든 이론을 파하는 강력으로 온전히 평화를 이루는 것을 뜻하신 다. 현재 이 기초가 세워지고 있다.)"

그래서 좋은 의미의 화살은 **시127:4~5절**에 "⁴젊은 자의 자식은(이 젊은 자는 사람이 본능적으로 아는 젊은 이가 아니다. 영원한 언약으로 다시 창조된 자, 악한 자를 이긴 자, 곧 사단, 마귀, 귀신들을 이기고 거듭 난 자, 한 몫의 삶을 버리고 다시 하나님의 계명대로 사는 자를 젊은 자라 고 하신 것이다. 이런 젊은 자의 자식은) 장사의 수중의 화살 같으니 ⁵이것 이 그 전통에 가득한 자는 복되도다 저희가 성문에서 그 원수와 말할 때 에 수치를 당치 아니하리로다"

곧 미가엘 천사장과 함께 한 성도들을 화살과 같다고 비유하신 것이다. 그래서 열매가 나오기 전에는 전쟁을 하지 않았던 것이다. 또한 성령과 교통하라고 한 이유가 바로 영적인 전쟁에 능한 자로 훈련을 하는 것이고, 정직을 훈련하자고 한 이유다.

그런데 몇 성도 외에 현재 너희로는 안 된다. 자신의 생각을 글로 표현하는 것 하나 안 되고, 영적인 말이 무슨 의미인지 모르고 내가 위로받으려고 하나님께서 성령과 교통하라고 하는 수준으로, 사람 차원으로 유치원 아이 수준도 안 되는 상태는 안 된다. 이래서 무슨 왕 노릇 하겠으며, 제사장이 되겠느냐~ 그래서 티끌을 떨어 버리라고 하신 것이다. 안 되는 글을 쓴다고 시간 낭비할 거 없다. 내가 하는 전쟁을 인터넷으로 퍼 나르는 것을 배워서 그렇게 하는 길 외에 없다.

짐승처럼 눈앞에 보이는 먹는 것, 돈, 게으른 것만 습관이 된 사람이 무슨 제사장이 되나? 땅 하나, 식물 하나, 사람이 먹는 음식 하나, 자신에게 맡겨진 일은 누구나 해야 하고, 누구나 하는 일반적인 일 하나 못 하는 사람이 무슨 제사장이 되나? 너무나 쉬운 어미의 법 하나 안 지키는 자가 무슨 리더가 되겠나? 진리를 몰랐다고 해도 일반적인 사람 수준도 안 되는 사람이 어떻게 오는 세상의 리더가 되나?

한 몫의 삶을 함부로 살았던 사람이 어느 날 갑자기 제사장이 되고, 왕 노릇 하고 그러는 것이 아니다. 그렇게 상상에서 벗어나라고 14년째 최고의 지혜로 먹이고, 입혀도 자신이 싫다고 하는 자들인데 하나님께서는 절대 강제로 하시지 않는다.

악인이 지배하는 세상에서도 뛰어난 자들은 자신을 훈련하고 단련하여 한 분야에서 최고가 되는데, 어찌하여 예수를 믿는다고 하는 사람들은 이렇게 온 세상에서 가장 더러운 것, 나쁜 것, 못된 것만 골라하는 자들, 그러면서 분수도 모르고 온갖 욕심만 가득한 자를 어떻게 오는 세상에 왕 노릇 하는 자로 쓰시겠느냐?

그릇을 다시 만들겠다고 기초부터 가르치건만 불순종이 주인인 자, 게으름, 더러움이 습관이 된 자들이니 차라리 '말씀받고 크는 아이들을 온전하게 양육하는 것이 더 낫겠다' 싶을 정도로 아프고 슬프게 한다. 짐승도 정결한 짐승은 함부로 행동하지 않는다. 죽을 자는 죽을 짓만 하더라. 일반 백성이 목사가 되고, 너도나도 아무나 목사를 찍어 내는 공장에서 받은 목사라는 직분이 저주라는 것을 온 세상이 언제나 알까? 그런 미친 자의 아내들은 더 교만하여 말로 다 할 수 없는 자들, 부끄러워서 얼굴을 못 들겠다.

이러니 대적자들이 더 짓밟는 것이다. 그러나 이 일이 어떤 일인지 귀신이 주인이 되어 있는 교만한 모든 자들은 상상도 할 수 없는 일임을 반드시 보게 될 것이다. 온 세상이 무릎 꿇는 날이 반드시 올 테니까 티끌은 떨어 버릴 것이다. 한 몫의 삶에서도 너무 미친 언행을 하고 막 살아온 자들은 결국 아니었던 자들임을 14년째 보았다.

따라서 **신32:42절**에 "나의 화살로 피에 취하게 하고"라는 말씀의 뜻은 하나님께서 보수, 곧 보복하시는 때인 지금 이 세대에 실상이 되는 말씀이다. 나를 치는 대적자들, 귀신의 처소에서 가르치고 가르침을 받은 자들의 혀와 손으로 글을 써서 "이단이니~ 사이비니~" 하며 독한 말로 화살이 되어, 칼이 되어 쏘아서 나와 성도를 옥에 가두었으나 이들은 나와 성도들의 심장을 쏘아 죽이지는 못한다. 도리어 내가 **마7:13~27절**의 예언 "**좁은 문, 생명의 길**"이 나를 통한 이 일임을 명백하게 증명하는 하나님의 증거이며, 이런 생명의 길을 좁고 협착하게 만든 대적자들이 바로 멸망으로 인도하는 크고 넓은 문에서 불법을 행하는 자들이라는 명백한 증거를 자신들 스스로 나타내 주는 것이다.

또한 은혜로교회 성도는 바람이 불고 창수가 나서 집에 부딪혀도 절대 무너지지 않는다. 14년째 이런 바람이 내는 악하고 독한 말, "이단이니, 사이비니" 하는 화살로 나를 공개적으로 죽이는 치욕, 수욕이 되었지만, 이는 거룩한 떡덩이들의 한 몫의 삶을 한꺼번에 죽이는 칼, 화살이 되어 우리가, 은혜로교회가 '**좁은 문, 생명의 길**'임을 온 세상에 알리는 하나님의 모략이다. 또 하나님께서 우리를 단련하시는 시험에 내가 빌라델비아 교회의 사자임과 새 예루살렘의 실상임을 증거해 주는 하나님의 증거요, 하나님께 합격하여 옳다 인정함을 받은 확실한 증표다.

사람을 미혹케 하는
거짓 선지자

불법을 행하는 크고 넓은 문, 곧 멸망으로 인도하는 자들은 예수 이름으로 귀신도 내쫓았다고 거짓 자랑하고, 주의 이름으로 선지자 노릇 하며 권능을 행했다고 하는 자들이 예수 그리스도께, 성부 하나님께 자랑하나 그것은 그들의 착각일 뿐 귀신은 쫓겨 가지도 않았고, 하나님께서 보내신 선지자도 아니었으며, 권능을 행한 것도 아닌 전부 예수 이름으로 속이고, 귀신이 장난친 것이다. 불법으로 예수 이름, 하나님 이름을 사용한 것이다. 자신들 스스로 착각하여 올무에 빠졌고, 하나님께서 쳐두신 그물에 걸려 실족한 것인데 자신들은 귀신도 쫓아냈고, 권능을 행하여 사람을 수천, 수만, 수십만을 모았다고 자랑하나 다음 말씀의 판결대로 실상이 된 것이다. 증명한다.

사54:15 그들이 모일찌라도 나로 말미암지 아니한 것이니 누구든지 모여 너를 치는 자는 너를 인하여 패망하리라

이 본문의 "너"는 절대 예수 그리스도에 대한 예언이 아니다. 2천 년 간은 예수 그리스도에 대한 예언으로 해석할 수 있다. 이는 중층의 소리다. 더 명확하게 말하면 **히2:14절**의 이 예언이 실상이 되어 2021년 7월 3일 이 시간까지 이어져 온 것이다.

히2:14 자녀들은 혈육에 함께 속하였으매 그도 또한 한 모양으로 혈육에 함께 속하심은 사망으로 말미암아 사망의 세력을 잡은 자 곧 마귀를 없이 하시며

다시 말하면 마귀의 세력을 예수 이름으로 심판하신 것이다. 예수님께서 이 땅에 오셔서 한 몫의 삶, 곧 혈육에 속하셨을 때 하신 일과 그 일

에 대한 기록이 신약성경 문자적인 기록이다. 이를 보고 그대로 흉내 내어 예수 이름으로 귀신을 쫓아내고 선지자 노릇 하고 권능을 행한 것이다. 이래서 다음과 같이 말씀하신 것이다.

마11:6 누구든지 나를 인하여 실족하지 아니하는 자는 복이 있도다 하시니라

이 말씀을 하게 된 이유가 앞에 있다.

마11:2~5 ²요한이 옥에서 그리스도의 하신 일을 듣고 제자들을 보내어 ³예수께 여짜오되 오실 그이가 당신이오니이까 우리가 다른 이를 기다리오리이까 ⁴예수께서 대답하여 가라사대 너희가 가서 듣고 보는 것을 요한에게 고하되 ⁵소경이 보며 앉은뱅이가 걸으며 문둥이가 깨끗함을 받으며 귀머거리가 들으며 죽은 자가 살아나며 가난한 자에게 복음이 전파된다 하라

마11:2~5절에 말씀하시고, 6절에서 "예수님으로 인하여 실족하지 아니하는 자가 복이 있도다"라고 하신 것이다.

세례 요한 또한 믿음이 없는 말을 한다. 자신에게 예수님이 세례를 받으러 오셨을 때는 예수 그리스도를 알아보고 "**세상 죄를 지고 가는 하나님의 어린 양이로다**" 라고 하나님의 아들이심을 증거하였으면서, 예수님이 소경이 보고 앉은뱅이가 걷고 문둥이, 귀머거리가 고쳐지고 죽은 자

가 살아난다고 하는 말을 듣고 제자를 예수님께 보내어 "오실 그이가 당신이오니이까 우리가 다른 이를 기다리오리이까"라고 물은 것이다.

세례 요한은 입으로는 예수님을 사람들한테 전하라 했으나 정작 자신은 안 믿었다. 순교자의 영적인 상태를 보아라. 이렇게 세례 요한이 보낸 제자들에게 하신 말씀도 당시 예수님께서 하신 말씀이지만, 이 속에 천국의 비밀이 감추어져 있었다.

즉 예수님이 당시에 하신 일을 2021년 지금 이 시간까지 이러한 기록을 사람 생각대로 보고 예수 이름으로 목사가 손을 얹고 기도하면서 "병 고침받을지어다, 귀신아 떠나갈지어다" 하든지, 귀신이 가르친 방언 기도를 하면서 "병이 나을지어다" 등등 전부 예수 이름으로 귀신 쫓고, 병 고치는 권능을 행하고, 선지자 노릇 하는 사람들이 예수 이름으로 실족한 사람들이며, **마7:22~23절**의 실상의 주인공들이다.

또 **히2:14절**의 말씀대로 예수 이름으로 불법을 사용하는 사망의 세력 잡은 자 마귀를 심판하신 것이다. 따라서 이들은 자신들이 하는 언행이 어떤 결과를 낳는지 아무것도 모르면서 잘 믿는다고 착각하는 자들이다. 은혜로교회 성도들도 그러한 불법을 행하는 자들 아래 있었다. 그때는 죄가 무엇인지, 의가 무슨 뜻인지, 심판에 대해서도 아무것도 모르고 도리어 예수 이름으로 불법을 사용하며 죄에 죄를 더하는 삶을 살고 있었다.

따라서 이렇게 혀로 "예수 이름으로 귀신아 떠나갈지어다, 예수 이름으로 병 고침받을지어다"라고 말하면 '귀신이 다 떠나는데~, 병이 다 고쳐지고, 어떤 죄를 지어도 다 용서받고 천국 가는데~'라고 마귀가 가르친 성경과 다른 거짓말만 믿고 더 게으르고 더럽고 더 가난하고 병들어 있었던 것을 인정하지 않고, 그 꿈에서 깨지 않고 꿈속에 살던 대로 헛소리하는 너희를 14년째 영적인 잠을 깨우고 실상이 되게 한 것이다.

이제 적어도 낙토에 있는 성도들은 한 뭇의 삶일 때 교회생활이 얼마나 미쳤었는지 인정할 것이다. 그런데 지금도 전 세계 기독교는 이런 영적인 상태로 2021년 7월 3일 이 시간까지 주의 이름, 곧 예수 이름으로 귀신 쫓고, 예수 이름으로 목사 노릇 하고 있는 그들은 세상에 속한 사람들이 보면 하나님께 복을 받아 교인들이 많고 부자가 된 줄 알지만, 그들이 "주여"라고 부르는 예수 그리스도도 그들을 알지 못하는 자들이라고 하셨고, 도리어 불법을 행하는 자들이라고 하신다.

그런 그들은 멸망으로 인도하는 자들이라고 이미 판결해 두셔도 이 판결은 안 보고 안 믿는다. 그들은 하나님 나라, 곧 천국과 아무 관계가 없고, 하나님의 아들 예수 그리스도와도 아무 관계가 없는 자들이다.

이런 자들이 나를 두고 이단, 사이비라고 치고, 혀로 방송이나 인터넷상에서 교회 강단에서 나를 치고, 손으로도 나를 친 자들이다. 이들은 숫자가 많고 혈육을 모아 권력으로 삼은 자들이며 멸망으로 인도하는 자들, 곧 마귀요 사단의 세력들인데, 그들에 대한 판결을 BC 700년에 **사 54:15절**에 예언해 두셨던 것이다.

사54:15 그들이 모일찌라도 나로 말미암지 아니한 것이니 누구든지 모여 너를 치는 자는 너를 인하여 패망하리라

이 일이 2718년이 지난 2018년 7월 24일에 나와 성도들이 옥에 갇

히면서 세상에 알려졌고, 그들에 의해 사실이 되었다는 것을 지금 증거하는 것이다.

곧 **사54:15절**의 "그들, 누구든지"에 해당하는 자들의 이름도, 얼굴도 사실이 되었고, 우리는 알고 있다. 본문의 "너"가 누군지 온 세상에 천명한다. '나, 신옥주 목사'에 대한 예언이며, 2008년 6월 16일부터 나를 통해서 하나님께서 행하시는 이 일이고, 이 일을 치는 자들, 혀로, 손가락으로 나와 은혜로교회를 이단이라 치는 그들은 하나님께서 "하나님으로 말미암지 아니한 것이라"고 판결해 두셨다. 그들은 진실로 회개하여 공개로 사과하고 하나님께로 돌아서지 아니하면 이 판결대로 패망한다.

그리고 이들은 **마7:15~27절**의 판결대로 사실이 되어 찍혀 불, 곧 지옥 불에 던지운다. 그러므로 이 본문도 이미 사실이 되어 땅에서 현재 이루어지고 있다. 판결한다.

"¹⁵거짓 선지자들을 삼가라(예수 이름으로 귀신 쫓고 병 고치고 권능도 행하고 선지자 노릇 한 자들을 삼가라고 하신다. 이들은 하나님께로서 보냄을 받지 않았고, 그래서 "**하나님으로 말미암지 않았다**"고 하신 것이다. 이들은 다른 말로 표현하면 '바람, 우상, 용, 뱀, 사단, 마귀, 가르치는 귀신, 각종 짐승', 본문에서는 "**노략질하는 이리**"라고 하셨다.

에스겔 13장을 찾아서 읽어라. 이들은 전부 성경을 가지고 성경과 다른 거짓말로 가르치며, 성경대로 보고 듣고 믿고 지켜 실행하는 좁은 문, 생명의 길을 가는 나를 이단이라 치는 자들이고, 이들의 말을 듣고 나를 세상 법에 고소한 그들도 이들이 나를 치는 말을 믿는 자들이다. 그래서 또 판결해 두셨다.

겔13:8~9 ⁸그러므로 나 주 여호와가 또 말하노라 너희가 허탄한 것을 말하며 거짓된 것을 보았은즉 내가 너희를 치리라 나 주 여호와의 말이니라 ⁹그 선지자들이 허탄한 묵시를 보며 거짓 것을 점쳤으니 내 손이 그들을 쳐서 내 백성의 공회에 들어 오지 못하게 하며 이스라엘 족속의 호적에도 기록되지 못하게 하며 이스라엘 땅에도 들어가지 못하게 하리니 너희가 나를 여호와인 줄 알리라

　　이 예언도 2021년 7월 3일에 이미 사실이 되어 이루어지고 있다. 성경을 문자 그대로, 사람 생각대로 보면 '**내 백성, 곧 하나님의 백성인 이스라엘**'이 누군지 모른다. 하나님의 백성은 현재 은혜로교회 성도들이며, 14년째 **히브리서 8장**의 새 언약으로 다시 택하시고 모으신 이 일을 두고 예언하신 것이고, 이미 이스라엘 땅, 하나님께서 예비하신 땅에 이사하여 이스라엘 족속의 호적에 기록되어 있다. 생명책인 성경에 이렇게 기록되어 있고, "**내 손이 그들 거짓 선지자를 쳐서**"라는 이 말씀은 지금 2021년 7월 3일 이 시간에 사실이 되어 거짓 선지자들을 치고 있다. 진리는 이런 것이다.

　　성경을 가지고 남의 말하듯 설교하는 자들이 아니라 기록된 말씀이 육신이 되어 그대로 이루어져서, 곧 "**내 손이 그들을 치되**"라고 하신 이 말씀이 성취되어 신옥주 목사가 거짓 선지자들의 실체, 그들의 언행, 그들이 누군지 감추어 두신 천국의 비밀을 친히 열어 주시는 하나님의 뜻을 대언하는 하나님의 손이 되어 치고 있다. 이렇게 하나님의 손도 실상이고, 거짓 선지자도 실상이며, 이스라엘 땅도 실상이고, 하나님의 백성의 교회도 실상이 되어 있다.

BC 550년경에 기록한 예언이 2571년이 지난 2021년 지금 사실이 되어 이루어지고 있다. 이런 진리를 전 세계 땅에 살고 있는 사람이 안다면 누가 이 진리를 믿지 않겠느냐?

이런 진리를 믿고 육체도 죽지 아니하고 살아서 온전한 구원에 이르게 될 이 일을 이단, 사이비라고 10년을 넘게 나를 치고 온 세상에 치욕을 주고 짓밟은 자들이 바로 '거짓 선지자들, 마귀, 사단, 가르치는 귀신, 황무지에 있는 여우, 이리, 바람, 우상, 미운 물건, 허탄한 묵시를 보는 자들'이다. 이들이 이단이요 사이비다.

그래서 다음과 같이 예언해 두셨다.

마24:11~12, 24 [11]거짓 선지자가 많이 일어나 많은 사람을 미혹하게 하겠으며 [12]불법이 성하므로 많은 사람의 사랑이 식어지리라… [24]거짓 그리스도들과 거짓 선지자들이 일어나 큰 표적과 기사를 보이어 할 수만 있으면 택하신 자들도 미혹하게 하리라

같은 기록이 **막13:22절**에도 이렇게 기록되어 있다.

막13:22 거짓 그리스도들과 거짓 선지자들이 일어나서 이적과 기사를 행하여 할 수만 있으면 택하신 백성을 미혹케 하려 하리라

이 예언이 사실이다. 지금 전 세계 기독교가 이렇게 미혹되어 있다. '거짓 그리스도'란 예수 그리스도께서 육체로 이 땅에 오셨음을 부인하고

'성자 하나님'이라고 가르쳐서 자신들도 모르게 육체로 오심을 부인하거나, 반대로 예수님께서 십자가를 지시기 전에 행하신 모든 이적을 기록한 신약의 사복음서를 보고 그대로 흉내 내고, 혀로는 "성자 하나님"이라고 말하는 자들이 다 '거짓 그리스도'다. 이들은 자신도 자신 속에 생각을 잡고 있는 귀신에게 속고 있는 것을 모른다. 이 자체가 그들에게 이미 심판이 진행되고 있는 것이다. 이 사실을 모르면 천국과 절대 상관이 없는 거짓 그리스도요, 거짓 선지자들이다.

그래서 또 이렇게 미리 예언해 두셨다. **요일4:1~3절**이다. "¹사랑하는 자들아 영을 다 믿지 말고 오직 영들(곧 사람들, 목사, 사제, 기독교인들을 두고 '**영들**')이 하나님께 속하였나 시험하라(은혜로교회는 이미 이 시험을 통과하고 있고, 온 세상에 나와 우리가 **마태복음 7장**의 "**좁은 문, 생명으로 인도하는 길**"이라는 사실을 하나님께서 나를 사용하셔서 증거하고 계신다. 온 세상에 거짓 선지자들과 그 무리들이 나를 10년을 넘게 괴롭히고 이단, 사이비라 짓밟아서 나와 성도들을 옥에 가두고 3년이 다 된 이 일이 그들에게는 자신들이 불법을 행하는 자들이요, 거짓 선지자요 영적인 살인자요, 천국과 아무 상관이 없는 무저갱의 사자, 곧 지옥 불의 사자들이라고 온 천하에 시인하는 것이고, 하나님께서 그들에 대해서 자기들 스스로 자인하여 드러나게 하신 것이다.

이는 하나님의 행하심이다. 이 온 천하에 모든 감추인 것이 드러나지 않을 것이 없다. 처음부터 말해 왔고, 우리 안에서 14년째 다 보고 있다. 또한 거짓 선지자들을 사용하셔서 나를 온 천하에 "**좁은 문, 생명으로 인도하는 문, 좁고 길이 협착하여 찾는 이가 적음이니라**"라고 하신 실상임을 증거하시는 것이다. 그러나 이 길은 영원한 생명의 길이라 창세 이래 그 누구도 실상이 되지 못했던 길이며, 육체도 죽지 아니하고 살아서 하나님 나라에 들어가는 길이고, 오직 이 길 외에 전 세계 어디에도, 그 누구도 없다는 것을 온 세상에 천명한다.

이 길은 끝도 없고 그 누구도 막을 수 없는 넓고 영원한 길이다. 아무도 가보지 않았던 '새 길'이다. 예수 그리스도께서 이 땅에 혈육에 속한 자로 오신 이유는 바로 영원한 생명으로 인도하는 이 길이 지금은 '**좁은 문, 협착한 길**'이지만 이제 나와 은혜로교회는 이미 통과하고, 하나님께서 나를 고소한 그들, 이 세상 권력, 거짓 선지자들을 사용하셔서 감옥에 가두어 둔 이 일이 우리 성도들에게는 시험에 합격하여 다시 태어나는 시간이었다. 우리 모두의 한 몫의 삶을 완전히 죽이는 일이 되었으며, 온 세상에 나와 우리 성도들이 누군지 명백하게 알리는 하나님의 증거다.

그래서 원수도 사랑하라고 하신 것이다. 그들은 원수가 아니라 우리를 우리 되게 만들어 준 고맙고 고마운 사람들이다. 나와 우리 성도들은 그 누구도 미워하지 않는다. 진실로 회개하고 하나님께로 돌아오기를 바라고 바랄 뿐이다. 하나님의 자녀들은 오직 하나님의 계명을 지켜 실행하여 온 세상이 하나님께로 돌아오기를 바라고 기다리며 다음 계명대로 지킬 것이다.

요일4:7~9 ⁷사랑하는 자들아 우리가 서로 사랑하자 사랑은 하나님께 속한 것이니 사랑하는 자마다 하나님께로 나서 하나님을 알고 ⁸사랑하지 아니하는 자는 하나님을 알지 못하나니 이는 하나님은 사랑이심이라 ⁹하나님의 사랑이 우리에게 이렇게 나타난 바 되었으니 하나님이 자기의 독생자를 세상에 보내심은 저로 말미암아 우리를 살리려 하심이니라

1절부터 다시 "¹사랑하는 자들아 영을 다 믿지 말고 오직 영들이 하나님께 속하였나 시험하라 많은 거짓 선지자가 세상에 나왔음이니라 ²하나님의 영은(하나님께 속한 사람, 하나님의 성령, 거룩한 영, 하나님의 성전, 진리의 성령, 주의 영, 진리의 영은) 이것으로 알찌니 곧 예수 그리스도께서 육체로 오신 것을 시인하는 영마다 하나님께 속한 것이요(이렇게 명백하게 하나님의 아들이 사람으로 이 땅에 오셨었고, 이 땅에 오시기 전에 이미 구약성경에 사람으로 오실 것을 예언하신 그대로 이 땅에 오셨다. 성경대로 십자가에 죽으시고 삼 일 만에 성경대로 부활하셨으며, 40일 동안 이 땅에 계시며 구약성경을 가지고 자세히 자신에 대해서 가르치시고 승천하셔서 쉬고 계신다.

이에 대해서 전 성경을 가지고 성경대로 보고 듣고 믿고 시인했으며, 이는 예수 그리스도께서 이 땅에 계실 때 약속하셨던 대로 진리의 성령이 실상이 되어 증거했고, 이는 내가 하나님께 속한 '**하나님의 영**'임을 명백하게 증명하시는 하나님의 증거다. 따라서 나를 통한 이 일이 하나님께서 친히 행하심인 줄 알고 믿는 자들이 하나님께 속한 영들, 곧 하나님께 속한 사람들이다.)

³예수를 시인하지 아니하는 영마다 하나님께 속한 것이 아니니 이것이 곧 적그리스도의 영이니라 오리라 한 말을 너희가 들었거니와 이제 벌써 세상에 있느니라(그래서 저 유대교인들은 하나님께 속한 자들이 아니

다. 절대 아니고, 적그리스도들이다. 이 사실을 전 세계 유대교인들은 모른다. 그러면서 자신들은 하나님을 믿는다고 자긍하고, 기독교인들을 핍박하고 기독교로 개종하면 사람 취급을 하지 않고, 호적에서도 빼 버리는 자들이다.

또한 이 세대 기독교는 혀로는 "오직 예수" 하면서 행위로 부인하는 자들이다. 반드시 진리의 성령이 실상으로 이 땅에 와야 예수 그리스도에 대해서 정확하게 모든 진리 가운데로 인도하여 시인하게 되는 것이고, 실상으로 시인한다. 이런 일을 대적하는 것은 적그리스도의 영이다.)"

계16:13~14 [13]또 내가 보매 개구리 같은 세 더러운 영이 용의 입과 짐승의 입과 거짓 선지자의 입에서 나오니 [14]저희는 귀신의 영이라 이적을 행하여 온 천하 임금들에게 가서 하나님 곧 전능하신 이의 큰 날에 전쟁을 위하여 그들을 모으더라

이 귀신은 성경을 가지고 성경과 다른 거짓말로 가르친다. 예수 이름으로 온갖 이적과 기사를 행하고 거짓 선지자가 되어 사람들을 미혹한다.

딤전4:1~2절에 "[1]그러나 성령이 밝히 말씀하시기를 후일에 어떤 사람들이(이 **"어떤 사람들"**이 바로 우리에게서 나간 그들이다. 나를 이단이라고 정죄한 거짓 선지자들의 말을 믿고 믿음에서 떠나 도리어 나를 고소하고 거짓 선지자들의 앞잡이가 된 자들이다. 그들의 이름이 이윤재, 이미애, 박찬문, 노영자, 송종완, 장춘화, 김성실, 김태웅, 최인호, 김정탁, 김호민, 유단비, 박정숙, 최신영 등등 이들이 전부 이 **"어떤 사람들"**이고, 거짓

선지자들의 말만 믿고 하나님의 말씀을 받지 않고 업신여긴 자들이 다 이에 해당한다.

'후일'이 바로 2021년 지금 이 세대다. 후일에 어떤 사람들이) 믿음에서 떠나 미혹케 하는 영과(거짓 선지자들, 가르치는 귀신들, 곧 성경을 가지고 성경과 다른 거짓말을 가르치는 모든 자들이다. 미혹케 하는 영들이다.) 귀신의 가르침을 좇으리라 하셨으니(진실로 전 세계가 이러하다. 그들의 말만 믿고 진리를 진리대로 아무리 말해도 안 믿는 것이 이 세대다.)"

계19:19~20절에서도 "¹⁹또 내가 보매 그 짐승과 땅의 임금들과 그 군대들이 모여 그 말 탄 자와 그의 군대로 더불어 전쟁을 일으키다가 ²⁰짐승이 잡히고 그 앞에서 이적을 행하던 거짓 선지자도 함께 잡혔으니 이는 짐승의 표를 받고 그의 우상에게 경배하던 자들을 이적으로 미혹하던 자라('이적'은 다른 말로는 '권능, 표적, 기사, 징조'라고 한다. 거짓 선지자의 특징이 하나님의 말씀은 없이 거짓 이적, 기사를 행하여 사람을 끌어모으는 자들이다. 그들이 말하는 귀신도 쫓아내고 권능을 행했다는 것은 속이는 것이다. 그래서 귀신의 영이다.)

이 둘이 산 채로 유황 불 붙는 못에 던지우고(이들 거짓 선지자들의 결과다. 산 채로 유황 불못에 던지운다. 그래도 멸망으로 인도하는 크고 넓은 문에서 거짓 선지자들의 말을 듣고 지옥에 갈거냐? 거짓 이적에 온 세상 기독교인들이 속고 있다. 이제는 이들이 있는 귀신의 처소에서 빨리 나와야 한다.)"

계20:10절에도 거짓 선지자에 대한 판결이 되어 있다.

계20:10 또 저희를 미혹하는 마귀가 불과 유황 못에 던지우니 거기는 그 짐승과 거짓 선지자도 있어 세세토록 밤낮 괴로움을 받으리라

　계20:10절은 천년왕국이 지난 후에 온전히 실상이 된다. 이들이 다 예수 그리스도께서 부활하신 후에 하나님께 세세토록 받으신 '**사망과 음부의 열쇠**'인 혀로 예수 이름을 사용하던 자들, 곧 거짓 선지자들이다. 이들에 대한 심판은 사실은 쉬지 아니하고 진행되고 있었던 것인데 사람들이 몰랐을 뿐이다. 성경을 문자 그대로 사람이 아는 수준으로 보면 절대 보이지 아니하고 들리지 아니한다.

　그래서 계명을 미리 주셨다. 거짓 선지자들이 혀로 "예수, 오직 예수" 하는 하나님의 아들을 통해서 하나님께서 주신 계명은 관원인 오늘날 목사가 예수님께 찾아와서 '**영생**'에 대해서 물었을 때 하신 대답 속에 기록되어 있다.

마19:16~18 ¹⁶어떤 사람이 주께 와서 가로되 선생님이여 내가 무슨 선한 일을 하여야 영생을 얻으리이까 ¹⁷예수께서 가라사대 어찌하여 선한 일을 내게 묻느냐 선한 이는 오직 한 분이시니라 네가 생명에 들어가려면 계명들을 지키라 ¹⁸가로되 어느 계명이오니이까 예수께서 가라사대 살인하지 말라, 간음하지 말라, 도적질하지 말라, 거짓 증거하지 말라

　관원, 곧 문자 그대로는 당시 유대인 관원이고, 이 본문에서는 "**어떤 사람**"인데 마가, 누가에서는 "**관원, 청년**"이라고 기록되어 있다. 오늘날로

말하면 성경을 가지고 설교하고 가르치는 목사, 사제를 뜻한다. 성경을 가지고 가르치고 설교하는 자가 '영생'에 대해서 모르고 있는 자체가 이미 이 사람은 거짓 증거하는 것이다.

또 자신이 찾아가서 예수 그리스도께 선한 선생이라고 하는 것도 구약성경에 미리 하나님께서 보내시겠다고 약속하신 그대로 이 땅에 오신 하나님의 아들을 알아보지 못하는 것이며, 그 자체가 그는 하나님의 뜻을, 천국의 비밀을 알지 못하는 영적인 소경이다.

또한 이때 아들 예수도 이 사람에게 너는 계명을 지키지 않고 있다고 하셨어야 했다. 이 사람은 자신의 생각으로 이미 계명을 지키고 있다고 착각하는 것이다. 하나님의 명령인 '영생', 곧 사람이 하나님의 계명대로 지켜 실행하면 육체도 죽지 아니하고 영원히 산다 하신 계명들을 어긴 것이다.

이 사람, 곧 부자 관원, 오늘날 부자 목사들은 이미 시작부터 거짓 증거를 하고 있었던 거짓 선지자들이다. 그런데 신약성경에 세 군데나 같은 말씀을 기록해 둔 이 기록을 보고 자신들이 영생에 대해서 모르고 있고, 이미 하나님의 계명들을 어기고 있다고 생각하는 목사, 사제들이 어디에 있느냐? 성경을 가지고 신령한 것은 신령한 것으로 분별해서 모든 진리 가운데로 인도하지 않는 자체가 이미 거짓 증거를 하는 것이고, 모든 계명을 다 어긴 것이다.

그래서 지어낸 거짓말이 예수님이 십자가를 지실 때에 예수 믿는 사람의 모든 죄, 곧 과거의 죄, 현재의 죄, 미래에 지을 죄도 다 지시고 죽으셨다는 말이다. 이렇게 예수 이름으로 시작부터 거짓말로 가르치고 설교한 것을 지금 전 세계 기독교 목사 중에 누가 알고 있느냐?

이미 모두 여출일구 동일한 거짓말을 하고 있는데 아무리 성경으로 성경을 해석하여 하나님의 뜻을 드러내어도 안 믿는 것이다. 뿐만 아니라 자신들이 가르친 거짓말이 드러나니까 이단, 사이비라고 정죄해서 하나님의 일을 훼방하는 것이다. 너무도 명백하게 거짓 선지자들이 누군지 다 분별이 되는데도 기독교인들은 혀로 말만 하고 어떤 죄를 지어도 다 용서하셨다고 가르치는 거짓말이 더 좋아서 따라다니는 것이다.

그래서 관원이 악하면 그 하인, 곧 교인들도 다 악하다고 하셨다. 이들이 전부 눈, 손, 발 역할을 하는 자들이다. 그래서 네 오른눈이 너를 실족케 하거든 빼내 버려서라도 한 눈으로 영생에 들어가는 것이 두 눈으로 지옥 꺼지지 않는 불에 들어가는 것보다 낫다고 하신 것이다.

예수 그리스도께서 **마15:17~20절**에서도 이렇게 말씀하셨다.

"¹⁷입으로 들어가는 모든 것은 배로 들어가서 뒤로 내어 버려지는 줄을 알지 못하느냐 ¹⁸입에서 나오는 것들은 마음에서 나오나니 이것이야말로 사람을 더럽게 하느니라(그래서 성경을 가지고 성경과 다른 거짓말로 하는 설교가 바로 더러운 귀신이 가르치는 것이며, 예수 이름으로 들어온 귀신의 소리로 사람이 더럽혀진 것이다. 이런 진리를 가지고 단 한 절의 뜻도 모르면서 도리어 "예수 이름으로 귀신아 떠날지어다"라고 한 것이다. 절대 이렇게 귀신이 떠나지 않는다. 귀신이 다 떠나면 사람은 죄를 짓지 아니하고, 하나님께서 주인이 되셔서 동행하시는 하나님의 성전이 된다. 그렇게 될 때 육체도 죽지 아니하고 영생한다.

예수님이 2천 년 전에, 이미 사람인 네가 이 세상에 태어나기 전에,

네가 지을 모든 죄를 다 지시고 십자가에 죽으셨다고 가르치는 자체가 미친 소리요, 귀신이 가르치는 거짓말이다. 이렇게 가르치고 있는 목사는 전부 거짓 선지자다. 혀로 지옥 불에서 나오는 소리로 설교하는 것이다. 그래서 "죄를 짓는 자는 마귀에게 속하나니"라고 하셨고, "죄는 불법이라"라고 하신 것이다.

2021년 지금 이 세대까지 가르치는 거짓 선지자들은 자신도 지옥 불에 가고, 그 설교를 듣고 그대로 믿는 교인들도 다 지옥에 간다. 이런 진리를 단 한 절도 모르고 성경과 다른 거짓말을 설교하는 거짓 선지자, 거짓 선생들에 의해 교인들은 살해당하고 있다.

그래서 계21:8절에 이렇게 판결해 두셨다. 두 눈으로 똑똑히 보고, 두 귀로 판결을 똑똑히 듣고 깨달아라.

> 계21:8 그러나 두려워하는 자들과 믿지 아니하는 자들과 흉악한 자들과 살인자들과 행음자들과 술객들과 우상숭배자들과 **모든 거짓말하는 자들은 불과 유황으로 타는 못에 참예하리니 이것이 둘째 사망이라**

이런 판결은 왜 안 보고 전부 죽어서 천국 가고, 지옥은 없다고 가르칠까? 이런 하나님의 법은 두려워하지 않고 보이는 사람만 두려워하는 자들이 다 둘째 사망인 지옥 불에 들어간다. 이런 판결을 두려워하며 육체가 살아 있을 때 하나님의 말씀을 믿고 지켜 실행하여 구원을 얻는 것이고, 이 때문에 목사가 필요한 것이다.) [19]마음에서 나오는 것은 악한 생각과 살인과 간음과 음란과 도적질과 거짓 증거와 훼방이니 [20]이런 것들이 사람을 더럽게 하는 것이요 씻지 않은 손으로 먹는 것은 사람을 더럽게 하지 못하느니라"

귀신이 생각과 마음의 주인이 되어 있으면 근본이 거짓이기 때문에 죄에서 벗어날 수 없다. 이런 진리는 다 업신여기고 어떤 죄를 지어도 예수님이 너의 죄를 지고 죽으셨기에 너는 죽어서 천국 간다고 가르치는 목사들이 다 거짓 선생, 거짓 선지자들이다.

이런 하나님의 말씀은 왜 안 볼까? 예수 이름 사용하여 거짓말을 가르치는 자들이 살인자요, 지옥에 보내는 자요, 우상이며 거짓 증거하는 자요, 훼방자요, 교인들의 영혼을 도적질하는 자요, 그 거짓말 설교를 듣고 믿는 교인은 영적인 간음자요, 음란하게 우상숭배 하는 자들이다. 그 결과 2021년 7월 4일 이 시간까지 단 한 명도 영생에 이른 사람이 없었던 것이다. 따라서 이런 진리를 가지고 사람으로 하여금 더 죄를 짓도록 미혹한 사람이 바로 거짓 선지자들이다. 오죽하면 진리 한 절만 깨달아도 절대 귀신 노릇 할 수 없다고 할까~

무고히 핍박하는 자들의 이름들

신약성경에만 있는 것이 아니다. 구약성경에도 전 성경에 다 예언해 두셨다. 더 가보자.

시119:78절에 이렇게 기도했고, 성경을 사용하는 모든 사람들에게 살아 계신 하나님의 말씀이다.

"교만한 자가 무고히 나를 엎드러뜨렸으니('**무고히**'는 '거짓으로'라는 뜻이다. 진실로 이러하다. 성경과 다른 거짓말로 설교하는 자체가 그 설교를 듣는 교인들을 엎드러뜨린 것이다. 성경을 사용하는 모든 사람들이, 거짓 선지자 아래서 성경과 다른 거짓말 설교를 듣고 종교생활 하는 모든 자들이 엎드러뜨려진 것이다. 또 지금 나와 은혜로교회를 무고히 거짓말로 감옥에 가둔 것이다. 나와 우리 성도를 이단, 사이비라고 정죄하고 핍박하는 그들이 다 이 교만한 자에 해당한다.)

저희로 수치를 당케하소서 나는 주의 법도를 묵상하리이다(그래서 기도이면서 하나님의 말씀이다. 특히 이 본문의 "무고히"는 거짓말로 고소한 것을 뜻한다. 곧 없는 사실을 거짓으로 꾸며 남을 고소하거나 고발하는 것이다. 성경대로 보고 듣고 믿고 지켜 실행하는 14년째 이 일을 무고히 고소하여 나와 성도를 옥에 가둔 이 일에 대한 예언을 예수님도, 사도들도 겪었고, 하나님은 죽은 자의 하나님이 아니라 살아 있는 산 자의 하나님이시다. 결국 이 본문도 나에 대한 예언이며, 무고히 나를 고소한 그들, 교만한 자들에 대한 예언이 실상이 된 것이다.)"

161절에도 "방백들이(교회 지도자들, 대통령, 정치인들, 국민들 위에 군림하는 자들이 다 방백들이다.) 무고히 나를 핍박하오나(진실로 이 말씀 또한 지금 이 세대 나와 우리에 대한 예언이다. 거짓으로 꾸며 고소하고, 그 이전에 이미 무고히 나를 핍박한 자들이 자칭 목사들이다.

그래서 이렇게 기도한다.

시25:1~3 [1]여호와여 나의 영혼이 주를 우러러 보나이다 [2]나의 하나님이 여 내가 주께 의지하였사오니 나로 부끄럽지 않게 하시고 나의 원수로 나를 이기어 개가를 부르지 못하게 하소서 [3]주를 바라는 자는 수치를 당하지 아니하려니와 무고히 속이는 자는 수치를 당하리이다

그래서 말씀과 기도로 거룩해지는 것이다.

시35:7~8 [7]저희가 무고히 나를 잡으려고 그 그물을 웅덩이에 숨기며 무고히 내 생명을 해하려고 함정을 팠사오니 [8]멸망으로 졸지에 저에게 임하게 하시며 그 숨긴 그물에 스스로 잡히게 하시며 멸망 중에 떨어지게 하소서

거짓 선지자들이 교회를 세워 놓고 기록하신 진리는 단 한 절도 모르고 성경과 다른 거짓말로 설교하는 자들이 다 이에 해당하는 실상의 주인공들이며, 무고히 나를 이단이라 말한 자들이 다 이에 해당하는 자들이다. 2021년 6월 16일 조선일보, 동아일보에 나간 것을 보고 2021년 7월 2일에 처음으로 장선주 편지를 받았다. 그는 아직도 하나님을 안 믿는 사람이다. 자신의 주인이 귀신임을 모른다. 베트남에서 그렇게 낙토에 들어가라고 할 때 들어갔어야지. 이제 그는 낙토에 들어갈 수 없다. 다시 시작하겠다고 했으니 이기면 되고, 순교하면 된다. 처음 재판 중에 "너는 폭행했느냐"라고 물었는데도 대답하지 않았고, 형사가 "폭행했냐"라고 물을 때는 대답한 자신의 주인을 아직도 모른다.)"

시35:19~21절 "[19]무리하게 나의 원수 된 자로('무리하게'란 '사리에

맞지 않거나 정도에서 지나치게 벗어나다'라는 뜻이다. 진실로 나에 대한 예언이었고, 사실이 되었다. 무리하게 나의 원수 된 자로) 나를 인하여 기뻐하지 못하게 하시며 무고히 나를 미워하는 자로 눈짓하지 못하게 하소서 ²⁰대저 저희는 화평을 말하지 아니하고 평안히 땅에 거하는 자를 거짓말로 모해하며(이래서 나를 고소한 그들의 소송장이 내게 있고, 거짓말로 거짓 증언한 것이므로 '모해한 죄'를 물어 소송한다. 이미 소송했고, 할 것이다.) ²¹또 저희가 나를 향하여 입을 크게 벌리고 하하 우리가 목도하였다 하나이다"

이들은 **시35:11~16절**의 말씀대로도 사실이 되어 이루어졌다. "¹¹불의한 증인이 일어나서 내가 알지 못하는 일로 내게 힐문하며 ¹²내게 선을 악으로 갚아 나의 영혼을 외롭게 하나 ¹³나는 저희가 병들었을 때에 굵은 베옷을 입으며 금식하여 내 영혼을 괴롭게 하였더니 내 기도가 내 품으로 돌아왔도다(이 말씀, 곧 기도도 예수 그리스도에 대한 예언이 아니고, 지금 나에 대한 예언이고, 사실이 되었다.)

¹⁴내가 나의 친구와 형제에게 행함같이 저희에게 행하였으며 내가 굽히고 슬퍼하기를 모친을 곡함같이 하였도다 ¹⁵오직 내가 환난을 당하매 저희가 기뻐하여 서로 모임이여 비류가('**비류**'란 불량배, 불량자, 잡배로 도덕적으로도 악하고 파괴적인 자로서 하나님을 대적하고 하나님의 거룩한 사역을 훼방하는 자를 뜻한다. 신약성경에서는 '**사탄**'의 별칭이다. 이인규, 박형택, 박상기, 예장합신 총회, 감리교 총회, 탁지일 등등 이들은 전부 이 비류들이다. 이런 비류가)

나의 알지 못하는 중에 모여 나를 치며 찢기를 마지 아니하도다(진

실로 이 예언이 사실이 되어 나를 이단이라 치고 찢었다. 학대하고 짓밟았다. 그러나 이미 하나님께서 **사54:15~17절**에 이들에 대한 결과까지 판결해 두셨다. "^{15}그들이 모일찌라도 나로 말미암지 아니한 것이니 누구든지 모여 너를 치는 자는 너를 인하여 패망하리라 ^{16}숯불을 불어서 자기가 쓸 만한 기계를 제조하는 장인도 내가 창조하였고 파괴하며 진멸하는 자도 내가 창조하였은즉 ^{17}무릇 너를 치려고 제조된 기계가 날카롭지 못할 것이라 무릇 일어나 너를 대적하여 송사하는 혀는 네게 정죄를 당하리니 이는 여호와의 종들의 기업이요 이는 그들이 내게서 얻은 의니라 여호와의 말이니라")

^{16}저희는 연회에서(이 비류, 곧 다른 말로 하면 거짓 선지자들이 예수 이름으로 드리는 예배를 '**연회**'라고 하신 것이다. '**연회**'란 여러 사람이 모여 술을 마시거나 음식을 먹으면서 즐기는 모임을 말하는데, 거짓 선지자들이 모여서 혀로 "예수, 하나님"이라고 말하지만 도리어 성경과 다른 거짓말로 가르치고 듣고 즐긴다는 뜻으로 연회라고 한 것이다. 다른 말로 하면 포도주에 취한 자, 술 취한 자, 피에 취한 자라고 한다. '**거짓 선지자들이 교회 강단에서**'라는 말이다.)

망령되이 조롱하는 자같이 나를 향하여 그 이를 갈도다(나는 그 목사 얼굴도 모르는데, 교회 강단에서 설교 중에 나를 "이단, 사이비" 하며 조롱하여 이를 갈 것을 예언하신 이대로 우리 안에 있는 성도 중에서도 이런 목사가 나를 조롱하며 하는 말을 들은 자들도 있다. 장선주는 같은 방에서 순복음교회 교인한테 듣고 있다고 하더라. 지금도 우리 교인 중에 자기 가족들한테도 나를 조롱하는 말을 듣고 있을 것이다. 장선주는 1년이나 동아일보에 나간 말씀은 안 보고, 6월 16일자 신문을 처음 보았나

보더라. '**이단, 사이비**'란 글자만 보아도, 들어도 가슴이 미어지고 아픈데 진실로 거짓 선지자들, 비류들은 함부로 지껄이더라.

새빨간 거짓말로 지껄이는 김용린의 말에 아연실색했다. 자신이 하는 말에 자신의 실체가 다 드러나는데 형사들은 내가 김용린을 감금했다, 사기쳤다고 고소한 것을 가지고 나를 바라보고 추궁하더라. 3년, 13년이 지났는데 아직도 이런 단어가 나를 아프게 찌른다. 우리 안에 이런 귀신이 있다는 증거다. 진실로 귀신은 헛되고 헛된 삶을 살고, 자신이 지옥 가는 자라는 것을 수치도 모르고 두려움도 없이 지껄이더라.)"

그래서 **시35:23~24절**에 이렇게 기도하고 또 예언되어 있는 이 말씀대로 송사를 당하여 감옥에 갇혀 있는 것이다. 내가 더러더러 혹 나에게 무슨 일이 생기거든 이 말씀을 10번씩, 몇 번씩 들어야 한다고 했는데, 실제 체포되어 갇혀 있을 때 가장 먼저 알아들은 성도가 성진 성도였다.

시35:23~24 [23]나의 하나님, 나의 주여 떨치고 깨셔서 나를 공판하시며 나의 송사를 다스리소서 [24]여호와 나의 하나님이여 주의 공의대로 나를 판단하사 저희로 나를 인하여 기뻐하지 못하게 하소서

무고히, 곧 거짓으로 고소하여 겪게 될 일을 미리 예언해 두신 이 일이 사실이 되어 나와 은혜로교회 성도들이 이 예언의 실상이라고 하나님과 사람 앞에 인정하고 시인하게 하시는 것이다. 곧 성경만이 참 진리라고 시인하여 살아 계신 하나님을 증거하게 하시는 것이다.

시109:1~5 ¹나의 찬송하는 하나님이여 잠잠하지 마옵소서 ²대저 저희가 악한 입과 궤사한 입을 열어 나를 치며 거짓된 혀로 내게 말하며 ³또 미워하는 말로 나를 두르고 무고히 나를 공격하였나이다 ⁴나는 사랑하나 저희는 도리어 나를 대적하니 나는 기도할 뿐이라 ⁵저희가 악으로 나의 선을 갚으며 미워함으로 나의 사랑을 갚았사오니

이 본문도 지금 나에 대한 예언이다. '선'이신 하나님의 가르치심과 영원한 언약을 실상으로 실행할 때, 모두의 반대편에 서서 온전한 진리로 책망을 하니 미워할 수밖에 없다. 자신들 밥벌이 수단을 끊어 버리니 귀신이 얼마나 싫어하겠나~ 영원히 성공하고 사람의 머리로는 상상도 할 수 없는 모든 복을 다 받는 길인데 당장 눈앞에 보이는 것, 쾌락, 잘 먹고 놀고 잘사는 것에만 치중하는 사람 차원으로는 절대 하늘의 신령한 복을 알 수도 없고, 받을 수도 없다. 이렇게 무고히, 곧 거짓으로 고소하여 공격할 것을 예언해 두신 그대로 사실이 되었다.

이런 진리의 눈, 곧 영적인 눈으로 다시 **시119:161절**로 가서 보자. 이 예언은 나와 우리에 대한 예언이 명백하다.

시119:161 방백들이 무고히 나를 핍박하오나 나의 마음은 주의 말씀만 경외하나이다

진실로 이러하다. 절대 예수 그리스도께서 이 땅에 계실 때의 실상이 아니라, 2021년 7월 4일 이때 사실이 되어 하나님과 사람 앞에 인정하

고 시인한다.

거짓 선지자들이 무고히 나를 핍박하고 공격하나 이는 **계3:7~13절**의 예언을 실상으로 이루는 일이므로, 나의 마음은 오직 하나님의 말씀만 즐거워하여 은혜로교회 모든 성도들, 온 세상에 만세 전에 이미 택하여 두신 하나님의 자녀들이 '어떻게 하면 이 진리를 받아서 영원히 살게 할 수 있을까~' 하는 마음뿐이다.

하나님의 나라와 아무 관계가 없는 거짓 선지자들의 가르침을 받으며 도리어 대적하는 설교였는데도 모두 그 거짓말을 더 좋아한다. 그래서 미움을 받고, 무고히 고소당하여 핍박을 겪어야 생명책에 이름이 기록된 실상의 주인공인 것이다.

다음 '무고'에 대해서 보자. **눅3:7~14절**이다.

"⁷요한이 세례 받으러 나오는 무리에게 이르되 독사의 자식들아 누가 너희를 가르쳐 장차 올 진노를 피하라 하더냐 ⁸그러므로 회개에 합당한 열매를 맺고 속으로 아브라함이 우리 조상이라 말하지 말라 내가 너희에게 이르노니 하나님이 능히 이 돌들로도 아브라함의 자손이 되게 하시리라 ⁹이미 도끼가 나무 뿌리에 놓였으니 좋은 열매 맺지 아니하는 나무마다 찍혀 불에 던지우리라 ¹⁰무리가 물어 가로되 그러하면 우리가 무엇을 하리이까 ¹¹대답하여 가로되 옷 두 벌 있는 자는 옷 없는 자에게 나눠 줄 것이요 먹을 것이 있는 자도 그렇게 할 것이니라 하고 ¹²세리들도 세례를 받고자 하여 와서 가로되 선생이여 우리는 무엇을 하리이까 하매 ¹³가로되 정한 세 외에는 늑징치 말라하고 ¹⁴군병들도 물어 가로되('**군병**'이란 '**군사, 군인**'을 뜻한다. 우리를 새 언약으로 먼저 부르신 것은 하나님 나라 군사들이며, 곧 군병이요 군인이기 때문이다.

딤후2:1~5절인데 **3~4절**을 보자.

딤후2:3~4 [3]네가 그리스도 예수의 좋은 군사로 나와 함께 고난을 받을 찌니 [4]군사로 다니는 자는 자기 생활에 얽매이는 자가 하나도 없나니 이는 **군사로 모집한 자를 기쁘게 하려 함이라**

그래서 **아6:10절**에 이렇게 예언하셨다.

아6:10 아침 빛같이 뚜렷하고 달같이 아름답고 해같이 맑고 **기치를 벌인 군대같이 엄위한 여자**가 누구인가

따라서 이 본문은 나와 우리에 대한 예언이며,

계19:11~16 [11]또 내가 하늘이 열린 것을 보니 보라 백마와 탄 자가 있으니 그 이름은 충신과 진실이라 그가 공의로 심판하며 싸우더라 [12]그 눈이 불꽃 같고 그 머리에 많은 면류관이 있고 또 이름 쓴 것이 하나가 있으니 자기밖에 아는 자가 없고 [13]또 그가 피 뿌린 옷을 입었는데 그 이름은 하나님의 말씀이라 칭하더라 [14]**하늘에 있는 군대들이** 희고 깨끗한 세마포를 입고 백마를 타고 그를 따르더라 [15]그의 입에서 이한 검이 나오니 그것으로 만국을 치겠고 친히 저희를 철장으로 다스리며 또 친히 하나님 곧 전능하신 이의 맹렬한 진노의 포도주 틀을 밟겠고 [16]그 옷과 그 다리에 이름 쓴

것이 있으니 만왕의 왕이요 만주의 주라 하였더라

'군대, 군사, 군병'은 문자 그대로 세례 요한 당시 군병인데, 이 군병 속에 감추어진 비밀은 하나님 나라 군대인 우리가 실상이 되어 일어날 때, 곧 지금 이때 우리 안에서 일어날 일, 곧 나를 송사할 일에 대한 비밀이 감추어져 있다.

세례 요한에게 세례 받으러 나오는 무리 중에 '독사의 새끼'가 누구인지 해답을 말하면 **롬3:9~18**절에 있다. 세례 요한 당시를 말한 것이 아니라 전 세계에 예수 이름이 퍼져 2천 년이 지난 이때, 성경이 모든 것을 죄 아래 가두어 둔 이때, 성경을 사용하는 모든 종교가 의인은 없나니 하나도 없는 이 세대를 두고 예언한 것이다.

롬3:9~18 [9]그러면 어떠하뇨 우리는 나으뇨 결코 아니라 유대인이나 헬라인이나 다 죄 아래 있다고 우리가 이미 선언하였느니라 [10]기록한 바 의인은 없나니 하나도 없으며 [11]깨닫는 자도 없고 하나님을 찾는 자도 없고 [12]다 치우쳐 한 가지로 무익하게 되고 선을 행하는 자는 없나니 하나도 없도다 [13]저희 목구멍은 열린 무덤이요 그 혀로는 속임을 베풀며 그 입술에는 독사의 독이 있고 [14]그 입에는 저주와 악독이 가득하고 [15]그 발은 피 흘리는 데 빠른지라 [16]파멸과 고생이 그 길에 있어 [17]평강의 길을 알지 못하였고 [18]저희 눈앞에 하나님을 두려워함이 없느니라 함과 같으니라

성경을 사용하는 유대인이나 헬라인, 곧 천주교, 기독교인 모두 전

세계 모든 사람들이 다 '선'을 행하는 자, 하나님을 찾는 자가 없다고 하신 21세기에 이 땅에 있는 자들, 지도자들의 입술에는 독사의 독이 가득하다고 하신 이대로 진실로 사실이었다. 모두 불법하는 자 아래 있는 이때를 지시하신 것이다.

독사의 조상 '단' 지파

독사의 근본은 **창49:17절**에 '단' 지파다.

창49:17 단은 길의 뱀이요 첩경의 독사리로다 말굽을 물어서 그 탄 자로 뒤로 떨어지게 하리로다

즉 하나님께서 정하신 심판 때인 일곱째 날, 셋째 날인 지금 이때에 일반 백성이 목사들이 되어서 스스로 일어나 하나님의 이름, 예수 이름을 사용하고 거룩한 강단에서 설교하는 자들로, 이들은 모두 하나님의 대적 자들, 원수들이다. 이스라엘에 속한 지파가 아닌 자들, 곧 택하심을 받은 자들이 아닌 자들이며, 택한 백성들을 미혹하는 거짓 선지자들로 사용되는 대체육체들이다.

이 뿌리는 아담, 하와를 미혹한 뱀이요, 첫 순교자 아벨을 죽인 형 가인이다. 이들을 지칭한 이름은 '용, 사단, 마귀, 귀신, 뱀, 독사, 각종 악한

짐승, 악어, 이리, 개, 벨리알, 광명의 천사로 가장한 자들, 아바돈, 아볼루온, 악한 자, 사망, 멸망, 이 세상 임금들'이라고 비유하셨다.

그래서 **신32:31~32절**에 이렇게 판결해 두셨다.

"³¹대적의 반석이 우리의 반석과 같지 못하니 대적도 스스로 판단하도다(그래서 '단'을 두고 **창49:16절**에 "단은 이스라엘의 한 지파같이 그 백성을 심판하리로다"라고 하셨던 것이다. 그래서 전 성경 기록 목적을 모르면 문자 속에 감추어 두신 하나님의 뜻을 절대 알 수가 없다. 곧 지금 이 세대에 대한 예언이었다. 따라서 택한 하나님의 백성인 이스라엘을 괴롭히고 대적하는 자들, 의인 중에 함께 있었던 악인들, 의인을 영원히 대속하실 때 사용되는 대체육체들, 어두움을 사용하여 빛들을 빛들로 다시 창조하실 2021년 지금 이때, 우리를 세상에 드러나게 하시는 어두움, 대적자로 쓰시는 천한 자들이다.

곧 택한 자들을 영원히 다시 창조하시는 때에 희생이 되는 대적자들이다. 이들은 성경을 사용하지만, 교회는 다니고 목회는 하지만, 성경 속에 감추어 두신 천국의 비밀은 단 하나도 모른다. 그들에게는 허락치 않으셨던 것이다. 어두움이 있는 것은 빛을 빛 되게 하기 위한 하나님의 모략이다. 이들을 통해서 우리로 하여금 죄가 무엇인지 알게 하시고, 의이신 하나님 한 분만 거룩하다는 것도 알게 되며, 결국 심판의 대상이 누군지 명백하게 보여 주시며, 택한 자녀들을 교훈하시는 것이다. 알아듣고 있느냐? 이 말을 알아듣거든 알아듣는 만큼 답을 하거라.)

³²그들의 포도나무는(대적자들이 그 혀로 사용하는 예수 이름을 이렇게 말씀하신다. 예수 그리스도께서 이 땅에 사람으로 태어나시기 전 BC

1400년경에 이렇게 대적자들이 "오직 예수" 하면서 지옥 불에서 나오는 설교를 하는 자들, **눅16:19~31절**의 부자 목사들이 다 '그들'에 감추어져 있다. 이들이 지어낸 말이 바로 예수님이 십자가에 죽으실 때 이미 모든 인류의 죄를 다 지시고 죽으셨고, 너의 과거의 죄, 현재에 짓는 죄, 미래에 지을 죄도 다 지시고 죽으셨다고 하는 거짓말이다.

이들은 전부 **마태복음 7장**에 멸망으로 인도하는 크고 넓은 문에 있는 자들이다. 예수 이름으로 귀신을 쫓아내고, 권능을 행하며 이적과 기사를 행하여 선지자 노릇 하나, 천국과 아무 상관이 없는 불법을 행하는 자들이다.

다시 말하면 혀로 예수 이름 사용하는 왼편, 좌편, 하층에 속하는 자들이다. 살았다고 하는 예수 이름을 가지고 있으나 영적으로 완전히 죽은 자들이다. 이들에 대해 성도들이 유튜브를 통해서 누군지 다 분별하고 있다. 이들은 전부 혀로 말만 하는 말쟁이들이다. 이들에게 하나님께서 6일간 이 세상의 부귀 영화와 모든 권세를 허락하신 것이다. 이제 이들이 일할 시간이 끝나서 어디서 무슨 일을 하는지 하나하나 밝히시는 것이다.

따라서 우리만 생명책에 기록된 것이 아니라 사단의 깊은 것, 대적자들에 대한 비밀도 다 기록해 두신 것이다. 이렇게 선, 악을 분별하고 스스로 '선'을 택하고, '악'을 버리게 하시려고 지금 이때까지 참으신 것이다. 그러니까 이들은 땅에서 한 몫의 삶으로 끝이기 때문에 자신들의 욕망대로 사는 것이다. 사실 이들에게는 하늘의 일, 곧 선한 일, 신령한 일은 안 보인다. 안 들린다.

귀신의 특징이 자신의 죄로 인해 기록하신 하나님의 뜻을 절대 볼 수도 없고, 들을 수도 없어서 하나님을 모른다. 비유하자면 밤에 육체가 자면서 꿈에 시집가고, 장가가고, 일하고, 일생 죄가 무엇인지 모르고 짐 승같이 자신의 욕망대로 살다가, 육체가 죽으면 그때 잠에서 깨어 자신이 혀에 물 한 모금 먹지 못하는 곳에 온 줄을 깨닫는다. 그래서 '아~ 천국은 없구나~' 하고 위로받는다고 한 것이다.

이 때문에 이들은 아무리 영생, 천국, 복을 말해도 이들 눈과 귀는 안 보이고 안 들린다. 그렇게 그들은 이 땅에 한 몫의 삶으로 끝나고, 영원히 지옥 불에서 영벌을 받는 것이다. 그들의 삶과 죄의 결과를 보고 육체가 살아 있을 때 성경을 통해서 진리를 깨달아 한 몫의 삶을 버리고, 하나님 의 계명대로 살아서 육체도 죽지 아니하고 영원히 사는 것이 이 세대 우리 를 이 땅에 보내신 하나님의 목적이며, 하나님의 뜻이고, 우리의 직무이다.

우리가 이 땅에서 대적자들에 의해 받는 이 고난은 창세 이래 순교 자들이나 거지 나사로같이 살다가 육체가 한 번 죽어서 제단 아래 혹은 낙원에 가서 쉬고 있는 우편, 오른편, 중층에 속한 때에 이 땅에 보내신 것과 달리, 이 세대 우리는 육체가 살아서 하나님의 가르치심을 받고, 또 이미 영생의 복을 받은 자들로 정해 두신 것이다.

사람은 다 하나님 편에서는 각자 정해 두신 그릇대로 사는 것이다. 다만 이러한 하나님의 뜻을 사람에게 알게 하시지 않아서 모를 뿐이고, 이제 2008년 6월 16일부터 하나님의 나라 비밀, 곧 하나님의 뜻을 우리 로 알게 하시는 것이다. 그러니까 '나는 나다'라고 하는 뜻을 여러분이 아 는 것이 아니라, 각자 네 수준에서 아는 것이다. 그러니 절대 너희가 '시 기, 질투'한다고 네가 아닌 다른 사람으로 살 수 없다. 너는 너일 뿐이다.

너의 가치를, 너의 영혼을 너한테 맡기셨다는 말 또한 알아들으려면 다시 창조되어야 한다.

그래서 너희들을 돕는 어미를 주셨고, 돕는 자로 보내신 또 다른 보혜사인 진리의 성령을 실상으로 주신 것이다. 그러므로 네 영혼을 자해하고 네 가치를 떨어뜨리는 어리석은 자해는 하면 안 된다. 귀신은 너를 죄 짓고, 병들고, 어리석게 살고, 죽이고, 영원히 지옥으로 보내는 자해만 하는 것이다. 이 근본 뿌리가 '시기'다. 지금 뿌리를 뽑자. 모두 정신을 차리고 두 눈, 두 귀로 하나님의 뜻을 보고 들어서 지금 버리면 된다.

지옥 불로 이끄는 독한 시기

마27:17~18절에 예수님을 십자가에 죽는 데 내어 준 유대인들, 대제사장, 서기관, 장로, 바리새인들이 시기로 예수님을 이 세상 재판에 내어 준 줄 당시 빌라도는 알고 묻는다.

마27:17~18 [17]저희가 모였을 때에 빌라도가 물어 가로되 너희는 내가 누구를 너희에게 놓아 주기를 원하느냐 바라바냐 그리스도라 하는 예수냐 하니 [18]이는 저가 그들의 시기로 예수를 넘겨준 줄 앎이러라

'시기'란 남이 잘되는 것을 싫어함, 샘하여 미워함이라는 뜻이다. 귀

신의 뿌리가 '시기'다. 자신이 시기한다고 시기하는 대상이 될 수 없음을 귀신은 모른다. 머리로 알면서 계속 시기하는 것은 너를 계속 자해하는 귀신에게 속는 것이다. 이는 하나님을 근본적으로 모르고 안 믿는 것이다. 당시 유대인들이 이러한 하나님의 뜻을 모르는 것이다. 예수 그리스도는 이 땅에 사람으로 오시기 전에 이미 하나님의 아들이시다. 그들이 시기한다고 하나님의 아들이 아닌 것이 될 수 없다. 하나님께서는 한 번 정하시면 변치 아니하시고 그대로 이루시는 분이시다.

유대인, 대제사장, 오늘날 목사들이 성경을 가지고도 **"그들의 포도나무"**라고 예언해 두신 **신32:32절**의 말씀이 자신들이 혀로 사용하는 예수 이름, 곧 자신들에 대한 예언인 줄 모르는 것이다. 당시 유대인들은 구약성경을 가지고 있었다. 그런데 자신들의 눈앞에 실상으로 있는 하나님의 아들을 알아보지 못하고 시기하여 세상 법에 고소한 것이다. 하나님의 말씀을 가지고도 자신들의 영적인 상태를 못 보는 영적인 소경이요, 그러니 하나님의 아들이 눈앞에 있어도 안 보이고 강도 바라바를 풀어 주라고 한 것이다.

자신들과 자신들의 후손에게 영원히 씻지 못할 죄를 스스로 지어서 영원한 지옥 불못에 던져지는 언행을 하게 된 기초가 바로 '시기'였다. 곧 하나님의 뜻을 모르는 것이 시기로 드러난 것이다. 하나님의 아들을 이 땅에 보내신 것은 시기할 대상이 아니라 자신들을 위해서였는데, 이들 눈에는 안 보인 것이다.

왜 이런 일을 기록해 두셨을까? 이 세대 너희를 위해서다. 하나님의 뜻을 모르면 귀신이 주인인 인간은 근본적으로 교만하여 자신을 안 보고 시기한다. 남이 잘되는 것을 못 볼 뿐만 아니라 남이 아닌 형제인데도 시기한다. 다른 말로 '질투'다.

이 뿌리를 모르면 시기, 질투, 미움, 살인이 되어 자신이 지옥 불에 가는 것인 줄 모르는 것이다. 이것을 알고 이해하고, 이해할 수 있도록 하나님과 사람 사이를 화목하게 하고 화평케 하는 사람이 바로 하나님의 아들 예수 그리스도이며, 또 다른 보혜사인 진리의 성령이다. 지금 14년째 하나님과 사람 사이를 화해시켜서 성도로 다시 태어나게 하는 역할이 바로 진리의 성령의 역할이다.

이는 결국 성도들, 곧 거룩한 자들인 하나님의 아들들, 백성들을 위해서다. 지금 낙토에서, 과천에서 최선을 다해 일을 하는 것은 결국 누구를 위한 것이냐? 나도 나를 위해서 내 십자가를 지는 것이고, 너희도 각자 너희 자신을 위해서다. 다른 누구를 위해서 일하는 것이 아니다.

네가 다른 사람과 비교하고 시기한다고 다른 사람이 되는 것이 절대 아니다. 너는 너다. 귀신도 너요, 하나님의 말씀으로 다시 태어나서 성도가 되는 것도 너일 뿐 다른 사람이 아니다. 이 근본을 모르면 귀신에게 속아서 계속 죄를 짓고, 귀신으로 너의 삶이 끝나는 것이다.

한 몫의 삶에서 귀신이 주인이 되어 사는 것은 '영원한 삶'을 지옥 불에서 영원히 고통받으며 살고, 자신을 자해한 결과라는 것을 예수 그리스도의 십자가의 도에 감추어 두셨던 비밀이다. 그래서 순교자도, 심지어 예수 그리스도께서도 하나님의 일을 하신 것이 아니었다고 하면 누가 이해하고 믿겠느냐?

귀신이 주인인 상태는 그 누구든 반드시 땅에서 얻은 육체는 한 번 죽는다. 그런데 이런 육체가 죽어도 영원히 죽지 아니하는 육체로 다시 부활하신 분은 오직 예수 그리스도, 곧 하나님의 아들밖에 없었다. 창세 이래 2021년 7월 5일 지금 이 시간까지 말이다. 이 한 가지 사실만 알면 "작은 예수, 내가 예수라면"이라는 말을 절대 하지 않는다. 예수님은 영원 전부터 영원토록 단 한 분밖에 없다.

또한 우리 각 사람도 오직 너는 너, 하나다. 다른 누군가가 네가 될 수 없다. 잘났든 못났든 너는 너다. 너를 너답게 만드신 하나님을 인정해 야 한다. 잘나고 못나고 기준도 사람 수준이다. 하나님이 보시기에 너는 너일 뿐인데 너를 이 땅에 보내신 하나님을 인정 안 하는 것이 패역이다.

너는 너라서 아름다운 것이다. 너라서 그 누구도 너를 대신 할 수 없 는 것이다. 바꾸어 말하면 '나는 왜 이런 부모를 만났을까~ 나는 왜 키가 작을까~ 나는 왜 이렇게 못생겼을까~ 나는 왜 아무것도 할 줄 아는 것 이 없을까~ 나는 왜? 나는 왜?' 이런 것은 귀신이 하는 언행이다.

이러는 너는 하나님을 부정하고 너를 자해하는 것이다. 그 시간에 너의 가치를 그 누구도 얕보지 아니하도록 너를 위해 너를 계속 자해하는 네 생각, 네 행동을 버리고, 하나님의 계명대로 생각하고 행동하면 되는데 계속 '나는 왜 이럴까요' 하며 희롱하고 조롱하는 귀신에게 아예 대답을 안 해 준다. 그래서 교만하다는 것이다. 그런데 이런 상태라는 것을 교통 하니까 지금도 설명해 주는 것이다.

성령과 교통하라고 하신 말씀은 하나님께서 사람을 통해서 기록해 두셨다. 이 말씀에 순종하는 것은 너를 위해서다. 그런데 귀신은 핑계 대 고, 자신의 실체를 드러내지 않으려고 아예 하나님의 말씀을 무시하고 멸시한다. 그런 귀신은 아무것도 너에게 유익이 없다. 그러다가 죄가 목에 차면 죽든지~ 아니면 부대가 터져서 뽑혀 나간다. 그러니까 귀신이 주인일 때는 단 1초도, 단 하나도 너에게 유익하게 하지 않고, 너를 해하는 원수가 바로 네 생각을 잡고 있는 귀신이다.

이 말을 알아들었거든 한글을 쓸 수 있는 사람은 다 답을 해라. 이미 영생을 얻은 자로 이 땅에 보냄을 받은 사람은 시간 차이만 있을 뿐 다시 태어난다. 하나님이 계획하신 일은 그 누구도, 그 무엇도 하나님의 행하시는 일을 막을 수가 없다.

나는 너희들을 보면서, 14년째 걸어온 이 길에서 실상인 귀신을 보면서 내가 나인 줄 알게 하셨고, 시기가 너를 죽이는 기초라는 것을 시기하는 너희를 보면서 하나님의 법을 깨닫게 하시는 하나님의 사랑을 보았다. 그래서 인간에 대해서, 인간을 창조하신 창조주 하나님에 대해서, 아들 예수 그리스도에 대해서, 귀신에 대해서, 하나님의 사랑에 대해서 보게 하시고, 듣게 하시고, 알게 하시고, 말하게 하시는 것이다. 너를 죄짓게 하는 귀신은 네가 말씀을 받고 깨달아 버리는 것이다. 그렇게 영원히 귀신에게서 자유하게 하시는 하나님의 사랑을 너로 하여금 알게 하고, 돕는 사람으로 보내신 사람을 두고 '또 다른 보혜사인 진리의 성령'이라고 한 것이다. 이는 절대 변할 수 없는 사실이다.

여러분이 시기한다고 내가 될 수 없다. 예수 그리스도를 닮고 싶다고 예수 그리스도가 될 수 없다. 너는 너일 뿐이다. 이런 각자 유기체가 모여 하나님의 말씀으로 하나가 되는 것, '돌들이 떡덩이'가 되는 것이다. 각자 자신들에게 맡겨진 십자가, 달란트는 그 사람만이 가진 하나님의 사랑이며, 은혜다.

그러니 네가 시기하면 너만 계속 손해 보고, 결국 죄가 차면 죽어서 영원한 지옥에 가는 것이다. 영혼이 잘되면 범사가 잘된다는 말씀을 너부터 지켜 실행해야 한다. 너로 하여금 하나님의 자녀로 다시 태어나지 못하도록 방해하는 원수가 네 생각을 잡고 있는 것이다.

"예수 이름으로 귀신아 떠나갈지어다"라고 말을 한다고 귀신이 떠나는 것이 아니다. 이는 사망과 음부의 열쇠가 좌편에 있는 자들에게 자신이 스스로 속아서 예수 이름으로 귀신을 쫓아내는 예수의 흉내를 내는 것이다. '귀신론 대가'라는 별칭을 받은 김기동 목사가 사단이요, 마귀라는 증거가 자신은 예수님과 아무 상관이 없는데, 예수 이름으로 귀신을 쫓아내는 흉내를 비슷하게 내는 것이다.

예수님은 하나님의 아들이시라 하나님께서 예수님을 통해서 귀신이 떠나고, 이적이 나타나고, 죽은 나사로도 살리신 것이다. 그런데 김기동 목사는 예수 그리스도가 아니다. 하나님의 아들이라도 한 몫의 삶에서 행한 그대로 심판을 받으셨다고 하면 나를 미쳤다고 하면서 흉악한 귀신이 펄펄 뛰고 이단이라고 난리를 칠 것이다. 아들 예수 그리스도를 통해서 마귀와 그의 세력들을 심판하시고 계셨던 것인데 아무도 모르고 있던 것이다.

그 증거가 예수 이름으로 죄가 해결되지 아니하고, 도리어 더 죄를 짓게 만드는 '시험하는 돌'이었고, '거치는 반석'이 된 것이다. 이들은 전부 혀로 "오직 예수"라고 말만 하는 말쟁이들이고, 귀신이 떠난 것이 아니라 장난치고 속인 것이다. 귀신이 떠나면 사람이 죄를 짓지 아니하고 하나님처럼 영원히 산다.

초림 당시는 아직 귀신이 다 떠나는 때가 아니라는 증거가 예수 그리스도께서 십자가에 달리셔서 하신 "엘리 엘리 라마 사박다니"라는 말 속에 귀신의 정체에 대해서 감추어 두셨던 것을 하나님께서 나를 사용하셔서 알게 하시는 것이다. 그래서 예수 그리스도께서 "누구든지 나를 인하여 실족하지 아니하는 자는 복이 있도다"라고 하신 것이다.

예수 그리스도가 한 몫의 삶일 때 하신 일은 하나님께서 정하신 때가 될 때까지 좌편, 곧 왼편, 하층에 속한 자나, 우편, 오른편, 곧 중층에 속한 자들 모두에게 예수 이름으로 실족케 하는 일이었다. 그 결과로 인하여 모두 다 육체가 죽은 것이다. 이 때문에 온전한 것이 올 때에는 부분적으로 하던 것은 다 폐해야 한다.

온전한 것이 와서 좌편이나 우편이나 다 죄 아래 가두어 두시는 기간에 지은 죄에 대해 밝혀서 죄를 알게 하여 회개하게 하고, 이때 우편에 있던 자들은 회개하고 영원한 의이신 하나님께로 돌아서게 하지만 왼편, 하층에 속한 자들은 대적자가 되어 "이단이니~ 사이비니" 하며 자기 마음대로 판단하고 정죄하는 것이다.

이때 택한 자녀들은 심판을 알고 먼저 말씀을 깨달아서 하나님께로 온전히 돌아서면서 동시에 보응을 받고, 좌편, 왼편, 하층에 속하는 대적자들은 대체육체가 되어 자신들의 실체를 드러내며 시기, 질투, 미움, 영적인 살인을 하며 함부로 판단하고 지껄여서 치명적인 죄를 짓는다.

이렇게 의인과 악인이 갈라지는 때가 지금 이때다. 의인들인 너희들도 악인들이 하나님께 받을 벌대로 죄를 지었지만, 징책을 받되 죽음에는 붙이지 아니하시고 살아서 보응을 받는 것이다. 이때 택한 자녀는 하나님의 말씀을 받고 귀신의 정체를 깨달아서 영원히 자유하게 된다.

　　당시 유대인들이 하나님의 아들 예수 그리스도를 시기하여 죽인 것은 예수 그리스도와 예수 그리스도를 보내신 하나님과 자신들은 남이라는 것을 자신들 스스로 드러낸 것이다. 하나님과 아무 관계가 없는 타인, 남이라는 것을 자인한 것이다. 이 사실을 지금 이 세대까지 저 유대인들은 모른다. 성경에 기록된 유대인들이 하나님께로 진실로 돌아오는 때가 2021년 지금 이 세대인데 그들은 모르고 있다. **막15:10절**에는 같은 사건을 이렇게 기록해 두셨다.

막15:10 이는 저가 대제사장들이 시기로 예수를 넘겨준 줄 앎이러라

　　이 기록은 오늘날 나를 총회 목사들, 교회 담임 목사들이 이단이라고 정죄하므로 결국 감옥에 넣는 자들의 그림자였다. 이렇게 '시기'는 결국 살인을 한다. 예수 그리스도를 당시에 가장 잔인하게 사형시킨 것이다. 이런 '시기'를 아직도 우리 안에서 하고 있으니 너희는 누구냐? 이제 다 버리거라.

　　따라서 '시기'는 결국 시기하는 자신을 영원히 멸망하게 만든다.

욥5:2 분노가 미련한 자를 죽이고 시기가 어리석은 자를 멸하느니라

　　유대인 대제사장들이 시기로 예수 그리스도를 세상 법에 넘겨주고

잔인하게 사형당하게 하셨지만, 하나님의 아들이시므로 영원히 병들지도 죽지도 아니하는 몸으로 다시 부활하셨다. 그러나 하나님의 아들을 시기하여 살인한 그들은 영원히 지옥 불못에 떨어져서 영벌을 받고 고통 속에 영원히 살아야 한다. 2021년 지금 이 시간까지 얼마나 많은 유대인들이 자신들 조상의 어리석음으로 인해 멸망하는지 보아라.

또 '시기'는 **잠14:30절**에서 "마음의 화평은 육신의 생명이나 시기는 뼈의 썩음이니라" 대제사장의 시기는 자신도 썩지만, 자신을 믿고 따르는 교인들도 육체가 죽어 썩게 만든다. 둘째 사망인 지옥 불에 보낸 것이다. 그래서 다음과 같이 말씀하셨다.

요6:27 썩는 양식을 위하여 일하지 말고 영생하도록 있는 양식을 위하여 하라 이 양식은 인자가 너희에게 주리니 인자는 아버지 하나님의 인치신 자니라

썩는 양식을 위해서 일을 하는 자들은 예수 이름으로 성경과 다른 거짓말로 설교하는 자들, **'영생'**에 대한 하나님의 뜻은 단 한 절도 모르면서 사람이 본능적으로 아는 것으로 보고 설교하는 자들, 성경이 모든 것을 죄 아래 가두어 두는 기간에 불의한 자들, 불법하는 자들이 설교하는 교회에서 하는 모든 일들, 헌신 등이 다 썩는 양식을 위해 일한 것이다. 그래서 한 몫의 삶은 모두 썩은 양식을 위해 일한 것이다.

반면 영생하도록 있는 양식은 창세 이래 전대미문의 새 언약으로 하나님께서 친히 천국의 비밀을 여시고, 나는 대언하는 14년째 이 일이 '영

생하도록 있는 양식'이다. 더 직설적으로 말하면 진리의 성령이 실상이 되기 전에는 모두 썩는 양식을 위해 일한 것이다. 영생하도록 인도하지 않는 모든 일은 썩는 양식을 위해 일하는 것이다. 이렇게 말하면 귀신들은 또 발작하겠지만, 이는 진실로 사실이다. 2021년까지 역사가 증명해 주었다.

영생하도록 있는 양식은 아들 예수 그리스도도 먹이지 못하셨다. 영생을 말씀하셨지만~ 그 계명을 지켜 실행한 자들이 은혜로교회 이전에 그 누구도 없었다. 믿든 안 믿든 이는 사실이다. 영생의 도를 말하지 않고, 지켜 실행하지도 않으면서 교회 일을 하는 것은 이미 2021년까지 모두 헛된 일이다. 이 한 절의 뜻만 믿어도 나를 통한 이 일의 가치는 온 세상 그 무엇과도 바꿀 수 없는 기이하고 기이한 일이며, 값을 정할 수 없는 하나님만이 하실 수 있는 일이다.

이런 일, 곧 영생하도록 있는 양식을 위해서 하는 일은 창세 이래 2021년 7월 5일 이날까지 유일하게 은혜로교회가 하는 14년째 하는 이 일이다. 이 일을 "이단이니~사이비니~" 하고 지껄인 자들은 전부 **신 32:31절**의 예언이 사실이 된 대적자들이다. "**대적도 스스로 판단하도다**"라고 하셨고, 스스로 판단한 것은 '자의적인 해석, 자의적인 판단'을 하는 자들, 곧 썩는 양식을 위해 일하는 자들이다. 그들이 사이비요, 이단이다. 하나님의 말씀을 자신들 마음대로 해석하는 자들이 바로 사이비요 이단이며, 하나님의 대적자들이며, 썩는 양식을 위해 일하는 자들이다.

교인들이 죄를 심상히 여기게 하고, 도리어 더 죄를 짓게 만들어서 결국 모두 죽게 만든 목회가 바로 썩는 양식을 위해 일한 것이다. 예수 그리스도를 시기하여 죽인 유대인들, 대제사장들뿐만 아니라 지금 이 세대까지 썩는 양식을 위해 일한 것이다. 이 사실을 알면 온 세상에 누가 이 진리를 안 믿겠느냐? 이런 진리의 도를 훼방하여 듣지도 못하게 이단이라 정죄한 자들은 그래서 영원한 죄에 처하는 것이다.

행5:17~18 ¹⁷대제사장과 그와 함께 있는 사람 즉 사두개인의 당파가 다 마음에 시기가 가득하여 일어나서 ¹⁸사도들을 잡아다가 옥에 가두었더니

또 사도들을 당시 유대인 대제사장들이 '시기'했다. 사도들과 자신들은 아무 관계가 없는 남이다. 이들에 의해 옥에 갇힌 것이다. 이런 기록을 왜 신약성경에 기록해 두셨을까? 귀신이 주인인 사람의 특징이며, 근본이 다 '**시기**'라는 것을 보여 주시는 것이다. 그러나 이런 말씀은 그들 눈에는 안 보인다.

행13:44~45 ⁴⁴그 다음 안식일에는 온 성이 거의 다 하나님 말씀을 듣고자 하여 모이니 ⁴⁵유대인들이 그 무리를 보고 시기가 가득하여 바울의 말한 것을 변박하고 비방하거늘

'**변박**'이란 자기의 옳음을 주장하고 상대편의 잘못된 것을 지적하여 논박함, '**비방**'은 남을 나쁘게 말하고 헐뜯어 욕함을 뜻한다. 유대인들은 자신들과 상관이 없는 바울을 자신들의 시기함으로 변박하고 비방했다. 이렇게 '**시기**'하는 자들은 전부 하나님 나라와 하나님과 예수 그리스도와 아무 상관이 없는 자들이며, 영혼이 거듭나지 않은 자들이다. 증명한다.

롬1:28~32절이다. 두 눈을 똑바로 뜨고, 보고, 듣고, 판결을 받고, 영원히 버리거라.

롬1:28~32 ²⁸또한 저희가 마음에 하나님 두기를 싫어하매 하나님께서 저희를 그 상실한 마음대로 내어 버려두사 합당치 못한 일을 하게 하셨으니 ²⁹곧 모든 불의, 추악, 탐욕, 악의가 가득한 자요 시기, 살인, 분쟁, 사기, 악독이 가득한 자요 수군수군하는 자요 ³⁰비방하는 자요 하나님의 미워하시는 자요 능욕하는 자요 교만한 자요 자랑하는 자요 악을 도모하는 자요 부모를 거역하는 자요 ³¹우매한 자요 배약하는 자요 무정한 자요 무자비한 자라 ³²저희가 이같은 일을 행하는 자는 사형에 해당하다고 하나님의 정하심을 알고도 자기들만 행할 뿐 아니라 또한 그 일을 행하는 자를 옳다 하느니라

마음의 주인이 귀신인 자는 하나님께서 '**미워하시는 죄**'란 죄는 다 지으면서, 자신들 두 눈으로 하나님의 법을 보고도 절대 회개하고 돌아서지 않는다. 이미 이런 사람은 사형 선고를 받은 악인들이다. 혀로 "주여 주여, 오직 예수" 하면서 마음에 하나님의 말씀 두기는 싫어하고, 자신과 상관이 없는 하나님의 사람들을 시기하여 짐승보다 못한 죄란 죄는 다 지으면서 교인들을 가르치고 밥벌이 수단으로 삼는 자칭 목사들, 직분자들이다.

이들은 하나님의 영원한 언약을 대언하고 지켜 실행하는 나를 13년이 넘게 거짓으로 비방하며 괴롭히고, 결국 감옥에까지 가두었다. 이들이 그 더러운 혀로 "이단, 사이비"라는 비방을 하여 아무것도 모르는 교인들

을 같은 죄를 짓게 만들고, 더 나쁜 사람들은 자신들의 두 눈으로 보고, 두 귀로 듣고, 실상으로 경험하고도 같은 죄를 짓는 자들이다. 이들이 사람이냐? 이런 자들이 혀로 "주여, 오직 예수, 하나님" 하면서 마음에 하나님은 없는 자들, 그래서 '바람이요 우상이며 거짓 선지자들이며 사단이요 마귀이며 가르치는 귀신, 우상숭배자들'이다. 이미 사형 선고를 받고 죄가 목에 찰 때까지 살고 있는 자들이다.

이런 죄를 짓는 자들이 저 밖에 불신자들이 아니라, 모두 성경을 사용하고, 예배를 드리고, 교회를 다니고, 설교하고, 기도하는 자들이다. 이런 자들을 전부 한마디로 말하면 '패역'이다. "성경 한 절 더 보자" 하는데도 내가 밉고, 죽었으면 좋겠다고 생각했다는 어린아이들의 고백에 아연실색했다. 모태 신앙이라고 하는 자들의 미친 언행에 망연자실했다. 이런 자들이 하나님의 진노를 일으킨다. 이렇게 된 근본 원인이 하나님의 진리를 거짓말로 바꾸어서 먹고 마신 것 때문이다. 더 문제는 자신들은 다 잘 믿는다고 착각한다는 것이다.

롬1:18~25절에 이렇게 판결하셨다. "¹⁸하나님의 진노가 불의로 진리를 막는 사람들의 모든 경건치 않음과 불의에 대하여 하늘로 좇아 나타나나니 ¹⁹이는 하나님을 알 만한 것이 저희 속에 보임이라 하나님께서 이를 저희에게 보이셨느니라 ²⁰창세로부터 그의 보이지 아니하는 것들 곧 그의 영원하신 능력과 신성이 그 만드신 만물에 분명히 보여 알게 되나니 그러므로 저희가 핑계치 못할찌니라 ²¹하나님을 알되 하나님으로 영화롭게도 아니하며 감사치도 아니하고 오히려 그 생각이 허망하여지며 미련한 마음이 어두워졌나니 ²²스스로 지혜 있다 하나 우준하게 되어 ²³썩어지지 아니하는 하나님의 영광을(신령한 것을 신령한 것으로 분별하여 성경 속에 감추어 두신 하나님의 뜻을 모르면 전부 썩어지는 양식을 먹고 마시는 것이다. 이래서 하나님의 행하시는 것은 영원히 있다고 하셨다. 혀로 "오직 예수, 하나님" 하고 말만 한다고 하나님의 말씀을 전하는 것이 아니다. 2021년까지 전 세계 성경을 사용하는 종교인들을 보아라. 하나님 나라와 아무 상관이 없는 일을 하고 있다. 천주교는 이대로 있으면 단 한 명도 구원받지 못한다. 유대인들은 대적자들이다.

기독교는 아니냐? 전부 하나님 나라와 아무 상관이 없는 썩어질 사람을 경배하고, 우상숭배 하고 있으면서 자신들은 죽어서 천국 간다고 생각한다. 아무 종교도 없는 불신자들도 가족 중에 누가 죽으면 하늘나라에 갔다고 말한다. 하늘나라에 가지 않았다. 거짓말이다. 하나님께서 아들 예수 그리스도를 통해서 보여 주셨다. 원수, 대적자들에 의해 죽임을 당해도 썩지 아니하고, 영원히 죽지도 아니하고, 병들지도 아니할 신령한 몸으로 다시 살아나게 하신 하나님의 전능하심을~

그런데 왜 2021년까지 "오직 예수, 하나님" 하는 그 많은 사람 중 단한 명도 썩지 아니할 육체가 없었을까? 예수 그리스도처럼 죽임을 당해도 썩지 아니하고 신령한 몸으로 다시 살아난 사람이 없었으며, 아예 죽지 아니하고 영원히 사는 사람, 곧 영생을 실상으로 얻은 사람이 없었을까? 구약시대에 육체도 죽지 아니하고 옮기운 에녹, 엘리야는 어디에 있을까?

이 물음에 하나님의 뜻대로 정확하게 대답할 수 있는 사람은 지금 온 세상에 은혜로교회 성도들이다. 이에 대한 명확한 대답은 이미 성경 속에 다 있는데, 온 세상 78억의 사람들 모두에게 물으면 모른다. 성경을 가지고 일생 밥벌이 수단, 자신의 성공의 수단으로 삼고 있는 목사, 사제들은 대답해 보라.

이 물음에 대답을 못 하는 자들이 이단이요, 사이비이고 사기꾼이며, 영적인 살인자들이다. 다시는 너희 그 더러운 입에 하나님, 예수님 이름을 망령되이 일컫지 마라. 어디서 성경을 가지고 사기 치고 공갈하며 영혼, 곧 교인들을 너희 혀로 영원히 지옥에 보내는 살인을 하나? 썩어질 양식으로 일생 먹고 먹인 결과는 이미 역사가 증명한다. 죽어서 천국 가는 것이 아니다. 이 사기꾼들아~

교인들도 마찬가지다. 너희 두 눈으로 똑바로 보아라. **로마서 1장**만 이성을 찾아서 보아도 보이는 것을 안 믿고 어디서 핑계를 대나? 죄를 짓는 자는 마귀에게 속한 자라고 분명히 판결되어 있다. 미워하는 것은 살인이라고 기록되어 있다. 어디서 천국의 비밀을 몰라서 그랬다고 더러운 귀신이 핑계를 대나?

썩어질 양식이란 일생 성경을 가지고 교회 다니고, 설교하고, 교회 일한다고 전도하고, 기도하고, 헌금하고, 봉사하고 하면서 하나님의 계명은 단 한 절도 지켜 실행하지 않으면서 목사니, 강도사니, 전도사니, 장로니, 권사니, 집사니, 새신자니 하면서 죽으면 썩어 흙으로 돌아가는 것을 다 보고도 똑같이 행동하는 너는 누구냐?

이런 진리를 받고도 온갖 더러운 언행을 하는 너는 하나님을 희롱하고 조롱하는 것이다. 천국은 절대 너와 아무 관계가 없다. 그렇게 악하고 독한 너는 사람의 탈만 썼지 짐승이다. 이름조차 부르고 싶지 않다. 너희 같은 더러운 귀신들을 위해서 예비한 영생이 아니다. 너희 같은 자들을 위해서 예수 그리스도를 이 땅에 보내신 것이 아니다. 안 믿기거든 죽어라.

그래서 다음과 같이 말씀하셨다.

요5:41 나는 사람에게 영광을 취하지 아니하노라

사42:8 나는 여호와니 이는 내 이름이라 나는 내 영광을 다른 자에게, 내 찬송을 우상에게 주지 아니하리라

우상들이 혀로 "하나님, 예수님" 한다고 그들 중에 계신 하나님이 아니시다. "오직 예수" 혀로 말만 한다고 그들 중에 하나님이 계신 것이 아니다. 예수 이름으로 귀신 쫓고 병 고치고 이적을 행한다고 그들 중에 계시는 하나님이 아니시다. 속지 마라.

사48:9~11 [9]내 이름을 위하여 내가 노하기를 더디할 것이며 내 영예를 위하여 내가 참고 너를 멸절하지 아니하리라 [10]보라 내가 너를 연단하였으나 은처럼 하지 아니하고 너를 고난의 풀무에서 택하였노라 [11]내가 나를 위하며 내가 나를 위하여 이를 이룰 것이라 어찌 내 이름을 욕되게 하리요 내 영광을 다른 자에게 주지 아니하리라

하나님의 영광, 찬송을 우상인 다른 자에게 주지 아니하신다. 이래서

더 사람들이 "오직 예수" 하며 영광을 아들에게 돌린 것이다. 그래서 지어 낸 말이 "오직 예수"라고 한다. 그런데 왜 "오직 예수, 오직 예수" 하는 자들이 하나님의 이름을 욕되게 하나? 죄란 죄는 다 지으면서 하나님을 욕보이나?

'영원한 의'는 예수가 아니라
성부 하나님이시다

하나님께로서 난 자는 죄를 짓지 아니한다. 두 눈으로 두 귀로 똑바로 들어라.

요일3:9~10 [9]하나님께로서 난 자마다 죄를 짓지 아니하나니 이는 하나님의 씨가 그의 속에 거함이요 저도 범죄치 못하는 것은 하나님께로서 났음이라 [10]이러므로 하나님의 자녀들과 마귀의 자녀들이 나타나나니 무릇 의를 행치 아니하는 자나 또는 그 형제를 사랑치 아니하는 자는 하나님께 속하지 아니하니라

'의'이신 하나님을 모르니 어찌 의를 행할 수 있으며, 형제가 누군지 알겠느냐? '의'에 대해서 알게 할 자가 실상이 되어야 의를 행하고 형제가 누군지 알며, 이렇게 거듭나야 하나님께로서 난 것이다. 이에 대한 해답은

이미 성경 속에 예언해 두셨다. 2008년 6월 16일까지 하나님을 아는 자가 땅에 없었다고 누가 믿겠느냐? 하지만 사실이다.

'의', 곧 영원히 본래 의로우신 분은 하나님 한 분뿐이심을 아들 예수 그리스도를 통해서 보여 주셨다. 그리고 그 아들이 '의'에 대해서 알게 할 자, 곧 하나님을 알게 할 자에 대하여 하나님께서 아들 예수를 통하여 예언해 두셨다. 이 예언은 AD 25년에 하셨고, 사도 요한을 사용하셔서 AD 90년에 기록해 두셨다.

요16:7~8 [7]그러하나 내가 너희에게 실상을 말하노니 내가 떠나가는 것이 너희에게 유익이라 내가 떠나가지 아니하면 보혜사가 너희에게로 오시지 아니할 것이요 가면 내가 그를 너희에게로 보내리니 [8]그가 와서 죄에 대하여, 의에 대하여, 심판에 대하여 세상을 책망하시리라

당시 예수님께서 '의'이신 하나님을 알게 하시는 것이 아니고, 하나님께서 진리의 성령을 사용하셔서 '의'에 대하여 세상에 알게 하실 때, 의이신 하나님에 대해서, 그 아들 예수 그리스도에 대해서 알게 하고, 의를 알아야 행하는 것이다. 따라서 이 말씀이 사실이 되어 땅에 성취되었음을 알린 날이 2008년 6월 16일이다. 그 이전에는 하나님께로서 난 자가 없었다.

'의'가 예수 그리스도가 아님을 증명한다.

요17:19 또 저희를 위하여 내가 나를 거룩하게 하오니 이는 저희도 진리

로 거룩함을 얻게 하려 함이니이다

예수 그리스도께서도 자신을 거룩하게 하셨다. 이는 자신이 거룩한 분이신 하나님이 아님을 증거하시고 인정하시는 것이다. '거룩하다'는 것은 하나님의 속성 중 가장 중심이 되는 성품이다. 그래서 "내가 거룩하니 너희도 거룩하라"고 하셨던 것이다. 예수 그리스도께서 자신을 두고 "내가 나를 거룩하게 하오니"라고 하신 것은 '의'가 자신이 아님을 증명하시는 것이다. 곧 아들도 아버지의 말씀대로 지켜 실행하여 자신을 거룩하게 하신 것이다. 자신이 이 땅에 오신 것은 자신의 뜻대로 사는 것이 아니라, 아버지의 뜻을 땅에 이루어 드리는 것이었다. 자신은 십자가에 죽기 싫으셔서 십자가를 지시기 전에 이렇게 기도하셨다.

마26:42 다시 두번째 나아가 기도하여 가라사대 내 아버지여 만일 내가 마시지 않고는 이 잔이 내게서 지나갈 수 없거든 아버지의 원대로 되기를 원하나이다 하시고

막14:34~36 [34]말씀하시되 내 마음이 심히 고민하여 죽게 되었으니 너희는 여기 머물러 깨어 있으라 하시고 [35]조금 나아가사 땅에 엎드리어 될 수 있는 대로 이때가 자기에게서 지나가기를 구하여 [36]가라사대 아바 아버지여 아버지께는 모든 것이 가능하오니 이 잔을 내게서 옮기시옵소서 그러나 나의 원대로 마옵시고 아버지의 원대로 하옵소서 하시고

눅22:42 가라사대 아버지여 만일 아버지의 뜻이어든 이 잔을 내게서 옮기시옵소서 그러나 내 원대로 마옵시고 아버지의 원대로 되기를 원하나이다 하시니

이렇게 명백하게 자신의 뜻은 십자가를 지시는 것이 아니었다. 이런 예수님은 자신이 이 땅에 오신 이유를 이렇게 말씀하셨다.

요4:34 예수께서 이르시되 나의 양식은 나를 보내신 이의 뜻을 행하며 그의 일을 온전히 이루는 이것이니라

요6:38~39 [38]내가 하늘로서 내려온 것은 내 뜻을 행하려 함이 아니요 [39]나를 보내신 이의 뜻을 행하려 함이니라 나를 보내신 이의 뜻은 내게 주신 자 중에 내가 하나도 잃어버리지 아니하고 마지막 날에 다시 살리는 이것이니라

마12:50 누구든지 하늘에 계신 내 아버지의 뜻대로 하는 자가 내 형제요 자매요 모친이니라 하시더라(같은 사건 **막3:35절**도 동일함)

눅8:21 예수께서 대답하여 가라사대 내 모친과 내 동생들은 곧 하나님의 말씀을 듣고 행하는 이 사람들이라 하시니라

이렇게 다 기록되어 있었는데도 성경을 보는 모든 사람들은 안 믿었던 것이다.

그러므로 '의'는 오직 하나님 한 분이시고, 의에 대해서 밝히 알게 하시는 분도 하나님이시며, 다만 하나님께서는 친히 진술하시지 않으시고 사람을 사용하셔서 진술하신다. 이 사람이 또 다른 보혜사인 진리의 성령이다. 그러므로 진리의 성령이 실상이 되어 땅에 나타나기 전에는 의를 알 수도 없고, 의를 행할 수도 없었다.

따라서 예수님이 "내 형제요 자매요 모친이니라"라고 하신 말씀도 당시에 제자들을 두고 하신 말씀만이 아니며, 여호와의 날, 인자의 날인 지금 이때 하나님의 가르치심을 받고 그 뜻대로 행하는 우리에 대한 예언 임이 분명하다.

이런 예수님이 친히 하신 말씀을 안 믿고 마리아상을 만들고 마리아 품에 안겨 있는 예수님상을 만든 천주교는 구원과 아무 관계가 없는 썩는 양식을 위해 일하는 자들이다. 썩는 양식을 위해 일하지 말라고 하셨는데 천주교는 왜 다니나? 그들은 교황이 하나님이다. 우상이다. 우상숭배 하는 자들이다. 용이며, 사단이요, 마귀다. 그리고 너희 모두에게 묻는다. 예수 그리스도의 형제요, 모친은 누구냐? 모두 답해라. 세 군데 다 똑같이 하나님의 말씀을 듣고 지켜 행하는 자들이 형제요 모친이다. 당시에 그들 이냐?

그러므로 의를 행하는 자는 육체가 죽임을 당해도 썩지 아니하고 성경대로 삼 일 만에 살아나셨다. 그런데 당시 그들은 육체가 썩었다. 아직 살아 일어나지 않았다. 예수 그리스도는 당시에 분명히 죽임을 당하시고 썩지 아니했음을 증명하여 **마27:57~66절, 막15:42~47절, 눅23:50~56절, 요19:38~42절**에 명백하게 기록되어 있다.

그리고 **요20:1~9절, 막16:1~11절, 눅24:1~12절, 마28:1~10절**에 명백하게 네 군데 다 무덤이 열리고 부활하셨음을 증거했다. 이렇게 보면 명백하게 창세 이래 사람이 죽어도 썩지 아니하고 다시 살아나신 분, 하나님의 뜻대로 십자가에 죽으시고, 대적들에게 죽임을 당하셔서 무덤에 들어가셨고, 성경대로 삼 일 만에 영원히 썩지 아니할 몸으로 다시 부활하신 분은 하나님의 아들 예수 그리스도밖에 없다.

요11:25 예수께서 가라사대 나는 부활이요 생명이니 나를 믿는 자는 죽어도 살겠고

이 말씀이 실상이 된 분은 하나님의 아들 예수님뿐이다. 이는 썩지 아니하는 양식인 **요4:32~34절**의 말씀을 행하신 것이다.

요4:32~34 ³²가라사대 내게는 너희가 알지 못하는 먹을 양식이 있느니라 ³³제자들이 서로 말하되 누가 잡수실 것을 갖다 드렸는가 한대 ³⁴예수께서 이르시되 나의 양식은 나를 보내신 이의 뜻을 행하며 그의 일을 온전히 이루는 이것이니라

이 말씀대로 예수님 자신만 아버지의 뜻을 이루셨을 뿐이었다. 그래서 당시 제자부터 2021년 7월 5일 이 시간까지 예수님 외에 아무도 썩지 아니하고 살아난 자가 없었던 것이다. 이는 예수님도 썩지 아니하는 양식을 당시 제자들에게 먹이지 못하셨다는 것을 증명해 준다. 곧 하나님의

뜻을 온전하게 아시지 못했다. 그리고 바로 위 본문이 명백하게 증명한다. '하나님의 뜻을 온전히 이루는 것'인데 그때 당시에 온전히 이루신 것이 아니었다. 그래서 지금 2021년 7월 5일 은혜로교회 외에 전 세계 기독교인들도 이대로 있으면 전 성경에 기록된 재앙이 다 내릴 때, 곧 7년 대환난 때, 네 가지 중한 벌을 내릴 때, 노아, 욥, 다니엘 이 셋이 있다 해도 그들의 의로 그들 자신만 구원받는다고 하신 것이다.

고전13:10 온전한 것이 올 때에는 부분적으로 하던 것이 폐하리라

하나님의 뜻대로 온전한 것이 올 때까지 썩지 아니하는 양식, 곧 하나님의 뜻대로 행하는 자들인 예수 그리스도에게 형제가 되는 자들, 모친이 되는 자가 세상에 나타나야 하나님의 뜻이 온전히 이루어지는 것이다.

육체가 썩지 아니하는 양식은 곧 온전한 것이 올 때에 먹고 지켜 실행하는 것이다. 그래서 우리가 나타나기 전에 **요11:26절**의 말씀을 이룬 자가 없었다. 그 증거가 예수 그리스도께서도 살아 계실 때 희고 깨끗한 세마포를 입지 못하시고, 십자가에 죽으시고 무덤에 들어가실 때 입으셨다.

마27:59절에 "요셉이 시체를 가져다가 정한 세마포로 싸서(**막15:45~46절, 눅23:52~53절, 요19:40절**에도 동일함) 그래서 **요11:26절**의 말씀이 실상이 되는 자들은 반드시 육체가 살아서 세마포 옷을 입는 자들이어야 한다.

그럼 여기서 묻는다. 영생하도록 있는 양식을 예수 그리스도께서 먹이시는 것이냐? 하나님께서 먹이시는 것이다. 나는 대언을 하는 것이다. 그래

서 2천 년이 흐를 때까지 하나님께 영광을 돌리는 자들이 나오지 않았다.

이런 진리의 눈, 곧 영적인 눈으로 다시 **사48:9~11절**의 예언이 예수 그리스도를 지칭하신 예언인지 모두 성경을 찾아서 읽어 보자.

"⁹내 이름을 위하여 내가 노하기를 더디할 것이며 내 영예를 위하여 내가 참고 너를 멸절하지 아니하리라 ¹⁰보라 내가 너를 연단하였으나 은처럼 하지 아니하고('**너**'는 예수 그리스도에 대한 예언이 아니고, '**나**'에 대한 예언이다. 사실 나를 이 시간까지 연단하고 계신 것이다. 태어나서 지금 2021년 7월 5일 이 시간까지 연단을 받으나 "**은처럼 하지 아니하고**"란 예수 그리스도처럼 연단하지 아니하신다는 뜻이다. 곧 십자가에서 죽지는 않는다는 뜻이다.) 너를 고난의 풀무에서 택하였노라 ¹¹내가 나를 위하며 내가 나를 위하여 이를 이룰 것이라 어찌 내 이름을 욕되게 하리요 내 영광을 다른 자에게 주지 아니하리라"라고 하신 이 예언은 예수 그리스도에 대한 예언이 아니다.

지금 이 세대 썩지 아니할 양식을 먹고 먹일 이때, 14년째 이미 실행되고 있는 말씀이다. 그러니까 사람에게 영광을 취하지 아니한다고 하신 기간은 2천 년간이었고, 정하신 때가 되어 하나님께서 친히 14년째 가르치시는 이 일이 명백하다.

또 증명한다. **히브리서 8장**의 새 언약으로 다시 창조하시고 계시는 14년째 이 일에 대한 예언이 **사43:1~7절**이다.

"¹야곱아 너를 창조하신 여호와께서 이제 말씀하시느니라 이스라엘아 너를 조성하신 자가 이제 말씀하시느니라 너는 두려워 말라 내가 너를 구속하였고 내가 너를 지명하여 불렀나니 너는 내 것이라 ²네가 물 가운데로 지날 때에 내가 함께할 것이라 강을 건널 때에 물이 너를 침몰치 못할 것이며 네가 불 가운데로 행할 때에 타지도 아니할 것이요(불의한 재판관, 불법하는 자들, 지옥 불의 소리를 하는 가운데 행할 때에도 그 지옥 불의 소리에 영향을 받지 않게 하실 것이라는 언약이었고, 실상이 되어 지나온 것이다. '이스라엘', 곧 다시 택함을 받은 우리는 몰랐어도 이미 그렇게 지나올 것을 다 계획해 두신 그대로, 그중에 있을 때 육체도 죽지 아니하고 살아서 다시 택함을 받은 것이다.

문제는 불에 그을린 나무들이다. 모태 신앙, 자칭 목사, 사모, 직분자들 중에 지옥 불의 소리에 그을린 나무가 되어 자신이 얼마나 미쳐 있는지조차 모르는 무감각뿐만 아니라 착각한다. 자신은 잘 믿고 있다고 생각하는 것이 문제다. 그래서 이렇게 시간이 걸리는 것이다. 타작마당에서 분격하지 말라고 하셨고, 너를 영원히 대속하기 위해서라고 아무리 매주 말을 해도, 자신의 두 눈으로 보면서도 안 되는 귀신을 이렇게 오래 보게 될 줄은 몰랐다.

본문에 "너, 네가"라고 단수로 말씀하신 것은 한 곳, 한 나라, 한 사람이라는 뜻을 담고 있고, 결국 나에 대한 예언이다. 먼저는 나에 대한 예언이면서 거룩한 떡덩이들, 우리에 대한 예언인 것이다. 그래서 어느 한 본문도 사람 생각대로 보고 해석하면 안 된다. 여러 부분, 여러 모양으로 말씀해 두신 것이다.

설명하면 '인자'라고 하면 무조건 예수 그리스도라고 생각해 버린다. 그것이 고착된 네 생각, 사람의 판단이다. 인자는 '하나님의 인치신 자', 곧 예수 그리스도는 2천 년 전에 이 땅에 요셉과 마리아의 몸을 빌어 사람으로 오셨지만, 그분은 하나님께서 이 땅에 보내신 하나님의 아들이시다. 곧 하나님께서 미리 정하셔서, 당신이 정하신 대로 이 땅에 보내신 것이다.

예수 그리스도만 하나님의 아들 인자라는 고정된 생각이 조각이 되어 네 속에 박혀 있어서 그 조각으로만 보고 생각하면 살아 계신 하나님의 말씀과 지금 너와 아무 관계가 없다. 이렇게 되면 지금 아무리 하나님의 가르치심을 대언해도 너한테 실상이 안 된다. 도리어 대적하는 귀신이 또 시간 낭비만 하게 만드는 것이다.

하나님께서 인치신다는 것은 미리 정해 두셨다는 뜻이고, 하나님께서 인정하신다는 뜻이며, 사람이 보기에 사람이지만 하나님께서 하늘에서 이 땅에 보내신 자라고 미리 성경에 정해 두셨고, 실상이 되어 연단과 시험을 지날 때에도, 곧 보통 여행 때에도 이 세상에 속한 자들처럼 행동하지 않았다는 뜻이 담겨 있고, 그래서 **호2:19~20절**의 실상은 여럿이 아니고, 오직 하나인 '나'에 대한 예언이다.

이렇게 먼저 인치시고, 나를 사용하셔서 이스라엘 온 족속을 하나님께서 인치실 때 대언하게 하시는 것이다. 이미 이렇게 14년째 사실이 되어 이루어지고 있다. 그래서 예수 그리스도께서 이렇게 말씀하신 것이다.

요6:27 썩는 양식을 위하여 일하지 말고 영생하도록 있는 양식을 위하여 하라 이 양식은 인자가 너희에게 주리니 인자는 아버지 하나님의 인치신 자니라 곧 영생하도록 있는 양식을 14년째 먹이고 실상이 되어 지켜 실행하는 나에 대한 예언이다.

그런데 이는 하나님께서 이미 예수 그리스도를 통해서 예언해 두신 말씀이 실상이 되어 이루어지는 것이라 **요15:26절, 16:15절**에 진리의 성령이 와서 **"그가 내 것을 가지고 너희에게 알리리라"**라고 한 것이다. 당시에 예수님이 영생하도록 있는 양식을 먹이셨다면 **"영생하도록 있는 양식을 위하여 하라 이 양식은 인자가 너희에게 주리니"**라는 말이 안 맞는 말이 된다. 그때 예수님이 주신 것이 아니고, 인자, 곧 하나님이 인치신 자가 곧 인자이며, 이 인자가 와서 너희에게 주리라고 예언하신 것이다.

따라서 '너희' 또한 당시에 예수 그리스도의 제자들이 실상이 아니라, 2021년 7월 7일 현재 진리의 성령을 사용하셔서 하나님의 아들들, 백성들인 너희들에게 인치시고 계신 것이다. 그러므로 인자는 문자 그대로도 온전한 실상은 지금 나에 대한 예언이고, 세월이 더 흘러 영영한 사역자들이 실상이 되고 제사장이 되어 다른 사람들에게 하나님을 대신하여 인을 칠 때, 그도 인자가 되지만 지금은 아니다.

요6:27절의 인자도 '나'고, **겔3:25~27절**의 인자, 곧 하나님의 인치신 자도 '나'다. 또 다른 보혜사 진리의 성령, 해를 입은 여자, 믿음, 현숙한 여자, 나의 완전한 자 등등 여러 부분, 여러 모양으로 미리 예언해 두신 실상은 여럿이 아니고, 나에 대한 예언이다. 그래서 **'온전한 것이 올 때에는 부분적으로 하던 것은 폐하는 것'**이다.

따라서 '인자'를 예수 그리스도라고만 알고 있는 네가 안다고 하는 지식은 온전한 지식이 아니며, 폐해야 할 지식이다. 전대미문의 새 언약이라고 해도 안 믿고, 네 생각대로 인자는 예수님인데 '왜 너라고 하나~ 아닌데~' 하며 대적하고 거절하는 것이다. 이러니 말씀을 받고 있어도, 심지어 낙토에 있어도 너는 패역하고 귀신이 주인되어 다시 창조되지 않는 것이다.

믿음이 실상이 된 때

하나님의 행하심을 대적하는 자들

요6:28~29 [28]저희가 묻되 우리가 어떻게 하여야 하나님의 일을 하오리이까 [29]예수께서 대답하여 가라사대 하나님의 보내신 자를 믿는 것이 하나님의 일이니라 하시니

더 직설적으로 말하면 말씀을 믿는 자는 혀로 "믿습니다" 한다고 믿는 것이 아니라, 예수 그리스도께서 하신 말씀을 지켜 실행하는 자가 하나님의 보내신 자, 하나님의 아들을 믿는 것이다. 그래서 '믿음'인 나는 하나님의 아들에게 어떤 사람, 청년, 관원이 찾아와서 영생, 곧 하나님 나라에 들어가려면 어떻게 하여야 영생을 얻어 하나님 나라에 들어갈 수 있느

냐고 했고, 예수님은 "계명들을 지키라, 네 가진 모든 것을 팔아서 가난한 자들에게 나누어 주고 나를 따르라"라고 하셨으니 그대로 지켜 실행하는 자가 하나님의 보내신 자, 예수 그리스도를 믿는 것이다. 그러나 이는 중층의 소리다.

지금 이 세대 온전한 상층의 소리로 "하나님의 보내신 자를 믿는 것이 하나님의 일이니라"라고 하신 말씀이 실상이 되어 2021년 현재 하나님의 보내신 자는 27절에 영생하도록 있는 양식을 먹이는 인자, 곧 하나님의 인치신 자인 나를 믿는 것이고, 나를 믿는 것은 곧 예수 그리스도를 믿는 것이며, 이는 나를 인치셔서 대언하게 하시는 하나님을 믿는 것이다.

이 또한 혀로 말만 하는 자는 믿는 자가 아니고, 행위로 부인하는 자요 안 믿는 자다. 그래서 진리의 성령은 실상이 되어 와서 자의로 말하지 않고 오직 듣는 것, 곧 하나님께서 하시는 말씀을 먼저 듣고 깨달아 말하여 대언하는 것이다. 따라서 내가 대언하는 이 말은 하나님의 뜻을 대언하는 것이다. 예수 그리스도를 BC 4년에 이 땅에 사람으로 보내신 하나님의 뜻, 그분이 땅에서 하신 일, 성경대로 십자가에 죽으시고 성경대로 삼 일 만에 부활하시고 40일 동안 땅에 계시면서 하신 일, 승천하셔서 하나님의 우편에서 쉬고 계시는 일, 그분이 하신 말씀, 행하신 일들 속에 감추어 두신 하나님의 뜻, 곧 천국의 비밀들을 하나하나 밝히 알게 하시는 하나님의 가르치심을 대언하는 것이므로, 이는 내가 자의로 하는 말이 아니다.

곧 예수 그리스도께서 하신 말씀 그대로 이 땅에 사실이 되어 이루어지도록 지켜 실행하는 내가 '믿음이 올 때까지'의 실상인 믿음도 되고, 예수 그리스도께서 약속하신 그대로 또 다른 보혜사인 진리의 성령도 실상이 되고, **요6:27절**의 "인자, 곧 하나님의 인치신 자"도 된 것이다. 이에 대한 증거가 영생하도록 있는 양식을 먹이고, 실상으로 일을 하도록 다시 택하신 이스라엘이 실상이 되게 하고, 영생이 실상이 되게 하고, 영생하도록 있는 양식을 위해 일하게 돕는 역할이 바로 진리의 성령인 또 다른 보혜사가 하는 역할이다. 또 다른 모양으로 말하면 내가 영영한 제사장인 '빌라델비아 교회의 사자'다. 미리 약속, 곧 언약해 두신 **말3:1절**의 "언약의 사자"다.

이렇게 실상이라고 증명하니까 귀신이 주인인 너는 '왜 다 네 이야기만 되느냐?' 하고 시기하여 속으로 대적하고 거절하는 것이 바로 인자도 예수님인데 '왜 너라고 하느냐?' 하며 생각하고, 교통하라고 하신 그대로 교통하다 보니까 귀신인 너에 대해서 네 생각이 부분이요 조각이라고 지금 하나님께서 나를 통해 말씀하시고 계신 것이다. 이런 생각은 너만이 아니고 너무 많다. 그래서 '**시기**'가 바로 미움으로, 미움이 살인으로 이어진다고 지금 증거하고 있는 것이다.

이렇게 하나하나 너희 생각이 온전한 생각이 아니라고 진술하고 있는 것이다. 이것이 영적인 전쟁이며, 너를 잡고 있는 귀신을 영원히 쫓아내는 하나님의 완전한 지혜다. 그러면 또 타작마당은 왜 하느냐고 생각하여 대적한다. 네가 아무 감각이 없어서 너 자신이 귀신인 줄도 모르고 착각하고 있으면서, 계속 귀신 노릇 하고 있으니까 이는 육으로 사람이 심장은 뛰는데 쓰러져서 사람 노릇을 못 하는 사람, 그래서 병원에서 기계, 의사, 간호사의 도움을 받고 누워 있고, 그 가족들은 돈을 벌어 병원비를 대고 지쳐서 진을 빼는 인간, 다른 사람에게 피해만 주는 인간, 결국 살아

나지 못하고 죽는 사람은 악인으로 결판난 자들이고, 남아 있는 너희는 병든 장애인이 되어 사람 노릇 못하는 자들이니까 쓰러져서 병원에 가기 전에 장애를 고치고, 다시 건강하게 만들기 위해 무감각한 너에게 타작하는 것이다. 이는 심폐소생술과 같은 역할이다. 온 세상의 장애인은 다 모은 것 같은 상태로 14년째 진행되고 있는 이 일이다.

재필이 아버지를 교회에 두고 몇 년을 보게 하다가 결국 죽는 것, 낙원에 가는 사람들, 승익이, 현재도 장애가 있는 사람들, 별의별 미친 행동을 하면서도 자신은 잘 믿는다고 착각하는 자칭 직분자들, 치매 환자 같은 미친 귀신들, 근래에 나간 뱀의 자식들, 이 모든 자들을 불과 수백 명 안에서 다 보게 하시는 것은 온 세상에 사는 사람들의 축소판을 보는 것이다. 이는 인간이 얼마나 부패하고 타락했는지를 600명 안에서 다 보았고, 지난 14년째 보았으며, 보고 있다. 실상으로 보지 않았다면 절대 이렇게 귀신의 정체에 대해서 말할 수 없다. 사람들은 전부 상상을 하고 있었다.

이런 말을 시작부터 했는데 병준, 대선, 범섭, 창섭이는 아예 못 알아듣고 이 시간까지 따라 왔고, 사실 너희 모두 그렇게 이 시간까지 따라온 것이다. 그중에 너무 잘 알아듣고 시험도 잘 통과한 성도가 성진 성도 부부다. 그러니 저 둘은 온 가족을 다 따라오게 하더니 조카까지 따라와서 한 뭉의 삶을 다 버리고 다시 태어난 것이다. 선 성도도 그랬다. 이들 모두 내가 타작했다. 은혜, 희라, 태욱 성도도 달랐다. 중심이 달랐다.

아직 시기하는 귀신은 육의 가족으로만 보고, 육의 가족이니까 다시 태어났다고 한다고 대적하는 자들이 우리 안에 많다. 절대 아니다. 이미 하나님께서 그릇이 다르게 보내셨기에 이들은 중심이 진실로 달랐다. 혜

산, 화진, 진숙, 새리, 지은, 주현 성도들도 달랐다. 각자 그릇 차이만 있을 뿐 본래 우리는 영원한 가족들이었다.

우리가 그동안 모르고 있었고, 14년째 알아 가고 실상이 되고 있는 것일 뿐이다. 이 중에 아직도 안 믿는 너희들은 그릇이 다를 뿐이다. 너희 한 사람, 한 사람의 언행을 다 보았고, 알고 있다. 이는 사람의 시각으로 보았다는 것이 아니다. 살아 계신 하나님께서 보게 하시고 알게 하셔서 너희들이 교만하지 못하도록 어미 역할을 하는 것이다. 너희의 한 몫의 삶도 보았고, 지금도 보고 있다.

예수님은 2025년 전에 저 팔레스타인에서 요셉 아버지, 마리아 어머니를 빌어 이 땅에 오셨는데 그분은 하나님의 아들이다. 우리는 믿는데 저 유대인들은 지금도 안 믿는다. 전 세계 기독교인들에게 예수 그리스도는 성자 하나님, 곧 하나님의 아들이면서 하나님이라고 사람들에게 생각하도록 목사들이 가르친 것이다.

그런데 하나님의 아들이라 했다고 당시 유대인, 대제사장들, 장로들, 서기관들, 바리새인들, 자칭 유대인이라고 하나 사단의 회인 그들은 예수님을 세상 법에 고소한 것이다. 그리고 당시 가장 극형인 십자가에 달고 희롱하고 조롱하며 벌거벗은 몸으로 죽인 것이다. 그들은 자신들이 영원히 지옥 불에 떨어져서 영원히 벌을 받아야 하는 치명적인 죄를 짓는 줄도 모르고, 하나님의 아들을 대적하여 죽인 것이다. 이런 사실을 다 기록해 두신 것은 누구를 위해서일까? 너희 모두 대답하거라.

2021년 7월 6일 지금 이 시간에도 예수님이 하나님의 아들이라고 하신 것과 당시 수많은 사람들이 예수님의 행하시는 이적과 기사를 보고 따르는 것을 자신들의 두 눈으로 보고는 '시기심'이 생긴 것이다. 곧 자신들이 데리고 있는 유대교인들을 빼앗길까 봐서 불안하여 시기한 것이다. 그래서 모의하고 비방하기 시작했고, 결국 하나님의 아들을 죽인 것이다. 자신들에게 죽일 권한이 없으니까 세상 권력자들에게 고소하여 거짓 증거하고 죽인 것이다.

자신들이 볼 때에는 예수 그리스도께서 요셉, 마리아의 아들 사람인데, 예수님은 당신 자신을 본래 하나님의 아들이셨기에 하나님의 아들이라고 하신 것인데, 유대인들 오늘날 기독교 목사들, 장로들은 하나님의 말씀을 대언하는 예수 그리스도를 사람의 눈으로만 보고 듣고 믿어서 실상의 하나님의 아들을 사람의 아들, 요셉과 마리아의 아들로만 보고 대적한 것이다. 이들은 결국 자신들이 가지고 일생 사용하는 구약성경, 오늘날 성경을 가지고도 혀로는 "하나님", 오늘날은 "하나님, 예수님" 하면서 실상은 안 믿는 대적자들이요 원수들이다.

그래서 '인자'를 두고 원문에는 '하나님의 아들, 사람의 아들'이라고 하는데 원문만 본다고 아는 것이 아니다. 전 성경을 통으로 보고 하나님께서 인치신 자, 곧 하나님이 이 땅에 보내신 자, 하나님께서 인정하신 자, 지명하여 부르시고 너는 내 아들이라고 하신 자요, 지금 이 세대에는 하나님께서 인치신 자인 **호2:19~20절**의 예언이 실상이 된 자, 아들 예수 그리스도를 통하여 이 땅에 실상으로 보내시겠다고 약속하신 또 다른 보혜사인 진리의 성령이 하나님의 인치신 자다.

이런 나는 사람이 보기에 사람이지만, 하나님께서 미리 인정하시고 사명을 주셔서 이 땅에 사람으로 보내셨으며, 또 다른 보혜사인 진리의 성령이요, 현숙한 여자요, 해를 입은 여자이며, 빌라델비아 교회의 사자라고 미리 예언해 두시고, 인치신 자인 인자이기도 하다.

이렇게 말하니까 흉악한 귀신들은 "왜 너는 여자 목사일 뿐인데 '진리의 성령'이라고 하느냐? 너만 옳다고 하느냐?"라고 하고, 우리를, 곧 나를 이단이라고 하고 사이비라고까지 최악의 정죄를 하는 것은 자신들이 하는 일, 언행이 잘못되었다고 책망하니까 교인들을 빼앗길까 봐서 '시기'하여 자신들 마음대로 판단한 것이다.

이는 신32:31~32절에 "[31]대적의 반석이 우리의 반석과 같지 못하니 대적도 스스로 판단하도다 [32]그들의 포도나무는(곧 '나를 대적하는 자들이 혀로 말하는 예수 이름은'이라는 뜻이다. 다시 말하면 이미 3421년 전에 모세를 통해서 전대미문의 새 일, 새 언약, 영원한 복음, 하나님의 가르치심을 '이단, 사이비'라고 자신들 마음대로 판단하여 대적하는 자들인 '무엇이든지 물어보세요' 네이버 카페를 만들어서 나를 정죄하고 조롱하는 이인규 감리교 권사, 예장합신 총회 소속 박형택 목사, 자칭 '현대종교'라는 잡지를 만들어서 자신들 마음대로 판단하고 정죄하다 살해당한 그 아버지의 죽음을 보고도 자신이 하는 언행이 어떤 죄를 짓는지도 모르고 밥벌이 수단을 삼고, 아버지 뒤를 이어 '현대종교'라는 잡지를 발행하여 대적하였다.

손가락으로, 혀로 자신이 지옥에 갈 죄를 짓고 있는지도 모르고 이 일을 대적하여 지껄이는 자 탁지일, 이런 인간의 말을 믿고 나를 이단이라고 정죄하여 피지 감리교회 총회에 서류 한 장을 보낸 한국 감리교 총회, 피지 난디한인교회 자칭 목사 박상기, 이들이 스스로, 곧 자의로 지껄인 말을 믿고 세상 법에 고소한 우리에게서 떨어져 나간 대적자들 등등 모두에 대한 예언이 **신32:31~32절**에 이미 기록되어 있었고, 2021년 7월 6일 현재 14년째 사실이 되어 땅에 이루어지고 있는 실상이다.

이렇게 나를 '이단, 사이비, 사이비 교주, 폭행범'이라고 7년형을 판결하여 부당한 재판을 한 세상 판사들, 검사들, 형사들에 이르기까지 대적하는 그들에 대한 소송장이 내게는 있기에 지금 나는 온 천하 만민에게 나를 대적한 대적자들을 소송하는 것이다. 누가 진실인지, 누가 거짓으로 죄를 씌우고 자신들이 영원히 지옥 영벌에 갈 범죄자인지 소송하고 있는 것이다.

대적자들은 이 세상 법에 소송하여 나와 성도를 감옥에 가두어 두고 온 세상에 치욕을 주지만, 나의 이 소송은 온 천하 만민에게 하나님의 법으로 소송하고 이 세상 법에도 소송한다. 따라서 하나님의 행하시는 이 일을 대언하는 나, 신옥주 목사가 의지하는 오직 한 분, 살아 계신 하나님의 전지전능하심이 어떤 힘인지 온 세상은 이미 하나님의 판결을 받고 형벌을 받고 있어도 모르고 있다.

왜 하필이면 2020년 2월 27일 나에 대한 대법원 판결이 나는 그때, 코로나19가 발생했으며 2021년 7월 6일 이 시간까지 점점 더 심해지고, 백신을 맞아도 더 강한 바이러스가 되어 이제 백신을 맞은 자들도 다시 코로나19에 걸려서 전 세계에 유행이 되었을까? 400만 명이 사망했다고 하는데 이보다 더 많이 사망했다.

우리 아이들을 학교에 안 보냈다고 나를 아동복지법 위반, 학대, 유기, 방임, 교사죄를 씌우더니 지금까지 제대로 학교에 가지 못하는 아이들뿐만 아니라, 전 세계 경제, 정치, 사회 전반에 어떤 피해를 입고 있는지 아무 생각이 없다. 우연히 일어났다고 생각한다.

하나님의 행하심을 대적한 결과에 대한 형벌이라는 것을 말하는 나를 도리어 법정에서 비웃고 조롱하는 김호민의 언행에 아연실색했다. 자신을 두고, 그 친구를 두고 내가 '바리새인'이라고 하면 왜 그런 말을 듣는지 자신을 살피고, 흉악한 귀신에게서 깨닫고 돌아서라고 징책, 곧 타작한 것인데 무시하고 업신여기고 자신이 배워서 교회를 하고 싶어서 사심을 가지고 따라온 것이다. 같은 사심을 가진 장선주를 핑계 대며 결국 스스로 자신은 지옥의 자식, 곧 마귀의 자식인 것을 드러낸 것이다.

왜 하필이면 법무부 장관과 검찰총장의 싸움이 2020년 내내 일어나더니 결국 둘 다 대통령 출마 선언을 하고, 그들의 싸움에 국민들은 지쳐서 좌, 우편으로 나누어 서로 치고 비판하여 싸우는지 그 이유를 우연이라고만 생각한다.

나를 통한 이 일을 안 믿고 패역한 우리 안에 있는 너희들은 이로 말미암아 너희들의 패역을 고치고, 이 일을 대적하여 이단, 사이비라고 치욕을 준 대적자들과 대체육체들을 징벌하여 회개하고 돌이키시려는 하나님의 심판인 줄 절대 인정 안 한다.

그러나 온 세상이 믿든, 안 믿든 이는 사실이다. 예수님 당시 자칭 유대인이라고 하나 실상은 하나님의 대적자들이며 원수인 사단, 마귀의 세력들은 사람 수준에서 보고 판단하여 영원히 지옥 불의 자식들, 곧 마귀의 자식들임을 스스로 나타내었듯이, 지금 이 세대도 마찬가지다. 나는 그냥 자신들 눈에 무시하고 업신여겨 짓밟아도 되는 여자 목사로만 보이니 두려움도 없이 함부로 지껄이고 세상 법에 고소한 것이다. 이 모든 원인은 '시기, 질투, 미움'에서 시작된 것이다.

하지만 당시 예수님은 그렇게 대적자들에 의해 십자가에 죽으시고 삼 일 만에 부활하시는 사명으로 인치심을 받은 분이지만, 그래서 대적들의 기록한 소송장이 없이 죽임을 당하셨지만, 2008년 6월 16일부터 창세 이래 전대미문의 새 일, 새 언약, 영원한 언약, 영생하도록 있는 양식을 하나님께서 친히 먹이시고, 나는 대언하는 하나님의 행하심이라 나에게는 대적들의 기록한 소송장이 온전하게 있다.

그들의 이는 날카롭지 못하여 나를, 우리 성도들을 죽이는 화살이나 칼이 되지 못한다. 그들은 전부 예수 이름, 하나님의 이름을 사용하는 자들이지만, 하나님으로 말미암아 모인 자들이 아니다. 그러나 나는 하나님께서 이미 내가 이 땅에 사람으로 태어나기 전, 3421년 전에 예언해 두셨고, 신약에 실상으로 오셨던 예수 그리스도께서도 약속해 두신 대로 아들을 통한 하나님의 증거요 하나님의 인치심을 받은 '인자'이며, 진리의 성령이요, 육체도 죽지 아니하고 영생을 이미 얻은 자로 하나님의 말씀을 대언하며, 이 말씀은 나의 능력이 되어 모든 이론을 다 파하는 '강력'이다.

히4:12~13 [12]하나님의 말씀은 살았고 운동력이 있어 좌우에 날선 어떤 검보다도 예리하여 혼과 영과 및 관절과 골수를 찔러 쪼개기까지 하며 또 마음의 생각과 뜻을 감찰하나니 [13]지으신 것이 하나라도 그 앞에 나타나지 않음이 없고 오직 만물이 우리를 상관하시는 자의 눈앞에 벌거벗은 것 같이 드러나느니라 따라서 이 말씀이 사실이 되어 자칭 목사, 권사, 총회, 집사 등등 모두 혀로 예수라고 부르지만 대적자들이요, 불법하는 자들임이 다 드러난 것이다.

좌편에 해당하는 대적자들, 원수들의 실상도 그들이 가장하고 있던 교회 안에 원수들임이 다 드러났고, 우편에 속한 너희들은 스스로 벌거벗은 것같이 자인하여 자신들의 실체가 귀신이 주인이었음을 다 드러내고 회개하고 돌아서서 다시 창조되었고, 창조되고 있다.

그래서 좌편에 해당하는 자들의 검, 곧 대적자들이 예수 이름으로 성경과 다른 거짓말들을 하는 것은 아무것도 아님을 다 밝혀서 이제 우리 안에 있는 어린이들도 하나님을 대적하는 원수가 누군지 분별하게 된 것이다. 그래서 이들 좌편에, 다른 말로는 하층에 속하는 자, 지하에 속하는 자, 곧 지옥 불에 속하는 마귀의 세력들은 아무리 많은 무리들이고, 세상 권력을 다 사용해도 그들이 하는 언행은 날카롭지 못한 혀다. 증명한다.

좌편에 속한 자들의
날카롭지 못한 혀

사54:17절이다. "무릇 너(나)를 치려고 제조된 기계가 날카롭지 못할 것이라 무릇 일어나 너(나)를 대적하여 송사하는 혀는(세상 법에 고소한 악인들의 혀, 거짓 증언한 그들의 말은) 네게(나에게) 정죄를 당하리니(2021년 6월 16일부터 계속 그들, 나를 송사한 그들을 정죄, 곧 판결하고 있다. 이는 내 마음대로 하는 것이 아니라 **사52:2절**의 말씀대로 실행하는 것이다 "너는 티끌을 떨어 버릴찌어다 예루살렘이여 일어나 보좌에 앉을찌어다 사로잡힌 딸 시온이여(2021년 7월 7일 현재 사로잡혀 감옥에서 실상이 되어 있는 나에 대한 예언이다. 이 감옥 안에서 '**더위**'에 대해서 증명하고, 바로 그날 "미 북서부, 캐나다 곳곳 기록적 폭염, 올림픽 선발전도 중단"이라는 기사, 방송 뉴스가 나오고,[27] 캐나다에서는 69명이 사망했다고 하며, "지구의 허파 아마존, 지난달 화재 2천 308건 발생",[28] "필리핀 따알 화산, 검은 연기, 화산 재분출, 주민 대피",[29] "키프로스 공화국 건국 이래 최악의 산불, 4명 사망",[30] "지구 종말 온 듯 펄펄 끓는다, 멕시코에 등장한 '불구덩이 영상'"이라는 중앙일보 7월 3일자 기사가 나오고,[31] 한국은 매일 공장, 창고, 주택 등에 불이 난다.

심판은 하나님이 하시지만, 하나님은 자세히 진술하시는 것을 나를 사용하셔서 대언하게 하시는 것이다. 이 말씀은 심판의 말씀이다. 다현이 너는 티끌이다. 범죄다. 어디서 그런 악독한 짓을 하나? 박재성이는 상상 속에 있다. 구경꾼이다. 가족을 학대하는 귀신이 다현이다. 그러니 대체육체들이 나를 세상 법에 고소한 거다. 다현이는 버린다.) 네 목의 줄을 스스로 풀찌어다(이제 심판의 말씀대로 우리 안에서부터 14년째 이미 실상이 되고 있는 것이다. 티끌은 떨어버릴 것이다. 절대 저렇게 악독한 자는 안 된다.)

네게 정죄를 당하리니(정죄가 정죄가 아니라 하나님의 법으로 판결하는 것이다. 일어나 나를 치는 대적들은 하나님의 법을 두려워하지 않으니까 "정죄를 당하리니"라고 하신 것이다. 티끌도 연휼히 여기는 때가 있고, 떨어 버리는 때가 있다. 7년 대환난이 와도 다현이는 절대 다시는 낙토에 들어갈 수 없다.)

이는 여호와의 종들의 기업이요(지금 2021년 7월 7일 10시 뉴스에 코로나 신규 확진자가 1212명이라고 나온다. 낙토에 있는 너희의 패역이 어떤 결과를 가져왔는지 보고 겪어라. 10년을 넘게 14년째 말씀을 받고도 거듭나지 않는 귀신, 나와 성도가 감옥에 갇혀도 남의 일처럼 구경하는 박재성이 같은 흉악한 귀신의 열매가 다현이다. 다현이가 무슨 짓을 했는지 공개해라. 저렇게 악독한 귀신이 우리 안에 있었으니 나를 '폭행범'이라고 하여 옥에 가둔 것이다. 절대 인간의 탈만 쓴 짐승은 거룩한 땅에 있을 수 없다. 타작할 가치가 없는 짐승이다.

은혜로교회, 특히 피지에 있는 GR그룹은 여호와의 종들, 곧 하나님의 종들을 위해 예비해 두신 기업이다. 영원한 기업이다. 이곳을 허건 형사, 방송사, 언론이 합작하여 수십 명이 가서 짓밟고, 피지 내에 있는 한인들이 "이단이니~ 사이비니" 하며 지껄이고 훼방하여 괴롭힌 이 일은 반드시 각자 자신들이 행한 그대로 다 받는다. 과천도 미친 짓하는 은숙 등등 경고장을 주고, 안 되거든 공동체에서 내보내라. 인간은 자신이 귀신을 더 좋아해서 아무 말도 안 듣는다. 정말 진저리 난다.

낙토의 기업은 하나님의 종들의 기업이다. **사43:10절**에도 나와 영영한 사역자들에 대해서 예언해 두셨고, 2721년이 지난 지금 실상이 되어 기업을 일으키고 있다.

사43:10 나 여호와가 말하노라 너희는 나의 증인, 나의 종으로 택함을 입었나니 이는 너희로 나를 알고 믿으며 내가 그인 줄 깨닫게 하려 함이라 나의 전에 지음을 받은 신이 없었느니라 나의 후에도 없으리라

이런 하나님의 기업을 짓밟고 이단, 사이비라고 한 모든 자들은 회개하고 공개 사과하며, 이 부당한 재판을 바로잡지 아니하면 반드시 **사 54:15절**에 예언된 진리대로 사실이 된다.

사54:15 그들이 모일찌라도 나로 말미암지 아니한 것이니 누구든지 모여 **너를 치는 자는 너를 인하여 패망하리라**

이유는 피지에, 한국에 있는 은혜로교회 성도들은 여호와의 종들의 기업이기 때문에 나를 치는 자들은 하나님의 행하시는 일을 대적하고 치는 것이다. 나는 사실대로 경고했고, 이제 자신들이 행한 그대로 반드시 받는다.)

이는 그들이(나 신옥주 목사와 은혜로교회 성도들이) 내게서 얻은 의니라 여호와의 말이니라(온 세상에 천명한다. 창세 이래 단 한 세대도 이 예언의 실상의 주인공은 나오지 않았고, 2008년 6월 16일부터 예수 그리스도께서 친히 예언하신 대로 실상이 된 진리의 성령이 세상에 공개하여 죄에 대하여, 의에 대하여, 심판에 대하여 세상을 책망하고, 창섭 성도가 유튜브에 올린 말씀을 듣고 모여서 하나님의 계명대로 보고 듣고 믿고 지켜 실행한 하나님의 종들이다.

하나님께서 다시 택하신 이스라엘이요, 영생을 얻기로 이미 만세 전

에 정하신 하나님의 백성들이다. 죄를 짓지 아니하고 하나님의 말씀대로 계명을 지켜 실행하여 하나님께서 의롭다고 인정하신 하나님의 종들의 기업이다.

다시는 온 세상에 그 누구도 나와 은혜로교회 성도들을 거짓말로 비방하거나 "이단이니~ 사이비니~" 하여 하나님의 행하시는 이 일을 훼방하지 마라. 경고한다. 지금까지 함부로 지껄인 모든 사람들도 반드시 전 성경에 기록된 모든 재앙으로 각자 자신들이 행한 그대로 다 받을 것이다.)"

'인자'도 누구나 사람이 본능적으로 알고 있다고 생각하는 예수 그리스도만이냐? 예수 그리스도께서 영생을 위하여 있는 양식을 위해 일하게 하셨느냐?

사람이 보기에 사람이지만 하나님이 인치신 자, 곧 인정하여 '완전한 자'라 하셨고, 이미 이 땅에 오기 전에 "**내가 네게 장가들어 영원히 살려 함이라**"라고 하셨다. 곧 영생을 얻기로 이미 확정해 두신 진리의 성령이 '사람'으로 실상이 될 것을 예언한 그대로 사실이 되었다. 따라서 나를 통한 이 예언은 **사41:8~16절**의 예언이 사실이 된 것이다.

"[8]그러나 나의 종 너 이스라엘아 나의 택한 야곱아 나의 벗 아브라함의 자손아 [9]내가 땅끝에서부터 너를 붙들며('**땅끝**'이 하나님의 아들들이 태어난 한국이다.) 땅 모퉁이에서부터 너를 부르고(이 본문의 실상이 되는 주인공은 반드시 예수 그리스도를 믿는 자들이어야 한다. 따라서 저 유대인들이 있는 이스라엘 나라에서 나오지 않는다. 우리, 곧 다시 택함을 받은 이스라엘인 우리에 대한 예언이다.) 네게 이르기를 너는 나의 종이라 내가 너를 택하고 싫어 버리지 아니하였다 하였노라(그래서 하나님께서 인치신 자다. 이미 내가, 우리가 이 땅에 사람으로 태어나기 전에 이렇게 정해 두셨다.)

¹⁰두려워 말라 내가 너와 함께 함이니라(추상적으로 함께 하시는 것이 아니라 실상으로 함께 하신다. 그래서 **"내가 네게 장가들어 영원히 살려함이니라"**고 하셨다. 영혼이 정결하여, 곧 귀신이 다 떠난 영적인 상태, 하나님의 말씀이 영혼에 심겨진 영적인 상태를 뜻한다.

사람 눈에는 보이지 아니하니까 자신들 마음대로 판단하고 지껄인 것이다. 나를 이단이라니~ 짐승보다 못한 인간들이 함부로 지껄이는 것이다.

하나님께서 함께 거하시는 곳은 어디일까?

사33:20~24 ²⁰우리의 절기 지키는 시온 성을 보라 네 눈에 안정한 처소된 예루살렘이 보이리니 그것은 옮겨지지 아니할 장막이라 그 말뚝이 영영히 뽑히지 아니할 것이요 그 줄이 하나도 끊치지 아니할 것이며 ²¹여호와께서는 거기서 위엄 중에 우리와 함께 계시리니 그곳은 마치 노질하는 배나 큰 배가 통행치 못할 넓은 하수나 강이 둘림 같을 것이라 ²²대저 여호와는 우리 재판장이시요 여호와는 우리에게 율법을 세우신 자시요 여호와는 우리의 왕이시니 우리를 구원하실 것임이니라 ²³너의 돛대 줄이 풀렸었고 돛대 밑을 튼튼히 하지 못하였었고 돛을 달지 못하였었느니라 때가 되면 많은 재물을 탈취하여 나누리니 저는 자도 그 재물을 취할 것이며 ²⁴그 거민은 내가 병들었노라 하지 아니할 것이라 거기 거하는 백성이 사죄함을 받으리라 새 예루살렘, 시온 성, 하나님께서 영원히 거하시는 거처, 곧 진리의 성령이 실상이 되어 영원히 하나님께서 예비하시는 땅에 함께 거하기 때문에 "두려워 말라 내가 너와 함께 함이니라"라고 하신 것이다.)

놀라지 말라 나는 네 하나님이 됨이니라 내가 너를 굳세게 하리라 참으로 너를 도와 주리라 참으로 나의 의로운 오른손으로 너를 붙들리라 ("의로운 오른손으로 너를 붙들리라"고 하신 이 예언이 예수 그리스도에 대한 예언이다. 696년 후인 BC 4년에 하나님께서 이 땅에 보내실 하나님의 아들 예수님에 대한 예언이었다. 지금 이 시간까지 우편에 계신 예수 그리스도에 대한 예언이다. 또한 중층의 소리까지도 이에 해당한다.)

[11]보라 네게 노하던 자들이('노하다'는 성을 내다, 화를 내다. 사람 차원 노함이 아니라 이에 대한 해답이 있다.

> 엡4:30~31 [30]하나님의 성령을 근심하게 하지 말라 그 안에서 너희가 구속의 날까지 인치심을 받았느니라 [31]너희는 모든 악독과 **노함과** 분냄과 떠드는 것과 훼방하는 것을 모든 악의와 함께 버리고

'성령'을 상상하면 안 되는 이유가 명백하다. 전 세계 기독교인들이 성령을 상상한다. 이런 사람은 무엇이든지 상상한다. 하나님께서 예수 그리스도를 통하여 보내셔서 영원히 너희와 함께 거하게 하리라고 약속하신 성령이 실상이 되면 "사람을 왜 성령이라고 하느냐?" 하며 기독교인들이 노하여 "이단이니~ 사이비니~" 할 것을 다 아시는 하나님께서 그런 때에 너는 두려워 말라고 **이사야 41장**에 이미 예언해 두셨던 것이다.

예수님 당시 하나님을 섬긴다고 했던 유대인 대제사장들이 성경대로 보내시마 약속하신 하나님의 아들이 사람의 육체를 입고 오셨는데 영의 말을 알아듣지도 못하고, 알아보지도 못한 자들이 하나님의 아들이 자신을 하나님의 아들이라고 하니까 노하여 세상 법에 고소하고 죽인 것이다. 그들은 육체를 입고 오신 하나님의 아들 예수를 부인했으니 이단이요, 사이비였다. 그런 이단, 사이비들이 도리어 예수 그리스도가 귀신의 왕 바알세붑을 힘입어서 귀신을 쫓아낸다고 비방하고, 나사렛 이단이라고 자신들이 스스로 판단하여 정죄하고 죽인 것이다. 이를 두고 '**노하다**'라고 하신다.

이처럼 이인규 감리교 권사 하나가 누룩이 되더니, 노하여 자칭 목사들이 전 성경에 이미 약속해 두신 대로 이 땅에 말씀이 육신이 되어 사람으로 온 또 다른 보혜사인 진리의 성령, 하나님의 성령을 알아보지도 못하고, 진리의 성령이라 한다고 노하여 분내고 떠들고 훼방하며 모든 악독, 곧 자신들과 상관이 없는 남을 해하려는 악한 마음, 교활함, 악의를 가지고 하는 모든 언행을 한다.

악독을 다른 말로 표현하면 '**원한, 맹독, 적의, 교활, 악한 생각, 악한 행동**'이라고 한다. 이렇게 14년째 겪고 있고, 이들의 노함에 의해 감옥에까지 가둔 것이다. 진리, 곧 참 진리인 성경은 이런 것이다. 누구나 추상적으로 사람의 눈으로 보고 상상하고 "믿습니다" 하며 믿는 것이 아니라, 기록된 말씀이 땅에서 사실이 되어 이루어지는 것이다. 이렇게 온전히 이루어지는 이때를 위해 예수 그리스도께서 이 땅에 보내심을 받으신 것이다.

영원한 언약을 대언할 진리의 성령이 실상이 될 때, 혀로 "오직 예수, 하나님" 하며 상상하는 모든 사람들에게 하나님의 성령을 안 믿고 노하여 훼방하지 말라고 미리 예언해 두신 것이다. 이 예언을 기록한 사도 바울도 이 말씀의 뜻, 곧 천국의 비밀을 몰랐다. 모든 순교자들이 다 이러하다. 그래서 육체가 죽어 제단 아래서 자신들이 복음을 전하다가 죽임을 당했으니 억울함을 언제 신원, 곧 복수해 주실 것이냐고 하나님께 항의하는 것이다.

그들은 온전한 복음을 전한 것이 아니다. 세례 요한이 "**회개하라 천국이 가까이 왔다**"라고 예수 그리스도를 증거했는데, 자신도 대적자들에 의해 죽임을 당하고, 자신이 증거한 하나님의 아들도 죽임을 당했다. 2021년 지금 이 시간까지 순교자들의 영적인 실상을 아무것도 모르면서 너무 가볍게 교인들에게 "순교하라, 순교가 최고다"라고 가르치는 목사의 무지함이 얼마나 많은 사람을 죽이는지 안다면 절대 이 진리를 받고 귀신 노릇 할 수 없다.

'**노하다**'라는 말의 뜻이 보이고 들리느냐? 우리 안에 더러운 귀신, 특히 흉악한 귀신들이 무지몽매하여 시기하므로 모든 죄란 죄는 다 짓는 것이다. 성경 속에 감추어 두신 하나님의 뜻을 하나하나 밝히는데 어떻게 이 시간까지 귀신 노릇을 하고, 사심을 가지고 시기하고, 결국 노하여 떨어져 나가서 나를 세상 법에 고소한 대체육체들을 보고도 하나님의 말씀을 안 믿는 더러운 귀신들은 티끌에 해당하는 자들이다.

이미 14년째 이 일은 시작부터 실상이 되어 이루어지고 있었는데, 기록된 말씀대로 하나님의 말씀을 안 믿고 패역하며 전 성경에 기록되어 있는 타작마당을 지금 이 시간까지 인정 안 하고 대적하며 패역하나? 너희들의 패역이 나를 감옥에 가두는 악인들의 패역보다 더 나쁜 패역이다.

겔3:25~27절의 말씀이 사실이 되어도 이 시간까지 패역한 너희들은 전부 엡4:30~31절의 말씀의 주인공이다. 진실로 기록된 말씀, 말씀 속에 감추어 두신 진리를 대적하는 자는 우리 안에 있는 귀신들이다. 아직 단 한 절도 안 믿고 영적인 잠을 자고, 자기 마음대로 상상하여 자해하는 대적자요, 귀신이다. 이런 자가 무슨 나라와 제사장이 되며, 오는 세상에 왕 노릇 하나? 이런 상태니 하나님의 일을 하는 것이 아니라 훼방하는 것이다. 나를 고소한 그들보다 더 나쁜 악인들이다. 그들은 어차피 그렇게 정해져서 대체육체로 사용되는 그릇, 천한 그릇이지만, 이 시간까지 귀신 노릇 하고 강퍅한 자는 진실로 흉악한 귀신이요 티끌이다. 이런 티끌은 진주를 돼지 목에 걸어 주는 것과 같다. 오죽하면 떨어 버리라고 하셨을까?

티끌도 연휼, 곧 불쌍히 여겨 대하고 동정심을 가지고 호의를 베풀며 은혜를 베푸니까 더 가관이 아닌 미친 언행을 부끄러워 아니한다. 더 이상 더럽고 악독한 자들이 패역하도록 두지 않는다. 죽을 자의 죽는 것도 기뻐하시지 않는다고 해도 희롱하고 조롱하는 짐승은 짐승일 뿐이다. 흉악한 귀신은 탐하기만 한다. 자신이 영적인 살인자요, 탐욕에 눈이 어두운 자라 부끄러움도 분수도 모르고, 천국도 영생도 탐하기만 하고, 시기, 질투로 눈이 먼 자인데 어떻게 하늘의 일이 이런 귀신들에게 들리겠느냐? 절대 은혜를 안 주신다. 말씀을 받으며 패역한 죄가 더 무섭다는 것을 절대 모른다.

이런 인간은 근본이 귀신이라 더러운 것을 절대 씻지 않고 즐기는 돼지다. 개다. 함 족속 땅을 하나님의 종들을 위해 예비해 두신 이유 중 가장 큰 이유는 이런 흉악한 귀신이 죄를 버리지 않는 것 때문이다. 이미 이 예언이 진실로 사실이었음을 14년째 보고 있다. 이들에게 성경은 자신의 욕망, 탐욕을 채워 주는 장식품일 뿐이다. 게으름, 더러움이 그들의 일상일 뿐 절대 부끄러움을 모른다. 돼지가 바다에 들어가 몰사한 것이 자신에 대한 비밀임을 모른다. "하나님 나라, 영생이 이런 것이다"라고 애가 타서 말하는 것과 같음을 우리 안에서 지금도 보고 있다. 문제는 이런 돼지가 사람의 탈을 쓰고 있다는 것이다.

이런 자들에게 하나님의 성령이라고 하는 말이 그들에게 무슨 상관이 있겠느냐? 개, 돼지로 살다가 사람의 밥이 되는 그들에게 진주를, 곧 예수 이름을 목에 걸고 너는 죽어서 천국 간다고 속이는 자들이 바로 사람들이다. 그래서 사람에게서 영광을 취하지 않는다고 하셨는데, 이런 개, 돼지는 단 한 절도 안 보이고, 저 먹을 것만 달라고 소리 지르고, 실컷 먹고 죽는 그 시간까지 살만 찌면 되는 이들에게 기대한 적 없다. 택한 자녀들을 위해 필요한 대체육체일 뿐이다.

그래서 택한 자녀들이 태어날 때까지 모든 것을 참으며 모든 것을 믿으며 모든 것을 바라며 모든 것을 견디는 것이다. 하나님께서는 이미 다 알고 계셨기에 하나님의 성령을 근심케 말라고 하셨고, 택한 자녀들에게 주신 계명이 바로 **"너희는 모든 악독과 노함과 분냄과 떠드는 것과 훼방하는 것을 모든 악의와 함께 버리고"**라고 하신 것이다. 이는 곧 너희 모든 죄를 대체육체들이 하는 언행을 보고 대체육체를 통해서 다 버리라는 뜻이다. 이 말을 알아듣거든 답을 하거라.

귀신이 주인일 때는 아예 자신을 안 본다. 그리고 인정을 안 한다.

이런 귀신 중 흉악한 자는 말은 청산유수다. 깨닫고 있는 척 가장의 달인이다. 그런데 절대 이런 자를 몰라서 그냥 두는 것이 아니다. 택한 자녀들이 다시 창조될 때까지 대체육체인 거울을 보고 더러움을 씻으라고 기다려 주는 것이다. 그래서 공의의 하나님이시므로 타작마당이 있는 것이다.

왜 의인과 악인을 함께 공존하여 하나님께서 정하신 때까지 기독교라는 울타리 안에, 교회라는 이름과 건물 아래 함께 있도록 허락하셨는지 택한 자녀들이 알면 왜 티끌도 불쌍히 여기고 기다려 주는지 알게 되고, 귀신 노릇을 절대 안 한다. 그래서 이 은혜는 사랑의 빚이고, 영원히 갚아야 할 은혜다.

그러므로 하나님의 성령, 곧 진리의 성령을 근심하게 하는 것은 하나님의 아들들과 백성들이다. 대적자들이 하나님의 성령을 노하게 하는 것 때문에, 하나님을 안 믿고 패역하는 것 때문에 거룩한 근심을 하는 것이다. 그래서 하나님의 인치신 자, '인자'는 사람의 몸을 입고 있으나 하나님께서 인정하셔서 함께 동행하며 하나님께서 친히 증거하시는 증거를 받고 다시 태어나는 자들을 취하시고, 영광을 받으시는 것이다. 이 때문에 **"사람에게 증거를 취하시지 않고, 사람에게 영광을 취하시지 않으신다"**라고 하셨던 것이다. 지금 이 말을 몇 성도가 알아듣겠느냐?

하나님의 성령은 진리의 성령이라서 진리의 하나님이라고 하셨고, 예수 그리스도를 통해서 **"내가 곧 길이요 진리요 생명이라"**라고 말씀하신 것이다. 예수 그리스도께서 혈육에 함께 속하셔서 혈육과 함께 죽으신 것은 진실로 전대미문의 새 언약인 영원한 언약을 대언하는 14년째 이 일을 믿으라고 하나님께서 보내셨던 것이다. 이 비밀을 "엘리 엘리 라마 사박다니"라는 말 속에 감추어 두셨고, 십자가의 비밀 속에 감추어 두셨으며, 이 천국의 비밀을 밝히시는 분은 하나님이시고, 하나님의 성령, 곧 진리의 성령은 대언하는 것이며, 이를 두고 곧 진리의 성령, 진리의 영, 하나님의 성령에게 하신 언약이 바로 **사41:8~10절**에 "두려워 말라 내가 너와 함께 함이니라"라고 하셨던 것이다.

하나님의 성령이라고 하면 땅에서 기득권 세력들이 노하여 훼방하고, 악독하게 괴롭히고, 결국 어느 날 갑자기 쇠고랑을 채우고 구속시키며, 세상의 힘을 다 동원하여 온 세상에 치욕을 주고, 새빨간 거짓말로 고소하여 7년이라는 징역형을 때리고 조롱하고 희롱하며 흉악범 취급을 당하게 되니까 놀랄 일이 갑자기 닥칠 것을 하나님은 다 아시고 미리 2718년 전에 예언해 두셔서 하나님의 성령과 떡덩이들이 된 택한 아들들, 백성들에게 두려워 말라고 하신 것이다.

아무나, 누구에게나 **"두려워 말라"**라고 하신 것이 아니다. 그렇게 성경을 보고 착각하는 자들이 하나님의 성령, 진리의 성령이라고 하니까 발작하는 것이 바로 '노하는 것'이다. 그들은 자신들의 하나님이라고 생각하고 있었는데, 그래서 "주여 주여" 하고 거룩한 척하고 노래 부르고, 연회하고, 자랑하고 있었는데 어느 날 갑자기 하나님의 성령, 진리의 성령이라고 하니까 자신의 거짓과 교인들을 속이는 것이 들통나고, 더 이상 속일 수 없게 되니까 분하여 "이단이니~ 사이비니~" 하며 분노하는 것이다.

문제는 이들이 분노하여 하나님의 성령을 훼방하고 핍박하며 정죄하여 불법으로 판결하는데도 아무것도 모르고 하나님의 말씀을 안 믿고 흔들려서 죄를 지은 것이다. 2018년 7월 24일 내가 인천 공항에서 체포되어 너희들이 알게 되니 그 시간부터 2021년 7월 8일 이날까지 귀신 노릇 하는 너희들을 영적인 잠에서 한꺼번에 깨우시고, 패역을 하나님께서 타작하신 것이다.

이렇게 타작하시고 계시는 사건임을 가장 먼저 깨달은 성도가 다니엘 성도였다. 한 치의 의심도 없이 하나님이 타작하시는 것이라고 알고 있다고 편지했다. 깜짝 놀랄 일이 우리 모두에게 일어난 것이다. 그 무렵 이미 하나님께서 경고하시고 계셨다. 그 사건이 낙원에 가는 성도들이 생기기 시작한 것이다. 나는 거듭난 성도가 없는데 낙원에 가는 성도들이 나오니까 거룩한 근심이 배나 되었고, 하나님께서 베트남에 교회를 세우시게 하셔서 흉악한 귀신들을 드러내셨다.

놀랄 일들이 갑자기 닥치게 하시지 않고 10년을 기다려 주셨고, 더 이상 티끌에 돌아갈 자들을 두실 수 없으시므로 대체육체들을 천한 그릇으로 사용하셔서 택한 자녀들을 친히 타작하시고 고치시고 계신 것이다. 온 세상으로부터 어느 날 갑자기 미움을 받는 것도 부족해서 온갖 죄를 씌워 흉악범 취급을 하니 택한 백성들도 마음이 흔들려서 '그런가~' 하고 자신들의 실체를 한꺼번에 드러내게 된 것이다. 그때 사랑의 줄, 곧 육으로 가족들이 있어서 치명적인 죄를 지을 수 없었을 뿐 거의 대부분 생각으로 죄를 다 지었다.

잠18:17절에 "송사에 원고(곧 나를 세상 법에 고소한 우리에게서 나간 그들이 '원고'다. 이들 원고)의 말이 바른 것 같으나(우리 안에서 거의 대부분 원고의 하는 말들, 곧 '고소한 말이 바른 것 같은데~' 하고 생각하고 구경한 자들이 있었다. 이런 귀신, 곧 대체육체인 그들은 더 악독하게 분노하여 갖은 악의를 품고 거짓 진술을 한 것이다. 이렇게 시간이 흐르면서 왕 노릇 할 아들들은 도리어 '이 진리가 사실이었구나~' 하고 눈물을 흘리며 자신을 돌아보고 진실로 회개하고 태어나기 시작했다.

그러나 처음부터 말씀을 받은 흉악한 귀신들은 계산만 하고, 형사와 세상에서 권력을 가지고 있다고 생각하는 자들이 낙토를 덮치고 짓밟을 때 구경하고 속으로 '그럴 줄 알았다, 이때가 기회구나~' 하고 박수를 치고 기회를 엿본 인간이 박재성이다. 너는 광주에서부터 계산만 하고 기회만 엿본 흉악하고 악독한 귀신이다. 가장의 달인이었다. 몰라서 기다려 준 줄 아느냐? 이 살인자, 흉악한 귀신아~ 단 한 번도 정직하지 아니했고, 이 시간까지 가장하고 온 더러운 귀신, 악독한 자다.

너 같은 귀신들 때문에 낙토에까지 재앙이 닥쳐도 깨달음이 없으니까 네 육의 새끼를 통해서 네 근본을 다 드러내 주신 하나님이시다. 타작할 가치도 없는 인간의 탈을 쓴 짐승이다. 나가라. 너 같은 짐승을 위해 예비하신 땅이 아니다. 정직하자고 할 때 자신을 살폈어야지~ 이런 너 같은 자라서 네 육의 어미도 낙토 허락하지 않았다. 얼마나 간사하고 교활한지 네가 하는 모든 언행을 너 스스로 보고 회개하고 돌아서기를 기다리고 기다려 준 대가가 이렇게 나타난 것이다. 그 더러운 가면을 강제로 벗겨도 무감각한 너는 영적으로 죽은 자다.

이런 흉악한 귀신은 타작할 가치도 없어서 경고장 3번 주고, 영원히 주인으로서 자격이 없다고 주주 자격 박탈하고, 하나님께서 예비하신 땅에서 영구 추방시키는 것이다. 더 이상 봐주지 않는다고 한 모든 말도 무시하고 멸시한 네 행위대로 보응받아라.

이런 자들은 성령과 예수 그리스도와 하나님과 아무 관계가 없는 자들이고, 영원한 가족이 아니다. 타인, 남이다. 이런 자들이 바로 하나님의 이름을 망령되이 일컫고 이용하는 사기꾼이다. 손가락으로 하늘을 가리는 악인이다. 흉악한 귀신들은 사건이 터지니까 자기 살 궁리부터 하고 철저히 계산했다. 그리고 혀로는 "믿습니다" 하면서 '기회가 언제나 올까~' 하고 기다린 것이다.

왜 하나님께서 우리에게서 나가서 세상 법에 고소하도록 그들을 사용하셨는지 아직도 못 깨닫고 교만하여 불순종하는 귀신들이 우리 안에 있는 것 때문에 하나님의 성령이 탄식하고 근심하는 것이다. 그래서 대적자들을 치다가도 매주, 매일 관심이 '택한 자들이 어찌하면 하나님의 뜻을 깨달아 다시 태어날까' 하여 또 택한 자녀들에 대한 예언이 사실이 되었음을 증명하고, 또 인치시고, 또 말씀하시고 계신다.

이런 영적인 눈으로 다음 말씀을 보자.

사41:10 두려워 말라 내가 너와 함께 함이니라 놀라지 말라 나는 네 하나님이 됨이니라 내가 너를 굳세게 하리라 참으로 너를 도와 주리라 참으로 나의 의로운 오른손으로 너를 붙들리라

이 말씀이 우리 모두에게 사실이 되었다. 그리고 나를 이단, 사이비라고 하는 네게 노하던 자들은 **11~12절**에 판결해 두셨다. 판결을 마음에 새기거라.

사41:11~12 [11]보라 네게 노하던 자들이 수치와 욕을 당할 것이요 너와 다투는 자들이 아무것도 아닌 것같이 될 것이며 멸망할 것이라 [12]네가 찾아도 너와 싸우던 자들을 만나지 못할 것이요 너를 치는 자들은 아무것도 아닌 것같이, 허무한 것같이 되리니

먼저 그들에 대한 예언인 **잠18:17절**에 "송사에 원고의 말이 바른 것 같으나" 아직도 이 말씀이 실상이냐? 모두 답하거라. 김지원은 내가 네 글을 보고 이런 표현을 쓰지 말라고 해도 깨닫지 못했다. 왜 이렇게 기록해 두셨는지 아직 안 보이는 자들, '응 그랬구나~' 하고 멍한 자들, 이들 모두는 귀신이 주인이다.

우리 측 증인이라고 법정에 서서 증거하고 탄원서를 그렇게 많이 내도 안 받아 들이고 무시당한 이유가 '송사에 원고인 고소한 자들의 말이 맞는 것 같은데~' 하고 다 동조한 것이다. 이 세상에 속한 자들이 거의 대부분 "누가 그러던데~ 그런 것 같아요" 하며 자신의 언행으로 자신이 현재 하고 있는 일, 경험을 말하면서도 "그런 것 같아요~ 저런 것 같아요~ 행복했던 것 같아요~ 그랬던 것 같아요~"라고 한다. 자신이 하는 말을 자신이 모르고 답을 하는 것이다. 오죽하면 고소한 그들의 진술서, 판결한 판결문을 전 교인 모두 읽으라고 했겠느냐?

지금 이 시간까지 안 믿는 자들이 바로 귀신들이다. 그래서 하나님께서 그들을 '티끌, 먼지, 안개, 바람'에 비유하신 것이다. 자신이 왜 사람인지, 왜 성경을 가지고 다니는지, 왜 목사를 하고 있는지, 왜 교회를 세워서 목사를 하고 싶은지, 왜 낙토에 갔는지, 왜 은혜로교회에 왔는지 아무

생각이 없이 그냥 이리저리, 바람이 부는 대로 이리 가고, 저리 떠돌아다니고, 그러다가 죄가 목에 차면 죽는 것이다.

장선주는 구속되고 수원구치소로 이동하면서 잠깐 스쳐 지나갈 때, 내가 "너는 폭행했느냐? 그래서 타작마당한 것을 후회하느냐? 너하고 싶은 대로 하라"고 해도 단 한 마디도 못 알아듣더라. 저는 저 스스로 폭행했다고 형사의 말에 동조한 것이다. 이런 사람은 사건을 만나면 실체가 바로 드러난다.

"그 피고가 와서 밝히느니라"라고 하신 이 말씀은 예수 그리스도에 대한 예언도 아니고, 창세 이래 그 누구에 대한 예언도 아니다. 2021년 7월 8일 현재 전대미문의 새 언약을 대언하고 지켜 실행한 일로 인해 대적 자들이 노하여 나를 세상 법에 고소했고, 나에게 죄를 씌우기 위해 교인들을 함께 기소하여 억지로 감옥살이를 하게 하고, 육으로 동생이라는 이유 하나 때문에 4년이라는 징역형과 흉악범 취급을 하여 이 본문의 말씀이 사실이 된 지 3년이 다 되었다.

너무 명백하게 우리 안에서 고소한 '원고의 말이 바른 것 같으냐~' 하는 자들이 있었고, 결국 '맞구나~' 하여 쟁기를 잡고 영생을 위하여 일하다가 뒤돌아서 한 묶의 삶으로 되돌아간 그들도 나왔다.

창세 이래 온 세상에 누가 이렇게 명백하게 BC 900년경 당시는 물론이고, 2021년 지금 이 세대까지 가장 지혜롭다고 모든 사람이 알고 있는 솔로몬왕이 기록한 예언이 실상이 되어 내가, 우리가 이 예언의 주인이라고 당당하게 말하고 시인하는 자가 누가 있나? 있으면 지금 나처럼 하나님 앞에, 사람 앞에 시인하고 증거해라.

온 세상에 아무도 없다. 이 예언은 성경을 기록한 저자들도, 예수 그리스도께 가르침을 받은 사도들도, 이 본문의 실상의 주인공들이 아니다. 사도 바울도 송사에 걸리고 감옥에 갇히고 옥살이를 했지만 사도 바울에 대한 예언이 아니다. 명백하게 나와 우리에 대한 예언이다.

피고인 신옥주 목사가 2021년 6월 16일부터 하나하나 밝힌다. 이 송사가 얼마나 잘못되었는지, 얼마나 부당한 판결인지, 13년을 온갖 거짓말로 나와 아무 관계가 없는 자들에 의해 송사가 진행되어 나와 성도를 감옥에 가두어 두고 짓밟고 치욕을 주지만 이 일은 내가 성경에, 곧 생명책에 이름이 기록된 진리의 성령이며, 공동체인 성도들은 하나님의 아들들이며 다시 택하신 이스라엘이고, 거룩한 자 성도들이라는 사실을 온 세상에 나타내시기 위한 하나님의 완전한 지혜이다.

이렇게 진리는 아무나 사용하고 혀로 말만 하여 자신들의 사욕에 사용하는 것이 아님을 이제 온 세상이 인정해야 되는 때가 되었고, 성경은 반드시 실상이 되어 땅에서 이루어지는 창조주 하나님의 말씀이며, 살아계신 하나님의 말씀만이 참 진리임을 실상이 된 자가 하나님과 사람 앞에 시인하는 것이다.

그래서 내가 **갈3:22~23절**의 "믿음"이다. **요6:27절**에 영생하도록 있는 양식을 먹고 실상이 되게 하는 '인자', 곧 하나님의 인치신 자다. 다른 말로는 하나님께서 친히 가르치시는 전대미문의 새 일, 새 언약으로 하나님의 아들들, 백성들을 인치시는 일을 하는 진리의 성령이다. 이런 전대미문의 새 일, 하나님의 행하심, 창세 이래 없었던 새 일을 자칭 목사들, 자칭 직분자들이 자신들과 아무 관계가 없는 하나님의 나라의 일에 스스로 자단하여 판단한 죄, 이단, 사이비라고 정죄하고 '노하여' 한 그들에 대한 하나님의 판결을 한다.

하나님께서 인정하시는
순전한 사람, 완전한 사람

　사41:11~12절이다. "¹¹보라 네게 노하던 자들이 수치와 욕을 당할 것이요('수치'는 부끄러움이다. 그래서 또 예언해 두셨다. 욥8:20~22절이다. 나와 나에게 노하던 자들에 대한 예언이 명백하다. "²⁰하나님은 순전한 사람을 버리지 아니하시고('순전하다'는 '완전한, 옳은'이라는 뜻이다. 원어로 보면 '녹이다'라는 뜻으로, 주로 문자 그대로는 순도 높은 금이나 은의 품질을 나타낼 때 사용되는데 영적으로는 흠이나 결점이 없이 정결하다는 뜻이다. 곧 불순물이 섞이지 않은 상태, 동기나 목적이 순수한 것을 뜻한다. 그리고 '속이지 않는'이라는 뜻으로 거짓이나 궤휼의 반대말이다. 두 겹이 아니라는 뜻으로 마음이 복잡하지 않고 순수한 심령 상태, 순수하고 정결한 마음 상태를 뜻한다. 2021년 7월 8일 지금 이 세대까지 모든 기독교인들은 예수 그리스도께서 이러하셨다고 말하고 알고 있다. 이렇게만 보는 것이 온전한 해석일까?

　지금 이 세대에 실상이 되는 예언이다.

잠30:5 하나님의 말씀은 다 순전하며 하나님은 그를 의지하는 자의 방패시니라

따라서 하나님의 말씀에 이미 예언되어 있고, 그대로 실상이 된 자라야 한다. 곧 **호2:19~20절**의 말씀이 실상이 되어 하나님의 가르치심을 대언하는 나에 대한 예언이다. 이미 전 성경에 예언되어 있다. 그중에 한 군데를 가보자.

아4:7~8 [7]나의 사랑 너는 순전히 어여뻐서 아무 흠이 없구나 [8]나의 신부야 너는 레바논에서부터 나와 함께 하고 레바논에서부터 나와 함께 가자 아마나와 스닐과 헤르몬 꼭대기에서 사자 굴과 표범 산에서 내려다보아라

이 또한 나에 대한 예언이다. 온 세상이 다 모른다고 해도 다니엘 성도는 내가 순전하다는 것을 안다. 이미 이 말씀을 하기 전에 나한테 편지를 했다. 나도 하나님 앞에, 사람 앞에 시인한다. 절대 누구를 속이거나 여러분을 속이지 않았다. 지금까지 항상 나는 당하고 살았다. 원수도 내가 갚은 적이 없다. 원수는 하나님께 맡기라고 하셨기에 한 번도 내가 갚은 적이 없다. 내가 당하기만 했어도 단 한 번도 원망한 적이 없다. 그래서 또 이렇게 예언해 두셨던 것이다.

아6:9 나의 비둘기, 나의 완전한 자는 하나뿐이로구나 그는 그 어미의 외딸이요 그 낳은 자의 귀중히 여기는 자로구나 여자들이 그를 보고 복된 자라

하고 왕후와 비빈들도 그를 칭찬하는구나

나를 실제로 낳은 육의 어미에게 나는 하나뿐인 외딸이다. 이에 대해서는 창섭 성도가 증인이다. 육으로 이모들이 증인이다.

시37:18 여호와께서 완전한 자의 날을 아시니 저희 기업은 영원하리로다

그래서 지금 이때가 '**여호와의 날**'이요, 하나님께서 인을 치신 '**인자의 날**'이다. 이때, 곧 '**완전한 자의 날**'에 나와 성도를 옥에 가둔 자들에 대해서도 **12~17절**에 예언해 두셨고, 사실이 되어 이루어졌다.

"¹²악인이 의인 치기를 꾀하고 향하여 그 이를 가는도다 ¹³주께서 저를 웃으시리니 그날의 이름을 보심이로다 ¹⁴악인이 칼을 빼고 활을 당기어 가난하고 궁핍한 자를 엎드러뜨리며 행위가 정직한 자를 죽이고자 하나 ¹⁵그 칼은 자기의 마음을 찌르고 그 활은 부러지리로다 ¹⁶의인의 적은 소유가 많은 악인의 풍부함보다 승하도다 ¹⁷악인의 팔은 부러지나 의인은 여호와께서 붙드시는도다(이 본문 또한 예수 그리스도에 대한 예언의 실상이 아니고, 2021년 이 세대 나에 대한 예언이다. 14년째 이 일을 온갖 거짓말로 모해하고, 우리에게서 나간 자들이 앞잡이가 되어 결국 옥에까지 가두어 두고 온 세상에 치욕을 준 이 일, 그들의 혀와 손이 칼과 화살이 되어 쏘아 심령이 가난하고, 실상으로도 가난하기에 무시하고 멸시하여 더 악랄하게 날뛴 것이다.

그러나 하나님께서 악인들을 비웃으신다. 그들도, 나도, 우리도 이미

이 땅에 사람으로 태어나기 전에 미리 예언해 두셨으니 이 모두는 하나님의 뜻, 계획대로 진행되고 있는 것이다. 나는 알지만 나를 치고 감옥에 가둔 그들은 자신들이 이 예언의 주인공들이라는 것을 모른다. 가장 순전한 자, 곧 완전한 자는 나에 대한 예언이 명백하며, 땅에 있어 영생을 실상으로 얻어야 이 말씀의 의인이요, 완전한 자의 실상이다.)

¹⁸여호와께서 완전한 자의 날을 아시니 저희 기업은 영원하리로다 ¹⁹저희는 환난 때에 부끄럽지 아니하며 기근의 날에도 풍족하려니와 ²⁰악인은 멸망하고 여호와의 원수는 어린 양의 기름같이 타서 연기 되어 없어지리로다(이 일을 이단, 사이비라고 자신들 스스로 판단하여 훼방한 그들은 여호와 하나님의 원수다. 반드시 혀로 예수 이름 사용하는 원수들이나 그들은 연기같이 타서 없어지고, 뿐만 아니라 육체가 불에 타서 없어지나 그 혼들은 영원히 꺼지지 아니하는 지옥 불못에서 영원히 영벌을 받으며 살아야 한다. 배정도 자칭 목사는 이미 이런 지옥에서 현재 땅에서 나를 통해 일어나고 있는 일들이 어떤 일인지 다 보고 있다.)

²¹악인은 꾸고 갚지 아니하나 의인은 은혜를 베풀고 주는도다 ²²주의 복을 받은 자는 땅을 차지하고 주의 저주를 받은 자는 끊어지리로다 ²³여호와께서 사람의 걸음을 정하시고 그 길을 기뻐하시나니 ²⁴저는 넘어지나 아주 엎드러지지 아니함은 여호와께서 손으로 붙드심이로다 ²⁵내가 어려서부터 늙기까지 의인이 버림을 당하거나 그 자손이 걸식함을 보지 못하였도다 ²⁶저는 종일토록 은혜를 베풀고 꾸어 주니 그 자손이 복을 받는도다(문자 그대로도 예수 그리스도에 대한 예언이 아니라는 명백한 증거가 자손이 있다는 것이다. 다른 세대가 아니고 반드시 지금 이 세대에 이

미 '**영생**'을 얻기로 정하시고, 하나님께서 약속하신 땅에서 기업을 일으켜서 영원한 가족이 되어 땅에 실상으로 남아 있는 자들이다. 나에 대한, 우리에 대한 예언이 분명하다.)

²⁷악에서 떠나 선을 행하라 그리하면 영영히 거하리니(너무 명백하게 한 몫의 삶을 버리고 악에서 떠나 '**선**'이신 하나님의 계명대로 지켜 실행하고 있는 우리에 대한 예언이 명백하다. 온 세상 그 누구도 이 본문 예언이 자신들이라고 하나님과 사람 앞에 시인할 자는 전에도 없었고, 창세 이래 아무도 없었으며, 앞으로도 영원히 2021년 7월 9일 나와 우리에 대한 예언임을 온 세상에 천명한다.

이는 반대로 나를 이단, 사이비라고 비방하고 정죄한 그들에 대한 판결도 사실이라는 명백한 증거다. 이런 진리를 14년째 대언하고 있는데 진리가 아니라고 나를 대적한 그들은 어떤 자해를 한 것인지 두 눈으로, 두 귀로 똑똑히 보고 들어서 그 누구도 아니라고 반박할 수 없는 사실임을 온 세상이 다 인정하게 될 것이다. 영생을 안 믿고 부인한 자들이 눈이 있으나 보지 못하고, 귀가 있으나 듣지 못한 영적인 소경, 귀머거리, 깨달음이 없는 그들은 자신들이 스스로 자해한 것이다.)

²⁸여호와께서 공의를 사랑하시고 그 성도를 버리지 아니하심이로다('**성도**', 곧 사람이 하나님의 계명을 지켜 실행하여 한 몫의 삶을 버리고 거룩하게 되는 일곱째 날, 셋째 날인 2021년 이때 우리에 대한 예언이다. 말로만 교회에 새로 나온 자가 성도가 아니라, 전대미문의 새 일인 하나님의 가르치심을 받고 의인이 된 나와 우리에 대한 예언이다.

이렇게 성도가 되기를 바라고 불러 주니까 귀신이 주인인 자들은 스스로 자신들의 실체를 드러내며 하나님 나라에 합당한 자들이 아님을 증명하더라. 어떻게 이런 말씀을 받고도 그렇게 악하고 독하며 악랄할 수 있는지~ 성도라 부르지 마라. 이 예언은 하나님께서 친히 가르치시는 영원한 언약을 14년째 나를 통해 하고 계신 이 일에 대한 예언이 명백하다. 그래서 욥기서의 "순전한 자, 곧 완전한 자"도 나에 대한 예언이다.)

저희는 영영히 보호를 받으나(이래도 아니냐? 이렇게 명백하게 영영히, 곧 영생을 이미 받기로 정해 두신 이 일을 안 믿고 패역할래? 우리에게서 나가 나를 고소한 악인임을 너희 스스로 나타내고 자인한 모든 자들아~ 이래도 영생을 안 믿는 너희들은 차라리 사람으로 태어나지 않는 것이 너희 자신들한테 더 유익했다.

너희 스스로 이 진리가 맞다고 피지에 보내 달라고 할 때 그는 누구며, 진리가 아니고 이단, 사이비라고 세상 법에 고소하고 거짓 증인들이 된 너는 누구냐? 그래서 너희들은 귀신들이다. 귀신이 주인이 된 자들이다. 너희들은 눈이 있으나 영적인 소경이며, 귀가 있으나 귀머거리들이며, 대적자며 마귀의 세력들이다.

너희들이 아무리 악독하게 대적해도 우리는 하나님께서 이미 영영히 보호하시겠다고 3021년 전에 이렇게 약속해 두셨다. 이 불쌍한 인간들아~ 너희들이 의지한 이 세상에 속한 권력은 너희들을 영영히 보호해 주지 않는다. 보호할 수도 없는 권력이며, 연합하여 너희들이 행한 이 일로 인해 너희들은 모두 영원히 사랑받지 못하고 지옥 불못에서 벌을 받아야 한다. 너희 같은 지옥의 자식들 눈에는 이런 천국의 비밀이 단 하나도 안 보이니 창세 이래 가장 불쌍한 인간들이 너희들이다.

우리 성도들과 나를 감옥에 가두어 두고 자신들을 다시 고치시고 창조하시는 하나님의 완전한 지혜와 사랑인 것을 알아서 이미 태어났고, 태어나고 있다. 이 가련한 인생들아~ 나는 이미 영생의 복을 받고 이 땅에 온 사람이다. 그런데 후욕하는 너희 머리인 악인, 곧 용, 사단, 마귀, 옛 뱀, 독사, 귀신의 가르침을 믿는 악인의 자손 너희들은 이미 이렇게 판결해 두셨다. 똑똑히 보아라)

악인의 자손은 끊어지리로다(이 판결이 나를 이단, 사이비라고 함부로 지껄인 너희 모두에 대한 판결이다. 뿐만 아니라 육체는 죽어서 흙으로, 한 줌 재로 돌아가지만 너희 악인들의 혼들은 지옥 불못에서 영원히 살아야 한다. 이 불쌍한 인생들아~ 이런 불못에 가지 않으려고 피지에서 이기고 있는 너희 육의 가족들을 네가 가는 지옥 불못에 같이 가자고 그 난리를 하나? 이 무지몽매한 자들아~ 너희들은 마귀의 자식들이라는 것을 너희 스스로 자인하고 자랑하는 자들이다.

[29]의인이 땅을 차지함이여 거기 영영히 거하리로다(하나님께서 만드신 땅은 이렇게 본래 영원히 있고, 전대미문의 새 언약으로 다시 창조함을 받고 있는 은혜로교회 성도들에 대한 하나님의 정하심이다. 그래서 한 몫의 삶을 버리고 하나님의 계명을 따라 낙토로 이사한 것이다. 하나님의 행하신 일은 그래서 영원히 있다. 하나님께서 이런 우리에게 주시려고 이 온 땅을 만드신 것이다. 이 어리석은 인간들아~ 너희 두 눈으로 똑똑히 보아라. 이런 하나님의 선한 일을 이단이라고 한 모든 자들아~ 다 보아라.

나와 은혜로교회는 이 예언대로 실상이 된 자들이며, 예언의 주인공들로 이 땅에 보내신 하나님의 사람들이다. 이런 내가 이단이냐~ 사이비냐~ 또 그 더러운 입을 놀리거라. 몰라서 가만히 당하고만 있는 줄 아느냐? 이 천하에 영원히 용서받지 못할 악인들아~

나를 감옥에 가두어 두고 너희들이 부당한 판결을 한 2020년 2월 27일을 기점으로 온 세상에 내린 재앙, 코로나19 전염병으로 1년 6개월 만에 400만 명이 넘는 사람들이 죽었다. 전 세계 코로나19 전염병에 확진된 자가 2억 명이 넘는다고 2021년 7월 8일 뉴스에 나왔다. 우연히 일어난 재앙이냐? 이 천하에 악인들아~

나를 통한 이 일을 훼방한 너희들로 인해 하나님께서 이 온 세상에 내린 징벌이며, 재앙이다. 나를 온 세상에 마치 흉악범인냥 너희들 혀로, 손가락으로 떠들고 치욕을 준 것에 대한 징벌이라고 하면 너희 악인들은 비웃고 무시할 것이다. 그렇게 무시하고 계속 나를 옥에 가두어 두거라. 어찌 되는지 온 세상이 보고 경험하고 죽을 자들은 독한 병으로, 모든 재앙으로 계속 죽을 테니까. 계속 악독하게 악을 행하거라, 이 악인들아~

너희들은 살인자들이다. 전 세계에서 코로나19로 죽은 400만 명은 이미 알고 있을 것이다. 나를 너희들 마음대로 판단하고 정죄한 너희 죄악 때문이다. 이 무지몽매한 악인들아~ 온 천하에 나를 치욕을 주고 짓밟은 대가다. 살인자들이 가는 곳은 지옥 불못이다. 내가 언제 이 세상이 종말 한다고 하더냐~ 이 천하에 나쁜 악인들아~ 뚫린 입이라고 나를 '종말론자'라고 한 우리에게서 나간 대적자들아~ 한국에 자칭 종교 지도자들아~ 기득권 세력이 되어 하나님의 나라와 아무 관계 없는 악인들아, 또다시 지껄이거라.

피지 난디한인교회 박상기 자칭 목사, 지옥의 사자인 주제에 밥벌이 수단은 이제 끝났다. 나를 난디 공항에서 "네 엄마 이단이지?" 하여 치명적인 상처를 주고, 지금까지 괴롭힌 너의 죄는 너 스스로 지옥 불에 가는 자임을 자랑한 것이다. 베트남 하노이한인교회 담임 목사 너, 나를 '이단'이라고 선동하여 베트남 공안부에 탄원하고 고발한 너는 지옥에 교인들을 보내고 있는 마귀이며, 사단이다. 아무것도 모르고 너 같은 마귀를 섬기는 교인들은 하나님께 제사하는 것이 아니라 마귀에게 제사하는 우상숭배자들이다. 은혜로교회를 이단이라 비방하여 결국 문을 닫게 한 너희들은 하나님의 원수요, 대적자들이며, 영원한 죄에 처하는 지옥에 들어갈 자들이다.

나는 절대 이단도, 사이비도 아닌 하나님께서 이 땅에 보내신 하나님의 종이요, 너희들이 상상하는 진리의 성령이며, 이미 '영생'을 얻기로 정해 두신 **시편 37장**의 "의인"이요, 욥기서에 예언된 "순전한 자"요, 아가서에 예언된 "완전한 자"로 이미 하나님께서 '인치신 자'다. 너희들과 나는 아무 관계가 없는 남이다. 너희가 이단들이요, 사이비들이다. 어디서 하나님 두려운 줄 모르고 하나님의 계명대로 보고 듣고 믿고 지켜 실행한 나를 너희 마음대로 판단하고 정죄하나? 이래도 계속 지껄이거라.

너희들이 나를 정죄해 준 결과는 나의 한 몫의 삶, 전 은혜로교회 성도들의 한 몫의 삶을 정죄하여 죽여 준 것이다. 또한 우리 안에 티끌을 가려내어 떨어 버리시는 하나님의 완전한 지혜이며, 택한 자녀들을 다시 창조하시고 하나님의 말씀으로 해산하시는 기간이다. 이렇게 감옥에 가두어 두시고 너희들이 혀로, 손으로, 힘으로 한 모든 언행에 대한 심판의 말씀을 하나님과 사람 앞에 나로 하여금 시인하게 하시는 하나님의 완전한 모략이다. 이는 곧 '마귀를 대적하라'는 하나님의 계명을 나는 지켜 실행하는 것이고, 온 세상에 마귀의 세력인 너희들이 혀로 예수 이름 사용하여 지옥 불에 보내는 지옥의 자식들이라고 밝히게 하셔서 죽기를 무서워하여 너희 같은 마귀를 섬기고 하인 노릇 하는 교인들을 너희 귀신의 처소에서 나오게 하시려는 하나님의 뜻이다.

마귀의 하는 일은 하나님의 말씀을 마음에 받아 구원에 이르지 못하게 하나님의 일을 훼방하는 일이고, 지옥의 자식들을 모으는 일을 하는 것이다. 광명의 천사로 가장한 자들이며, 이미 사망과 음부의 열쇠로 하나님께 마귀라고 판결과 심판을 받은 자들이다. 그런 마귀를 눈이 있어도 보지 못하고 우상숭배 하는 교인들아~ 피지에 난디한인교회, 감리교회 자칭 선교사, 수바 순복음교회 자칭 목사, 박상기의 선동에 동조하여 피지 신문에 나를 이단이라고 광고하고, 혀로, 손으로 정죄한 너희들은 전부 마귀요, 가르치는 귀신들이며, 교인들을 혀로 미혹하는 거짓 선지자들이요, 지옥의 사자들이다. 공개하고 사죄하지 아니하면 전 성경에 기록된 모든 재앙을 받고 지옥 불에 떨어질 것이다.

나는 경고했고, 믿고 지켜 실행하고 안 하고는 너희 자신들한테 달려 있다. 나는 지금도, 앞으로 영원토록 너희는 하나님의 원수요 대적자들이며, 멸망으로 인도하는 크고 넓은 문에 서 있는 우상들이며, 광명의 천사들로 가장한 사단, 마귀라고 증거할 것이다. 어디서 진짜 이단, 사이비들이 사기를 치고 너희 마음대로 판단하고 정죄하나? 이 악인들아~ 두 눈으로 똑똑히 보아라.

나는 7년 징역형을 받을 어떤 죄도 짓지 않았다. 나를 감옥에 가둔 허건 형사, 검사 최수경, 이윤희, 판사 장서진, 송승우 외 두 명, 대법원 판사 세 명 너희들이 한 부당한 판결을 바로잡지 아니하면 지금 이 코로나19 재앙은 아무것도 아닌 징조일 뿐이다. 전 세계 코로나19 바이러스로 사망한 사람이 400만 명이 넘는 2021년 7월 8일 이때까지의 재앙은 빙산의 일각이다. 이 말이 사실인지, 아닌지는 온 세상 78억의 사람들이 보고, 듣고, 경험하여 하나님의 행하시는 일이 창세 이래 없었던 전대 미문의 새 일임을 밝힌다.

2008년 6월 16일 한국 종로 5가 100주년 기념관에서 시작하여 2021년 7월 9일 서울구치소에, 안양교도소에 갇혀 있는 나 신옥주 목사, 성도 신창섭, 이미 1년 징역을 살고 나간 최문자 성도, 4개월을 살고 나간 안지원을 구속하여 온 세상에 흉악범 취급을 한 이 일이 살아 계신 하나님께서 친히 행하신 일임을 온 세상에 천명한다.

이 일을 부당하게 거짓 증언하여 나와 성도들을 고소한 자칭 피해자라고 하는 자들의 말만 믿고 판결한 것이므로 바로잡지 아니하면 어찌 되는지 두고 보자. 누가 진실인지, 누가 거짓인지 온 세상 우주 만물을 창조하시고 성경대로 경영하시는 하나님께서 이미 진실과 거짓을 예언해 두신 대로 땅에 그대로 이루어지고 있는 사실이다. 누가 진실인지 이미 1년 6개월간 나를 변호하시고, 너희들이 부당하게 고소하고 재판하여 억울하게 감옥에 가두어 두었다는 것을 이미 재앙을 내려 하나님께서 판결하시고 계신데도 악인들이 모를 뿐이다.

이제 악인들이 일하는 시기는 끝났다. 새로운 세상, 창세 이래 없었던 세상이 도래한다. 이 세상을 다스리고 누리고 살 하나님의 아들들, 백성들을 이미 준비하고 계신 일이 나를 통한 이 일이다. 온 세상은 이제 하나님만이 하나님 되시는 세상이 도래한다. 믿든 안 믿든 이는 사실이고 진리다.)

³⁰의인의 입은 지혜를 말하고(이 지혜는 창세 이래 2021년 이 세대까지 그 누구도 말하지 못했던 하나님의 완전한 지혜다. 증명하면 **고전 1:18~31절**에 예언된 이 세상, 곧 악인들에게 허락하신 기간에 속한 자들에게는 절대 알게 하신 지혜가 아니다. 2008년 6월 16일부터 시작되어 14년째 나를 통하여 자세하게 진술하게 하시는 전대미문의 하나님의 지혜다. 그래서 이렇게 말씀하셨다.

고전1:18~31 ¹⁸십자가의 도가 멸망하는 자들에게는 미련한 것이요 구원을 얻는 우리에게는 하나님의 능력이라 ¹⁹기록된 바 내가 지혜 있는 자들의 지혜를 멸하고 총명한 자들의 총명을 폐하리라 하였으니 ²⁰지혜 있는 자가 어디 있느뇨 선비가 어디 있느뇨 이 세대에 변사가 어디 있느뇨 하나님께서 이 세상의 지혜를 미련케 하신 것이 아니뇨 ²¹하나님의 지혜에 있어서는 이 세상이 자기 지혜로 하나님을 알지 못하는 고로 하나님께서 전도의 미련한 것으로 믿는 자들을 구원하시기를 기뻐하셨도다 ²²유대인은 표적을 구하고 헬라인은 지혜를 찾으나 ²³우리는 십자가에 못 박힌 그리스도를 전하니 유대인에게는 거리끼는 것이요 이방인에게는 미련한 것으로 되 ²⁴오직 부르심을 입은 자들에게는 유대인이나 헬라인이나 그리스도는 하나님의 능력이요 하나님의 지혜니라 ²⁵하나님의 미련한 것이 사람보다 지혜 있고 하나님의 약한 것이 사람보다 강하니라 ²⁶형제들아 너희를 부르심을 보라 육체를 따라 지혜 있는 자가 많지 아니하며 능한 자가 많지 아니하며 문벌 좋은 자가 많지 아니하도다 ²⁷그러나 하나님께서 세상의 미련한 것들을 택하사 지혜 있는 자들을 부끄럽게 하려 하시고 세상의 약한 것들을 택하사 강한 것들을 부끄럽게 하려 하시며 ²⁸하나님께서 세상의 천한 것들과 멸시받는 것들과 없는 것들을 택하사 있는 것들을 폐하려 하시나니 ²⁹이는 아무 육체라도 하나님 앞에서 자랑하지 못하게 하려 하심이라 ³⁰너희는 하나님께로부터 나서 그리스도 예수 안에 있고 예수는 하나님께로서 나와서 우리에게 지혜와 의로움과 거룩함과 구속함이 되셨으니 ³¹기록된 바 자랑하는 자는 주 안에서 자랑하라 함과 같게 하려 함이니라

따라서 **시37:30절**에 "의인의 입은 지혜를 말하고"라고 하신 이 예언은 하나님의 지혜, 곧 아들을 십자가에 죽는 데 내어 주신 하나님의 나라 비밀을 알게 하시고 지켜 실행하게 하여 이 세상에 속한 자들이 보기에는 세상에서 미련한 자로 보이게 하셔서 지혜 있다고 생각하는 자들의 지혜를 멸하고, 총명하다고 스스로 생각하는 자들의 총명을 폐하시려고 세상에서 육으로, 곧 외모로 보기에 천한 것들, 멸시받는 것들, 없는 것들, 곧 가난한 자들인 우리를 택하셨던 것이다.

이 예언이 사실이 되어 14년째 땅에 이루어지고 있어도 그들 눈에는 보이지도 들리지도 않는 것이다. 우리는 왜 육체를 따라 지혜 있는 자들이 많지 아니한지, 문벌 있는 집안이 없는지 너무 명확하게 하나님께서 이런 우리를 선택해 두셨다. 아니 이렇게 이 땅에 보내셨던 것이다. 이는 아무 육체도 하나님 앞에서 자랑치 못하게 하려고 이렇게 이 땅에 보내신

것이다. 이 사실을 안 믿고 왜 자꾸 '시기'하나?

다시 **시37:30절**에 "의인의 입은 지혜를 말하고"라는 이 의인도 나에 대해서 예언하신 것이고, 14년째 하나님의 지혜를 대언하여 이 세상에 속한 자들이 기록해 두신 하나님의 지혜를 모르고 자신들이 스스로 성경을 해석하여 이미 잘 알고 있다고 자긍하는 그들의 지혜를 폐하고 있는 14년째 이 일이 나에 대한 예언임을 하나님께서 증거하시고 계신 것이다. 그리고 "**그 혀는 공의를 이르며 그 마음에는 하나님의 법이 있으니 그 걸음에 실족함이 없으리로다**"라고 하신 이 예언대로 사실이 되었다. 예수 이름으로 불법, 불의를 행하는 이 세대에 실족하지 아니하고, 우리 모두는 하나님께로 온전히 돌아선 지금이 이 예언의 주인공이 나라는 확실한 증거다.)

그 혀는 공의를 이르며 ³¹그 마음에는 하나님의 법이 있으니 그 걸음에 실족함이 없으리로다 ³²악인이 의인을 엿보아(이인규 악인, 박형택 악인이 나를 엿보고 우리에게서 나가 나를 세상 법에 고소한 그들이 우리 안에 들어와서 엿보아) 살해할 기회를 찾으나(이렇게 찾았다고 한 것이 바로 타작마당을 '**폭행, 특수폭행**'이라고 하고, 예수 그리스도를 통해서 주신 하나님의 계명대로 보고 듣고 믿고 지켜 실행한 것이며, **에스겔 12장** 등 하나님의 인도하심으로 피지에 이사한 것인데 '**감금, 특수 감금, 중감금**'이라고 한 것이다.

적어도 이런 중요한 고소를 하려면 '**육하원칙**', 곧 누가, 언제, 어디서, 무엇을, 어떻게, 왜 감금이라고 하는지에 대한 증거도, 원칙도 없이 고소를 한 그들의 이는 날카롭지 못하다고 예언하신 그대로 사실이었다. 그리고 한국은 법치 국가가 절대 아니다. 비행기 10시간이나 타고 가난한 피지에서 새로운 삶을 살아야 하는데 아동을 학대하고 방임, 유기, 교사 죄를 저지른 목사를 어떻게 믿고 수백 명이 이주를 했을까 하는 일반적인 상식도 없는 사람들이 형사, 검사, 판사더라. 우리에게서 나간 그들이 나를 살해할 기회를 찾은 것이 이런 죄명이었다. 그런데 하나님께서는 이렇게 판결해 두셨다.)

³³여호와는 저를 그 손에 버려두지 아니하시고 재판 때에도 정죄치 아니하시리로다(그래서 나에 대한 이 판결은 우리 안에 패역을 고치시기 위함이었다. 너희가 모두 진리로 하나가 되면 된다.) ³⁴여호와를 바라고 그 도를 지키라 그리하면 너를 들어 땅을 차지하게 하실 것이라 악인이 끊어질 때에 네가 목도하리로다 ³⁵내가 악인의 큰 세력을 본즉 그 본토에 선 푸른 나무의 무성함 같으나 ³⁶사람이 지날 때에 저가 없어졌으니 내가 찾아도 발견치 못하였도다(방금 성진 성도 편지에 나이지리아 '죠수아' 목사가 57세 나이에 2021년 6월 9일 주일 예배를 마치고 돌아가서 죽었단다.⁽³²⁾ 그뿐이냐? 한국에 김성혜 목사도 당시 성진 성도가 영적인 전쟁을 할 때 바로 죽지 않았나?

악인은 이제 끝났다. 마귀들이 일하는 시기가 끝났다. 지금 이 본문이 실상이 되는 증거가 내가 옥에 갇히는 사건이다. 판결의 말씀을 선포하는 이때가 바로 우리는 약속하신 땅을 차지하고 악인은 끊어지는 때다. 이 예언이 실상이 된다. 우리의 두 눈으로 두 귀로 목도한다. 그래서 전세계에 택하신 하나님의 자녀들에게 이렇게 말씀하신다.)

³⁷완전한 사람을 살피고 정직한 자를 볼찌어다 화평한 자의 결국은 평안이로다(**욥8:20**절에 순전한 사람이 바로 완전한 사람, 정직한 사람이

며 화평한 자다. 나의 결국은 평안이다. 얼굴을 마주 보게 될 때 할 말이 너무너무 많다. 일거수일투족 함께 하시는 증거를 아이들 사진에서도 다 나타내 주신다. 그러나 악인들은)

³⁸범죄자들은 함께 멸망하리니 악인의 결국은 끊어질 것이나 ³⁹의인의 구원은 여호와께 있으니 그는 환난 때에 저희 산성이시로다 ⁴⁰여호와께서 저희를 도와 건지시되 악인에게서 건져 구원하심은 그를 의지한 연고로다"

이렇게 순전한 자, 곧 완전한 자는 땅에 남아 있어야 한다. 따라서 본문도 예수 그리스도에 대한 예언이 명백하게 아니고, 이 세대 우리에 대한 예언이다.

또 **잠2:21절** "²¹대저 정직한 자는 땅에 거하며 완전한 자는 땅에 남아 있으리라(이렇게 완전한 자는 하나님께서 만드신 땅에 남아 있다. 땅은 하나님께서 창조하셔서 영원히 있는데 왜 하나님의 형상의 모양대로 만드신 만물 중 영장인 사람은 영생을 못 한다고 생각하나? 하나님 편에서는 때가 아니어서 그랬지만, 사람 편에서는 계명을 지키는 자가 없었던 것이다. 이렇게 완전한 자, 정직한 자는 영원히 있는 땅에서 영원히 산다. 이를 두고 '**영생**'이라고 하는 것이다.

성경을 사용하고 교회를 다니면서 영생을 안 믿고, 가르치지 아니하는 자는 사기꾼이다. 또한 이 땅은 하나님께서 약속하신 땅이다. 아무 때나, 아무나가 아니라 이 예언의 실상은 전 성경에 예언되어 있고, 2921년이 지난 2021년 지금 이 예언이 실상이 되어 이루어지고 있는 것이다. 그러나 악인은 반드시 **22절**의 판결대로 실상이 된다.) ²²그러나 악인은 땅에서 끊어지겠고 궤휼한 자는 땅에서 뽑히리라"

　　지금까지 왜 모두 자신들은 잘 믿는다고 착각하여 다 죽었는지 보이느냐? 이러니 귀신들이 죽어서 천국 가고, 죽어서 영생을 얻는다고 가르친 것이다. 약속하신 땅에서도 끊어지고 뽑힌다. 죄가 목에 차면 영원히 끝나서 지옥 불에서 영벌을 받는다. 그리고 반드시 완전한 자, 곧 순전한 자는 다른 세대에 실상이 되는 것이 아니다. 증명한다.

골1:28 우리가 그를 전파하여 각 사람을 권하고 모든 지혜로 각 사람을 가르침은 각 사람을 그리스도 안에서 완전한 자로 세우려 함이니

　　'그리스도 안에서'란 예수님 당시에 실상이 되는 예언이 아니라, 2천년이 지난 후에 반드시 **누가복음 24장**의 예언대로 전 성경을 가지고 하나님에 대해서, 하나님의 아들에 대해서 성령이 실상이 되어 모든 진리 가운데로 인도할 때, 그리스도 안에서 완전한 자들이 실상이 되고, 영생이 실상이 된다는 뜻이다. 혀로 오직 예수하여 귀신 쫓고 병 고치고 이적과 기사를 행하여 예수님 흉내를 내는 자들은 "그리스도 안에서"라는 말씀의 뜻을 모른다. 좌편, 하층은 절대 못 깨닫는다.

골4:12 그리스도 예수의 종인 너희에게서 온 에바브라가 너희에게 문안하니 저가 항상 너희를 위하여 애써 기도하여 너희로 하나님의 모든 뜻 가운데서 완전하고 확신있게 서기를 구하나니

이 말씀 속에 감추어 두신 하나님의 뜻, 천국의 비밀을 모르면 하나님의 나라와 아무 관계가 없다. 이런 진리의 눈으로 다시 **욥8:20~22절**로 가자.

"²⁰하나님은 순전한 사람을 버리지 아니하시고(이 예언은 당시 욥만이 아니고, 예수 그리스도만이 아니고, 2021년, 곧 3421년 후인 지금 우리에 대한 예언이다. 이 해석이 온전한 해석이다. 그러므로 악한 자도 나를 노하여 대적하는 자들에 대한 예언이다.) 악한 자를 붙들어 주지 아니하신즉 ²¹웃음으로 네 입에, 즐거운 소리로 네 입술에 채우시리니 ²²너를 미워하는 자는 부끄러움을 입을 것이라 악인의 장막은 없어지리라"

예수 그리스도를 미워하며 결국 사형시킨 자칭 유대인, 대제사장, 장로, 서기관들, 바리새인들도 지금 이 세대까지 영원토록 부끄러움을 당하지만, 이 본문도 나에 대한 예언, 우리에 대한 예언이다. 이유 없이 자신들과 남인 나를 자기들 마음대로 판단하고 노하던 대적자들, 미워하는 자들은 수치, 곧 부끄러움을 당한다. 이들이 일할 시기는 이제 끝났다. 오는 세상에는 악인의 장막도 다 없어진다. 3421년이 지난 지금 이 예언이 온전히 실상이 된 것이다.

다윗의 집의 열쇠를 받은 빌라델비아 교회의 사자에게 원수들이 노하여 괴롭히고, 그들이야말로 하나님과 예수 그리스도와 아무 상관이 없이 자신들의 더러움을 가리고 일생 교인들을 속이고 사기 치는 장식품, 밥벌이 수단으로 삼는 자들이 도리어 참 진리를 대언하는 자를 대적하고 "이단이니~ 사이비니~" 하며 진리의 도를 훼방하는 것이다.

다윗왕이 사울왕에 의해 고난당하는 일에 대한 기록도 예수 그리스도께서 땅에서 겪으실 예언이지만, 이 세대에 온전히 실상이 되는 예언들이다. **시6:10절**에도 "내 모든 원수가 부끄러움을 당하고 심히 떨이여 홀연히 부끄러워 물러가리로다"라고 하신 이 원수들은 **5절**에 "사망 중에서는 주를 기억함이 없사오니 음부에서 주께 감사할 자 누구리이까"에 해당하는 자들이다.

결국 사망, 곧 마귀, 사단, 뱀, 독사, 용, 가르치는 귀신, 우상, 미운 물건들이 서지 말아야 할 거룩한 강단에 서 있는 자들이 있는 곳이 지옥 불의 소리를 하는 '음부'다. 육체가 살아 있을 때 이를 분별 못 하면 일생 마귀에게 제사하고 하인 노릇 하는 자들은 살아서 음부에 있다가 영원한 지옥 불에 떨어지는 것이다.

눅16:19~31절에 음부에 떨어진 부자, 오늘날 목사가 살아 있을 때 목회한 곳이 음부였다. 이런 음부에 있는 자들은 자신들이 하나님이 되어 예수 그리스도의 자리에 앉아서 시기하고 미워하며 함부로 이단, 사이비라 지껄이는 것이다. 귀신이 주인인 자들의 특징이 아무 생각 없이 죄를 먹고 마신다. 하나님의 사람은 원수, 대적자들의 하는 언행을 다 알면서 '하나님을 몰라서 그렇다, 알면 자해하지 않는다'라고 생각하고 어찌하든 상대에게 모르고 있는 것을 알리려고 하지, 함부로 정죄하고 "이단이니~사이비니~" 하지 않는다.

사망의 세력 잡은 자들은 하나님의 행하심에는 아예 관심이 없다. 실상은 그러한데 그들은 사람이 보기에는 혀로는 감사, 사랑, 오직 예수, 복이라는 단어를 입에 달고 산다. 이러니 사람의 눈에는 분별을 못 하는 것이다. 타국에서 같은 한국 사람이라는 것 때문이라도 절대 "이단이니~

사이비니~" 하고 비방하고 욕을 할 수가 없는 것이다. 사람 차원으로라도 말이다.

피지에 난디한인교회 박상기와 자칭 선교사들을 보아라. 베트남에 우상숭배 하는 자들, 하나님을 안 믿는 그들에게 어떻게 이단이라고 한인 목사, 자칭 선교사, 기독교인들 수백 명이 서명하여 공안부에 교회 허가를 내주지 말라고 할 수가 있나? 이들은 인격 자체가 없다. 하나님께서 사람에게서 증거를 취하시지도 않으시고 영광을 받지도 않으신다고 하신 이유는 이들은 근본이 그들 생각 속에 하나님이 없다. 근본이 거짓이다. 상대할 가치가 없다, 이런 악인들은~

하나님의 일을 훼방하고 아무것도 모르는 영혼들을 영적인 살인을 하니까 싸우는 것이지 시간이 아깝다. 짐승하고 무슨 말을 하며 기대를 하겠나~ 오죽하면 이들을 위해서는 기도도 하지 말라고 하셨을까? 그래서 다음과 같이 판결해 두셨다.

렘7:16~20 ¹⁶그런즉 너는 이 백성을 위하여 기도하지 말라 그들을 위하여 부르짖어 구하지 말라 내게 간구하지 말라 내가 너를 듣지 아니하리라 ¹⁷너는 그들이 유다 성읍들과 예루살렘 거리에서 행하는 일을 보지 못하느냐 ¹⁸자식들은 나무를 줍고 아비들은 불을 피우며 부녀들은 가루를 반죽하여 하늘 황후를 위하여 과자를 만들며 그들이 또 다른 신들에게 전제를 부음으로 나의 노를 격동하느니라 ¹⁹나 여호와가 말하노라 그들이 나를 격노케 함이냐 어찌 자기 얼굴에 수욕을 자취함이 아니냐 ²⁰그러므로 주 여호와 내가 이같이 말하노라 보라 나의 진노와 분한을 이곳에 붓되 사람

과 짐승과 들나무와 땅의 소산에 부으리니 불같이 살라지고 꺼지지 아니하리라 하시니라

이렇게 귀신은 자신이 스스로 수욕, 곧 수치와 욕, 부끄러움, 재앙, 하나님의 진노, 심판을 자취한다. 14년째 보고 있다. 말씀을 받고도 이러한데 사단, 마귀, 귀신들에게 무엇을 기대하나~

그러므로 지금 이 경고를 무시하면 귀신의 처소들, 예수 이름, 하나님의 이름을 망령되이 일컫는 자들은 그들보다 더 악한 이방인을 들어서 수치와 욕을 당하게 하신다. 그 징조가 바로 1년 6개월이 넘도록 전 세계에 덮친 코로나19 전염병이다. 세상 권력자들이 교회 문을 강제로 닫고, 예배를 금지시키고, 안 지키면 벌금을 물리고, 지금은 이렇게 징계하지만 먼저 믿은 기독교인들이 있는 저 유럽에서는 총을 든 악인이 들어가서 총으로 쏘아 죽여 버리지 않느냐?[33] 목사나 사제를 죽이는 것을 언론을 통해 보여 주어도 깨닫지 못하고 도리어 순교하라고 하는 무지몽매한 자들이 있다. 귀신이 주인이면서 혀로 "주여, 오직 예수여" 하는 자들에 대하여 판결한다.

렘51:50~53 ⁵⁰칼을 면한 자들이여 서지 말라 행하라 원방에서 여호와를 생각하며 예루살렘을 너희 마음에 두라 ⁵¹이방인이 여호와의 집 성소에 들어가므로 우리가 책망을 들으며 수치를 당하여 부끄러움이 우리 얼굴에 덮였느니라 ⁵²그러므로 여호와께서 가라사대 보라 날이 이르리니 내가 그 조각한 신상을 벌할 것이라 상함을 입은 자들이 그 땅에서 신음하리라 ⁵³가령 바

벨론이 하늘까지 솟아오른다 하자 그 성을 높이어 견고히 한다 하자 멸망시킬 자가 내게서부터 그들에게 임하리라 여호와의 말이니라

우리는 이미 2018년 7월 24일에 이방인들이 여호와의 집 성소에 들어와서 책망을 듣고 수치와 부끄러움을 당했다. 너희들의 패역이 그들을 부른 것이다. 왜 온 세상에 내가, 우리가 수치와 치욕을 당하는지 아직도 깨닫지 못하는 게으르고 더러운 귀신들이 있기 때문이다. 친히 책망하고 타작할 때 돌아서면 이런 더러운 수치를 안 당한다. 아직 미친 짓을 하는 너희들의 실상을 판결한다.

잠10:4~5 [4]손을 게으르게 놀리는 자는 가난하게 되고 손이 부지런한 자는 부하게 되느니라 [5]여름에 거두는 자는 지혜로운 아들이나 추수 때에 자는 자는 부끄러움을 끼치는 아들이니라

이 말씀은 너희들을 영적인 잠에서 깨우기 위해 타작마당을 했고, 이를 빌미로 온 세상에 폭행범으로 치욕을 당하고 있는 이 일에 대한 예언이며, 지금까지 실상이 되어 있다. 게으르고 더러운 귀신은 일할 마음이 없다. 자기 주머니에 당장 돈이 들어가면 절대 저렇게 하지 않는다. 이름을 말하기도 부끄러운 자들이 우리 안에 있으니, 지금 14년째 영적인 잠을 깨지 않고 있는 귀신이 주인인 인간들을 대체육체와 악인들을 들어 수치와 부끄러움을 당케 하신 것이다. 아무리 말해도 깨닫지 못하는 티끌을 떨어 버리라고 하신 이유다. 왜 온 세상에 수치를 당하고 있는지 보이느

냐? 그래서 또 이렇게 예언해 두셨다.

잠17:2 슬기로운 종은 주인의 부끄러움을 끼치는 아들을 다스리겠고 또 그 아들들 중에서 유업을 나눠 얻으리라

이 예언도 우리 안에서 이미 실상이 되어 있다. 이러므로 또 이렇게 예언해 두셨고, 현재도 이루어지고 있다. **잠19:24~26절**이다. 모두 정신을 차리고 똑바로 들어라.

잠19:24~26 ²⁴게으른 자는 그 손을 그릇에 넣고도 입으로 올리기를 괴로와하느니라 ²⁵거만한 자를 때리라 그리하면 어리석은 자도 경성하리라 명철한 자를 견책하라 그리하면 그가 지식을 얻으리라 ²⁶아비를 구박하고 어미를 쫓아내는 자는 부끄러움을 끼치며 능욕을 부르는 자식이니라

어미를 통하여 하나님의 가르치심을 14년째 전해도 결국 이 예언이 실상이 되어 어미를 대적의 땅에 쫓아내어 감옥에 가둔 것이다. 이는 아비인 하나님을 구박한 것이고, 치욕과 수치와 능욕을 부르는 자식이다. 아직 이런 자식이 있다. 복주, 진화, 덕순, 숙자, 언주, 선숙, 윤희정, 염영란, 말주, 미란, 재성, 다현이 너희가 이런 자들이다. 하나님 아버지를 구박하고, 너희를 해산하는 데 사용하시는 나를 집에서 쫓아내어 온 세상에 치욕을 당하게 하는 능욕을 부르는 자들이다. 어떻게 지금 이 시간까지 귀신임을 자랑하나? 과천은 말하고 싶지 않을 정도다.

사실 너희 대부분이 이러했다. 지금까지 이런 자들은 티끌이냐? 양심에 화인을 맞았느냐? 이런 너희로 인해 현재 낙토에서 일어나는 재앙을 보아라. 너희 이 보응을 어떻게 할래? 이들이 무슨 짓을 하는지 보아라. 이 본문들은 다 우리 안에서 일어난 일이다. 이 때문에 타작마당이 있고, 이로 말미암아 대적자들, 원수들에 의해 낙토에까지 짓밟힘을 당하고 재앙을 부른 것이다. 북섬도 정신 차려라. 이들은 **잠19:24~26절**의 주인공들이다. 같은 성도들끼리 보아도 부끄럽고 괴로울 것이다. 모두 정신을 차리거라. 너희들이 티끌이 되는 것을 볼 수 없다. 형배는 불신자다. 티끌이다. 버리거라.

그러나 나는 지금은 이런 자식들 때문에 수치와 치욕, 부끄러움을 당하지만, **사54:4~8절**에 언약하신 대로 이루어진다.

사54:4~8 ⁴두려워 말라 네가 수치를 당치 아니하리라 놀라지 말라 네가 부끄러움을 보지 아니하리라 네가 네 청년 때의 수치를 잊겠고 과부 때의 치욕을 다시 기억함이 없으리니 ⁵이는 너를 지으신 자는 네 남편이시라 그 이름은 만군의 여호와시며 네 구속자는 이스라엘의 거룩한 자시라 온 세상의 하나님이라 칭함을 받으실 것이며 ⁶여호와께서 너를 부르시되 마치 버림을 입어 마음에 근심하는 아내 곧 소시에 아내 되었다가 버림을 입은 자에게 함같이 하실 것임이니라 네 하나님의 말씀이니라 ⁷내가 잠시 너를 버렸으나 큰 긍휼로 너를 모을 것이요 ⁸내가 넘치는 진노로 내 얼굴을 네게서 잠시 가리웠으나 영원한 자비로 너를 긍휼히 여기리라 네 구속자 여호와의 말이니라

이 예언에 대한 해답이 바로 **잠10:4~5절, 17:2절, 19:24~26절**의 말씀대로 실상이 된 우리 안에 너희들로 인해 지금 당하고 있는 수치와 치욕이다. 능욕과 부끄러움, 치욕, 수치를 대적자들에 의해 당하는 이유가 너희 패역을 고치시기 위해, 사람이 보기에는 하나님께 내가 버림을 당한 자같이 현재 치욕을 당하고 온 세상에 조롱거리가 되어 멸시를 당하나, 이는 잠시 겪는 내 십자가다.

이 본문들은 예수 그리스도에 대한 예언이 절대 아니다. 지금 이 예언들이 실상이 되어 14년째 겪고 있고, 3년이 다 되도록 감옥에 갇혀 있는 나에 대한 예언이며, 실상이다. 모든 것을 믿는다는 **고린도전서 13장**의 말씀은 택한 자녀들로 인하여 대적자들을 사용하셔서 감옥에 가두고, 온 세상에 치욕을 당하며 자신들이 이단, 사이비, 사이비 교주이면서 도리어 나를 이렇게 정죄하여 짓밟히는 학대, 부끄러움, 수치까지도 다 믿는다는 것이다. 그래서 내가 **갈3:22~23절**의 "믿음"이다. 자식이 죄를 지으면 어미는 남편에게도 부끄럽고, 온 세상에 있는 사람들에게도 부끄럽고, 능욕을 당해도 할 말이 없어서 **사52:1~2절**의 말씀대로 시행하는 것이 늦어진 것이다.

영원한 자식들이 아직 이 모양인데, 이런 나는 너의 자식들은 왜 그 모양으로 바뀌지 않느냐고 희롱하는 그들을 직설적으로 책망을 할 수가 없었다. 그래서 알고도 참는 것이 힘들었다. 티끌도 연휼히 여기는 이유가 이 때문이다. 우리 안에서 이렇게 말씀을 안 믿고 무시하고 능멸하는 자들이 있는데~

그래서 대적자들이 더 두려워하지 않고 악랄하게 괴롭히는 것을 알기에, 저들에게 하나님의 판결대로 드러내는 것을 실행하지 않고 기다리고, 또 기다린 것이다. 그런데 진짜 이제 시간이 없다. 1년 6개월 만에 코로나19 재앙으로 인하여 400만 명이 넘는 사람이 죽었다. 언제 어떤 징벌이 또 내릴지 이미 다 예언해 두신 이대로 진행되고 있는데 마냥 기다릴 수 없다. 경고 3번을 하고, 그래도 안 고치면 버린다. 티끌이나 그런 언행을 계속 하는 것이다. 판결의 말씀을 선포한 2021년 6월 16일부터 어떤 일들이 땅에 이루어지는지 실상으로 보아라. 세상에 일어난 일들 때문에 사람들이 기절한다고 하셨다.

이렇게 너희들을 고치시기 위해 대체육체들을 사용하여 나를 옥에 가두었으나, 우리 안의 패역을 고치면 반드시 사단, 마귀, 귀신, 뱀, 용, 독사, 가르치는 귀신들이 있는 처소, 곧 귀신의 처소들, 나를 짓밟고 노하여 이단이라 정죄한 그들을 벌하신다.

다시 렘51:54~58절이다. "[54]바벨론에서 부르짖는 소리여 갈대아인의 땅에 큰 파멸의 소리로다 [55]이는 여호와께서 바벨론을 황폐케 하사 그 떠드는 소리를 끊으심이로다(조슈아 목사는 나이지리아 나라에서 용이요, 사단, 마귀, 가르치는 귀신이다. 바로 죽어 버리는 것을 보아라. 그 나라 대통령이 그 교인들에게 "생명은 장수가 아닌 그의 유산과 다른 이들에게 끼친 긍정적 영향으로 정의된다는 사실로 위안을 얻으라"고 위로하며 애도의 뜻을 전한 것이 얼마나 미친 소리인지 그 나라 대통령은 모른다. 자신이 무슨 말을 하고 있는지를~ 우리 성도는 단번에 분별하건만 온 세상에 누가 명백하게 조슈아 목사가 용이요, 마귀라는 사실을 인정하고 알겠느냐?

이제 이러한 일들은 비일비재할 것이다. 지금 이 본문이 사실이 된 것이다. 그는 전 세계에 떠들고 다녔다. 귀신의 소리, 지옥 불에서 나는 소리로 미혹하여 한국에서도 그를 초청하여 강단에 세웠단다. 그게 바로 미운 물건이요 우상이며, 하나님께 제사하지 않고 마귀에게 제사하는 것이다. 예수 이름 사용하는 교회 안에 무당이다. 거짓 선지자요, 독사의 독을 내어 뿌리고 다닌 자다. 그를 강단에 세운 자는 같은 마귀요, 사단이다. 이제 그들의 떠드는 소리를 끊으시는 것이 그런 자들이 죽는 것이다.)

그래서 다음과 같이 말씀하셨다.

잠26:18~20 [18]횃불을 던지며 살을 쏘아서 사람을 죽이는 미친 사람이 있나니 [19]자기 이웃을 속이고 말하기를 내가 희롱하였노라 하는 자도 그러하니라 [20]나무가 다하면 불이 꺼지고 말장이가 없어지면 다툼이 쉬느니라

이 예언대로 사실이 되어 조슈아 목사는 죽은 것이다. 그 입에서 나오는 불, 곧 지옥 불의 소리는 꺼지고, 말쟁이는 없어진 것이다. 한국에만 있는 것이 아니다. 그 봐라, 이 말씀들이 자신들에 대한 예언인 줄 그들은 모른다. 이들은 일생 땅에서 한 몫의 삶을 혀로, 손가락으로 교인들을 죽이는 일을 하면서 얻은 것이 잠시 누리는 부귀영화였다. 이들에게 하인 노릇 하는 교인들도 마찬가지다. 그 조슈아처럼 되고 싶어 따라다니며 하인 노릇 하는 것이다. 곧 육체가 살아 있으나 영적으로 죽은 자들이 그 설교를 듣는다.

한국에도 이런 용, 사탄, 마귀, 지옥 불의 소리로 설교한 자들의 설교

를 듣고 있는 자들처럼 말이다. 사랑의 교회 오정현 목사가 얼마나 무력하면 죽은 자의 죽은 설교를 듣는 교인들이 있겠나? 그런 실상인데도 전 세계 사람들은 사랑의 교회 교인이라 하면 정상 기독교인들인 줄 안다.

지금도 죽은 최자실 목사 사진이 실린 강남금식기도원 광고가 매주 몇 번씩 신문에 나온다. 지옥에 간 사람이 지옥의 자식들에게 영향을 미치는 것이다. 그래서 삼사 대까지 저주를 받는 것이다. 사람이 보기에 살아 있으나 다 영적으로 죽은 자다. 현재 전 세계 기독교인들 중에 몇이나 이 진리로 돌아설까? 14년째 너희들을 보면서 탄식이 되는 것이다. 이렇게 보응이 무섭고 악독한데 이미 몇 대째 모태 신앙이니 하는 자들이, 그것도 자신들은 다 잘 먹고 잘 살고 잘되고 있다고 자긍하는 자들이, 누가 귀를 기울이고 진리가 무엇인지 찾겠느냐?

성경을 가지고 하나님의 나라 비밀을 한 절도 모르면서 하는 설교들, 멸망으로 인도하는 문에서 주의 이름으로 선지자 노릇 하고 귀신도 쫓아내고 권능을 행했다고 자랑하는 자들을 두고 떠든다고 하셨다. 조슈아 목사 같은 자들은 **잠20:1절**의 실상의 주인공이다.

잠20:1 포도주는 거만케 하는 것이요 독주는 떠들게 하는 것이라 무릇 이에 미혹되는 자에게는 지혜가 없느니라

이들을 두고 미련한 계집에 비유하셨다. 외모로 여자가 아닌데 왜 계집이라고 할까? 예수 그리스도를 남편으로 비유하고, 교회 지도자를 아내에 비유했기 때문이다.

잠9:13~18 [13]미련한 계집이 떠들며 어리석어서 아무것도 알지 못하고 [14]자기 집 문에 앉으며 성읍 높은 곳에 있는 자리에 앉아서 [15]자기 길을 바로 가는 행객을 불러 이르되 [16]무릇 어리석은 자는 이리로 돌이키라 또 지혜 없는 자에게 이르기를 [17]도적질한 물이 달고 몰래 먹는 떡이 맛이 있다 하는도다 [18]오직 그 어리석은 자는 죽은 자가 그의 곳에 있는 것과 그의 객들이 음부 깊은 곳에 있는 것을 알지 못하느니라

조슈아 같은 목사가 있는 교회가 바로 '음부'요, 그는 미련한 계집이 되어 일생 떠들고, 성경을 가지고 예수 이름을 사용하여 몰래 먹는 떡, 도적질한 물을 먹고 먹이는 자였으며, 그가 목회하는 교회에 있는 교인들은 영적으로 죽은 자들이다. 이런 자들은 한둘이 아니며, 다 그렇다. 형태가 조금씩 다를 뿐이다. 이들이 바로 가르치는 귀신이요, 귀신의 처소 바벨론에서 왕 노릇 한 자, 이 세상 임금들이다. 이렇게 비유로 기록해 두셔서 자신들에 대한 예언인 줄 모르고 일생 자의적으로 해석하여 설교한 자들이며, 이들이 이단이요, 사이비다. 그래서 다음과 같이 예언해 두셨고, 지금 전 세계 교회가 다 이런 영적인 상태다.

시74:3~7절 "[3]영구히 파멸된 곳으로 주의 발을 드십소서 원수가 성소에서 모든 악을 행하였나이다 [4]주의 대적이 주의 회중에서 훤화하며(곧 떠들며) 자기 기를 세워 표적을 삼았으니 [5]저희는 마치 도끼를 들어 삼림을 베는 사람 같으니이다(성경을 가지고 성경과 다른 거짓말로 설교하는 자를 이렇게 비유하셨다. 이는 영적인 살인이다.)

[6]이제 저희가 도끼와 철퇴로 성소의 모든 조각품을 쳐서 부수고(성

경을 조각, 곧 부분으로 보고 먹인 결과가 이러하다. 성경이 모든 것을 죄 아래 가두어 두었을 때, 모든 종교인들이 다 이런 조각품이 되어 대적들에 의해 영적으로 죽임을 당하는 자들을 이렇게 말씀하신 것이다. 교인들이 다 이런 상태라는 것을 알면 기절할 것이다.)

[7]주의 성소를 불사르며 주의 이름이 계신 곳을 더럽혀 땅에 엎었나이다(조슈아 목사가 기독교인들을 얼마나 엎었는지, 지옥 불의 소리로 불살랐는지~ 한국에 유명한 한 목사가 멸망으로 인도하는 크고 넓은 문이 되어 이렇게 사역을 했는데 이런 유명한 목사가 한두 사람이냐? 이 사실을 알려야 한다. 일생 목회를 한 결과가 영적으로 다 이렇게 한 것이다. 그들이 있는 곳이 음부, 곧 지옥이다. 지옥의 사자가 지옥 불에서 나는 설교를 하는 곳이 음부, 곧 지옥이다. 누가 이를 인정하겠느냐?)

[8]저희의 마음에 이르기를 우리가 그것을 진멸하자 하고 이 땅에 있는 하나님의 모든 회당을 불살랐나이다(따라서 이 예언은 예수님 당시의 실상을 예언한 것이 아니다. 지금 이 세상에 있는 성경을 사용하면서 성경과 다른 거짓말로 설교하여 교인들을 영적으로 죽인 것을 이렇게 말씀하신 것이다. **눅16:19~31절**의 부자가 일생 이렇게 목회했고, 조슈아 목사가 일생 이렇게 목회했다. 조용기 목사, 옥한흠, 하용조, 김기동 등등 다 이렇게 목회한 것이다. 이제 이들의 실체가 다 드러나서 강단에서 설교할 수가 없도록 하나하나 밝힐 것이다. 개척 교회는 아닌 것 같으냐? 다 마찬가지다. 오죽하면 성전 문을 닫을 자가 있었으면 좋겠다고 하셨을까?)

[9]우리의 표적이 보이지 아니하며 선지자도 다시 없으며 이런 일이 얼마나 오랠는지 우리 중에 아는 자도 없나이다 [10]하나님이여 대적이 언

제까지 훼방하겠으며 원수가 주의 이름을 영원히 능욕하리이까(이런 영적인 상태에 혼자 참 진리를 드러내니 미워함을 받은 것이다. 이들 아래서 받은 성경과 다른 말로 인해 양심이 굳어 버린 것이다. 그래서 시간이 이렇게 걸린다. 일방적으로 듣든지 아니 듣든지 사실대로 알리는 길 외에는 없다. 참 진리가 아니면 구원과 아무 관계가 없고, 도리어 대적자가 되는 것이다. 그래서 때가 될 때까지 아무도 판단하지 말라고 하셨던 것이다. 보지도 말고 만지지도 말라고 하신 언약궤를 아무나 만지고 아무나 목사가 되어 하나님의 이름을 능욕한 것이다.)

¹¹주께서 어찌하여 주의 손 곧 오른손을 거두시나이까(이 예언은 예수 그리스도를 승천하게 하셔서 하나님의 우편에 2천 년간 쉬고 계시게 하신 기간을 담고 하신 말씀이다. 이렇게 지금 이 세대까지 이어져 올 줄을 오직 하나님만 아신 천국의 비밀이었다. 이제 이 비밀을 하나님께서 나를 통해서 드러내시는 것은 불의한 재판관들의 일하는 시기가 끝났기 때문이다. 오는 세상은 영영한 사역자들을 세우시려고 14년째 다시 창조하고 계신다.

그러므로 이 일은 그 누구도 막을 수가 없다. 이 일이 **히9:10절**의 말씀이 실상이 되는 성경적인 개혁이다. 그리고 2천 년간 주의 손을 거둔 상태로 이어져 왔다. 이렇게 2008년 6월 15일까지 이어져 왔다. 성경이 모든 것을 죄 아래 가두어 둔 기간이라 아무도, 그 누구도 거듭난 사람이 없이 이어져 온 것이다. 그래서 이렇게 기도한다. 이 기도가 실상이 되는 때를 알리는 날이 2021년 6월 16일이다. 이제 창세 이래 하나님의 모든 원수, 대적자들을 하나님께서 멸하신다.

말씀이 선포되면서 어떻게 하시는지 두 눈으로 똑똑히 보아라. 아무도 죽지 말고 이 일이 어떻게 되는지 다 보아라. 이 일이 어떤 일인지 온 천하 만민이 다 보아라. 나를 "이단이니~사이비니" 하여 이 일을 훼방하고 특히 이 진리를 안 믿고 배반한 자들, 아직도 우리 안에 귀신 노릇 하는 너희들, 아무도 그 누구도 죽지 말고 다 보아라. 가슴 치며 이를 갈며 '내가 왜 그랬을까?' 하고 후회하며 무릎 꿇을 테니까~ 주의 손, 곧 오른손을 거두시는 때가 이제 끝났다. 하나님께서 친히 일어나셔서 다음 예언이 실상이 되고 있다.

변론하시려 일어서신
하나님

사3:13~15 ¹³여호와께서 변론하러 일어나시며 백성들을 심판하려고 서시도다 ¹⁴여호와께서 그 백성의 장로들과 방백들을 국문하시되 포도원을 삼킨 자는 너희며 가난한 자에게서 탈취한 물건은 너희 집에 있도다 ¹⁵어찌하여 너희가 내 백성을 짓밟으며 가난한 자의 얼굴에 맷돌질하느뇨 주 만군의 여호와 내가 말하였느니라 하시리로다

심령이 가난하고, 실상으로도 가난하여 머리 둘 곳도 없으셨던 하나님의 아들을 가장 잔인하게 사형시킨 원수인 자칭 유대인들, 지금 2021

년 이 세대에는 예수 그리스도를 통하여 하나님께서 실상으로 보내 주신다고 약속하신 대로 또 다른 보혜사 진리의 성령이 와서 모든 진리 가운데로 인도하는 이 일을 10년이 넘게 "이단이니~ 사이비니~" 하며 온 세상에 흉악범 취급을 하여 7년 징역형을 판결하고, 대적자들이 자기들 마음대로 판단하고 정죄하여 훼방한 이 일을 두고 '**가난한 자의 얼굴에 맷돌질한 것**'으로 말씀하신 것이다.

만세 전에 택하여 두신 하나님의 백성들, 다시 택하신 이스라엘을 짓밟고, 하나님의 영영한 사역자들을 피지에서 옥에 가두고, 아이들까지 겁을 주어 울게 하며 짓밟은 한국 허건 형사, 방송국 PD, 검사, 판사 이들이 나와 은혜로교회에 한 일을 2721년 전에 예언해 두셨고, 2018년 7월 24일에 세상에 드러난 것이다. 이렇게 부당한 판결을 하게 된 근본 원인은 자칭 목사 박형택, 자칭 감리교 권사 이인규, 예장합신 총회, 감리교 총회 목사, 장로들이 이단이라고 정죄한 것 때문이다. 이렇게 혀로, 손가락으로 은혜로교회, 다시 택하신 포도원을 삼킨 자들이다.

또한 성경과 다른 거짓말로 자신들이 이단이요, 사이비이면서 교인들을 삼키고 영혼을 살인하고 있는 자칭 목사들을, 창세 이래 2021년 지금 이 세대까지 성경을 가지고 성경과 다른 거짓말로 설교하는 모든 자들을 심판하러 일어서셨다. 특히 "**변론하러 일어나시며**"라고 하신 것은 첫째, 사리를 밝혀 옳고 그름을 말씀하시기 위해, 둘째, 소송 당사자나 변호인이 법정에서 하는 진술을 말씀하신 것이다.

사람이 본능적으로 보면 하나님을 누가 소송하며, 하나님께서 왜 변론하시러 일어나신다고 하셨을까? 따라서 이 예언은 예수 그리스도에 대한 예언이 아니다. 당시 예수 그리스도께서 유대인들에 의해 소송을 당하셨지만 변론도 못 하고, 사형 판결을 받았고 집행되었으며, 사도들, 특히 사도 바울도 소송을 당하고 감옥에 갇혔으나 이 본문이 사실이 되지 못하여 순교당했다. 이사야 선지자 역시 이 본문이 사실이 되지 못하여 순교당했다. 온 세상에 성경을 사용하는 모든 종교인들에게 묻는다. 이 본문 예언의 실상이 된 사람이 누구냐?

예수 그리스도께서 성경을 상고하는 자들에게 영생을 얻기 위하여 너희가 성경을 상고하거니와 성경은 당신 자신에 대한 이야기라고 하셨다. 그런데 이 말씀은 사실이 되지 못하고 사형당하신 것이다. 그러니 예수 그리스도에 대한 예언이 아니었다는 것은 확실하다. 그러므로 이 예언은 나와 은혜로교회 성도들에 대한 예언이 명백하다. 그리고 하나님께서는 당신의 행하시는 일을 친히 진술하시지 않으신다.

욥33:13~18절에 예언되어 있는 대로 진리의 성령을 통해서 대언하게 하시고, 이미 14년째 진술하시고 계신다. 더더욱 나에 대한 부당한 판결을 두고 "변론하러 일어나시며"라고 예언해 두신 것이다. 더 확실한 증거는 진리의 성령이 오면 죄에 대하여, 의에 대하여, 심판에 대하여 모든 진리 가운데로 인도한다고 하신 예언대로 사실이 되어 지켜 실행하는 중에 대적자들에 의해 당한 소송이다. 이 또한 미리 예언해 두신 그대로 소송을 당한 것이다. 따라서 나를 감옥에 가둔 이 사건은 창세 이래 모든 하나님의 대적자들, 원수들에 대한 하나님의 변론이다.

'대언'도 하나님을 대신하여 말하는 것이고, 직접 마주 보며 대하여 하는 말인데 하나님의 아들 예수님을 두고 모형으로 보여 주셨다.

계19:10절에 "예수의 증거는 대언의 영이라"라고 하셨고, **요일2:1절**에도 예수 그리스도를 "대언자"라고 하셨으며, **출7:1절**에 '아론 대제사장'을 두고 "대언자"라고 하셨다.

겔37:1~14절에는 나에 대하여 예언해 두셨다.

겔37:11~14 [11]또 내게 이르시되 인자야 이 뼈들은 이스라엘 온 족속이라 그들이 이르기를 우리의 뼈들이 말랐고 우리의 소망이 없어졌으니 우리는 다 멸절되었다 하느니라 [12]그러므로 너는 대언하여 그들에게 이르기를 주 여호와의 말씀에 [13]내 백성들아 내가 너희 무덤을 열고 너희로 거기서 나오게 한즉 너희가 나를 여호와인 줄 알리라 [14]내가 또 내 신을 너희 속에 두어 너희로 살게 하고 내가 또 너희를 너희 고토에 거하게 하리니 나 여호와가 이 일을 말하고 이룬 줄을 너희가 알리라 나 여호와의 말이니라 하셨다 하라

이 본문은 BC 550년경에 에스겔 선지자를 통해서 말씀하시고 기록해 두셨는데, 2008년 6월 16일부터 사실이 되어 14년째 실상이 되었다. 2571년이 지난 AD 2021년 7월 11일 지금 사실이 되어 땅에 이루어진 나와 은혜로교회 성도들에 대한 예언이며, 성취된 일이다. 따라서 이 예언도 예수 그리스도에 대한 예언이 아니었고, 나와 우리 성도들에 대한 예언이 명백하다.

'생기'를 불어 넣으시는 분은 여호와 하나님이시고, 하나님의 생기를 대언하는 인자는 하나님께서 인치시고 보증하신 나에 대한 예언이다. 또한 전대미문의 새 일인 **히브리서 8장**의 새 언약으로 육체도 죽지 아니하고

영생을 얻기로 미리 정해 두신 예언대로 예비해 두신 고토에 이미 이사하여 우리가 다시 택하심을 받은 이스라엘이라는 사실을 온 세상에 알리시기 위한 소송이 바로 나를 옥에 가둔 이 사건이다. 이 또한 미리 예언해 두신 **겔3:25~27절**의 말씀이 이루어진 것이다.

그러므로 지금 이 소송은 나를 소송한 것이 아니라, 하나님의 친히 가르치심을 대언하고 변론하시는 하나님의 행하심을 소송한 것이 된다. 그래서 하나님께서 변론하시려 일어서신 것이고, 하나님의 백성들도 심판하시려 서신 것이다. 하나님께서는 친히 변론을 하시는데, 반드시 사람을 사용하셔서 대언하게 하신다. 이는 **사52:1~2절**의 말씀이 땅에 성취되는 것이다.

따라서 이날을 **사2:12~22절**에도 예언해 두셨고, 현재 성취되고 있다.

사2:12~22 [12]대저 만군의 여호와의 한 날이 모든 교만자와 거만자와 자고한 자에게 임하여 그들로 낮아지게 하고 [13]또 레바논의 높고 높은 모든 백향목과 바산의 모든 상수리나무와 [14]모든 높은 산과 모든 솟아오른 작은 산과 [15]모든 높은 망대와 견고한 성벽과 [16]다시스의 모든 배와 모든 아름다운 조각물에 임하리니 [17]그날에 자고한 자는 굴복되며 교만한 자는 낮아지고 여호와께서 홀로 높임을 받으실 것이요 [18]우상들은 온전히 없어질 것이며 [19]사람들이 암혈과 토굴로 들어가서 여호와께서 일어나사 땅을 진동시키시는 그의 위엄과 그 광대하심의 영광을 피할 것이라 [20]사람이 숭배하려고 만들었던 그 은 우상과 금 우상을 그날에 두더쥐와 박쥐에게 던지고 [21]암혈과 험악한 바위틈에 들어가서 여호와께서 일어나사 땅을 진동시키시는 그의 위엄과 그 광대하심의 영광을 피하리라 ²²너희는 인생을 의지하지 말라 그의 호흡은 코에 있나니 수에 칠 가치가 어디 있느뇨

여호와의 한 날이 일곱째 날, 구약 4천 년, 신약 2천 년이 지난 2021년 이날이다. 신약으로 셋째 날인 여호와의 날이요, 인자, 곧 하나님의 인 치신 자의 날인 지금 이 세대에 이 본문이 사실이 되어 온 땅에 이루어지고 있다. 그래서 나를 통한 이 일은 여호와 하나님의 친히 행하시는 일이며, 이 때문에 사람에게서 영광을 취하지 않는다고 하신 것이다. 그러므로 나를 통한 이 일을 훼방하는 자는 하나님의 전대미문의 새 일을 훼방하는 죄를 저지른 것이며, 그 결과 지금 이 세상에서도, 오는 세상에서도 사함을 받지 못하고 영원한 죄에 해당하는 범죄를 저지른 것이다.

그래서 1년 6개월째 온 땅에 내려서 400만 명이 넘는 사망자, 그것도 독한 병에 걸려 길에 버려지고, 인도에서는 강에 시체를 버리고, 가족들이 장례를 정상적으로 치르지도 못하는 극한의 사망, 코로나19 전염병으로 죽는 이 일에 대한 예언도 성경에 예언되어 있었고, 이제 이루어지고 있다. 우연히 일어난 재앙이 아니라 하나님께서 일어나셔서 나에 대한 송사를 변론하시고 계신 것이다. 믿든 안 믿든 이는 사실이고 참 진리다. 이런 하나님의 선한 일을 대적한 자들, 방백들인 교회 지도자들, 이 세상 통치자인 대통령을 비롯하여 위정자들이 다 **사1:16~23절**의 예언대로 사실이 되어 성취되고 있다.

곧 나를 감옥에 가두는 부당한 소송과, 진실로 부당한 판결을 하여 3년이 다 되도록 가두어 두고 이 송사를 바로잡는 수리를 하지 않고 있

다. 두 눈으로 똑똑히 보고, 두 귀로 똑똑히 들어라. 하나님의 판결의 말씀을 듣고 지켜 실행하지 아니하면 지금 코로나19 재앙은 빙산의 일각이다. 이 경고를 무시하고 백신으로 막을 수 있다고 생각하는 모든 자들은 **사2:12~22절**은 물론이고, 전 성경에 예언된 모든 재앙을 하나하나 다 받게 될 것임을 천명한다.

　　사1:16~23절이다. "¹⁶너희는 스스로 씻으며 스스로 깨끗케 하여 내 목전에서 너희 악업을 버리며 악행을 그치고(이 말씀대로 이루어지고 있는 것이 14년째 이 일이다. 우리 안에 한 몫의 삶일 때 지은 악업, 악행을 버리고 다시 시작한 삶이 고토인 이스라엘 땅에 이사하여 영원한 기업을 일으키고 있는 GR그룹의 일이다. 이 예언이 실상이 되는 중에 일어난 일들을 나를 감옥에 가둔 빌미로 삼고 이 일을 대적하는 것이다.

　　스스로 자신만 아는 죄를 자백하여 유튜브에 올린 영상을 두고 예장합동 총회에서는 우리를 '회개파 이단' 같다느니 하며 정죄했고, 스스로 자신을 죄 짓도록 하는 귀신의 종이 되어 죄가 무엇인지도 모르고, 이미 예수님이 자신의 죄를 다 지시고 십자가에 죽으셨다고 가르친 불법하는 자들, 불의한 재판관들인 목사들의 가르침이 화인이 되어 양심에 박혀서 절대 더러움을 씻지 아니하고 시간 낭비를 하는 사람들 때문에 타작마당에 대한 말씀을 지켜 실행한 것인데, 이를 육으로만 보고 판단하는 치명적인 죄를 지은 자들이 바로 우리에게서 나가 세상 법에 고소한 그들이다.

　　그들은 자신들이 스스로 유튜브를 듣고, 아니면 자신의 육의 가족들에 의해 은혜로교회에 나온 자들이며, 해외에서, 한국 지방에서 교회 근처인 과천으로, 내가 살고 있는 집 근처로 이사를 온 자들이다. 아무도, 그 누구도 강제로 피지에 이주한 자는 단 한 명도 없다. 타작마당 또한 허건 형사, 최수경, 이윤희 검사 등이 연합하여 하는 말만 믿고 나에게 7년형을 확정한 판사들이 말하는 자의적인 통치수단으로 사용한 것이 절대 아님을 온 세상에 천명한다.

이미 나를 고소한 그들도 성경에 기록된 타작마당대로 지켜 실행한 것을 자신들 두 눈으로, 두 귀로 다 보고 듣고 동의해서 진행된 일이며, 피지, 곧 성경에 예언된 낙토, 고토, 본향, 본토, 이스라엘 땅, 하나님께서 예비하신 땅에 이주한 것은 더더욱 그 누구도 강제로 가지 않았고, 가기 전에 이미 낙토에 가서 의인과 악인이 갈라져서 결판이 난다고 수없이 말했고, 그대로 의인 중에 악인이 판결나서 자신들이 스스로 배반하여 돌아선 것이다.

단 한 번도 내가 헌금하라고 하는 목회를 하지 않았다. 자신들이 스스로 교회로 찾아 왔고, 스스로 헌금했으며, 스스로 내가 거짓말로 '사기' 쳤다고 고소한 것이다. 나는 교회 재정도 이래라 저래라 하지 않았고, 성경대로 보고 듣고 믿고 지켜 실행한 이 일이기에 교인들을 100% 믿어 주었고, 교인들이 맡아서 하였으며, 다 성인들이고 개인 일이 아니라 하나님의 말씀대로 지켜 실행한 일이기에 나는 내가 할 일인 말씀을 연구하고 대언하는 일을 했으며, 성도들은 거룩한 공동체를 위해서 각자 자신들에게 주어진 일에 최선을 다한 것이다. 누구의 강요나 지시에 의해서가 아니라 하나님 앞에 각자 맡겨진 일을 한 것이다.

그런데 나를 기소하고 조사한 허건 형사 외 두 명과 이 세상에 속한 악인들이 자신들이 스스로 결정하고 피지에 이사했으며 헌금한 일을 내가 종말론을 가르치고, 사기 치고 감금하고 폭행했다는 자신들의 생각대로 말한 거짓말로 인해 감옥에 가두는 송사가 실행된 것이다. 이에 대해서도 전 성경에 예언되어 있는 그대로 땅에 사실이 되어 이루어진 것이다. 영원히 증명할 것이다.

아동학대라니~ 낙토에 이주하려고 검정고시를 보고, 또 낙토에 가서 학교도 다녔다. 이런 잔학무도한 말로 나를 얼굴도 들고 다니지 못하도록 더러운 죄명으로 맷돌질한 자들이 자칭 목사들, 자칭 기독교인들이었다. 허건 형사는 기독교인이면서 거짓말을 했다. 이렇게 나를 14년을 학대하고 맷돌질한 자들이 악업을 하고 악행을 한 것이다. 이런 악업, 악행을 하나님의 말씀으로 씻어 그치고, 하나님의 계명을 지켜 실행한 것이 피지에 이주한 근본 이유다.)

[17]선행을 배우며(사람이 본능적으로 아는 선행이 절대 아니다. 기독교인들은 '선한 분'은 오직 하나님 한 분이시니까 하나님의 계명을 지켜 실행하는 것이 바로 '선행'이다. 반대로 혀로 "오직 예수" 하면서 성경을 사람 마음대로 해석하여 자신의 성공 수단으로 삼고 이익의 도구로 삼는 자들은 하나님이 보시기에 '악행, 악업'이다. 그래서 일만 악의 뿌리를 돈이라고 하셨고, 이는 구하지 말라고 하신 것이다.

하나님께서 땅을 예비하신 이유는 이 세상은 돈이 없으면 살 수 없는 세상이 될 것을 이미 다 알고 계시기 때문에 '일만 악의 뿌리가 돈'이라고 하신 것이고, 이런 세상에서 죄를 짓지 아니하고 살 수 없을 줄 아시기에 가난한 우리를 위해 가난한 나라를 예비해 두신 것이다. 진실로 낙토에서 우리 집안 일을 하게 하신 하나님이시다. 코로나19 바이러스로 인해 부익부, 빈익빈으로 더 양극화되어 결국 가난한 자들 가운데 자살자가 늘어난 이 현실을 보아라. 만약 지금 2021년 7월 11일 주일 이때까지 한국에 그대로 있었다면 어찌 되었을까? 지금 이 재앙은 빙산의 일각이다.

미국 동부는 집중 폭우 엘사로 인해 물난리가 나고, 서부 캘리포니아는 가뭄으로 인해 고통을 받는데 섭씨 50도가 되는 더위에 시달리고 있다고 7월 10일 저녁 8시 뉴스에 나왔다.[34] 부자는 이 고통과 아무 상관이 없이 더 부자가 된 자들도 많다.[35] 7년 대환난이 오면 어찌 되는지 이미 성경 속에 하나님의 뜻을 감추어 두셨는데, 이런 선하신 하나님의 계명을 좇아 지켜 실행한 이 선한 일이 육에 속한 악행, 악업을 하는 자들 눈에는 보이지 않으므로 더 치명적인 악행을 저지른 것이 나와 은혜로교회 성도들을 세상 법에 거짓말로 고소하고, 자기들 마음대로 판단하여 부당한 판결을 한 이것이다.

하지만 성경이 모든 것을 죄 아래 가두어 두는 기간이었으므로 감추어 두신 천국의 비밀이 드러나지 않았기에 14년째 온갖 비방의 말을 듣고도 인내한 것이다. 하지만 이제 마귀는 대적하라고 하셨으므로 그 계명을 지켜 마귀의 정체를 드러내는 것이다. 지금 전 세계 성경을 사용하는 모든 종교인들이 하나님의 나라 비밀을 모르고 하나님께 제사, 곧 산 제사드리는 것이 아니라, 마귀에게 제사드리고 있다는 것을 14년째 모든 진리 가운데로 인도하여 자세하게 밝히시는 하나님의 가르치심을 대언하고 있는 것이다.

나를 온 세상에 치욕을 당하도록 미리 예언해 두신 것은 온 세상으로 하여금 성경만이 참 진리이며, 하나님은 살아 계신 하나님이시라고 친히 증거하시고, 내가, 은혜로교회가 이단이 아님을 하나님께서 나를 사용하셔서 선행을 행하고 있는 일임을 변론하시는 것이다. 나를 송사한 대적자들이 어떤 거짓말로 송사를 했으며, 그들이 한 거짓말에 대한 소송장도 다 가지고 변론하시고, 증거하시고 있는 것이다.

이는 본문에 "선행을 배우며"라는 말씀이 실상이 된 나와 은혜로교회를 보고 선행을 배우라는 하나님의 음성이다. 선행은 선하신 하나님께서 원하시고 기뻐하시는 일, 계명대로 지켜 실행하는 일이다. 피지에 있는 GR그룹, 곧 하나님의 종들의 기업이 '하나님의 명령인 영생을 위하여 일하는 것은 이런 것이다'라고 실상이 되어 온 세상에 알리고 있다. 따라서 이 "선행을 배우며"도 2721년이 지난 지금 이미 성취되고 있는 실상이다.)

공의를 구하며('공의'는 선과 악을 정확하게 분별하는 하나님의 거룩하신 속성 가운데 하나다. 다른 모양으로 말하면 '심판, 법, 권리, 정의' 등으로 말하고, 하나님의 완전하고 의로운 법을 기준으로 잘못된 것이나 잘된 것을 가감없이 판단하고 심판하는 행위를 뜻한다. 동시에 하나님께서 인간을 판단하시는 도덕적 기준으로 이해할 수 있다. 즉 택한 백성들의 삶을 규정한 하나님의 의로운 법, 다른 말로 '공법'이라고 한다. 하나님의 백성이 당연히 수행해야 할 선과 사랑이라는 의미다.

다시 말하면 하나님의 의로우심을 나타내거나 하나님의 백성들의 올바른 마음, 언행, 삶의 태도를 강조할 때 사용되는 용어다. 사회나 국가의 제도적 차원에서 언급될 때는 주로 '정의'라는 단어를 사용한다. 여기서 온 세상에 사는 천하 만민이 반드시 알아야 할 것은 하나님의 말씀으로 거듭나지 않은 사람에게는 절대 없는 것이 '공의, 곧 정의'라는 것이다.

그래서 의인은 없나니 하나도 없다고 이미 하나님께서 판결해 두셨다. 이 진리를 모르면 누구든 이 땅에서 상처를 받고 헛된 삶을 살며, 공의를 추구하는 사람은 이상주의자가 되고, 또 반대로 혀로 "공의, 정의"를 말하는 사람들에 의해 속고 속이는 세상이 된다.

현재 한국은 대통령부터 여당이라는 단체가 권력가들이 되어 나라를 다스리고 지배하면서 이들이 내세운 '정의, 정직, 평등', 곧 공의로운 세상, 한 번도 경험해보지 못한 세상을 만들겠다고 내세운 위정자들의 실책으로 4년이 넘게 실망과 좌절, 내로남불, 불평등, 좌편향이 다 드러나서 진저리 날 정도로 더 부패하고 부끄러워 얼굴을 들 수 없는 부정직, 불평등, 불공정이 드러나는 것은 당연한 이치다. 이들에게서 정의, 공의를 기대하면 안 된다. 이미 지금 온 세상은 단 한 사람도 정의를 실행할 지도자가 없다는 것을 대부분의 사람들이 알고 있다. 전 세계 각 나라가 다 정도의 차이만 있을 뿐 아무도 없다는 것을 깨달아야 한다. 새로운 세상을 만들겠다고 대통령이 공약을 걸고 다시 선거한다고 해서 공의, 정의로운 나라가 되는 것이 아니다. 즉 사람의 방법으로는 절대 해결될 수 없다는 것을 이미 지나온 역사가, 현재 이 세상이 증명해 준다.

그러면 절대 공의, 정의는 기대할 수 없는 것일까? 그 방법은 이미 하나님의 말씀 속에 감추어져 있다. 사람이 지켜 실행하지 아니했기 때문이다. 이런 공의는 오직 하나님의 성품이기 때문에 하나님의 말씀으로 다시 창조되면 반드시 가능하고 이루어진다. 이런 새로운 세상, 공의롭고 정의로운 세상이 실상이 되게 하시는 때가 지금 이 세대로부터 이루어지게 하시려고 14년째 전대미문의 새 언약으로 다시 창조하시고 계신다. 이런 세상이 바로 '오는 세상'이다.

그 이전에 지금 세상은 그 누구에게도 '정의, 공의'를 기대할 수 없고, 도리어 **사34:12절**의 예언대로 실상이 된다.

사34:12 그들이 국가를 이으려 하여 귀인들을 부르되 아무도 없겠고 그 모든 방백도 없게 될 것이요

그러니 이 세상에서 기대할 것이 없다. 이때를 위해서 현재 14년째 오는 세상을 준비하고 계신다. 이 일을 사람의 시각으로 보고 판단하여 정죄한 것이다. 이런 이 세상에 있는 사람들에게 하나님께서 말씀하신다. **"선행을 배우며 공의를 구하며"**라고 하신다.

여호와의 공도를 지키는 '믿음'

그럼 '공의'는 아무나, 누구나 땅에서 실행할 수 있을까? 없다. 이를 지켜 실행하라고 이 땅에 사람으로 보내신 이들의 사명이 나와 은혜로교회의 사명이요, 이에 대해서 이미 믿음의 조상인 아브라함에게 언약해 두셨다.

창18:17~19 [17]여호와께서 가라사대 나의 하려는 것을 아브라함에게 숨

기겠느냐 ¹⁸아브라함은 강대한 나라가 되고 천하 만민은 그를 인하여 복을 받게 될 것이 아니냐 ¹⁹내가 그로 그 자식과 권속에게 명하여 여호와의 도를 지켜 의와 공도를 행하게 하려고 그를 택하였나니 이는 나 여호와가 아브라함에게 대하여 말한 일을 이루려 함이니라

이렇게 약속하셨는데 당시 아브라함에게 실상이 되지 않았고, 이삭, 야곱, 이스라엘 백성들에게도 이루어지지 않았고, 이 예언은 다윗에게 이어진다. 그런데 다윗에게 허락하신 언약도 이루어지지 않았다. **삼하 7:10~16절**이다. 이렇게 영원한 언약을 하셨으나 이루어지지 않았다.

이 언약은 예수 그리스도의 족보에도 감추어져 있었다. **마1:1절**에 "아브라함과 다윗의 자손 예수 그리스도의 세계라"라고 분명히 기록되었으나 예수 그리스도 당시에 이루어지는 실상이 아니었고, 그래서 의와 공도를 행하는 자들이 없었다. 이는 여호와의 도를 알 수가 없었기 때문이다. 예수님이 태어나시기 전 **눅1:30~33절**에 이렇게 예언되어 있다.

눅1:30~33 ³⁰천사가 일러 가로되 마리아여 무서워 말라 네가 하나님께 은혜를 얻었느니라 ³¹보라 네가 수태하여 아들을 낳으리니 그 이름을 예수라 하라 ³²저가 큰 자가 되고 지극히 높으신 이의 아들이라 일컬을 것이요 주 하나님께서 그 조상 다윗의 위를 저에게 주시리니 ³³영원히 야곱의 집에 왕 노릇 하실 것이며 그 나라가 무궁하리라

이렇게 말씀하셨는데, 2021년 지금 이 시간까지 이루어지지 않고

있다. 이 언약은 영원한 언약이다. 그런데 당시 예수님은 **요18:36절**에서는 이렇게 말씀하셨다.

요18:36 예수께서 대답하시되 내 나라는 이 세상에 속한 것이 아니라 만일 내 나라가 이 세상에 속한 것이었더면 내 종들이 싸워 나로 유대인들에게 넘기우지 않게 하였으리라 이제 내 나라는 여기에 속한 것이 아니니라

그래서 사람들이 상상한 것이다. 믿음의 조상 아브라함에게 이미 **창세기 12장**에 너의 본토, 친척, 아비 집을 떠나 내가 네게 지시하는 땅으로 가라고 하시면서 영원한 언약을 하셨는데, 이 언약이 온전히 실상으로 이루어지는 때를 아무도 몰랐다. 6일이 지나고 일곱째 날이 이르러야 하나님의 뜻인 천국의 비밀을 하나님께서 친히 열어 주시는 것이 하나님의 경영하심이었다.

이렇게 보면 예수님께서도 예수 그리스도께서 실상으로 왕 노릇 하시는 나라에 대해서 모르셨다. 그래서 장래 일은 하나님만이 아신 천국의 비밀인데, 하나님께서 예수 그리스도를 통해서 명백하게 약속해 두셨다. 장래 일은 하나님만 아시지만 하나님께서는 당신이 행하시는 일을 친히 진술하시지 않고 반드시 사람을 사용하셔서 대언하게 하신다고 이미 전 성경에 예언해 두셨다. 하나님께서는 미리 정해 두신 사람을 사용하신다. 이 사람을 두고 "**진리의 성령이 오시면 너희에게 장래 일을 알리시리라**"라고 하신 것이다. 그리고 "**모든 진리, 곧 전 성경 가운데로 인도하시리라**"라고 하셨던 것이다.

요16:13~14 [13]그러나 진리의 성령이 오시면 그가 너희를 모든 진리 가운데로 인도하시리니 그가 자의로 말하지 않고 오직 듣는 것을 말하시며 장래 일을 너희에게 알리시리라 [14]그가 내 영광을 나타내리니 내 것을 가지고 너희에게 알리겠음이니라

성령이 상상이 아니고 실상임을 인정하고 믿지 아니하면 절대 천국과 아무 관계가 없다. 그래서 예수님이 **요18:36절**을 말씀하시고, 그 말씀을 듣고 있는 빌라도에게 이렇게 말씀하신 것이다.

요18:37~38 [37]빌라도가 가로되 그러면 네가 왕이 아니냐 예수께서 대답하시되 네 말과 같이 내가 왕이니라 내가 이를 위하여 났으며 이를 위하여 세상에 왔나니 곧 진리에 대하여 증거하려 함이로라 무릇 진리에 속한 자는 내 소리를 듣느니라 하신대 [38]빌라도가 가로되 진리가 무엇이냐 하더라 이 말을 하고 다시 유대인들에게 나가서 이르되 나는 그에게서 아무 죄도 찾지 못하노라

이렇게 예수님이 하신 말씀 때문에 '유대인의 왕'이라고 비웃으며 조롱하고 손바닥으로 때렸다. 예수 그리스도께서 이렇게 말씀하신 이유는 앞에서 눅1:33절에 "영원히 야곱의 집에 왕 노릇 하실 것이며 그 나라가 무궁하리라"고 하신 것을 믿으셨던 것이다. 그런데 예수님은 왜 **요18:36절**에서는 "내 나라가 이 세상에 속한 것이 아니라"라고 하셨으면서, 빌라도의 말에 대한 답은 "내가 왕이니라"라고 하셨을까?

이렇게 말씀하셨으니 당시 빌라도는 물론이고, 유대인들도 알아듣지 못한 것이다. 2021년 지금 이 세대까지 성경을 읽는 사람들이 무슨 뜻인지 모르고 다 상상하고 말한 것이다. 그런데 예수님이 오신 목적을 **요 18:37절**에 말씀해 두셨고, 2008년 6월 16일에 세상에 실상이 되어 이루어지고 있다.

곧 '**진리**'에 대하여 증거하려고 오셨고, 진리에 속한 자는 예수 그리스도께서 하신 말씀을 알아듣는다. 다시 말하면 전대미문의 새 언약을 하시는 하나님의 가르치심이 실상이 될 때 대언하는 사람인, 진리인 성경에 기록되어 있는 '**진리의 성령**'에 대해서 명백하게 증거해 두셨던 것이다. 이를 두고 "**진리에 대하여 증거하려 함이로라**"라고 하신 것이다.

또 진리의 성령과 함께 이미 '**영생**'을 얻기로 하나님께서 정하신 사람들인 성도들에 대한 예언이 바로 '**무릇 진리에 속한 자**'다. 이 예언이 사실이 되어 은혜로교회 성도들은 예수 그리스도께서 하신 말씀의 뜻이 무엇인지 이미 나를 통해서 14년째 알아듣고 있는 것을 예수님께서 예언하셨던 것이고, 이제 실상이 되어 이루어진 것이다.

이렇게 진리의 성령은 실상이다. 상상하는 성령은 전부 자의적인 해석이 된다. 자의적인 해석을 할 수 없도록 하나님께서는 1600여 년간 40여 명의 사람들을 사용하셔서 미리 기록해 두셨고, 진리의 성령이라고 직설적으로 말씀하신 분은 오직 하나님의 아들 예수 그리스도시고, 이는 하나님께서 하신 약속이다.

그래서 이에 대한 해답을 **갈3:22절**에 이렇게 예언해 두셨던 것이다.

갈3:22 그러나 성경이 모든 것을 죄 아래 가두었으니 이는 예수 그리스도를 믿음으로 말미암은 약속을 믿는 자들에게 주려 함이니라

그러니 당시에 예수 그리스도께서 약속하신 성령이 실상이 되지 아니하면 아브라함에게 이삭, 야곱, 이스라엘, 다윗에게 언약하신 약속이 성취되지 않는다. 이를 두고 사도 바울을 통하여서는 다른 모양으로 말씀하신 것이다. 곧 '믿음'이라고 한 것이다. 이 믿음이 올 때까지, 하나님께서 아시는 한 날인 여호와의 날이 될 때까지, 인자의 날이 될 때까지 모든 것이 다 죄 아래 가두어져 있었던 것이다.

갈3:23절에 "믿음이 오기 전에"의 이 믿음 또한 사람들이 본능적으로 알고 있는 믿음이 아니다. 상상하는 성령, 상상하는 믿음이면 성경 말씀들은 절대 단 한 절도 알 수 없다. 쉽게 말하면, 사람이 자면서 꿈에 시집가고 장가가고 교회 다니고 일하고 놀고 먹고 하다가 꿈에서 깰 때는 아무것도 없는 허상이듯이, 지금 전 세계 사람들, 성경을 사용하는 모든 종교인들이 다 이러하다. 다른 종교인들, 무신론자들 모두 다 이렇게 땅에서 삶을 살다가 육체가 죽는 것이다.

모든 인간은 그렇게 죽는 것으로 끝나는 것이 아니다. 한 몫의 삶일 때 '영원'이 결정되어 다시는 기회가 없다. 이런 한 몫의 삶에서 일생 우상을 섬기며 하인 노릇 하는 전 세계 종교인들을 보아라. 이런 진리를 어떻게 아니라고 하고 안 믿을까?

이 본문의 "믿음"은 나에 대한 예언이 맞다. 여러 부분, 여러 모양으로 예언되어 있다. 이렇게 예언되어 있는 대로 실상이 되는 사람이 '진리

의 성령'이다. 증거가 모든 진리 가운데로 인도해서 장래에 일어날 일, 있을 일을 알게 하시고, 미리 준비하므로 지켜 실행하는 사람이 본문에서는 '믿음'이라고 하신 것이다.

갈3:23~24 23믿음이 오기 전에 우리가 율법 아래 매인 바 되고 계시될 믿음의 때까지 갇혔느니라 24이같이 율법이 우리를 그리스도에게로 인도하는 몽학선생이 되어 우리로 하여금 믿음으로 말미암아 의롭다 함을 얻게 하려 함이니라

그래서 진리의 성령이 오면 죄에 대하여, 의에 대하여, 심판에 대하여 모든 진리 가운데로 인도하므로 의롭게 되는 것이다. 이를 이 본문에서는 다른 모양으로 말씀한 것이 바로 **"믿음으로 말미암아 의롭다 함을 얻게 하려 함이니라"**라고 하신 것이다.

이 말의 뜻은 믿음이 실상으로 와서 예수 그리스도를 믿는 것은 그분의 계명을 지켜 실행하는 것이고, 이는 결국 하나님의 계명을 지켜 실행하여 거룩해지는 것을 실상으로 보여 주고, 거룩함에 이르도록 본을 보이고 돕는 것을 뜻한다. 혀로 "주여 주여" 한다고 의로워지는 것이 아니라, 진리로 거룩해지신 하나님의 아들에 대해서 자세하게 증거하므로 십자가의 도의 비밀을 깨달아 알고, 아는 것을 대언만 하는 것이 아니라 행위로 믿음을 보이는 것이다. 진리는 이렇게 사실이 되는 것이다. 이 예언은 예수 그리스도께서 승천하시고 AD 50~70년에 기록된 것이다. 그리고 당시는 신, 구약이 한 권으로 주어진 때가 아니었다.

갈3:25~27 ²⁵믿음이 온 후로는 우리가 몽학선생 아래 있지 아니하도다 ²⁶너희가 다 믿음으로 말미암아 그리스도 예수 안에서 하나님의 아들이 되었으니 ²⁷누구든지 그리스도와 합하여 세례를 받은 자는 그리스도로 옷 입었느니라

이 말씀의 뜻은 반드시 **누가복음 24장**의 예언대로 성경을 가지고 하나님에 대해서, 아들 예수 그리스도에 대해서, 진리의 성령에 대해서, 대적자들에 대해서 성경으로 해석하고 자세히 설명하여 모든 진리 가운데로 인도하고 지켜 실행할 때 그리스도와 합하여 세례를 받는 것이고, 그리스도로 옷 입는 것이다. 따라서 본문의 "너희"는 지금 은혜로교회 성도들이고, "믿음으로 말미암아"는 '실상의 나로 말미암아'라는 뜻이다.

이렇게 믿음이 실상이 된 나는 반드시 **호2:19~20절**의 예언이 실상이 되고, 머리가 영적으로 예수 그리스도요 그리스도의 머리는 성부 하나님인 상태, 곧 셋이 하나 된 영적인 상태가 되어야 한다. 이미 이 예언이 사실이 되어 우리에게 이루어진 것이다.

갈3:28 너희는 유대인이나 헬라인이나 종이나 자주자나 남자나 여자 없이 다 그리스도 예수 안에서 하나이니라

이 예언이 온 땅에 실상이 되게 하시려고 우리를 이 땅에 보내신 것이다. 우리가 이 세상에 사람으로 태어나기 전에 이렇게 우리에 대해서 전 성경에 예언되어 있는 것은 하나님께 이미 택함을 입고 이 땅에 보냄

을 받은 사랑받은 사람들이라는 뜻이다. 이는 곧 '이삭'처럼 약속의 자식들이라는 뜻이다. 지금은 귀신이 주인인 자들도 있지만 반드시 각 개인 보응이 끝나면, 하나님께서 정하신 때가 되면, 영원히 죄에서 완전히 자유하는 자들이 된다. 이러한 하나님의 뜻을 믿고 지켜 실행하여 영생을 얻으라고 하나님께서 친히 나를 사용하셔서 증거해 주시는 것이다.

예수 그리스도께서 이 땅에 오셨던 이유도 바로 이 때문이다. 창세 이래 온 세상이 안 믿어도 우리로 하여금 하나님의 뜻을 믿고 영생을 얻으라고 창세 이래 이제야 처음으로 천국의 비밀을 밝혀 주시는 것이다. 이런 사랑을 받은 사람들이 생명책에 이름이 기록된 우리들이다.

갈3:29 너희가 그리스도께 속한 자면 곧 아브라함의 자손이요 약속대로 유업을 이을 자니라

이 "**너희가**"는 확실하게 **히브리서 8장**의 예언이 사실이 되어 영원한 언약을 받고 지켜 실행하여 마음에 할례를 받아 신령한 몸으로 다시 부활하신 하나님의 아들처럼, 진리로 거룩함을 얻어 하나님 아버지의 계명을 따라 순종한 거룩한 자들, 성도들인 여러분이, 우리가 아브라함에게 약속하신 나라, 하나님 나라를 유업으로 이을 실상의 사람들이다. 이는 명백하게 사도 바울을 통한 이 예언이 성취된 것이고, 전 성경 기록 목적이 이런 우리를 위해서였다.

이래도 성경이 남의 이야기, 우화 같으냐? 이렇게 실상이 되는 주인공들이 나타나기 전에는 천국은 비밀이라 사람들이 절대 모른다. 이런 진

리를 단 한 절도 모르는 자칭 목사들이 자신이 밤에 자면서 꿈을 꾸니까 생명책이 보이고, 그 책에 누구 이름은 있고, 누구 이름은 없더라, 바울이 자신에게 손수건을 주었다, 휴지를 주어서 눈물을 닦았다는 등등 새빨간 거짓말로 지어내서 사람들을 미혹하는 것이다. 그런 사람의 말이 맞다고 따라다니고 헌신하고 섬기는 것이 바로 마귀에게 제사하는 것이고, 우상숭배 하는 것이며, 썩을 양식을 위해 일하는 것이다.

이미 육체가 죽어서 썩은 옥한흠, 하용조, 최자실 목사 등등 셀 수 없이 많은 자들이 바로 **신32:17절**에 "근래에 일어난 새 신들"이다. 조용기, 김기동 등등 현재 살아 있는 그들 또한 근래에 일어난 새 신들이며, 썩을 양식을 위해 일하는 자들이다. 그들의 정체를 몰라서 가만히 있었던 것이 아니다. 택한 자녀들이 아무것도 모르면서 내가 그들을 정죄한다고 '왜 너만 옳다고 하느냐, 왜 남을 판단하느냐'는 등 죄를 지으면 성령 훼방죄가 되니까 너희들이 영적인 잠에서 깨어 일어날 때까지 기다린 것이다.

아브라함에게 약속하신 영원한 언약이 이삭, 야곱, 이스라엘, 다윗, 예수 그리스도에까지 이어졌어도 땅에 실상이 되지 않았던 것은 하나님께서 정하신 때가 아니었기 때문이었고, 이때가 될 때까지 천국은 비밀로 감추어 두셨기에 예수 그리스도께서도 이때를 모르시고 당신이 '왕'이라고 하신 것이다.

그런데 예수 그리스도께서 승천하시고 사도들을 사용하셔서 기록한 예언 속에 감추어진 하나님의 뜻을 저자들인 그들도 몰랐고, 2천 년이 흘러야 했던 것이다. 이에 대해서는 이미 구약성경에 감추어져 있었다.

갈3:7 그런즉 믿음으로 말미암은 자들은 아브라함의 아들인 줄 알찌어다

이제 너희들이 아브라함의 아들인 줄 믿어지느냐? 모두 답을 하거라. 이렇게 너희 두 눈으로 보고 귀로 듣고 마음으로 깨달아 믿으라고 하시는 하나님의 사랑을 받은 자들이 2021년 7월 12일 현재 너희들이다. 같은 진리를 가지고도 한 몫의 삶일 때는 안 보이고, 안 들리고 했지 않느냐? 그것은 썩는 양식을 위해 일했던 날들이고, 그렇게 계속 살고 있었으면 영적인 소경이요, 귀머거리이며, 벙어리인 채 결국 하나님 나라와는 아무 관계가 없는 헛되고 헛된 일, 도리어 하나님을 대적하고 다른 신을 섬기는 일만 하여 육체가 죽으면 너희 혼은 영원한 지옥 불못으로 가게 되는 것이다.

그런 기독교인들은 귀신이 주인이다. 목사는 교인들을 지옥 불에 보내는 지옥의 사자이면서, 혀로 "오직 예수" 하며 가장한 광명의 천사들이다. 이런 자들에 의해 이 진리의 도가 훼방을 받고 있고 결국 감옥에까지 가둔 것이다. 그래서 땅에 있는 모든 인간은 영적인 잠에서 깨지 아니하면 모두 헛되고 헛된 삶을 사는 것이다. 이런 진리의 눈으로 온 세상을 분별하는 것이 영적인 분별이다. 이제 선, 악이 무엇인지 분별이 되느냐?

따라서 진리의 성령, 믿음이 실상이 되기 전까지 천국 복음은 열리지 않았고, 다른 말로 하면 '**여호와의 도, 곧 하나님의 도**'는 아무도 몰랐으며, 그러니 '**공의, 공도, 공변, 정직, 정의**'는 행하는 자가 없었다. 왜 14년째 이 일을 전대미문의 새 일이라고 하는지 이제 보이고, 들리고, 깨달아지느냐?

이런 진리를 안 믿는 자는 불신자들이다. 이래서 **말3:17~18절**에 이렇게 말씀하셨고, 이미 성취되고 있는 진리다.

말3:17~18 [17]만군의 여호와가 이르노라 내가 나의 정한 날에 그들로 나의 특별한 소유를 삼을 것이요 또 사람이 자기를 섬기는 아들을 아낌같이 내가 그들을 아끼리니 [18]그때에 너희가 돌아와서 의인과 악인이며 하나님을 섬기는 자와 섬기지 아니하는 자를 분별하리라

하나님께서 정하신 날이 지금 이 세대이고, 이 예언은 BC 430년에 기록되었고, 2451년이 지난 지금 사실이 되어 이루어진 것이다. 그래서 참 진리란 실상이 되는 것이며, 실상이 아닌 자들이 아무리 오랜 세월을 혀로 단어를 사용해서 속고 속여도 혀로 떠드는 것일 뿐 아무것도 아닌 헛된 망상이고, 자신들이 스스로 자해하여 영원한 지옥 불에서 영벌을 받는 것인데 그들은 전부 거짓말로 "죽어서 천국 간다, 하늘나라에 갔다, 거기서 고통 없이 살아라~ 아프지 말고 살아라~" 등등 헛된 말만 한다. 다시 **갈3:8절**부터 보자.

갈3:8 또 하나님이 이방을 믿음으로 말미암아 의로 정하실 것을 성경이 미리 알고 먼저 아브라함에게 복음을 전하되 모든 이방이 너를 인하여 복을 받으리라 하였으니

이 한 절의 의미를 깨달았으면 저 유대인들이 하나님의 아들을 사형

시키지 않는다. 이미 저 유대인들이 아브라함에게 약속하신 복을 받는 것이 아니라, 당시 그들 눈에 '**이방**'인 지금 우리가 믿음인 나로 말미암아 하나님께 의롭다고 이미 인정하실 것을 약속하신 것이다. 이 사실을 예수 그리스도도 모르셨다고 누가 알겠으며, 이렇게 기록한 사도 바울도 이 예언의 주인공들이 2021년 지금 나와 우리라는 사실을 몰랐다. 이는 하나님의 뜻이며, 이미 보이는 이 모든 만물을 창조하시기 이전에 계획해 두신 하나님의 정하심이다. 그래서 **창12:1~9절**에 이렇게 예언해 두셨던 것이다.

창12:1~9 ¹여호와께서 아브람에게 이르시되 너는 너의 본토 친척 아비 집을 떠나 내가 네게 지시할 땅으로 가라 ²내가 너로 큰 민족을 이루고 네게 복을 주어 네 이름을 창대케 하리니 너는 복의 근원이 될찌라 ³너를 축복하는 자에게는 내가 복을 내리고 너를 저주하는 자에게는 내가 저주하리니 땅의 모든 족속이 너를 인하여 복을 얻을 것이니라 하신지라 ⁴이에 아브람이 여호와의 말씀을 좇아 갔고 롯도 그와 함께 갔으며 아브람이 하란을 떠날 때에 그 나이 칠십오 세였더라 ⁵아브람이 그 아내 사래와 조카 롯과 하란에서 모은 모든 소유와 얻은 사람들을 이끌고 가나안 땅으로 가려고 떠나서 마침내 가나안 땅에 들어갔더라 ⁶아브람이 그 땅을 통과하여 세겜 땅 모레 상수리나무에 이르니 그때에 가나안 사람이 그 땅에 거하였더라 ⁷여호와께서 아브람에게 나타나 가라사대 내가 이 땅을 네 자손에게 주리라 하신지라 그가 자기에게 나타나신 여호와를 위하여 그곳에 단을 쌓고 ⁸거기서 벧엘 동편 산으로 옮겨 장막을 치니 서는 벧엘이요 동은 아이라 그가 그곳에서 여호와를 위하여 단을 쌓고 여호와의 이름을 부르더니 ⁹점점

남방으로 옮겨 갔더라

　이렇게 3421년 전에 기록된 예언이 아직 실상이 되지 않고 있었던 것이다. 땅의 모든 족속이 너, 곧 아브람을 인하여 복을 받을 것이라고 하신 이 언약이 이루어지지 않았고, **7절**에 하나님께서 **"이 땅을 네 자손에게 주리라"**라고 하신 이 예언이 시작되는 기점이 2008년 6월 16일이었다. 이 예언이 땅에서 사실이 되려면 '믿음, 진리의 성령'이 실상이 되어야 이 예언이 땅에서 성취되는 것이다. 이러니 진리를 안 믿는 유대인들이 바로 사단이요, 마귀요, 원수이며, 하나님의 대적자들이다. 그런데 그들은 지금도 착각한다. 자신들은 하나님을 잘 믿고, 섬기고 있다고 말이다.

　이 사실을 모르는 전 미국 대통령 트럼프를 보아라. 그는 유대인 사위를 보고 유대인들을 돕고, 그러면서 성경을 들고 대통령이 되고 선서하고, 마치 자신은 하나님을 믿는 사람인 것처럼 코로나19가 미국에 퍼졌을 때 교회 문 앞에서 성경을 들고 있는 모습이 전 세계 뉴스에 나왔다. 유대인들은 하나님을 대적하고 사람들을 지옥 불못에 보내는 드러난 원수들이다. 예수 그리스도를 세상 법에 고소하여 사형시킨 원수들이다. 그런 나라가 저 미국이다. 전 성경에 기록된 모든 재앙이 다 내리는 이때, 하나님의 집에서부터 심판을 하실 수밖에 없는 이 기막힌 현실, 사실을 누가 알아 광포하며, 누가 믿었느냐?

창17:1~6 ¹아브람의 구십구 세 때에 여호와께서 아브람에게 나타나서 그에게 이르시되 나는 전능한 하나님이라 너는 내 앞에서 행하여 완전하라 ²내가 내 언약을 나와 너 사이에 세워 너로 심히 번성케 하리라 하시니 ³아브람이 엎드린대 하나님이 또 그에게 일러 가라사대 ⁴내가 너와 내 언약을 세우니 너는 열국의 아비가 될찌라 ⁵이제 후로는 네 이름을 아브람이라 하지 아니하고 아브라함이라 하리니 이는 내가 너로 열국의 아비가 되게 함이니라 ⁶내가 너로 심히 번성케 하리니 나라들이 네게로 좇아 일어나며 열왕이 네게로 좇아 나리라

이래서 '열국, 곧 세상 모든 나라의 때' 다른 말로 하면 '열왕의 때'인 지금 2021년 이때, 이렇게 언약하신 대로 실상이 되는 것이다.

단2:44 이 열왕의 때에 하늘의 하나님이 한 나라를 세우시리니 이것은 영원히 망하지도 아니할 것이요 그 국권이 다른 백성에게로 돌아가지도 아니할 것이요 도리어 이 모든 나라를 쳐서 멸하고 영원히 설 것이라

이 나라는 상상이 절대 아니고, 다른 세대가 절대 아니며, 진리의 성령, 다른 모양으로 믿음이 실상이 되어서 대언할 때 성취되는 예언이다. 육체가 죽어서 가는 곳이 아닌, 하나님 나라가 이 땅에 이루어지는 것이다. 이래서 그의 나라와 그의 의를 구하라고 하신 것이다. 3421년 전에 모세를 통하여 예언한 아브라함에게 하신 영원한 언약이, BC 550년경 다니엘에게 하신 약속이 AD 2021년에 이미 기초가 세워지고 있는 이 명백한 사실을 온 천하 만민에게 지금 밝히는 것이다.

이런 것이 참 진리다. 진리는 이렇게 땅에서 사실이 되어 이루어지

는 것이다. 이 선행을 배우고 이 일이 바로 영생을 위해 있는 양식이며, 이 영생을 위해 이미 하나님께서 약속하신 땅에서 일을 하고 있는 사람들이 은혜로교회 성도들이다. 어떻게 이런 진리를 받고 게으르고 더러운 귀신임을 자랑하나? 어떻게 이런 진리를 안 믿을 수 있나?

우리 안에 폭력을 행하는 흉악한 귀신이 있음이 언행으로 드러난 것이 다현이다. 왜 나를 '폭행, 특수 폭행죄'를 씌웠는지 너희들이 패역을 안 고치니까 자칭 목사 재성이가 어떤 흉악한 귀신인지, 자칭 목사들이 무슨 짓을 하는지 사실 그대로 보여 주는 것이다. 그대로 두었으면 상현이를 죽일 뻔했다. 어떻게 그렇게 악랄하고 독하나?

이렇게 나를 가두어 두고 이 세상 법으로 '폭행, 특수폭행죄'를 씌우고 판결한 것은 현재 전 세계 성경을 사용하는 지도자들이 2021년간 성경을 가지고 목회라고 한 것이 이런 행위였다고 자칭 목사 딸을 사용해서 나타내 준 것이다. 젖만 먹여야 한다고 고집하여 충성이를 배고파서 울게 만들면서 곁에 있는 가족들의 말을 무시하고 도리어 원망, 불평하며 남의 탓하는 흉악한 귀신들이 아이를 학대한 것이다.

나를 왜 '아동복지법위반, 아동학대, 유기 방임, 교사죄'를 씌워 지금 이때까지 재판 중인지, 명백하게 자칭 목사 자식들, 몇 대째 기독교 목사 집안에서 모태 신앙이라고 하는 자들이 하는 언행을 통해 너희 모두에게 증거해 주고 있는 것이다. 재성이는 가장의 달인이다. 그 짝 수경이도 가장의 달인이다. 완전히 죽은 자들이다. 혀로만 "주여 주여" 하는 자들이었다.

열매를 보아라, 육의 자식들이 무슨 짓을 하는지~ 너희 패역을 고치기 위해 대체육체를 사용하여 나를, 성도들을 옥에 가두어 두고, 그 흉악한 귀신의 실체들을 그대로 드러내어 보여 주고, 낙토에서 재앙으로 징벌하는 것도 귀신 노릇 하는 너희들의 패역 때문인데 양심이 아예 죽어서 자신들을 돌아보지 않는다. 남의 일이라 구경하는 재성이는 죽은 자다. 한국에 있는 너희들도 다 마찬가지다. 전 세계 성경을 사용하는 모든 종교인들의 축소판이 14년째 이 일이다. 정말 진저리 나도록 악독한 자들이다.

욥36:17~18 [17]이제는 악인의 받을 벌이 네게 가득하였고 심판과 공의가 너를 잡았나니 [18]너는 분격함을 인하여 징책을 대적하지 말라 대속함을 얻을 일이 큰즉 스스로 그릇되게 말찌니라

이 말씀이 저 밖에 남의 이야기가 아니고, 너희들에 대한 예언이었고, 사실이 되어 이루어진 것이다. 아이 사진을 보며 얼마나 마음이 아팠는지 얼굴이 갓 태어났을 때보다 야위었다. 하나님께 얼굴을 들 수가 없고, 아이한테 미안해서 눈물이 나서 사진을 볼 수가 없더라. 그런데 이 아이는 누나, 형들을 보며 웃고 있다. 누나, 형들은 하나같이 동생이 예뻐서, 사랑스러워서 어찌할 줄을 모르는 사진을 보며 "미안하다, 할미가 미안하다" 하고 아이 사진을 안고 울었다. 언제가 되어야 모두 정신을 차릴래?

이러니 하나님께서 **렘30:1~11절**에 이렇게 예언해 두셨던 것이다. 먼저 **11절**에 "나 여호와가 말하노라 내가 너와 함께하여 너를 구원할 것이라 내가 너를 흩었던 그 열방은 진멸한다 할찌라도 너는 진멸하지 아니하리라 그러나 내가 공도로 너를 징책할 것이요 결코 무죄한 자로 여기지 아니하리라"라고 하신 그대로 현재 14년째 징책하고, 징책을 당하고 있다. 떡덩이

들이니까 하나가 귀신 노릇 하면 같이 겪는 것이다. 어미를 감옥에 가두고, 형제를 가두어 두고, 온 세상에 흉악범 취급을 하고 치욕을 주며 짓밟는 이 일이 결국 누구 때문이냐? 모두 답해라. 양심도 없는 흉악한 귀신들아~

창18:19 내가 그로 그 자식과 권속에게 명하여 여호와의 도를 지켜 의와 공도를 행하게 하려고 그를 택하였나니 이는 나 여호와가 아브라함에게 대하여 말한 일을 이루려 함이니라

아브라함에게 하신 언약이 곧 진리의 성령이요 믿음인 나와 우리에 대한 예언이었고, 2021년 현재 사실이 되어 이루어지고 있다. 이래서 아직 **창18:18절**의 말씀이 성취되지 않았던 것이다.

창18:18 아브라함은 강대한 나라가 되고 천하 만민은 그를 인하여 복을 받게 될 것이 아니냐

이제 2008년 6월 16일부터 여호와의 도를 선포하여 흩어져 있던 자식과 권속을 모으셨고, 하나님께서 우리를 구원하시지만 결코 무죄자가 아닌 악인이 받을 벌이 가득하여 공도로 징책하시고 계신 것이다. 이렇게 징책을 받을 때 사용된 인생 채찍이 바로 우리에게서 떨어져 나가서 고소하는 데 앞잡이가 된 그들이며, 이 세상에 속한 자칭 목사들, 자칭 기독교인들이 채찍이 되어 혀로 때리고, 손가락으로 인터넷에 신문에 글을 써서 학대하고 내 얼굴에 맷돌질을 한 것이다. 이러니 7년 징역형이 나온

것이다. 그런데 어떻게 대체육체들에게만 책망을 하겠느냐? 이렇게 안 되게 하고자 타작마당을 한 것이다. 이 악하고 독한 귀신들아~

참 과부의 송사가 실상이 될 때
약속된 구원

그래서 또 이렇게 예언해 두셨다.

렘30:12~17 ¹²나 여호와가 말하노라 네 상처는 고칠 수 없고 네 창상은 중하도다 ¹³네 송사를 변호할 자가 없고 네 상처를 싸맬 약이 없도다 ¹⁴너를 사랑하던 자가 다 너를 잊고 찾지 아니하니 이는 네 허물이 크고 네 죄가 수다함을 인하여 내가 대적의 상하게 하는 그것으로 너를 상하게 하며 잔학한 자의 징계하는 그것으로 너를 징계함이어늘 ¹⁵어찌하여 네 상처를 인하여 부르짖느뇨 네 고통이 낫지 못하리라 네 죄악의 큼과 죄의 수다함을 인하여 내가 네게 이 일을 행하였느니라 ¹⁶그러나 무릇 너를 먹는 자는 먹히며 무릇 너를 치는 자는 다 포로가 되며 너를 탈취하는 자는 탈취를 당하며 무릇 너를 약탈하는 자는 내가 그로 약탈을 당하게 하리라 ¹⁷나 여호와가 말하노라 그들이 쫓겨난 자라 하며 찾는 자가 없는 시온이라 한즉 내가 너를 치료하여 네 상처를 낫게 하리라 따라서 이때가 지금 내가 송사에 걸린 이때다. 앞에 **렘30:1~10절**을 보자. "¹여호와께로서 말씀이 예레미야에게 임하여 이르시니라 ²이스라엘의 하나님 여호와께서 이같이 일러 가라사대 내가 네게 이른 모든 말을 책에 기록하라 ³나 여호와가 말하노라 내가 내 백성 이스라엘과 유다의 포로를 돌이킬 때가 이르리니 내가 그들을 그 열조에게 준 땅으로 돌아오게 할 것이라 그들이 그것을 차지하리라 여호와의 말이니라(고 하신 이 예언이 나를 통해 2008년부터 실상이 되어 이루어지고 있는 이 일이다. 곧 아브라함에게 약속하신 언약이 이 세대에 믿음을 통하여 이루어진 것이다.)

⁴여호와께서 이스라엘과 유다에 대하여 하신 말씀이 이러하니라 ⁵여호와께서 이같이 말씀하시되 우리가 떨리는 소리를 들으니 두려움이요 평안함이 아니로다 ⁶너희는 자식을 해산하는 남자가 있는가 물어보라 남자마다 해산하는 여인같이 손으로 각기 허리를 짚고 그 얼굴빛이 창백하여 보임은 어찜이뇨 ⁷슬프다 그날이여 비할 데 없이 크니 이는 야곱의 환난의 때가 됨이로다마는 그가 이에서 구하여냄을 얻으리로다

⁸만군의 여호와가 말하노라 그날에 내가 네 목에서 그 멍에를 꺾어 버리며 네 줄을 끊으리니 이방인이 다시는 너를 부리지 못할 것이며(이미 낙토에서 실상이 되었다. 다시는 이방인 아래서 부림을 당할 이유가 영원히 없다. 이 예언이 2621년이 지난 2021년에 성취되었다. 이래서 **"영생을 위해 있는 양식을 위하여 일하라"**고 하신 것이다. 내가 아무려면 하나님의 말씀이 아니면 무엇을 위해 피지로 이사를 하고 영원한 기업을 일으키나? 성도들을 일 시키려고, 마치 내가 내 부귀영화를 위해서 가난한 나라에 이사하고, 노동 착취하는 목사로 취급당하며 참고 있었던 줄 아느냐?

'야곱의 환난 때'란 혀로 "오직 예수" 하며 계명은 단 한 가지도 지키지 아니하는 자칭 기독교인들에게 닥칠 네 가지 중한 벌 중에 기근이 들어 있다. 이 기근은 전에도 없었고, 후에도 없을 기근이다. 이 환난에 들지 않게 하기 위한 하나님의 사랑이 바로 예비하신 땅이다. 그러므로 성도들을 이 환난에서 지켜 보호하고, 죄를 짓지 아니하고 환난당하는 자들을 돕는 길은 하나님의 계명대로 지켜 실행하는 것인데 이런 하나님의 말씀을 지켜 실행한 일을 두고 '무임금, 노동 착취'라고 고소한 자들의 고소장을 보며 아연실색했다. 이렇게 더러운 죄를 씌우려고 고소한 것을 보면 아직 우리 안에 이런 흉악한 귀신이 있는 것이다.)"

두 눈을 똑바로 뜨고 모두 **렘30:7~8절**을 합독하거라.

"⁷슬프다 그날이여 비할 데 없이 크니 이는 야곱의 환난의 때가 됨이로다마는 그가 이에서 구하여냄을 얻으리로다(여러분 모두 이 본문의 "그"다. 이미 구하여 냄을 얻었다. 이런 진리대로 지켜 실행한 것을 너희 어떻게 대적했느냐? 마치 나를 위해 일해 주는 것처럼 가관이 아닌 언행을 한 사람이 한둘이었느냐? 얼마나 게으르고 더럽고 악한지~ 고소한 그들보다 더 악한 인간이 이 말씀을 듣고, 보고도 귀신 노릇 하는 자들이다. 오죽하면 티끌을 떨어 버리라고 명령하셨을까?

과천도 가관이 아니다. 이제 너희끼리도 보일 것이다. 치매 걸린 귀신, 더러운 귀신, 원망 불평하는 귀신, 자신 입밖에 모르는 귀신, 분수도 모르는 티끌~ 등등 말하기 더러운 자들이 다 보일 것이다. 사람 생각으로 왜 이런 일을 하겠나? 단 한 번도 사심을 가지고 사람 생각대로 걸어오지 않았다. 하나님의 말씀이 아니면 온 세상을 다 준다고 해도 이런 일은 안 한다. 여러분 생각, 마음을 알면서 보고도 모른 척 넘어가야 하는 것이 힘들었다.

이래서 너희들이 이해가 안 되는 언행을 내가 해도 믿어 주고, 기다려 달라고 한 것이다. 하나님께서 말씀하시지 아니하시면 난 할 수 없는 그릇으로, 귀신이 주인인 너희들이 각자 자신들 마음대로 판단하고, 귀신은 본바탕이 거짓이고 하나님의 말씀은 듣기 싫어하는 자들인데, 그런 근본을 알면서 100% 믿어 주고 가야 하는 길이 내가 져야 할 십자가라는 것을 알고 걷는 길이라 그렇게 말했던 것이다. 이 예언이 지금 이 세대에 우리를 통해서 땅에 실상이 되는 일인 줄 하나님만 아시는 일이었다.)

[8]만군의 여호와가 말하노라 그날에(여호와의 날, 인자의 날, 일곱째 날, 악인들이 일하는 시기가 끝나는 날인 2021년 지금 이날에) 내가 네 목에서 그 멍에를 꺾어 버리며 네 줄을 끊으리니 이방인이 다시는 너를 부리지 못할 것이며(전 세계에 어느 목사, 어느 교회가 이 말씀을 실상으로 성취했는지 묻는다. 이미 은혜로교회 성도들은 이 본문의 "너"에 해당한 주인공들이다. 14년째 실행하고 온 이유다.

그래서 온 세상에 천명한다. 나는 사업가가 아니다. 피지로 이주한 이유가 이 본문 외에도 전 성경에 하나님의 뜻을 순종하여 지켜 실행했을 뿐, '무임금, 노동 착취'를 절대 하지 않았다. 이런 단어를 사용하여 나에게 죄를 씌우려는 자들에게 그 누구한테도 피지에 개인 사심을 가지고 이주시킨 적 없고, 월급을 준다거나 어떤 대가를 준다고 한 적이 없다. 하나님께서 정하신 시간에 하나님의 뜻대로 인도하시는 길에 사용될 뿐이고, 사람의 뜻은 일점일획도 개입되지 않았음을 밝힌다.

피지에 기업을 일으키는 것은 **사54:17절**에 **"여호와의 종들의 기업이**
요 이는 그들이 내게서 얻은 의"다. 우리는 하나님의 뜻이 땅에 실상으로
이루어지는 주인공들로 이 땅에 보냄을 받은 하나님의 아들들, 백성들이
다. 영원히 다시는 이방인들 아래 부림을 받지 아니하게 하신 하나님의 행
하심이다. 그러므로 다시는 **'무임금, 노동 착취'**라는 말로 정죄하지 마라.)

⁹너희는 너희 하나님 나 여호와를 섬기며 내가 너희를 위하여 일으
킬 너희 왕 다윗을 섬기리라(그래서 예수 그리스도께서 **'왕'**이라고 하신
것이다. 그런데 사람이 아는 본능적인 수준으로 당시 **'유대인의 왕'**이라고
하는 줄 자신들 스스로 판단하여 세상 법에 고소한 것이다. 왕 노릇 하시
는 것은 오는 세상, 곧 의인의 세대에 실상이 되는 것이다. 곧 하나님만이
하나님이 되시는 세상이 될 때, 영원한 왕이신 하나님께서 온 천하를 통
치하시는 때에 실상이 되는 것이다. 이때가 되어야 아브라함에게 약속하
신 대로 땅에 그대로 이루어지는 오는 세상에서 온전히 실상이 된다.

그리고 2천 년간 기독교인들의 머리가 되셔서 오직 예수라고 이어
져 올 것, 곧 부득불 예수 그리스도께서 왕 노릇 하시고 계신 것에 대한
예언이 감추어져 있다. 증명한다.

고전15:25 저가 모든 원수를 그 발 아래 둘 때까지 불가불 왕 노릇 하시
리니

이 예언대로 2021년 이때까지 기독교인들에게 왕 노릇 하시고 계신
다. 그런데 이 본문은 지금 이 세대 우리에 대한 예언이다. 그래서 전 성

경 기록 목적이 예수 그리스도를 믿는 자들 중에 하나님 나라의 상속자들을 위해서 기록하신 것이다. 예레미야서는 구약시대여서 596년 후에 이 땅에 오시는 다윗의 후손이신 예수 그리스도를 왕으로 섬길 것을 예언해 두셨던 것이다. 이 예언대로 예수 그리스도를 진실로 믿어 계명을 지켜 실행하여 우리는 영원한 왕이신 하나님을 경배하며 섬긴다. 의인의 세대인 오는 세상이 되면 왕 노릇 할 성도들을 다시 창조하고 있다.)

[10]그러므로 나 여호와가 말하노라 내 종 야곱아 두려워 말라 이스라엘아 놀라지 말라 내가 너를 원방에서 구원하고('**원방**'은 영적으로는 귀신의 처소 바벨론에서, 실제로는 '**먼 곳, 먼 지방, 먼 나라**'를 뜻한다. 곧 하나님께서 약속하신 땅은 우리가 한 몫의 삶을 산 나라, 한국에서 먼 곳이라는 비밀이 감추어져 있다. 그래서 이렇게 예언해 두셨다. **사43:6~7절**에 "[6]내가 북방에게 이르기를 놓으라 남방에게 이르기를 구류하지 말라 내 아들들을 원방에서 이끌며 내 딸들을 땅 끝에서 오게 하라 [7]무릇 내 이름으로 일컫는 자 곧 내가 내 영광을 위하여 창조한 자를 오게 하라 그들을 내가 지었고 만들었느니라") 네 자손을 포로 된 땅에서 구원하리니 야곱이 돌아와서 태평과 안락을 얻을 것이라 너를 두렵게 할 자 없으리라"

같은 언약이 **렘46:27~28절**에도 예언되어 있다. **창28:18~19절**의 예언이 실상이 될 때, 곧 2021년 지금 우리에 대한 예언이다.

렘46:27~28 [27]내 종 야곱아 두려워 말라 이스라엘아 놀라지 말라 보라 내가 너를 원방에서 구원하며 네 자손을 포로 된 땅에서 구원하리니 야곱이 돌아와서 평안히, 정온히 거할 것이라 그를 두렵게 할 자 없으리라

²⁸나 여호와가 말하노라 내 종 야곱아 내가 너와 함께하나니 두려워 말라 내가 너를 흩었던 그 열방은 다 멸할찌라도 너는 아주 멸하지 아니하리라 내가 너를 공도로 징책할 것이요 결코 무죄한 자로 여기지 아니하리라

이 말씀대로 타작마당이 진행된 것이다. 악인들보다 우리가 죄를 짓지 않아서가 아니다. 악인이 받을 벌이 가득한 우리의 보응이 끝나면 반드시 영원한 나라를 세우신다. 이런 진리의 눈으로 다시 **창17:6~9절**을 보자.

"⁶내가 너로 심히 번성케 하리니 나라들이 네게로 좇아 일어나며 열왕이 네게로 좇아 나리라(고 하신 이 예언이 실상이 된 때가 2021년 지금이 세대다. 이 세대에 하나님께서 세우시는 한 나라가 바로 오는 세상의 수도가 될 나라, 하나님께서 영원히 거하시는 나라를 세우시려고 우리를 다시 창조하시고 계신다.)

⁷내가 내 언약을 나와 너와 네 대대 후손의 사이에 세워서 영원한 언약을 삼고 너와 네 후손의 하나님이 되리라 ⁸내가 너와 네 후손에게 너의 우거하는 이 땅 곧 가나안 일경으로 주어 영원한 기업이 되게 하고 나는 그들의 하나님이 되리라(고 하신 이때, 이미 영원한 기업을 일으키고 있는 오는 세상, 하나님 나라의 영원한 상속자들은 저 유대인들이 아니라, 저 유대인들이 아는 이방 민족 중에서 나올 것을 예언해 두셨던 것이다. 이 예언은 당시 아브라함 때도 아니고, 이삭, 야곱, 요셉 때도 아니며, 이스라엘, 곧 저 황금돔이 있는 이스라엘 나라도 아니고, 다윗에게 허락하신 언약이다. 그러나 누구나 다 안다고 생각하는 그 다윗왕 때도 아니고, 아브라함

과 다윗의 자손으로 오신 예수 그리스도께서도 실상으로 이루신 것이 아니었다.

분명히 본문에 열왕이 아브라함에게로 좇아 난다고 하셨다. 이 열왕의 때, 곧 지금 이 세대에 실상이 될 것을 **단2:44절**에서 미리 보았지만 더 세미하게 큰 틀로 보자. 이에 대한 확신을 이미 영원한 언약에 대해서 수없이 증명했는데 아직 안 믿는 우리 안의 귀신들이 굴복해야 한다. 아브라함에게 하신 이 언약은 반드시 지켜 실행하라고 하셨다.)

⁹하나님이 또 아브라함에게 이르시되 그런즉 너는 내 언약을 지키고 네 후손도 대대로 지키라"

이 언약이 곧 마음에 할례를 받는 것이다. **히브리서 8장**의 새 언약으로 마음에 할례를 받는 자가 바로 영원한 기업을 실상으로 일으키고 오는 세상의 주인공들이 되는 것이다. '믿음'이 실상이 되기 전까지는 전부 문자 그대로만 보고 이어져 온 것이다. 함 족속의 자손 가나안 땅의 일경으로 예비된 땅이어야 하나님께서 약속하신 땅이다. 우리가 살고 있는 낙토다. 여호와의 도로 공도를 행하고 있는 14년째 이 일이 명백하게 우리에 대한 예언임을 하나님께서 증명해 주시고 계신다.

또 **창22:17~18절**에 이렇게 언약하셨다.

창22:17~18 ¹⁷내가 네게 큰 복을 주고 네 씨로 크게 성하여 하늘의 별과 같고 바닷가의 모래와 같게 하리니 네 씨가 그 대적의 문을 얻으리라 ¹⁸또 네 씨로 말미암아 천하 만민이 복을 얻으리니 이는 네가 나의 말을 준행하였음이니라 하셨다 하니라

이 언약도 아직 단 한 세대도 성취되지 않은 예언이다. 천하 만민이 아브라함의 아들 이삭으로 말미암아 복을 얻으리라고 하셨는데, 2021년 이때까지 이루어지지 않았다. 또한 그 대적의 문을 얻으리라고 하셨는데 아직까지 대적이 이 세상을 지배하고 있다. 이제 이 세대에 이 예언이 실상이 된다. 그래서 현재 나와 성도가 옥에 갇혀 있는 이 일이 지금이 이 본문을 땅에 실상으로 이루는 때이며, 주인공이라는 증거다.

눅21:12~15 [12]이 모든 일 전에 내 이름을 인하여 너희에게 손을 대어 핍박하며 회당과 옥에 넘겨주며 임금들과 관장들 앞에 끌어가려니와 [13]이 일이 도리어 너희에게 증거가 되리라 [14]그러므로 너희는 변명할 것을 미리 연구치 않기로 결심하라 [15]내가 너희의 모든 대적이 능히 대항하거나 변박할 수 없는 구재와 지혜를 너희에게 주리라

이 예언은 실상이 된 2021년 지금 이 세대 나와 우리에 대한 예언이다. 이미 2018년 7월 24일 나와 성도들이 체포되어 세상에 알려지게 되므로 이 본문의 실상은 물론이요, **창22:17~18절**에 아브라함이 이삭을 모리아산에 바치고 그제서야 하나님께서 다시 언약하시며 하신 말씀인 대적의 문을 얻으리라는 언약이 실상이 되는 것이다.

이삭은 예수 그리스도의 모형이며, 그림자다. 예수 그리스도께서 이 땅에 오셔서 대적들에 의해 십자가에 죽으셨지만 하나님께서 약속대로 삼 일 만에 영원히 죽지 아니하시는 신령한 몸으로 다시 부활하셨고, 40일 동안 땅에 계시며 구약성경을 가지고 자신에 대하여 자세히 가르치시

고 부활하신 몸을 보이셨으며, 승천하셔서 하나님 우편에 앉으셨고 다시 오시마 약속하셨다.

예수님께서 지신 십자가의 도 속에 천국의 비밀을 감추어 두시고 하나님께서 정하신 때가 될 때까지 불가불 왕 노릇 하시고 계신 2천 년 기간 동안 대적들이 혀로 "오직 예수" 하면서 이용만 하고 있는 실상을 아무도 모르게 하셨다. 일곱째 날인 지금 이 세대에 하나님께서 친히 천국의 비밀을 열어 주셔서 대언하는 진리의 성령을 통해 대적들의 정체를 밝히시고, 이 본문 말씀이 실상이 되게 하셨다.

그래서 창세 이래 하나님과 예수 그리스도의 대적들이 첫 순교자 아벨부터 7년 대환난에 있을 순교자의 수가 찰 때까지 복음을 전하는 하나님의 종들을 핍박하고 죽이는 자들의 실체가 어떤 것인지 밝히 드러내시고, 그들에 의해 감옥에 갇힌 나와 성도들에게 모든 대적이 능히 대항하거나 변박할 수 없는 구재, 곧 말재주와 완전한 지혜를 2021년 이 세대 우리에게 주신 것이다. 이는 대적의 문을 친히 대적하시는 하나님의 완전하신 지혜를 주신 명백한 증거다. 그래서 14년째 이 일은 사람의 모든 이론을 다 파하는 강력이다.

고후10:4~5 [4]우리의 싸우는 병기는 육체에 속한 것이 아니요 오직 하나님 앞에서 견고한 진을 파하는 강력이라 [5]모든 이론을 파하며 하나님 아는 것을 대적하여 높아진 것을 다 파하고 모든 생각을 사로잡아 그리스도에게 복종케 하니 이제 이 예언이 온전히 실상이 된다. 그래서 **엡1:19절**의 예언도 실상이 된다.

엡1:19 그의 힘의 강력으로 역사하심을 따라 믿는 우리에게 베푸신 능력의 지극히 크심이 어떤 것을 너희로 알게 하시기를 구하노라

따라서 나를 통한 이 일은 우리 안에서 너희들을 죄를 짓게 만들고, 결국 죽게 만드는 귀신이 다 떠나고, 진리로 하나가 되면 이 예언대로 실상이 된다. 그래서 **고전13:10절**의 예언대로 14년째 실상이 되어 이루어지고 있다.

고전13:10 온전한 것이 올 때에는 부분적으로 하던 것이 폐하리라

그래서 전대미문의 새 언약으로 **히브리서 8장**의 말씀이 사실이 되어 다시 창조하시고 계시고, 나를 먼저 **호2:19~20절**의 말씀대로 실상이 되게 하셔서 셋이, 곧 성부 하나님과 성자 예수 그리스도와 하나가 되어 온전한 영적인 상태가 되어 '**믿음은 이런 것이다**'라고 실상을 보이시고, 하나님의 완전한 지혜를 대언하게 하셔서 창세 이래 모든 대적의 문을 얻게 하신다.

따라서 **창22:17~18절**의 언약은 2021년 이 세대 우리를 통해서 온전히 실상이 되는 언약이다. 이 언약이 사실임을 온 세상에 알리시기 위한 사건이 나와 성도들의 구속 사건이고, 이 사건을 통해 현재 대적의 문

을 얻기 위한 하나님의 역사하심에 따라 진행 중이시다.

따라서 나는 **욥31:33~35절**의 말씀이 온전히 실상이 된다. 당시 욥은 대적의 기록한 소송장이 없었고, 예수 그리스도께서도 그랬고, 창세 이래 모든 순교자들도 그래서 순교를 당했고, 앞으로 7년 대환난 때에 당하겠지만 나는 절대 대적들에 의해 당하고만 있게 안 하신다.

욥31:33~35절에 "³³내가 언제 큰 무리를 두려워하며 족속의 멸시를 무서워함으로 잠잠하고 문에 나가지 아니하여 타인처럼 내 죄악을 품에 숨겨 허물을 가리었었던가 ³⁵누구든지 나의 변백을 들을찌니라 나의 서명이 여기 있으니('**서명**'이란 자기의 이름을 문서에 적음 또는 그 이름을 뜻하는데, 영적으로는 성경 책에 내 이름이 전 성경에 기록되어 있고, 내 대적의 기록한 소송장으로 인하여 그 소송장에도 내 이름과 성도들의 이름들이 기록되어 있으며, 대적들이 고소하여 나와 성도들을 감옥에 가두어서 온 세상에 치욕을 주는 이 일에 이름이 기록되어 있는 것을 두고 "**나의 서명이 여기 있으니**"라고 하신 것이다.

그러므로 이 예언은 예수 그리스도에 대한 예언이지만 이 속에 감추어진 하나님의 뜻, 천국의 비밀은 나와 성도들에 대한 일이 기록되어 있다. 신창섭, 최문자, 박혜순, 신성순, 안지원, 김정용, 박은혜, 평강이까지 **"전능자가 내게 대답하시기를 원하노라 내 대적의 기록한 소송장이 내게 있었으면"**이라고 한 이 탄식이 2021년 7월 13일 내게는 하나님, 곧 전능하신 하나님께서 이미 14년째 내 대적의 기록한 소송장인 성경 책 속의 천국의 비밀을 대답하시고 계시고, 이는 **창22:18~19절**에 '모든 대적의 문'을 얻을 완전한 지혜이며, 온전한 소송장이라고 당시 욥이 질문한 것에 대한 하나님의 대답을 하고 계셨고, 실제 온 세상 사람들이 알고 있는 '소송장, 곧 내 대적의 기록한 소송장'도 온전히 가지고 있다.

이 명백한 증거가 바로 욥이 질문한 이 의문에 대한 하나님의 대답이 3421년 만에 온전히 실상이 되어 있는 일이 나와 성도들의 구속 사건이다. 신창섭이 너도 대적의 기록한 소송장에 서명이 되어 있다. 따라서 나와 성도들이 감옥에 갇히고 온 세상에 치욕을 당하고 있는 이 사건은 이미 만세 전에 하나님께서 계획해 두신 뜻대로 현재 실행되고 있는 하나님의 행하시는 선한 일이며, **창22:18~19절**의 말씀을 온전히 이루시기 위한 하나님의 행하심이다.

이래서 **사52:1~2절**의 예언대로 실행되고 있고, 이제 **습3:1~20절**의 말씀이 성취되는 과정 중이다.

습3:1~20에 "¹패역하고 더러운 곳, 포학한 그 성읍이 화 있을찐저 ²그가 명령을 듣지 아니하며 교훈을 받지 아니하며 여호와를 의뢰하지 아니하며 자기 하나님에게 가까이 나아가지 아니하였도다 ³그 가운데 방백들은 부르짖는 사자요 그 재판장들은 이튿날까지 남겨 두는 것이 없는 저녁 이리요(진실로 이러하다. 지금 전 세계 교회가 다 이 실상이다. 여의도 순복음교회는 귀신의 처소이며, **습3:1~3절**의 말씀대로 사실이 되어 있는 교회다. 그 교회 목사는 온 세계를 미혹한 용, 사단, 마귀이며 귀신의 처소 바벨론에 서 있는 미운 물건이다. 14년째 그들이 가르친 방언이 귀신이 가르친 것이라고 가장 고상하게 외쳐도 안 듣고, 온갖 비리, 타락이 온 세상에 다 드러나도 부끄러움도 모르고 거짓을 자랑하고, 국민일보 신문은 나를 이단이라고 광고도 내주지 않는 자들이었다. 처음 2008년 6월 16일에 시작한 광고는 국민일보에 다 나갔고 한 달 정도는 내주었을 것이다.

순복음교회뿐만 아니고 모두 다 드러나서 온 세상에서 귀신의 처소에 서 있는 미운 물건, 우상, 마귀의 결과가 어떻게 되는지 다 눈으로 보고 귀로 듣게 된다. 그래서 온 세상에 할 수 있는 모든 것을 다 동원하여 광포해야 한다. 그들 중에 있는 택한 자녀들이 듣고 울며 돌아올 수 있도록 할 수 있는 교회는 우리뿐이다. 모든 대적의 문을 얻게 하시고 반드시 하나님의 말씀 앞에 무릎 꿇게 하신다. 조슈아 목사 나이지리아 용, 김성혜 목사, 여의도순복음교회 용을 보아라. 죽어 버린 그들은 이제 자신들이 무슨 언행을 했는지 자신들이 간 곳이 지옥 불못임을 직접 경험하고 있다. **눅16:19~31절**에 예언된 부자의 실상이 그들이다. 국민일보도 끝난다. 또 그들의 실상을 보아라.)

⁴그 선지자들은 위인이 경솔하고 간사한 자요 그 제사장들은 성소를 더럽히고 율법을 범하였도다 ⁵그중에 거하신 여호와는 의로우사 불의를 행치 아니하시고 아침마다 간단 없이 자기의 공의를 나타내시거늘 불의한 자는 수치를 알지 못하는도다 ⁶내가 열국을 끊어 버렸으므로 그 망대가 황무하였고(이 **'열국'**이 바로 아브라함의 후처 그두라의 자식들 여섯 명과 그 아내 사라의 여종 하갈의 아들 이스마엘의 후손들이 다 이에 해당한다. 창세기에 이스마엘이 아브라함의 유일한 약속의 자식인 독자 이삭을 핍박하여 광야로 쫓겨나서 이삭과 함께 유업을 받지 못할 자로 판결이 났듯이, 지금 이 세대에 자칭 아브라함의 후손들이라고 자랑하는 유대인들과 자칭 기독교인들이라고 자랑하는 종의 자식들이 약속의 자식인 신령한 교회인 은혜로교회를 자기 마음대로 "이단이니~ 사이비니~" 하

고 비방하고 정죄하여 온전히 실상이 되고 있다.

'공의'를 나타내시는 하나님의 행하심을 보고 듣고 믿고 지켜 실행한 이 일을 핍박하고 결국 감옥에 가둔 것이 나와 은혜로교회가 전 성경에 미리 기록해 두셨던 약속의 자식인 이삭의 후손이며, 본래 아브라함에게 하신 영원한 언약을 실상으로 이 땅에 이룰 하나님 나라, 곧 영원히 망하지도 않고, 그 국권이 다른 백성에게 돌아가지도 아니하고, 영원히 있을 나라를 14년째 친히 세우시고 계신 여호와의 행하시는 일임을 온 세상에 증거하시고 천명하고 계신다.

이런 일을 훼방한 한국 기독교 총회 목사들, 너희들의 실상을 지금 밝히는 것이다. 이는 하나님의 판결이다. 나, 신옥주 목사는 **사52:1~2절**의 말씀을 지금 실행하고 있다. 곧 하나님의 공의를 14년째 온 세상에 나타내시는 이 일을 대언하는 것이다. 하나님께서는 당신의 행하심을 친히 진술하시지 않고 반드시 당신이 미리 정해 두신 사람, 곧 진리인 성경에, 미리 3421년 전부터 전 성경에 예언되어 있는 사람인 나를, 우리 성도들을 사용하셔서 자세하게 선, 악을 진술하고 계시고 하나님의 법으로 온 세상의 거짓을 판결하시고 계신다.

이 판결, 진술을 무시하고 멸시하는 자는 영원히 이 세상에서도, 오는 세상에서도 사함을 받지 못하는 죄, 곧 영원한 죄에 처하여 지옥 불못에 들어가서 영벌을 받게 된다. 나는 분명히 하나님의 법으로 판결하고, 사실대로 경고한다. 듣든지~ 아니 듣든지 나는 대언할 뿐 집행하시는 분은 창조주 하나님이시다.

하나님의 판결하심을 받고 수치를 깨달아 진실로 회개하고 돌아서면 육체가 살아서 온전한 구원을 얻든지~ 순교하여 첫째 부활에 참예하든지~ 거지 나사로같이 육체가 죽어 낙원에 가든지~ 결과는 각자 자신들이 행한 대로 보응을 받는다. 우리 안에서 이미 14년째 실상이 되어 거지 나사로로 죽는 성도들을 보았고, 7년 대환난이 오기 전에 나사로로 삶을 산 사람들은 육체가 죽는다. 수치를 아는 길은 오직 하나님의 말씀에 비추어 자신이 어떤 언행을 하고 살았는지 살피고, 다시는 죄를 짓지 아니해야 한다.

'티끌, 먼지, 안개, 풀, 구더기'로 이 땅에서 한 몫의 삶을 사는 자는 이제 은혜로교회 안에 특히 낙토에 있을 수 없다. 이 진리를 받고 하나님의 사랑 안에 있으면서 정직하자고 그렇게 권고한 어미의 법도 지켜 실행하지 아니한 자들은 이렇게 이 땅에 온 자들이다. 하나님께서 열국, 곧 모든 세상 나라, 모든 민족, 아브라함의 후처 그두라의 자손들과 하갈, 곧 종의 자식들은 약속의 자식인 이삭과 함께 하나님의 나라를 유업으로 받을 수 없다. 안 믿으니까 또 증명한다.

갈4:21~31절에 자유하는 여자인 진리의 성령과 하나님의 아들들, 백성들과 함께 유업인 하나님 나라를 상속받을 수 없다. 이미 14년째 전대미문의 새 언약으로 의인 중에 악인을 갈라내고 있었어도 영적으로 죽은 자는 아무 깨달음이 없이 귀신임을 자랑하므로 티끌을 떨어 버리는 것이다. 의인 중에 악인은 절대 함께 유할 수 없다. 이미 수없이 경고했고, 권고해도 듣지 않는 자들은 하나님께서 은혜를 거두시면 한 순간에 자신의 실체를 드러내는 것을 현재 성도들이 다 보고 있다. 이러해도 두려움이 없는 자는 지옥의 자식들이요, 대체육체들이다.

따라서 "내가 열국을 끊어 버렸으므로"에 해당하는 자들을 직설적으로 말하면 혀로 "오직 예수" 하며 귀신 쫓고, 병 고치고, 선지자 노릇 하고, 권능을 행했다고 하는 불법을 행하는 자들이다. 이 예언의 실상이다. 곧 예수 이름을 혀로 말만 하는 대적자들은 예수님이 십자가상에서 왜 "엘리 엘리 라마 사박다니"라고 하셨는지 그 원인을 알지 못하고, 영원히 죽지 아니할 신령한 육체로 부활하신 예수 그리스도께서 하나님께 받으신 열쇠, 그것도 세세토록 받으신 열쇠의 비밀을 아무도 모르고, 2021년 이 세대까지 이어져 온 것이라는 사실을 절대 모르고, 모르니 귀신이 주인이 되어 교만하고 거만하여 아무리 모든 진리로 말해 주어도 받지 않는다. 이 자체가 열국을 하나님께서 끊어 버리신 증거다. 알아들었으면 깨달은 만큼 답을 해라, 정직하게~

이 예언이 BC 650년경에 기록된 것인데 2671년이 지난 2021년 지금 성취되고 있다. 곧 실상으로도 끊어 버리시는 것을 증거하면 나이지리아 조슈아 목사, 여의도 김성혜 목사가 갑자기 죽어 버리고, 조용기 목사는 쓰러지고, 귀신론 대가라는 목사가 구속되는 등등 이런 귀신의 처소 머리가 죽거나 타락한 실체가 드러나는 것이다.

하나님께서 정하신 때가 되기 전에 성경을 가지고 자신들의 성공의 수단, 광명의 천사로 가장하는 장식품으로 사용하는 자체가 하나님께서 열국을 끊어 버리신 증거다. 또 코로나19로 온 세상에 1년 6개월 만에 400만 명이 넘는 사망자가 나오고 현재도 더 강한 '델타플러스 바이러스'로 팬데믹이 되고 있는 현재 이 일도 열국을 끊어 버리시는 증거다. 이 증거는 차고 넘친다.

2021년 7월 12일 뉴스에 미국 서부에 섭씨 54도나 되는 더위와 동부에는 홍수로 죽고 이재민이 되고 있고, 중국 쓰촨성에는 홍수가 나서 이재민이 72만 명이나 되고 있으며,[36] 마다가스카르라는 나라에는 **"진흙 벌레 먹는 아이들"**이라는 헤드라인 기사로 말라붙은 풍요의 땅 아프리카 남동쪽 인도양에 위치한 세계에서 네 번째로 큰 섬 나라에 2020년 말부터 계속되는 '**대가뭄, 곧 대기근**'으로 아이들이 실제로 흙과 벌레를 먹고 있다는 기사로 아프리카의 실상,[37] 에티오피아 티그라이 기근 참상, 사람들이 낙엽처럼 쓰러진다는 기사가 났으며,[38] 가까운 일본 시즈오카현에서 기록적인 폭우로 인해 발생한 산사태로 건물 80여 채를 휩쓸어 20여 명 실종 2명 사망[39], 멕시코에 등장한 불 구덩이 "지구 종말이 온 듯 펄펄 끓는다", 키프로스 공화국 건국 이래 "최악의 산불... 4명 사망" 그 나라 건국 이래 가장 파괴적인 산불로 토마토 재배 온실에서 일하던 4명이 소형 트럭을 타고 대피하던 중 차가 제방 아래로 떨어져서 사망했는데 이들이 이집트인들이란다. 저 이스라엘이 400년을 넘게 종살이하던 애굽이 이집트다.

온 세상에서 약속하신 땅으로 도망을 해야 하는 때라는 징조를 나를 통해서 보여 주어도 안 믿는 자들의 결과를 실상으로 온 세계에 재앙을 통해서 경고하시고, 심판하시고 계신 것이다.

또 필리핀 따알 화산, 검은 연기와 화산재 분출, 주민 대피라는 기사와 지구의 허파 아마존 2021년 6월 한 달 화재 2천 308건, "이곳은 전쟁 중", 미국 시카고 주말에 77명 피격, 7명 사망[40] 등 성도들이 보내 준 기사 스크랩을 요약한 것이다. 이것만이겠느냐?

이미 지금 이 본문 **"내가 열국을 끊어 버렸으므로"**라는 예언이 온 세계에 사실이 되어 일어나고 있다. 2671년이 지난 지금 실상이 되어 성취되고 있다. 이러해도 이 진리를 안 믿는 자는 티끌이요, 지옥의 자식들이다. 새 언약을 받고도 안 믿는 자들은 이미 판결을 받고 은혜를 거두신 것이라, 진리를 받고 깨달음이 없는 것이 저주다.)

[6]내가 열국을 끊어 버렸으므로 그 망대가 황무하였고(교회 강단이 황무함을 이제는 분별이 되느냐? 아무 데도, 전 세계 어느 교회도 영원한 언약은 없고, 오직 은혜로교회밖에 없다. 귀신인 네가 비웃든 말든 이는 과언도 아니고, 허언은 더더욱 아니다. 얼마나 황무한지 온 세상에 이름이 나 있는 유명한 목사들의 설교를 들어 보면 기절할 것이다. '그런 미친 설교를 듣고 수천, 수만, 수십만이 모인다니 어떻게 이럴 수가 있을까' 하는 다니엘, 성진 성도의 편지를 보고야 나도 알았다. 성경을 가지고 하나님의 뜻은 단 한 절도 모르면서 자의적인 해석, 자기 마음대로 지어낸 성경과 다른 거짓말로 사람들을 미혹하여 끌어모은 것인데 교인들은 그런 설교를 더 좋아하고 따르더라. 그래서 죽을 자는 죽을 짓만 하더라.)

내가 그 거리를 비게 하여(문자 그대로도 코로나 바이러스로 거리를 비게 하신 지 1년 6개월이 지났고, 멸망으로 인도하는 불법을 행하는 자들을 두고 그곳을 '거리'라고 하신 것이다.)"

증명한다. 이 거리에 대한 말씀이 선포되면 어찌 되는지 두 눈으로, 두 귀로 똑똑히 보고, 사지가 떨리고 두려워 어찌할꼬 하는 일들이 이 거리에 일어난다. 이 예언에 해당하는 곳이 어디이며, 그곳에서 무슨 짓을 하고 있으며, 이들을 하나님께서 어떻게 심판하시는지 하나님의 판결을 보자. 전 성경을 다 보면 너무 많으니까 핵심만 보자. 거리에 있는 자들은 하나님의 일을 훼방하는 대적자들, 원수들이다.

시18:42 내가 저희를 바람 앞에 티끌같이 부숴뜨리고 거리의 진흙같이 쏟아 버렸나이다

　　이 본문의 "저희"가 누구이기에 **"거리의 진흙같이"**라고 하셨을까? 이렇게 티끌같이 부서지고 거리의 진흙같이 쏟아 버린 **"내가"**는 누구를 지칭한 것일까? 이해하려면 앞에서부터 읽어 보아야 한다. 문자 그대로는 다윗이 자신의 모든 원수와 사울의 손에서 자신을 구원하신 날에 하나님께 올리는 찬양이요, 고백이다.
　　시18:1~50절을 모두 찾아서 합독하거라. 영적인 것은 영적인 것으로 분별해야 천국의 비밀이 열린다. 다윗의 자손으로 이 땅에 오셨던 하나님의 아들 예수 그리스도에 대한 예언으로만 보면 의문이 안 풀어지는 본문이다. 본문의 '**때**'를 분별하는 열쇠가 **20절**에 다윗의 집 열쇠를 받은 빌라델비아 교회의 사자인 나에 대한 예언이며, 우리에 대한 예언이다. 증명한다.

시18:20~26 ²⁰여호와께서 내 의를 따라 상 주시며 내 손의 깨끗함을 좇아 갚으셨으니 ²¹이는 내가 여호와의 도를 지키고 악하게 내 하나님을 떠나지 아니하였으며 ²²그 모든 규례가 내 앞에 있고 내게서 그 율례를 버리지 아니하였음이로다 ²³내가 또한 그 앞에 완전하여 나의 죄악에서 스스로 지켰나니 ²⁴그러므로 여호와께서 내 의를 따라 갚으시되 그 목전에 내 손의 깨끗한 대로 내게 갚으셨도다 ²⁵자비한 자에게는 주의 자비하심을 나

타내시며 완전한 자에게는 주의 완전하심을 보이시며 ²⁶깨끗한 자에게는 주의 깨끗하심을 보이시며 사특한 자에게는 주의 거스리심을 보이시리니

따라서 이 본문은 다른 세대가 아닌 지금 이 세대에 하나님의 완전한 지혜로 가르치심을 받는 나와 우리에 대한 예언이다. 여호와의 도를 지키고 의와 공도를 행하게 하려고 **창18:18~19절**에 하나님께서 아브라함에게 언약하신 영원한 언약이 실상이 되는 이때, 다윗을 통해 다윗의 집에 하신 언약으로 이어져서 **계3:7~13절**에 빌라델비아 교회의 사자로 이어진 언약이며, **히브리서 8장**의 새 언약인 영원한 언약으로 14년째 가르치시고 계시는 전대미문의 새 일, 곧 진리의 성령을 통한 대언의 말씀이 실상이 된 이 일을 예언해 두신 것이다.

따라서 **시18:42절**의 "내가"는 외모로는 나에 대한 예언이고, '저희, 곧 바람 앞에 티끌같이, 거리의 진흙같이'에 해당하는 자들은 나를 통한 이 일을 훼방하여 이단이라 정죄하며, 결국 송사하여 감옥에까지 가둔 이 일, 모든 민족에게 미움을 받고 심지어 하나님의 백성들에게도 미움을 받은 이 일을 비방하고 핍박하는 자들이 '거리에 있는 자들'이다. **습3:6절**에 "그 거리를 비게 하여"를 해석하기 위해 신령한 것을 신령한 것으로 해석하는 중이다. 또 증명한다.

두 유방은 암사슴의 쌍태 새끼 같고

시18:29절부터 "²⁹내가 주를 의뢰하고 적군에 달리며 내 하나님을 의지하고 담을 뛰어 넘나이다 ³⁰하나님의 도는 완전하고 여호와의 말씀은 정미하니 저는 자기에게 피하는 모든 자의 방패시로다 ³¹여호와 외에 누가 하나님이며(이는 오직 지금 이 세대에 실상이 되는 말씀이다. 2021년 지금 전 세계 기독교는 자신들은 모두 정통 기독교라고 하는 자들이 여출일구 같은 말을 한다. "성자 하나님, 성령 하나님"이라고~ 성경 박사, 학자라는 사람들이, 성경 사전, 원어 사전 등 책을 쓴 사람들까지 다 성자 하나님이라고 한다. 그러면서 "오직 예수"라고 한다. 이렇게 혼란스럽게 가르칠 줄 잘 아시니까 다윗을 통하여 이렇게 말씀해 두신 것이다.

이런 말씀을 왜 기록해 두셨을까? 이제 예수 그리스도께서 불가불 왕 노릇 하시고 계신 일에서 온전한 진리로 돌아설 때이기 때문이다. 이 때문에 미움을 받고, 시간이 이렇게 걸려도 안 믿는 자들이 드러나는 것이다. 왜 나를 통한 이 일을 전대미문의 새 일이라고 하셨는지 이제는 보이고 들리느냐?

창세 이래 모든 대적자들을 상대로 **히9:10절**의 개혁을 하는 것이다. 그래서 온전한 것이 올 때에는 부분적으로 하던 것을 폐하는 것이고, **고전13:1~12절**의 말씀대로 실상이 되는 것이다.

고전13:8~10 ⁸사랑은 언제까지든지 떨어지지 아니하나 예언도 폐하고 방언도 그치고 지식도 폐하리라 ⁹우리가 부분적으로 알고 부분적으로 예

언하니 ^{10}온전한 것이 올 때에는 부분적으로 하던 것이 폐하리라

성경을 가지고 어느 한 절만 읽고 사람이 아는 본능적인 지식으로 설교하여, 그 본문을 사람을 사용하셔서 기록하신 하나님의 뜻과는 아무 관계가 없이 사람의 계명으로 변개시켜서 가르친 것이다. 부분적으로 한 설교는 다른 말로 하면 '조각'이며, 조각은 하나님 나라와 아무 관계가 없는 사람의 소리요 사단의 소리였다. 이 사실을 누가 믿을까?)

우리 하나님 외에 누가 반석이뇨 ^{32}이 하나님이 힘으로 내게 띠 띠우시며 내 길을 완전케 하시며 ^{33}나의 발로 암사슴 발 같게 하시며(지금 이 본문이 당시 다윗도 아니고, 예수 그리스도에 대한 예언도 아니라는 증거가 "나의 발로 암사슴 발같게 하시며"라는 것이다. 문자 그대로만 성경을 보면 천국의 비밀이 열리지 않는다는 명백한 증거다. 그래서 반드시 신령한 것은 신령한 것으로 분별해야 한다.

증명한다. 아6:14~7:3절이다. "^{14}너희가 어찌하여 마하나임의 춤추는 것을 보는 것처럼 술람미 여자를 보려느냐 $^{7:1}$귀한 자의 딸아 신을 신은 네 발이 어찌 그리 아름다운가 네 넓적다리는 둥글어서 공교한 장색의 만든 구슬 꿰미 같구나 ^{2}배꼽은 섞은 포도주를 가득히 부은 둥근 잔 같고 허리는 백합화로 두른 밀단 같구나 ^{3}두 유방은 암사슴의 쌍태 새끼 같고(하나님의 아들들, 백성들을 해산하는 여자를 두고 이렇게 말씀하신 것이다. 진리의 성령을 이렇게 표현한 것이다. 그래서 아6:9~10절에서도 이렇게 기록해 두셨던 것이다.

아6:9~10 ⁹나의 비둘기, **나의 완전한 자는 하나뿐이로구나** 그는 그 어미의 외딸이요 그 낳은 자의 귀중히 여기는 자로구나 여자들이 그를 보고 복된 자라 하고 왕후와 비빈들도 그를 칭찬하는구나 ¹⁰아침 빛같이 뚜렷하고 달같이 아름답고 해같이 맑고 기치를 벌인 군대같이 엄위한 여자가 누구인가

그런데 여기서 세미하게 알아야 할 진리가 있다. "**두 유방이 암사슴의 쌍태 새끼 같고**"라고 하신다. 이는 "**암사슴이다**"라고 하는 것이 아니라, "**암사슴의 쌍태 새끼 같다**"라고 하신 것이다.

창49:1~2절에는 야곱이 그 아들들에게 후일, 곧 장래, 장차 당할 일을 예언한다.

창49:1~2 ¹야곱이 그 아들들을 불러 이르되 너희는 모이라 너희의 후일에 당할 일을 내가 너희에게 이르리라 ²너희는 모여 들으라 야곱의 아들들아 너희 아비 이스라엘에게 들을찌어다

이 말씀은 이스라엘 열두 지파가 당시 야곱의 열두 아들에게서 실상이 되는 것이 아니라, "**후일, 곧 장차, 장래, 하나님께서 정하신 때**"라고 하신 영원한 언약은 아브라함에게 여덟 아들이 있어도 하나님께서 하신 언약은 태어나기 전에 미리 말씀하신 본처 사라의 몸을 빌어 태어난 '**이삭**'에게 이어진다. 이삭이 40세 되는 때에 리브가를 아내로 맞았지만 자식이 없었고, 60세까지 자녀를 얻지 못했다.

이는 예수 그리스도께서 이 땅에 오셔서 말씀을 전하셨어도, 영원한 언약이 하나님께서 정하신 때가 되어 땅에 이루어질 때까지 실상의 주인 공들이 없을 것을 감추어 두신 천국의 비밀이다. 다시 말하면 아브라함에게 약속하신 영원한 언약이다.

창18:18~19 [18]아브라함은 강대한 나라가 되고 천하 만민은 그를 인하여 복을 받게 될 것이 아니냐 [19]내가 그로 그 자식과 권속에게 명하여 여호와의 도를 지켜 의와 공도를 행하게 하려고 그를 택하였나니 이는 나 여호와가 아브라함에게 대하여 말한 일을 이루려 함이니라

이 말씀은 당시에 실상이 되는 것이 아니라는 천국의 비밀과 하나님의 정하신 때를 감추어 두신 것이다. 이 사실을 모르니까 저 황금돔이 있는 이스라엘 나라가 저렇게 교만한 것이다. 유대인들 또한 마찬가지다. 이삭이 60세까지 자식이 없었던 이 일에 하나님께서 정하신 6일이 감추어져 있었다. 이는 예수 그리스도의 모형인 이삭이 결혼을 했어도 60세가 될 때까지 자식이 없었다는 것에 신약시대 2천 년이 감추어져 있었다는 뜻이다. 창세 이래 처음 말하는 천국의 비밀이다. 이 한 가지 사실만 깨달아 믿어도 저 이스라엘 나라와 유대인들이 죄에 죄를 더하지 않는다. 또한 나를 "이단이니~ 사이비니~" 하지 않는다.

또 아브라함이 이삭을 하나님께 번제로 드리라고 하신 시험에 순종하여 드릴 때 아이에게 손을 대지 말라고 하시고, 또 영원한 언약을 하신 것이다.

창22:17~18 ¹⁷내가 네게 큰 복을 주고 네 씨로 크게 성하여 하늘의 별과 같고 바닷가의 모래와 같게 하리니 네 씨가 그 대적의 문을 얻으리라 ¹⁸또 네 씨로 말미암아 천하 만민이 복을 얻으리니 이는 네가 나의 말을 준행하였음이니라 하셨다 하니라

　창22:17~18절의 언약도 아브라함이 그때 당시 실상으로 이루는 언약이 아니고, 예수 그리스도께서 이 땅에 오셨을 때 실상이 되는 언약도 아님을 이삭이 40세에 결혼을 하고서도 20년간 자식을 주시지 않았던 이유 속에 감추어 두신 천국의 비밀이었다. 그동안 이삭에게 하나님께서 이렇게 언약하신다.

창26:2~5 ²여호와께서 이삭에게 나타나 가라사대 애굽으로 내려가지 말고 내가 네게 지시하는 땅에 거하라 ³이 땅에 유하면 내가 너와 함께 있어 네게 복을 주고 내가 이 모든 땅을 너와 네 자손에게 주리라 내가 네 아비 아브라함에게 맹세한 것을 이루어 ⁴네 자손을 하늘의 별과 같이 번성케 하며 이 모든 땅을 네 자손에게 주리니 네 자손을 인하여 천하 만민이 복을 받으리라 ⁵이는 아브라함이 내 말을 순종하고 내 명령과 내 계명과 내 율례와 내 법도를 지켰음이니라 하시니라

　이 언약 속에 아6:9~7:3절의 언약도 감추어져 있었다. 당시에 아브라함에게 하나님께서 하신 언약이 성취되는 것이 아니며, "두 유방은 암사슴의 쌍태 새끼 같고"라는 예언도 감추어져 있다. 곧 지금 14년째 나를

통한 이 일이 **창세기 12장**에 아브라함에게 너는 너의 본토, 친척 아비 집을 떠나 내가 네게 지시할 땅으로 가라고 하신 때부터 이미 지금 이 세대 우리에 대한 예언이 감추어져 있었다는 뜻이다. 그래서 아브라함, 이삭에게 약속하신 이 언약들이 아직까지 이루어지지 않았던 것이다. 아브라함, 이삭에게 하신 언약은 이렇게 약속의 자식에게 이어진다. 이삭이 60세에 에서와 야곱이 태어난다.

창25:22~26 [22]아이들이 그의 태 속에서 서로 싸우는지라 그가 가로되 이같으면 내가 어찌할꼬 하고 가서 여호와께 묻자온대 [23]여호와께서 그에게 이르시되 두 국민이 네 태중에 있구나 두 민족이 네 복중에서부터 나누이리라 이 족속이 저 족속보다 강하겠고 큰 자는 어린 자를 섬기리라 하셨더라 [24]그 해산 기한이 찬즉 태에 쌍동이가 있었는데 [25]먼저 나온 자는 붉고 전신이 갖옷 같아서 이름을 에서라 하였고 [26]후에 나온 아우는 손으로 에서의 발꿈치를 잡았으므로 그 이름을 야곱이라 하였으며 리브가가 그들을 낳을 때에 이삭이 육십 세이었더라

이때가 육십 세였다. 그리고 여기서 또 깨달아야 한다. 아이가 태어나기 전에 이미 에서와 야곱에 대한 삶은 결정되어 있었다는 것이다. 이삭이 그러했고, 야곱이 그러했다. 에서는 어미 배 속에 있을 때부터 하나님께 택하심을 입지 못했다. 곧 사랑을 받은 자가 아니라는 것이다. 이 사실 한 가지만 깨달아도 절대 시기, 질투하지 않는다.

에서는 육으로 땅에서 잘되고 부자가 되고 자신이 하고 싶은 대로

살다가 한 뭉의 삶으로 끝나는 자들의 모형이다. 오늘날 혀로 "오직 예수, 하나님" 하지만 하나님의 말씀과 아무 상관이 없이 일생 육체대로 사는 기독교인들의 모형이요 그림자다. 그런데 이삭은 이런 에서에게 죽기 전에 자신이 마음껏 축복하려고 들에 가서 자신을 위해 사냥하여 자신이 즐기는 별미를 만들어 먹게 하라고 지시한다. 여기에는 예수 이름으로 2천년간 온 세상의 교회가 땅에서 하는 일들이 감추어져 있다.

이때 어미 리브가는 작은 아들 야곱에게 지시한다. 어미의 말을 듣고 염소 떼에 가서 염소의 좋은 새끼를 가져오면 이삭에게 드릴 별미를 어미가 만들어 주겠다고 한다. 이렇게 야곱은 아비 이삭에게 형이 받아야 할 복을 빼앗게 된다. 이는 2천 년 기독교 역사가 이 속에 감추어져 있었다. 여기에 **마13:24~50절**의 예언이 감추어져 있었다. 모두 찾아서 합독하거라.

영적으로 추수 때인 여호와의 날, 인자의 날, 악인들이 일할 시기가 끝나는 날, 에서 족속이 일할 시기가 끝나는 날인 2천 년, 더 나아가 6천 년의 기간이 감추어져 있었다. 곧 추수 때인 이때, 2021년 이때가 될 때까지 에서 족속은 혀로 "주여 주여" 말만 하고, 계명은 단 한 가지도 지키지 아니하는 멸망으로 인도하는 문, 원수인 마귀의 자식들과 택하심을 입은 자식들이 함께 공존하여 교회생활을 하고 있는 것이다.

다른 말로 표현하면 성경을 사용하는 모든 종교 안에 에서와 야곱이 함께 공존하고 있는 기간이 2천 년이 지난다는 뜻이다. 그리고 이 안에는 에서 족속이나 야곱 족속이나 모두 다 죄 아래 가두어 두는 기간이다. 특히 하나님께 택함을 입은 야곱 족속은 다 종살이를 한다. 이삭이 죽기 전에 눈이 어두웠다는 말씀 속에 사실은 예수 그리스도께서 당시에 하나님의 뜻을 다 알지 못하셨다는 뜻이 감추어져 있었다. 이런 하나님의 뜻을 당시 예수님은 전혀 알지 못하셨다. 곧 이삭에게 자신에 대한 비밀을 감추어 두셨다는 뜻을 알지 못하셨다.

그래서 진리의 성령이 와서 예수 그리스도에 대해서 모든 진리 가운데로 인도할 것이라고 하셨던 것이다. 그리고 이는 14년째 사실이 되어 하나하나 바른 진리로 하나님의 뜻을 밝히고 있는 이 일이 **요6:45절**의 말씀이 실상이 되어 땅에 이루어지고 있다는 명백한 증거다. 곧 하나님의 가르치심을 나는 대언하고, 여러분들은 하나님의 가르치심을 받고 있는 것이다. 또 이는 **요6:27절**의 말씀이 이미 14년째 이루어지고 있는 실상이다.

요6:27 썩는 양식을 위하여 일하지 말고 영생하도록 있는 양식을 위하여 하라 이 양식은 인자가 너희에게 주리니 인자는 아버지 하나님의 인치신 자니라

이 예언이 이미 14년째 이루어지고 있는 실상이다. 이 말씀을 하신 예수 그리스도께서도 자신의 이름으로 먹이는 양식이 2천 년간 '썩는 양식'이었다는 것을 모르시고 말씀하신 것이다. 그래서 포도나무가 모든 나무보다 나은 것이 무엇이냐고 하셨고, 포도나무, 곧 예수 이름으로는 영생하는 양식이 될 수 없다는 뜻을 이미 이삭을 통하여 감추어 두셨던 천국의 비밀이었다. 왜 14년째 이 일이 전대미문의 새 일, 새 언약이라고 하는지 깨달아지느냐? 아름 성도야, 이제 깨달아지고 있지?

그래서 포도나무는 아무 제조도 할 수 없다는 것을 이미 이삭을 통

해서 감추어 두셨는데, 이렇게 성경을 기록한 에스겔 선지자도 이런 천국의 비밀을 모르고 기록한 것이다. 그러니 예수님 당시 유대인들이 어찌 알며, 지금 2021년 전 세계 성경을 사용하는 모든 종교 지도자들, 종교인들이 어찌 알겠느냐?

그래서 전도서에 장래 일은 사람에게 알게 하지 않는다고 하셨고, 이 사야서에 장래 일은 "내게, 곧 하나님께 물으라"고 하셨으며, 이렇게 말하면 또 잘난 척하는 자칭 모태 신앙인들, 성경 박사들, 아직 귀신이 떠나지 않은 사람들은 "그럼 사람인 네가 하나님이냐"라고 경솔하게 대적한다.

그래서 또 이렇게 예언해 두신 것이다.

호2:19~20 ¹⁹내가 네게 장가들어 영원히 살되 의와 공변됨과 은총과 긍휼히 여김으로 네게 장가들며 ²⁰진실함으로 네게 장가들리니 네가 여호와를 알리라

이 예언은 호세아 선지자가 BC 750년경에 기록한 예언인데 예수 그리스도에 대한 예언이 아니다. 그래서 예수 그리스도는 남자로 이 땅에 오신 것이다. 또한 2008년, 곧 2758년 6개월 16일 후에 전대미문의 새 언약을 처음으로 선포하는 날 이전에 이 본문의 주인공은 세상에 나타나지 않았다. 명백한 증거가 지나온 땅의 역사다. 곧 땅에서 육체도 죽지 아니하고 영원히 사는 여자가 없었다는 것이다. 단 한 사람도 없었다.

에녹, 엘리야도 그 이전의 사람이다. 그 둘은 현재 땅에 없다. 우리에 대한 모형이요 그림자였다. 그리고 예수 그리스도께서는 아예 에녹, 엘리

야에 대하여 언급도 하지 않으셨고, **호2:19~20절** 또한 모르셨다. 당신을 통해서 하나님께서 하신 말씀에 비밀이 감추어져 있었는지도 모르셨다고 하면 귀신들이 또 발작한다. 그러나 사실이다. 앞으로도 영원히 증명한다. 영생에 대한 비밀을 담고 호세아 선지자가 기록한 이 말씀은 세상 끝, 곧 말일에 있을 예언이었다.

호3:5절에 "그 후에 저희가 돌아와서 그 하나님 여호와와 그 왕 다윗을 구하고(이 기간이 2천 년이 지나는 기간을 가리키는 것이다. 성경을 가지고 유대인들은 "**하나님 여호와여**" 하고, 기독교인들은 "**오직 예수, 우리 왕이여**" 하고, "**하나님, 예수님이여, 주여**" 하며 천국의 비밀은 하나도 모르는 기간을 지나는 것이다. 그리고) 말일에는 경외하므로 여호와께로와 그 은총으로 나아가리라"

이 '말일'이 창세기부터 하나님께서 말씀하신 일곱째 날, 곧 6일이 끝나는 날인 2000년이 지난 때, 곧 구약 4천 년, 신약 2천 년이 지난 지금 이 세대인 여호와의 날, 인자의 날, 세상 끝, 마지막, 말세, 후일, 미래, 장차, 장래를 두고 하신 말씀이며, 이미 말일이 되어 **호2:19~20절**의 예언이 실상이 된 내가 세상에 나타나서 여러분들이 온전히 하나님만 경외하므로 은총을 크게 받은 성도들이 되었고, 되고 있는 것이다.

그런데 예수 그리스도께서는 이 본문의 실상의 주인공이 아님을 당시에 모르시고 이렇게 말씀하신 것이다.

요5:39 너희가 성경에서 영생을 얻는 줄 생각하고 성경을 상고하거니와 이 성경이 곧 내게 대하여 증거하는 것이로다 그럼 여기서 이 세상에 있는 모든 사람에게 묻는다. 호2:19~20절은 예수 그리스도에 대해 예언하신 것이냐? 성경은 한 권으로 주어졌으며, 성경이라고 하면 지금 우리가 가지고 있는 창세기부터 요한계시록까지다. 이 성경에 예수 그리스도에 대한 것만 기록해 두셨느냐? 아니다. 그래서 한 본문만 보면 부분이고, 조각이다. 중층의 소리까지는 예수 그리스도에 대한 예언으로 보아야 하는데 누가 그렇게 성경을 보고 해석하더냐? 모두 답하거라.

심지어 예수 그리스도께서도 부활하시고, 곧 신령한 몸을 다시 받으신 후에 구약성경을 가지고 자신에 대해서 자세히 설명하셨다고 기록되어 있다. 오히려 십자가를 지시기 전에는 이적과 기사를 일으키고 죽은 나사로를 살리고 하셨는데 아무 열매가 없이, 그래서 옷을 벗기시고 십자가에 달리신 것이다. 이렇게 열매가 없을 것을 이삭이 40세에 결혼을 하고, 60세가 될 때까지 20년간 자식이 없었던 이유 속에 감추어 두셨던 천국의 비밀, 곧 하나님의 뜻이요, 계획이었다.

그리고 나에 대해서 예언하신 것이다. '말일'을 다른 말로 표현한 것이 '장래'라고 하시고, 진리의 성령이 실상으로 와서 요16:13절에 자의로 말하지 않고 장래 일을 너희에게 알리시리라고 하셨고, 이 예언대로 14년째 알리고 있다.

요15:26 내가 아버지께로서 너희에게 보낼 보혜사 곧 아버지께로서 나오시는 진리의 성령이 오실 때에 그가 나를 증거하실 것이요 이렇게 보면 예수 그리스도만 하늘에서 이 땅에 오신 분이냐? 예수 그리스도만 하나님께로서 보내심을 받은 분이냐?

이런 진리의 눈으로 다음 말씀을 보자. **요6:27~29절**을 보자.

요6:27~29 [27]썩는 양식을 위하여 일하지 말고 영생하도록 있는 양식을 위하여 하라 이 양식은 인자가 너희에게 주리니 인자는 아버지 하나님의 인치신 자니라 [28]저희가 묻되 우리가 어떻게 하여야 하나님의 일을 하오리이까 [29]예수께서 대답하여 가라사대 하나님의 보내신 자를 믿는 것이 하나님의 일이니라 하시니

예수님 당시, 하나님이 보내시고 인치신 하나님의 아들을 믿는 것은 아들을 통해 말하신 계명을 지켜 실행하는 것이다. 그런데 사도들 외에 누가 계명을 지켰으며, 사도들도 계명을 다 지킨 것이 아니었다. 그래서 열매가 없었던 것이다.

또 2008년 6월 16일 이전에는 전부 아무도 계명을 지켜 실행한 자가 없었다. 사도들이 **요15:27절**에 "너희도 처음부터 나와 함께 있었으므로 증거하느니라"고 예수님이 하신 예언대로 자신들이 보고 경험한 것을 기록한 것이 신약성경이다. 이 말씀대로 사도들이 증거한 것이지만 그들은 사람의 증거다. 이 증거를 보고 2021년 지금까지 예수 이름 사용하고 이용만 하지, 누가 계명을 지켜 실행했느냐? 사도들도 누가 구약성경을 가지고 예수 그리스도에 대해서 자세히 풀어 해석하였느냐? 아무도 없다.

이 증거가 바로 2021년까지 땅에서 예수 이름을 부르는 모든 자들

중에 영생을 실상으로 얻은 자가 아무도 없다는 것이다. 당시 사도들이 순교를 했어도 **"죽어도 살 것이요"**라고 하신 **요11:25절**의 말씀이 실상이 되지도 않았다. 곧 말일, 말세, 마지막인 지금 이때, 7년 대환난 후 마지막 대지진과 동시에 부활한다고 예언되어 있다.

그러므로 명백하게 예수 그리스도도, 사도들도 다 온전한 영생을 하도록 있는 양식을 위하여 일한 것이 아니다. 사도들의 육체도 죽었고, 후에 2천 년이 지난 지금까지도 성경을 사용하는 모든 종교인들이 다 죽었다. 결국 열매를 보면 아직 한 명도 여호와의 도를 지켜 의와 공도를 행한 자들이 아무도 없었다는 것이다.

곧 **창18:18~19절**의 예언이 실상이 된 자가 없었다는 것이 명백한 사실이다. 이런 영적인 눈, 곧 신령한 것을 신령한 것으로 분별하는 눈으로 다시 예수 그리스도께서 하신 말씀을 보자.

다시 **요6:27절**에 "썩는 양식을 위하여 일하지 말고 영생하도록 있는 양식을 위하여 하라(은혜로교회 성도들, 특히 낙토에 있는 성도들, 너희들은 이미 영생하도록 있는 양식을 위해 일하고 있다. 그런데 귀신이 주인인 자는 썩는 양식을 위해서는 일을 했으면서, 영생하도록 있는 양식을 위해 일하기는 싫어서 일만 만들고, 손해만 끼치고, 온갖 불평 불만하는 자들이다. 자신이 왜 낙토에 갔는지도 아직 모르는 자들이다. 과천도 마찬가지다. 자기 주머니에 돈이 들어가면 저렇게 하지 않는다.

지금 전 세계가 난리다. 이제 시간이 없다. 만세 전에 택한 자녀들, 곧 야곱은 우리 조상이며, 온전히 실상이 되는 우리에 대한 예언이 **창세기 1장**부터 다 감추어져 있다.

이미 여러분들은 예수 그리스도께서 하신 이 말씀을 믿는 자들이라는 명백한 증거가 낙토에서, 과천에서 영생을 위하여 있는 양식을 위하여 일하고 있는 것이다. 그러니까 예수 그리스도를 아직 안 믿는 자는 귀신이 주인이 되어 무슨 일이든지 일하기 싫어한다. 불평 불만하고, 사고나 치고, 죄에 죄를 더 짓고, 쟁기를 잡고 가다가 뒤를 돌아보고 과거로 되돌아가서 죄를 먹고 마시며 자신의 정욕대로, 살고 싶은 대로 막 사는 자들이다. 안 믿는 불신자들이다.)

이 양식은 인자가 너희에게 주리니 인자는 아버지 하나님의 인치신 자니라" 이 예언의 실상의 온전한 주인공은 현재는 나다. 그리고 영영한 사역자들이다. 현재 '인'을 치시고 계시니까~

이런 일을 훼방한 자들이 누구냐? 그래서 예수 그리스도께서 '새 언약의 중보'로 오셨던 것이다. 2021년 7월 14일 오늘 코로나 확진자가 1,615명으로 역대 최다로 나왔다. 백신을 맞는데도~ 나를 이렇게 계속 가두어 두면~ 너희가 패역을 안 고치고 계속 귀신 노릇 하면 어찌 되는지 두 눈으로 똑똑히 보아라.

왜 **사52:1~2절**을 실행하는지, 이 진리를 듣고 낙토에서도 계속 깨닫지 못하고 있으면 어찌 되는지 모두 겪어라. 4차 대유행이란다. 새빨간 거짓말로 부당한 판결을 하게 만든 그들이 무슨 짓을 했는지 대체육체를 통해서도 귀신 노릇 하는 자는 더 악한 자다. 오죽하면 경고하고 티끌을 떨어 버린다고 했겠나?

따라서 하나님의 일은 **요6:29절**에 "하나님의 보내신 자를 믿는 것"이다. 하나님께서 예수 그리스도를 이 땅에 보내신 것을 믿는 것은 예수를 통해 하신 말씀을 진실로 믿어 계명을 지켜 실행하는 자, 곧 '믿음'의 실상인 또 다른 보혜사 진리의 성령을 보내시겠다고 약속하신 대로 실상이 된 '나'를 믿는 것이다. 믿는 것은 대언하는 말씀을 지켜 실행하고, 진리를 믿고 지켜 실행하는 것이다. 이는 결국 너희 각 사람을 온전히 영생하도록 인도하시는 일이니 하나님의 행하시는 일이다.

그러니 이 일, 곧 하나님의 가르치심을 대언하여 말씀을 듣고 온전한 구원에 이르게 하는 이 일을 훼방하는 자는 명백하게 **마태복음 13장, 마가복음 4장, 누가복음 8장**에 예언되어 있는 마귀요, 가라지이며, 쭉정이요, 공중에 나는 새요, 의인 중에 함께 있었던 악인들이다. 이 일은 하나님께서 행하시는 일이라 반드시 **전3:14절**에 "**하나님의 행하시는 것은 영원히 있을 것이라**" 하셨고, 그래서 **호2:19~20절**의 말씀이 이미 실상이 되어 이루어지고 있다. 이런 진리를 안 믿는 것은 불신자다.

다시 **창세기 27장**으로 가자. 야곱이 이미 리브가의 말에 순종하여 아비 이삭에게 별미를 만들어 드림으로 복을 받는다.

창27:28~29 [28]하나님은 하늘의 이슬과 땅의 기름짐이며 풍성한 곡식과 포도주로 네게 주시기를 원하노라 [29]만민이 너를 섬기고 열국이 네게 굴복하리니 네가 형제들의 주가 되고 네 어미의 아들들이 네게 굴복하며 네게 저주하는 자는 저주를 받고 네게 축복하는 자는 복을 받기를 원하노라

이삭이 야곱에게 빈 이 복은 이 세대까지 이루어지지 않고 있다. 단한 세대도 만민이 야곱, 곧 이스라엘을 섬긴 적이 없다. 단 한 세대도 없었

고, 대적도 하나님 앞에 굴복하지 않았다. 이러니 하나님을 무시하고 멸시하는 이 지경까지 오게 된 것이다. 그리고 이삭이 다시 야곱을 축복한다.

창28:3~4 [3]전능하신 하나님이 네게 복을 주어 너로 생육하고 번성케하사 너로 여러 족속을 이루게 하시고 [4]아브라함에게 허락하신 복을 네게 주시되 너와 너와 함께 네 자손에게 주사 너로 하나님이 아브라함에게 주신 땅 곧 너의 우거하는 땅을 유업으로 받게 하시기를 원하노라

이 말씀은 야곱이 에서를 피해 삼촌 라반의 집으로 떠나기 전이었다. 그리고 야곱이 하란으로 떠나가던 중 꿈을 꾼다.

창28:13~15 [13]또 본즉 여호와께서 그 위에 서서 가라사대 나는 여호와니 너의 조부 아브라함의 하나님이요 이삭의 하나님이라 너 누운 땅을 내가 너와 네 자손에게 주리니 [14]네 자손이 땅의 티끌같이 되어서 동서남북에 편만할찌며 땅의 모든 족속이 너와 네 자손을 인하여 복을 얻으리라 [15]내가 너와 함께 있어 네가 어디로 가든지 너를 지키며 너를 이끌어 이 땅으로 돌아오게 할찌라 내가 네게 허락한 것을 다 이루기까지 너를 떠나지 아니하리라 하신지라

이 언약 또한 현재 진행 중이다. 곧 야곱의 자손들이 동서남북에 편만하게 흩어져 있다. 그러나 "**땅의 모든 족속이 너와 네 자손을 인하여 복을 얻으리라**"라고 한 이 언약은 아직 이루어지지 않았다. 그리고 야곱의

이름이 이스라엘로 바뀐다.

창32:28 그 사람이 가로되 네 이름을 다시는 야곱이라 부를 것이 아니요 이스라엘이라 부를 것이니 이는 네가 하나님과 사람으로 더불어 겨루어 이기었음이니라

그리고 **창49:1~2절**에 이스라엘, 곧 야곱이 죽기 전에 열두 아들을 불러 모으고 이렇게 말한다. "¹야곱이 그 아들들을 불러 이르되(왜 이미 앞에서 '이스라엘'이라 부르라고 하셨는데, 여기서 왜 '야곱'이라고 기록했을까? 이는 천국의 비밀이 감추어져 있다. 곧 하나님께서 아브라함, 이삭, 야곱에 이어 하신 영원한 언약은 아직 이루어지지 않았다는 뜻이다. 이에 대한 증거로 예수 그리스도께서 이 땅에 오셨을 때, 당시 제자에 의해 기록된 족보에도 야곱이라고 기록되어 있다.

마1:1~2 ¹**아브라함과 다윗의 자손 예수 그리스도의 세계라** ²**아브라함이 이삭을 낳고 이삭은 야곱을 낳고 야곱은 유다와 그의 형제를 낳고**

이 족보에 특이한 것은 아브라함과 다윗의 자손으로 예수 그리스도를 언급한다. 그리고 '야곱'이라고 기록된다. 이는 아직 하나님께서 인정하시는 온전한 이스라엘이 실상이 되지 않았다는 뜻이다. 그래서 절대 문자 그대로만 성경을 보면 천국의 비밀을 모른다.) 너희는 모이라 너희의 후일에 당할 일을 내가 너희에게 이르리라 ²너희는 모여 들으라 야곱의

아들들아 너희 아비 이스라엘에게 들을찌어다"

그래서 이스라엘 열두 지파가 야곱에게서 나온다. 이들은 애굽에서 430년간 노예 생활을 했다. 그때까지도 아브라함에게 하신 영원한 언약은 실상이 되지 않는다.

그리고 지금은 "두 유방은 암사슴의 쌍태 새끼 같구나"라고 하신 **아 7:3절**과 **시18:33절**에 "나의 발로 암사슴 발 같게 하시며"라고 하신 예언이 왜 이 세대 나에 대한 예언인지 해답을 증명하고 있는 것이다. 이렇게 증명되어야 '거리'에 해당하는 자들이 나를 통한 이 일을 훼방한 대적자들에 대한 예언임이 밝혀진다.

'암사슴'이 어디서부터 출발했는지 해답을 보자. 야곱의 열두 아들 중 납달리는 야곱이 라헬의 여종 빌하를 통해 낳은 둘째 아들이며, 단의 친동생이다.

창49:21절에 "납달리는 놓인 암사슴이라 아름다운 소리를 발하는도다" 납달리는 야곱 일행이 기근을 피해 애굽으로 이주할 때, 네 자녀를 두었었다. 납달리를 통해 형성된 납달리 지파는 이사야 선지자를 통하여 장차 납달리 땅에서부터 구원의 여명이 밝아올 것을 예언한다.

사9:1 전에 고통하던 자에게는 흑암이 없으리로다 옛적에는 여호와께서 스불론 땅과 납달리 땅으로 멸시를 당케 하셨더니 후에는 해변 길과 요단 저편 이방의 갈릴리를 영화롭게 하셨느니라

이 예언은 725년 후 예수 그리스도를 통한 구원의 복음이 갈릴리

지방에서부터 퍼져 나갈 것을 예언한 것이다. 증명한다.

마4:12~16 [12]예수께서 요한의 잡힘을 들으시고 갈릴리로 물러 가셨다가 [13]나사렛을 떠나 스불론과 납달리 지경 해변에 있는 가버나움에 가서 사시니 [14]이는 선지자 이사야로 하신 말씀을 이루려 하심이라 일렀으되 [15]스불론 땅과 납달리 땅과 요단강 저편 해변 길과 이방의 갈릴리여 [16]흑암에 앉은 백성이 큰 빛을 보았고 사망의 땅과 그늘에 앉은 자들에게 빛이 비취었도다 하였느니라

그럼 왜 **시18:33절**과 **아7:3절**에 암사슴에 대한 말씀이 나와 우리에 대한 예언인지 증명한다. 아브라함에게 하나님께서 하신 영원한 언약이 이삭, 야곱, 곧 이스라엘에 이어지고, 다윗에게 이어진다. 그래서 아브라함, 다윗이 예수 그리스도의 족보에 기록되었고, 예수 그리스도는 아브라함과 다윗의 후손으로 이 땅에 태어나셨지만 하나님의 아들이시다. 그런데 아브라함에게 하신 영원한 언약이 예수 그리스도께서 이 땅에 오셨을 때도 실상이 되지 않고 있었다.

곧 이 예언을 실상으로 이룰 주인공들은 하나님께서 정하신 여호와의 날, 인자의 날, 하나님께서 친히 가르치시는 지금 이때, 또 다른 보혜사인 진리의 성령이 실상이 되는 때를 맞추어서 이 세상에 보냄을 받은 것이다. 이들은 이미 '영생'을 얻기로 예정되어 있는 아브라함의 자손들이다. 이렇게 진리의 성령과 함께 이미 영생을 얻기로 미리 정해 두신 증거가 바로 **요14:16~17절**의 예언이다.

요14:16~17 ¹⁶내가 아버지께 구하겠으니 그가 또 다른 보혜사를 너희에게 주사 영원토록 너희와 함께 있게 하시리니 ¹⁷저는 진리의 영이라 세상은 능히 저를 받지 못하나니 이는 저를 보지도 못하고 알지도 못함이라 그러나 너희는 저를 아나니 저는 너희와 함께 거하심이요 또 너희 속에 계시겠음이라

이렇게 예수님이 이 땅에 계실 때 하신 언약대로 본문의 '저와 너희'는 나와 성도들에 대한 예언이고, 이미 실상이 되어 약속하신 땅에 이주까지 하고 기초를 세우고 있다. 이미 우리는 '영생'을 받기로 하나님께서 3421년 전에 모세를 통해서 기록하신 영원한 언약 속에 약속되어 있고, 이는 아브라함에서 이삭, 야곱, 다윗, 예수 그리스도에게로 이어져 온 언약이다. 이 모든 언약의 실상의 주인이 생명책에 이름이 기록된 나와 우리다.

그런데 **아7:3절**에 "두 유방은 암사슴의 쌍태 새끼 같구나"라고 하신 것과 무슨 관계가 있는 것일까? 곧 구약과 신약성경이 한 권이 되어, 이 모든 것을 하나로 만들어 영원한 언약이 이 땅에 이루어지는 때와 실상인 주인에 대해서 말씀하시는 것이다. 완전한 자는 하나뿐인데 그는 외모로 반드시 여자이며, 영생하도록 있는 영의 양식을 먹이는 목사라는 뜻으로 "두 유방은"이라고 하신 것이다. 이미 14년째 이렇게 신령한 젖을 먹이고 있지 않느냐?

벧전2:1~2절에 이렇게 예언해 두신 것이다.

벧전2:1~2 ¹그러므로 모든 악독과 모든 궤휼과 외식과 시기와 모든 비방

하는 말을 버리고 ²갓난 아이들 같이 순전하고 신령한 젖을 사모하라 이는 이로 말미암아 너희로 구원에 이르도록 자라게 하려 함이라

이렇게 신령한 젖을 창세 이래 그 누구도 먹이지 못했기에 온전한 구원에 이른 자가 없었던 것이다. 신령한 젖을 먹여서 신령한 사람이 되어 온전한 영생에 이르게 하는 실상의 주인공은 반드시 **아7:3절**에 "두 유방은 암사슴의 쌍태 새끼 같구나" 하신 예언대로 실제로도 두 유방이 있는 여자라는 천국의 비밀이며, 이는 또 이스라엘의 열두 지파가 온전히 땅에 실상이 되는 이 세대에 **계14:1~5절**의 예언대로 십사만 사천 인이 땅에 이룰 주인공이라는 뜻이다. 현재 이미 새 노래를 가르치고 있는 이 일을 두고 "두 유방은"이라고 하신 것이다.

그래서 **벧전2:3~5절**의 예언도 사실이 된다.

벧전2:3~5 ³너희가 주의 인자하심을 맛보았으면 그리하라 ⁴사람에게는 버린 바가 되었으나 하나님께는 택하심을 입은 보배로운 산 돌이신 예수에게 나아와 ⁵너희도 산 돌같이 신령한 집으로 세워지고 예수 그리스도로 말미암아 하나님이 기쁘게 받으실 신령한 제사를 드릴 거룩한 제사장이 될찌니라

이렇게 명백하게 우리가 걸어온 길에 대해서 AD 60년경 베드로 사도를 통해 예언한 대로 현재 신령한 제사를 드리고 있다. '신령한 집'이란 거룩하고 영화로우며 하늘에 속해 있고, 결코 죽거나 소멸되지 않는 몸을

말한다. 모든 인간은 누구나 한 번 죽는 것이 정한 이치인데, 이 정한 이치를 이기고 하나님의 뜻을 좇아 지켜 실행하여 하나님과 동행함으로 육체를 입고도 산 제사를 드리는 거룩한 자, 이를 두고 하나님과 겨루어 이긴 자, 이스라엘이라고 한다.

육체가 살아 있을 때 하나님의 가르치심을 받아 죄를 짓지 아니하고, 한 몫의 삶을 버리고 하나님의 말씀대로 살아가는 자, 창세 이래 에녹, 엘리야가 죽음을 맛보지 않고 살아서 하나님을 기쁘시게 하여 옮기운 둘은 결국 이 세대, 진리의 성령과 함께 한 우리의 모형과 그림자였다. 사도 베드로도 이렇게 기록은 했지만 자신도 순교했고, 이 예언의 실상이 언제, 어느 때 나타날지 몰랐던 예언이다.

이런 거룩한 성도들은 이미 이 땅에 사람으로 태어나기 전에 영생을 얻기로 정해진 사람들이었다. 이런 우리를 위해 예수 그리스도께서도 이 땅에 오셨던 것이다. 아브라함에게 하나님께서 하신 영원한 언약은 2021년 7월 15일 이 세대에 비로소 이루어지고 있는 언약이었고, 이런 신령한 젖을 먹고 먹이는 사람을 두고 **아7:3절**에 "두 유방은"이라고 하셨던 것이다.

사람이 본능적인 시각으로 성경을 보는 것이 절대 아님을 특히 젊은 청년들이 깨달아야 한다. 이런 참 진리를 얼마나 저급하게 남녀 이성 간에 연애 편지 쓰는 데 사용하고 해괴망측한 말로 자칭 목사들이 희롱하는 말로 사용하는지~ 그들 눈에는 천국의 비밀을 절대 볼 수 없도록 기록한 것이 하나님의 완전한 지혜이시다. 그래서 **레20:24~26절**에 계명을 주셨던 것이다.

레20:24~26 ²⁴내가 전에 너희에게 이르기를 너희가 그들의 땅을 기업으로 얻을 것이라 내가 그 땅 곧 젖과 꿀이 흐르는 땅으로 너희에게 주어 유업을 삼게 하리라 하였노라 나는 너희를 만민 중에서 구별한 너희 하나님 여호와라 ²⁵너희는 짐승의 정하고 부정함과 새의 정하고 부정함을 구별하고 내가 너희를 위하여 부정한 것으로 구별한 짐승이나 새나 땅에 기는 곤충으로 인하여 너희 몸을 더럽히지 말라 ²⁶너희는 내게 거룩할지어다 이는 나 여호와가 거룩하고 내가 또 너희로 나의 소유를 삼으려고 너희를 만민 중에서 구별하였음이니라

'젖', 곧 신령한 젖을 먹은 거룩한 자들은 저 황금돔이 있는 이스라엘 땅이 아니라, '만민인 모든 사람, 모든 백성' 중에 구별하여 하나님의 특별한 소유로 삼으셔서 아브라함에게 언약하신 대로 **"만민이 네 씨로 인하여 복을 얻으리라 만민이 너를 섬기고 열국이 네게 굴복하리니 땅의 모든 족속이 너와 네 자손을 인하여 복을 얻으리라"**고 하신 언약이 이제 실상으로 이루어질 기초가 세워지고 있다.

곧 이 본문을 2021년 지금 이때, 신령한 젖을 먹고 지켜 실행하여 하나님의 특별한 소유가 된 거룩한 자들로 다시 창조하시고 계신 것이다. 그래서 구별되는 기간이 바로 온 세상 구석구석까지 성경이 퍼지고 예수 이름이 퍼진 이때, 이 본문이 실상이 되어 오는 세상을 준비하는 것이다. 이 신령한 젖을 먹이는 때와 먹이는 사람을 두고 **"두 유방은 암사슴의 쌍태 새끼 같구나"**라는 것이다.

절대 구약시대도 아니고, 신약시대 2천 년간도 아니고, 6일이 지난

이 세대에 반드시 예수 그리스도를 믿는 그리스도인 중에 실상의 완전한 자가 나올 것을 두고 '암사슴'이라고 하신 것이고, "쌍태 새끼 같구나"라는 말도 택함을 입은 야곱의 열두 지파가 진리의 성령이 실상이 될 때에 다시 택한 이스라엘이 실상이 된다는 뜻이 감추어져 있다.

그래서 '납달리'는 암사슴이라고 하셨고, 이는 반드시 예수 그리스도 이후, 6일이 지나면서 실상이 되는 천국의 비밀이었다. 이에 대한 증거가 또 **계7:1~8절**의 예언이다. 하나님께 인 맞은 이스라엘의 열두 지파 중에 납달리 지파가 예언되어 있다. 이 열두 지파도 다른 세대가 아닌 일곱째 날 하나님께서 친히 진리의 성령을 통해서 '인'을 치시는 영영한 사역자들 중에 나온다. 그래서 낙토를 '여호와의 종들의 기업'이라고 하신 것이다.

시22:6~9 ⁶나는 벌레요 사람이 아니라 사람의 훼방거리요 백성의 조롱 거리니이다 ⁷나를 보는 자는 다 비웃으며 입술을 비쭉이고 머리를 흔들며 말하되 ⁸저가 여호와께 의탁하니 구원하실 걸, 저를 기뻐하시니 건지실 걸 하나이다 ⁹오직 주께서 나를 모태에서 나오게 하시고 내 모친의 젖을 먹을 때에 의지하게 하셨나이다

이 예언 또한 예수 그리스도에 대한 예언도 맞고, 현재 이 세대 은혜 로교회 성도, 성경대로 빌라델비아 교회 성도, 예수 그리스도께서 누가 내 형제요 모친이냐 하나님의 뜻대로 행하는 자들이 내 형제요 자매요 모친이 니라고 하신 예언이 실상이 된 성도들이 현재 14년째 먹고 있는 신령한 젖을 뜻하는 것이다. 이 신령한 젖, 모친, 곧 어미의 젖을 먹을 때에 비로소 하

나님을 의지하게 된 성도들에 대한 예언이다. 진리는 이런 것이다.

시131:2~3 [2]실로 내가 내 심령으로 고요하고 평온케 하기를 젖 뗀 아이가 그 어미 품에 있음 같게 하였나니 내 중심이 젖 뗀 아이와 같도다 [3]이스라엘아 지금부터 영원까지 여호와를 바랄찌어다

이렇게 신령한 젖으로 먹고 영혼, 마음이 어떤 일에도 요동하지 아니하고 귀신에게서 영원히 자유하여 하나님이 거하시는 성전이 된 성도, 거룩한 자가 되어 평온한 사람, 다른 말로 표현하면 살아 계신 하나님의 말씀으로 다시 거듭난 영적인 상태, 다시 창조된 성도가 바로 '**이스라엘**'이며, 지금부터, 곧 2021년부터 영원까지 끝이 없이 영영한 사역자가 되어 여호와 하나님만 바라는 자가 된 것이다. 이런 자가 바로 하나님께서 말씀하시는 성도요, 거룩한 자이며, 영영한 사역자요, 나라와 제사장이다.

이렇게 다시 해산하는 어미는 **아7:3절**에 "두 유방이 암사슴의 쌍태 새끼 같구나"라고 하신 예언의 실상이다. 그러므로 **시18:33절**의 말씀 또한 나에 대한 예언이 명백하다. 더 증명한다.

'열왕의 때'인 21세기 이 세대

사49:14~21절이다. "[14]오직 시온이 이르기를 여호와께서 나를 버리

시며 주께서 나를 잊으셨다 하였거니와 ¹⁵여인이 어찌 그 젖 먹는 자식을 잊겠으며 자기 태에서 난 아들을 긍휼히 여기지 않겠느냐 그들은 혹시 잊을찌라도 나는 너를 잊지 아니할 것이라 ¹⁶내가 너를 내 손바닥에 새겼고 너의 성벽이 항상 내 앞에 있나니 ¹⁷네 자녀들은 속히 돌아 오고 너를 헐며 너를 황폐케 하던 자들은 너를 떠나가리라 ¹⁸네 눈을 들어 사방을 보라(그래서 **창28:14~15절**에 "¹⁴네 자손이 땅의 티끌같이 되어서 동서남북에 편만할찌며 땅의 모든 족속이 너와 네 자손을 인하여 복을 얻으리라 ¹⁵내가 너와 함께 있어 네가 어디로 가든지 너를 지키며 너를 이끌어 이 땅으로 돌아오게 할찌라 내가 네게 허락한 것을 다 이루기까지 너를 떠나지 아니하리라 하신지라"라고 하셨던 것이다. 지금은 비록 고난 중이라 자식을 보지 못하고, 이 진리가 아니라고 배반당하고 무시하고 멸시를 당하나 나는 모든 것을 믿으며, 모든 것을 바라고, 모든 것을 참는다. 나를 이 세상에 보내신 여호와 하나님만 의지하며 이 시간까지 왔고, 영원히 이 좁은 길, 생명의 길을 가는 것이 내 사명이기에 모든 언약을 나는 한 번도 의심한 적이 없다.

'**나를 헐며, 나를 황폐케 하던 자들**'이란 이 진리가 맞다고 왔다가 성경대로 옥에 갇히고 흉악범 취급을 당하니까 아니라고 배신하는 자들이 나올 것을, 온 세상에 마치 버림받은 사람 취급을 당하게 하는 이 고난에 대해서 이렇게 말씀하신 것이다. 이제 나를 이토록 짓밟고 짓밟은 그들이 어떻게 되는지 온 세상이 똑똑히 보게 될 것이다.

이미 만세 전에 택한 이스라엘이라면 반드시 다 돌아오게 된다. 아브라함에게 허락하신 영원한 언약은 이 세대 우리를 통해서 이루시고 계신 이 일임을 온 천하 만민이 다 시인하게 된다. 다시는 영원히 나를 대적하여 헐고 황폐케 하던 자들이 내 곁에 있을 수 없다. 그래서 아무나, 누구나 낙토에 갈 수 없다고 한 것이다. 이미 두 눈으로 명백하게 목도하고 있지 않느냐?

　이 일은 나 개인의 일이 아니다. 하나님께서 보이는 이 세상을 창조하시기 이전에 이미 계획해 둔 하나님의 행하심이다. 복음은 구걸하는 것이 아니다. 이 세상에 속한 자들처럼 한 사람 데리고 오면 경품을 주고 경쟁하게 만드는 사단의 일군들, 마귀의 자식들이 알 수 있는 길이 절대 아니다. 티끌은 떨어 버리는 이유다. 자신이 낙토에 있고 싶어도 있지 못할 사건이 생겨서 은혜를 거두시면 영원히 끝나는 길이 이 길이다. "네 눈을 **들어 사방을 보라**"라고 하신 이 진리대로 먼저 모으신 너희들도 사방에서 왔다. 이 숫자만인 줄 아느냐? 나는 이 진리를 믿는다.)

　그들이 다 모여 네게로 오느니라(신령한 젖을 먹이는 시온, 새 예루살렘, 빌라델비아 교회 사자, 하나님의 뜻대로 보고 듣고 믿고 지켜 행하시고 계신다.) 나 여호와가 이르노라 내가 나의 삶으로 맹세하노니(**호 2:19~20절**의 말씀이 실상이 된 나를 들어 대언하게 하시는 14년째 이 일을 두고 이렇게 말씀하신 것이다. 곧 이미 '**영생**'을 얻은 나를 통해 영원한 언약으로 하나님께서 맹세하노니)

　네가 반드시 그 모든 무리로 장식을 삼아 몸에 차며 띠기를 신부처럼 할 것이라(현재 대적자들이 나를 고소하여 감옥에 가둔 이 일이 이 본문의 예언이 실상이 되게 하시는 하나님의 모략이다. 대적자들 눈에는 안 보이고, 안 들릴 뿐이다. 반드시 이 예언대로 사실이 된다. 손주들이 "**할미 보고 싶어요**" 하면 지금의 나는 하염없이 흐르는 눈물로 사진을 보며 말한다. "나도 너무 보고 싶다고~"

지척에 자식들이 있어도 못 보고, 어린 손주들의 편지를 버릴 수 없어서 금은보화보다 더 소중히 여긴다. 대적자들, 패역자들에 의해 흘리는 눈물이, 자식들의 더러움을 씻는 맑고 맑은 생명수 샘물을 만드는 이 시간들이, 고난이 내게 유익이라는 말씀도 참 진리임을 알게 하시는 하나님의 사랑이다.

이렇게 눈물로 만들어 내는 옷이 육체도 살아서 희고 깨끗한 세마포를 입는 신부가 되게 하는 것이다. 은처럼 연단하여 한 번 죽는 것이 아니라, 그래서 육체가 죽어서 입는 세마포 옷이 아니라, 육체가 살아서 희고 깨끗한 세마포 옷을 모든 자식들에게 입히는 것이 어미가 해야 할 일이다. 이렇게 만들어 내는 옷은 해를 입은 여자만이 입고 입힐 수 있는 옷이기에 "두 유방이 암사슴의 쌍태 새끼 같고"라는 예언이 실상이 된 자가 먹이는 신령한 젖이다. 이 신령한 젖은 계19:7~10절의 예언이 사실이 되어 현재 진행 중에 있다.

계19:7~10 [7]우리가 즐거워하고 크게 기뻐하여 그에게 영광을 돌리세 어린 양의 혼인 기약이 이르렀고 **그 아내가 예비**하였으니 [8]그에게 **허락하사 빛나고 깨끗한 세마포를 입게 하셨은즉 이 세마포는 성도들의 옳은 행실이로다** 하더라 [9]천사가 내게 말하기를 기록하라 어린 양의 혼인 잔치에 청함을 입은 자들이 복이 있도다 하고 또 내게 말하되 이것은 하나님의 참되신 말씀이라 하기로 [10]내가 그 발 앞에 엎드려 경배하려 하니 그가 나더러 말하기를 나는 너와 및 예수의 증거를 받은 네 형제들과 같이 된 종이니

삼가 그리하지 말고 오직 하나님께 경배하라 예수의 증거는 대언의 영이라 하더라

어린 양, 곧 예수 그리스도의 혼인 기약이 바로 일곱째 날, 셋째 날인 지금 이 세대다. 신령한 젖으로 육체가 살아서 어미 젖을 먹고 온전히 영생에 이르는 이 일이 바로 성도가 되게 하고, 죄를 짓지 아니하고 옳은 행실을 하는 열매가 되는 것이다. 이렇게 육체가 살아서 빛나고 깨끗한 세마포를 입는 자들이 바로 전대미문의 새 언약을 마음에 받고 지켜 실행한 여러분들에 대한 예언이며, 이미 실상이 되고 있고, 실상이 된다. 따라서 이 진리를 온전히 이루기 위해 잠시 겪는 고난이다.)

¹⁹대저 네 황폐하고 적막한 곳들과 네 파멸을 당하였던 땅이 이제는 거민이 많으므로 좁게 될 것이며(반드시 낙토가 이렇게 된다. 너희 패역을 빨리 고쳐야 이렇게 된다. 지금 2021년 7월 15일 이때는 코로나 바이러스로 인해 황폐하고 적막한 곳이지만, 대적자들, 대체육체들의 고소로 인해 이 진리를 훼방하고 안 믿는 자들이 나오고 티끌들은 떨어지고 하지만, 반드시 하나님께서 약속하신 땅은 거민이 많아 좁게 된다.)

너를 삼켰던 자들이 멀리 떠날 것이니라(낙토도 나를 혀로, 손가락으로 "이단이니~ 사이비니~" 했던 박상기 목사, 순복음교회, 감리교회, 자칭 한국 선교사들이 견딜 수 없어 떠날 것이다. 두 눈으로 똑똑하게 보게 될 것이다. 그들이 혀로 비방하여 삼켰던 우리가 누구라는 것을 보게 될 것이고, 그들이 밥벌이 수단이 없어서 되돌아 가게 될 것이다.

그들이 의지하는 이 세상에 속한 자들은 그런 그들을 도울 수가 없

다. 이들은 영원히 먼 곳, 다시 돌아올 수 없는 지옥 불못으로 떠나는 자들이다. 낙토에 있는 나를, 이스라엘을 삼켰던 자들도 멀리 떠난다. 한국에서 그들의 밥 노릇 해 주는 단기 선교라는 명목으로 그들을 찾을 수 없도록 직항 비행기도 끊어지고, 전염병은 창궐해서 먹고 살 길이 없다. 그들은 다 멀리 떠난다.)

[20]고난 중에(목사에게 이보다 더한 고난이 어디에 있느냐? 2018년 7월 24일에 사로잡혀서 이제 8일이 지나면 만 3년이 된다. 이 고난은 참 과부의 송사다. 죄 없는 동생까지 감옥에 가두어 두어 더 고통스러운 고난이지만, 내가 반드시 져야 할 십자가이기에 이 고난 중에) 낳은 자녀가 후일에 네 귀에 말하기를 이곳이 우리에게 좁으니 넓혀서 우리로 거처하게 하라 하리니 [21]그때에 네 심중에 이르기를 누가 나를 위하여 이 무리를 낳았는고 나는 자녀를 잃고 외로와졌으며(홀로 되었고, 오직 하나님만 의지하는 상태)

사로잡혔으며(사로잡혀 대적들이 있는 땅에서 감옥에 3년째 사로잡혔으며, 그래서 이 본문도 예수 그리스도에 대한 예언이 절대 아니고, 2021년까지 그 누구도 아닌 신옥주 목사, 나에 대한 예언이다.)

유리하였거늘(이 유리함은 나쁜 의미의 유리함이 아니다. 이미 이에 대해서 조상 다윗의 입을 빌어 예언해 두셨다.

시56:1~9 [1]하나님이여 나를 긍휼히 여기소서 사람이 나를 삼키려고 종일 치며 압제하나이다 [2]나의 원수가 종일 나를 삼키려 하며 나를 교만히 치는 자 많사오니 [3]내가 두려워하는 날에는 주를 의지하리이다 [4]내가 하나님을 의지하고 그 말씀을 찬송하올찌라 내가 하나님을 의지하였은즉 두려워 아니하리니 혈육 있는 사람이 내게 어찌하리이까 ⁵저희가 종일 내 말을 곡해하며 내게 대한 저희 모든 사상은 사악이라 ⁶저희가 내 생명을 엿보던 것과 같이 또 모여 숨어 내 종적을 살피나이다 ⁷저희가 죄악을 짓고야 피하오리이까 하나님이여 분노하사 뭇 백성을 낮추소서 ⁸**나의 유리함을 주께서 계수하셨으니 나의 눈물을 주의 병에 담으소서 이것이 주의 책에 기록되지 아니하였나이까 ⁹내가 아뢰는 날에 내 원수가 물러가리니 하나님이 나를 도우심인 줄 아나이다**

이 예언이 온전히 2021년 6월 16일 온 세상 사람 앞에, 하나님 앞에 나의 원수에 대해서 아뢰는 날이었다.

본문의 유리함은 사랑하는 자식들과 분리되어 떨어져서 사로잡혀 감옥에 갇혀 있는 다윗의 열쇠를 받은 자, 영원히 영생을 얻어 하나님의 성전에 기둥이 되어 있는 지금의 나, 원수들의 혀로 손가락으로 거짓 증언하고 비방하여 학대당하고 삼킨 그들에 의해 유리했고, 이를 하나님께서 다 계수하셨으며, **사52:1~2절**의 계명을 실제 지켜 실행하므로 하나님과 사람 앞에 시인하여 아뢰는 날이 성취된 것이다. 이렇게 아뢰고 7월 12일 재판하는 날인데 검찰 측 증인 고소자 김호민이 나오지 않아서 9월 13일로 미루어졌다.

그들이 무슨 범죄를 했는지 온 세상에 영원히 밝히고, 진리가 사실임을 증거하는 날이 바로 "내가 아뢰는 날에"라고 하신 날이며 2021년 6월 16일이다. 나를 통한 이 모든 일은 주의 책인 성경에 이미 이렇게 명백하게 기록되어 있다. 이제 창세 이래 하나님의 모든 원수가 다 물러가는 날이 바로 2021년 7월 15일 이 세대다.

아무도 의심 안 해도 되는 나에 대한 예언이다. 당시 다윗도 아니고, 다윗의 자손으로 오신 하나님의 아들 예수께서도 온전히 실상이 아닌, 2018년 7월 24일 원수들에 의해 체포되어 3년이 다 된 채 서울구치소에서 아직 공판 중인 나에 대한 예언이다.

나의 유리함을 이미 하나님께서 '**계수**', 곧 수효를 세시다, 검토하시다, 다 계산하시다, 총계하다, 원수들이 하는 모든 언행, 숫자를 다 계수하시고 보시고 아신다는 뜻이다. 이 때문에 흐르는 눈물을 다 알고 계신 것을 "**주의 병에 담으소서**"라고 하신 것이다. 다른 말로 하면 의인이 누군지, 악인이 누군지 다 계수하신 기간이 3년이 다 되었다. 이를 두고 유리하였거늘) 이 무리를 누가 양육하였는고 나는 홀로 되었거늘 이 무리는 어디서 생겼는고 하리라(현재 이 예언이 2721년 만에 이루어져서 실행 중에 있다.)

사49:22~26절을 더 보자. "²²나 주 여호와가 이르노라 내가 열방을 향하여 나의 손을 들고 민족들을 향하여 나의 기호를 세울 것이라(이 시간이 2021년 6월 16일이었다. 어느 성도가 기호를 세우라고 헌신을 했다. 조선일보, 동아일보 한국 메이저 신문에 매주 한 번 나간다.) 그들이 네 아들들을 품에 안고 네 딸들을 어깨에 메고 올 것이며 ²³열왕은('**열왕**'은 아브라함의 자손들, 그래서 지금이 열왕의 때다. 귀신의 처소 바벨론 왕이 열왕의 왕이다.

단2:36~38, 44절에 "³⁶그 꿈이 이러한즉 내가 이제 그 해석을 왕 앞에 진술하리이다 ³⁷왕이여 왕은 열왕의 왕이시라 하늘의 하나님이 나라와 권세와 능력과 영광을 왕에게 주셨고 ³⁸인생들과 들짐승과 공중의 새들, 어느 곳에 있는 것을 무론하고 그것들을 왕의 손에 붙이사 다 다스리게 하셨으니 왕은 곧 그 금머리니이다… ⁴⁴이 열왕의 때에 하늘의 하나님이 한 나라를 세우시리니 이것은 영원히 망하지도 아니할 것이요 그 국권이 다른 백성에게로 돌아가지도 아니할 것이요 도리어 이 모든 나라를 쳐서 멸하고 영원히 설 것이라"

　'국권'이란 국가의 통치권, 주권을 뜻한다. 지금 전 세계는 북한을 제외하고 계속 국권이 바뀐다. 한국도 여당, 야당이 나누어져 서로 국권을 차지하려고 싸운다. 지금 2021년 이때가 열왕의 때다. 이 열왕을 **창 17:15〜19절**에 이렇게 언약하셨다.

창17:15〜19 ¹⁵하나님이 또 아브라함에게 이르시되 네 아내 사래는 이름을 사래라 하지 말고 그 이름을 사라라 하라 ¹⁶내가 그에게 복을 주어 그로 네게 아들을 낳아 주게 하며 내가 그에게 복을 주어 그로 열국의 어미가 되게 하리니 민족의 열왕이 그에게서 나리라 ¹⁷아브라함이 엎드리어 웃으며 심중에 이르되 백 세 된 사람이 어찌 자식을 낳을까 사라는 구십 세니 어찌 생산하리요 하고 ¹⁸아브라함이 이에 하나님께 고하되 이스마엘이나 하나님 앞에 살기를 원하나이다 ¹⁹하나님이 가라사대 아니라 네 아내 사라가 정녕 네게 아들을 낳으리니 너는 그 이름을 이삭이라 하라 내가 그와 내 언약을 세우리니 그의 후손에게 영원한 언약이 되리라

이 언약을 하나님께서 '이삭'과 세우시겠다는 것이다. 이삭은 하나님의 아들 예수 그리스도의 표상이다. 곧 예수 그리스도께서 이 땅에 오셔서 언약을 하시되, 특히 "**그의 후손에게 영원한 언약이 되리라**"라고 하셨다. 이는 이미 사실이 되어 2008년 6월 16일부터 **히브리서 8장**의 새 언약, 곧 영원한 언약을 14년째 하나님께서 친히 하시는 것이 진리의 성령을 통하여 이루어지고 있다.

다시 말하면 당시 이삭이 태어나기 전에 사라와 아브라함에게 하나님께서 약속하신다. 아들을 줄 테니 이름을 '이삭'이라 하라고 하시며, 사라로 하여금 열국의 어미가 되게 하고, 열왕이 그에게서 날 것이라고 하신다. 아브라함과 사라를 통해 하신 이 언약은 당시 이삭이 살아 있을 때 실상이 되는 것이 아니다. 이삭은 BC 4년에 하나님께서 보내시겠다고 약속하신 하나님의 아들 예수 그리스도의 표상이요, 그림자다. 그래서 예수 그리스도의 조상 중에 아브라함, 이삭, 야곱, 다윗이 기록되어 있었던 것이다.

곧 예수 그리스도를 통해 땅에 이루실 언약은 이삭이 태어나기 전에 이미 하신 언약인데, 예수 그리스도께서 이 세상에 오시고 땅의 역사를 다 무효하고 새로 시작하신 것이 그 증거다. 이렇게 해서 2021년이 된 것이다. 그러므로 열국의 어미인 사라한테 열왕이 이삭을 통해서 나게 하신다는 것은 예수 그리스도께서 이 땅에 오시고 죽으시고 부활하시고 승천하신 후 예수 이름이 전 세계 구석구석에 퍼지고, 현재 세상에 모든 나라가 세워져서 200개국이 넘는 지금 이때를 지시하신 것이다.

그래서 '열국'은 '여러 나라, 여러 민족, 이 세상 모든 나라, 때로는 하나님을 믿지 않는 이방 나라, 불신 세상, 이방인들'을 지칭하기도 한다. 여러 부분, 여러 모양으로 말하면 '**여러 민족, 민족들, 여러 나라들, 백성들, 나라들, 여러 왕국들**'로도 말하고 '**열방**'과 동의어다.

그리고 이삭이 야곱을 축복할 때 **창27:29절**의 이 예언도 아직 이루어지지 않았다.

창27:29 만민이 너를 섬기며 열국이 네게 굴복하리니 네가 형제들의 주가 되고 네 어미의 아들들이 네게 굴복하며 네게 저주하는 자는 저주를 받고 네게 축복하는 자는 복을 받기를 원하노라

그리고 구약의 이 모든 예언은 아브라함의 후손으로 예언된 예수 그리스도께서 이 땅에 오셨을 때 영원한 언약이 실상이 될 것을 말씀하셨다. 다만 하나님께서만 아시는 천국의 비밀이었던 것이다.

그래서 **갈3:22절**에 다음과 같이 말씀하신 것이다.

갈3:22 그러나 성경이 모든 것을 죄 아래 가두었으니 이는 예수 그리스도를 믿음으로 말미암은 약속을 믿는 자들에게 주려 함이니라

이렇게 종합하면 사라에게 하신 언약 "**그의 후손에게 영원한 언약이 되리라**"라고 하신 언약이 지시하듯이 아브라함, 이삭, 야곱에게 하신 모든 언약, 다윗에게 한 언약인 영원한 언약은 예수 그리스도께서 하신 약속 속에 감추어져 있다.

참고자료

[1] 경기남부경찰청 외사과 허건 형사는 아버지가 선교사로, 기독교인이다. 주피지 한국 대사관 박형구 영사가 올린 은혜로교회에 대한 보고서를 보고 11개월간 기획수사 했다고 한 형사다.

[2] 1심 재판 때 신옥주 목사님과 성도들을 기소한 검사

[3] 9일 공관을 나와 연락이 두절된 박원순 서울시장이 10일 새벽 숨진 채 발견됐다. 경찰에 따르면 박 시장의 모습이 마지막으로 포착된 북악산 일대를 수색하던 경찰은 이날 오전 0시께 숙정문 인근에서 박 시장의 시신을 발견했다. 배재성, 「박원순 시장, 숨진채 발견⋯수색 7시간만에 북악산서 찾았다」, 중앙일보, 2020년 7월 10일, https://www.joongang.co.kr/article/23821519#home

[4] SIMON MCGREGOR-WOOD, 「Israel in Shock Over Arrest of Jewish Extremist」, abcnews, 3 November 2009, https://abcnews.go.com/International/jewish-terror-arrest-shocks-israel/story?id=8973793

[5] 인도 북부 갠지스강변에 시신 40구 이상이 발견됐다. 사망 경

위 등은 밝혀지지 않았으나 현지 언론들은 코로나로 인해 사망한 사람의 시신을 화장할 여력이 되지 않은 사람들이 강에 수장시킨 것으로 분석했다. 이현택, 「화장할 나무도 없어서… 인도 갠지스강에 시신 40구 둥둥」, 조선일보, 2021년 5월 11일, https://www.chosun.com/international/asia/2021/05/11/7VIF6JNYWVAOXLV4QCT7RMFXWU/

[6] 인도가 12일(현지 시각) 브라질을 제치고 미국에 이어 세계 2위 코로나 누적 확진국으로 올라섰다. 인도 하루 감염자는 최근 일주일 연속 10만명을 넘기며 작년 가을 대유행 때보다 훨씬 가파른 확산세를 보이고 있다. 봄철 각종 힌두교 축제를 맞아 수많은 인파가 마스크 없이 밀집하는 등 해이한 방역 태세가 확산의 주범으로 꼽힌다. 임규민, 「65만 명이 노마스크 목욕 의식…세계 2위 코로나 확진국된 인도」, 조선일보, 2021년 4월 13일, https://www.chosun.com/international/asia/2021/04/13/OJ6423YYSRALNLSKNQKU2AQB4A/

[7] 인도에서 신종 코로나바이러스 감염증(코로나19)이 대확산 중인 가운데 일부 현지 힌두교도들이 바이러스를 막겠다며 소똥을 몸에 바르는 등 검증되지 않은 '민간 요법'을 동원하고 있어 우려가 이어지고 있다. 김영현, 「코로나 막는다며 소똥 바르는 인도인…의사 "질병 옮긴다" 경고」, 연합뉴스, 2021년 5월 11일, https://www.yna.co.kr/view/AKR20210511138700077

[8]   미얀마에서 쿠데타 군사정권이 민간인 학살을 멈추지 않고 있
       는 가운데 민간인 30여명의 시신이 불에 탄 채로 발견됐다.
       AP통신 등 외신은 25일(현지시간) 목격자와 시민단체 등의 말
       을 인용해 미얀마 동부 카야주의 프루소 마을 부근에서 미얀
       마 군부가 시위대 소속이 아닌 민간인 30여명을 총살한 뒤 시
       신을 불태운 것으로 보인다고 보도했다. 김혜리, 「미얀마 군
       부 또 민간인 학살…한 달 새 세 차례나」, 경향신문, 2021년
       12월 26일, https://m.khan.co.kr/world/asia-australia/
       article/202112262102005

[9]   윈스턴(Cyclone Winston, 2016년 2월)

[10]   교회의 피해도 컸다. 현재 감리교 추산으로는 감리교 산하
       100여개의 교회 건물이 태풍으로 완전 파괴되거나 심하게 훼
       손 되었고, 동일한 수의 목사관과 교회 홀도 파괴 되었다. 피
       지 감리교 산하의 학교들도 속속 건물 피해 보고가 올라오고
       있다. 조남건, 「태풍 휩쓸고 간 피지교회에 도움절실」, 당당
       뉴스, 2016년 3월 9일, http://www.dangdangnews.com/
       news/articleView.html?idxno=26144

[11]   2021년 2월 1일 아침에 미얀마군이 일으킨 쿠데타로, 미얀
       마 연방공화국의 국가고문 아웅산수찌와 미얀마의 대통령 윈
       민 및 여당 지도자들이 축출된 뒤 가택 연금됐다. 쿠데타가 일
       어나고 몇 시간 뒤 미얀마 군부는 1년간의 비상사태를 선포
       했으며 미얀마 군부의 최고사령관인 민 아웅 흘라잉에게 권

력이 이양됐다고 밝혔다. 위키피디아, 「2021 미얀마 쿠테타」, https://ko.wikipedia.org/wiki/2021%EB%85%84_%EB%A F%B8%EC%96%80%EB%A7%88_%EC%BF%A0%EB%8D%B 0%ED%83%80

[12] 신종 코로나바이러스 감염증(코로나19)의 확산으로 사망자 가 급증한 인도에서 강둑에 떠내려 온 사체를 훼손하는 들개들의 모습이 포착돼 전세계가 충격에 빠졌다. 1일(현지 시 각) 데일리메일 등 외신에 따르면 인도의 북부 우타라칸드주 우타르카시의 한 마을 주민은 강에서 떠내려온 사체를 파 먹는 들개들의 모습을 목격했다고 전했다. 장지민, 「'코로나 생지옥' 인도…강에 떠내려온 사체 훼손하는 들개들 포착」, 한국경제, 2021년 6월 1일, https://www.hankyung.com/international/article/2021060279967

[13] '기독문화부문' 최우수상은 남태평양 피지로 400여 신도들을 이주시킨 은혜로교회 신옥주 목사의 집단폭행과 감금, 아동학대 등 인권유린의 충격적인 실상을 고발함으로써 우리사회와 종교의 건강성을 환기시키고자 한 SBS 〈그것이 알고싶다〉의 "은혜로교회"(장경주 PD·기획 김기슭·작가 신진주) 2부작을 선정했다. 안정환, 「2018년 한국기독언론대상 시상식 성료…대상에 KBS·사회정의부문 최우수상 SBS」, 아시아투데이, 2018년 12월 7일, https://www.asiatoday.co.kr/view.php?key=20181207000212423

[14] 「이스라엘-UAE·바레인 관계 정상화 협정 체결 / JTBC 아침&」, 유튜브 비디오, 6:43, JTBC news, 2020년 9월 16일, https://www.youtube.com/watch?v=ZC0m13yMoDY

[15] 배정도 목사는 자신이 3천만 원을 헌금하고서는 나중에 헌금한 것이 아니라 빌려 달라고 해서 빌려준 것이라고 거짓말로 형사, 민사 소송을 제기하였다. 형사 소송에서는 '혐의 없다'는 판결을 받았는데, 민사 소송에서 자기 친동생까지 동원하여 판결을 뒤집고 3천만 원과 이자까지 되돌려 받고, 3~4개월 뒤에 간경화로 죽었다.

[16] 2021년 6월 16일에 조선일보, 동아일보 두 곳에 '이제 온 천하는 잠잠하라' 광고가 게시되었다.

[17] 추미애 법무부 장관과 윤석열 검찰총장의 대립이 극단을 치닫고 있다. 기어코 한쪽이 물러설 때까지 목숨 걸고 돌진하는 '치킨게임'의 형국이다. 이번 주 내내 두 사람은 윤 총장에 대한 검사징계위원회 심의기일을 두고 다퉜다. 추 장관은 4일로 밀어붙였고, 윤 총장은 8일 이후로 연장해야 한다고 맞섰다. 곽혜진, 「[핵심은] 추미애-윤석열, 파국으로 치닫는 '치킨게임'」, 서울신문, 2020년 12월 6일, https://www.seoul.co.kr/news/newsView.php?id=20201206500001

[18] 손덕호, 「文대통령 "가톨릭 가치, 내 삶의 바탕…높은 윤리의식 지킬 수 있었다"」, 조선비즈, 2021년 6월 15일, https://biz.chosun.com/policy/politics/2021/06/15/

[19] 신종 코로나바이러스 감염증(신종 코로나) 진원지인 중국 우한이 속한 후베이성의 환자가 속출하면서 하루 사망자 수가 처음으로 100명을 넘어서며 중국 전체 사망자가 1000명을 넘어섰다. 환자가 계속 늘어나면서 일손이 부족하자 중국 전역에서 의사와 간호사들이 속속 우한으로 떠나고 있다. 중국 시안의 간호사 20여 명이 우한으로 떠나기 전 전원 삭발한 모습을 중국 관영 신화통신이 10일 오후 SNS에 공개했다. 영상 속 간호사들은 신종 코로나바이러스로부터 감염될 수 있는 근원을 철저히 차단하기 위해 긴 머리카락을 모두 잘라냈다. 김성룡, 「코로나 잡으러 우한 가는 中 간호사들, 삭발 공개하며 엄지척」, 중앙일보, 2020년 2월 11일, https://www.joongang.co.kr/article/23703021#home

[20] 이란이 8일 새벽(현지시간) 미군이 주둔 중인 이라크 아인 알아사드 공군기지와 아르빌 기지에 탄도미사일 15발을 발사했다. 지난 3일 미군의 가셈 솔레이마니 전 이란혁명수비대 쿠드스군 사령관 사살 당시와 똑같은 시간대에 맞춘 명백한 보복 공격이었다. 아야톨라 알리 하메네이 이란 최고지도자는 이날 테헤란에서 대국민 연설을 하고 "간밤에 우리는 미국의 뺨을 때려줬다"며 "이런 군사 행동만으로는 충분하지 않다. 이 지역(중동)에서 부패한 미군 주둔을 끝내는 일이 중요하다"고 말했다. 김재중, 「이란 "미국 뺨 때렸다" 보복…트럼프 "미사일 사

용 안 원해"」, 경향신문, 2020년 1월 8일, https://m.khan.
co.kr/view.html?art_id=202001082215015

[21] 김성혜 한세대 총장이 11일 별세했다. 향년 78세. 여의도순복
음교회 조용기 원로목사의 부인인 고인은 지병으로 투병하다
이날 오후 2시 20분쯤 서울 종로구 대학로 서울대병원에서 세
상을 떠났다. 백성호, 「조용기 목사 부인 김성혜 한세대 총장
별세」, 중앙일보, 2021년 2월 11일, https://www.joongang.
co.kr/article/23990721#home.

여의도순복음교회(이하 순복음교회) 설립자 조용기 목사의
부인 김성혜 한세대 총장이 학교 돈으로도 차명 부동산을 매입
한 정황이 뉴스타파 취재결과 새롭게 확인됐다. 또 한세대가
현재 보유하고 있는 교육용 재산 가운데서도 차명 거래로 의심
되는 부동산이 여러 건 발견됐다. 홍여진, 「'17년 총장' 김성혜,
대학 돈으로 차명부동산 매입 의혹」, 뉴스타파, 2018년 12월
14일, https://newstapa.org/article/7VCFu

[22] 오산리 최자실 기념 금식기도원

[23] 귀신을 쫓아냈다는 것은 '배뢰아 귀신론'이라고 불리는 것으로
성락교회 김기동 목사의 독자적인 교리 해석인데, "불신자 사
후의 영이 귀신이며 이 귀신이 사람의 몸속에 들어와 각종 병
과 우환을 일으키기 때문에 예수 그리스도(예수)의 이름으로
그 귀신을 쫓는 축사(逐邪)를 해야 한다"라고 하는 주장이다.
인간 수명이 노아 당시 대홍수 이후 평균 120세로 줄었다고

하며 그 120살까지 다 못 살고 죽을 경우 사후 남은 세월을 귀신으로 산다는 것인데, 가령 10살에 죽게 되면 110년 동안 지구상(=음부)에서 귀신으로 떠돌아다니다가 사람들 몸에 붙어서 질병 등을 일으킨다는 것이다. 김기동 목사는 기독교한국침례회, 예장고신, 예장합동, 예장통합, 예장합신, 기독교대한성결교회 교단으로부터 이단 판정을 받았다.

[24] 북미 서부를 강타한 기록적 폭염에 캐나다 서부에서 최소 69명이 사망한 것으로 집계됐다고 AFP통신이 29일(현지시간) 보도했다. 캐나다 연방경찰(RCMP)은 서부 브리티시 컬럼비아주 밴쿠버 인근에 있는 도시 버너비와 서리에서 하루 동안 사망자가 이같이 발생했으며, 대부분은 고령층이거나 기저질환이 있었던 것으로 확인됐다고 밝혔다. 김유아, 「캐나다 밴쿠버까지 덮친 폭염…최소 69명 사망」, 연합뉴스, 2020년 6월 30일, https://www.yna.co.kr/view/AKR20210630011500009

[25] 한인 여성 4명 등 8명을 숨지게 한 미국 애틀랜타 총격범이 11일(현지시간) 기소됐다. 검찰은 총격범 로버트 애런 롱(21)에게 '증오범죄(hate crime)' 혐의를 적용하고 사형을 구형하겠다는 뜻도 밝혔다. 정상원, 「한인 여성 4명 죽인 美 애틀랜타 총격범 '증오범죄' 첫 적용」, 한국일보, 2021년 5월 12일, https://www.hankookilbo.com/News/Read/A2021051206150004187

[26] 2020년 7월 19일 난디 나이나 현장(Warehouse complex Delvelopment, Nahina, Nadi)에서 일하던 중 대사관을 통해 출국해 자기에게 집을 해 주기로 했다고 감금, 사기죄로 고소하였음

[27] 미국 서부 지역 폭염이 북쪽과 캐나다로까지 확장하며 곳곳에서 사상 최고 기온 기록을 경신하고 있다. 미국 북서쪽 오리건주에 있는 유진에서는 현지 시간 27일 오후 올림픽 출전 선수 선발을 위한 육상 경기가 중단됐다. 이여진, 「美 북서부·캐나다 곳곳 기록적 폭염…올림픽 선발전도 중단」, YTN, 2021년 6월 28일, https://www.ytn.co.kr/_ln/0104_202106282059223274

[28] 브라질 국립우주연구소(INPE)는 1일(현지시간) 브라질 내 아마존 열대우림에서 지난달 2천308건의 화재가 관측됐다고 밝혔다. INPE에 따르면 이는 6월 기준으로 2007년 이후 14년 만에 가장 많은 수치다. 김재순, 「'지구의 허파' 아마존, 지난달 화재 2천308건 발생」, 2021년 7월 2일, https://www.yna.co.kr/view/AKR20210702002300094

[29] 필리핀의 수도 마닐라 부근의 따알 화산이 1일(현지시간) 다시 짙은 검은 연기와 수증기, 화산재를 하늘로 분출하기 시작해 정부가 위험지역의 주민 수 천 명에게 긴급대피령을 내렸다. 차미례, 「필리핀 따알화산, 검은 연기와 화산재 분출..주민대피」, 뉴시스, 2021년 7월 2일, https://newsis.com/view/?id

=NISX20210702_0001498192

[30] 지중해 동부 섬나라 키프로스 공화국에서 사상 최악의 산불로 4명이 사망했다. 4일(현지시간) AP통신에 따르면 니코스 누리스 키프로스 내무부 장관은 이날 "민방위 자원봉사자들이 트루도스 산맥 남단 끝에 위치한 오두 마을 외곽에서 시신 4구를 발견했다"고 밝혔다. 이혜원, 「키프로스 공화국, 건국 이래 '최악의 산불'…4명 사망」, 뉴시스, 2021년 7월 5일, https:// newsis.com/view/?id=NISX20210705_0001499993&cID= 10101&pID=10100

[31] 멕시코 유카탄 반도 서쪽 바다 한가운데서 화재 사고가 발생했다. 수면 위로 불꽃이 솟구치더니 주황색 원형 모양으로 타올랐다. 현지 언론은 "녹아내린 용암이 펄펄 끓는 모습 같다"며 바다 위에 '불의 눈'(eye of fire)이 등장했다고 전했다. 이민정, 「지구종말 온 듯 펄펄 끓었다…멕시코에 등장한 '불구덩이'[영상]」, 중앙일보, 2021년 7월 3일, https://www.joongang. co.kr/article/24097251#home

[32] 2021년 6월 5일 나이지리아 티비 조슈아 목사가 열방교회(SCOAN) 저녁 예배를 인도하던 중 불편함을 느끼고 자택에 돌아온 지 몇 시간 후에 사망하였다. 축귀사역을 많이 한 아프리카에 유명한 목사로서 다양한 혐의에 연류되어 있었다. 김유진, 기독일보, 「나이지리아 기독교 부흥사 티비 조슈아 57세로 사망」, 2021년 6월 9일, https://

kr.christianitydaily.com/articles/109225/20210609/%
EB%82%98%EC%9D%B4%EC%A7%80%EB%A6%AC%
EC%95%84-%EA%B8%B0%EB%8F%85%EA%B5%90%
-%EB%B6%80%ED%9D%A5%EC%82%AC-%ED%8B%B0
%EB%B9%84-%EC%A1%B0%EC%8A%88%EC%95%84-
57%EC%84%B8%EB%A1%9C-%EC%82%AC%EB%A7%9D.
htm

[33] 최근 무슬림에 의한 테러가 잇따르고 있는 프랑스에서 또다시 그리스정교회 신부가 총격을 받아 중태에 빠진 사건이 발생했다. 31일(현지 시각) 뉴스채널 BFM에 따르면, 이날 오후 4시쯤 프랑스 중부 도시 리옹 시내 7구에 있는 한 그리스정교회 앞에서 이 교회 소속 신부가 2발의 총탄을 복부에 맞았다. 신부는 교회 문을 닫고 있던 중 총탄에 맞았으며, 범인이 근거리에서 사냥용 총을 발사하고 도주했다는 증언이 나왔다. 손진석, 「프랑스 또 '종교 테러', 교회 앞에서 총격 신부 중태」, 조선일보, 2020년 11월 1일, https://www.chosun.com/international/europe/2020/11/01/TYWUGZYNRVHGFHLXLKU5PJWTS4/

[34] 미국은 지금 동부와 서부가 서로 극단적으로 다른 기상 재해를 겪고 있다. 동부에 있는 뉴욕은 강력한 태풍으로 도시 곳곳이 물바다가 되면서 지하철역이 이렇게 물에 잠겨버렸다. 반대로 서부에 있는 캘리포니아는 최고 50도가 넘는 폭염 속에 대

규모 산불이 번지면서 숲이 폐쇄되고 주민들에게는 대피령이 내려졌다. 여홍규, 「뉴욕은 '물폭탄' 서부는 '불기둥'…극한의 이상기후」, MBC, 2021년 7월 10일, https://imnews.imbc. com/replay/2021/nwdesk/article/6285276_34936.html

[35] 코로나19 팬데믹 상황에서도 미국 내 상속 기업들이 자산을 천문학적으로 불린 것으로 드러났다. 이들의 '팬데믹 코인'은 세계 최고 부자 대열에 합류한 일론 머스크 테슬라 최고경영 자(CEO)의 수익과 비슷했다. 상속 기업들의 가파른 재산 증가 속도에 빈부격차가 더 벌어질 수 있다는 우려도 나왔다. 황윤태, 「팬데믹에 번 돈 153조원… 미 억만장자 가문 순자산 9배」, 국민일보, 2021년 6월 18일, http://news.kmib.co.kr/ article/view.asp?arcid=0924196812

[36] 중국 쓰촨성에 시간당 200㎜에 달하는 폭우가 내려 이재민 72만여 명이 발생하는 등 피해가 속출하고 있다. 유지향, 「중국 쓰촨성 홍수로 이재민 72만 명…베이징 올해 최대 폭우」, KBS, 2021년 7월 12일, https://news.kbs.co.kr/news/ view.do?ncd=5231000

[37] 아프리카 남동쪽 인도양에 위치한 세계에서 네 번째로 큰 섬나라 마다가스카르. 〈어린 왕자〉에 나오는 바오밥 나무를 비롯해 다른 곳에서 볼 수 없는 동식물이 가득한 풍요의 땅으로, 애니메이션 배경지가 되기도 했다. 그런데 이런 마다가스카르의 풍요로움은 이제 찾아볼 수 없다. 벼가 익어가던 너른

평원엔 바싹 마른 붉은 흙만 가득하고, 하늘을 향해 잎을 벌리고 서있던 나무들도 온데간데 없다. 지난 해 말부터 계속돼오고 있는 대가뭄 때문이다. 임소정, 「[World Now] 진흙, 벌레 먹는 아이들…죽어 가는 '풍요의 땅' 마다가스카르」, MBC, 2021년 6월 24일, https://imnews.imbc.com/news/2021/world/article/6281257_34880.html

[38] "사람들이 굶주림에 낙엽처럼 쓰러지고 있다. 제발 도와달라" 지난 8개월간 내전의 무대가 된 에티오피아 북부 티그라이 지역의 참상과 관련, AP통신이 지난달 30일 현지 관리가 서명한 편지를 인용해 최소 125명이 티그라이 중부 마이 키네탈 지구에서 이미 굶어 죽었다면서 이같이 전했다. 김성진, 「"사람들이 낙엽처럼 쓰러진다"…에티오피아 티그라이 기근 참상」, 연합뉴스, 2021년 7월 1일, https://www.yna.co.kr/view/AKR20210701186900099

[39] 김호준, 「日 시즈오카 산사태로 약 20명 실종·2명 사망·10명 구조」, 연합뉴스, 2021년 7월 4일, https://www.yna.co.kr/view/AKR20210704022300073

[40] 김현, 「'이곳은 전쟁 중' 미 시카고, 주말에 77명 피격·7명 사망」 연합뉴스, 2021년 6월 28일, https://www.yna.co.kr/view/AKR20210629017100009.

출간도서

내 생각은 너희 생각과 다르고 "방언"

하나님의 생각과 사람의 생각은 실로 다르다. 이 사실을 아무도 제대로 알지 못하고 천국의 비밀이 기록된 성경을 함부로, 자의적으로, 사람 수준으로 해석하고 있다. 이것은 치명적인 결과를 초래했다. "랄랄라 따따따" 하는 소리가 성령받은 증거라고 가르치는 교회는 귀신의 처소 바벨론이며, 그 목사는 영혼 살인을 저지르는 지옥의 사자이다. 이 책은 성경은 비유로 기록되어 있는 하늘나라 말(방언)이며, 반드시 성경은 성경으로 해석해서 방언통역해야 한다는 사실을 성경으로 증명한 모든 그리스도인의 필독서이다.

신옥주 | 2009

방언통역과 방언 (증보판)

성경은 문자적으로 기록된 하늘나라 말, 곧 하늘나라 방언이다. 성경은 성경으로, 신령한 것은 신령한 것으로 통역해야 그 뜻을 알 수 있다. 그래서 통역하는 자가 없으면 잠잠하라고 하신다. "랄랄라 따따따"는 성경에서 말하는 방언이 아니라 개구리 같은 세 더러운 영의 입에서 나오는 지옥 불의 소리다. 방언이 무엇인지, 방언통역은 어떻게 하는지 성경대로 알아야 하나님을 아는 온전한 지식으로 나아갈 수 있다. 방언통역과 방언에 대해 2천 년 만에 처음으로 성경대로 밝힌 성도들을 위한 필독 지침서이다.

신옥주 | 2012

성경과 다른 거짓말 (증보판)

십자가를 걸고 교회라는 간판을 달았다고 해서 다 교회가 아니다. 교회는 성경과 다른 거짓말을 하지 않고 하나님을 아는 지식으로 교인들을 인도하는 곳이다. 그러나 일생 성경을 사용하면서 입으로 하나님, 예수 그리스도, 성령이라고 말은 하지만 성경과 다른 거짓말로 설교하는 목사나 그 설교를 듣고 아멘 하는 교인들이나 모두 육체가 죽으면 천국 가는 것이 아니라 둘째 사망인 지옥 영벌에 처하게 된다. 육체가 살아서 성경과 다른 거짓말이 어떤 것인지 성경대로 분별하여 진리의 도로 나아가야 한다.

신옥주 | 2014

교회 안에 무당

하나님께서 무당은 죽이라고 하셨다. 교회 안에서 거짓 몽사를 말하며 헛된 자만으로 교인들을 미혹하는 무당들이 너무 많다. 이들은 예수 이름 사용하여 사람의 앞길과 길흉화복을 기도해서 받았다고 거룩한 척 가장하며 속이는 자들이며, 천국과 지옥을 보았다고 간증하는 거짓 선지자들이다. 이들은 모두 하나님의 이름을 망령되이 일컫는 자들로서, 하나님께서는 사람에게 장래사를 알게 하지 않으셨다. 장래사는 오직 전 우주적인 일곱째 날, 사람으로 오신 진리의 성령을 통해서만 알게 하신다.

신옥주 | 2014

이단 조작자들에 대한 성경적인 판결

성경 한 절 모르면서 돈을 목적으로 "이단" 운운하며 성령을 훼방하는 자들의 실체를 밝힌다. 이들이 바로 적그리스도이며, 다른 복음을 전파하는 자들로 이단이며, 사이비이다. 예수 그리스도를 세상 법에 고소한 자들이 바로 오늘날 자칭 기독교인, 자칭 목사, 사단의 회인 예장합신 총회이며, 이단 조작자들이다. 그들의 실체를 낱낱이 성경대로 판결한다.

신옥주 | 2015

그 피고가 와서 밝히느니라 [참 과부의 송사]

"송사에 원고의 말이 바른 것 같으나 그 피고가 와서 밝히느니라" [잠18:17] 진리의 성령을 훼방하는 자들은 이 세상에서도, 오는 세상에서도 영원히 사함을 받지 못한다. 교회 안에 우상들이 일으킨 소송을 성도들이 일어나 변론하며, 우상들의 실체를 밝힌다. '참 과부의 송사'는 여호와의 날, 인자의 날, 심판 날인 지금 이때 누가 의인인지, 누가 악인인지 밝히시는 하나님의 모략이며, 온 천하에 진리의 성령께서 오셨음을 알리시는 사건이다.

은혜로교회 성도 일동 | 2019

열매들이 증명한다

"하나님은 모든 사람이 구원을 받으며 진리를 아는 데 이르기를 원하시느니라" [딤전2:4] 은혜로교회 성도들이 신옥주 목사님께 올리는 편지글이다. 그 나무가 생명나무인지 아닌지는 열매를 보면 알 수 있다. 영원한 복음인 새 언약의 말씀을 통해 다시 창조함을 받은 성도들이 진리의 성령께서 오셨음을 증거하는 증인이 되어 밝힌다. 죄의 허물을 벗고 성도로 나아가는 과정을 하나님 앞에, 사람 앞에 시인하는 편지들을 모아 책으로 엮었다.

은혜로교회 성도 일동 | 2019

이제 온 천하는 잠잠하라 1, 2

"너희는 열방 중에 광고하라 공포하라 기를 세우라 숨김이 없이 공포하여 이르라"[렘50:2] 이 말씀대로 진리의 성령 신옥주 목사님께서 2021년 6월 16일부터 전 세계를 향해 선언하셨다. 그리고 열매들이 일어나 진리의 성령께서 전대미문의 새 언약을 선포하고 계심을 알리기 위해 2021년 6월 16일부터 조선일보와 동아일보에 광포하신 말씀을 정리하여 책으로 출간했다.

성도 다니엘, 성도 진선, 성도 성진 | 2022

영원한 생명, 생명책 1

초판 1쇄 발행 2022년 10월

지은이 성도 다니엘, 성도 진선, 성도 성진

펴낸곳 바른기업

주소 서울특별시 서초구 매헌로 16 하이브랜드 13층 12호(양재동)

전화 070-8064-7386

이메일 graceroadchurchfiji@gmail.com

홈페이지 gr-church.org

ISBN 979-11-977187-7-9

ISBN 979-11-977187-8-6(세트)